2020

江苏省社会科学院学术文萃

制度建构及创新路径

夏锦文 主编

南京大学出版社

图书在版编目(CIP)数据

江苏省社会科学院学术文萃. 制度建构及创新路径 / 夏锦文主编. — 南京：南京大学出版社，2023.8
ISBN 978-7-305-26045-2

Ⅰ.①江… Ⅱ.①夏… Ⅲ.①社会科学－文集 Ⅳ.①C53

中国版本图书馆 CIP 数据核字(2022)第 147634 号

出版发行　南京大学出版社
社　　址　南京市汉口路 22 号　　邮　编　210093
出 版 人　王文军

书　　名　江苏省社会科学院学术文萃　制度建构及创新路径
主　　编　夏锦文
责任编辑　徐　媛

照　　排　南京南琳图文制作有限公司
印　　刷　江苏凤凰通达印刷有限公司
开　　本　635 mm×965 mm　1/16　印张 38.5　字数 520 千
版　　次　2023 年 8 月第 1 版　2023 年 8 月第 1 次印刷
ISBN 978-7-305-26045-2
定　　价　150.00 元

网址：http://www.njupco.com
官方微博：http://weibo.com/njupco
官方微信号：njupress
销售咨询热线：(025) 83594756

* 版权所有，侵权必究
* 凡购买南大版图书，如有印装质量问题，请与所购
　图书销售部门联系调换

江苏省社会科学院
《社科文库》编委会

主　任：夏锦文
副主任：陈爱蓓　李　扬　王月清　孙功谦
委　员：（以姓氏笔画为序）
　　　　孙肖远　叶扬兵　毕素华　陈　朋
　　　　陈清华　张　卫　张远鹏　张春龙
　　　　张立冬　胡国良　赵　涛　徐志明
　　　　徐永斌　钱宁峰

江苏省社会科学院学术文萃
制度建构及创新路径

主　　编：夏锦文
副 主 编：陈爱蓓　李　扬　王月清　孙功谦
执行编辑：陈　朋　唐永存　王树华　周志斌
　　　　　王　欣　梁　剑　魏岩岩　汤镕昊
　　　　　符明荣

总　序

习近平总书记多次强调,坚持和发展中国特色社会主义必须高度重视哲学社会科学,要加快构建具有继承性、民族性、原创性、时代性、系统性、专业性的中国特色哲学社会科学,加强中国特色新型智库建设。社会科学院作为哲学社会科学研究五路大军之一,肩负着重要的历史使命。地方社会科学院在构建中国特色哲学社会科学的过程中必须找准定位,才能发挥作用。

江苏省社会科学院作为地方社科院,成立于1980年,是江苏省人民政府直属事业单位,专门从事哲学社会科学研究和经济社会发展决策咨询服务,是江苏省委、省政府的思想库和智囊团。截至2017年年底,有在职人员209人,其中高级职称107人,包括长江学者、国家"万人计划"首批哲学社会科学领军人才、国家级教学名师、中宣部"四个一批"人才、新世纪"百千万"国家级人才等各类人才。内设12个研究所,6个职能处室,6个分院,8个研究基地。组建的区域现代化研究院和大运河文化带建设研究院获批江苏省重点高端智库。

自建院以来,江苏省社会科学院名家辈出,学术成果丰硕,科研事业取得了长足进步,在理论研究、学科发展、人才建设等方面取得了一系列成绩,产生了一大批具有较高学术水平和应用价值的研究成果,为推进江苏省经济社会高质量发展做出了应有的贡献。近几年来,江苏省社会科学院深入发掘整理和分析研究江苏丰富的历史文化遗产,积极打造"江苏文脉研究工程"等标志性文化工程,出版了《江苏通史》(十卷本)和《江苏历代名人传记》(已出版 20 卷)等重量级学术著作。我院学术著作出版、核心论文发表、国家社科基金项目立项、期刊建设水平以及智库综合影响力排名等发展指标在全国地方社科院系统中位居前列,在 2017 年全国智库排名中,江苏省社会科学院在全国社科院系统中列第四位,在全国各类智库中列第十八位。

在崭新的起点上,我院将以习近平新时代中国特色社会主义思想为指导,不断学习贯彻落实中共十九大精神,深入研究全国及江苏改革发展稳定重大理论和实践问题,全面提升学术研究、理论阐释和决策咨询"三支笔"的水平,聚焦推进"两聚一高"新实践、建设"强富美高"新江苏,努力建设中国特色新型智库。为充分展现江苏省社会科学院的哲学社会科学研究成果,更好地推动江苏省经济社会文化发展,江苏省社会科学院与南京大学出版社合作推出江苏省社会科学院《社科文库》系列丛书。文库分六大板块,分别为

名家文存:整理本院知名学者专家学术成果,突出权威性、经典性、文献性。主要是通过梳理名家学术研究脉络,展现名家学术精神、学术理念和学人风采,为本院未来发展奠定基础。

青年文论:鼓励本院青年学者推出个人专著,其优秀博士论文亦可入选。以激发青年科研人员潜力,承前启后,不断打造精品学术成果,助力青年人才成长发展。

智库文集:以遴选汇编本院各智库研究精品成果、每年召开的智库论坛论文以及本院专家学者参加国内外其他智库会议论文为主,进一步扩大社会影响力,彰显本院对社会发展的责任担当。

学术文萃:以本院各研究所、各学科优秀学术性基础研究成果为主,主要通过遴选汇编本院专家学者历年来发表在国内外顶级学术期刊的学术文章,提升本院学术形象,扩大学术影响。

理论文丛:以阐释和解读马列经典文献及中央路线、政策、方针的理论性和创新性论文成果为主,主要遴选汇编本院专家学者发表在中央三

报一刊(《人民日报》《光明日报》《经济日报》及《求是》杂志)等党报党刊上的优秀论文,提升理论宣传水平与效果。

资政文汇:以密切关注我省经济社会发展的研究报告成果为主,主要遴选汇编发表在本院江苏发展报告、决策咨询报告、大运河智库以及其他单位重要决策报告等载体上的成果,特别是得到省委、省政府领导关注和批示的成果,以体现本院对江苏经济社会发展的贡献。

学术精神和价值理念是科研机构的灵魂。通过江苏省社会科学院文库工程,我们推出本院具有文献价值和学术价值的精品学术成果,既可以充分展现本院学术精神、学术理念和学人风采,进一步提升我院在学术界、理论界、智库界的影响力;又可以深度梳理我院学术研究脉络,有效盘活本院学术资源,承前启后,为将来的发展打下基础。社会科学研究归根到底是为了人的发展和社会的进步,希望本文库的出版能够为江苏经济社会文化发展做出应有贡献。

江苏省社会科学院《社科文库》编委会

2018 年 10 月

目 录

法学·政治学·社会学

1. 论大运河立法体系的构建 …………………… 夏锦文　钱宁峰　3
2. 程序正义之"看得见"与"感受到" ………… 夏锦文　刘立明　22
3. 全面建成小康社会的原创性贡献研究 ……… 夏锦文　吕永刚　41
4. 新一轮自贸试验区制度创新的趋势与路径研究 ……… 丁　宏　57
5. 新农保农民缴费选择的经济理性：政府—农民关系嬗变的视角
   ………………………………………………… 胡平峰　郭忠兴　70
6. 大数据时代政府治理何以转型 …………………………… 陈　朋　84
7. 基层治理中的局部空转：现象图景及其有效治理 ……… 陈　朋　94
8. 新时代党内问责的制度建构与路径选择 …… 王　里　双传学　109
9. 基本公共服务供给水平感知度与社会质量评价
   ………………………………………………… 徐　琴　黄永亮　120
10. 区域文化与经济的和合共生何以可能？
    ——以江苏为例 ………………………………………… 何　雨　137

1

11. 隔离的城市际性与都市圈一体化 ………… 陈友华 苗 国 156
12. 乡村振兴：认识误区、比较优势与制度变革
　　　　　………………………………… 陈友华 苗 国 169
13. 国家公园管理局组织设计的完善路径 ……… 钱宁峰 182
14. 非法集资犯罪"非法性"标准的重拾与展开 …… 刘 伟 195
15. 一体化防卫行为的要件认定研究
　　——以昆山反杀案等典型案件为对象的分析
　　　　　………………………………… 马 啸 方 明 210
16. 在"互镜"中寻求"合作"
　　——现代性视域中的规范伦理学与德性伦理学之争
　　　　　………………………………… 叶舒凤 韩璞庚 227
17. 慈善事业中的政府、慈善组织与公众
　　——公众微观认知的视角 ……………………… 毕素华 242

经济学

18. 人工智能与全要素生产率
　　——证伪"生产率悖论"的中国证据 …… 刘 亮 胡国良 255
19. 中国城镇化的现实图景、演进逻辑与未来展望 ……… 侯祥鹏 268
20. 中国金融结构与创新结构的适应性研究 …… 千慧雄 安同良 286
21. 收入不平等、金融包容性与益贫式增长 …… 赵锦春 范从来 308
22. 江苏如何深度融入全球创新网络 ……………… 王 维 李思慧 337
23. 双重价值链嵌入下的中国省级区域角色
　　——一个综合理论分析框架 ………………………… 黎 峰 349

文学·历史·哲学

24. 中国社会大众伦理道德发展的文化共识
 ——基于改革开放 40 年持续调查的数据 ……… 樊 浩 385
25. 南宋周应龙《文髓》考论 ……………………… 李 由 413
26. 王船山对儒家政治哲学的反思与重建
 ——以"理一分殊"重释《大学》"明德与新民"关系 …… 孙钦香 434
27. 文士治生视域下明清江南运河区域通俗文学的兴盛
 ………………………………………………… 徐永斌 449
28. 新见杨万里佚文《霜节堂记》考证 ……… 李 由 陈怡慧 468
29. 范成大与楼钥交游考论 …………………… 刘 蔚 470
30. 社会组织的历史形态及其运行机制
 ——以宗族组织为例 …………………… 丁惠平 485
31. 法兰克福学派与纳粹问题研究:批判的再考察
 ……………………………………… 冯 潇 张 亮 496
32. 从教师罢工现象看当代英国新自由主义治理范式的困境
 ……………………………………………… 莫 磊 510
33. 德行与成就:伊索克拉底"塞浦路斯演说"中的道德教育
 ……………………………………………… 胡传胜 527
34. 论开明派的小品散文 ……………………… 姜 建 542
35. 李希霍芬中国内陆至边疆商道考察与"丝绸之路"的命名
 ——以《李希霍芬中国旅行日记》为据 ……… 王 健 561
36. 江南文化的发展创新之路 ………………… 王 健 582

法学・政治学・社会学

论大运河立法体系的构建

夏锦文　钱宁峰*

摘　要　在现行的法律体系中,有关运河的称呼有"运河""大运河""中国大运河"乃至"古运河"等。这些名称代表了立法者对运河的基本认识和价值判断。从立法体系演变过程来看,大致可以区分为"运河立法体系"和"大运河立法体系"两个阶段。尽管大运河立法体系已经初具规模,但是仍然面临着立法对象不够清晰、立法目的把握不准、立法范围交叉重叠以及立法体系尚未成型等正当化难题。借鉴域外运河立法经验,大运河立法体系构建不能局限于世界文化遗产所确定的保护范围,而必须具有自己独特的视角:一是以大运河为立法对象,拓展大运河立法区域空间,开展大运河综合性立法;二是以大运河文化保护传承利用为立法目标,树立长尺度、跨区域保护发展立法理念;三是以大运河行政法规、地方性法规和规章为立法形式,形成大运河立法结构体系;四是以大运河保护、促进和管理为立法维度,使大运河规划和大运河立法相辅相成,相得益彰。

---

* 夏锦文,法学博士,南京师范大学法学院教授、博士生导师,江苏省社会科学院党委书记、院长,江苏高校区域法治发展协同创新中心、中国法治现代化研究院研究员。
钱宁峰,江苏省社会科学院法学研究所所长、研究员,大运河文化带建设研究院院务委员。

关键词 大运河 立法体系 立法目标 立法对象 立法范围

运河是一个地理概念,通常是指人工开凿的河流,其功能涵盖航运、灌溉、泄洪、排涝、给水等。从历史来看,运河名称多有变化[1]。当代立法通常采用"运河"术语,以此作为立法对象。随着"中国大运河"被确定为申报世界文化遗产的名称,"大运河"实现了从地理概念向文化概念的演变,由通俗概念上升为专有概念。随着大运河遗产保护立法的展开,我国逐渐形成了以大运河为立法名称和立法基础的大运河立法体系。特别是2019年初中共中央办公厅和国务院办公厅印发的《大运河文化保护传承利用规划纲要》不仅提出了推动大运河保护条例的立法任务,而且明确了严格执行文物保护法、非物质文化遗产法、水法、防洪法、航道法、水土保持法、环境保护法、水污染防治法、森林法等的要求。大运河立法不再局限于文化遗产保护,而是拓展到其他领域之中,推动大运河立法体系向纵深发展①。从立法研究角度出发,本文将侧重于分析现行法律、行政法规、地方性法规和规章中涉及大运河的条款,不涉及相关规范性文件,希望通过管窥大运河立法状况来探求大运河立法体系构建的一般规律。

一、立法体系的演变:从"运河立法体系"到"大运河立法体系"

我国自古以来就有完善的运河管理机构,形成了系统的运河管理规定[2],然而,大运河立法体系构建历史却不长。在现行有效的法律体系中,有关运河的称呼有"运河""大运河""中国大运河"乃至"古运河"等。这些名称的变化代表了立法者对运河的基本认识和价值判断。若从立法

---

① 笔者认为,应该进一步拓宽立法思路,从文化遗产保护立法扩展为文化遗产综合管理立法,激励对文化遗产的创造性转化和创新性发展,形成完备的大运河文化遗产保护、传承、利用的法律制度体系。参见夏锦文:《坚持系统思维运用法治方式 保护好流动的大运河文化带》,[北京]《人民日报》2018年12月24日,第7版。

体系演变过程来看,大致可以根据"运河"和"大运河"的阶段性演变,将立法体系区分为"运河立法体系"和"大运河立法体系"两个阶段。

(一)"运河立法体系"阶段

以1982年《宪法》颁布为起始,现行有效的法律、行政法规、规章和地方性法规曾广泛使用运河术语。根据我们整理,全国人大常委会、国务院、国务院组成部门、地方人大常委会和地方人民政府均进行了涉及运河条款的立法(见表1)。

虽然以运河为立法名称的做法不多,但是与运河相关的中央立法和地方立法已经形成了"运河立法体系"。这一阶段的运河立法体系主要有以下特点。

第一,运河是一个自然地理称谓。一方面,一些立法直接将运河名称规定在其中。例如,《太湖流域管理条例》第68条列举了"太浦运河",《防汛条例》第12条提到"漳卫南运河"。《内河运输船舶标准化管理规定》第5条和《山东省水陆交通条例》第9条、《徐州市水上交通安全管理条例》第35条、《江苏省港口条例》第14条、《苏州市旅游船艇交通安全管理办法》第12条等均提及"京杭运河"。《淮北市城乡规划条例》提及"柳孜运河遗址"。《山东省台儿庄古城保护管理条例》第3条、第12条、第21条提及"古运河"。《杭州市城市河道建设和管理条例》第2条提到"京杭运河"和"杭甬运河"。《北京市河湖保护管理条例》第7条、第11条和第16条提到了"北运河"。《江苏省通榆河水污染防治条例》第54条提到"新通扬运河""如泰运河""如海运河"。《苏州市航道管理条例》第13条和《江苏省苏南运河交通管理办法》提到"苏南运河"。《山东省取水许可管理办法》第13条提到"卫运河"和"韩庄运河"。《山东省实施〈中华人民共和国河道管理条例〉办法》第4条提到"漳卫南运河""韩庄运河""梁济运河"。这些特定的运河名称代表了一个地方对运河的称呼,在本质上是一个自然地理称谓。另一方面,立法大量使用"运河"术语,其实并不明确指称某一条运河,而是泛指所有运河,属于一种河道类型,同江河、湖泊、水库、渠道相类似。例如,《水污染防治法》第2条第一款规定:"本法适用于中华人民共和国领域内的江河、湖泊、运河、渠道、水库等地表水体以及地下水体的污染防治。"《内河交通安全管理条例》第91条第一项也规定："内河通航水域，是指由海事管理机构认定的可供船舶航行的江、河、湖泊、水库、运河等水域。"上述两种运河术语的使用都是将运河作为一个自然科学概念，在性质上属于自然地理称谓。

第二，运河是一个法域概念。在"运河立法体系"阶段，运河本身并没有被视为立法对象，而是法律适用区域。例如，《水法》第37条第一款规定："禁止在江河、湖泊、水库、运河、渠道内弃置、堆放阻碍行洪的物体和种植阻碍行洪的林木及高秆作物。"《水法》规范的禁止行为是弃置、堆放、种植行为，而运河只是禁止行为的适用区域。又如，《水污染防治法》第38条第一款规定："禁止在江河、湖泊、运河、渠道、水库最高水位线以下的滩地和岸坡堆放存贮固定废弃物和其他污染物。"该法所规制的行为也是堆放存储行为，运河只是禁止行为的场所。在这种情况下，运河只是法律适用区域，而不是立法规制的对象。

表1 涉及运河条款的立法一览表[①]

法律形式	制定主体	法律名称（简称）
法律	全国人大常委会	《水污染防治法》
		《水法》
		《固体废物污染环境防治法》
行政法规	国务院	《太湖流域管理条例》
		《防汛条例》
		《内河交通安全管理条例》
		《航道管理条例》
		《水污染防治法实施细则》

---

① 本表关于法律法规规章的统计，均来源于中国人大网法律法规库，以下不再另作说明。

(续表)

法律形式	制定主体	法律名称（简称）
部门规章	交通运输部	《内河运输船舶标准化管理规定》
		《内河渡口渡船安全管理规定》
		《海船船员适任考试和发证规则》
		《航道管理条例实施细则》
		《内河航标管理办法》
	水利部	《入河排污口监督管理办法》
地方性法规	山东省人大常委会	《山东省水路交通条例》
		《山东省台儿庄古城保护管理条例》
		《山东省实施〈中华人民共和国防洪法〉办法》
		《山东省取水许可管理办法》
		《山东省水污染防治条例》
	淮北市人大常委会	《淮北市城乡规划条例》
	浙江省人大常委会	《浙江省水上交通安全管理条例》
		《浙江省水污染防治条例》
		《浙江省水资源管理条例》
	杭州市人大常委会	《杭州市城市河道建设和管理条例》
		《杭州市生态文明建设促进条例》
		《杭州市苕溪水域水污染防治管理条例》
	重庆市人大常委会	《重庆市水资源管理条例》
	江苏省人大常委会	《江苏省通榆河水污染防治条例》
		《江苏省长江水污染防治条例》
		《江苏省港口条例》
	无锡市人大常委会	《无锡市旅游业促进条例》
	苏州市人大常委会	《苏州市航道管理条例》
	徐州市人大常委会	《徐州市水上交通安全管理条例》
	扬州市人大常委会	《扬州市古城保护条例》

(续表)

法律形式	制定主体	法律名称（简称）
	湖北省人大常委会	《湖北省水污染防治条例》
		《湖北省水路交通条例》
	北京市人大常委会	《北京市河湖保护管理条例》
	四川省人大常委会	《四川省水上交通安全管理条例》
	河北省人大常委会	《河北省水污染防治条例》
地方政府规章	江苏省人民政府	《江苏省电信设施建设与保护办法》
		《江苏省苏南运河交通管理办法》
	无锡市人民政府	《无锡市清名桥古运河景区管理办法》
		《无锡市水利工程管理办法》
	苏州市人民政府	《苏州市旅游船艇交通安全管理办法》
	河北省人民政府	《河北省水功能区管理规定》
	沈阳市人民政府	《沈阳市运河风景区管理办法》
	山东省人民政府	《山东省京杭运河航运污染防治办法》
		《山东省实施〈中华人民共和国河道管理条例〉办法》
	南昌市人民政府	《南昌市城市管理相对集中行政处罚权实施办法》

第三，与运河相关的立法领域众多。从上述立法来看，与运河相关的立法领域众多，大致有以下几类：一是水体立法，涉及水本身、水污染防治、入河排污口监督管理、防洪、水资源管理、水功能区管理；二是环境立法，涉及固体废物污染环境防治、生态文明建设；三是海事诉讼立法，涉及运河规费和费用、海船船员适任考试和发证；四是航道管理立法，涉及航道管理、内河渡口渡船安全管理、内河航标管理、水上交通安全管理；五是旅游立法，涉及水上旅游航线和产品的开发、运河风光带、运河风景区、古运河保护；六是通信设施立法，涉及电信设施建设与保护等。这些领域虽然没有囊括所有行政管理事项，但是仍然非常广泛。需要注意的是，许多立法虽然没有专门的运河条款规定，但是仍然适用于运河区域。

(二)"大运河立法体系"阶段

从时间顺序来看,"大运河立法"要晚于"运河立法"。之所以出现这种现象,与大运河申请世界文化遗产具有密切联系。2012年8月14日,文化部以部门规章形式公布了《大运河遗产保护管理办法》①。在这一部门规章的引导下,各地纷纷开展大运河立法。在地方政府规章方面,有《宁波市大运河遗产保护办法》《山东省大运河遗产山东段保护管理办法》《洛阳市大运河遗产保护管理办法》《大运河扬州段遗产保护办法》等。在地方性法规方面,则出现了《杭州市大运河世界文化遗产保护条例》《嘉兴市大运河世界文化遗产保护条例》《常州市历史文化名城保护条例》《扬州市河道管理条例》《宁波市历史文化名城名镇名村保护条例》《淮安市大运河遗产保护条例》等。至此,有关运河或大运河的立法从"运河立法体系"阶段进入"大运河立法体系"阶段。综合来看,这一阶段的大运河立法体系呈现出以下特点。

第一,大运河成为一个特定的立法概念。大运河立法的出现意味着大运河不再局限于运河地理概念,而是一个综合性概念,既有地理特征,又有文化特征。出于申请世界文化遗产的需要,大运河或者中国大运河已成为一个固定称谓,是隋唐大运河、京杭大运河、浙东运河的总称。这一集合称谓不仅意味着大运河体现了运河的地理范围,而且标识了运河的历史文化内涵。正因为如此,以大运河为名称的立法得以出现,一些即使不以大运河为名称的立法在条款中也采用了大运河名称。例如,《常州市历史文化名城保护条例》第8条规定历史文化名城保护名录包括中国大运河(常州段);第20条规定历史文化名城保护规划应当保护大运河水利工程遗产、沿线物质文化遗产、聚落遗产、非物质文化遗产、生态和景观

---

① 从立法史角度来看,最早将"大运河"写入立法(包括立法性质的决定)中的,是2001年8月24日江苏省第九届人大常委会第二十五次会议通过的《江苏省人大常委会关于限制开山采石的决定》。其规定,下列区域、地段列入禁止开山采石区:本省境内长江、淮河、大运河、太湖等主要流域性河流两岸、湖泊岸线和水库、堤坝至两侧自然地形的第一层山脊及水土流失重点防治区范围内。同年12月27日,江苏省人大常委会通过的《关于加强环境综合整治推进生态省建设的决定》也提到"京杭大运河"。

环境;第21条规定历史城区保护规划不仅保护由古运河、明运河和关河及内子城、外子城、罗城、新城组成的城垣形制,而且保护大运河、关河、锁桥河以及其他市河的走向、宽度、驳岸、附属设施、滨水两侧按规划确定的建筑高度和界面。该条例不仅提到"大运河",而且提到"古运河""明运河",实际上肯定了"大运河"作为一个特定概念的独特性。

第二,大运河遗产成为立法对象。大运河立法的重点是大运河遗产,相关立法对此进行了界定。《大运河遗产保护管理办法》第2条规定:"本办法所称大运河遗产,包括隋唐运河、京杭大运河、浙东运河的水工遗存,各类伴生历史遗存、历史街区村镇,以及相关联的环境景观等。近代以来兴建的大运河水工设施,凡具有文化代表性和突出价值的,属于本办法所称的大运河遗产。"《洛阳市大运河遗产保护管理办法》第2条规定:"本办法所称大运河遗产,包括洛阳市域内、与隋唐大运河密切相关的仓储遗迹、桥梁河道、水工遗存以及各类伴生的历史遗存和文化景观等。"《宁波市大运河遗产保护办法》第3条规定:"本办法所称的大运河遗产,是指本市行政区域内浙东运河上的水利工程遗存,各类伴生历史遗存、历史街区、历史村镇以及各类相关的环境景观等。近代以来在浙东运河上兴建的具有文化代表性和突出价值的水利工程设施,也属于本办法所称的大运河遗产。"《山东省大运河遗产山东段保护管理办法》第3条规定:"本办法所称大运河遗产山东段,是指与京杭大运河(以下简称大运河)相关的水工遗存,各类伴生历史遗存,历史文化名镇、名村,历史文化街区,环境景观,以及近代以来兴建的、具有文化代表性和突出价值的水工设施。"《嘉兴市大运河世界文化遗产保护条例》第2条第二款规定:"本条例所称大运河遗产,包括:(一)遗产河道:苏州塘、嘉兴环城河、杭州塘、崇长港、上塘河;(二)遗产点:长虹桥、长安闸。"《杭州市大运河世界文化遗产保护条例》第2条第二款规定:"大运河遗产包括:(一)大运河河道:杭州塘、上塘河、中河、龙山河、浙东运河西兴段等;(二)大运河水工设施遗存:拱宸桥、广济桥、凤山水城门遗址、西兴过塘行码头等;(三)大运河附属遗存:富义仓等;(四)大运河相关遗产:桥西历史文化街区;(五)其他依法补充列入的遗产要素。"《淮安市大运河遗产保护条例》第2条第二款规定:"本条例所称大运河文化遗产,包括:(一)列入大运河世界文化遗产的清口枢纽片区,包括淮扬运河淮安段河道(里运河、里运河故道、古黄河、中运河、张福河)和清口枢纽、双金闸、清江大闸、洪泽湖大堤遗产点;(二)列入大运河世界文化遗产的总督漕运公署遗址片区;(三)大运河世界文化遗产以外的大运河河道,板闸遗址等其他水工遗存,泗州城遗址、第一山题刻等各类伴生历史遗存,历史街区村镇,以及相关联的环境景观等;(四)近代以来兴建的具有文化代表性和突出价值的大运河水工设施;(五)列入淮安市大运河文化遗产保护名录的其他物质文化遗产和非物质文化遗产。"从上述规定来看,大运河遗产始终是立法对象,遗产范围却有大有小。其中,规章所涉及的大运河遗产是所有与大运河有关的历史遗存,甚至包括环境景观,而地方性法规所涉及的大运河遗产主要是列入世界文化遗产范围的遗产,两者存在一定的差异性。

第三,大运河遗产保护是立法内容。大运河立法内容主要是大运河遗产保护,这种保护不仅涉及大运河遗产,也涉及大运河遗产环境。从立法来看,主要包括以下内容:一是大运河遗产保护目的、原则和目标;二是大运河遗产保护的组织体系,包括大运河保护联席会议、文物主管部门和相关主管部门的职责;三是大运河遗产保护制度,包括公众参与保护制度、遗产基金管理制度、遗产调查制度、遗产保护规划制度;四是遗产保护管理问题解决机制,包括协调会议制度、监测巡视制度、保护警示名单制度、法律责任条款等。在此基础上,各地在立法过程中也有针对本地情况增加的相应内容。从总体来看,大运河立法内容正在从侧重于政府管理向全方位保护发展。大运河立法价值的变迁与大运河申遗成功前后的不同目标取向有关,在申遗成功以前侧重于遗产保护管理,而在申遗成功之后则采取遗产保护、传承、利用并重的新目标。

二、大运河立法的正当性及其体系化难题

尽管"运河立法体系"向"大运河立法体系"的演变没有完全影响有关立法对运河的关注,因为"大运河立法"出现之后"运河立法"始终沿着自己的立法规律运行,但是"大运河立法体系"的出现,使得在原有的运河立法中产生了一种独特的立法类型。那么,"大运河立法"能否成立?是否可以在大运河遗产保护立法基础之上建立相对独立的大运河立法体系?诸如此类问题摆在了人们的面前。我们认为,不仅应该首先重视保护大运河,而且要通过有力措施传承利用好大运河文化。这一建设任务显然不是大运河遗产保护所能涵盖的。如果大运河立法仅局限于大运河遗产保护,那么,是否意味着大运河文化带建设所需要的立法资源只需要通过其他立法就可以得到满足?显然,大运河立法尚存在一些有待于梳理的问题。

一是大运河立法对象不够清晰。立法对象的确定是立法必要性的前提。运河立法通常提及"运河",但并不是将其作为立法对象,而是作为一个法律适用区域来认识的。而"大运河"虽然也具有运河的地理特征和法律适用区域特征,但更多地表达了通过大运河遗产来认识大运河独特魅力的蕴意。不过,如果将遗产作为保护对象,那么大运河遗产在现有文物保护立法和非物质文化遗产保护立法中已经有相应条款予以保护,又何须通过专门立法予以强调?若将大运河作为立法对象,那么在立法上是否可以单独制定《大运河保护法》或者《大运河保护条例》之类的法律法规?《大运河文化保护传承利用规划纲要》提出的《大运河保护条例》显然不能如以往立法那样仅限于大运河遗产保护,而应该以大运河作为立法对象。只有界定好立法对象,才能保证立法体系的科学安排。

二是大运河立法目的把握不准。立法目的是确定立法方向的关键。如果缺少对立法目的的把握,一方面将难以科学把握立法规律,不利于立法效果的实现;另一方面一旦将缺乏明确目的的立法纳入议事日程,将带

来立法资源的浪费和立法成本的增加。严格来说，由于运河立法通常将运河视为一个自然地理概念，所以其本身难以具有关涉运河的独立的立法目的。即使专门规范运河的立法，其立法目的和运河本身特点并无联系。例如，《江苏省苏南运河交通管理办法》所涉及的航道管理、交通安全管理和运输管理在上位法中均详细涉及，在某种意义上只是对运河区域的具体情况进一步细化。但是，大运河立法的立法目的却并不是可有可无的，其立法目的应当指向大运河本身。若缺乏大运河立法目的，也就失去了立法的正当性。例如，《大运河遗产保护管理办法》的立法目的有三个，分别是"加强对大运河遗产的保护""规范大运河遗产的利用行为""促进大运河沿线经济社会全面协调可持续发展"。由于大运河遗产保护立法偏重于遗产保护，对于其他两个立法目的的实现意义有限，而后者实际上已经超出了保护范围，属于大运河立法考虑的范围。这种考量包含了保护、传承和利用三个方面的目的。大运河立法的立法目的如果仅侧重于保护目的，那么不免落入文物保护立法的窠臼，难以实现大运河文化带建设的多重目标。

　　三是大运河立法范围交叉重叠。在运河立法中，涉及运河的立法领域是非常广泛的，其大致涵盖了水法、环境法、文化法以及交通法。而在大运河立法中，其内容相对集中于大运河遗产保护。虽然这种保护领域非常广泛，但是主要针对的是大运河水工遗存及其景观环境。这种水工遗存及其景观环境是大运河立法真正需要的保护内容。然而，随着大运河立法空间的拓展，大运河立法已经不再满足于遗产保护范围，而必须向大运河区域经济社会文化生态等领域拓展。这就不能不考虑大运河立法所能涵盖的立法范围。如果将大运河文化带建设规划内容均纳入大运河立法之中，又会使立法成为政策的确认者，难以保证立法的科学性。若仍然停留在遗产保护领域，那么，大运河立法体系就不可能构建。现在许多大运河立法开始考虑将文物保护、生态保护、文化旅游发展、经济发展、民生保障等内容纳入其中，这些政策性目标和内容虽然从促进法角度来考虑具有激励效果，但是不一定能够提出有针对性的立法条款。所以，大运河立法内容面临着政策和法律混淆的尴尬。

四是大运河立法体系尚未成型。要形成一个完整的立法体系,就必须具有相对独立的立法空间,否则这种立法空间会和其他立法相互重叠,抹杀了该立法体系存在的充分条件。从严格意义来说,在运河立法中,由于运河不是立法对象,其体系化空间可以说无所作为。而若将大运河作为立法对象,就必须划定大运河立法体系的边界。由于大运河始终是与世界文化遗产相联系的,世界文化遗产规定的独特性赋予了大运河立法体系的相对独立性。正因为如此,有学者认为京杭运河法律保障体系主要可分为以下四个层面:与京杭运河遗产保护相关的法律法规,相关法律法规,国际公约及宪章,京杭运河遗产保护行业规范、准则[3]。这种做法为大运河立法体系提供了发展空间。除了大运河遗产专门立法,一些立法也开始将大运河遗产保护纳入相应条款之中。例如,《淮安市文物保护条例》第26条规定:"在世界文化遗产核心区内不得进行与世界文化遗产保护无关的工程建设。在世界文化遗产缓冲区内不得建设危害世界文化遗产安全或者影响世界文化遗产环境风貌的设施。在世界文化遗产核心区、缓冲区内进行建设的,应当按照世界文化遗产的保护要求和国家、省、市有关世界文化遗产保护规划要求,实行建设项目遗产影响评价制度,依法履行报批手续,建设单位应当严格按照报批许可的方案实施。"又如《苏州国家历史文化名城保护条例》第23条规定:"贯通历史城区内部河道以及内部河道与外围水系,保护历史城区'三纵三横一环'的骨干水系,合理恢复重要历史河道,不得填堵现有河道。保护大运河(苏州段)世界文化遗产。保护环古城河及两侧风貌保护带。实行河道日常保洁,定期开展河道清淤,保持河道活水畅流,改善河道水质。"再如《扬州市河道管理条例》第21条第三款规定:"大运河扬州段列入世界遗产保护范围的河道,进行河道或者航道整治,应当符合大运河世界遗产的保护要求。"这些立法虽然将大运河纳入立法之中,但是到底哪些立法与大运河有关事实上难以明确。尽管《大运河文化保护传承利用规划纲要》已经列举了具体法律名称,但是大运河立法体系构建若受限于已有立法,将难以凸显大运河自身的价值。

三、域外运河立法体系的相关经验

同中国大运河一样被列入世界文化遗产的运河还有许多,如1996年列入的法国南方运河①、1998年列入的比利时路维勒和鲁尔克斯主运河上的4座水闸及其环境、2007年列入的加拿大丽多运河②、2009年列入的英国旁特斯沃泰水道桥与运河、2010年列入的荷兰辛格尔运河以内的阿姆斯特丹17世纪同心圆形运河区等[4]。即使未列入其中,一些国家的运河也引起众多关注,如美国的伊利运河、埃及的苏伊士运河和巴拿马的巴拿马运河。围绕着运河所展开的法律问题,既涉及国内法问题,也涉及国际法问题,从不同角度构建了运河立法体系。综合来看,域外运河立法体系呈现出以下主要特点。

其一,运河的国际立法和国内立法紧密相关。运河之所以受到普遍关注,在一定意义上是受到了国际法的深刻影响。一方面,许多运河被列入世界遗产名录之中,必须受到联合国教科文组织《保护世界文化和自然遗产公约》所衍生的条约法体系的约束。另一方面,一些运河所具有的战略地位也影响了国际关系,在一定意义上形成了众多规范运河航道运行的条约法体系。例如,1921年4月20日在巴塞罗那签署的《国际性可航水道制度公约及规约》就涉及运河条款,其规约第1条规定,为补救水道的缺陷而开凿的分支运河应视作该水道的一部分,适用相同规定。这两大条约法体系影响了许多国家国内运河立法。这里以苏伊士运河和巴拿马运河为例。虽然1956年7月26日埃及共和国通过了关于国际苏伊士运河公司国有化的第二八五号法令,但是法律体系上仍然受到国际航道条约的约束[5]。而巴拿马运河也同样如此。特别是在美国归还巴拿马运

---

① 通常翻译为米迪运河,后面论述采用此译名。
② 通常翻译为里多运河,后面论述采用此译名。

河过程中,相关运河立法层出不穷,既有美国国内立法,也有美国和巴拿马共和国之间的条约,前者如1960年2月2日美国第86届国会以382对12票通过的《重申保护美国在运河区主权的决议案》,后者则有最终解决争议问题的《巴拿马运河条约》和《巴拿马运河永久中立和营运条约》[6]。这些事例说明运河国际立法和国内立法之间往往互相联动,难以分开,任何一方立法均必须考虑对另一方立法的影响。

其二,运河的中央立法和地方立法互为补充。从总体来看,虽然各国运河众多,但是有针对性地制定运河立法并不多见。运河立法很大程度上从属于既有法律体系,这并不意味着对运河立法的忽视。相反,许多国家以宪法、法律、行政命令等形式对运河专门制定了运河条款或者运河条例乃至运河命令。在宪法方面,有些国家将运河纳入宪法规定之中。例如,《巴拿马共和国宪法》第14章9个法律条款和第15章最后及临时规定中列明一项条款对运河立法体系做出规定:一方面,巴拿马运河通行的适用将受制于本宪法、法律和其行政管理的规定要求和条件,同时,巴拿马运河机构可以对宪法规定的体制作出规定;另一方面规定,"本宪法没有反对的,巴拿马运河机构结合其存在1999年12月31日的巴拿马运河委员会的行政运营组织,包括其部门、职位、职务、原则的生效、规定和集体协议的生效,直到法律规定修改为止"[7]。在法律方面,一些国家专门制定了运河立法。在这方面,美国最为典型。美国于1984年、1986年、1996年、2000年分别建立了伊利诺伊州和密歇根州运河遗产廊道、特拉华州和里海通航运河遗产廊道、俄亥俄和伊利运河国家遗产廊道、伊利运河国家遗产廊道四条廊道[8]。这些国家遗产廊道均由立法保障。例如,2000年12月,美国国会通过了伊利运河国家遗产廊道法案,其保护对象包括伊利、卡普兰、卡尤加塞内卡和奥斯威戈的524英里通航运河,阿尔巴尼和布法罗的废弃运河段落,以及塞内卡和卡尤加等通航湖泊;保护范围覆盖了运河沿线的234个市镇[9]。值得注意的是,该运河遗产廊道立法仅仅是美国国家遗产廊道立法体系的一部分,因为美国国家遗产廊道相关的法律大致为三类:主干法、专门法、相关法。而专门法又可以分为遗产廊道(区域)一般法和遗产廊道(区域)授权法两类[10]。在行政命令方面,一些国家负责运河管理的部门也会有针对性地制定运河行政命令。例如,加拿大就通过授权赋予相关部门制定规章,如《保留地主管机关法第166号规章:里多运河水道填充、建设、调整规章》。在此基础上,各地方也会运用相应的立法权制定运河相关规定,如美国纽约州就专门制定了《运河法》。这样,无论是中央立法还是地方立法,围绕运河所展开的立法工作可以起到互相补充的作用。

其三,运河政策制定和运河立法界限分明。在运河立法过程中要特别注意政策和法律的差异,这种差异决定了运河立法本身的科学性。尽管各国均有大量的运河政策,但是在立法上却是非常谨慎的。例如,加拿大对历史运河规定非常详细,分为历史运河政策和历史运河规章。"历史运河政策由加拿大公园局制定。由于运河的作用已不再仅仅是运输与商业功能,更多的是以自然和文化空间的特征出现在人们的休闲活动中。因此,运河管理权由过去的交通运输部转向加拿大公园局,更加重视其自然与文化遗产特征,并保持航运功能。"[11]而"《历史运河规章》是加拿大公园局对历史运河的管理、保存、恰当使用和保护的准则。《历史运河规章》包括总则、行为与地区的控制、航运、运输、强制措施和处罚措施。它原本是由加拿大运输部制定。其中,监督人的职责在于保护文化资源、自然资源、(工程构筑物)结构、设备和历史运河中的考古物;保证船只航行安全和历史运河的水闸、水坝、桥梁的安全使用;历史运河的相关人身安全;保护历史运河的野生动物和产卵;保护历史运河的历史特征。监督人行使的权利包括:保护文化资源、自然资源、结构、设备和有关物体,保证船只安全,水闸、水坝、桥梁安全,人身安全,在保护野生动物及其产卵的目的下设置标识;在保护以上要求安全的基础上关闭或限制向公众开放历史运河的某些地段,并发布关闭、限制开放或特殊安排的通告。治安机构的权利即对相关条文的活动的许可"[11]。虽然规章严格意义上并不属于立法范畴,但是政策与法律之间的界限是非常清晰的。运河立法始终是以法律问题解决为导向的,从法律角度制定运河立法,而不是简单地阐述运河政策。例如,美国纽约州制定的《运河法》就分为第1章简称和定义、第1-A章关于纽约州的法律授权、第2章运河公司的权力、第3章运河工程、第4章运河合同、第5章为运河系统购置财产、第6章放弃运河土地、第7章桥梁和公路、第8章运河航行、第9章运河账目、第10章许可、第11章运河员工、第12章损害、第13章运河娱乐委员会、第14章保留条款;法律废除①。上述各方面均属于运河立法所要解决的法律问题。而法国适用于运河管理的有两部法律,即《法国公共水域及运河条例》和《个人集体所有权普适条例》。《法国公共水域及运河条例》普遍适用于法国的自然河流及运河,其中第235至246条是专门针对米迪运河管理的。这些条款对于米迪运河遗产构成,运河上的水利设施、附属建筑物的管理权属以及维护运河的具体单位做了详细的阐释。而《个人集体所有权普适条例》则是对个人和国有财产所有权及管理权属做了阐释[12],其内容也是关于运河设施的管理和权属、财产所有权等法律问题。这说明运河立法要运用法律思维来制定,而不是简单地将政策写入立法之中。

四、构建大运河立法体系的基本方向

基于大运河在世界文化遗产中的独特地位,大运河立法体系构建毫无疑问具有充分的正当性。这种正当性并不是来自立法对大运河的确认,而是来自大运河自身的特征。目前,大运河作为我国第46个世界遗产项目,覆盖了中国6个省、2个直辖市、27座城市,大运河河道遗产27段,以及运河水工遗存、运河附属遗存、运河相关遗产共计58处遗产点,河道总长度1011千米。这为大运河立法体系构建提供了现实需求和立法动力。但是,大运河立法体系的构建不能局限于世界文化遗产所确定的保护范围,而必须具有自己独特的视角。在这方面,2019年11月29日江苏省第十三届人大常委会第十二次会议通过的《江苏省人民代表大

---

① 参见美国纽约州《运河法》。该文由南京师范大学法学院韩玉亭翻译,特此致谢。

会常务委员会关于促进大运河文化带建设的决定》在拓展大运河立法空间方面做了有益探索。笔者以为,大运河立法体系的构建需要把握以下几个方面:

第一,以大运河为立法对象,拓展大运河立法区域空间。纳入世界文化遗产的大运河遗产并没有覆盖所有大运河区域,很多具有地域文化特色的文化遗产没有被纳入。在这种态势下,大运河立法就不能局限于遗产保护层面,而必须将整个大运河区域作为立法对象,从而囊括大运河沿线地区经济社会文化生态领域。只有这样,才能把河道遗产、运河水工遗存、运河附属遗存、运河相关遗产实现整体保护,立体发展。实际上,现行大运河遗产保护立法已经注意到纯粹将大运河遗产作为立法对象过于狭窄,进而将历史街区村镇和与之相关联的环境景观均纳入其中,这就大大扩大了大运河遗产保护范围,为大运河立法体系构建做了铺垫。

第二,以大运河文化保护传承利用为立法目标,树立长尺度、跨区域保护发展立法理念。大运河文化保护传承利用既要充分利用大运河文化载体设施,也要通过创新性转化实现大运河经济社会文化生态和谐发展。该目标的实现若仅限于大运河遗产保护,则必然不利于大运河文化的保护传承利用。同时,大运河属于线性文化遗产,具有长尺度、跨区域的特点,必须实现整体保护、系统传承、综合利用。这就要求大运河立法应当树立立体立法理念,防止各地区各自为战,造成大运河割裂式立法。在这方面,应该充分借鉴国外遗产廊道理念,以遗产廊道理念贯穿大运河立法体系。具体来说,结合大运河文化带建设规划,根据遗产、河道、城镇等布局科学规划,实现保护、传承和利用有机结合。

第三,以大运河行政法规、地方性法规和规章为立法形式,形成大运河立法结构体系。目前,围绕大运河文化带建设,中央和地方相继制定和出台了大运河文化带建设规划,这些规划为大运河立法提供了政策性参考。考虑到大运河的特殊性和我国的立法体制,大运河立法要充分发挥中央和地方的立法积极性,多层次开展立法,形成一个专门领域的立法体系。在宪法和法律精神指导下,通过专门的大运河行政法规、地方性法规和规章制定，夯实大运河文化保护传承利用的法律基础。在行政法规方面，考虑到中央大运河文化带建设规划已经明确以行政法规形式制定大运河保护条例，可以在立法思路和内容上进行拓展，为下位法制定提供法律依据。在地方性法规方面，沿大运河地区的省市和设区的市要充分利用地方性法规促进本地区大运河立法工作。在规章方面，既要积极推动涉及大运河领域的部门规章制定，也要强化沿大运河地区的省市和设区的市政府规章的细化功能。只有通过不同立法形式的相互补充，才能为大运河立法提供科学的立法结构体系。

第四，以大运河保护、促进和管理为立法维度，使大运河规划和大运河立法相辅相成，相得益彰。考虑到不同立法形式侧重点的差异，要有序地形成大运河保护立法、促进立法和管理立法三个维度。大运河保护立法的重心是大运河遗产保护，包括大运河水工遗存、伴生历史遗存以及环境景观等，其主要规定大运河遗产保护组织、大运河遗产类型、大运河遗产损害行为及其法律责任的设定。大运河促进立法侧重于推动大运河沿线经济社会文化生态可持续发展，包括大运河交通运输、大运河文化旅游、大运河生态环境等，其主要规定大运河文化带建设目标、大运河文化带建设规划制定、大运河文化带建设领导体制和运行机制等。大运河管理立法则要结合各级政府及其部门行政管理职责，明确其在大运河保护传承利用过程中的具体职责，明确不同行政机关管理大运河的方式和手段，真正推动大运河立法落到实处。在立法过程中，要充分注意政策与法律之间的差异，防止政策的简单法律化，真正发挥大运河立法的激励功能。

大运河立法体系的构建是一项全新课题。大运河作为世界文化遗产的独特性决定了其在经济社会文化生态等方面的独特价值，需要从立法理念、立法制度乃至立法技术等方面创新思路，从大运河文化遗产保护立法扩展为大运河文化保护、传承、利用综合立法，激励对文化遗产的创造性转化和创新性发展，形成完备的具有中国特色的大运河文化法律制度体系，从而更好地统筹推进大运河文化的保护、传承和利用。

本文为江苏省重点高端智库大运河文化带建设研究院专项研究课题重点项目"大运河文化带建设立法思路与模式研究"及江苏高校区域法治发展协同创新中心、中国法治现代化研究院阶段性成果。原载于《江苏社会科学》2020年第4期。本文被《新华文摘》2020年第21期全文转载。

参考文献：

[1] 顾丽娟.京杭大运河名称考[J].浙江海洋学院学报(人文科学版),2014(4).

[2] 才惠莲.古代运河治理对我国流域管理立法的启示[J].湖北社会科学,2005(7).

[3] 谭徐明.中国大运河文化遗产保护技术基础[M].北京:科学出版社2013年版,第128页.

[4] 孙克勤.世界文化与自然遗产概论(第二版)[M].北京:中国地质大学出版社,2012.

[5] 赵理海.苏伊士运河问题与国际法[J].法学研究,1957(1).

[6] 翟晓敏.美国为何归还巴拿马运河——1977年美巴运河条约评析[J].世界历史,2005(4).

[7] 朱福惠,胡婧.世界各国宪法文本汇编(美洲、大洋洲卷)[M].厦门:厦门大学出版社,2015.

[8] 俞孔坚.京杭大运河国家遗产与生态廊道[M].北京:北京大学出版社,2012.

[9] 奚雪松,陈琳.美国伊利运河国家遗产廊道的保护与可持续利用方法及其启示[J].国际城市规划,2013(4).

[10] 龚道德,袁晓园,张青萍.美国运河国家遗产廊道模式运作机理剖析及其对我国大型线性文化遗产保护与发展的启示[J].城市发展研究,2016(1).

[11] 周珊.加拿大遗产河流保护体系分析与启示[J].水利规划与设计,2018(4).

[12] 万婷婷,王元.法国米迪运河遗产保护管理解析——兼论中国大运河申遗与保护管理的几点建议[J].中国名城,2011(7).

程序正义之"看得见"与"感受到"

夏锦文 刘立明*

摘 要 相信"正义必胜"的情感信念是英美人追寻程序正义的动机,是程序正义"看得见"的逻辑起点;而站在当事人及社会公众的立场上,"看得见的正义"之逻辑归宿却在于"感受到"。在中国的现实司法语境中,"让人民群众在每一个司法案件中感受到公平正义"的理论重心就在于"感受到程序正义",但其"感受到"的机理需要在程序正义与结果正义及司法信任的复杂互动关系中予以把握。让人民群众感受到程序正义的实践进路应该更关注程序正义的主观侧面,要尽力避免社会公众产生"程序非正义"的想象,努力提升人民群众的"程序获得感",不断强化法官的职业伦理素养。

关键词 程序正义 看得见 感受到 司法信任 获得感

跨学科的研究推动了程序正义理论的发展。社会心理学的实证研究

---

* 夏锦文,法学博士,南京师范大学法学院教授、博士生导师,江苏省社会科学院党委书记、院长,江苏高校区域法治发展协同创新中心、中国法治现代化研究院研究员。
刘立明,南京师范大学法学院博士研究生,菏泽学院政法学院副教授。

所提出的客观程序正义与主观程序正义的区分①，无疑为我们全面深入地认识程序正义提供了一个独特的视角。客观程序正义即是学界通常所言的"看得见的正义"，主观程序正义即指"感受到的正义"。与"看得见的正义"相比，"感受到的正义"更为关注程序参与者与观察者对法律程序的主观感受及其对程序公正性的道德判断，更强调法律程序的实质性及司法的道德性。虽说"参与即正义"乃程序正义之精髓，然而"参与"的客观规范标准与主观感受标准之间在实践中存在明显的张力。且就程序正义的感受而言，中国民众与英美民众对程序正义的预期与感知可能存在不同的认知机理。因此，我们有必要立足本国国情，借鉴主观程序正义现有的实证研究结论，探究程序正义从"看得见"到"感受到"的内在逻辑，把握主观程序正义在本土发展的内在机理，从而探索让人民群众在每一个司法案件中感受到程序正义的现实进路。

一、"看得见的正义"之内在逻辑

学界通常用"看得见的正义"指称程序正义，它源自英国法中一句古老的格言："正义不仅要实现，而且要以人们看得见的方式实现。"②对这句法谚的理解，学界通常结合英美普通法系的司法传统，把重点放在后半句即"看得见的方式"上，认为从司法实践的逻辑来看，"审判结果是否正

---

① 参见 John Thibaut, Laurens Walker, "A Theory of Procedure", *California Law Review*, Vol. 66(1978). 学界认为美国社会心理学教授蒂博(Thibaut)与法学家沃克(Walker)首次提出了客观程序正义与主观程序正义的区分，参见苏新建《主观程序正义对司法的意义》，《政法论坛》2014 年第 4 期。而另有观点认为，林德与泰勒"明确区分了客观性程序正义与主观性程序正义"，参见邓继好《程序正义理论在西方的历史演进》，法律出版社，2012 年，第 170 页。

② 学界通常认为，这句话源自英国 1923 年"国王诉苏塞克斯"案件中大法官休厄特勋爵提出的"以看得见的方式实现正义"这一说法，参见[印]阿玛蒂亚·森《正义的理念》，王磊、李航译，中国人民大学出版社，2012 年，第 366 页。另外，据徐亚文考证，在 1912 年英国的"贝勒斯上诉案"中法官阿沃瑞也曾表达过这句法谚，参见徐亚文《程序正义论》，山东人民出版社，2004 年，第 9 页。

确并不以某种外在客观的标准来加以衡量,而充实和重视程序本身以保证结果能够得到接受则是其共同的精神实质"[1]。其立意的逻辑基点是,实质正义在案件裁判形成之前具有不确定性,而法律程序往往具有明确具体且可操作的独立判断标准。从一般意义上来看,现代社会的价值多元化使得我们很难在实质层面上实现价值的统一,程序似乎是我们唯一能达成一致的地方。因此,站在理性人的功利主义立场上,无论是法律职业者、当事人还是社会公众,当然更倾向于选择后者。依循此种逻辑,无论是程序工具主义、程序价值主义与综合性程序价值理论之间的分歧,还是罗尔斯与哈贝马斯之间、卢曼与哈贝马斯之间的论战,终归是"萧墙里的纠纷"而已。争论之后留给我们的,仍然是关于程序正义基础的逻辑追问。如果认为"程序的非程序性基础是契约","程序正义的基础是形式理性加上对分配公平与否、和解成立与否的直觉判断",[2]那么人们为什么要达成有关程序的契约?这里的直觉又是什么?

回到那句古老的法谚,从"看得见"的原始语言逻辑上来看,无论是英文中的"not only ... but(also)"①还是汉语中的"不仅……而且",都表示了"正义(实质正义)要实现"与"看得见的方式"之间的递进关系,即"看得见的方式"是在"正义要实现"的基础上提出的更深更高的要求。从其产生的历史背景来看,休厄特法官是在对自然正义两原则之一即"一个人不能做自己案件的法官"的讨论中道出了上述法谚,该原则的目的显然在于祛除法官个人偏见。正如法官勒什所言,"法律之所以设定这条金规铁律,考虑更多的恐怕不是可能引起法官产生偏见的动因,而是当事人心理上的敏感。在任何情况下,都必须以排除一切可能引起对法庭怀疑和不信任的因素,促进当事人对司法活动的信任感为目标,因为当事人对司法活动的信任感对社会秩序和安全至关重要"[3]。之所以要排除一切可能引起对法庭怀疑和不信任的因素,其目的就是要增进民众对司法活动的

---

① 法谚的原文是"Justice should not only be done, but should manifestly and undoubtedly be seen to be done",参见徐亚文《程序正义论》,山东人民出版社,2004年,第9页。

信任感,因为信任才可以保证民众"看得见"的程序正义。正如冯象所言,程序之所以能够成为正义的蒙眼布,"是因为我们先已信了'司法纯靠理智',希望法治的正义来自'理性之光'"。[4]对程序观念的这种认知,已经得到了来自社会心理学实证研究的证实。如泰勒等人的研究发现,如果当事人在一开始就不信任法庭,那么程序正义对当事人的影响就会减弱。事实上,人们之所以会信任法律程序,除了获得中立平等的对待、被倾听和有机会陈述等程序上的满足之外,获得结果正义的满足亦是一个重要的影响因素。如福尔杰等人的实证研究发现,当研究对象认为程序结果不公平且其他人支持该观点时,他们就没有表现出任何涉及程序公平或分配公平的程序增强效果。[5]泰勒的实证研究也证实,在(程序正义的)两种模式(自利模式与群体价值模式)中人们都无法放弃"人们关心结果"这个假定,"结果驱动对社会经历的评价",这是符合"人性"的基本法则。[5]显然,人们之所以达成程序正义的契约,是因为人们"先已信了司法纯靠理智",期望"法治的正义来自理性之光",是因为人们坚守"正义先于真实"的自然正义理念,达成了"坚守程序正义会实现实质正义"的共识。

在这里,面对的一个直接的诘问便是,正义像一张普罗透斯的脸,难以捕捉,人们又怎么可能在法律程序启动之前达成共识? 笔者以为,此种共识便是关于正义的"直觉",而此种直觉乃是"正义(实质正义)必胜"的法律与道德信念,是一种"根深蒂固四海皆准的成见"[4]式的道德理想,是人类的共通的"灵性"所能通达的对象。① 从程序正义的观念、制度及实践的发展史来看,其初衷都是在诉讼中限制公权以保障私权,其通过充实和完善法律程序以便"依法审判"的终极目标无疑是尽可能实现"公平裁判"[6],程序正义始终坚守着结果的正义与被接受,倘若完美设计的程序产生了有违正义信念的结果,这样的结果断是不能被人们发自内心地接受与认同。前述社会心理学的实证研究结论也表明,尽管人们有着独立

---

① 於兴中认为,人有三性,即灵性、心性与智性,其中灵性能够通达的场域是信仰。笔者认为正义的直觉便是人类共通的灵性所能通达的共同信仰。参见於兴中《法治东西》法律出版社,2015年,第43—60页。

于裁判结果之外的评价程序是否公正的标准,但裁判结果对于人们评价程序是否公正有着直接的影响。由此可见,尽管实质正义可能像"普罗透斯之脸"一般难以捕捉,但它终将"拄着木腿"蹒跚而至,这才是人们心中真善合一、正义必胜的信念。[7]这一程序正义的逻辑前提也恰好符合人类的认知规律,"与未来行动结果有关的情绪暗含了对将来的预测和行动结果的期望",而这些"以某种方式表明与'相信'有关的东西以及'相信'的构成组分"的情绪往往是行动的动机。[8]显然,"相信"正义必胜的情感信念正是人们付诸法律行动追寻程序正义的动机。

既然"正义不仅要实现"体现了人类"正义必胜"的共通信念,且这种信念也必然要融入"看得见的方式"之中,那么"看得见的方式"为何又是更深更高的要求呢?人们对司法过程的认同真的如此重要?这也正是来自阿玛蒂亚·森的追问。[9]其实,这一追问的背后隐藏着两种视角或曰两类主体——"看见"的主体即当事人和民众、被"看"的主体即法官。"看得见"首先体现了对法官的更深更高的要求。从表层的语义来看,法官在做出一份判决之时,"除了必须做到案件内在逻辑上的自圆其说之外,还应该顾及案件当事人、旁观者、其他法官以及外界舆论对它的可能反应"[10],即要考虑司法审判的社会效果。而且,法官要在社会公众中形成至少"看起来公正"的印象,需要在每个案件的审判中都做到"一贯公正",这显然并非易事。从其深层的内在逻辑来看,"如果其他人尽其最大的努力还不能在可以理解和合理意义上看到一项判断的公正性,那么不仅其执行会受到不利影响,其正确性也会成为问题,在一项判断的客观性与其经受公共审视的能力之间,存在明显的关联"[9]。换言之,"看得见"意味着司法裁判在公开的基础上要能够经受住一般民众基于理智的公共审思。阿玛蒂亚·森虽然一再强调理智包含着理性与情感,一再强调情感的重要性,但其所主张的依然是学界普遍关注的诸如中立、参与等"看得见"的客观标准,立论的认知基础依然是"过程的正当性为裁判的客观性与可接受性提供了间接依据",其视角显然还是对法官或程序提出"更深更高"的要求。

倘若换一个视角,站在"看"的主体即当事人及民众的立场上,我们更应该关注的是,"看得见的正义"何以获得人们的情感认同与信任。对此,孙笑侠在总结了社会心理学实证研究者蒂伯、沃克及泰勒等人的研究,以及伯尔曼、波斯纳、谷口安平等学者的学说之后,认为"当事人对程序正义如此信赖的原因有多方面,包括:程序正义能够使当事人相信他们在一定程度上把握住了结果;程序正义弥补了当事人对结果难以把握的恐慌;程序正义使当事人有机会向第三方倾诉他个人的故事以及对社会的感受;程序正义使当事人感受到日常生活中没有的仪式时空中的崇高感和庄严感;程序正义使当事人在精神方面得到治疗;在双方统一的意见难以达成的情况下,程序是他们唯一能达成一致的地方,程序正义是他们首要的期望"[11]。仔细品读不难发现,上述理论中所使用的"相信""恐慌""倾诉""感受""崇高感和庄严感""精神方面得到治疗""期望"等用语,都集中于人们对程序正义的"主观感受",这显然是把专业的法律判断与民众的"道德判断"关联了起来。事实表明,当事人及社会公众对程序正义的主观感受与法律程序的正当性甚至是裁判的正确性之间的确存在某种关联。来自社会心理学的实证研究已经证实,人们在评价法律程序是否正义时,存在独立于结果正义的某些"主观感受"方面的标准。[12]从逻辑上不难看出,人们在言说程序正义之"看得见"的标准的同时,内心却也始终有意或无意地关注着(如果不是更为关注的话)"感受到"的主观公正体验。无论是"看得见"的客观标准还是"感受到"的主观体验,都对裁判过程与结果之合法性认同与接受具有重要的支撑作用。从这种意义上说,"感受到"便是"看得见"的逻辑归宿。

二、"感受到的正义"之本土机理

从上文的论述不难发现,英美国家的民众之所以会重视"看得见的正义",一方面是陪审裁判及当事人主义的诉讼架构、先例拘束原则及衡平法的发展等制度文化层面的原因①,另一方面更是因为其在长期的司法实践中达成了"程序正义能够保证结果正义的实现"的共识。而这一共识的形成,一方面与英美民众偏重于"形式理性"及"经验论"的哲学思维模式有关,"经验论的思维模式反映在普通法上就是,时间上前后相继的顺序亦即程序才是最可靠的,因果关系和必然性就是时间上前后相继的程序,没有正确的程序,就没有正确的结果,只要程序是正确的,结果必然是正确的"[13]。另一方面,英美国家在司法实践中对程序正义准则近乎苛刻的遵守,使人们在长期不断地"感受到"程序正义的过程中获得了关于法律程序的主观满足,从而生成了对于正当法律程序的情感认同。此种情感认同在长期的判例法传统中被不断强化,逐渐生成了对于法律程序的信任并最终达成了坚守程序正义就能实现结果正义的共识。当然,这种过分注重程序平衡与技术理性的思维范式已经越来越体现出其局限性,其在实践中可能造成实质正义的失落并引起深层社会矛盾的积聚,进而削弱人们对法律的信任。毕竟,实质正义始终都是影响人们对程序正义"感受"的重要因素,而程序正义"感受"又直接影响人们对当局合法性的认同并进而影响人们对法律的信任与服从。[14]

源自英美的程序正义理论所塑造和强化的程序正义观念,乃是经过正当程序后得到的结果就是合法、正义的结果,其对社会公众的期待是"即使判决并没有准确地判定过去发生的事实真相,争端各方只要确信他们受到了公正的对待,他们也会自愿接受法院的裁判结果"[15]。然而,"我国的法治状况与此不同,法律和司法的权威本身并未得到形塑,基于仪式、传统、普遍性等基础上的程序正义尚不可以超越实质正义在公众心目中成为司法公正和司法权威的强力支撑"[16]。众所周知,我国民众有着强烈的实体正义观,其对实体公正的寻求有时会"跨越此生此世"。实

---

① 谷口安平认为,与程序的正义有这样密切关系的正当程序观念在英美法中得到发展绝不是偶然的现象。英美法中之所以产生出这一观念,可以列出三个原因,即陪审裁判以及作为其前提的当事人主义的诉讼架构,先例拘束原则,衡平法的发展。参见[日]谷口安平《程序的正义与诉讼(增补本)》,王亚新、刘荣军译,中国政法大学出版社,2002年,第4页。

质正义必须实现,乃是我们坚守的正义信念。倘若"正当程序"所生成的结果不符合我们的正义信念,纵使接受也是迫于法律的强制而已,而绝不是出于"自愿",并且我们还会怀疑法官的公正性并进而怀疑法律规则与程序的"正当性"。程序正义理论的上述期待显然并不符合中国民众对正义"感受"的认知、认同规律,其认同效果自然也不会实现。来自本土心理学的实证研究也证明了社会公平感在东西方的不同作用机制。在中国,分配公平较之程序公平更能影响个体的合作意愿,[17]更多地影响了中国居民的幸福感。[18]显然,中国民众与英美民众对于程序正义的预期与感知存在明显不同的认知机制与作用机理。

正如程序正义与实质正义之间的复杂关系,人们对程序正义与实质正义的感受之间也存在着非常复杂的交互关系,我们不能单纯地认为提升程序正义便有助于当事人及社会公众对裁判结果的自愿接受,事实证明这很可能是法学界一直以来的一个想当然的错觉。社会心理学的研究发现,程序公正感受、结果宜人性与决策的可接受性之间存在两种不同形式的交互作用模式,即"低低交互"与"高高交互",其实际效果相应体现为"程序公正补偿性效应"与"反程序公正补偿性效应"①单纯地接受国外学者"在很多情况下,相对于一个特定的结果,主观程序正义更加重要"[19]以及"人们在判断司法机构正当性的大小以及他们在多大程度上需要服从该司法机构的决定时,首要的标准就是司法机构做决定的程序是否公平、合理"[20]的观点显得太过草率,"感受到程序正义"在中国发挥其积极的功能显然存在某种边界条件。国内的心理学实证研究显示,"程序公正感与结果宜人性对公共政策的可接受性(政府满意度)的影响存在显著的交互作用,但交互模式取决于人们对权威(政府机构)的信任水平",即"权

---

① "低低交互"即当结果对人们不利时,程序公正效应更加显著;结果有利时,程序公正效应很小或不存在。程序公正缓解了不利结果带来的消极影响,即所谓的"程序公正补偿性效应"。"高高交互"即当结果对人们有利时,程序公正效应更加显著;当结果不利时,程序公正效应很小或者不存在。程序公正不能缓解不利结果带来的消极影响,只能进一步提升有利结果带来的积极影响,即所谓的"反程序公正补偿性效应"。参见吴玄娜《程序公正与权威信任:公共政策可接受性机制》,《心理科学进展》2016年第8期。

威信任对此交互模式具有边界效应"[21]。如果人们对司法机构信任度较高,只要程序正义或者结果正义发生,人们就会对司法机构及其裁判持较为积极的态度;如果人们对司法机构的信任度较低,只有确保程序和结果都正义,才能让人们对裁判结果及司法机构持有比较积极的态度。换言之,在当前司法公信力较低的现实国情下,单纯的程序正义感受并不一定能明显提升裁判结果的可接受性。这也与法学的实证研究结论高度吻合:"司法权威的确立需要当事人和社会公众对公安司法机关的信任,否则裁判将得不到尊重,甚至可能使原本公正的裁判被质疑。"[22]由此可见,在当代中国全面推进依法治国、实现良法善治,首先需要我们正视并重视司法公信力较低、人们尚不十分信任司法机关的现实国情,深刻把握司法信任与程序正义及实质正义之间复杂的互动关系。

"信任是法律运行不可缺少的一种'社会资源',在高度信任的社会,复杂精细的现代法律制度借助于充足的'社会资源'能够运行得井井有条;而在低度信任的社会里,即便是'欠债还钱'之类的初级法律制度也会因'社会资源'的供给不足而面临重重障碍。"[16]信任是解读中国本土语境下司法信任与程序正义及实质正义三者之间交互论证关系的关键变量。如果民众信任法律及司法机关,程序正义或实质正义都能增进结果的可接受性,此时程序正义可"补偿"实质非正义的不良后果,实质正义可以在一定程度上"遮蔽"程序非正义的瑕疵,而程序正义或实质正义的实现或二者的同时实现,又会反过来增进民众对司法的信任,此时就构成了一个良性循环。当前我国这个循环结构的前因变量是,司法公信力不高,人们对法律及司法的信任和程序正义的感知都处于较低的水平。在面临个案尤其是公众较为关注的热点案件时,人们会"先入为主"地怀疑"司法不公",如果此时程序正义与实质正义有一个不能实现,则民众"怀疑的不公正"会迅即成为"确信的不公正",这必将构成一个恶性循环。单纯地把民众的司法认知定义为"泛道德化",甚至企图用司法"刚性"的强制力去"纠正"民众的感受,其结果不仅是徒劳,还可能进一步加深民众对司法的不信任。而要改善信任与程序正义与实质正义之间的互动关系,改善"信任与互动的要素","其实质又在于使得当事人和公众在每一个司法案件中都感受到公平正义"。[16]

正是基于对上述逻辑关系的清醒认识,我国的司法改革抓住了"提升司法公信力"这个"牛鼻子",并明确提出了"让人民群众在每一个司法案件中感受到公平正义"的总目标。"每一个"明确表达了党中央构建良性循环的程序之治的决心和信心,"感受到"强调了对人民群众道德情感的正视与重视,"公平正义"包括实质正义,当然也包括程序正义,程序正义或曰正当法律程序之于现代法治的重要性早已为学界所认同,在某种意义上,现代法治就是程序之治。正当法律程序的本质在其过程性与交涉性,其是一个说服的过程而非仅仅是一种决策技术,目的是在信息公开的基础上,在充分交涉的过程中让人民群众尽可能充分地感受到程序的正义,从而尽可能使其排除对司法过程的怀疑并进而产生对法律程序的信赖,最终在"情法两尽"的基础上实现对民众的说服。而且,与难以把握的结果正义相比,程序正义无疑是感受的最佳选择。[23]由此可见,"感受到公平正义"的重心在于"感受到程序正义",其更为关注的是程序参与者及观察者对法律程序的主观感受及对程序公正性的道德判断,核心目的乃是在增进程序正义感的基础上说服当事人及社会公众信赖正当法律程序,透过程序正义之"看得见"的外在表象,抓住程序正义的逻辑本质。

在我国的现实司法语境中,"感受到的程序正义"的本土表达精确把握了司法信任与程序正义之间的互动逻辑,充分体现了"公平、廉洁、为民"的司法核心价值观,更能彰显人民的法治主体地位,更加契合"以人民为中心"的法治发展准则。"感受到的程序正义"站在"以人民为中心"的立场上,主张程序正义不仅要合乎认知理性,更要合乎道德理性与价值理性;不仅要合乎真理,还要合乎情理。真正关注现实中人民群众对程序正义的情感体验,回应人民群众对法律程序的情感需求。"感受到的程序正义"重视法律程序的法律效果与社会效果的统一,关注社会公众的"共同满意度"并兼顾客观的法,其把"作为背景的程序正义、基于沟通的公共理性以及关于正确标准的界说"[24]作为主要构成部分,是既重视纠纷解决又关注情感体验的程序正义理念。

三、"感受到程序正义"的实践进路

关键的问题是如何才能让人民群众"感受到程序正义"？在人民群众尚不十分信任司法机关及法律程序的现实条件下，任何法治国家都会存在的问题（如冤案错案、立法的滞后与法律解释的偶然等）在中国往往会"被当成存在某种强势力量秘密插手法律过程的阴谋论"。[25]面对民众的怀疑或曰"程序非正义的想象"，事实陈述与逻辑说明往往解决不了情感性的法律信任危机，民众难以"看得见"程序正义，"感受到"更无从谈起。笔者以为，在司法信任度不高且短期内无法迅速改变的前提下，防止这一循环堕入"在实质正义层面与民意反复纠缠漩涡"的底线条件，乃是通过提升民众对程序正义的感受来尽可能排除其对法律程序的不信任，进而生成程序正义与司法信任的良性互动。

首先，要尽力避免人们关于"程序非正义"的想象。现实生活中民众对程序正义与否的感受，是其对"看得见"的裁判结果及审判过程正义与否的"真实感受"与对"看不见"的部分审判过程正义与否的"主观想象"在其认知系统中综合加工的产物，并且其认知逻辑是以对结果正义的道德评判为起点的，这与"法律人思维"的认知逻辑恰好相反。尽管我们通过庭审公开、裁判文书公开等方面的努力尽可能让民众"看得见"裁判结果尤其是过程，但民众（包含当事人）不是法官式的"法律人"，审判过程肯定存在"看不见的角落"，比如法官认定事实及适用法律的"法律人思维"过程，这便给民众留下了充分的想象空间。现实中一旦出现结果非正义的情况，人们便会怀疑法官的中立性与廉洁性，并在日常生活经验中搜集有利的"品行性证据"（可能与本案完全无关）来证明其对于"程序非正义"的各种想象。如在"于欢案"中，从一审判决"无期徒刑"到二审判决"5年有期徒刑"的改变，如果仅仅在实质正义的层面上进行观察，其仍然摆脱不了"民意绑架司法"的嫌疑。但是如果站在程序正义与司法信任互动的视角上反思一、二审程序变化给民众带来的程序正义感受差异及其意义,我们便会发现,或许正是山东省高院审判管辖的改变、全程直播的庭审方式以及二审判决的"情理表达"在一定程度上排除了人们在一审程序中实际上已经产生的"程序非正义"的想象乃至感受,①从而增进了人们对二审程序的信任并提升了二审裁判的可接受度。消解人们关于法律程序的"非正义的想象",是程序正义与司法公信互动应当遵循的底线原则,是"感受到程序正义"的最低标准。与日益繁复精密的程序制度相比,认知人们基于道德直觉做出的对于"程序非正义"的想象相对比较容易,这其实恰好与阿玛蒂亚·森关于"消除明显的非正义"的研究思路不谋而合。[9]

欲避免程序非正义的想象,其规范化的制度机制乃是"全面彻底的司法公开"。"全面彻底的司法公开,正是在最短时间内树立司法权威、赢得司法公信、实现司法公正有效且可行的良方,也是下好司法改革这盘棋的一步活棋。"[26]"全面彻底"的司法公开,不仅是"看得见的"形式意义上的信息公开(如判决书上网、公开审判、庭审录像等),更应该是"感受到的"实质意义上的"敞开心扉"。公开是要表明愿意接受公众监督与批评的可信态度,是欢迎民众质疑并积极吸纳民众广泛参与的开放姿态,是与人民群众真诚地交流沟通,其直接要求就是法官的心证公开。"形式意义上的司法公开,其象征性功能大于内质功能,而实质意义上的司法公开则当属法官的心证公开。"[27]如果说形式公开能够为当事人及社会公众感受到程序正义提供一种可能性,那么事实认定过程与法律适用过程的心证公开才是为感受到程序正义提供了现实保障。法官与当事人乃至社会公众"敞开心扉"的沟通交流,一方面可以确保法官形成心证的客观性与准确

---

① 在"于欢案"一审中,尽管明知被害人杜某亲属在检察机关及政府部门任职并非法定回避事由,但一审辩护律师仍然提出回避申请,一方面我们可以理解成这是辩护人辩护策略的一部分。但从另一个角度,结合中国现实国情来看,这也反映了当事人及辩护人的"内心顾虑",这种顾虑首先会生成程序非正义的想象,如果之后与其他因素(如不满意的审判结果)相结合,必定会生成程序非正义的感受。

性,并使当事人及社会公众对裁判结果形成合理预期;另一方面,充分的释明沟通、有效的信息反馈、透彻的裁判说理对当事人及社会公众"声音"的关注与回应,可以满足当事人及社会公众得到尊重的需求及话语依赖,可以让其充分感受到"参与的意义",从而提升其程序正义获得感并进而赢得其对法律程序的信任。

其次,要努力提升人民群众的"程序获得感"。信任源自需求的满足,进一步提升程序正义感更需要我们把感受的落脚点始终放到人民群众对程序正义需求的不断满足上来。要让人民群众全面感受到程序正义,必须在"敞开心扉"的前提下,站在以人民为中心的立场上抓住程序正义制度在我国发展所面临的主要矛盾,深刻认识和把握人民群众不断增长的程序正义需求与司法供给不平衡不充分之间的矛盾运动,不断满足人民群众对程序正义的现实需求。社会心理学研究通常把信任区分为情感型信任与认知型信任,情感型信任源自情感关系的发展,其实现仰赖情感型需求的满足;认知型信任取决于对他人能力的客观评估,其实现仰赖工具型需求的满足。[28]相应地,人们关于程序正义的需求也包含工具型需求与情感型需求。工具型需求主要是追求客观利益的实现,包括诉讼权利获得平等保护、法官的客观中立、裁判公开、参与机会、纠纷得以最终解决等"看得见"的利益,其满足仰赖稳定、权威、公正、有效的"看得见"的程序制度;情感型需求主要是对程序正义的主观感受,包括信任感、控制感、尊严感等"感受到"的主观社会事实①,其满足仰赖程序过程中在信息公开基础上进行的充分沟通与交涉。

一直以来,我们的制度建设及司法改革紧紧围绕着人民群众的工具型需求推进,其成果有目共睹。然而"改革方案的顶层设计或多或少透露出某种单纯制度立场的色彩,一些改革举措虽然具有正当的改革动机和正确的改革方向,但因缺乏对社会需求的关照而得不到社会的响应"[29]

---

① 情感社会学认为,社会事实的类型可分为物质的和非物质的,客观的和主观的。情感既包含个人意义的主观体验,又包含社会行动的现实性,其属于主观的社会事实。参见郭景萍《情感社会学:理论·历史·现实》,上海三联书店2008年,第20页。

其在程序正义层面上的具体表现就是对人民群众的情感型需求关注不足，程序正义的司法供给也相应表现出明显的情感型供给不充分、工具型供给与情感型供给不均衡的特质。显然，要让人民群众在每一个司法案件中都感受到程序正义，需要我们不断满足其对程序正义的各类诉求，尤其是情感诉求。这就要求我们不能仅仅依据"纸面上的（程序）法"的规定"依法审判"，更要在理性的司法审判与民众的情感诉求之间架起沟通的桥梁，在现实情境下重视、辨识、理解当事人及社会公众的情感诉求并在法律程序中予以真诚的关切、合理的表达。"社会公众往往并不十分关注判决说理的专业与严谨，而在意判决是否恰当回应了其中所包含的道德需求。"[30]司法机关尤其是法官，要站在当事人及社会民众"感受"的立场上来严格执行程序正义"看得见"的标准，深刻认识和把握影响民众感受程序正义的诸项因素，尽力满足当事人及社会公众对法律程序的"信任感""控制感"及"尊严感"等情感型需求，从而最大程度提升人民群众的程序获得感。

再次，要不断强化法官的职业伦理素养。在中国的审判实践中，人们在程序正义感受与权威信任的互动过程中存在两种不同的信任类型。就作为审判机构的法院而言，人们对法院权威的信任主要源自其合法性，当然此种合法性来源主要有国家强制力与民众的内心认同两种，而现代法治文明显然更需要后者，这就需要在让人们感受到程序正义的基础上增进其对法院合法性的认同，进而形成对法律权威的信任。而说服社会民众的使命当然是由法官（就审判而言）来承担，因此法官在提升民众程序正义感受过程中扮演着非常关键的角色。然而现实情况是，中国社会公众对法官权威的信任又主要是一种关系依赖型信任，"即如果在社会公众的社会关系网络中，尤其是在亲属中有法律人，那么他就更信任法律人（当然包括法官）。……程序是否公正对法律人的信任并无显著影响"。[31]之所以会"并无显著影响"，一方面是因为中国社会"事实比规范优先"，人们关注实质正义重于程序正义；另一方面也论证了在这种关系信赖基础上很难生成抑或是构建现代法治，甚至可以说这种关系信任与现代法治是风马牛不相及的,这又恰好能够解释上述关于"并无显著影响"的实证研究结论。

显然,在感受到程序正义与法官信任的循环互动关系中,变民众对法官的关系依赖型信任为法律权威型信任与提升民众程序正义感受互为前提,我们需要在感受程序正义中改变信任类型,需要在改变信任类型中感受程序正义。因此,提升法官角色的"整体形象"或者说提升法官的职业伦理素养从而改变民众对法官的信任类型,对于提升民众的程序正义感受就极为重要。这也已经得到法学实证研究结论的支撑:职业道德的被重视程度大大超过业务水平的被重视程度,司法官的品行品德在中国民众看来是个重要指标。[32]这一方面需要法官在依法审判的前提下努力走好群众路线,①另一方面,更需要法官在法庭内外恪守较之常人更为严苛的职业伦理。然而现实是,"对于本应严格追究的职业伦理责任极少追究,而对于那种极易牺牲法官职业尊严的办案责任却屡屡加以强调"[33]。因此,不断完善司法伦理责任机制,对法官法庭内外违背职业伦理规范的行为予以严格的责任追究,维护法官良好的司法形象,从而让人们对法官形成基于制度权威的信任,或许才是让人们感受到程序正义的关键所在。

当然,"感受到程序正义"始终要仰赖"看得见"的制度。自2014年启动新一轮司法改革以来,在中央主导下以"去地方化"与"去行政化"为主线的一系列制度设计,如设立"巡回法庭"及"跨行政区划法院""省级以下法院、检察机关人财物收归省级统一管理""审判中心主义""司法责任制""员额制"等,在一定程度上都能够提升人民群众的程序正义感受并提升司法公信力。然而,"让人民群众在每一个司法案件中都感受到程序正义"是一项复杂的系统工程,不仅需要法院通过"去地方化""去行政化"等改革举措提升民众的"中立感",通过"让审理者裁判、让裁判者负责"的机制提高审判质量即结果的正义性来提升程序正义感,更需要实质化的人

---

① 关于群众路线对于提升主观程序正义感受的意义,郭春镇有较为详细的论述。参见郭春镇《感知的程序正义——主观程序正义及其建构》,《法制与社会发展》2017年第2期。

民陪审制来提升民众的"参与感""控制感",需要全心全意的"为民司法"来提升民众的"受尊重感",需要提升法官的释明、论证、裁判文书说理及情理表达能力,在"看得见的正义"与"感受到的正义"之间架起沟通的桥梁。这就要求司法机关尤其是人民法院要真正站在"以人民为中心"的立场上,在尊重司法规律的前提下,根据"感受到程序正义"的要求来重塑自己的诉讼程序、工作方式与外在形象。

四、余论:程序正义的"诗性"

人民群众通常是在其日常生活中的道德情感基础上感知程序正义,这其实也符合人类思维的认知规律。卡纳曼认为,人类思维中存在两套并行的思维系统:第一系统通过运用联想和隐喻迅速、大体地勾画出现实世界的草图来触发相应的情感与认知,第二系统可以实现精确的信念和理性选择。但第二系统同时是懒惰的、容易疲倦的,其常常满足于第一系统提供的简单却不可靠的描述从而不自觉地做出非理性的判断;而自动的第一系统才是人类思维的主角,人类的非理性植根于人的思维体系,似乎难以避免。[34] 如果说人民群众对程序正义与否的道德评判是其基于"第一系统"做出的道德直觉判断(事实也往往如此),那么法官基于"法律人思维"对程序正义的认知何尝不是基于其"第一系统"做出的另一种直觉判断呢?笔者并不认为两种判断有优劣之分,在此想说明的是,一位只知道"依法审判"、拒绝观察与体味当事人及社会公众的道德情感的法官,其思维何尝又不是"懒惰的"呢?往返于事实与规范之间的,不是只有法官,还有当事人及社会公众,他们都是有血有肉、有理性也有情感的"人"。"人"的全面发展当然需要理性,但富含情感的"诗性"也是人之"美好生活"所必需。

努斯鲍姆在《诗性正义:文学想象与公共生活》一书中,在对经济学功利主义进行批判的基础上阐述了一种与文学和情感相关的诗性正义,其文学想象与诗人介入司法裁判的主张固然值得商榷,但其认为一个优秀的裁判者必须有能力进行畅想和同情、必须拥有技术能力和包容人性的能力的观点，[35]同样也值得我们深思。审判程序不是"生产线"，也不是"自动贩卖机"，它应该是裁判者与当事人及社会公众进行充分的情感沟通和交流的过程，是裁判者在与各方同情共感基础上做出审慎而中立的裁判的过程，也是人们在情感沟通基础上实现对程序正义的情感认同的过程。站在"以人民为中心"的立场上来看，程序正义归根结底是"人民群众"追求"日益增长的美好生活需要"的一种方式，其本质就应该为手握国家强制力的裁判者以同情的姿态去关注弱者、以包容和温情的态度对待人和人性提供"合宜"的程序平台，它固然需要"冷冰冰"的理性，但更需要的是有温度的"诗性"。从这种意义上来看，程序正义应该是一种理性与诗性动态平衡的正义形态。

本文系国家社科基金重点项目"法治中国背景下的司法判例制度研究"（项目号：14AFX002）的阶段性成果。原载于《学海》2020年第3期。

参考文献：

[1] 谷口安平.程序的正义与诉讼（增补本）[M].王亚新，刘荣军，译.北京：中国政法大学出版社，2002.

[2] 季卫东.法律程序的形式性与实质性——以对程序理论的批判和批判理论的程序化为线索[J].北京大学学报（哲学社会科学版），2006(1).

[3] 邓继好.程序正义理论在西方的历史演进[M].北京：法律出版社，2012.

[4] 冯象.政法笔记[M].北京：北京大学出版社，2012.

[5] 林德，泰勒.程序正义的社会心理学[M].冯建鹏，译.北京：法律出版社，2017.

[6] 徐亚文.程序正义论[M].济南：山东人民出版社，2004。

[7] 冯象.木腿正义（增订版）[M].北京：北京大学出版社，2007.

[8] 费多益.认知视野中的情感依赖于理性、推理[J].中国社会科学，2012(8).

[9] 阿玛蒂亚·森.正义的理念[M].王磊，李航，译.北京：中国人民大学出版社，2012.

[10] 於兴中.法治东西[M].北京：法律出版社，2015.

[11] 孙笑侠.程序的法理[M].北京：商务印书馆，2005.

[12] 苏新建.主观程序正义对司法的意义[J].政法论坛,2014(4).
[13] 陈小文.程序正义的哲学基础[J].比较法研究,2003(1).
[14] 泰勒.人们为什么遵守法律[M].黄永,译.北京:中国法制出版社,2015.
[15] 迈克尔·D.贝勒斯.法律的原则——一个规范的分析[M].张文显,等译.北京:中国大百科全书出版社,1996.
[16] 胡铭.司法公信力的理性解释与建构[J].中国社会科学,2015(4).
[17] 张书维.社会公平感、机构信任度与公共合作意向[J].心理学报,2017(6).
[18] 蒋丽,李锋,方健雯.城镇化能提升居民幸福感吗?——基于区域和个体层面的多层模型研究[J].公共行政评论,2017(6).
[19] E. ALLAN LIND, TOM TYLER. The Social Psychology of Procedural Justice [M]. New York:Plenum Press,1988.
[20] TOM TYLER. Why People Obey the Law [M]. Princeton:Princeton University Press,2006.
[21] 吴玄娜.程序公正与权威信任:公共政策可接受性机制[J].心理科学进展,2016(8).
[22] 桑本谦.理论法学的迷雾(增订版)[M].北京:法律出版社,2015.
[23] 颜茂昆,张相军,田文昌,等.推进严格司法,提升司法公信力——审控辩学四人谈[J].中国法律评论,2017(1).
[24] 季卫东.互惠的正义——法理学的视角转换及其实践意义[J].中国法律评论,2018(3).
[25] 伍德志.谣言、法律信任危机与认知逻辑[J].法学评论,2015(5).
[26] 张新宝,王伟国.司法公开三题[J].交大法学,2013(4).
[27] 毕玉谦.论庭审过程中法官的心证公开[J].法律适用,2017(7).
[28] 杜帆,吴玄娜.程序公正、不确定性对公共政策可接受性的影响:情感信任、认知信任的中介作用[J].心理科学,2017(2).
[29] 吴英姿.论司法认同:危机与重建[J].中国法学,2016(3).
[30] 秦策,夏锦文.司法的道德性与法律方法[J].法学研究,2011(4).
[31] 张善根,李峰.社会公众对法律人的信任问题探析——以对上海市社会公众的法律人信任为基础[J].法商研究,2012(4).
[32] 孙笑侠.用什么来评估司法——司法评估"法理要素"简论暨问卷调查数据展示

[J].中国法律评论,2019(4).
[33] 陈瑞华.司法体制改革导论[M].北京:法律出版社,2018.
[34] 赵雷.热案、民众情感与民众法[J].法律科学,2015(2).
[35] 玛莎·努斯鲍姆.诗性正义:文学想象与公共生活[M].丁晓东,译.北京:北京大学出版社,2010.

全面建成小康社会的原创性贡献研究

夏锦文　吕永刚*

摘　要　小康社会是中国现代化特定阶段的睿智表达,全面小康是小康构想的延续与升级。全面建成小康社会是在为一种新型现代化开辟道路,在世界现代化历史上具有重要的原创价值。全面建成小康社会在模式层面的原创性贡献,是跳出"西方中心论"的窠臼;在思想层面的原创性贡献,是形成具有开创性的小康理论谱系;在文明层面的原创性贡献,是实现传统文化的创造性转化;在制度层面的原创性贡献,是在改革深化中筑牢全面小康的制度之基;在路径层面的原创性贡献,是在"时空压缩"中形成"新四化"路径;在策略层面的原创性贡献,是把握现代化节奏善用现代化辩证法;在价值层面的原创性贡献,是以共富导向超越资本逻辑的局限。

关键词　全面小康　现代化　民族复兴　原创性贡献

---

* 夏锦文,法学博士,南京师范大学法学院教授、博士生导师,江苏省社会科学院党委书记、院长,江苏高校区域法治发展协同创新中心、中国法治现代化研究院研究员。
吕永刚,江苏省社会科学院经济研究所副研究员,江苏省社会科学院中国特色社会主义理论体系研究中心特约研究员。

习近平总书记在2020年春节团拜会讲话中指出："新的一年,我们要决胜全面建成小康社会、决战脱贫攻坚,中华民族千百年来'民亦劳止,汔可小康'的憧憬将变为现实。"全面小康的圆满收官,标志着中国现代化进程开启新篇,中华民族伟大复兴取得历史性进展。改革开放初期,邓小平同志对小康概念进行创造性转化,赋予其"中国式的现代化"的特色特质,一举搭建起东方大国跨越"贫困陷阱"与实现现代化的桥梁通道。理论只有为群众所掌握,才能展现出强大生命力。在"温饱—总体小康—全面小康—基本现代化—全面现代化"的逻辑链条中,千年小康梦的当代复兴与决胜全面小康的巨大成就,将成为中国现代化和民族复兴进程中的具有世界意义的精神地标,在世界现代化历史上具有重要的原创价值。

一、小康社会构思：极富中国智慧的思想创新

1. 小康词源：古老文明蕴藏的素朴智慧

"小康"是中国文化语境中的特有概念,描述的是一种不算富裕、但温饱有余的生活状态,是通往"大同"境界的重要一环,其词源可追溯到《诗经·大雅·民劳》。"民亦劳止,汔可小康"的诗句虽短,却精准地揭示出"小康"不可或缺的三个关键词。一是"民",即以"民"为本,民众是实现小康的主体力量也是目标对象。民众的生活状态是衡量小康实现与否以及实现程度的根本标准。"小康不小康,关键看老乡。"小康离不开"民"这一核心要素,蕴藏着深厚的"以民为本"的精神基因。二是"劳",即以"劳"为基,小康社会必须建立在以劳动为基础的生产力发展上。"民生在勤,勤则不匮。"对于普通民众而言,劳动是使自身及家庭拥有小康生活的根本途径。三是"止",即民众辛劳需有节制,要有闲暇享受劳动成果,有精力从事精神文明活动；相应地,在治国理念中,中国古人推崇以民为本、休养生息。讲求"劳"与"止"的平衡,体现了中国古人朴素却高明的辩证思维。

2. 小康社会：中国现代化特定阶段的睿智表达

改革开放初期,邓小平在总结新中国成立以来的正反两方面经验教

训、借鉴国外先进经验并汲取中华文化古老智慧的基础上,提出并形成了系统的小康思想体系。一方面,实现现代化是中国发展的既定目标。邓小平明确提出:"社会主义现代化建设是我们当前最大的政治,因为它代表着人民的最大的利益、最根本的利益。"[1]另一方面,以改革开放初期的国情国力,"在20世纪末实现四个现代化"难度巨大。为此,邓小平强调要从实际出发,提出"过去我们搞革命所取得的一切胜利,是靠实事求是;现在我们要实现四个现代化,同样要靠实事求是"[1]。1979年3月,邓小平在接见外宾时首次提出"中国式的四个现代化"[2]的概念,明确提出"我们的概念与西方不同,我姑且用个新说法,叫作中国式的四个现代化。由于缺乏经验,实现四个现代化可能比想象的还要困难些。"[2]用"中国式的现代化"标识中国现代化的特色性,用"小康"这一中国传统语言来表达中国现代化在特定阶段的内涵,既易于为群众所理解,也便于与国际通行的现代化标准相衔接,是融贯中西、把"现代社会价值观与传统社会理想结合起来的睿智的创造"。[3]

3. 全面小康:小康构想的延续与升级

相对于"小康"概念,"全面小康"不仅在内涵上实现了新的拓展,也赋予"小康"概念以全新的时代内涵与价值。强调"全面性",意味着在实现基本小康、总体小康之后,小康社会建设的内涵更加丰富。全面小康是全面发展的小康,覆盖的领域要全面,是五位一体全面进步的小康;覆盖的人口要全面,是惠及全体人民的小康;覆盖的区域要全面,是城乡区域共同发展的小康。[4]习近平总书记在《关于〈中共中央关于制定国民经济和社会发展第十四个五年规划和二〇三五年远景目标的建议〉的说明》中指出,2021年上半年党中央将对全面建成小康社会进行系统评估和总结,然后正式宣布中国全面建成小康社会。全面建成小康社会包含三个层面的成就:在底线上,实现脱贫攻坚,标志着中国在历史上彻底摆脱贫困;在中线上,全国整体上达到全面小康的建设目标;在高线上,部分有条件的地区探索高水平全面建成小康社会,区域现代化水平达到较高水平,为中国整体转入社会主义现代化国家建设奠定坚实基础。

二、东方大国的现代化求索：从"老大帝国"到小康中国

1."世界历史"中的近代中国：被动卷入世界现代化洪流

现代化最早诞生于英国，从一开始就展现出开放性、扩张性、世界性特质，不仅推动英国成为世界性帝国，同时走向西欧、北美进而席卷全球，成为"世界历史"中的核心篇章。英国原生型现代化奠定了西方现代化的核心范式，加速了资本现代性开疆拓土的历史，加速了人类文明从"地域史"转向"世界历史"的进程。"世界历史"与经济全球化进程相互交织，深刻改写了人类历史进程和世界各民族面貌。西方现代化和资本现代性在创造巨大发展奇迹、推动全球化纵深发展的同时也带来"中心—边缘"之间的断裂与失衡，给落后国家和民族带去了深重灾难，现代化成果为少数国家和少数群体垄断，这成为人类社会面临的严峻挑战。

1840年鸦片战争后，西方列强用坚船利炮打开了中国的大门。由于英国和其他列强带来的是一种较之农耕文明更为先进的工业文明，传统中国已不可能重复以往以自身文明同化征服者的往事，开始了不可避免的解体进程，成为积贫积弱、国力衰微的"老大帝国"。面对"三千年未有之大变局"，中国经历了饱受欺凌、山河破碎的巨大磨难，同时也展现出惊人的韧性和顽强的生命力。中国从抗拒到被动接受再到主动追求，开启了充满挫折艰辛但也富有希望的百年现代化求索。

习近平总书记在纪念马克思诞辰200周年大会上的讲话中指出："帝国主义的野蛮侵略和中国人民的深重苦难引起了马克思高度关注。第二次鸦片战争期间，马克思撰写了十几篇关于中国的通讯，向世界揭露西方列强侵略中国的真相，为中国人民伸张正义。马克思、恩格斯高度肯定中华文明对人类文明进步的贡献，科学预见了'中国社会主义'的出现，甚至为他们心中的新中国取了靓丽的名字——'中华共和国'。"从现代化的意义上讲，马克思对中国的预言提供了极富远见的道路启示。对于当时的中国这样的落后的东方国家而言，如果亦步亦趋走资本主义道路，注定无

法摆脱依附地位,实践更是证明,中国想走一条独立自主的资本主义道路是行不通的。唯有走上社会主义道路,才能让中国摆脱西方现代化中心论的束缚;实现社会主义性质的广泛意义上的社会革命,中国才能走上一条通往现代化的正确道路。

2. 现代化进入"新中国时间":西方现代化逻辑的颠覆与重构

新中国成立,才从根本上结束鸦片战争以来中华民族备受列强欺凌压迫的历史,彻底改变了中国半殖民地性质,成为真正具有独立主权的国家,中华民族开启了伟大复兴的新纪元,中国现代化进入"新中国时间"。中国现代化在近代的挫顿以及在新中国成立以来取得的成就,都与独立自主息息相关。在主权沦丧的情况下,不仅无法有效组织力量进行现代化建设,甚至连开启现代化的基本条件都无法达到。在独立自主的条件之下,勤劳智慧的中国人民自主掌握自己的命运,以我为主建设现代化,才让中国现代化之路摆脱曾经的困境,进入富有希望的征程。

从被动现代化到主动现代化。新中国的成立改变了中国被动现代化格局,开启了主动谋求现代化建设的历史进程,集中体现在对现代化战略的构建上。1954年9月,周恩来在新一届全国人大一次会议所作的《政府工作报告》中指出:"如果我们不建设起强大的现代化的工业、现代化的农业、现代化的交通运输业和现代化的国防,我们就不能摆脱落后和贫困,我们的革命就不能达到目的。"[5] 1963年1月,在中共上海市委召开的各界民主人士春节座谈会上,周恩来号召各党各派要团结一心,"为实现我国的农业现代化、工业现代化、国防现代化和科学技术现代化的目标而奋斗"[6]。1964年12月,全国三届人大一次会议明确提出:"今后发展国民经济的主要任务,总的说来,就是要在不太长的历史时期内,把我国建设成为一个具有现代农业、现代工业、现代国防和现代科学技术的社会主义强国。"[7] 1975年1月,周恩来在全国四届人大一次会议所作的《政府工作报告》中,重申"四个现代化"的目标。推进"四个现代化",成为新中国进行现代化建设的重要路径,尽管受到了"文革"的冲击,仍取得了重大成就。进入改革开放新时期,中国在"四个现代化"的基础上,进一步拓展现代化建设的内涵,逐步形成了建设小康社会这一"中国式现代化"的构想;其后,随着实践和认识的深入,先后提出"三步走"和"新三步走"战略,推进中国社会主义现代化建设不断深入发展,从根本上改变了新中国成立之前被动现代化的局面,成为发展中国家自主开启现代化进程的典型。

从依附型现代化到自主型现代化。新中国成立从根本上颠覆了依附型现代化的逻辑,开启了中国发展自主型现代化的历史进程。中国构建了社会主义经济制度体系,重构了中国经济主体性,并且实现了现代化建设所必需的物质积累。在计划经济时期,依靠自我积累实现体内循环的政策为中国赢得了宝贵的独立发展机会。改革开放前,国家大力提倡储蓄,提出了"增加储蓄支援国家建设"的口号,同时采取了压低工资和消费的措施。这种政策和中国人民传统的勤俭持家的习惯,造就了中国较高的储蓄率和投资率。中国长期实行高估汇率、奖励出口、限制进口的政策,再加上避免财政赤字的理念,使得中国的财政账户和国际收支保持了大体平衡,没有在改革开放后陷入拉美式的债务危机,这也是我们现代化之路在改革开放之后得以顺利推进的重要保证。

3. 从温饱到总体小康:创造跳出"贫困陷阱"的中国路径

改革开放后,经过十年左右的奋斗,中国总体上跨过温饱线,在中国数千年文明史上第一次根本解决了人的吃饭问题,结束了广大民众长期在温饱线挣扎的苦难史。解决温饱问题意味着中国结束了贫困恶性循环形成的"贫困陷阱",开始具备后发经济体经济起飞的基础条件,印证了邓小平同志提出的"头十年为后十年打基础"思想的深谋远虑。

解决温饱问题之后,在20世纪90年代,以邓小平南方谈话和党的十四大召开为标志,中国经济社会发展进入前所未有的新一轮高速增长周期。1997年9月,党的十五大报告提出:"现在完全可以有把握地说,我们党在改革开放初期提出的本世纪末达到小康的目标,能够如期实现。在中国这样一个十多亿人口的国度里,进入和建设小康社会,是一件有伟大意义的事情。这将为国家长治久安打下新的基础,为更加有力地推进社会主义现代化创造新的起点。"[8]到2000年,中国国内生产总值达到

8.9万亿元,按当时汇率计算,突破1万亿美元,人均国民生产总值比1980年翻两番的任务,已经超额完成,达到了邓小平当初关于小康社会的设想;当年全国农村居民人均纯收入和城镇居民人均可支配收入分别达到2 253元和6 280元,总体上达到小康水平。2000年10月,党的十五届五中全会进一步明确提出:"从新世纪开始,我国将进入全面建设小康社会,加快推进社会主义现代化的新的发展阶段。"[9]

4. 全面小康社会:从"建设"到"建成"

按照邓小平的设想,"三步走"战略的前两步都是为现代化打基础的,"全面建设小康社会"的实质就是为现代化打基础。2002年11月,党的十六大报告提出"全面建设小康社会"的总要求是,"我们要在本世纪头二十年,集中力量,全面建设惠及十几亿人口的更高水平的小康社会,使经济更加发展、民主更加健全、科教更加进步、文化更加繁荣、社会更加和谐、人民生活更加殷实"。进入21世纪,中国紧紧抓住了加入WTO的历史机遇,依托独特的"低价格竞争优势",成功地嵌入全球产业分工体系中的加工制造环节,加入国际经济大循环当中。与此同时,经过20世纪末的国企改制、税制改革等重大改革和制度创新,在市场大潮洗礼中,中国涌现了一批具有较强竞争力的国企、民企等市场主体,形成了一批富有竞争优势的产业集群,为中国经济新一轮发展提供了重要条件。

党的十八大报告《坚定不移沿着中国特色社会主义道路前进,为全面建成小康社会而奋斗》把党的十六大、十七大报告中的"全面建设小康社会"改为"全面建成小康社会",标志着中国全面小康社会从"建设"转向"建成"阶段。党的十八大以来,以习近平同志为总书记的新一届中央领导集体准确把握国内外发展环境和条件的深刻变化,积极适应把握引领经济发展新常态,不断创新和完善宏观调控,全面小康社会建设扎实推进。特别是"十三五"时期,中国经济实力、科技实力、综合国力跃上新的大台阶,经济运行总体平稳,经济结构持续优化,预计2020年国内生产总值突破100万亿元;脱贫攻坚成果举世瞩目,5 575万农村贫困人口实现脱贫;人民生活水平显著提高,建成世界上规模最大的社会保障体系,基本医疗保险覆盖超过13亿人，基本养老保险覆盖近10亿人；国家安全全面加强，社会保持和谐稳定，全面建成小康社会胜利在望，为开启全面建设社会主义现代化国家新征程奠定坚实基础。

三、全面小康：现代化导向的理论逻辑与实践特质

小康作为"中国式的现代化"，是中华民族绵延几千年的社会理想，也是世界现代化进程的重要组成部分。中国人建设小康社会的伟大实践，符合经济社会发展水平由低到高的一般规律，反映了中国人对生活殷实、可安然度日的理想状态的独特追求，体现了中国人进取而有节制的积极务实的生活哲学。尽管中国人在对小康社会的最初谋划中，就把小康设定为不同于"大同社会"的既可望也可及的理想状态，但是由于数千年来中国普通民众始终生活在欲求温饱而不得的贫困或准贫困状态，因此，小康是直到新中国成立之后才真正具备实现条件的奋斗目标，小康实践只有到了改革开放以来才真正展开。拥有五千年文明史、饱经近代沧桑的中华民族用中国之智、中国之力全面建成小康社会，彰显出深邃的理论逻辑与深刻的实践特质。

1. 唤醒古老文明的深层伟力

（1）植根血脉的自信力。近代中国落后挨打、积贫积弱，一些悲观论者感慨中国人失掉自信力了，鲁迅先生给予严厉批驳，让人们看看中国的筋骨和脊梁，这是中国自信力的来源。一个国家跨越现代化的重重阻碍必然要有强大的民族自信。小康社会构想的提出并付诸实践，本身就是中华民族自信力的高度体现，表明当代中国人敢于破除现代化"西方中心论"迷思，闯出一条中国特色现代化新路的本质自信。这种自信源自中华民族传承至今、饱含正能量的优秀文化，源于中国特色社会主义让中国人"富起来""强起来"的成功实践。决胜小康之年，中国发展形势严峻复杂，但有了这种植根民族血脉的自信，在党中央的坚强领导下，决胜全面小康胜利可期。

（2）文明深处的创新力。"周虽旧邦，其命维新。"原生的变革基因及深厚的创新力，是中华文明历经磨难而传承至今的核心密码。作为"中国式现代化"，小康社会建设之路没有现成经验可循，全面小康社会建设更是人类历史上前所未有的巨大社会工程，自主探索、创新求变是唯一选项。在"奔小康"和全面建设小康社会的历史征程中，中国共产党带领全国人民大胆探索，"弄潮儿向潮头立"，创造出人类现代化的众多"第一""唯一"。例如，突破把社会主义等同于计划经济的陈旧观念，推进社会主义与市场经济的有机结合；突破所有制禁区，毫不动摇地巩固和发展公有制经济，毫不动摇地鼓励、支持、引导非公有制经济发展；创造性地提出建设现代化经济体系、推进国家治理体系和治理能力现代化等全新命题。这些富有原创性的新理念、新思路、新举措，彰显"中国式的现代化"强烈的进取心和旺盛的生命力。

2. 植根中华大地的实践特质

（1）系统的战略谋划。全面小康是总体小康的升级版。总体小康是低水平、不平衡和不充分的小康，全面小康则标准更高、内容更全、分布更均衡。中央深刻把握全面小康的内在规律，对全面建成小康社会进行系统性统筹谋划。在总体战略上，将全面小康纳入"四个全面"战略布局并作为战略目标，将全面建成小康社会定位为"实现中华民族伟大复兴中国梦的关键一步"；在建设内容上，将全面小康与五大文明建设有机衔接，协同推进经济、政治、文化、社会、生态建设；在目标定位上，坚持科学、务实原则，既振奋人心又留有余地，实现经济持续健康发展，人民民主不断扩大，文化软实力显著增强，人民生活水平全面提高，资源节约型、环境友好型社会建设取得重大进展；在发展路径上，强调着力固根基、扬优势、补短板、强弱项，构筑整体性竞争优势；在发展底线上，明确要求小康路上"一个都不能少"，展现了当代中国共产党人巨大的历史自觉和赤忱的民生情怀。

（2）强烈的问题意识。从实际出发，具体地解决具体问题，是全面小康实践最重要的方法论之一。这种问题导向的实践风格，有其特定时代内涵。较之追求温饱和总体小康的发展阶段，进入全面小康新阶段，中国开始有条件去解决过去已经存在但被忽略的一些问题,比如高能耗、高污染增长方式带来的生态危机;同时,随着生活水平的提高,人们对环境、安全、教育、社会公平等诉求更强,随之而来的一系列问题暴露出来,成为全面小康阶段需要逐一加以破解的问题。从确保困难群众"两不愁三保障"到为企业减税降费,从破解"幼托"难题到老旧小区改造,从打通"断头路"到"最多跑一次",正是这些具体可感的实践举措,让群众感受到了全面小康的温度和力度,而这些点滴举措最终汇聚成全面建成小康社会的伟大成就。

(3) 精准的突破重点。全面小康并非意味着各领域要全面突破、平均用力。事实上,越是追求全面协调发展,就越需要精准选择重点方向,以重点突破来带动全面发展,否则,很有可能陷入力量分散、结构耗散的窘境之中。中国在全面小康社会建设过程中,尤其强调重点领域的选择与用力,这些领域即是小康实践重心所在。具体分析,在经济发展上,锚定高质量发展这一根本取向,扭住供给侧结构性改革这个"牛鼻子",紧抓构建现代化经济体系和现代产业体系这一根本任务,持续提升经济发展质量和效益;在五大文明建设上,坚持以人民为中心,重点解决人民群众最关心、最直接、最现实的利益问题,切实提高人民群众获得感、幸福感、安全感;在重大短板突破上,坚持打赢"三大攻坚战",确保全面小康不留隐患、不留尾巴。

3. 筑牢复兴之路的整体基座

(1) 形塑系统性优势。对于中国这样的东方大国而言,要想突破西方主导的国际秩序并实现民族复兴,在若干细分领域成为单打冠军是远远不够的,必须成为拥有整体竞争优势的多面手甚至全能选手。这并非要求中国四面出击,而是要在决定国家竞争力的主要方面和重点领域形成核心竞争力,同时补齐科技、民生等领域关键性短板,推动各主要板块相互赋能进而实现力量倍增、价值升华。全面小康的重要特征在于全面,核心优势在于由各领域全面发展所形塑的整体性、系统性优势。中国全面小康社会建设整体推进,供给侧、需求侧、制度侧改革均取得重大成就,尤其是中国具备极为难得的大国市场优势,为当前中央部署"双循环"战略举措奠定了坚实基础。全面小康进入紧要关口,中国构筑国内国外相互支撑的"双循环"大格局,将进一步提升国家整体竞争力,赢得民族复兴的关键一役。

（2）保持奋斗者锐气。幸福都是奋斗出来的。实现复兴伟业更要靠中国人的艰苦奋斗、接续奋斗。在小康构思的过程中,苏州等地的发展成果为邓小平同志提供了灵感和信心。当时的苏南大地,一派"闯"字当头、实干为先的奋斗景象,当年创业者留下的"四千四万"精神,已成为中国小康建设史上的华彩篇章。在全面小康新阶段,在前沿创新、产业升级、改革深化等诸领域,中国发展面临的难度更大、挑战更强,但创业实干的精神不减、奋斗拼搏的社会氛围更浓,已成为全面小康精神底色的生动诠释,并将继续成为民族复兴的澎湃动能。

（3）开创现代化未来。现代化是一场竞逐世界发展前沿水平的"马拉松"。任何国家完成向现代化的"惊险的一跃",都必然经历漫长的积蓄期。全面建成小康社会标志着"中国式的现代化"取得历史性成就,中国即将进入开启基本现代化新阶段。在这一重要历史交汇期,中国面临"船到中流浪更急"的巨大风险,大国竞合特别是中美战略博弈更趋激烈,开辟现代化建设新局的难度不容低估。当此之际,尤其需要保持战略定力和战略自信,聚力推进全面小康圆满收官,稳住国家发展基本盘,用全面建成小康社会的扎实成果和新的建设成就,一步一个脚印,推进基本现代化新征程顺利开局,行稳致远。

四、为一种新型现代化开辟道路：全面小康的原创性贡献

总结小康社会历史经验,需要回答的一个重要问题是,如何认识和评价中国小康社会的生命力与原生价值？这种原生价值既是解码"中国式的现代化"生命力之密钥,也是中国能否走通一条非西方现代化道路的核心要件。一方面,全面小康在本质上遵循现代化的一般规律。现代化是人类文明自然演进的内在规律,是不可抗拒的历史潮流,任何国家和民族

都不能置身其外。现代化是全方位的系统转型,中国统筹推进"五位一体"总体布局,系统推进全面小康社会建设,体现了对现代化规律的深刻认知,确保中国现代化沿着正确航向劈波斩浪、驶向前方。另一方面,全面小康作为中国走向现代化的重要环节,本身就是"中国式的现代化"的具体体现,具有区别于西方现代化的特殊性。在全面小康语境下,中国积极探索如何现代以特色化方式推进现代化,如在资本、技术、生态、经济制度、意识形态等多重约束条件下以何种方式实现资本积累,通过发挥比较优势、嵌入全球产业分工体系实现工业化的爆发式增长等。通过对小康社会进程中所体现的现代化规律及特色化做法的提炼,从中可以洞察中国现代化的原生价值及现代化新范式诞生的可能性。

1. 模式层面的原创性贡献:跳出"西方中心论"的窠臼

现代化从一开始就打上深刻的西方烙印,"西方中心论"影响深远,似乎西化是通向现代化的唯一道路、唯一模板。现代化从西欧向全球扩展,一个历史性后果就是"东方从属于西方"。二战后,一些独立后的发展中国家纷纷移植西方模式,与自身传统割裂,不仅未能实现现代化突围,反而加重了依附性和发展脆弱性。自胜者强,自强者胜。在中国共产党领导下,中国人民一经掌握自己命运,跳出西方现代化窠臼,中国现代化就迎来广阔天地,在曲折探索中展现勃勃生机。党的十九大报告作出"中国特色社会主义进入新时代,拓展了发展中国家走向现代化的途径"的重大判断,其逻辑内涵是中国现代化具有自主性、内生性、特色性和可持续性,其逻辑推论是中国现代化不是西方现代化的"翻版"或"再版"。小康中国是"中国式的现代化",不同于西方现代化模式。在全面小康的基础之上,开启社会主义现代化国家建设新征程,是在实践层面继续开辟一个新型现代化道路。

2. 思想层面的原创性贡献:形成具有开创性的小康理论谱系

小康理论随着中国特色社会主义理论体系的完善而不断完善,同时也构成其重要内容。在邓小平小康理论的基础上,随着小康社会实践的深化,党中央持续进行理论创新,提出了一系列具有开创性的新观点、新论断,极大地拓宽了小康理论、现代化理论和中国特色社会主义理论的知识谱系,显示出原创理论所独有的思想魅力。例如,经济发展新常态概念的提出,一举解决了"三期叠加"情况下中国经济所处历史方位和向何处去的问题;供给侧结构性改革抓住了制约中国经济转型升级的"牛鼻子",为中国经济高质量发展找到了正确途径;关于创新的系统论述,为中国经济转入创新轨道指明了方向;坚持党对经济工作的集中统一领导,从根本上澄清了"党政分开""非公党建""国企改制"等领域的模糊认识对现实工作带来的困扰,等等。这一系列具有开创性的新思想,不仅属于中国,也属于世界,为发展中国家走出一条保持自身独立性的经济现代化道路提供了全新选择,为解决人类的重大发展问题贡献了中国智慧和中国方案。

3. 文明层面的原创性贡献:实现传统文化的创造性转化

小康这一个概念本身就是中华传统文化的体现,全面小康这一概念进一步赋予小康一词以新的时代内涵,实现了千年小康梦的时代升华。从传统文化中汲取营养,是中国全面小康社会建设的重要特征。中华民族有着悠久深厚的文化传统,形成了富有特色的思想体系,体现了中国人几千年来积累的生活智慧和理性思辨。对于小康社会建设实践而言,中华优秀传统文化中蕴藏着丰富的思想资源,构成具有现实指导性和启发性的思想财富。例如,中国传统文化中的中庸思想,体现在人与自然的关系中,强调"不违农时,谷不可胜食也。斧斤以时入山林,材木不可胜用也"的生态思想;宋代思想家张载提出"民胞物与"理念,体现在人与社会的关系以及人与自身的关系中,强调"过犹不及""量入为出""厚德载物""谐和万邦"等思想。这些富有智慧的思想,是中华民族极富生命力的重要力量源泉,为小康社会建设提供了丰富的思想滋养。在小康社会建设全过程,中央高度重视对传统文化进行深度挖掘和阐发,先后提出"先富后富""精准脱贫""两山理论""人类命运共同体"等既蕴含传统文化精髓,又富有时代气息的新思想、新举措,实现了对传统文化的创造性转化、创新性发展。

4. 制度层面的原创性贡献:在改革深化中筑牢全面小康的制度之基

习近平总书记在庆祝改革开放40周年大会上的讲话中总结到,改革开放40年的实践启示我们:制度是关系党和国家事业发展的根本性、全局性、稳定性、长期性问题。新中国成立后,通过社会主义改造,中国确立了社会主义制度体系,奠定了自主追求现代化的制度基础。改革开放后,中国在坚持社会主义基本制度的前提下持续推进改革,为中国实现从温饱到小康提供了强有力的制度保障。例如,从提出发展社会主义商品经济到明确建设社会主义市场经济体制,从"更大程度更广范围发挥市场在资源配置中的基础性作用"到"使市场在资源配置中起决定性作用",从把非公有制经济视为"补充"到确立公有制为主体、多种所有制经济共同发展的基本经济制度,从商品流通领域改革到要素市场化改革,从社会治理到治理体系与治理能力现代化等。上述制度层面的改革探索,紧扣现实发展需求,反映了中国特色社会主义制度体系不断完善的进程。这些具有原创性的制度框架、制度安排,为中国全面建成小康社会提供了不可或缺的制度牵引与支撑,可以说,其中蕴藏着小康社会从构思到实践再到最终建成的"制度密码"。

5. 路径层面的原创性贡献:在"时空压缩"中形成"新四化"路径

工业化、城市化是现代化的重要动力和基本内容。相比西方国家工业化、城市化经历上百年进程,中国推进工业化、城市化具有显著的"时空压缩"特征。根据形势发展,党的十八大提出"四化同步"的发展思路,坚持走中国特色新型工业化、信息化、城镇化、农业现代化道路,推动城镇化和农业现代化相互协调,促进工业化、信息化、城镇化、农业现代化同步发展。"四化同步"的要义是:在工业化中,注重在资源优化配置的基础上形成竞争优势,注重质量效益,注重资源节约、环境友好;在信息化中,注重与工业化相互推动,为结构调整和产业升级提供动力;在城镇化中,注重以人为本,增加发展机会,提高生活质量;在农业现代化中,注重农业生产经营方式和农民生活方式的现代化。"四化同步"既在更高层面实现了工业化、城市化,也拓展了传统现代化的内涵,符合"中国式的现代化"特点和趋势,为全面建成小康社会注入强大动能。中国经济进入新常态以来,中央先后提出深化供给侧结构性改革、推动高质量发展、构建现代化经济体系以及逐步形成以国内大循环为主体、国内国际双循环相互促进的新发展格局的重大部署,这些都是基于中国经济现实需求提出的战略举措,极富创新性和现实指导意义,具有重大的原创性价值。

6. **策略层面的原创性贡献:把握现代化节奏善用现代化辩证法**

回顾中国现代化进程,我们先是以举国之力打破前现代化的"低水平均衡陷阱",跳出"马尔萨斯陷阱";改革开放后发挥比较优势融入经济全球化,实现经济全面起飞;进入经济新常态后,策应中国社会主要矛盾转换,从经济高速增长转向高质量发展,可谓一步一个脚印、积小胜为大胜。随着全面小康决战决胜,中国现代化即将进入全新阶段。一个阶段有一个阶段的主攻方向,不同阶段之间有序衔接,这种质量互变、前后接续,让中国现代化建设稳扎稳打,行稳致远。现代化极具内在张力,积极因素与消极因素、机遇与挑战往往相互渗透、相互转化,甚至一体两面、一体多面。中国集社会主义国家、东方大国、最大的发展中国家、新兴经济体、世界第二大经济体于一身,现代化建设是复杂巨系统,尤其要学会"弹钢琴",善于处理各种矛盾、协调各类关系。中国共产党运用马克思主义唯物辩证法,并从古代辩证思维传统中汲取智慧,科学把握社会主义性质与初级阶段、自力更生与对外开放、改革发展稳定、政府与市场、顶层设计与基层探索、当前与长远、务实与务虚、继承与创新等辩证关系,将辩证思维融入现代化建设全过程,让中国现代化得以超越西方现代化的二律背反,得以避免其他国家现代化容易滋生的诸多弊端,呈现稳健大气、蓬勃向上的新格局和新气象。

7. **价值层面的原创性贡献:以共富导向超越资本逻辑的局限**

西方现代化本质上体现资本逻辑,具有其不可克服的内在局限。小康社会坚持全民共建共享原则,遵循历史尺度与价值尺度的统一,在持续解放和发展社会生产力中不断改善人民生活,实现了对单纯资本逻辑的超越。实现共同富裕是社会主义的本质要求,也是全面小康的目标导向。追求共富始终贯穿小康社会建设的全过程。从小康到基本现代化再到全面现代化,共富始终融入中国人追求现代化目标的过程之中。习近平总书记提出,全面建成小康社会,一个也不能少;共同富裕路上,一个也不能掉队。随着中国从全面小康阶段转向基本现代化建设新阶段，绝对贫困现象将历史性地被消灭，中国将彻底告别绝对贫困，将共富置于全新基础之上。放在人类历史进程中，对这一历史性成就的意义怎么评价都不过分。人类脱胎于自然界，从茹毛饮血走向文明社会，既领受大自然的丰富馈赠，也饱尝大自然的凶险无常。只有建立在发达的社会文明水平和社会生产力水平的基础上，同时建立在马克思主义经典作家所论述的人类"善待自然""认识和正确运用自然规律"的基础上，才能彻底告别绝对贫困，在底线层次上实现"人类与自然的和解"。从这一层面理解，中国全面建成小康社会、社会主义现代化建设开启新篇，意味着一种超越资本逻辑、追求共富导向和"人与自然和谐共生"的新型现代化正在中华大地生成。

本文原载于《现代经济探讨》2020年第12期。

参考文献：

[1] 邓小平.邓小平文选[M].北京:人民出版社,1994.

[2] 中共中央文献研究室.邓小平年谱(1975—1997)(上)[M].北京:中央文献出版社,2004.

[3] 中央文献研究室小康社会研究课题组.小康目标的提出和小康社会理论的形成[J].党的文献,2010(1).

[4] 中共中央宣传部.习近平总书记系列重要讲话读本[M].北京:学习出版社、人民出版社,2016.

[5] 周恩来.周恩来选集(下卷)[M].北京:人民出版社,1984.

[6] 中共中央文献研究室.建国以来重要文献选编(第16册)[M].北京:中央文献出版社,1997.

[7] 中共中央文献研究室.建国以来重要文献选编(第19册)[M].北京:中央文献出版社,1998.

[8] 江泽民.江泽民文选(第2卷)[M].北京:人民出版社,2006.

[9] 中共中央文献研究室.十五大以来重要文献选编(中)[M].北京:中央文献出版社,2011.

新一轮自贸试验区制度创新的趋势与路径研究

丁 宏*

摘　要　新一轮自贸试验区是在全球化形势发生深刻变化、我国跨入社会主义现代化强国建设新时代的背景下设立的，肩负着进一步推进制度改革创新、构建全方位对外开放新格局的历史使命。但也面临着全球化形势发生深刻变化、自贸区探索进入深水区、改革创新力度放缓等困难和障碍。新一轮自贸试验区的制度创新应该更加注重便利化与自由化并重、贸易促进与产业发展并重、创新驱动和开放合作并重、区内发展与区外联动并重以及顶层设计和基层创新并重。

关键词　自贸试验区　制度创新　政策试验　创新驱动

2019年8月，我国新批准江苏、山东等6个自贸试验区。这样从2013年9月开始，我国共设立18个自贸试验区，形成了"1＋3＋7＋1＋6"，覆盖沿海、内陆、沿边统筹兼顾的全方位开放格局。自贸试验区是我国为全面深化改革和扩大开放探索新途径、积累新经验的战略高地。自设立伊始，其在政府职能转变、投资贸易便利化、事中事后监管、金融创新

---

* 丁宏，江苏省社会科学院研究员，南京信息工程大学自贸区研究院特约研究员。

等不同领域进行了一系列卓有成效的制度创新探索和实践,形成了一批可复制可推广的政策成果;同时也面临着全球化形势发生深刻变化、自贸区探索进入深水区、改革创新力度放缓、区内区外联动不足等问题和障碍。基于此,本文针对新一轮自贸试验区设立的时代背景,分析现有自贸试验区制度创新过程中存在的主要困难和障碍,对深入推进制度创新的逻辑和思路进行研判,并对其实施的具体路径提出一些思考和讨论。

一、新一轮自由贸易试验区设立的背景与意义

1. 世界面临百年未遇之大变局,国际经济格局竞争日趋激烈

世界经济下行压力依然存在,全球经济稳定增长的基础仍然薄弱,新技术革命加速突破,抢占价值链、创新链、产业链、供应链高端的竞争日趋激烈。国际经济格局将延续"东升西降"态势,新兴经济体和发展中国家群体性崛起,大国博弈和战略竞争加剧。新冠肺炎疫情的全球蔓延为世界经济发展增加了更多不确定性,使实体经济严重受创于金融市场激荡,有悲观论认为世界可能面临经济"大萧条"危机。据联合国贸易和发展会议组织发布的《2019年全球投资趋势监测报告》预测,地缘政治风险以及对部分经济体进一步转向保护主义政策的担忧可能抑制全球投资预期,引发国际产业链供应链向内收缩。新一轮自贸试验区的建设,应该更好辨识和适应国际环境中的有利条件和不利因素,通过制度创新提出抵御风险冲击的战略先手和应急预案,对冲疫情等不利影响因素,牢牢掌握战略主动,更好地防范风险挑战。

2. 国际经贸规则面临深刻变化,中美经贸摩擦提出新挑战

国际社会正处在新一轮国际经贸规则的重塑期,CPTPP(全面与进步跨太平洋伙伴关系协定)、TTIP(跨大西洋贸易与投资伙伴协定)和USMCA(美墨加三国协议)等区域性自由贸易协定(FTA)成为构建国际经贸新体系的重要平台,新规则从以往降低关税和非关税壁垒的"边境开放",向贸易和投资便利化乃至自由化、竞争中性等为特征的"境内开放"

拓展和延伸的事实[1],凸显了服务贸易、原产地规则、技术性贸易壁垒、知识产权保护等领域的变革趋势,对我国参与全球经济治理构成了严峻挑战,增加了我国再次"入世"的风险。美国政府单方面挑起并持续升级的中美经贸摩擦,试图通过极限施压的方式迫使我国妥协并取得最大化利益,目前虽然达成了第一阶段经贸协议,但仍有诸多问题悬而未决,对中美乃至世界经济的正常化发展造成了严重影响,使我国市场开放压力和谈判难度持续上升。新一轮自贸试验区的设立,代表着我国以更加全面开放的姿态,不断提升贸易投资自由化便利化水平,更加主动地参与国际经贸规则制定,深度融入全球贸易投资和生产服务网络,以深化结构性改革来获取长期制度收益,以扩大在国际经贸规则制定时的话语权。

3. 我国将进入全面建设社会主义现代化强国的新时代,构建制度型开放发展环境的紧迫性更加凸显

"十四五"时期,我国将进入由全面建成小康社会向基本实现社会主义现代化迈进的关键时期,实行全方位对外开放是建设社会主义现代化强国的必然选择。中央经济工作会议指出:"推动全方位对外开放,要适应新形势、把握新特点,推动由商品和要素流动型开放向规则等制度型开放转变。"①经过多年的改革开放,我国在商品、要素的自由流动方面已经取得了较大的成功,而目前正在进行的推进制度型开放,关键是要把握国际投资贸易的通行规则和发展趋势,对标最高的标准和做法,在风险可控的前提下大幅度放宽市场准入,实行高水平的贸易和投资自由化便利化政策,加快形成投资贸易便利、监管高效便捷、法制环境规范的基本制度体系和监管模式。根据世界银行发布的营商环境报告②,中国是营商环境改善最显著的经济体之一,其中自贸试验区的改革创新对于我国营商环境有很大的提升作用。新一轮自贸试验区的建设对于推进制度型开放的深化和发展应当具有更加积极的意义,在较小的区域内进行对标国际

---

① 新华网.中央经济工作会议在北京举行习近平李克强作重要讲话,http://www.xinhuanet.com//2018-12/21/c_1123887379.htm,2018年12月21日。

② 世界银行:《营商环境报告 2020》,https://chinese.doingbusiness.org,2019年10月24日。

的制度创新先行先试,既可以大胆闯、大胆试、自主改,率先探索出管用有效的制度型开放政策成果并进行复制推广,又可以通过压力测试,控制好各方面可能发生的风险,切实防范系统性风险。

4. 自贸试验区改革探索进入深水区,前期制度创新成果有待于进一步深化

作为我国新时代全面深化改革的"试验田",自设立以来,自贸试验区认真贯彻党中央决策部署,紧紧围绕制度创新的核心任务,锐意进取,勇于突破,目前已形成202项制度创新成果在全国复制推广,其中投资便利化81项,贸易便利化64项,金融开放创新23项,事中事后监管34项,取得了显著的改革成效。① 但同时也面临着改革创新力度放缓、试点经验缺少系统性、发展引领成效不明显、法律制度有待完善、税率偏高、区内区外联动不够等突出问题和障碍。[2][3] 自贸试验区建设的政策设计逻辑本身即是在中央政府的指导下不断试错来进行制度创新的。新一轮自贸试验区不仅在试验布局上向沿边地区拓展,而且在政策制度设计上向更高水平探索,肩负着进一步解放思想,着眼解决深层次矛盾和结构性问题,加强统筹谋划和系统集成,深化改革创新成果,更大力度推进全方位对外开放,率先形成公开透明、可预期的营商环境,建成新时代改革开放新高地的历史重任。

二、现有自贸试验区制度建设存在的主要问题

1. 自贸试验区制度创新的顶层设计尚不完善,实现制度性开放的法律保障有待健全

我国自贸试验区对标的是国际最高水平的经贸规则,需要与国际通行规划或先进标准进行接轨。自贸区以制度创新为核心的改革探索,与实现更高水平的制度性开放的总体趋势高度一致,这需要自贸试验区坚

---

① 根据国务院1—5批关于做好自由贸易试验区改革试点经验复制推广工作的通知数据整理。

持"大胆试,大胆闯,自主改",保障其法规制度的透明性和执行的一致性,因此有必要授予自贸区立法权,让更多的制度创新可以进行先行先试。但从目前自贸试验区的具体实践来看,推进制度创新的法律授权仍不充分,自贸区立法存在着滞后、缺失和法律层次较低的现象。上海自贸区在成立伊始,国务院向全国人大常委会提交了《关于授权国务院在中国(上海)自由贸易试验区等国务院决定的试验区内暂时停止实施有关法律规定的决定(草案)》的议案,引发了有关合法性方面的相关质疑[4]。直到2019年,上海自贸试验区临港新片区才被授予更大的赋权力度,"新片区的各项改革开放举措,凡涉及调整现行法律或行政法规的,按法定程序经全国人大或国务院统一授权后实施"。①

2. 自贸试验区制度创新在引领国际先进规则上仍有差距,在参与国际经贸规则制定中难以发挥主动性

自贸试验区是我国深化改革开放的重要试验田,代表着我国营商环境的最高发展水平,是对外谈判先期进行风险压力测试的场所。如四川发布《中国(四川)自由贸易试验区对标国际先进指南》,按照"多维度向最高标准看齐"的要求,聚焦贸易便利、投资开放、金融服务、政府治理、法治保障以及人才流动六个基本维度,梳理总结出国际先进规则,与现行规则逐一进行比对。然而总体而言,我国自贸试验区理论准备并不充分,对于高标准国际经贸规则处于"学习"和"追随"的阶段,难以发挥"创新"和"引领"的作用,以致很难在WTO深入改革和各类国际经贸规则谈判中把握主动权和话语权,从而赢得全方位高水平对外开放的优势。

3. 自贸试验区制度创新原创性突破性成果偏少,改革探索动力不足

目前我国自贸试验区有200多条制度创新成果在全国复制推广,其中除投资改革领域的"负面清单"模式、商事改革领域的"一站式受理"模式、金融创新领域的FT账户模式等少数成果外,多数属于管理流程或管

---

① 国务院关于印发《中国(上海)自由贸易试验区临港新片区总体方案的通知》,http://www.gov.cn/zhengce/content/2019-08/06/content_5419154.htm,2019年7月27日。

理技术的局部创新,重大的突破性制度创新成果较少。尤其是后期获批的自贸试验区,大多是在前期自贸试验区的制度创新成果上结合本地实际进行的微调,原创性的探索较少。而从创新流程来看,地方政府部门是制度创新的主体和发起者,且多数陷于与国家部委的利益博弈之中,改革探索的动力不足,创新的系统性不强,运行效率受到影响;企业作为制度创新的被动接受方,参与感和获得感普遍不强。

三、新一轮自贸试验区制度创新的趋势分析

1. 更加强调便利化与自由化并重

便利化是前几轮自贸试验区制度创新的重要成果。朱妮娜(2017)指出,在自贸试验区建立后,我国更加注重海关、检验检疫局和外汇管理局等部门管理制度的改革探索,同时在国际贸易活动过程中更加注重提升各个环节的交互融合和整体效率,开启了新一轮贸易便利化进程浪潮。[5] 朱孟楠等(2018)认为自贸区在税收制度、金融开放和投融资管理等方面与国际准则对接,从而形成改革引领效应,推动投资便利化发展。[6] 而自由化则是对标国际最高标准和最好水平,是对便利化的进一步升级和提升。从国际经验看,发达的自由贸易园区都具有高度自主性、系统性的政策制度体系。如爱尔兰香农自由贸易区税率在欧洲处于最低,税务制度开放透明,完全符合经合组织(OCED)准则和欧盟竞争法。上海自贸区新片区总体方案提出,以投资自由、贸易自由、资金自由、运输自由、人员从业自由为重点,推动国际高端资源要素在新片区实现快速流动和自由集聚,打造我国深度融入经济全球化的重要载体以及新一轮全方位高水平对外开放的新标杆。新一轮自贸试验区将以制度创新为核心,从注重便利化转向便利化与自由化并重,在关税贸易政策、投资管理体制、金融市场开放、政府职能转变等领域做出重大改革,构建符合国际惯例的运行规则和制度体系,形成国际化、市场化、法治化的营商投资环境,并将成功经验复制推广到全国。

2. 更加强调贸易促进与产业发展并重

自贸试验区制度创新的需求来自产业，制度创新的成果也体现在产业。迪拜自由贸易区构建的"1+N"协同发展模式，定位低投资、低运营的工贸结合型自贸区，成功实现了自由港与产业的协调发展，最大限度地释放了自由贸易港的"制度红利"，带来了辐射效应。随着我国经济步入新常态，经济发展开始由高速增长阶段转向中高速高质量发展阶段。习近平总书记指出，要深化产业结构调整，构建现代产业发展新体系。自贸试验区是现代产业体系建设的有力手段，自贸区之中各产业联系紧密，形成互补产业，辐射带动能力强，为产业链的构建提供了重要的力量。[7]如江苏自贸试验区提出打造开放型经济先行区与实体经济创新发展和产业转型升级示范区。山东自贸试验区提出加快推进新旧发展动能接续转换，围绕发展海洋经济，加快推动海洋科技创新，培育东北亚水产品加工和贸易中心，推进国家海洋药物中试基地建设。新一轮自贸试验区将紧紧围绕产业发展的难点、堵点，以夯实产业基础能力为根本，以自主可控、安全高效为目标，通过制度创新破解技术创新、开放创新的体制机制障碍，推动自贸试验区制度创新与产业深度融合，集聚全球高端要素，支持上下游企业加强产业协同和技术合作攻关，打造具有战略性和全局性的产业链，引导产业加快向供应链、价值链、创新链高端跃迁，引领产业转型升级，力争形成产业集群规模经济优势。

3. 更加注重创新驱动和开放合作并重

自贸试验区多数是相对成熟的地区，区内科创资源丰富，对外联系紧密，是我国践行创新驱动和开放合作战略的前沿阵地。如上海自贸试验区推进与国家自主创新示范区"双自联动"，着力创新政策叠加、体制机制公用和服务体系共建，以实现"1+1>2"的溢出效应。新一轮自贸试验区的制度创新要持续推动全面开放与强化自主创新相结合，高度重视建设国际化的区域创新体系，努力营造更加适于创新要素跨境流动的便利环境，充分发挥产业集聚和科技创新的协同效应，走创新驱动、内生增长的发展道路，着力推动产业集群和产业链关键环节创新，在创新策源地打造上取得新突破,推动形成跨境融合的创新新格局,使创新成为新一轮自贸试验区建设的核心引擎。新一轮自贸区要深度融入全球化,积极服务"一带一路"建设、长江经济带发展和长三角区域一体化发展等国家重大区域战略,发挥好多重国家战略的叠加优势,主动布局双向开放,引领对接国际规则,推进国际产能合作。

4. 更加强调区内发展与区外联动并重

自贸试验区之所以成为"试验区",是通过不断地"试错"把通过风险评估和压力测试的制度创新成果进一步地复制推广,进行政策的扩散传播循环,是中国在改革开放过程中大力推广"政策试验"的特殊过程。[8]自贸试验区是"种苗圃",不是"栽盆景",所形成的经验,暂不具备全国复制推广条件的,可以先在片区周围复制推广,进一步验证其为便利化自由化带来的现实意义,进而将培育的"种苗"运出片区,"种到"合适的土壤。如四川自贸试验区在全国率先提出联动创新的理念,提出本着"优势叠加、分类促进、以点带面、全域自贸"原则,鼓励国家级开发区、经济功能区以及部分县级行政区域申建自贸试验区协同改革先行区,以此引领带动全省共享自贸试验区改革红利。浙江自贸试验区推动杭州、宁波、温州等区域进行联动创新,探索差异化发展、差别化探索和协同创新的发展道路。新一轮自贸试验区应注重区内发展与区外联动并重,以点成线、以线组面,推动优势互补、协调联动、错位发展,最终带动全域步入高质量发展的快车道。

5. 更加强调顶层设计与基层创新并重

顶层设计是从国家整体的层面出发,对制约我国未来发展的潜在性、事关全局性的关键问题进行综合研判、科学评估,提出解决问题的整体思路和目标框架。[9]而基层创新更多是"摸着石头过河"的地方自发性探索,为解决某项实际问题,地方部门在中央政府的指示或默许下探索新政策或新举措。"晋升锦标赛"假说从地方官员政绩显示竞争的角度,揭示了地方自发开展政策创新试验的内在动力。[10]自贸试验区的顶层设计和基层创新是辩证统一的,新一轮自贸试验区既要对标更高水平的国际经贸规则,结合地方特色,加强顶层设计,又要立足于建设"先行区和示范区",为提高对外开放整体水平树立更高的标杆。如广西自贸试验区创新沿边开放模式,河北自贸试验区探索建立数字化贸易监管模式等。同时,要注重发挥基层创新的积极性,需求在基层、活力在基层,要激励基层大胆试、大胆闯、自主改,争取"首创性"的突破,不用纠结于"以前""别人",要大胆创造适合自己的模式。

四、新一轮自贸试验区制度创新的具体路径

1. 对接国际高标准经贸规则,提升投资贸易自由化便利化水平

高标准国际经贸规则是新一轮经济全球化的迫切要求,是全球产业链、供应链、价值链深入发展的必然要求,是 WTO 改革和各类自贸区谈判的核心议题[11]。新一轮自贸试验区应进一步放宽市场准入,在电信、科研和技术服务、教育、卫生等领域,放宽注册资本、投资方式、经营范围等限制,促进各类市场主体公平竞争。支持总部经济的全产业链发展,建设贸易中心、订单中心、结算中心,引导承接国内外产业转移,发挥规模效应。放宽外商投资企业境内股权投资限制,允许自贸试验区内非投资性外商投资企业在真实、合规的前提下,将资本项目外汇收入或结汇所得人民币资金依法用于境内股权投资。深化境外投资合作,强化全球渠道网,构建相关合作机制,优化境外投资企业备案和项目备案工作"单一窗口"模式,打造企业"走出去"的窗口和综合服务平台。推动贸易自由,创新跨境电商业务模式和监管方式,支持企业开展跨境电商进出口业务。积极研究推进经常项目管理便利化试点等创新业务,提升企业外贸收支便利化程度。突出高端制造和新型贸易功能,加快推动综合保税区功能转型、产业升级和监管创新,探索将综保区卡口围网移交地方政府管理的模式。整合保税货物供应链,允许企业根据生产需要跨直属海关关区存放保税货物。支持在自贸试验区内开展"两高一符"的保税检测、保税研发、全球维修、再制造等新业态。服务融入国家重大发展战略,探索"飞地经济"新

模式,推动产能有序梯度转移,高水平推进合作园区建设。加强"一带一路"国际产能合作,支持企业与相关国家机构合作,参与建设境外经贸合作区、产能合作区等。

2. 瞄准世界开放创新前沿,构建科技与产业融合新体制机制

新一轮自贸试验区应面向创新前沿,布局一批重大科技基础设施和重大创新平台,打造一批一流实验室和大科学装置,完善开放型创新生态系统。加快推进海外创新中心落地,全面加强区域科技合作,深化离岸孵化与国际技术转移、产业与技术育成、人才与项目引进等领域合作成果。鼓励外资企业设立研发中心,推动企业布局价值链高端领域。深化科技管理体制改革,探索开展高新技术企业联合认定改革试点,扩大高等院校和科研院所自主权,赋予创新领军人才更大的科研人财物支配权、技术路线决策权。开展政府股权基金投向种子期、初创期科技企业的退出试点,优化基金从企业退出的机制。对接国际通行规则,建立包括提高损害赔偿标准、加大惩罚性赔偿力度、合理分配举证责任、实施侵犯知识产权行政处罚案件信息公开、将故意侵犯知识产权行为纳入企业和个人征信记录等在内的知识产权保护制度。实施国际化人才高地建设行动计划,研究制定更具前瞻性、更有"含金量"的人才引进和激励政策,建设创新人才高地。探索修订引进外国人才项目管理办法,开展外国高端人才服务"一卡通"试点工作,支持在自贸区增设外国人来华工作许可服务窗口。支持自贸区围绕自身发展需要,制定实施人才特殊支持计划,进一步优化办理流程,简化办事程序,提供便捷服务,加快引进集聚掌握关键核心技术、引领未来产业变革的"高精尖缺"领域人才。

3. 突出高质量发展要求,加快打造实体经济创新发展新高地

自贸试验区的建设,为探索实体经济、科技创新、现代金融、人力资源协同发展的现代产业体系提供了全新的平台。新一轮自贸试验区应以集群培育为抓手,打造产业共融生态圈,支持产业链上具有自主知识产权和自主品牌的本土企业提升竞争力和话语权,提高产业根植性。吸引高层次创新人才集聚或转化创新成果,提高产业创新能力,将科教资源纳入企

业为主导的自主创新体系中，加快形成产业创新优势。吸引国内外创新要素向自贸区聚集，构建自主创新联合体，支持开展核心技术攻关，提高创新成果转化效率和质量。以龙头企业为主导，整合创新资源要素，形成产业链上下游、高校、科研机构等多个创新主体联合攻关，加快关键核心技术突破。支持自贸试验区发展"新基建"，打造5G产业生态圈，选择关键应用场景，形成成熟的技术、产品和服务，特别是在工业互联网背景下探索产业转型升级新模式。扩大服务业开放领域，全面落实外商投资负面清单，扩大制造业和现代服务业的深度融合，形成高端要素富集地。

4. 鼓励金融开放创新，提升金融服务实体经济和创新发展能力

提升区域金融业发展能级，积极推动金融机构从事国际业务的总部和基础设施平台落户，重点引进银行金融市场部、票据中心、金融科技中心等功能性总部，研究引进银行金融科技子公司、消费金融子公司、其他法人子公司等新型金融业态。拓展跨境金融服务功能，围绕跨国公司和大型民营企业需求，深入推进资本项目和经常项目管理便利化试点、跨国公司跨境资金集中运营、跨境双向人民币资金池等创新业务。强化科技金融支撑，探索设立天使母基金，做大新兴产业风险补偿资金和创投引导资金规模，做实股权投资母基金，完善科技金融全生命周期服务体系。聚焦创新发展的关键领域和前沿科技产业，推动政府投资基金加大对制造业技术创新和中小企业科技创新支持力度，探索政府投资基金投向种子期、初创期科技企业的退出机制和让利机制。建立科技企业"白名单"，引导银行类金融机构对名单内的企业探索开展无还本续贷业务、对名单内的高新技术企业提供主动授信。构建风险预警数据库和模型，确定风险临界值，设置预警提示功能，使系统可全面且有重点地及时掌握自贸试验区资金异常流动情况，构筑开放模式下自贸试验区的金融安全网。

5. 充分赋权赋能，营造自贸试验区法治化、市场化、国际化营商环境

深化"放管服"改革，全面推进"证照分离"改革，围绕精简企业办事流程、降低企业运营成本、加强公共服务供给、优化人才服务等加大改革力度，着力构建最佳服务企业环境。创新"互联网＋政务服务"模式，完善

"一网通办"框架体系,建设综合服务平台,构建服务于企业、项目、自然人的全生命周期服务体系。借鉴发达国家的通行做法,探索开展商事登记"确认制"改革,对符合条件的商事主体登记实行无人工干预的智慧登记,最大限度为投资者松绑,进一步凸显商事登记的"确权"功能。加快完善"互联网+监管"体系,推动各类审批监管数据的归集共享、分析应用。建立市场主体容错纠错机制,对市场主体首次违法、违法情节轻微并及时纠正、没有造成明显危害后果的违法行为,探索实施审慎处罚,制定免予处罚执法监管事项清单并动态调整,实现清单化管理。将"双随机、一公开"监管与分级分类相结合,对信用风险一般的市场主体,按常规比例和频次以不定向抽查进行监管外,主要根据投诉举报、转办交办启动执法检查程序,依法进行监管。探索土地利用用途负面清单制度,创新国有建设用地开发利用及监管模式,探索产业项目定制化用地模式,提高土地利用的市场灵活性。完善工业企业资源集约利用综合评价体系,实行资源要素差别化配置政策,推动资源要素向优质企业集聚,加大对高效益、高产出、高技术、高成长性企业的扶持力度。

6. 探索自贸试验区管理体制机制创新,全面发挥辐射带动作用

借鉴香港贸发局和前海管理局经验,探索在省级层面政府序列之外尝试设立法定机构,将自贸试验区专业性、技术性或社会参与性较强的公共服务和管理职能交由法定机构承担,重点探索"政府主导、各方参与"的经济运行管理新模式。加大对自贸试验区片区的放权力度,鼓励其放开手脚大胆闯、大胆干、大胆试,用好容错纠错机制,创新评估和督查机制。适时新增重大试验任务,在环境保护、知识产权等方面加强探索,为WTO改革的中国方案先行先试。积极探索实施对于自贸试验区内优先发展产业有利的税收优惠政策。探索政策优势叠加和创新驱动发展的制度安排,促进形成一批跨区域、跨部门、跨层级的改革创新成果,推动实现有机衔接和互融互促。以制度对接、平台融通、产业互动为重点,加强自贸试验区和周边经济技术开发区高新技术产业园区、海关特殊监管区等各类经济功能区进行联动发展,探索在开放程度高、体制机制活、带动作

用强的区域建设自贸试验区联动创新区,放大其辐射带动效应,将其建成未来自贸试验区扩区的基础区和先行区。定期总结评估自贸试验区在投资管理、贸易监管、金融开放、人才流动、风险管控等方面的制度经验,制定推广清单,明确推广范围和监管要求,按程序报批后进行推广实施,带动全国共享自贸试验区改革红利。加强自贸试验区之间的相互借鉴和合作互补,共同打造一体化程度高、具有较高国际竞争力和影响力的自贸试验区群。

本文原载于《江苏社会科学》2020 年第 4 期。

参考文献:

[1] 尹晨,周思力,王祎馨.论制度型开放视野下的上海自贸区制度创新[J].复旦学报(社会科学版),2019(5).

[2] 潘家华,单菁菁.中国自贸试验区建设的成效、问题与建议[M]//城市蓝皮书:中国城市发展报告 No.1.北京:社会科学文献出版社,2019.

[3] 王旭阳,肖金成,张燕燕.我国自贸试验区发展态势、制约因素与未来展望[J].改革,2020(3).

[4] 贺小勇.上海自贸试验区法治深化亟需解决的法律问题[J].东方法学,2017(1).

[5] 朱妮娜.自贸区对推动中国贸易便利化发展进程的研究[J].对外经贸,2017(12).

[6] 朱孟楠,陈冲,朱慧君.从自贸区迈向自由贸易港:国际比较与中国的选择——兼析厦门自由贸易港建设[J].金融论坛,2018(5).

[7] 赵儒煜,肖茜文.现代产业体系建设与自贸区发展战略[J].中国发展,2019(2).

[8] 谢宝剑,张晓春.政策试验与扩散——以自贸区可复制经验为例[J].中国公共政策评论,2017(6).

[9] 陈家刚."顶层设计"之辨[J].人民论坛,2012(6).

[10] 周黎安.中国地方官员的晋升锦标赛模式研究[J].经济研究,2007(7).

[11] 王晓红.以构建高标准国际经贸规则促进更高水平对外开放[N].光明日报,2019-8-20.

新农保农民缴费选择的经济理性：政府—农民关系嬗变的视角

胡平峰　郭忠兴[*]

摘　要　新型农村社会养老保险不同于其他社会保险制度的突出特点在于"自愿参保"，但这也导致新农保呈现"高覆盖率、低缴费水平"的特征。以机会成本为对照，考察不同参保年龄、不同缴费档次条件下新农保政策的收益情况可以发现，在当前政策下，绝大多数农民选择低档次缴费，在领取养老金前提高缴费或补缴是符合经济理性的。这种经济理性背后隐现的是农民主体性的跃升，使得政府—农民关系由"主动—被动"转向"强主动—弱主动"。

关键词　新农保　缴费选择　经济理性　政府—农民关系

社会保障兜底是我国打赢脱贫攻坚战的底气所在。新型农村社会养老保险（简称"新农保"）的目的是保障年老农民的基本生活，防止农民由于年老丧失劳动能力而返贫，是社会保障体系的重要组成部分。但从政策的运行结果看，新农保自2009年试点以来，实现了高覆盖率的政策目标，但保障水平仍然很低。党的十九届四中全会提出，"要坚持和完善统

---

[*] 胡平峰，南京农业大学公共管理学院博士研究生，江苏省社会科学院高级人力资源师。
　郭忠兴，南京农业大学公共管理学院教授、博士生导师。

筹城乡的民生保障制度",养老保险水平的提高是民生保障制度的关键一环,而制度完善的前提是理解农村养老保障制度的运行逻辑,分析其中的影响因素。

一、新农保中的农民理性：现实条件与理论基础

新农保是居民个人缴费,政府、集体补贴,在居民年满60周岁后发放基础养老金和个人账户养老金的社会养老方式。它于2009年开始试点,在2014年与城镇居民社会养老保险合并成城乡居民基本养老保险,由于参保主体绝大多数是农村居民,所以,仍然沿用新农保的称呼。

相比其他社会保险,新农保最突出的特点在于"自愿参保",农民拥有自愿参保和多档次参保的双重选项。这一特质决定了农民可以以经济理性决策方式来决定参保形式。首先,它不具有强制性,有不同参保方案供选择。强制性是社会保险区别于商业保险的一个显著特征,社会保险强调社会的普遍参与,强制符合条件的群体参加。2009年新农保政策规定"政府主导和农民自愿相结合",仅在养老金领取待遇条款中附带了一条隐性强制条款,即制度实行时已经年满60周岁无须缴费即可享受基础养老金,但符合参保条件的子女应当参保。这一隐性强制条款在实践中遇到了一些意想不到的问题,引发了不少矛盾,这种捆绑式的缴费也与社会保险的国民待遇相违背,因此在2014年城乡居民基本养老保险制度并轨时被取消。虽然"自愿"字样同样消失,但其自愿性得到增强。其次,它不具有互助性,个人账户养老待遇只与个人缴费相关,不同参保方案的收益可精细对比。互助性是保险的原生属性,保险的初始目的即是互助,共同分担风险,如失业保险、工伤保险具有典型的横向分摊风险的功能。新农保个人缴费、政府补贴完全进入个人账户,因此不存在横向互助性,个人的养老待遇可精确计算。再次,新农保暂时没有派生属性。许多地区城镇职工基本养老保险往往派生出购房、落户、子女上学等附加属性,使得社会保险不再仅仅是社会保险,而是掺杂了一些其他的功能。而新农保

迄今为止只单纯提供养老所需的资金支持,不存在其他派生属性。这三点都决定了农民完全可以根据自己的经济理性进行参保决策。

在行为决策中,经济人假设与理性选择理论得到了普遍认同。按照理性选择理论,理性行为者会在可供选择的行为方案中进行比较分析,从而选择能使自己利益最大化的方案。但对于农民的理性,学界却有质疑的声音,认为农业依赖时令和气候,遭遇风险的概率极高,形成了农民谨慎保守的习惯。持有这一观点的人认为农民自私、愚昧、保守、落后,因而缺乏理性行动的能力,只追求代价的最小化,以风险最小化而非利益最大化来安排生产。[1]相反的观点则认为,小农和任何资本主义企业家一样,也是"理性经济人",无论是个体行为还是参与集体行为,都是经过代价和收益计算的结果,这就是农民行为决策的"经济理性"。[2]将争议放置于中国语境,学者们普遍认为农民在决策的过程中,是受到条件制约的"有限理性",是基于外部局限条件的一种理性选择。[3]传统道德观念、面子观念和利益观念相互纠缠在一起,影响了农民的选择,不同身份的农民在"道义"和"理性"之间的倾向性是有区别的。[4]"在现实中,农民的行动选择与企业经济行为所依据的并不是非理性与理性之别,或道德判断与理性计算之别,而只是生存理性与经济理性之别……对农民行为的分析必须放在其特定的、具体的生存境遇、制度安排和社会变迁的背景中进行。农民的选择在很大程度上受制于其生存境遇和制度性安排。"[5]既然如此,面对新农保政策设计中的选项,农民的选择到底如何?是否符合经济理性?

二、趋同性选择:新农保政策执行中的理性质疑

新农保作为一项可选择政策,政策对象是否参加,以何种缴费水平参加都是自主自愿的,但现实中这种自愿选择特征在政策结果中却没有得到很好的体现,呈现出高参保率、低缴费水平的状态。在制度设计中,虽

然各地在缴费档次划分上有很大的差异①,但最低档次缴费人数的比例普遍较高。

本文在山东、江西、江苏各选取了一个乡镇作为样本。在选取这三个样本时,既要考虑到收入的差异化,又要兼顾地域、政策的差异化。2014年山东菏泽市 A 乡镇、江西吉安市 B 乡镇的农民人均纯收入和当年全国农民人均纯收入 9 892 元相仿,可以说既代表了全国平均收入水平,又能体现南北方的差异。而江苏南京市 C 乡镇的农民则是收入较高但达不到城镇居民人均纯收入水平的农民代表。三镇养老保险政策也迥异,如表 1 所示,在最低缴费档次上,C 乡镇最高,占当地农民人均纯收入的3.48%,B 乡镇最低,占当地农民人均纯收入的 1% 不到;在缴费补贴上,A 乡镇和 C 乡镇没有分档次,B 乡镇每高一档补贴高 5 元;在基础养老金上,B 乡镇最低,A 乡镇次之,C 乡镇最高。

表 1　三镇养老保险政策情况

乡镇	2014 年农民人均纯收入	缴费档次及政府补贴	基础养老金	备注
A 镇	9 830 元	分为 100、300、500、600、800、1 000、1 500、2 000、2 500、3 000、4 000、5 000 共 12 档,政府均补贴 30 元/年	75 元/月	2014 年起普通农民最低只能选 300 元档次
B 镇	10 144 元	分为 100、200、300、400、500,共 5 个档次,最低补贴 30 元/年,每高一个档次多补贴 5 元/年	70 元/月	
C 镇	17 221 元	分为 600、700、800、900、1 000、1 100、1 200、1 300 等 12 档,政府补贴均为 120 元/年	130 元/月	2015 年实施差额补贴,基础养老金上调到 310 元/月

---

① 从缴费档次来看,2009 年新农保缴费档次分成了 100～500 元 5 个档次,2014 年和城镇居民社会养老保险合并时调整为 100～2 000 元 12 个档次,但赋予了各地自主设置缴费档次的权利。

从三个乡镇的新农保参保情况可以发现,无论参保人数多寡,历年最低档次缴费人数占全部缴费人数的比例均在98.5%以上(见表2),选择非最低档缴费的人数只占1.5%不到,可以说,农民在新农保缴费选择上高度趋同。

表2 三镇历年新农保选择最低档次缴费人数及比例

乡 镇	2009	2011	2013	2014	2015
A镇	15 782 (98.58%)	15 348 (98.79%)	14 751 (98.85%)	13 575 (99.21%)	
B镇		3 483 (99.20%)	4 774 (99.40%)	4 878 (99.40%)	
C镇	7 008 (99.39%)	6 956 (98.67%)	7 097 (99.44%)		7 368 (99.14%)

从三镇的农民缴费特点上看:一是存在很强的黏性,如B镇2011—2014年新农保政策未发生变化,非最低档次缴费人数每年只增加了1人;二是对保费增加的敏感性较强,2014年A镇最低缴费档次从100元提升到300元后,最低档次缴费人数占比从98.85%上升到99.21%,参保人数下降了8.31%,农民对政策频繁更改感到不安,部分农民担心按这个趋势下去缴费会高到令其难以承受,为防止退出成本过高,因而选择提前退出;三是政府补贴差异化力度不大,激励效果也有限,如C镇2015年政府补贴由固定120元调整为130元、140元、150元三个档次,但选择非最低档次缴费人数仅增加了25人,响应者寥寥;四是收入对缴费档次选择的影响不明显,无论是人均纯收入较高的C镇还是较低的A镇,无论是占农民人均纯收入1%的B镇还是占比3.48%的C镇,选择最低档次缴费的比例都高居不下,这一现象也可通过其他学者的调查得到证实[1]。也就是说,面对新农保政策中"多缴多得"的激励条款,农民基本上放弃了政策赋予的多样化选择,缴费水平呈现很强的趋同性。[6]

---

[1] 苏北地区的调查结果是70.8%,江西、湖北等4个省份的调查结果是93.1%。

到底是什么因素影响了农民对参保缴费水平的选择？一方面，农民的自然特征也就是他们的自然条件限制了其参保缴费行为，农民的个人特征(如年龄、收入、文化水平等[7][8])、家庭特征(如家庭规模、家庭抚养比和户均耕地面积等[9])、农民对政策的认知[10]等都会影响其行为。但另一方面，通过对农民缴费能力的测算，可以发现，农民完全有能力负担起更高档次的缴费[11]，收入并不是缴费档次选择的主要影响因素，农民对政策的了解程度对参保水平的影响也值得怀疑[12]，同时，非经济因素如制度设计、对政府和干部的信任等在很大程度上影响了缴费水平[13]。

可见，对于农民低缴费的解释，并没有一个统一的观点，形成这个局面的原因有二。一是样本及方法的差异。在采用计量方法进行分析时，结果的信度和样本的同质性密切相关，样本的同质性越高，信度就越低。当这些研究中绝大部分样本选择最低档次缴费的比例高到一定程度时，相关性分析的结果受样本差异影响，展现出来的结果就很可能迥异。因此，在选择最低档缴费的农民达到一个超高的比例时，计量分析方法就不再可行了。二是此类相关性分析的隐含前提是政策本身大体是均质的，这就需要对政策本身进行研判，在没有研究新农保各档次的收益情况就假定农民对政策的认知程度低阻碍了他们选择高档次缴费显然是不能成立的。因此，要通过对各种选择进行分析来判断农民参加新农保的决策是否符合经济理性。

三、理性计算：新农保缴费选择中的收益比较

新农保诞生在给农民减负的大政策环境下，因此在政策制定时保留了极大的弹性。正是因为有了充分的选择空间，农民才可以选择是否参保与参保水平。参保缴费是有机会成本的，即农民把参保资金用于自主投资能够产生的收益。这样，一个农民的决策可以分成两个阶段：第一阶段比较参保与不参保之间的收益差距，决定是否参保；如果是的话就进入第二阶段，比较不同缴费档次之间的收益差距，决定参保水平。

在第一阶段:假定年龄为 n 的参保人员选择缴纳最低档次的资金 P 参保,到 60 岁时①年平均记账利率为 R_g,能获得的收益 I_g:

$$I_g = (P+G)\sum_{t=1}^{60-n}(1+R_g)^{60-n+1-t} + J \times 139 \tag{1}$$

其中,G 为缴费档次 P 的政府补贴,J 是由于参保而获得的月基础养老金,发放期限假定与个人账户养老金计发年限相同。

将资金用于投保就意味着要承担用于自主投资收益的机会成本。考虑到农民投资理财能力、意识有限,加上养老金的安全需要,假定这个机会成本是农民只会把资金 P 按照最高存款收益率 R_p 存入银行到 60 岁时获得的收益 I_p:

$$I_p = P\sum_{t=1}^{60-n}(1+R_p)^{60-n+1-t} \tag{2}$$

这就可以计算是否参保的收益差,只有二者之差为负,农民才有可能选择自主投资。新农保政策规定,养老保险个人账户按照一年期银行定期存款利率计息。如果农民也以银行定期存款的形式自主投资,能够获取最高收益的做法是尽量按照最长年限来存款,先按五年期定期存款,不足五年时,按三年期,以此类推到一年期。2005—2014 年这 10 年间,一、二、三、五年期存款平均利率分别为 2.866%、3.497%、4.064%、4.459%。据此计算 2014 年政策下三镇不同年龄农民参保与否的收益差,见表 3。

表 3 不同年龄农民参保与否的收益差(元)

参保年龄	A 镇		B 镇		C 镇	
—	累计差	逐年差	累计差	逐年差	累计差	逐年差
59	31	31	31	31	123	123
55	117	11	148	27	561	92

---

① 养老保险个人账户在 60 岁享受养老金待遇后不再计息,此时个人账户内余额达到最大值。

(续表)

参保年龄	A镇		B镇		C镇	
—	累计差	逐年差	累计差	逐年差	累计差	逐年差
45	−61	−53	381	16	1 015	−15
35	−1 155	−174	433	−10	−99	−227
25	−3 903	−387	117	−60	−4 170	−613
基础养老金	10 425		9 730		16 680	

可见,新农保基础养老金虽然较低,但是相对于总体较低的缴费额来说,收益还是相当可观的,无论是哪个年龄段,参保都比不参保的收益要高。同时可以发现,参保年龄与参保收益成正比。在上述政策条件下,无论选择哪种投资策略,年龄越大,收益越高,年龄越小,收益越低。

在第二阶段,也就是决定参保之后,农民也可有不同的选择。由于只要以最低档次投保,就具备享受基础养老金的资格,那么农民就要考虑,追加保费的收益 I'_g 是否大于机会成本即用于自主投资的收益 I'_p,二者的差额 I':

$$I' = I'_g - I'_p = (P' + G')\sum_{t=1}^{60-n}(1+R_g)^{60-n+1-t} - P'\sum_{t=1}^{60-n}(1+R_p)^{60-n+1-t}$$

(3)

其中,G' 是追加保费 P' 而获得的差额补贴部分,t 是年龄为 n 的农民缴费后的计息期数。如果追加投保的收益更大,农民会选择加大投保力度;反之,不会增加保费,或是二者相差不大,有现金流动性偏好的农民也不会选择增加保费。

根据公式(3)计算2014年政策下不同年龄农民采取不同参保策略到60岁时的收益差,见表4。

表4　不同年龄农民不同参保策略的收益差(元)

年龄	A镇 低	A镇 中	A镇 高	B镇 低	B镇 中	B镇 高	C镇 低	C镇 中	C镇 高
59	31	31	31	31	41	51	123	123	123
58	28	14	−27	31	39	47	120	115	112
57	23	−18	−135	29	34	38	111	97	87
55	11	−82	−354	27	23	19	92	60	37
50	−16	−238	−886	21	−2	−26	48	−26	−81
45	−53	−450	−1 608	16	−38	−89	−15	−147	−247
40	−105	−735	−2 574	5	−87	−175	−104	−314	−472
35	−174	−1 113	−3 853	−10	−154	−290	−227	−540	−775
25	−387	−2 257	−7 713	−60	−360	−645	−613	−1 236	−1 704

注：最低档次的投资收益差为视基础养老金为国民待遇时投保与不投保的收益差；中档次保费A镇按1 500档、B镇按300档、C镇按1 000档计算。

可以发现，参保缴费档次与收益成反比。像A镇和C镇这样固定的政府补贴显然不能给高档次缴费带来更多的收益，B镇递增的政府补贴确实提高了缴费的收益，但是也只能在55岁以上维持正收益。可见，固定政府补贴完全起不到激励高缴费的效果，差额缴费补贴对改善农民收益有一定效果，但其差异化程度尚不足以扭转收益水平，因此激励效果有限。表4还呈现了收益的区域差异。最低缴费水平高、政府补贴也高的C镇，高龄缴费人员收益最高，低龄缴费人员收益最低；而缴费水平低、政府补贴也低的B镇，各年龄段收益比较平均；最低缴费档次高、政府补贴低的A镇，收益在每个年龄段、档次均最低。

以上收益是基于缴费阶段计算的，而在领取阶段，我国目前把60岁时个人账户领取时间设定为139个月，远远低于2015年我国人均预期寿命的76.34岁。因此，社会养老保险相比于自主投资还有一个最大的优势就是个人账户资金全部发完之后，仍然由社保统筹账户发放相同的养老金直到去世，即从领取养老金后的139个月(71.58岁)到参保人去世之前的个人账户养老金由国家负担。如果选择自主投资则没有这个红利,但自主投资的优点在于可以持续计息。因此,在做决策时,也应该权衡社保红利和持续计息究竟哪个更有利。

为了便于比较,假定从个人追加投资的收益 I'_p 中自 60 岁起每年留出与追加投保的待遇一致的养老金后,剩余部分分别按最高存款收益率进行再投资,直到全部用尽:

$$I'_p(1+R_p)^i - \sum (I'_g/139 \times 12)(1+R_p)^i < 0 \qquad (4)$$

如果用尽时间在 76.34 岁之前,那说明以我国人均预期寿命为预期的农民追加保费是划算的,否则就不如自主投资。根据公式(4)计算养老金领取阶段不同年龄农民按照最高档次参保所获得的待遇使用自主投资资金到资金使用完时的年龄,见表 5。

表 5 不同年龄自主投资资金按最高档次投保待遇使用完的年龄

年龄	A 镇	B 镇	C 镇
59	73.8	72.0	72.8
55	74.5	72.5	73.5
45	76.1	74.0	74.9
40	76.9	74.8	75.9
35	77.8	75.8	76.8
30	78.8	76.7	77.8
25	79.9	77.7	78.9

这意味着,不管按照何种政策,追加资金自主投资的使用年限都大于个人账户计发的 71.58 岁,表面上看是追加资金自主投资比全部用于投保收益高,但考虑到个人账户养老金发放终身,一个有着全国人均预期寿命的农民(2015 年为 76.34 岁),在 A 镇 45 岁之后、B 镇 35 岁之后、C 镇 40 岁之后分别按最高档次缴费都是划算的。同时,年龄与追加资金自主投资收益成反比,年龄越小,自主投资产生的收益越高,这也印证了缴费阶段年龄与投保收益成正比的关系。

综合缴费阶段和领取阶段的收益,在目前的政策框架下,理性的缴费者应该是根据不同的年龄采取不同的缴费策略:在低龄时按低档次缴费,此时参保缴费的收益较低且机会成本高;在高龄时可提高缴费档次,此时参保缴费收益提高且机会成本低。这种做法在现实中已出现:A镇2014年缴费超过2 000元档次的38人中,平均年龄为54岁,在57岁以上的22人中,有21人是临时大幅提高缴费(其中16人前3年都是选择最低档次缴费),仅1人上年度缴费为2 000元档次。

四、主体性跃升:缴费选择下政府—农民关系的嬗变

农民在新农保缴费上的趋同性选择是政府可以预料到的,甚至从根本上说,是政策设计导致的。首先,政府差额补贴的差距不足以体现多缴多得。一方面,相对于缴费档次的提高,政府补贴的增长显得微不足道,保费的收益率是递减的;另一方面,多缴多得在城镇职工基本养老保险中不仅体现在个人账户养老金中,还以个人缴费指数的形式体现在基础养老金中,而城乡居民基本养老保险的多缴多得仅在个人账户养老金中体现。其次,基础养老金在整个养老金体系中占比较大,2018年最低基础养老金为88元,相当于个人账户连续15年缴费600元才能达到这个标准。同时,基础养老金会根据经济发展和物价变动等情况进行调整,但个人账户却基本保持不变。因此,对农民来说,以入门档次缴费获得基础养老金是最优选择。对于政府尤其是地方政府来说,高参保率、低参保水平也是其最优选择:高参保率意味着很好地完成了中央推广新农保制度的任务,低参保水平意味着地方政府只需付出最少的政府补贴。

政府和农民在新农保缴费过程中的"默契"展现了我国政府—农民关系的转变。在传统的治理解释框架中,农民相对于政府,总是处于相对被动、消极、弱势的地位,政府—农民关系的主导权主要在政府手中,农民在政策制定过程中的主体性严重缺失,只是政策的"跟随者""响应者"。面对不符合农民利益的政策,农民的反应要么是激烈的非法反抗,要么是不

配合的消极抵制,普遍缺乏对话的能力和沟通渠道。但随着2006年农业税的彻底取消,我国政府—农民的经济关系发生了转变,基层政权由汲取型转变成了"悬浮型"[14]。经济上的"悬浮"意味着政府不再需要从农民身上汲取资源,而地方政府的主要责任变为管理与服务,尤其是这种管理与服务建立在无经济关系的悬浮型政权和差序政府信任格局基础上,基层政府就丧失了以往制约农民的强制手段,基层治理的主要工作就从资源汲取这个"难题"转到如何取得农民的支持与配合这一"新难题"上了。

农村家庭联产承包责任制实施以后,尤其是农民大规模进城务工以来,农民的生存境遇和制度性安排都发生了巨大的变化,这些变化也使得经济理性在农民生活中占据越来越重要的地位:一是收入水平的提高使农民的需求结构基本上超越了生存需求,从而产生了更高层次的发展需求。二是大规模进城务工提高了非农收入占比,中国家庭金融调查与研究中心发布的《中国农村金融发展报告2014》显示,工资性收入、工商业收入、财产性收入、转移性收入等非农收入之和已经占农民总收入的78.3%,非农收入提高了农民的抗风险能力,在一定程度上使农民得以摆脱"安全第一""生计第一"的保守性,更有可能追求其他更多的偏好;三是现代性从各个角度融入农村,打破了农村原有的传统经济社会模式,农民作为消费者和生产者的角色发生了转变,市场在农民生活中占有越来越重要的地位,农民的决策也越来越注重经济理性;四是信息获取通道的扩展,提升了农民获取信息的能力,有利于他们形成更佳的方案,做出更有利的选择。可见,农民在解决温饱问题后,趋向经济理性的选择会越来越多。

当"悬浮"的地方政府遇见越来越理性的农民,双方的关系便不再是单向性的了。尽管地方政府在制定政策时仍然保留了绝对的权力,但在政策执行阶段,缺乏强制性的政策使农民可以通过"用脚投票"来表达他们的态度,农民的主体性因此得到了提升,政府—农民关系则从"主动—被动"型转变成"强主动—弱主动"型。

这种转变在新农保政策的执行过程中体现得非常明显。从政府角度来看,新农保的政策设计斩断了基层政府强制执行的法律依据,政府只能通过强制以外的手段来执行政策,在政策过程中变得更加"主动",主要通过入口补贴、出口补贴、缴费关联等切实的利益关系来引导农民。政府的引导在一定程度上达到了自己的预期——农民参保积极性有了很大的提高,但同时也暴露出基层政府在"主动"下的"弱势":在政策执行初期,基层政府做了大量的动员准备,如江西B镇所在地的县、镇、村层层召开动员大会,政策宣讲到村,任务分解到人,并在电视台连续播放专题节目一周等;政府提供的缴费服务越来越便利和体贴,从政策初期的人工征收,到银行代缴,再到有些地方在村设立缴费查询机。由于任务到人,甚至出现"协办员"代缴保费的情况,这在过去是不可想象的。从农民角度来看,农民在政策过程中,展现了一定的主动性:农民在选择参保后,仍然具有随时退出的可能,如山东A镇2014年参保人数就降低了8.31%,为了掌握真实情况,有些地区将续保率而非参保率作为考核基层政府的指标;农民在参保后,也会变更自己的缴费档次,如高档次缴费基本上都是由低档次缴费变更而来。

其实,新农保的政策运行结果是符合政策制定者的初衷的,从《国务院关于开展新型农村社会养老保险试点的指导意见》中的"低水平起步"到《国务院关于建立统一的城乡居民基本养老保险制度的意见》中的"全覆盖、保基本、有弹性、可持续",低水平全覆盖的方针从来就没变过,因此,高参保率、低缴费水平原本就是中央政府建立农民养老保险的首要目标。但在达到这个目标后,如何提高养老保障水平应该是下一步政策的重点。只要不改变自愿参保的原则,在调整养老保险政策时,就必须高度重视农民在政策中的主体性作用,只有充分赋予他们切切实实的收益,"精于算计"的理性农民才会主动提高缴费档次,进而提升农村居民养老保险的保障水平。

本文系国家社科基金项目"新时代地方干部激励困境与路径优化研究"(项目号:19CDJ015)的阶段性成果。原载于《江海学刊》2020年第4期。

参考文献：

[1] 恰亚诺夫.农民经济组织[M].北京:中央编译出版社,1996.

[2] 西奥多·W.舒尔茨.改造传统农业[M].北京:商务印书馆,2006.

[3] 林毅夫.小农与经济理性[J].农村经济与社会,1988(3).

[4] 李里峰."运动"中的理性人——华北土改期间各阶层的形势判断和行为选择[J].近代史研究,2008(1).

[5] 郭于华."道义经济"还是"理性小农"——重读农民学经典论题[J].读书,2002(5).

[6] 聂建亮,钟涨宝.新农保养老保障能力的可持续研究——基于农民参保缴费档次选择的视角[J].公共管理学报,2014(3).

[7] 赵光,李放,黄俊辉.新农保农民参与行为、缴费选择及其影响因素——基于江苏省的调查数据[J].中国农业大学学报(社会科学版),2013(1)

[8] 程杰.农户养老保险参保水平选择的影响因素研究——对成都市农户的抽样调查分析[J].西部论坛,2014(3).

[9] 张朝华.农户参加新农保的意愿及其影响因素——基于广东珠海斗门、茂名茂南的调查[J].农业技术经济,2010(第6).

[10] 邓大松,李玉娇.制度信任、政策认知与新农保个人账户缴费档次选择困境——基于Ordered Probit模型的估计[J].农村经济,2014(8).

[11] 邓大松,薛惠元.新型农村社会养老保险制度推行中的难点分析[J].经济体制改革,2010(1).

[12] 钟涨宝,李飞.动员效力与经济理性:农户参与新农保的行为逻辑研究[J].社会学研究,2012(3).

[13] 吴玉锋.新型农村社会养老保险参与行为实证分析——以村域社会资本为视角[J].中国农村经济,2011(10).

[14] 周飞舟.从汲取型政权到"悬浮型"政权——税费改革对国家与农民关系之影响[J].社会学研究,2006(3).

大数据时代政府治理何以转型

陈 朋*

摘 要 任何政府治理都嵌入在具体场景之中。当前,广为应用的大数据就是政府治理所面临的新场景。在大数据与政府治理之间具有较强耦合逻辑和广阔应用空间已经成为人们基本共识的情况下,应该重点思考的问题是"大数据时代政府治理何以转型"。大数据自身蕴含的重大价值和当前政府治理转型所面临的多重压力,说明当前政府治理转型首先必须有正视大数据、理性应用大数据的思维观念。在此基础上,再着力推动政府结构转型,推动政府组织体系从封闭性结构走向开放性结构、从官僚科层制走向扁平化。在同步推进理念转型和结构转型之际,还要通过建立协同性运行机制和预判性决策机制来推动政府治理方式转型。

关键词 大数据 政府治理 转型

作为承担维护公共安全、提供公共物品、调解社会矛盾等重要职责的政府治理,是现代国家治理的重要组成部分。人类社会的历史实践表明,

---

* 陈朋,政治学博士,江苏省社科院廉政与治理研究中心研究员。

有效的政府治理不仅是调解政府内部管理体系、改进政府运行方式的内在要求，也是调适国家与社会关系的必然诉求。但是，任何政府治理都是嵌入具体场景之中。具体情境既构成政府治理转型的重要推动力，也使其呈现鲜明的时代特征。对于当前的政府治理而言，广为应用的大数据就是其面临的新场景。实践证明，大数据技术在政府治理中的积极作用正日渐凸显，并一定程度上引发了政府治理的革命性变革，使政府治理面临更加错综复杂的外部环境。

客观而言，对于这个重大理论和实践议题当前研究给予了密切关注。在这个过程中，人们逐渐认识到大数据时代的到来给传统的政府治理提出了严峻挑战，同时又以其强大的信息能力为政府治理转型和能力提升创造了更为有利的条件。因此，大数据驱动的政府治理能力已经成为人们的基本共识。然而，尽管当前研究对大数据与政府治理的耦合逻辑及现实应用空间展开了多层面探讨，但总体上看，主要集中于"什么是大数据"和"大数据时代政府治理为什么要转型"等基础性问题。相对而言，"大数据时代政府治理何以转型"这一既需要理论建构也需要实践探索的问题尚未得到应有的重视。基于此，本文力图从理念、结构和方式等方面对其做出尝试性分析。

一、理念转型：树立开发运用大数据的思维意识

虽然"观念的东西不外是移入人的头脑并在人的头脑中改造过的物质的东西而已"[1]，但是它对人们日常行为的选择具有重要影响并从多层面施加作用。因此，在实际工作中，人们逐渐形成这样一个基本共识：理念是行动的先导，唯有理念先行才能确保行动跟得上。对于大数据时代政府治理转型而言，同样如此。正反两方面的诸多经验表明，要想政府治理顺应大数据时代的客观诉求就必须有正视大数据、理性应用大数据的思维观念。

然而，缺乏大数据思维恰恰是当前政府治理转型面临的首要挑战。

这主要表现在两个方面。其一,政府尚未充分认识大数据所蕴含的巨大潜在价值,从而要么造成数据资源浪费,要么面对纷繁复杂的大数据束手无策。对于这种现状,李克强总理曾表达过忧虑。他指出:"目前我国信息数据资源80%以上掌握在各级政府部门手里,'深藏闺中'是极大浪费。"[2] 2018年8月,笔者在县域治理的一项专题调研中曾对基层政府开发运用大数据的问题展开过分析,结果显示67.9%的受访者认为所在地政府对大数据尚未形成清晰判断,也未有效开发运用大数据。其二,对大数据的认识存在偏差。一些政府部门虽然认识到大数据具有重要作用,但是对数据的认识尚停留在"样本思维"和"因果思维"层面,真正体现大数据要求的"总体思维"和"相关思维"尚未树立。

这说明,大数据时代政府治理转型首要的乃是对待大数据的理念要适时转型。这主要源于两点。其一,大数据自身所蕴含的重大价值内在决定了政府治理转型应借助其重要推动作用。自2008年《科学》杂志提出"大数据"概念后,大数据就日渐成为人们关注的重点问题。按照目前相对一致的看法,"大数据是指传统工具无法在短时期内进行储存、搜索并整理、分析的大量的数据信息,因此,它是一个描述性的概念,是互联网、物联网及云计算等几种技术革命的叠加结果。"[3]长期从信息技术研究的机构Gartern也认为,"大数据是指需要新处理模式才能确保更强的决策力、洞察力和流程优化力的海量、高速增长和多样化的信息财富"[4]。事实上,无论是从理论层面还是实践层面看,既可以将大数据看作一种资源,还可以视作一种技术,甚至是一种思维方式。作为一种重要资源,它是"能反映物质世界和精神世界运动状态和状态变化的信息资源"[5];作为一种技术,它"是信息社会发展到更高阶段或向更高阶段发展的一个特征和一种图景"[6],具有超强的信息搜集、整理和应用效能;作为一种思维方式,大数据给公众传递的信号是"开放"和"共享",让每个个体都成为重要的信息数据"发布源"和"接受源",并努力运用这些数据资源与其他社会成员交流互动。所以,大数据被人们看作具有"信息量庞大、传播速度极快、传播方式便捷"的巨大"魔力",它能实时收集、储存和处理各种相关数据信息,进而使政府决策所需要的信息资源更加丰富、充沛。同时,大数据还具备开放性、交互性等特征,能使公众参与公共事务决策的便利程度更强、互动性更足。所有这些最终都会对政府治理产生规制和影响,促进政府治理过程走向智能化、精准化和有序化。总而言之,大数据正在成为一种不亚于人力、物力、财力等物质资本的生活资料和市场要素,对人们的生产生活方式和政府治理方式产生着直接而又深远的影响。因此,面对汹涌而至的大数据,任何一个国家及其政府都不能置若罔闻更无法置之度外,都需要借用大数据来助力实现自身的治理转型。

其二,当前政府治理转型所面临的多重压力客观上倒逼政府治理要注重开发运用大数据。作为承载国家重要职责的政府,其管理方式并不是一成不变的,而会随着社会生产方式的变革做出不断调适。梳理人类社会的发展历程可以发现,政府管理已经走过了统治型、管理型和治理型。如果说统治型政府模式主要是基于国家本位主义观念而创设政府机构、开展政府管理活动,那么管理型政府模式则是在社会风险剧增的情况下对统治型政府的替代,它不仅提倡决策从直觉走向科学和理性,而且主张政府行为要追求利益最大化。但是,随着工业社会向信息社会的转变,管理型政府方式也日渐捉襟见肘,现代政府治理模式应运而生。相比较前两种政府管理模式而言,这是一种在现代多元社会背景下产生、着力满足现代社会结构复杂和多元需求的公共事务治理方式。然而,这只是一种理想化的期待和追求,最终到底能否实现这一目标则在于它能否有力回应社会需求。无数事实证明,一个对社会需求保持充分回应的政府,往往是一种兼顾公平正义和平等合作理念的现代政府。当前政府治理转型之所以步履艰难,一定程度上就是缺乏回应性,未能很好地整合各方利益诉求,继而导致政府和公众双方的主体效能都难以得到有效激发。这正是当前政府治理转型面临多重压力的缩影。而要破解这一难题,一个重要方略就是开发运用大数据,以大数据驱动为基础、以现代信息技术为依托、以数据搜集整合和应用为手段,对公众诉求进行全方位回应。也就是说,当前亟须引导各级政府看到大数据及其相关技术在政府治理转型过程中所发挥的积极效能。

二、结构转型：建构开放扁平的政府组织体系

如果说理念转型是先行一步的基础性工程，那么推动政府结构转型则是关键一招。从组织行为学的一般规律看，组织结构是影响组织效能发挥的重要因素。面对大数据时代的全新环境，政府只有适时调整和优化自身组织结构，才能更好激发效能。从政府转型的现实需求看，信息化时代利用大数据技术推动政府调整和革新自身组织结构不仅是政府再造的重要内容，也是其必然选择。诸多事例表明，大数据技术已经对传统的政府治理结构提出了严峻挑战，形成了强劲的倒逼作用。因此，在已然明确大数据时代必然推动政府治理转型的情况下，重点则是要进一步思考如何推动政府结构转型。

"当前，政府部门、市场主体、社会组织和公民个人的活动环境和行为选择都发生了很大的变化，政府治理所面对的要素与以往相比有很大的不同。信息传递的快捷与便利，政府治理结构不断从垂直走向扁平，互联网时代话语权的下移与分散，以及公民政治地位的提升，使得政府治理机制不断从人治走向法治，从封闭走向透明，但是，政府能力具有有限性，政府职能不断从全能走向有限。"[7]这就意味着当前政府结构转型要紧扣组织体系革新。之所以要将组织体系的转型作为重点，主要是源于提升政府治理能力的本意使然。按照目前的通行看法，政府治理能力主要是指政府的调控能力、合法化能力及强制能力，或者说渗透性权力和强制性权力。但不管是何种能力或者说权力，它都维系于政府自身的组织体系以及政府与市场、社会的关系状态。因此，任何一个成熟型政府都会根据时空环境的变化适时调整自身组织体系，进而对不适合治理需求的组织体系进行矫正和纠偏。

总体上看，大数据时代政府组织体系转型重点是要形成双重突破。第一层突破是着力从封闭性结构走向开放性结构。在传统的政府组织体

系下,政府是处理和应对各项事务的中心。于外部,政府处于一统独大的地位和作用,公众和社会组织参与公共事务的积极性既得不到充分激发也缺乏必备的空间;于内部,各层级政府之间缺乏必要的上下互动和有效沟通。这样一来,政府组织体系之间就会形成一种封闭式结构,无论是在纵向还是横向上都缺乏互动和开放性。然而,随着多元化社会特别是信息社会、风险社会的来临,这种封闭式组织结构面临的问题越来越多。比如,应对风险挑战的能力会捉襟见肘,因为"传统的控制、管制模式压抑人性,人与人之间关系复杂化、利益多样化、联系紧密化等导致人类之间的关系敏感化,风险因子增加"[8]。同样,应对信息技术挑战的能力也极为有限。无数事实表明,信息技术的发展正在使社会结构和政府自身的组织结构发生深刻变革,社会结构正在从工业社会的"中心—边缘"结构转变为"发散性网状"结构。这种多元网状结构不仅倒逼政府内部组织体系发生巨大嬗变性革新,而且会扩展人们之间交往的社会资本,为公共事务治理提供更加多元化和宽广的空间场域。面对这一切,政府组织体系变革必然适时而动,在政府内部要逐渐形成上下互动、信息资源共享、合作方式多元的组织架构,在政府外部也要通过开放治理边界,促动社会组织、公众等多元主体积极参与政府治理活动,通过大数据平台表达意愿、参与决策,成为政府治理活动的信息输入者和决策执行者。也就是说,要通过政府组织体系结构转型,着力建构一种开放性和多元化的组织体系,使上下级政府、社会组织和公众等主体都能成为政府治理的参与者、信息采集者和反馈者。

第二层突破是从官僚科层制走向扁平化。尽管中国的官僚制与通常意义或者说韦伯所讲的官僚制存在着存在显著差别,但在基本秉性上还是具有共同之处。那就是都注重程序理性,上下级政府之间通过严格的规章制度履行彼此的权属职责,通过森严的等级制维系权力运行、传递信息。这种科层制虽然能推动政府形成程序化运行,但是对上下科层之间"命令—服从"式关系的过多强调容易在无意间忽略了横向部门之间的交流互通。很多事例表明,基于权力职责体系分工和上下层级规制的官僚科层制,容易导致资源配置与之形成相反的倒金字塔结构,特别是"现代公共事务的复杂性是无法通过精细分工来实现良好治理的,因此,政府治理的官僚科层制弊端难以用传统方法解决"[9]。比如,政府部门之间经常发生的信息阻隔、信息壁垒、信息孤岛、数据鸿沟、互相推诿、权责不清等顽疾都是因此而生。而大数据技术恰恰具有纾解这一难题的独到优势,能促使官僚制改变其科层制弊病。比如,一些地方通过运用大数据建立"河长信息系统"有力破解了原先严重制约河道治理"九龙治水"问题。这说明,应适时借力大数据所形成的倒逼作用,着力拉平上下级政府之间的科层等级,打破横亘在纵向科层制与横向分工合作之间的体制壁垒,着力推动形成扁平化的政府组织结构。

三、方式转型:探索前瞻性决策机制和协同性运作机制

对于政府转型而言,无论是理念转型还是结构转型,最后都要落实到决策和运行机制上。因此,在推动理念转型和结构转型之后,要着力推动政府治理方式转型。具体而言就是要建立协同性运行机制和预判性决策机制。

其一,协同性运作机制。大数据的最大特征是数据信息量庞大、来源渠道多元,重要价值是能够通过整合、共享,进而共同服务于政府治理需求,但是当前上下层级政府以及部门之间在数据共享合作利用等方面尚存在诸多问题。这些问题不仅无益于大数据资源的挖掘与运用,而且使政府及其部门在权责履行、政策目标、运行过程等方面各自为政、部门本位,进而严重影响政府治理的效度与能力。事实证明,缺乏共享和协同的数据,只是孤立的数字而不是大数据。因此,要树立协同思维,推动各级政府尤其是地方政府向协同运作转型。从学理演进的角度看,"协同"的概念深刻揭示了人们在观察分析社会现象时所坚持的基本理念和所采用的重要工具。在协同学看来,协同是系统内部各要素之间相互作用的过程,各要素和子系统之间的相互作用会优化整个系统自身的结构,继而推

动系统从无序走向有序。这正是近年来政治学、公共管理等学科倡导将协同学基本原理与多中心理论结合在一起并运用到治理实践中的重要原因。因此,进入信息化社会后,人们不得不重视信息技术在推动协同治理过程中所具备的"临门一脚式"的关键性作用。诚如协同学创立者赫尔曼·哈肯(Hermann Haken)所言:"对生物系统的信息研究,对于现代社会也很有意义,社会正常职能依赖于信息的产生、转移和加工过程。也许表现出来的最重要的特点是循环因果性,它导致集体状态,在社会学中,这种集体状态可能代表社会风气、公共舆论、民主或专政。"[10]哈肯在这里所揭示的就是信息对政府治理所发挥的潜在性影响。随后,他进一步提出:"信息不只与通道容量相联系,也不只与系统的中枢神经对各部分的发号施令有关,它还具有'媒介'的作用,系统的各部分对此媒介的存在做出贡献,又从它那里得到怎样以相干的、合作的方式来行动的信息。"[10]事实上,经验早已表明,大数据有助于推动政府合作共享数据资源,促进不同层级政府以及政府部门之间实现信息流动和数据共享,进而实现多元治理主体在信息资源开发与利用上的协同合作。而对于大数据时代的政府治理而言,一旦实现信息资源的协同必将有助于促进政府治理活动的协同实施。正如此,很多人提出"应契合万物互联的新时代特点,建构互联网＋城市治理的新模式,构筑扁平式的跨部门协作平台、职权分工基础上的综合管理平台以及多元化的社会参与平台,进而形成城市管理的多元共治新格局"[11]。这说明,大数据时代的政府治理必须着力构建协同合作机制,推动各治理主体将云计算、移动互联网、物联网、联机分析、数据仓库等大数据平台为关键连接点,在此基础上实现信息提取、互换、整理和分析,全力解决条条与块块之间存在的隔阂和冲突,破解纵向数据"上不去""下不来"、横向数据"聚不了""通不了"等问题,继而在动态连接中形成一种稳定的协同合作关系。

其二,预判性决策机制。诚如管理大师西蒙所言,"管理就是决策,决策是管理和政策活动的永恒话题"[12]。决策是政府治理的主要工具和手段,因此,任何一个政府都会把决策作为实施治理行动的重要凭借。诸多事实表明,当面对纷繁复杂、纵横交错、矛盾交织、变幻多端的公共事务时,缺乏数据支撑的经验决策不仅容易顾此失彼,而且难以对未来的发展趋势做出准确性预判。显然,这与大数据时代对政府治理转型提出的客观要求与创设的有利条件是极不匹配的。基于此,要借用大数据推动政府决策从应急性决策向预判性决策转变。美国长期从事大数据分析研究的凯文·凯利曾有过这样一种形象说法:"从人们睡醒睁眼的那一刻开始,网络就试图预测人们的意图。在记录了日常生活数据后,网络会试图先人们一步,在人们提问前就给出答案;在开会前就给出文件;在和朋友吃饭前根据天气状况、地理位置、本周饮食情况、上次与朋友一起吃了什么等数据推荐完美的就餐地点。"[13]这就是说大数据不仅会对人们的行动轨迹做出汇总梳理,而且还会对未来的行动取向做出预判。同样,它也会对政府治理施加类似影响,改变政府决策的方式:它能通过海量的数据资源和便捷的数据关联性分析,梳理出事件之间的显性及潜在的关联性分析,挖掘出公共问题背后所隐藏的本质及诸多内在联系,进而对事件的未来走向做出预判,拓宽政策分析的视野。这既是传统决策方式所不曾遭遇的场景,也是其在新时空环境下不得不妥善应对的新境遇。这就意味着政府在决策过程中,要充分运用大数据所形成的庞大而又丰富的数据资源以及云计算所彰显的额超级计算能力,从随机抽样走向全样本分析,进而更好地做出预判性决策。

当然,要真正实现预判性决策还离不开充裕、丰富的数据资源。广域的数据资源来自哪里?其中一个重要路径就是重视和应用蕴含在公众日常生活中的大数据。经验表明,"大数据不仅产生于一些特定的行业或领域中,还产生于每一个人的日常生活中,微博、微信等社交媒体上大量的结构化数据和非结构化数据,包括人们的行为数据都是大数据的来源。基于此,作为数据最终价值的受益者和数据产生者的普通公众和社会组织组成的多元主体,其参与政府治理的必要性越来越突出"[14]。这说明,在谋划研判性决策过程中亟须通过扩充数据来源主体为研判性决策提供支撑。

本文原载于《中共中央党校(国家行政学院)学报》2019年第23卷第6期。

参考文献：

[1] 中共中央编译局.马克思恩格斯文集(第5卷)[G].北京:人民出版社,2009:22.

[2] 张砥.在信息公开问题上政府的"说"就是"做"[N].北京日报,2016-5-13.

[3] 王向民.大数据时代的国家治理转型[J].探索与争鸣,2014(10).

[4] LANEY, DAUGLAS. The Importance of "Big Data": A Definition Gart-Ne[J]. Retrieved 21 June, 2012.

[5] 杨善林,周开乐.大数据的管理问题:基于大数据的资源管理[J].管理科学学报,2015(5).

[6] 谢俊贵.信息社会之便:大数据催生创意社会[J].广东社会科学,2016(5).

[7] 熊光清.大数据技术的运用与政府治理能力的提升[J].当代世界与社会主义,2019(2).

[8] 程毅.从单一垄断到多元互动:政府治理模式嬗变的多维视角[J].浙江学刊,2009(3).

[9] 黄其松,刘强强.大数据与政府治理革命[J].行政论坛,2019(1).

[10] H.哈肯.信息与自组织[G].成都:四川教育出版社,2010:43—44,35.

[11] 郭大林.从"数字化"到"互联网+":城市管理的多元共治之道[J].求实,2018(6).

[12] 董俊林,孟建伟.受限理性:H.西蒙社会科学哲学的基点[J].北京行政学院学报,2012(4).

[13] 凯文·凯利.必然[M].周峰,等译.北京:电子工业出版社,2016.

[14] 黄其松.结构重塑与流程再造:大数据时代政府治理体系转型[J].贵州社会科学,2018(1).

基层治理中的局部空转:现象图景及其有效治理

陈 朋*

摘 要 基层治理是现代国家治理的重要根基。但是,频繁显现的"局部空转"难题已经从基层治理中的一种行为演化为一种现象。这种现象已经浸淫于基层治理的诸多领域,并与基层治理勾连在一起呈现出象征性治理、变通性治理、转移性治理和规避性治理等多种面向。从机制层面看,基层治理的局部空转问题主要源于制度体系效能不足、基层权责机制不匹配、科学考评机制欠缺、有效激励效能不足等症结。基于此,亟须从基础层面加强制度体系建设、中观层面着力实现有效沟通、微观层面为基层注入充足动能等方面终结局部空转难题,提升基层治理效能。

关键词 基层治理 局部空转 有效治理

在现代政治生活中,国家治理承载着新时代国家建设的诸多期待。基于此,党的十九届四中全会提出国家治理体系和治理能力现代化的时代命题。对于这个宏大的命题,人们大多认为这是执政党着眼于现代国

---

* 陈朋,政治学博士,江苏省社科院廉政与治理研究中心研究员。

家建构做出的顶层设计,这种研判固然有其合理之处。但是,必须看到它是建立在一定基础之上。为此,基层治理被人们寄予厚望,并从多个层面做出建构性设想和系统性设计。然而,如此深受重视的重要议题,在现实生活中却不时出现诸多问题。其中,最突出的就是频繁显现的"局部空转"难题。

诸多数据表明,人人经手、处处留痕却无益解决问题的局部空转已经从一种行为演化为一种现象,严重侵蚀着基层治理效能。对此,人们从不同视角给予了关注。但是,总体上看仍不够集中。在中国知网上以"局部空转"为题名或主题词、关键词等方式进行搜索,共有文献17篇。当然,不排除这一问题被其分散在其他研究中进行分析。梳理发现,研究者主要是提出要重视这个问题,却尚未对其基本面貌、诱发因素等深层次问题做出分析。鉴于此,本文借用近年来笔者在江苏、浙江等地开展的专题调研素材及近期在"问卷网"对江苏27个县(市、区)基层干部和相关群体开展的问卷调研获取的876份调研数据,对这一问题展开初步分析。

一、局部空转:基层治理中的一种客观现象

尽管"治理"是一个舶来品,但是在近年来的实践探索中,它逐渐成为一个高频词。为提升现代国家建设水平,进入新时代执政党提出要实现国家治理体系和治理能力现代化,并从顶层设计、制度安排、体制机制和重点领域等方面做出整体性布局。国家治理的根基在于基层,因此,伴随对国家治理的热切讨论和高度关注,基层治理随之进入人们的研究视域。在这个过程中,人们逐渐认识到:相对于宏观层面的国家治理而言,县域范围内的基层治理不仅直接关乎公众的切身利益,而且成为观察研判国家治理效度的取景框。基于这种认知判断,各级政府在梳理总结以往基层治理历史经验的基础上,按照中央政府的要求,不断优化基层治理结构以提升治理能力。

梳理各方面的数据发现,近年来地方政府对基层治理给予了高度重

视。比如,江苏省扬州市自2018年以来专门围绕基层治理问题就召开过近20次专题会议,重点推进网格化精细化治理、农村集体"三资"监管、社区公共服务精准供给、基层治理体制改革、推进社会治理现代化等工作。在2019年初,扬州市还专门出台《扬州市统筹城乡融合发展创新农村基层社会治理与服务试点工作方案》,从制度层面为基层治理提供指引。2020年3月,在吸取已有经验的基础上,扬州市再次出台了《关于全面加强基层基础建设推进市域社会治理现代化的实施意见》,试图构建"纵向到底、横向到边、高效运转"的社会治理体系。问卷数据统计亦表明,73.5%的受访者认为:"近年来党委政府对基层治理很重视。"在访谈过程中,一些基层干部同样提出类似感受。这些都说明,在推进国家治理体系和治理能力现代化的宏大背景下,基层治理被摆在突出位置。

然而,在人们对基层治理给予关注的同时,一种令人忧虑的现象也在同步显现。这就是基层治理中出现了局部空转问题。空转本身是一个物理概念,用来描述系统"出力不出工"的运转状态。比如,汽车发动以后,发动机虽然在运转,但是只供给系统内部消耗,从而导致怠速运转。在观察基层治理时,人们逐渐发现这种现象也有显现:公共政策制定者和上级政府已有明确的指令和要求,但是基层政府在具体执行过程中很少将其落实到位,从而导致政策指令处于空转状态,根本没有释放应有的治理效能。

客观而言,这种局部空转现象并不是一个新问题,它由来已久。在对国家治理特别是基层治理尚未引起足够重视的过去,它常被其他问题所淹没,难以引起人们注意。只是在全面深化改革特别是整个国家治理的宏大背景下,对各种问题的关注使其充分暴露出来,让人们逐渐地意识到这一问题已经成为横亘在推进国家治理现代化进程中的突出障碍。问卷统计数据显示,在回答"您身边是否存在政策、制度、治理举措等局部空转的问题"时,57.9%的受访者认为存在空转现象,并且较为严重,18.3%的受访者认为存在一定程度的空转现象,两者相加共有78.2%的受访者指出这一问题客观存在。

不得不重视的是，当前局部空转已从一种行为转化为一种现象。这种现象，是一个累积演化的过程。在这个过程中，"超群体违规"起着关键性作用。群体心理学的基本理论说明，一种行为的衍生和扩散同群体的认可和模仿直接相关。当参与者的数量达到一定程度，就会促使一种行为转化为一种现象并逐渐固化下来。所谓"超群体现象"就是超越了一个或两个群体，在三个或以上的多个群体中同步显现某种行为。比如，当一个群体发现不仅自己在违规做出某种行为，而且周围的其他群体也存在类似违规行为，于是就会受这种行为的影响继续违规，最终诱发产生更多的类似违规行为。在基层治理中，局部空转也是如此。最开始它只存在某一领域，随着时间推移和相互模仿，则逐渐从一个领域向其他领域扩散，以至于成为多群体多领域共同效仿的一种现象。人们会发现，浸淫其中的既不是某一个人，也不是某个群体，而是多个群体多个领域都存在类似问题。

但是，不管是作为一种行为还是一种现象，从根本上讲局部空转的病灶终究是执行不力。在公共政策理论看来，一项政策的完整链条往往包含"输入""输出"两个端口。"输入"端主要关涉公众需求的捕捉、信息的搜集，进而在此基础上制定出合乎实际的公共政策。"输出"端则主要关涉政策的执行。如果仅考虑"输入"而忽略"输出"，这样的政策并不具有科学性和有效性。因此，人们更加关注政策能否得到执行。等待观望、相互推诿、出工不出力等行为，就容易引发基层治理局部空转。

二、局部空转的印象图景：多面向透视

从上述讨论可见，基层治理中的局部空转已经成为一种客观现象。调研发现，这种现象已经浸淫于基层治理的诸多领域，并与基层治理勾连在一起呈现出象征性治理、选择性治理、变通性治理和转移性治理等多种面向。

1. 象征性治理

荷兰学者布雷塞斯在观察分析中国政府运行状态时曾提出过"象征性合作"的概念。在他看来,面对共同的公共事务治理需求,"地方政府假装合作,而实际上并未合作。在实际执行中,这种情况包括口头上支持中央政策,或以书面形式表态,但没有按照中央政府的期望做任何事情"[1]。这种情况之所以产生,一个重要原因就是中央政府与地方政府有着不同的利益诉求。换言之,"如果中央政府的政策合作限制地方政府的政策空间,而中央政府又无法检查时,地方政府多会采取象征性合作的方式。因为地方政府不愿意公开拒绝与中央政府合作"[1]。当前,这种情况在基层治理中较为突出。从外观看,这种象征性治理倾向于做表面文章、走过场、重形式,善于搞表面化的宣传发动而缺少实质性的推动举措,较少采取可操作性的务实举措。因此,在日常工作中,喜欢采取"以会议落实会议,以文件落实文件"的方式推动工作。"击鼓传花""钟摆轮回""形式感十足"等是其典型形态。广为人们诟病的形式主义就是这种象征性治理的突出样态。深层次看,形式主义归根结底就是象征性治理衍生的不良后果。它"追求表面文章,不讲实际效果、实际效率、实际速度、实际质量、实际成本"[2],是"知行不一、不求实效、文山会海、花拳绣腿、贪图虚名、弄虚作假"[3]。调研发现,在局部空转中,象征性治理最为显现,占比更大。比如,问卷数据显示,在回答"对于基层治理中的局部空转问题,您觉得哪些类型居多"的问题时,"搞花拳绣腿、贪图虚名的象征性执行"排在第一位(占比33.7%),其余依次是"搞策略变通、替换"(占比29.9%)、"根据自己意愿,选择对自己有利的工作"(占比23.1%)、"巧妙转移容易问责的行为"(占比13.3%)。

2. 选择性治理

不同于搞花拳绣腿式的象征性治理,选择性治理则是政策执行者根据自己的价值偏好、利益诉求和目标期待来做出选择。也就是说,基层政府在推动公共事务治理时表现出强烈的自利性——对那些于己有利的行为或事务则竭尽全力地去做,而对那些不能带来好处或需要长期努力才能取得政绩的事情则尽力回避。众所周知，基层政府亦是一个力求追求自身利益最大化的理性行动者，面对错综复杂的外部情况会按照自身利益最大化需求采取行动。尽管这种行动会导致产生治理行为空转，但是只要契合基层政府自身的利益诉求，它就依然乐此不疲。对此，有人将其概括为"策略主义"："基层政权组织缺乏稳定的、抽象的、普遍主义的运作规则，以及基于长远发展的战略目标，而以各类具体的、权宜的和随意的策略与方法作为原则，并只顾追求眼前的短暂目标。"[4]不管何种策略，其最直接的结果就是滋生过多的空转行为，让本可以落实的利好政策在不断比较中走失。

3. 变通性治理

当基层政府发现根据自身偏好来选择实施某种行为举措能给自身带来利益增长，就会采取相应的变通行为。比如，在群众接访活动中，本应由镇党委书记靠前接访，但是，由于这项工作较为棘手、难免要"动真碰硬"，镇党委书记便让其他干部去接访。安排其他乡镇干部去接访本身并无可厚非，但是很多问题的有效解决有赖于"一把手"，其他干部并不能也不愿意去参与这些棘手难题。于是，一些信访难题就在这种变通行为中产生、不断空转，进而日益增多。实际上，在基层治理中，诸如此类因变通行为而衍生的空转问题并不少见。有些基层干部甚至将善于做出变通作为谋求生存发展的必备技巧或者基本素质要求。客观而言，对于一些不符合基层实际的情形做出变通处理，有一定的合理性。比如，周雪光在分析变通行为时提出："变通的稳定存在和重复再生是政府组织结构和制度环境的产物，是权威体制与有效治理矛盾的缓冲机制。其内在逻辑是：国家规模太大，一统政策难以适应各地实际，所以地方变通成为必需。"[5]这种解释有一定的道理，但是，它忽视了一个问题或者说建立在一个过于武断的前提之下：中央制定的政策都是枉顾地方实际的"一刀切"，或者说不允许地方做出灵活性的因地制宜的处理。显然，这是有失公允的。因此，在理解变通性治理时并不能将其主要症结归因于中央政策的不适宜性，进而倒逼基层政府不得不"变通"处理。实际上，在中国的政治体制下，中央与地方有着不同的关系架构。中央的权威并不是通过事无巨细的控制对基层政府进行钳制，而是通过建立纵向权威调控体系、重要人事任免和总体局势的把握来实现国家统一和有效治理。因此，导致上级政策在传递过程中落入空转的变通性治理主要是基层政府出于自身利益考量而做出的权宜之计。

4. 转移性治理

这是近年来随着问责力度加大出现的一种新情况。按照问责制度的原初设计，有悖于上级政策要求或主旨精神的行为都将面临被问责的可能。从问责的本质含义看，必要的问责能发挥震慑作用，从而倒逼问责对象勤勉敬业、集中精力地开展工作。然而，在"上面千条线，下面一根针"的基层治理格局下，基层政府往往面临能弱、力薄、权小、责大的结构性困境，很难在有限的、既有结构性空间内完全释放治理效能。为此，一些基层干部为避免陷入问责的漩涡，在表达懈怠意愿时便采取转移治理行为的策略取向：将那些需要动真碰硬、颇费力气却容易引致问责的行为转移出去，转而实施那些较为容易、问责风险低的行为。有的甚至附加一些没有政策规定却充满个人或小团体利益诉求的行为，从而导致既有政策的调控对象、范围和目标都发生位移。调研发现，这种转移性治理的主要策略是转移工作重点、曲解政策要求、找"替罪羊"。2019年8月，笔者在与一些基层干部访谈中，不少人都表达出类似隐忧：现在各方面都强调严肃问责，谁也不敢去冒被问责的风险。因此，大家都会选择比较安全的事情去做，将一些比较难以落实的事情置换出去。在这个过程中，大家看起来依然都很忙，但忙的并不是中心工作，空转的情况比较多。应该说，这在很大程度上直接反映出基层治理中较为常见的转移性空转。

三、局部空转现象缘何而起：机制层面的考察分析

作为一种客观现象，局部空转绝不是某一个因素激发而致，而是多重因素共同诱使的结果。其中，机制层面的要素发挥重要影响作用。

1. 制度体系效能不足

在现代政治生活中,制度是一个重要概念。诺斯认为制度是一种游戏规则,其主要目的在于减少人们行为的不确定性。奥斯特罗姆则将制度解释为:制度是一种稳定均衡、一种规范义务、一种互动规则。豪尔从历史制度主义的视角把制度解释为构造行为关系的一整套正式规则、惯例以及受到行为者遵从的惯常程序与标准的操作规程。[6]对于基层治理而言,制度是最稳固的治理方法。因此,进入新时代人们对制度的重视程度与日俱增。无论是中央政府还是地方政府都把制度建设看作当前的工作重点。正如此,不少人认为,当前基层治理正在走向制度规范化的时代。然而,思想认识层面的重视,并没有完全转化为制度效能。

制度效能不足集中体现为制度有效供给不足。在整个制度体系中,制度供给处于基础性地位。历史和实践表明,没有充足的制度供给,制度效能的发挥必然落空。一个完整、科学的制度供给链条主要维系于制度供给前端的民意汲取和末端的制度呈现。当前引发基层治理局部空转的症结恰恰在于此。就前端的民意汲取而言,一个能真正发挥治理效能的制度理应能准确反映民意、集中民智、映射民情,但是,有些基层政府在设计制度文本时既不与受众对象充分沟通、广泛听取其意见建议,又不开展深入调查研究和设计论证,大多倾向于"闭门造车"和"拍脑袋"决策,从而不可避免地导致一些制度设计要么"驴唇不对马嘴",要么"隔靴搔痒",最终直接诱使基层治理陷入局部空转。就末端的制度呈现而言,新制度主义基本理论早就告诉人们,制度的构成往往包含制度规则(正式制度与非正式制度)和实施机制。对于能直接呈现在人们面前的制度规则,人们并不陌生。相对而言,容易忽略的是实施机制。事实上,如果一些制度只有宏观框架或者原则性规定,而缺乏具体的实施机制或配套性规程,则不可避免地使其陷入空转。

2. 基层权责机制不匹配

如果说制度体系效能不足是引发基层治理局部空转的深层缘由,那么权责机制不匹配则将这一问题显性化。从理想状态看,权责匹配是有效实施基层治理的重要支撑。但实际上,这种情况鲜有出现,权责不匹配的问题成为诱发基层治理局部空转的直接因素。以县域为例,作为县域治理的中枢指挥者和重要组织者,县级党政部门掌握着县域治理的大量权能和资源,拥有项目发包权和检查考核权,对各种项目的分配额度和使用范围具有很大的"决定性权力"。然而,它并不是一线实施者,只是一个"权力和项目的中转站","有权责小"是其基本写照。为了完成各项任务,县级党政部门又将项目和治理任务交给乡镇(街道)。问题是,在这个治理链条里,乡镇(街道)并没有相应的行政执法权和资源调配权。它只能成为被动执行任务和接受考核的角色。县级党政部门倚重自身所处的特殊地位和优势,通过"层层加码施压,级级卸载责任"的非均衡权责机制,将各项任务下沉给乡镇(街道)。尽管明知无权落实这些工作任务,但是,慑于县级党政部门掌握着检查考核权和资源分配权,乡镇(街道)仍然不得不硬着头皮来接应。于是,沿着这一"权力支配资源"的逻辑链条,权责不均衡机制就这样被县级党政部门顺理成章地沿用下去,最终以属地管理的名义交付到乡镇(街道)头上。

权责不匹配必然诱发局部空转。一方面,乡镇(街道)会直接让一些无权无责的项目顺其自然、"无为而治"或者"出工不出力"。面对检查考核,则可以用缺乏配套的资源来作为理由。调研发现,这种情况在基层治理的局部空转困境中约占三成。另一方面,乡镇(街道)会对县级党政部门下达的工作任务进行理性选择式的权衡比较,从"可能出现的结果"倒推"理应选择的行动",进而在众多工作任务中选择投入精力小但带来收益大或者遭受问责可能性小的项目,并通过各种方法将实施阻力降低到最小状态。在这种情况下,"应付好工作比干好工作更重要""唯上不唯下"等行动逻辑直接延续到基层治理之中,从而导致基层治理陷入空转。

3. 缺乏科学考评机制

当县级党政部门将各项工作任务布置给乡镇(街道)以后,为便于督促乡镇(街道)落实,便实施相应的考评机制。就其本身而言,科学有效的考评机制有其必要性,成为推动基层治理有效运转的重要支撑。但是调研发现,大多数地方尚无科学合理的考评机制,这是导致基层治理局部空转的直接因素。这集中体现在两个方面。其一,考评指标不健全。考核指标是整个考评活动的中枢,能不能制定科学合理的考评指标往往直接影响考评活动的效能发挥。因此,无论是上级政府还是下级政府都希望能在考核指标的设定上享有话语权。但是,理想层面的上级政府与下级政府共同协商确定考评指标的情形并未出现。真正拥有考核指标设定权的只有上级政府,下级政府只能被动地"接受考核"。这样一来,上级政府自然就会将自身偏好和目标期待巧妙地纳入考评指标之中。一旦上级政府这样设定考评指标,其下级政府就会沿用类似方法不断"层层加码""层层施压",最终不可避免地导致基层政府所面临的考评指标"细如牛毛",而又无以抗拒。不可否认,有些指标有其合理性和必要性,但是也有很多指标缺乏科学性合理性,甚至无必要性。在这种情况下,基层政府只能选择性执行,对那些执行起来比较困难或缺乏操作性的考核就采取"顺水蹚"的应对策略,进而不可避免地导致产生局部空转。

其二,考评方式不规范。目前,上级政府主要通过"一票否决""频繁检查"等方式,对基层政府实施考评。而这些方式最容易诱发产生局部空转。就"一票否决"而言,基层政府为了避免在这种情况下"中枪",便不惜投入巨大人力财力物力,围绕上级政府的考核评价转,尽最大限度满足上级政府的指令要求。在不停地运转过程中,不可避免地会滋生一些空转现象。就"频繁检查"而言,这是滋生局部空转问题的最直接因素。为凸显本部门工作的重要性或倒逼下级政府更好地完成工作,上级政府及其部门创造了各种各样的检查。为应付各种接踵而至的考核检查,基层政府不得不按照上级要求"处处留痕"。因此而生的大量痕迹主义治理,直接促使基层政府陷入"上级忙于检查,下级忙于应付"的体制空转。久而久之,这种"资源空耗,体制空转"的困境直接导致基层政府身陷"无效空转"之中。

4. 有效激励动能不足

在理性选择理论看来,任何行动者做出某种行为都是基于"成本-收

103

益"分析进行权衡比较的结果。对于官僚体制中的行动者而言同样如此。其每个行为都蕴含着相应的激励元素。无数经验表明，作为中国改革发展的重要驱动力，政府官员之所以主动作为不仅同其理想信念、价值取向有关，而且与外在的激励机制密不可分。一般而言，激励可分为正向激励与负向激励两种类型。正向激励主要通过职级晋升、岗位调整、福利增加等方式对官员施加引导作用，负向激励则主要通过惩处、降级、问责、减少福利等方式对官员施加处置。毫无疑问，以奖励为主的正向激励能给官员带来多重收获，能激发其干事创业的更强动力。相比之下，以惩处为主的负向激励则意味着官员前途惨淡、空间受限。可想而知，在理性选择逻辑下，不少官员自然倾向于安全可靠的正向激励。

然而，近年来以监督问责常态化为主的管党治党新形势，使官员的激励期望发生了显见变化：以前总是千方百计通过各种方式推动工作，以试图谋求有助于升迁的政绩。但是，当前问责力度不断加大、通过权力寻租兑现个人利益的空间被大大压缩、隐性福利待遇也大幅下降。也就是说，当前正向激励模式尚无多大改变，负向激励模式则明显增压。在这种情况下，基层干部理性地看到了晋升与问责之间的逻辑关系。于是，出于安全考虑，更倾向于优先考虑能够减少问责风险、能带来政治安全的行为方式，不由自主地放弃了冒险追求晋升的政绩锦标赛。所以，他们一改过去不遗余力地"打擦边球""搞变通"，转而安全地"蛰伏"起来，人为地让一些工作放任空转。比如，在回答"您觉得导致当前基层治理出现局部空转的原因有哪些"问题时，38.3%的受访者选择了"问责力度不断加大，不少基层干部不想多干多错"。在访谈时，也有不少干部提出类似想法。作为基于安全考虑的避责动机，构成了基层干部放任一些治理活动局部空转的内生诱因。

四、顽疾终结：治理局部空转的策略选择

当局部空转从一种行为演变成一种现象时，不能忽视它对基层治理

的侵蚀性作用,并努力最大限度终结这一现象。然而,让基层治理中的局部空转现象实现终结并不是一件容易的事情,当前亟须从三大层面寻求有效突破。

1. 基础层面:加强制度体系建设

如前所述,制度体系建设在整个基层治理系统中居于重要地位。因此,应把制度体系建设作为纠偏局部空转的基础问题来抓。总体上看,在这个基础层面需要深刻把握两个环节。其一,将人民主体地位置于制度顶层设计的核心位置。在历史长河中,人民群众是社会实践活动的主体和创造者。诚如马克思、恩格斯所言:"过去的一切运动都是少数人的,或者为少数人谋利益的活动。无产阶级的运动是绝大多数人的,为绝大多数人谋利益的独立的运动。"[7]列宁则说得更为直接:"一个国家的力量在于群众的觉悟。只有当群众知道一切,能判断一切,并自觉地从事一切的时候,国家才有力量。"[8]作为马克思主义执政党,中国共产党自成立伊始就把"人民"两个字镌刻在自己的旗帜上,并公开表明为绝大多数人民谋福利是自己的根本立场和价值取向。一定程度上讲,基层治理中产生局部空转问题恰恰是源于一些基层干部没有摆正人民群众的位置,将对上负责与对人民群众负责对立起来。这就意味着要从顶层设计的高度将人民群众置放于基层治理的制度体系之中。比如,将重视人民群众的参与度、认可度和满意度嵌入基层治理的各项制度规划与设计之中,进而真正体现人民群众的主体地位和积极作用。

其二,切实增强干部群众两大群体的制度意识。作为对外部客观存在物的反映,意识对事物发展发挥着能动作用。因此,在社会实践活动中,人们总是努力去认识它们,理解它们的活动、方向和作用。问卷数据亦显示,45.7%的受访者认为,"缺少按规章制度办事的制度意识,人为导致一些制度得不到遵循"是局部空转产生的直接原因。而意识又往往处于基础性环节,对行为的产生和延续具有深层次的制约作用。这说明,对于推动基层治理良性运转、防止出现局部空转情况,同样需要增强受众的制度规则意识。当前要把增强干部和群众这两大群体的制度意识作为基础性问题对待。特别是要在官僚系统营造遵从制度、落实制度的自觉氛围,对于明显故意歪曲制度、不执行制度的应及时启动问责,通过负向激励的方式倒逼各级干部树立遵从制度的意识,进而增强制度的执行力。

2. 中观层面:着力实现有效沟通

基层政府处于国家政权最末梢,是国家治理整个神经系统的最后一个环节。能否实现有效沟通,直接影响着局部空转行为是否产生及其范围。透过诸多案例发现,一些局部空转行为之所以产生,同上下级政府之间的沟通效度密切相关。基于此,理应把有效沟通作为纾解局部空转问题的有力抓手。从基层治理的现实景观看,实现有效沟通主要维系于两大要素。其一,构筑科学合理的纵向府际关系。府际关系是现代国家治理的重要支撑力量,基层治理的优劣状态与府际关系是否正常息息相关。从其本质含义看,府际关系是公共权力在政府及其部门之间的利益关系和权责关系,它表现为同一层级的横向府际关系和上下级的纵向府际关系,它的维系既包括命令—服从关系也包括竞争—合作关系。进入现代社会,府际关系之所以愈来愈重要,是因为愈来愈多的政策已展现各级政府间相互依赖的特性,使得多重政府层级在一个方案或政策中同时出现。具体到根治基层治理中的局部空转而言,重点则是要通过划分上下级政府之间的权责清单、明确各大层级政府行动边界、根据公共事务治理需求给基层政府更多赋权等方式疏通纵向府际关系,以防在任务分解、制度落实、信息传递等环节出现中梗阻。

其二,充分保障信息畅通。在现代社会,畅通的信息交流是治理活动的前提和基础。否则就会阻滞治理活动的正常进行。事实上,当前信息不对称已经成为基层治理局部空转的直接诱发因素。对于上级政府来讲,基层政府容易按照"报喜不报忧"的行动逻辑,过滤一些于己不利的信息,从而影响上级政府准确掌握基层治理的客观情况;对于基层政府来讲,上级政府容易借用在权力系统中所处位置和自身需求随意添加信息,从而导致治理任务"层层加码"。无论哪种情况最终都会诱发基层治理局部空转。这说明,要通过保障信息畅通来促进基层治理正常运转。信息畅通的一个重要着力点是促使治理链条中的各大参与主体都能准确、全面熟知信息,而不会遭受人为地信息遮蔽。同时,还要保证信息传递的渠道是直接、便捷并且不会中断。

3. 微观层面:让基层干部充满动能

基础层面的制度体系建设和中观层面的有效沟通,最终都必须依靠具体的人来执行。因此,在健全完善制度体系和畅通信息沟通的同时,必须激发基层干部全心投入基层治理的动能。诸多事例表明,基层干部是基层治理的直接实施者,其精神面貌和工作能力直接决定基层治理是否出现局部空转。因此,要通过多重途径全力提升基层干部的工作动能。

其一,强化正向激励。20世纪40年代西方管理学和社会学界就开始关注激励问题,并逐渐关注官僚系统的激励问题,进而形成了内容激励、过程激励和行为修正激励三大范式。尽管分析视角不同,但是人们大多认为激励是激发官员推动权力规范、高效运行的重要举措。从性质上看,激励主要有正向激励和负向激励两种形态。其中,正向激励能更好释放激发作用,它能从主观上引导基层干部放弃主动制造局部空转行为的动机。其实,做好正向激励的资源有很多,比如可以通过充分了解基层干部的现实需要,将其设置为符合主客观需求的目标,采取晋升激励、物质保障、谈心谈话、人文关怀等举措,激励基层干部全心投入治理活动,革除局部空转行为。

其二,建立健全容错机制。与正向激励相配合的另一种鼓励方式是容错机制。容错原本是一个现代信息领域的术语,原指:"尽管发生一个或若干个故障,程序或系统仍能正确执行其功能的称谓。它往往包括三方面的功能:第一是约束故障,防止故障影响继续扩大;第二是检测故障;第三是恢复系统。"[9] 随着现代政治生活的日益扩展,它被引入政治领域。在这个过程中,人们逐渐认识到科学合理的容错能让人减轻压力,进而更好地释放工作效能。调研发现,滋生局部空转的一个重要诱因就是基层干部担心犯错而不敢为,从而导致一些治理活动无果而终。客观而言,这种情况在基层治理中并不少见。因此,理应从明晰容错政策本身的清晰度和程序的规范度、优化上下级部门之间的默契程度、提升主政者的理解认知水平等方面健全完善容错纠错机制,以促使其发挥应有的激励效能,减少局部空转的主观动机。

本文系国家社科基金项目"容错机制'局部空转'情景检视及防治策略研究"的阶段性成果。原载于《江苏行政学院学报》2020年第4期。

参考文献:

[1] H. 布雷塞斯. 政策效果解释的比较方法[J]. 国际社会科学杂志,1987(5).

[2] 邓小平. 邓小平文选:第2卷[M]. 北京:人民出版社,1994.

[3] 习近平. 习近平谈治国理政[M]. 北京:外文出版社,2014.

[4] 欧阳静. 压力型体制与乡镇的策略主义逻辑[J]. 经济社会体制比较,2011(3).

[5] 周雪光. 从"黄宗羲定律"到帝国的逻辑:中国国家治理逻辑的历史线索[J]. 开放时代,2014(4).

[6] L. E. 戴维斯,D. C. 诺斯. 制度变迁的理论——概念与原因[M]. 财产权利与制度变迁. 上海:上海三联书店,1994.

[7] 马克思恩格斯文集:第2卷[M]. 北京:人民出版社,2009.

[8] 列宁选集:第3卷[M]. 北京:人民出版社,2012.

[9] 郑家亨. 统计大辞典[M]. 北京:中国统计出版社,1995.

新时代党内问责的制度建构与路径选择

王 里 双传学*

摘 要 党内问责是当前中国政治生活中特有的制度创新和实践探索。它是党内民主的逻辑使然、权责一致原则在责任政党建设中的具体体现和改善当前政治生态的现实所需。党内问责的实现依赖于一整套制度架构和配套措施,当前应该重点关注问责的事由、问责的主体和问责的具体程序等制度,构建党内问责制是前提,如何将党内问责制在党内政治生活中运转起来,关键要重点突破几个方面:抓住领导干部这一"关键少数",关注党内问责的连带性、分清不同责任的承担方式和积极推进党务公开透明等。

关键词 党内问责 制度 监督

《中国共产党党内问责条例》(以下简称《问责条例》)的出台和党内问责制的推行,是当前中国政治生活中特有的制度创新和实践探索,从"'有错问责'到'无为问责',从'权力式问责'到'制度式问责'",标志着政党建设的质量不断提升和政治民主程度不断提高。虽然学术界对党内问责理

---

* 王里,南京大学马克思主义学院博士研究生。
　双传学,南京大学马克思主义学院教授。

论研究有所涉及，但对党内问责背后的政治理念、制度建构中应重点关注的问题等研究不够深入，本文拟定从政治逻辑、制度建构和路径选择做一些分析。

一、党内问责的政治逻辑

第一，党内问责是党内民主的逻辑使然。人类政治发展的本质要求和基本趋势是民主，而民主最基本逻辑前提是国家权力属于人民。但人民有两层含义：作为整体意义上的人民和作为可计算意义的人民。整体意义上的人民规约权力的最终归属，但它不能有效行使权力；可计算意义上的人民，人民被赋予了程序上的意义，即人民通过程序选举代表，由代表组成政府行使权力，实现对国家的有效治理。同时，"由于现代社会人口规模巨大及居住分散等因素，人民无法聚集在一起开会对社会事务进行直接管理，通过选举代表的方式来解决数量庞大而分散的人民如何进行社会管理的问题也就成为人们的必然选择"[1]。所以，当今世界，大多数国家都实行代议制民主。在党内民主中，代议制民主和主权在民的原则被确定为授予与被授予、被代表和代表之间的关系：广大党员是权力的授予者和被代表者，而党的领导干部是权力的被授予者和代表者。其决策和行动理应受到广大党员的监督，行使权力需对广大党员负责。"主权在民作为一种政治原则，不仅为代表的正当性提供了合法依据，而且也为代表存在设定了义务和责任。"[2]在党内，领导干部也是广大党员的代表，行使权力需对广大党员负责，主权在民原则为领导干部预设了责任，那么党内问责是党内民主的逻辑使然。

第二，党内问责是权责一致原则在责任政党建设中的具体体现。权责一致原则是党内问责的逻辑前提和基础。根据行政法学的原理，权力和责任对等，领导干部拥有权力，理应承担责任。权力一致原则对党内问责的意义在于三个方面。第一，权责一致为党内问责提供了逻辑前提，党组织和领导干部通过制定政策来维护党和人民的利益，这就要求客观上赋予党组织和领导干部一定权力,但权力的赋予要根据履行责任的大小来授予,不能责任大权力小,也不能权力小责任大。可以说,权力是因责任而存在的,责任为权力设置了边界。这是现代责任政治对权力的规约基本要求,也是党内问责的逻辑前提。如果说授予领导干部一定的权限是履行责任的前提,那么党内问责为限制权力提供了保障。第二,权责一致规约了权力的运行,为党内问责提供了保障。仅仅授予领导干部履行责任的权力,是不够的,因为"一切有权力的人都容易滥用权力,这是万古不易的一条经验。拥有权力的人行使权力一直到遇到边界才会停止"[3]。所以要对权力进行制约,而限制权力滥用的最好方法是问责,因此,要通过党内问责来规约权力的行使,督促领导干部认真负责行使权力,改变以往只重视领导干部权力的行使,忽视对权力行使消极后果的追责,既保证了责任和权力的均衡发展,也保证行使中的权力是负责任的。

第三,党内问责是改善当前政治生态的现实所需。党的十八大以前,由于"官本位"思想的作祟,除非是违法犯罪或者重大安全生产事故,造成恶劣社会影响,领导干部一般是"一日为官,终身为官",即使要追究重大安全生产事故责任,一般都是追究普通领导的责任,党的领导干部特别是主要领导干部很难被依法依规追究责任。这种不良的政治生态,造成了党群关系的隔阂,致使党和党的领导干部在人民群众心中的形象和权威受损,这不仅损害了党执政的民意基础,也与现代民主政治背道而驰。"更为重要的是,社会民众对政治生态不满会动摇党的执政基础,影响社会的和谐与稳定。"[4]当前推行的党内问责制,必将对传统的特权思想和官僚主义作风形成巨大的冲击,迫使部分领导干部重塑权力观念和责任意识,改变以往高高在上的官僚主义作风,从人民的所需、所想出发,利用手中权力切实为人民群众谋福祉。过去有些党的领导干部搞了很多所谓"形象工程"和"政绩工程",这些"形象工程"和"政绩工程"不仅没有追究领导干部的责任,而且最终由当地百姓"买单",随着党内问责制的推行,领导干部抱着以往那种"只有无功,但求无错"的从政心态已不合时宜,缺乏责任意识行使公权力,将会面临轻则警告、重则罢免等问责的风险,促使他们更加审慎地对待权力的行使，努力提高施政绩效，从而改善政治生态。

二、党内问责的制度建构

党内问责不仅是一种政治理想和执政逻辑，还必须有一套科学合理的制度安排加以落实。因此，推行党内问责制，建设责任政党，需要构建运行高效的问责机制及其配套措施。以往对党的领导干部问责，问责形态以权力式问责为主，问责形式都以运动式或者应急性问责居多，问责对象主要是事件的直接负责人。现在《问责条例》出台了，各地也纷纷出台了相应的配套措施和实施细则，这标志着党内问责制由权力式问责向制度式问责转变。在这里，本文不打算讨论党内问责制的具体制度构建，而是分析在构建党内问责制的过程中需要重点关注的问题。

（一）为什么要问责

当前党内问责，通常是在出现重大安全生产事故或者党的领导干部出现明显失误时，迫于社会舆论压力以及消除不良社会影响，才启动党内问责，这说明重大安全生产事故或者领导干部的失误是启动党内问责机制的重要因素。不可否认，党的领导干部失误导致在自己管辖范围内酿成重大安全生产事故，是必须问责。但如果把党内问责仅仅局限于重大安全生产事故或领导干部的失误，似乎不发生此类事件，就不启动党内问责，把党内问责仅仅变成了单纯对"犯错误"领导干部的惩罚性制度。党内问责旨在规约权力的行使，督促党的领导干部履责。只要领导干部认真负责地对待权力，科学合理地行使权力，减少重大安全事故和过错行为的发生，才能身体力行，践行责任政党。

党的领导干部"有过错"要问责，这是必须的，领导干部"无为"也要问责，这是责任政治的必然要求。表面上看，碌碌无为的领导干部没造成重大安全生产事故，其危害性要比因渎职失职酿成重大安全生产事故的"有过错"领导干部要小。因此，长期以来，对这些"无为"干部缺乏惩治措施，导致党政机关工作效率低下。令人欣慰的是,党中央意识到了这个问题并出台相应管理制度,比如新出台的《问责条例》中的"不执行决策部署或者不履行职责"[5]等条款就是针对碌碌无为的领导干部而设置。这就要求各级干部勤勉为官,负责高效地行使其权力,这不仅有助于提高党政机关的工作效率,而且还符合责任政治的价值理念和广大民众的热切期待。

因此,对失职或不作为领导干部要依法问责,更要求党的各级组织和领导干部对广大党员乃至普通民众期待有"回应"。归根到底就是确保党的领导干部认真负责行使权力。这就意味着,当广大党员对党的各级组织和领导干部履行职责不满意而要求有所"回应"时,党内问责机制就启动了。

(二)由谁来问责

"由谁来问责"涉及党内问责的主体问题,决定了党内问责是否符合党内民主的基本要求。从某种意义上来讲,党内问责的根本问题不在于党的领导干部负什么责任和如何负责,而在于由谁负责和对谁负责。作为党内民主的组成部分和责任政党的具体形式,党内问责因党内授权而产生。授权主要两种形式:一是人民对党的授权,党行使权力需对人民负责;二是党组织内部上下级授权,下级组织要对上级组织负责。当前党内问责,主要是上级党组织对下级党组织及其领导问责。这种问责是一种"上问下责式"的问责形式,实质上是一种同体问责。尽管它在整肃官僚主义、督促领导干部履职尽责方面起到重要作用,但也存在不足或缺陷。"在问责形态上,是权力性问责居多,制度性问责较少;在问责形式上,运动型问责居多,常态化问责较少;在问责事由上,过错问责居多,无为问责较少"[6],结果往往以过错问责领导干部,是典型的事后追责,而很少对领导干部决策中存在的失误进行问责。实质是权力和责任之间失衡,权力不是伴随责任而是伴随过错而产生。在古代家天下的时代,君主是国家最高统治者,君主会根据官吏履职情况进行问责,但是君主的权力是没有边界的,他无需对任何机构或个人负责,也就谈不上现代意义上的问责,这样的政治自然不会产生责任政治。责任政治的党内问责与专制君主对官吏问责最大的区别在于是否把人民作为问责主体放在首要地位,是否把民意机构、人民群众和社会舆论等监督力量放在重要位置。因此,建立符合新时代发展要求的党内问责制,离不开人民群众、新闻媒体等对领导干部的监督,他们也是党内问责不可忽视的重要力量,只有将党内外各种监督资源整合起来,形成合力,党内问责才能发挥应有作用。

(三) 如何问责

"如何问责"涉及党内问责的程序问题即通过何种程序对领导干部问责。首先,合理划分责任边界是党内问责的前提。要通过正式党内法规和规章制度对党政机关里不同岗位和部门的责任进行明确界定,否则,无法确定谁应该担责,担多大的责任。当前党内问责应该考虑两点。一是党务系统和政务系统之间的责任划分。一起问责事件,哪些由党委书记负责,哪些由行政首长负责,目前没有明确的责任划分。二是上下级党组织之间、党的领导干部正副职之间责任如何划分。若权责不清晰,权责划分必然过大,导致党内问责"弹性过大"。权力过大,而责任过小甚至没有责任,这与党内民主背道而驰。责任过大,而权力过小甚至没有权力,不仅党的领导干部没有能力处理日常事务,而且会大大降低党政机关的效率。因此,"问责要想有效,责任必须明确而有限,不仅要与权力相均衡,而且要与执行者的能力相匹配"[7]。其次,要依据程序来问责。"民主实质上就是一种程序、一种方法或机制。"[8]民主是依程序而存在,没有程序的民主是不存在的。为此,必须依据程序来进行党内问责。几年前,某市市长因为其管辖区发生特大安全事故而辞职,按理说他应该向选举他的市人民代表大会提出,但是通报他提出辞职的是省委办公厅等部门,由此可见这里就存在程序不完善的地方,表明程序化问责还任重道远。党内问责的程序化建设涉及很多方面,但目前应重点考虑几点。一是责任认定。责任认定是追责的前提,追责是责任认定的结果,二者共同构成了党内问责的核心内容。从法学意义上讲,责任认定是问责主体依据责任认定程序对问责对象的责任确认。因此,责任认定是问责主体依据法律程序对问责对象行为是否触及问责情形来判断,但在问责实践中,往往出现问责主体根据问责对象的主观过错来确认,其结果是问责认定不精准或因责任无法认定而出现无人问责,所以需要从程序上加以完善。二是责任追究。责任追究是责任认定的结果,是党内问责的落脚点和归宿。责任追究是在问责认定的基础上解决如何追究问责对象的具体责任,从理论上讲,责任追究是问责主体依据责任追究程序对问责对象的追责,问责对象需要对自身未履职行为承担否定性制裁结果。但在问责实践中,由于缺乏具体责任追究程序以及问责主体的"好人主义"思想的影响,责任追究流于形式,因此,急需加强责任追究程序建设和完善。三是权益保障。在责任认定和责任追究的共同作用下,领导干部需对自身未履职行为承担否定性制裁结果。但领导干部作为个体,也有自身权益,特别是在对责任认定不服和责任追究不公前提下,领导干部有权在规定期限内向做出问责决定的上级党组织提出申述,这就涉及问责对象的权益保障。虽然新出台的《问责条例》规定,问责对象对问责决定不服,可以在一个月之内向做出问责决定的上级党组织提起申诉,问责对象可以通过一定程序为自己辩护,以维护自身的正当权益。但问责实践中,常常可以发现问责对象要么"引咎辞职",要么默默无闻,这与责任政党建设和民主法治建设理念背道而驰。

三、党内问责的路径选择

完善的党内问责制及其配套措施是加强权力制约,建设责任政党的关键,没有这些良好制度,党内问责无从谈起。但是,要想党内问责制在党内政治生活中运转起来,需要在整体推进的基础上,重点突破以下几个地方。

(一)抓住领导干部这个"关键少数"

党内责任有很多,无论是领导干部还是普通党员,只要从事党的事务,通常都会承担一定责任,但党内问责的对象是领导干部。将领导干部作为问责的对象,这不仅符合《问责条例》有关规定,也符合权力监督的一般规律。将领导干部作为问责对象,抓住了党内问责的关键点,这是因为党的领导干部特别是主要领导干部在党务决策和国家事务中具有地位高、权力大、影响广的特点。正所谓解决事务要抓住主要矛盾,责任政党建设的关键是将领导干部作为党内问责的对象。

现代科层制理念告诉我们:领导干部应是履行政治责任或法律责任的主要责任人。但在现实党务活动和政治活动中,一些领导干部对下级党组织或领导干部渎职行为视而不见,发生了重大安全生产事故,也就处理几个直接负责人,对自己应负的主要领导责任也只是象征性道歉,缺少硬性问责机制的约束。一方面,反映党内责任划分还不够清晰;另一方面,反映了领导干部责任意识不强,缺乏责任担当精神,不利于问责制的实施和推广。令人欣慰的是,这种状况有所改观,新出台的《问责条例》规定,"问责应该分清责任。党组织领导班子在职责范围内负有全面领导责任,领导班子主要负责人和直接主管的班子成员在职责范围承担主要领导责任,参与决策和工作的班子成员在职责范围内承担重要领导责任"[5]。在防治新型冠状病毒肺炎疫情的工作中,个别地方主要领导因存在玩忽职守、官僚主义和渎职失职等行为,导致疫情失控而受到撤职等严肃问责,取得了良好的社会反响,表明将党的领导干部作为党内问责对象是正确的。

(二)党内问责的链带性

党内问责制的施行得到全党普遍认同和社会各界积极响应。但也有人质疑,认为许多安全生产事故有其责任人,似乎与党的领导干部没有直接关系,没有直接关联却承担责任是否对其不公? 诚然,领导干部不是具体事件负责人,但是他对其下属的党组织和领导干部负有领导责任,全面领导责任也好,重要领导责任也罢,反映了现代责任政治的一个重要特点:责任具有连带关系。这种政治责任起源于西方内阁制政治责任的连带性。在西方,实行内阁制国家里,政府是由下议院选举产生,它必须对下议院负责,若下议院对政府失去信任而投票,不论这种不信任投票是针对政府政策和施政行为还是针对政府成员行为,政府都要解散,政府首脑或首相就要辞职,"这就意味着政府全体人员要对政府政策和施政行为承担连带责任。进一步说,政治责任的连带性体现:首相或政府首脑不仅要对自身的决策行为负责,还要对其下属的施政行为负责"[9]。

现代政党普遍实行问责制,其核心要义是建立紧密的责任链,以实现责任政党。这种责任链的基本逻辑:党的领导干部对其职责范围事务负主要领导责任,领导班子成员对其负责。在党的全国代表大会中,党代会有权监督和问责由党代会选举产生党的领导干部,而对普通党员的监督,由专门检察机关负责,但这并不是说上级党委或党的领导干部不必对下级党委或领导干部的施政行为负责,如果上级党委或党的领导干部没有认真督促下级党委或领导干部执行好党的方针政策,党的全国代表大会要对上级党委或领导干部依规追究全面领导责任和主要领导责任。在现实党务活动中,党的全国代表大会很少对地方党委或党的领导干部问责,地方党委或领导干部管辖的地方出现重大生产事故或者群体性事件,为了消除恶劣影响或者迫于舆论压力,一般由中共中央或中央纪律检查委员会等中央层面党组织启动对地方党委及主要领导干部的问责,很少看到党代会启动问责程序,对地方党委和领导干部实施咨询、询问和罢免,所以强化党代会的问责功能,健全和完善党内问责链尤为重要。

(三)明确责任类型和责任承担方式

一般而言,责任事件发生后,首先要明确责任对象,理清责任类型,最终确定问责对象的担责方式。当前学术界对党内责任的类型划分和党内责任的承担方式存在不同看法,这就要求我们小心求证,深入分析,避免混淆,当前要处理好两对重要的责任关系:一是区分领导责任和直接责任,二是区分主要领导责任和重要领导责任。如某镇扶贫攻坚进入倒计时,由于该镇扶贫手段少、经济基础薄弱,扶贫指标难以按时完成,为了急于完成减贫指标,在缺乏实地调研的情况下,镇委书记和扶贫办主任盲目上马一些不切实际的扶贫项目,导致当地居民不仅没有脱贫,还浪费了国家大量的扶贫资金,结果从镇党委书记、扶贫办主任乃至一线扶贫工作人员都受到不同程度问责,这样大面积问责干部,不仅削弱了党内问责制的权威性,也挫伤干部干事创业的积极性。实际上,本案中落实精准扶贫不力的具体事项干部应该具体负责,承担直接责任,镇委书记、扶贫办主任具有指导和督促下面工作人员执行扶贫政策的责任,承担领导责任。在此基础之上,对镇委书记、扶贫主任和具体执行扶贫政策的干部实施差别问责,而对一线扶贫工作人员就不需要问责。在问责实践中,既要精准区分责任对象和责任承担形式,避免将领导责任扩大到普通党员的直接责任,防止问责的泛化,又要避免领导责任被直接责任"替代",这样才能实现问责的精准和有效。

《问责条例》划分了问责类型,将领导干部责任分为"全面领导责任、主要领导责任和重要领导责任"[5]。在问责实践中,避免主要领导责任被替换为重要领导责任,出现权大和责小的情况。如党的十八大以来,中央出台多项政策文件禁止国有企业设有金库,并对补贴发放给予严格规定,在此背景下,某市某国有企业还顶风作案,私设金库并乱放补贴,这种违纪行为在当地造成了恶劣的社会影响。接到群众举报后,所在省委高度重视,专门成立调查组彻查此案,经过调查组走访、调研、取证等过程,最后做出问责决定:市委书记刘某给予诫勉处分,分管国有企业的副书记李某给予通报和组织处理。可以看出,市委书记刘某应负主要领导责任,而分管国有企业的副书记李某应负重要领导责任,该案的处理结果明显避重就轻,正确的问责方式应是市委书记刘某应该给层级高的处分,而市委副书记李某给予层级低的处分。在问责实践中,只有明确责任类型和责任承担方式,才能做到问责的科学和精准,只有实施精准和有效问责,问责的权威性和震慑性才能得到彰显。

(四)让党务活动公开透明

问责有效开展前提是党务活动公开。党内问责首先要让广大党员和各级党代会了解党内各种事务,熟悉党内各项法规,尤其知道党的领导干部选拔机制和决策机制运作情况,试想,普通党员对领导干部选拔机制一无所知,对重大决策如何运转知之甚少,就难以对领导干部权力行使进行有效监督,党内问责也就无从谈起。事实上,党内问责是监督权力规范行使的一种方式和机制[10]，而要让这种机制有效运转，急需推行党务公开，除非涉及党的机密，领导干部应就重大事项的决策情况公之于众。否则，领导干部的决策活动就有可能沦为暗箱操作，不仅权力监督难以实现，党内问责也流于形式。只有推行党务公开，广大党员和各级党的代表大会才能准确判断党的领导干部是否规范行使权力和认真履行职责。只有将权力行使暴露在阳光之下，党的领导干部才能积极按着法律程序行使权力，广大党员才能有效监督领导干部权力行使情况，从而为党内问责奠定坚实的基础。

本文系江苏省社科基金项目"中国共产党党内法规制度执行力研究"（项目编号：18DJD002）阶段性成果。原载于《科学社会主义》（双月刊）2020年第4期。

参考文献：

[1] 周光辉,彭斌.理解代表——关于代表的正当性与代表方式合理性的分析[J].吉林大学社会科学学报,2004(6).

[2] 孔令伟.从"人格拟制"到"代表系统"：西方代表理论的视角转换及其发展[J].天津社会科学,2019(6).

[3] 孟德斯鸠.论法的精神（上册）[M].北京：商务印书馆,1963.

[4] 张贤明,张力伟.论责任政治[J].政治学研究,2018(2).

[5] 本书编写组编.中国共产党问责条例及相关法规汇编[M].北京：中国方正出版社,2019.

[6] 盛明科,李悦鸣.改革开放四十年干部问责制度：历史图景与发展逻辑[J].湘潭大学学报（哲学社会科学版）,2019(1).

[7] 哈耶克.自由秩序原理[M].北京：生活·读书·新知三联书店,1997.

[8] 乔·萨托利.民主新论[M].北京：东方出版社,1993.

[9] 张贤明.政治责任与法律责任的比较分析[J].政治学研究,2000(1).

[10] 武峥,孟宪平.建国以来党政领导干部问责制的历史探索与完善方略[J].科学社会主义,2018(3).

基本公共服务供给水平感知度与社会质量评价

徐 琴 黄永亮*

摘 要 基本公共服务是社会质量理论视域中社会经济保障的一项重要内容。当前,中国的基本公共服务建设政策实践聚焦于以标准化建设推进均等化水平。但就现状而言,中国城乡居民的基本公共服务供给水平及其感知度,依然表现为明显的差异化状态。而这种供给水平的感知差异又进一步影响了城乡居民对当前社会整体发展质量的评价。对2017年"中国社会状况综合调查"(CSS2017)数据进行分析的结果显示,城乡居民关于不同类别的公共服务供给水平的感知度有明显差异,并且对社会质量评价产生显著影响;关于养老、医疗和住房保障的供给水平感知度对农村居民社会质量评价有显著的影响效应;而关于就业保障供给水平和城乡最低生活保障水平的感知度,则对城市居民社会质量评价的影响更为显著。

关键词 城乡居民 基本公共服务 感知度 社会质量

基本公共服务是中国社会建设领域至关重要的主体内容之一。在政

---

* 徐琴,江苏省社会科学院社会政策研究所所长、研究员。
 黄永亮,社会学博士,江苏省社会科学院社会政策研究所助理研究员。

策实务层面,近年来从顶层设计到地方实践,都在积极推进基本公共服务的均等化发展,其核心政策取向是通过推进城乡之间的体系融合和不同群体之间的权益均等,将一个区隔、分割的旧政策框架逐步再造为一个融合普惠、均等共享的新制度体系。而在理论层面,社会质量理论(Social Quality Theory)为我们透视并揭示基本公共服务的理论意涵提供了一种新颖的理论工具。在社会质量理论体系中,基本公共服务是社会质量理论框架中社会经济保障维度的一项重要内容,服务体系的融合度和一体化水平、服务供给的普惠性和均等化程度以及社会公众对基本公共服务的感知度,都有可能影响人们对社会质量状况的评价。基于资料的可获取性,本文深入分析了城乡居民的基本公共服务供给水平感知度对社会质量评价的影响,希望在社会质量理论框架的指导下推进基本公共服务的理论研究,并揭示其相应的政策意涵。

一、文献综述

社会质量理论起源于20世纪90年代的欧洲,当时欧洲国家长期存在重视经济政策而忽视社会政策的现象,因而导致在发展过程中出现了失业、贫富差距扩大、种族歧视和社会隔离等一系列社会问题。基于这一社会背景,一些欧洲学者于1997年在荷兰阿姆斯特丹欧盟会议上提出了"社会质量"(Social Quality)概念,并且签署了《阿姆斯特丹社会质量宣言》,该宣言的签署标志着欧洲社会质量理论的正式形成。宣言指出:"我们不希望看到欧洲社会出现越来越多的乞讨者、流浪者和无家可归的人员。同时,我们也不希望看到欧洲社会出现越来越多的失业人员,不断增长的贫穷人口以及仅享有有限的医疗服务和照顾的社会成员。与此相反,我们更希望看到欧洲社会不仅在经济上取得巨大成就,同时希望通过推动社会公平正义,提升公众的社会参与水平使得欧洲成为一个具有较高社会质量的社会。"[1]社会质量理论提出的最初目的是希望通过政府颁布和实施相应的社会政策,推动经济政策和社会政策的均衡发展,在以效率和效益为主流思想的社会中,维护和促进社会平等和公正。[2]这一理论提出后,学者们对其概念、研究维度以及社会政策制定等问题进行了相应研究。

就社会质量的概念而言,贝克等学者认为,所谓社会质量是指"个体在参与社会、经济生活中基于来自社会社区等各种限定性条件下为提高个体生活和潜能所具有的能动空间"[3]。从社会质量的研究维度看,贝克、劳伦特和托马斯于2001年在《社会质量:欧洲愿景》(*Social Quality: A Vision for Europe*)一书中明确了社会质量研究的四个主要维度:一是社会经济保障;二是社会凝聚;三是社会包容;四是社会赋权。以此框架为指导,之后的学者们又进一步对各个维度的具体内涵、次级指标以及政策指导意义等内容进行了深入阐述和分析。从社会政策的制定看,德米尔等提出要通过构建真正可测量的指标为社会政策(如反贫困政策)的制定提供依据和指导,从而改善社会上一些弱势人群(如妇女、儿童)的生活状况和生存条件。[4]伯曼将社会质量作为一种社会政策的评估工具来对欧洲的家庭社会政策进行评估,他认为社会质量理论既可以作为评估家庭政策的范式,也可以作为制定家庭政策的标准。[5]

国内目前有关社会质量的研究,重心在于如何在中国社会结构转型和体制转轨的背景下,通过对当前社会整体发展水平的衡量和评价,完善和调节相应的社会政策,实现我国经济政策和社会政策的均衡发展。在不断提升公众物质生活水平的同时,提升社会整体凝聚力和包容性,促进个体的均衡发展和全方位提升。综合来看,当前学界对社会质量理论的研究,多聚焦于以下两个方面。

一是对社会质量研究的重要性和理论意义的探讨。张海东认为,社会质量理论为我们提供了一个全新的衡量社会发展水平的尺度,社会质量研究是社会发展研究的一次范式转变,它把握到了社会发展的目的和本质。[6]林卡指出,社会质量理论在当前我国社会发展和建设过程中具有重要的指导作用,能够为中国社会政策分析提供理论依据。他认为,需要从公众的政治和经济生活参与度,社会组织在实现社会团结、包容及赋权方面所发挥的效用,个人、组织和社会三者彼此之间的相互联系三个方面对我国社会质量展开相应的研究。[7]丛玉飞则认为,社会质量理论为诠释社会治理问题提供了一个新的视角,能够在一定程度上推进我国社会管理体制的创新。[8]崔岩和黄永亮提出,社会质量理论及其指标体系研究能够为社会政策制定以及政府部门决策提供科学的理论依据和有效的实践指导。[9]

二是通过经验数据以等权重的方式分析和探讨当前中国社会发展状况。袁浩等基于上海市的一项调查数据展开研究,发现社会质量四个维度均会在一定程度上对上海市居民的主观幸福感产生影响。[10]任莉颖以公众对社会的总体评价为准则变量分析了社会质量四个维度与公众社会评价之间的关系,发现社会质量四个维度上的多数指标与社会评价相关。[11]黄永亮以"90后"青年为研究对象,发现"90后"和非"90后"群体对社会质量的不同维度的评价在社会整体发展质量评价中的影响效应存在一定的差异。[12]

综合以上国内外相关研究,可以发现,社会质量理论自提出以来经历了理论探索、指标体系构建和政策实践应用三个主要阶段。在这三个发展阶段中,学者们更多是从宏观整体层面对社会质量进行研究和分析,而就某一维度进行具体、深入分析的研究则相对偏少。笔者认为,社会质量理论研究的下一个阶段除了实现其在全球范围内的拓展,进行国际比较研究外,还应当基于推进政策实践的考量,着重考虑从某一特定维度出发,研究该维度对社会质量整体的影响效应,为提升社会整体发展水平提出切实有效的对策建议。本文尝试以公众基本公共服务供给水平感知度为研究对象,分析其对当前我国城乡居民社会整体发展质量评价的作用效应。

在社会质量理论体系中,社会经济保障是社会质量理论的四个主要维度之一。就其内涵而言,凯泽指出,社会经济保障是指在一定时间范围内,社会能够在多大程度上为个体提供足够的生存和发展的资源,其主要覆盖的领域包括财政资源(收入充足、收入保障)、居住与环境(住房保障、住房质量和居住环境)、健康和医疗(医疗服务供给保障、健康照顾服务质量等)、就业(就业保障和就业质量)以及教育(教育保障和教育质量)。[13]而从社会质量理论概念本土化应用的视角出发,社会经济保障与我国的基本公共服务供给在保障内容上有较高的一致性。如曾红颖认为,我国基本公共服务能够保障公众的基本生存权、基本健康权和自我发展权,其范围包括就业服务、基本养老保险、基本生活保障、基本住房保障、公共医疗卫生、基本医疗保险以及公共教育等方面。[14]张贤明和薛洪生也提出基本公共服务的领域涉及医疗、教育、住房、就业和社会保障等。[15]综上而言,我们认为基本公共服务供给是社会经济保障的重要内容,可以作为评价社会整体发展质量的一个重要指标。

因此,本文将尝试分析公众基本公共服务供给水平感知度对城乡居民社会发展质量评价的影响,希望能够在社会质量理论框架的指导下,在一定程度上深化我国当前城乡基本公共服务体系研究,从而更为精准地判断城乡居民对于各类基本公共服务项目的需求水平,为基本公共服务资源的有效投放和公共服务质量的持续改善提供理论和实证依据。

二、研究问题、调查数据与统计模型

(一) 研究问题

近年来,国家大力推进基本公共服务均等化进程,以此作为提高发展成就的共享水平、促进社会公平的重要机制,城乡基本公共服务水平得到逐步提升。但不可否认,城乡间公共服务供给水平还存在不小差距,而这种供给水平的差距,直接影响了农村居民获得公共服务供给水平的高低以及发展机会的多少,减弱了为缩小城乡收入差距出台的诸多政策的现实效应,影响了农村发展并加剧了城乡居民的收入差距[16],进而影响了城乡居民对我国当前社会整体发展质量的评价。此外,客观上,由于经济社会地位的不同,城乡居民对当前基本公共服务的需求也存在一定的差异性。换言之,当前我国城乡居民对不同类别基本公共服务关注的重点可能会有所不同。因此,需要我们深入了解城乡居民对基本公共服务的差异化需求,有针对性地制定和调整相应的社会政策以满足城乡居民的不同需要。因此,本文将着重关注不同类别公共服务供给水平对当前我国城乡居民社会质量评价影响效应的差异性,并运用全国性调查数据构建定量模型加以分析。

(二) 数据来源

本研究所使用的数据来自中国社会科学院社会学研究所组织的全国性大型调查——2017年中国社会状况综合调查(CSS2017)。这项调查以当代中国社会质量研究为主题,在问卷设计上借鉴了西方社会质量理论,依据社会质量四个主要维度对当前我国社会整体发展水平进行评价。调查采用 PPS 概率抽样和入户问卷访问方式,一共访问了 10 000 余名城乡居民。中国社会状况综合调查在抽样设计上采用了多阶段复合抽样(Multi-stage Composed Sampling)的方法,即分县/市/区、居委会/村委会、居民户、居民 4 个阶段抽样,每个阶段采取不同的抽样方法。最终共抽取 151 个县/市/区下属的 604 个村委会/居委会。调查所收集的数据具有全国代表性。在 CSS2017 的调查问卷中,公众公共服务供给水平的感知度是调查的重要内容,主要包括养老保障、医疗保障、就业保障、城乡最低生活保障(低保)、基本住房保障以及总体社会保障状况,为本文分析不同类别基本公共服务供给水平对我国城乡居民社会质量评价的影响提供了数据支撑。

(三) 变量说明

本文的因变量是我国公众对当前社会整体发展质量的评价。2017年中国社会状况综合调查的问卷中关于社会发展质量评价测量的题目是"请用 1～10 分,来表达您对现在社会的总体情况的评价,1 分表示非常不好,10 分表示非常好",测量变量为连续型变量,测量尺度从 1 分到 10 分。本文的自变量是公众对不同类别的公共服务供给水平的评价,包括养老保障、医疗保障、就业保障、城乡最低生活保障(低保)、基本住房保障以及总体社会保障。这里需要说明的是,本文的因变量和自变量均为主观变量,二者之间可能会因为混淆偏误而出现一种虚假相关的结果。有学者指出,这种混淆偏误并不是传统意义上的由于外在变量的遗漏而产生的选择性误差,而是因为自变量和因变量具有共同的潜在心理特质基础。[17]在应对"主观解释主观"的方法选择上,本文采用变量测量的策略[18],选取多个测量变量,然后利用数据降维的方法,通过因子分析将多个测量变量汇总为一个可控的心理倾向变量,从而估计自变量和因变量的真实关联。具体而言,本文通过因子分析,采用具有 Kaiser 标准化的正交旋转法,对 CSS2017 问卷中的居住地环境评价、网络信任评价、劳动安全评价、言论自由评价以及公众信仰水平评价进行了旋转投影,得出一个公众评价的心理倾向变量,因子分析计算得到的 KMO 球形检验值为 0.53。

本文的控制变量主要为受教育程度、性别、年龄以及收入状况和公众评价的心理倾向。

(四)统计模型

本文使用一般线性回归模型来分析公共服务供给水平评价对城乡居民社会整体发展质量评价的影响。模型的具体形式为:

$$y_i = \beta_0 + \beta_1 x_1 + \cdots + \beta_m x_m + \varepsilon_i \tag{1}$$

其中,y_i 指的是公众的社会质量评价水平,β_0 为截距项,即零模型状态下的公众的社会质量评价水平,m 表示解释变量的个数,$x_1, x_2, \cdots, x_m$ 为解释变量,$\beta_1, \beta_2, \cdots, \beta_m$ 为解释变量的偏回归系数,表示当其他解释变量保持不变时,该解释变量每增加或减少一个单位,因变量增加或减少的值,ε_i 为随机扰动项。

在式(1)的基础上引入个体心理倾向变量 x'_r,得到如下模型:

$$y_i = \beta_0 + \beta_1 x_1 + \cdots + \beta_m x_m + \beta_b x'_r + \varepsilon_i \tag{2}$$

由于本文需要对城市和农村两种不同户籍的人群进行比较研究,分析不同类别的基本公共服务供给感知度对不同户籍人群社会质量评价的影响效应的差异性,因此,本文除了需要对不同户籍人群的社会发展质量评价分别建立回归模型之外,还需要对不同系数进行跨模型的比较研究,分析比较不同模型中自变量对因变量影响效应的差异性。对于系数在不同模型间的比较问题,一方面,可以通过建立核心变量和分类变量的交互项,在回归中进行分析;另一方面,可以通过建立似无关方程进行关联分析[19]。

三、实证分析

(一) 基本频数分析

1. 社会整体评价

当前我国公众对社会发展质量整体评价得分均值为 7.03 分。然而从城乡户籍划分来看,城市户籍人群社会整体发展质量评价的均值得分要低于总体评价的均值得分,农村户籍人群的社会整体发展质量评价均值得分则要高于总体评价的均值得分。具体来看,城市户籍人群对当前社会整体评价的均值得分为 6.91 分,农村户籍人群的均值得分为 7.09 分($t=5.067, a<0.001$)。

2. 不同地区社会评价

从不同地区城乡居民社会质量评价的比较情况来看,方差分析结果显示(见表1),整体而言,东北地区、华北地区、华东地区、华中南地区受访者与西北地区受访者在社会整体发展质量评价上存在一定差异。从农村来看,东北农村地区、华北农村地区、华东农村地区、华中南农村地区受访者与西北农村地区受访者在社会发展质量评价上的差异具有显著性;而从城市来看,东北城市地区和华中南城市地区受访者对社会发展质量的评价与西北城市地区受访者存在差异,并且在统计上具有显著性。

表 1 不同地区城乡社会质量评价比较

	农村			城市		
	均值	均值差	显著性	均值	均值差	显著性
东北地区	6.96	0.417	0.000	6.67	0.409	0.007
华北地区	6.92	0.459	0.000	6.89	0.195	0.171
华东地区	7.14	0.237	0.011	6.98	0.104	0.439
华中南地区	6.90	0.476	0.000	6.81	0.276	0.044
西南地区	7.40	−0.019	0.846	7.08	0.002	0.987

注：参照组为西北地区。

（二）回归模型分析

1. 总体人群 OLS 回归分析

就总体人群数据分析而言，本文重点讨论不同类别的基本公共服务供给水平感知度对当前我国公众社会发展质量评价的影响效应。从表 2 的数据分析结果中可以发现，在公共服务供给体系中，养老保障、医疗保障、基本住房保障以及总体社会保障等维度对公众的社会整体发展质量评价的影响具有统计上的显著意义。具体来看，就养老保障水平评价而言，公众对当前社会养老保障水平评价的高低会对其整体社会发展质量的评价产生显著正向影响，公众对养老保障水平评价越高，对社会整体发展质量的评价也越高（$\beta=0.054, p<0.001$）。就医疗保障水平评价而言，公众对当前社会医疗保障水平的评价越高，对社会整体发展水平的评价也越高（$\beta=0.044, p<0.01$）。同样，从公众的基本住房保障水平评价来看，社会公众对基本住房保障水平的评价越高，其对社会整体发展质量的评价也越高（$\beta=0.027, p<0.05$）。最后，就总体社会保障评价水平来说，公众对总体社会保障的评价水平越高，其对当前社会整体发展质量的评价也越高（$\beta=0.178, p<0.001$）。

表2 公共服务供给水平对公众社会质量评价的回归分析(N=10 039)

	β系数	标准误差	显著性
常数项	4.502	0.204	0.000
自变量			
养老保障	0.054	0.013	0.000
医疗保障	0.044	0.013	0.001
就业保障	0.018	0.012	0.143
城乡最低生活保障	0.004	0.012	0.730
基本住房保障	0.027	0.012	0.030
总体社会保障	0.178	0.017	0.000
控制变量			
公众评价的心理倾向	0.301	0.026	0.000
性别(男=1)	0.171	0.045	0.000
收入	—0.051	0.018	0.005
年龄	0.020	0.002	0.000
受教育程度	0.003	0.013	0.819
调整后 R^2	0.285		

注:通过VIF方差膨胀因子诊断得出VIF小于5,模型不存在多重共线性的情况。

值得注意的是,数据分析结果显示,公众对当前城乡最低生活保障水平的评价,并未显著影响其对社会整体发展质量的评价($\beta=0.004$,$p=0.730$)。这一数据分析结果在一定程度上说明了当前我国已经构建了相对完善的最低生活保障体系,最低生活保障(简称"低保")已经基本实现了相关人群的全覆盖,其保障范围和最低保障水平也能满足被保障对象的基本生活需求,获得了较高的认同和肯定。

2. 不同户籍人群OLS回归分析

从表3的数据分析结果可以发现,对农村户籍人群而言,养老、医疗和住房是这部分人群关注的重点,养老保障、医疗保障和住房保障均会对其社会整体发展质量的评价产生显著正向影响。具体来看,就养老保障而言,农村人口对当前社会的养老保障水平评价越高,其对社会整体的评价水平也越高($\beta=0.064, p<0.001$)。在医疗保障方面,他们对医疗保障水平的评价越高,对社会整体发展质量的评价也越高($\beta=0.056, p<0.01$)。另外,从基本住房保障方面来看,农村户籍人群对当前基本住房保障水平的评价越高,其对社会发展质量的评价也越高($\beta=0.038, p<0.05$)。与此同时,我们也发现,对于农村户籍人群而言,就业保障水平评价和城乡最低生活保障水平评价对其社会整体发展质量评价的影响并不具备统计意义上的显著性($\beta=0.007, p=0.675; \beta=-0.006, p=0.652$)。

表3 公共服务供给水平对不同户籍人群社会质量评价的回归分析

	农村(N=6 923)			城市(N=3 098)		
	β系数	标准误差	显著性	β系数	标准误差	显著性
常数项	4.120	0.288	0.000	4.378	0.361	0.000
自变量						
养老保障	0.064	0.016	0.000	0.029	0.022	0.186
医疗保障	0.056	0.017	0.001	0.007	0.023	0.769
就业保障	0.007	0.016	0.675	0.045	0.021	0.030
城乡最低生活保障	−0.006	0.014	0.652	0.034	0.020	0.081
基本住房保障	0.038	0.016	0.014	−0.001	0.020	0.970
总体社会保障	0.166	0.020	0.000	0.211	0.029	0.000
控制变量						
公众评价的心理倾向	0.286	0.034	0.000	0.313	0.040	0.000
性别(男=1)	0.167	0.061	0.007	0.127	0.067	0.058
收入	−0.022	0.023	0.354	−0.050	0.034	0.141
年龄	0.024	0.003	0.000	0.018	0.003	0.000
受教育程度	−0.003	0.022	0.880	0.039	0.019	0.035
调整后 R^2	0.281			0.300		

注:通过VIF方差膨胀因子诊断得出VIF小于5,模型不存在多重共线性的情况。

整体而言,农村户籍人群对社会公共服务供给的需求与城市户籍人群有着较明显的区别。对于农村户籍人群来说,当前他们对社会公共服务供给的需求更多聚焦在养老、医疗和住房这三方面,而就业保障和城乡最低生活保障则并不会对其社会整体发展质量评价产生显著影响。从养老保障来看,我国自2009年推行新型农村社会养老保险制度(简称"新农保")以来,农村居民的养老保障水平与以往相比有了较大的提升。"新农保"的实施不仅提高了农村养老保险水平,同时也提高了全国养老保险水平和全国社会保障水平。[20]然而,不可忽视的是,当前我国农村养老保障的给付水平还不高,对农民基本生活的保障仍然处于较低水平,与城市居民养老保障相比还有较大差距。因此,养老保障水平会对农村居民社会整体发展水平评价有显著影响。从医疗保障来看,新型农村合作医疗(简称"新农合")从实施到现在,尽管在一定程度上改善了农村居民的看病贵问题,但"看病难、看病贵"依然是农村居民的最大生活风险和最大民生痛点。城乡医疗保障的差距以及医疗资源分配供给的差距,均在一定程度上影响了农村居民对当前社会整体发展质量的评价。同时,从住房来看,随着我国城镇化进程的不断加快,大量农村劳动力涌入城市,国家统计局2018年发布的《农民工监测调查报告》显示,全国农民工数量已经达到2.88亿,其中1980年及以后出生的新生代农民工占农民工总数的比例已经高达51.5%。新生代农民工在城市的"常住化"已经成为不可逆转的大趋势,并正处于越来越突出的居住困境中。相比于城市居民而言,这一群体对住房有着更为迫切的需求和渴望。但低收入、高房价和低住房保障水平的叠加,正在给农民工群体特别是新生代农民工带来巨大的生活压力和心理负担,因而住房保障水平,会对其社会整体发展水平评价产生显著影响。

与农村户籍人群相比,不同类别基本公共服务供给感知度对城市户籍人群的社会整体发展质量评价有显著差异。从表3的数据分析结果可以发现,养老保障、医疗保障以及住房保障对城市户籍人群的社会整体发展质量评价的影响均不显著($\beta=0.029,p=0.186;\beta=0.007,p=0.769;$

$\beta=-0.001$，$p=0.970$）。对于城市居民而言，其养老保障水平、医疗保障水平和住房保障水平相对较高，保障制度也更为完善。因此，这三个方面对其社会整体发展质量的评价并不像农村居民那样显著。需要注意的是，城乡最低生活保障水平评价和就业保障水平评价对城市居民的社会整体发展质量水平评价具有显著影响，城乡最低生活保障水平评价和就业保障水平评价越高，社会整体评价水平也越高（$\beta=0.034$，$p<0.1$；$\beta=0.045$，$p<0.05$）。对城市居民来说，就业不仅是维持其正常生活的基础和保障，还是个人未来发展的关键平台。一份有质量的工作同时也意味着能够获得较为完善的基本公共服务，特别是"五险一金"（养老保险、医疗保险、失业保险、生育保险、工伤保险、住房公积金）的保障。与农村居民不同，城市居民一旦失业，不仅意味着其主要经济来源的"断流"，"五险一金"的中断更直接削减了其主要福利项目。此外，城市居民没有农村居民的"土地保障"，对于就业的依赖度明显高于农村居民。如果说疾病是农民居民的最大生活风险，那么失业无疑是城市居民最大的生活风险。因此，在众多基本公共服务供给类别中，就业保障自然是城市居民关注的重点。

3. 不同户籍人群回归系数比较分析

从回归系数的比较结果来看，农村户籍人群和城市户籍人群在回归系数的显著性上存在一定差异。具体而言，在医疗保障方面，农村户籍人群的回归系数为 0.056，城市户籍人群的回归系数为 0.007，二者的系数差值为 0.050，并且具有统计上的显著意义（$p<0.1$）；在城乡最低生活保障方面，农村户籍人群的回归系数为 -0.006，城市户籍人群的系数则为 0.034，二者之差为 -0.041，同样也在统计上具有显著性（$p<0.1$）。综合以上数据分析结果，可以发现，不同类别公共服务供给水平对城乡居民的社会质量评价的影响具有一定差异性。城乡居民对当前基本公共服务供给关注的侧重点有所不同，农村居民关注的重点更多集中在养老、医疗和住房保障这三方面，而城市居民则更多关注就业保障和最低生活保障方面。这反映了当前我国城乡居民对基本公共服务的需求呈现出差异化

的趋势。同时,值得我们注意的是,相对于城市居民而言,农村居民对更多领域公共服务的供给有着更高的需求和渴望。

四、政策意涵及理论展望

实证分析结果显示,当前中国城乡居民的基本公共服务供给水平感知度对社会质量评价的影响,特别是部分保障类服务项目对社会质量评价的影响,具有统计上的显著性。与此同时,不同类别公共服务供给水平对当前我国城乡居民社会质量评价的影响效应也具有差异性。具体而言,总体上城乡居民对就业、医疗、养老、住房四大基本服务项目的感知度,显著影响了他们对当前社会质量的评价。而从城乡居民的比较结果来看,城市居民和农村居民对不同基本公共服务项目的关切存在明显不同:对于城市居民而言,就业保障是其最不可或缺的基本公共服务项目,就业保障水平的感知度显著影响其对社会质量的评价;而养老保障、医疗保障和住房保障的影响则并不显著。对于农村居民而言,他们对养老保障、医疗保障以及住房保障的保障不足均有着强烈的感知,这种感知显著影响其对当前社会发展质量的评价。

基于上述结果,我们不难发现中国当下基本公共服务体系建设的一些政策意涵。一方面,推进基本公共服务均等化,作为一个自上而下的、系列化的政策行动,瞄准并有效回应了最普遍的社会关切,在实务层面正有效地推动着中国的社会建设;通过基本公共服务均等化建设,减少社会排斥、增进社会包容、促进社会公平,正是提升中国社会质量的有效路径。因此,未来一段时期,这依然是一个长期的政策目标。国家在相关文件中也已明确了时间表:到2035年,基本公共服务均等化基本实现,现代化水平不断提升,并且明确了要以基本公共服务的标准化建设推进均等化。另一方面,各地正在力推的基本公共服务标准化建设,应切实坚持需求导向和问题导向,即针对城乡居民不同的服务供给和受益水平、不同的感知度和需求强度,明确重点项目清单以及推进时序。当前,国家出台的基本公共服务清单,包含九大领域,涵盖了个体整个生命历程各阶段所需的、关乎生存和发展的且绝大多数社会成员无法进行自我供给的各类服务项目,谱系齐全。但是由于不同地区财政能力存在差异,想要全面落实谱系完整的基本公共服务清单,短期内部分地区难以实现。而城乡居民迫切需求的服务,目前高度集中于与生活风险相关的几个项目,例如,城市居民的就业保障以及农村居民的养老、医疗保障一直属于公共服务供给的基本项。但结合本文的分析,我们发现这几个方面目前依然属于政策短板。因此,可将这几方面内容依然作为当下及未来民生需求的重点,在较长一段时期内予以优先安排并继续提高供给水平。更不应忽视的是,长期以来处于政策盲区的农村户籍人群(特别是农民工群体)的住房保障已经成为现实而强烈的需求,有必要尽快进行政策预研,提供可行的政策方案。

相比于政策实践的不断推进和系统化,基本公共服务作为一个议题,似乎难以在理论上进行深化。中国近20年的社会建设历程,基本上沿着"服务"和"治理"两条主线展开,即基本公共服务体系建设和社会治理创新,二者共同构成了社会建设的两大主体内容。而从欧洲引入的社会质量理论,所涉及的四个维度——社会经济保障、社会凝聚、社会包容、社会赋权,各自都涵盖了若干次级指标,在对其指标体系进行本土化转化后,完全可以将其应用到我国的社会服务和社会治理主线之中。结合本文的分析,可以发现,基本公共服务是社会经济保障维度的重要内容,也是评价社会质量的重要指标之一。只有全面提升我国基本公共服务供给水平,找准当前城乡居民基本公共服务差异化的需求,加大农村基本公共服务投入力度,推动城乡基本公共服务供给的均衡发展,才能提高城乡居民对社会整体发展质量的评价,提升社会服务和治理水平,建设高质量的现代社会。

本文系国家社科基金项目"中国社会质量基础数据库建设"(项目号:16ZDA079)的阶段性成果。原载于《江海学刊》2020年第5期。

参考文献：

[1] IASQ. Amsterdam Declaration on Social Quality[R]. Amsterdam, 1997.

[2] BECK W, VAN DER MAESEN L, WALKER A. Social Quality: From Issue to Concept[M]//The Social Quality of Europe, The Hague: Kluwer Law International, 1997.

[3] BECK W, VAN DER MAESEN L, THOMESE F, et al.[M]//Social Quality: A Vision for Europe, The Hague: Kluwer Law Interna tional, 2001.

[4] DEMEYER, BARBARA, FINTAN FARRELL. Indicators of Social Quality and the Anti-Poverty Strategies[J]. The European Journal of Social Quality, 2005, 5(1-2).

[5] YITZHAK BERMAN. Social Quality as a Tool for Policy Analysis: The Place of Children in Family Policy[J]. The European Journal of Social Quality, 2001, 3(1-2).

[6] 张海东.从发展道路到社会质量：社会发展研究的范式转变[J].江海学刊,2010(3).

[7] 张海东.社会质量视角中的社会风险应对[J].江海学刊,2011(3).

[8] 林卡.为中国社会质量把脉[N].中国社会报,2010-5-24.

[9] 丛玉飞.社会质量取向：社会治理研究的新议题[N].江海学刊,2015(1).

[10] 崔岩,黄永亮.中国社会质量指标指数分析[N].国家行政学院学报,2018(4).

[11] 袁浩、马丹.社会质量视野下的主观幸福感——基于上海的经验研究[J].吉林大学社会科学学报,2011(4).

[12] 任莉颖.社会质量测量与公众社会评价[J].华中科技大学学报（社会科学版）,2018(6).

[13] 黄永亮.中国"90后"青年的社会质量评价研究——一项基于2017年"中国社会状况综合调查"的分析[J].青年研究,2019(3).

[14] KEIZER M. Social Quality and the Component of Socio-economic Security[R]. Paper submitted to the European Network on Indicators of Social Quality of the European Foundation on Social Quality, Amsterdam, 2004.

[15] 曾红颖.我国基本公共服务均等化标准体系及转移支付效果评价[J].经济研究,2012(6).

[16] 张贤明,薛洪生.当代中国基本公共服务体系建构的基本思路[J].学习与探索,2012(5).

[17] 李丹,裴育.城乡公共服务差距对城乡收入差距的影响研究[J].财经研究,2019(4).

[18] 胡安宁.倾向值匹配与因果推论:方法论评述[J].社会学研究,2012(1).

[19] 胡安宁.主观变量解释主观变量:方法论辨析[J].社会,2019(3).

[20] 崔岩,黄永亮.中国社会质量研究——不同阶层社会质量评价分析[J].浙江大学学报(人文社会科学版),2019(2).

[21] 穆怀中,沈毅,樊林昕,等.农村养老保险适度水平及对提高社会保障水平分层贡献研究[J].人口研究,2013(3).

区域文化与经济的和合共生何以可能?
——以江苏为例

何 雨*

摘 要 经济与文化的关系始终是一个迷人的话题,吸引着从经典到现代、从国外到国内多学科多领域理论家们的广泛关注。二者既变动不居又如影随形,相互缠绕交织。作为中国文化的重要意象之一和中国经济的重要版图之一,历史与现实的传承起合共同涵化江苏区域文化与经济的性格:江苏地理区位、资源禀赋、重大事件等因素铸就了江苏文化求真务实、安土重迁、海纳百川、精致灵动、诚实守信的主要特征。经济是文化的化形,而文化是经济的本底。江苏文化孕育了江苏经济守正创新、制造为本、开放高地、有原无峰、平稳致远的基本特征。区域文化的渐变与区域经济的剧变之间存在迟滞效应,因此在发挥文化引领经济高质量发展中,必须克服片面主义、急功近利倾向的危险,才能穿透时空迷雾,以文载道,达致文化与经济和合共生的理想愿景。

关键词 文化与经济 江苏 迟滞效应 和合共生

---

* 何雨,江苏省社会科学院社会政策所副研究员。

一、文化之于经济：助力还是阻力？

经济与文化的关系，始终是一个迷人的话题。在马克思看来，人区别于动物的本质属性在于"能够制造工具"。但是，对贝尔（Daniel Bell）来说，人的更为本质的属性是一种能够"制造符号"的动物。正是先有符号性"构想"，才能有后续的依托"构想"而诞生的具体"器物"。从"构想"形态到"器物"形态的转变过程，也是实践行为的转变过程。"构想"不是凭空而来的，它是特定社会文化的产物。进言之，作为"构想"指导下的后续行为，从根本上说，是文化的反映，由文化所形塑。基于此，行为模式与文化模式的关系开始浮现出来：文化是行为的自变量，而行为是文化的因变量。事实上，这仅仅是对文化与经济关系的一个理想化勾勒，真实运行中的文化与经济关系要远复杂于此。贝尔指出："一种文明的社会——经济结构及其文化之间的关系，可能是所有问题中最复杂的一个。"[1] 波兰尼（Karl Polanyi）则指出"人类经济通常都潜藏于人类的社会关系当中……经济体系嵌入于社会关系"之中。无论是在资本主义社会，还是在前资本主义社会，市场臣属于其他社会构件（Social Component）是一种普遍现象，"宗教和政府之于经济结构和功能的重要性并不亚于货币制度或生产工具的创新"[2]。在此基础上，格兰诺维特（Mark Granovetter）发展出"嵌入性"（Embeddedness）概念，更为幽微地阐发"经济行动嵌入社会结构"或"作为一种社会建构的市场"的观念[3]。依托"嵌入性"概念，新经济社会学的合理性与正当性获得了安身立命的切入点。在其后发展中，借助于 Zelizer 等人的研究，作为社会构件之一的"文化嵌入性"也逐渐走进人们的视野，构成文化与经济关系的一个重要理论源头[4]。

除嵌入性研究脉络外，对于文化与经济的关系，还有一个更为宏大的或经典的传统。面对世界范围内资本主义的兴起，如何理解其成因？又该如何解释其发展进程或状态的区域差异？以及如何考察其表现形态与动力机制的变化？在《新教伦理与资本主义精神》一书中，马克斯·韦伯

(Max Weber)对这些重大经济问题或现象展开了文化分析。在他看来，资本主义之所以诞生于西方，根源在于西方为之提供了文化源动力。始自于16—17世纪的宗教改革运动，打破了中世纪以来基督教神学对人们心灵的禁锢，从根本上重构了人神关系，也重构了神圣社会与世俗社会的关系，让新的行为模式及其经济派生物成为可能。在宗教改革的诸多流派中，法国人约翰·加尔文（John Calvin）在德国人马丁·路德（Martin Luther）"因信称义"宗教观的基础上，提出了"预定论"宗教观。在他看来，"上帝不是为了人类而存在的，相反，人类的存在完全是为了上帝。一切造物，只有一个生存意义，即服务于上帝的荣耀与最高权威"[5]。以荣耀上帝为天职（Calling）构成了弥漫于西欧的社会公德与职业道德的伦理基础，再加上禁欲主义文化传统，二者共同为资本主义早期发展提供了关键性支撑：荣耀上帝的职业观满足了资本规训劳工的需要，而禁欲主义则顺应了资本积累与扩大再生产的需要。当然，在此阶段，天职观与禁欲主义本身又融为一体：在构成近代资本主义精神乃至整个近代文化精神的诸基本要素中，以天职观为基础的理性生活样式这一要素，正是从基督教的禁欲精神中产生出来的。[6]

对于韦伯来说，关于新教伦理与资本主义之间存在天然亲和性的论断，并非一个仅仅局限于西欧范围之内的有限经验或结论，相反，它还能在更广泛的范围内得到验证。在《新教伦理与资本主义》中，韦伯解释了"为什么资本主义会在西方出现"的这一根本性追问，在后续研究中，他还需要进一步解释"为什么资本主义没有在其他地区出现"的对偶性追问，即韦伯不仅要回答西欧地区之于近现代资本主义发展的"助力"问题，还要回答非西欧地区之于近现代资本主义发展的"阻力"问题，通过正反两方面对比性研究，才能寻找出更有说服力的导致区域经济发展殊途的深层文化动力机制差异，并使之具有更为普遍的跨文化解释力。围绕这一主题，韦伯先后完成三本宗教社会学著作，分别是《中国的宗教：儒教与道教》《印度的宗教：印度教与佛教的社会学》和《古犹太教》。前两本著作重点阐释东方文明两大中心的中国和印度未能出现现代资本主义的宗教/

139

文化因素的原因,而第三本著作则试图通过追寻孕育现代资本主义精神的新教伦理的文明原点,赓续古犹太教与新教之间的精神关联。

韦伯的研究为他赢得了巨大声誉,也激发了人们的浓厚兴趣。其中,关于中国的研究更是引起了国内外学者们的强烈反响。在韦伯看来,儒教对世界采取的态度是适应而非改造,儒教的传统主义取向始终固守着它的支配与统治地位,连同"君子不器"的理想与"重义轻利"的主张,使得中国经济无法朝向西方理性主义之途演进[7]。与之形成印证的是,长期主导中国封建社会的两大支柱性政策——对内重农抑商、对外闭关锁国,也确实是受儒家思想影响的产物。吊诡的是,实践与认知关系几乎走不出循环论证的困境,文化与经济关系也是如此。实践变化是观念变化的动力,但否定之否定的实践再变化,也会让认知经历否定之否定,进而让人们对于文化与经济关系的认知回到原点上。改革开放以来,随着现代化中国道路的高歌猛进,被视为与现代性水火不容的传统文化也在向人们呈现出另一幅画面:非但没有像韦伯所预言的那样成为民族国家现代化的阻碍因素,反而在其自身丰富多元的传统中不断激发出接续、适应、涵化现代化的积极因素。加州学派代表人物彭慕兰(Kenneth Pomeranz)在对18世纪西欧与东亚、英格兰与江南发展路径差异的溯源性分析中指出,导致东西方文明大分流的根本动因,并非韦伯式的文化内生型优势或市场与产权制度优势,而是在共同的生态与发展压力下东西方选择不同道路的结果:以江南为代表的东方选择了"内卷化"的发展之路,而以英格兰为代表的西方则选择了面向全球市场的海外殖民之路[8]。尽管彭慕兰的研究结论存在斟酌空间,但其拓展的迥异于韦伯的关于东西方大分流的动因分析本身就具有问题性价值。事实上,对于中华文化之于经济发展持有正向功能的国内学者也不乏其人:苏国勋指出,儒家思想并不会阻碍经济发展,相反,儒家在仁爱精神上的推恩及人观、在信仰问题上的宽厚包容心态、在人际关系上的谦恭有礼等都是现代商业精神应有之义,能够中和、消解西方二元对立观下的各种紧张[9]。拉长时间线索可以更清楚地看到,以儒家为代表的中国文化也并非一成不变。侯杰明确指出,早在明清时期儒家的理念、精神就不再是空泛的道德教条,而是稳定商业秩序、保护正当利益的重要因素[10]。

二、江苏区域文化气质:果缘因成

探究文化与经济的关系,离不开对特定空间尺度范围内的文化样态有一个基本认知。从概念上说,区域文化是一个地区群体意识、价值观念、精神风貌、行为规范和管理方法等非物质性因素的总和,对内具有共性、对外具有个性,呈现出鲜明的地域特点,在区域经济社会发展中发挥着不可估量的作用[11]。在历史悠久、辉煌灿烂的中华文化中,江苏文化始终是一个极为重要的文化意象。漫长岁月的传承赋予江苏文化既有中华文化的一般共性,更有区域文化的独特个性。关于江苏文化的研究有很多,研究者们从不同角度擘绘出江苏文化的典型样态与主要特征。莫砺锋认为,江苏传统文化的成就全国领先,现代学术理念和学术风气优良[12];徐耀新认为,江苏历史文化的总体特征为南秀北雄、吴楚分明,大致可分为"四主区"和"三亚区"[13];胡阿祥、姚乐将江苏全省划分为四大文化区与八个文化亚区[14];胡发贵认为,江苏人文精神最为显著的特征为谦和礼让、关注民生、先忧后乐,以及天下兴亡、匹夫有责[15];赵明奇、李玉铭认为,江苏文化具有吴文化的"秀美"与汉文化的"雄豪"两种迥然不同的文化特质[16]。

总体看,研究者们主要是从类型学意义上阐释江苏文化,建立特定空间与亚文化类型的关联,但未能构建出一个整体性的江苏文化意象。在方法上,也以静态分析为主,基本上未能注意到形成江苏区域文化意象的过程与动因,换言之,没有回答形塑江苏文化意象的动力机制,特别是未能在大历史背景下,探究地理区位、资源禀赋、经济水平与文化气质的关系。九层之台,起于累土。今日江苏文化的精神意象与地域性格是地理区位、资源禀赋与重大事件共同作用的结果,并在时间的沉淀与发酵中逐渐定型化的。

1. 重商主义铸就江苏求真务实的文化气质

纵观封建社会发展史,重农抑商几乎是一条主线,然而,江苏却是一个例外。绵延不绝的重商主义始终是江苏经济中的一道独特风景线[17]。原因在于三个方面。一是肥沃的土地、丰饶的物产为商业繁荣提供了经济或商品基础。虽然江苏总面积在全国省区中排名靠后,但是,作为长江三角洲冲积平原,土地肥沃程度却遥遥领先于其他地区,几乎是寸土寸金。此外,江苏还盛产大量关键性民生用品或物资,如必不可少的日用的食盐、面向中高端消费市场的丝绸,以及有闲阶层情有独钟的茶叶等。二是南迁政权带来的多元消费需求为商业繁荣提供了直接动力。定都江南,意味着全国消费中心的随之而来,全国各地海量物资的源源涌入。三是通江达海的水网优势为商业繁荣提供了得天独厚的条件。在传统社会,道路基础设施落后低效是影响商贸往来的关键性因素。大宗货物无法高效运转,极大限制了商业贸易的壮大与繁荣,然而江苏却能够另辟蹊径。横贯东西的长江、纵穿南北的京杭大运河,以及漫长的海岸线,再加上不可胜数的支流水运网络,让江苏不仅拥有跨区运转商品的物流大通道,而且还拥有几乎打通到最后一公里的物流毛细血管。遍布全境的水上路网,不仅意味着运输成本低、效率高,还意味着风险小。与陆路相比,水上运输遭遇打家劫舍情况要少得多,大幅降低了潜在损耗。在20世纪90年代前后,曾经出现了一个非常有趣的现象,江苏境内的公路养护状况要远远好于山东。其原因就在于江苏境内拥有京杭大运河、长江等水路干网,分流了公路上的大宗货物压力。绵延千年、遍布千里的河上商路,为区域重商主义提供了可能,也客观上铸就了江苏求真务实的文化气质,因为理性化程度与商业繁荣程度息息相关。

2. 繁华富庶铸就江苏安土重迁的文化气质

受益于辽阔的平原、勤劳的人民,在农耕文明中江苏几乎一直就是繁华富庶的代名词。自唐以降,以江苏为主体的东南地区,一直是封建政权财赋最重要的来源地。韩愈曾经说过,"赋出天下而江南居十九"。宋史记载,"国家根本,仰给东南",且有"苏湖熟,天下足"之誉。在明朝,仅苏州府上缴的税赋就约占全国总税赋的十分之一强。到了清朝,更是有着"税赋甲天下"之说,江南省的税收钱粮占据了大清王朝的半壁江山。凡事有利必有弊。繁华富庶也养成了江苏人安土重迁的集体心理倾向。在人类社会发展史中,"资源诅咒"几乎是挥之不去的阴影,即艰苦条件让人置之死地而后生,而优渥条件反而让人麻醉,丧失进取心。如明清时期徽商之所以活跃于江南,就是源于皖南资源压力而被迫出走;今日遍布全国甚至全球的温州商人、宁波商人,同样源自资源贫瘠下的生存压力。平原水乡为主的地形地貌,意味着每一寸江苏土地都能提供高效的农林牧渔产出。此外,绵延数百公里的沿海滩涂又为具有系统重要性的民生物资——食盐产业的高度发展提供可能,使之成为支撑繁华江苏的重要商品之一。正是在此背景下,源自格尔茨(Clifford Geertz)的关于印度尼西亚农业研究的"内卷化"(involution)概念,在黄宗智等人手中成为解释华北平原、长江三角洲地区的关键性工具[18]。这一概念之所以能够成立,必要前提就是区域土地资源能够满足"内卷化"的需要,即能够支持大量农业劳动力投入与精耕细作。只要没有特别大的天灾人祸,江苏大地就是一座天然的"米粮仓",完全能够满足居民生产生活需要,而无须背井离乡寻求生存机会。

3. 衣冠南渡铸就江苏海纳百川的文化气质

华夏文明源于一域,但并非定于一域,在漫长的历史中,呈现出由中心到边缘、由北方到南方、由一族到多族的渐次扩散过程。在此过程中,华夏文明政统象征的王室的迁移始终是扩散的一个主线或标识。或是异族入侵,或是王室衰微,中原政权不得不放弃原来的京城而另觅栖身之地。令人讶异的是,原本处于边陲的荒蛮之地——江南,多次成为衣冠南渡的目的地与北方王权的避难所。历史上比较著名的衣冠南渡事件就有司马睿于建康建立东晋、李昪于江宁建立南唐等。中原政权的南下,带来了先进的生产技术,也带来了华夏文明的主流文化[19]。这些文化在改造当地文化的同时,也不断汲取所在地文化基因改造自身。在中原文化和当地文化的融合之外,另一个融合也在衣冠南渡后展开,那就是佛教与儒教、道教文化的融合。"南朝四百八十寺,多少楼台烟雨中。"杜牧的诗句,既是赏景,亦是悼古,追忆佛教在江南的扎根与壮大。王室南迁与多重文化的交融、碰撞与沉淀,让江苏文化气质多了一份海纳百川的从容与淡定。

4. 水乡泽国铸就江苏精致灵动的文化气质

江苏是一个拥有五千年灿烂历史的文化大省,又是一个以水见长的沿海省份[20]。水是江苏文化的生态本底,而江苏文化也体现了水的性格。从地形地貌上看,江苏平原辽阔、湖泊众多、水网密布,是我国地表水资源最为丰富的省份之一。从结构上看,平原、水域、低山丘陵分别占据江苏全境的69%、17%和14%。其中,仅湖泊面积就达到了6 853平方公里,占全境面积的6%,湖泊率位居全国第一。除拥有太湖和洪泽湖全国五大淡水湖中的两个之外,还拥有高邮湖、骆马湖、石臼湖、滆湖、邵伯湖、阳澄湖等一批全国知名湖体,从南到北、从东到西,共有290多个,几乎覆盖江苏全境。在孔子看来,智者乐水,仁者乐山;在老子看来,上善若水,水利万物而不争。与豪迈壮阔的北方文化相比,在水的浸润与洗礼下,精致灵动成为江苏文化的气质。文化是无形的,也是有形的,总会借助于各种形态表达出来。最能代表精致灵动文化物质形态的,莫过于园林。苏州园林甲天下,据统计仅现存园林就有50多处,而被列为世界文化遗产的就有10多座。除此之外,扬州、淮安、南京等地的园林遗存同样极为丰富多彩,共同见证着江苏文化的精致灵动。

5. 耕读传家铸就江苏诚实守信的文化气质

商业或金钱具有腐蚀性,会败坏人的品性,堕落人的行为,如唯利是图、无商不奸几乎是商人群体的固有形象,融入人们的认知深处。按照理性人假定,利益最大化是支配商人行为模式的内驱力,为达目的不择手段。古今中外也有各种各样的神话、传说、故事在重复、强化这一刻板印象。对于江苏来说,如何避免商业繁荣所带来的伦理困扰? 在喧嚣的尘世中如何寻求心灵的安宁? 又该如何解决家族传承中富不过三代的宿命? 答案在于儒道释的交汇,以及中原文明与水乡文化的融合,为人们提供了一个走出此岸繁华、迈向彼岸安宁的心灵之路,即以文化人。唯有诗书传家方能历久弥香,而丰饶的物产也为读书人群体提供了赖以生存的经济基础。崇文重教、耕读传家构成了繁华江苏的另一面。据统计,在《二十四史》中,有传者大概在2万多人,其中6 000多人为江苏籍;在118名清朝状元中,江苏籍高达49人。当然,崇文重教、耕读传家也存在着另一种逻辑,即在传统社会,政商本一体,要想让生意做得大、做得长,需要官场有人,由之推动人们读书。或许,崇文重教、耕读传家的动力会有不同的源头,但最终共同汇聚于江苏商业精神气质上。仁义礼智信的文化道统,与江苏区域商业文明的融合,共同铸就诚实守信的商业伦理底色。

三、江苏区域经济特色:文化于形

历史上的江苏是中国的经济中心,也是最早出现资本主义萌芽的地区。早在万历年间,苏州丝织业部门就出现专业化的纺织工、纱工、锻工等工种,以日计酬,从业人员数以千计,与机户形成了具有资本主义性质特征的雇佣与被雇佣关系。近现代以来,秉持重商主义传统的江苏,再次登上了历史的舞台,南通、苏州、无锡等地成为民族资本主义最大的发祥地,涌现了一大批著名的民族资本家、实业家,在风起云涌的救亡图存中前赴后继,高举实业救国、教育救国的大旗。作为改变中国命运的关键一招,改革开放从根本上改变了江苏大地的面貌,在率先发展的使命中为现代化中国之路探索具有区域特色的江苏样本。经济是文化的化形,文化是经济的本底。江苏之所以能够成为中国经济高地,相当程度上源自其是中国文化高地,文化基因不仅早就融入江苏血脉之中,也在江苏经济形态特色中得到淋漓尽致的体现。

一是求真务实孕育江苏守正创新的经济特色。继农转工、内转外之后,从要素驱动型转变为创新驱动型成为党的十八大以来我国第三次经济转型的主题主线,也成为江苏经济建设的重点与焦点。统计显示,在2009—2017年间江苏连续9年区域创新能力排名全国第一。2018年全省高新技术产业产值占规模以上工业产值比重超过43%,科技进步贡献率达63%。研发经费投入为2 504.4亿元,占全国比重为12.72%,占地区生产总值比重为2.7%,投入强度指标领跑同类省区(除京津沪三大直辖市外,仅次于广东的2.78%)。全省拥有各类专业技术人员119.89万人,从事研究与发展(R&D)人员794.1万人;全年累计专利申请量600 306件,来自企业专利为437 601件,发明专利为198 801件;专利授权量为306 996件,来自企业专利为236 629件,发明专利为42 019件;全省拥有中国科学院和中国工程院院士102人,位居全国前列,仅次于北京、上海。创新已经成为新时代江苏经济最为靓丽的一张名片,与此同时,江苏的创新之路始终带有深厚的法理底线与伦理关怀,没有陷入创新拜物教的疯狂之中,是一种有底线的守正式创新。我们知道,创新需要打破窠臼,经常游走在法与非法的灰色地带,这往往会导致一些利用各种监管真空与伦理空白的现象发生。如近年来风起云涌的互联网经济,在给人们生活带来巨大变革的同时,也给诸多群体留下了痛彻心扉的伤痕。其中,最为典型的是互联网金融,有些组织打着创新的名义干着违法诈骗的勾当。面对着互联网经济的致命诱惑,尽管或多或少受到冲击,但是江苏并没有晕眩,相反,始终对互联网新经济保持一份清醒与警惕。基于守正基础上的创新,从根源上讲,来自求真务实的文化传统。贵真贵实忌浮夸,才让江苏在创新驱动上不盲目不冲动,坚持技术为本、实业为基。

二是安土重迁孕育江苏制造为本的经济特色。产业结构大多会经历从"一二三"到"二三一"再到"三二一"的演进过程。在总体上遵循这一规律的同时,江苏经济现代化也呈现出自身特色。1952年农业增加值占江苏全省GDP总量的一半以上。① 1972年江苏省第二产业首次超过农业,三次产业结构由"一二三"转变为"二一三"。1989年第三产业首次超过农业,三次产业结构转变为"二三一"。2005年江苏省第二产业占比达到

---

① 直至1952年,作为当代省级行政单元的"江苏",才在江北行署、江南行署与南京直辖市的基础上合并而成,并经历了多次跨省的区划调整,故关于江苏全省层面的统计数据,大多始自1952年。

新中国成立以来最高点。2015年第三产业占比首次超过第二产业,成为全省最大的产业部门,实现产业结构"三二一"的转变。然而,从2016年开始,第二、三产业间快速消长势头趋于停滞,第二产业开始稳定在45%左右,而第三产业则基本维持在略高于50%的状态。第二产业的重新复苏,除源自人们的认知不断深化、逐渐走出服务业至上的迷思外,也与江苏文化传统息息相关。在中国传统中,从空间关系上看,商业业态主要有两种,分别为行商和坐商。行商,主要是走街串巷、无固定场所的流动经营模式;坐商,则是被锁定在特定空间上的经营模式。行商的优势在于,机动灵活,与消费者直接对接;但劣势在于,缺乏稳定性、持续性。与之相比,坐商的优势在于安土重迁,"跑得了和尚跑不了庙"。附着于特定空间之上,既是一种锁定,也是一种承诺,即要对产品负责,否则消费者随时能够找上门;反之,一旦做出口碑就可以生生不息,世代传承,成为百年老字号。以制造业为主的江苏经济是千余年来安土重迁坐商传统的延续,也是对自身产品质量至上信念的延续。

三是海纳百川孕育江苏开放高地的经济特色。站在当前,开放合作是推动世界经济稳定复苏的现实选择。放眼未来,开放合作是促进人类社会休戚与共的必然要求。正是在高水平对外开放中,形成了江苏全方位、多层次、宽领域的经济格局。统计显示,全省货物进出口总额由2008年的3 922.68亿美元跃升到2018年的6 640.43亿美元。其中:出口总额从期初的2 380.36亿美元增长到4 040.44亿美元;进口总额从1 542.3亿美元增长到2 599.99亿美元。从全国占比看,2008—2018年江苏对外贸易份额始终维持在全国15%左右的高位水平。更为难得的是,从2000年起外贸出口额连续19年位居全国第二位。累计使用外资占比超过1/5;服务外包总量占全国三成,离岸执行额连续9年居全国第一。今天的开放高地在相当程度上是过去海纳百川式开放传统的继续与必然。改革之初,面对百业待兴的格局,江苏近乎本能地发现开放的巨大机遇:昆山以敢为天下先的果敢,在全国范围内自费兴建第一个开发区,吸引台资台商;苏州工业园在省委省政府的支持下,积极引进新加坡裕廊工业园区的经验与模式,全力打造中外合作的园区样板;等等。

四是精致灵动孕育江苏有原无峰的经济特色。相对于广东、浙江、山东等省份来说,"高原"式均衡是江苏主要特色之一,在经济社会民生等主要方面,几乎没有明显短板。但与此同时,缺少"高峰"的问题也非常突出。从企业层面看,在 2019 年中国民营企业 500 强榜单中,江苏共有 83 家上榜,仅次于浙江的 91 家,远高于广东的 57 家。然而,从巨头看,广东有华为、腾讯、华大、大疆,浙江有阿里等一批超级行业标杆企业,而江苏几乎没有可以拿得出手的在全国有引领性、号召力的类似企业。从城市层面看,江苏优势在于有深度,2019 年 13 个地级市经济总量全部超过 3 000 亿,相当于广东、山东等省份中等偏上地级市的经济体量;广东优势在于有高度,坐拥广州、深圳两大一线城市,与之相比,作为江苏最强地级市的苏州差距明显。从根源上看,精致灵动是有原无峰的文化诱因。这一文化容易培养出工匠精神,聚焦于质量,对产品精益求精,如江苏拥有一大批在细分行业里的隐形冠军。然而,过于关注于细节,执着于产品,在相当程度上要以眼界与格局为代价。此外,精致灵动也容易让人小富即安,总体上呈现出风险厌恶型取向,在创新创业道路上的雄心略有不足。

五是诚实守信孕育江苏平稳致远的经济特色。运行平稳、稳中有进是江苏经济的显著特色之一。改革开放 40 多年来,无论是外部冲击,如东南亚金融危机、美国次贷危机,还是内部调结构、促转型政策上的波动,基本上没有改变江苏经济长期向上向好的态势。间有回落,也能很快重返正轨。其间,先后有两次经济增速低于 10%,分别为 1989—1991 年和 2013 年至今。前者主要是严峻内外部冲击的结果,而后者则是主动转型的结果,是迈向高质量发展的自觉选择。但即使处于回落周期,区域经济增速也始终高于全国平均水平。在 2018 年第四次经济普查后,在全国 31 个省区市中,江苏是仅有的误差在 1%以内的省份,且为向上修正,与部分省市大幅向下修正 GDP 数据形成鲜明对比。数据质量是统计水平的反映,更是文化基因的体现。诚实守信的文化基因构成江苏经济行稳致远的根本保障。

四、结论与讨论：和合共生何以可能？

波兰尼、格兰诺维特等人指出，经济嵌入于社会之中，离不开文化系统的支持。韦伯更是在探究资本主义兴起的基础上指出文化是经济的原动力，构建了文化模式与经济模式之间的对应关系，认为特定文化模式对经济发展能够起到促进（新教伦理促进了资本主义的兴起）或阻碍（儒家、道教、印度教等东方文化，则阻碍了资本主义的发展）作用。美国社会学家W. F. 奥格本（William Fielding Ogburn）也曾提出一个著名概念——"文化堕距"（Culture Lag）[21]，指出在迈向现代化的转型过程中，社会各个组成部门之间的变迁速度并非一致，物质与技术的变迁速度，往往要快于制度与观念的变迁速度。这种延迟就是所谓的"文化堕距"，其实质是物质的剧变与文化的渐变之间的脱节，并由脱节引发了经济社会运转的失序。这是一个非常有解释力的概念，也是我们正确认识、妥善处理文化与经济关系的一个基点。奥格本问题也是对韦伯经典命题的挑战，并引发一个悖论，即在文化变迁的速度总是要慢于经济变迁的速度的前提下，该如何发挥文化对经济的引领作用？在迈向高质量发展的征途中，以文化来引领经济是否可能？如果可能，又该如何实现？

文化是在历史长河的大浪淘沙中逐渐成为一个地域或民族共同体的集体心智，并外化为行为模式。这一特性意味着人们在看待文化与经济关系的问题时，或许应该超越对应性、匹配性思维：不能过于急躁地用经济发展的速度来要求文化发展的速度。事实上，如果一个地域或民族共同体文化基本要素，总是处于快速变动重构中，不仅不能引领经济发展，还会造成人们思维混乱、无所适从，引发各种各样的心理失调、行为失范。当理解了这一点，在处置文化与经济关系问题上，也就有了答案。从一般性角度上看，问题的关键并不在于让文化跟上经济的脚步，而是要让经济尊重、涵化文化的约定俗成。因为它们是地域或民族共同体集体选择的结果，经受住了时间的考验，也在实践中体现出巨大的生命力。如在对待儒家文化问题上，人们正在经历认识上的反转：从韦伯式的阻碍否定论到后来者们的融合肯定论。认识新变化并非源自儒家文化自身发生改变，而是社会环境发生改变，生动活泼的时代实践倒逼人们的思想观念要与时俱进。其间，儒家文化与现代商业文明发生了化学反应，陌生的隔膜被打通、误解变理解，如人们在仁义礼智信与现代契约精神之间寻找到大量交集，形成"最大公约数"。诚信，本就是现代契约精神的本质要求；正确的义利观，则是在接续斯密的国富论与道德情操论；智与仁，又丰富了现代企业家精神，要有勇有谋，还要遵循社会公德，承担企业的社会责任；等等。

对于江苏来说，构建良性文化与经济关系，消除高质量发展中的消极文化因素，壮大积极文化因素，是必然要面临的议题。但在处理文化与经济关系问题上，必须坚决抵制片面主义、急功近利的诱惑。制度创制、政策设计、体制机制优化等措施，能够对经济发展产生立竿见影的效果，但文化对经济的作用机理完全不同。人们既不能在短时间内创制出新的文化，也无法在短时间内消灭旧的文化。在文化与经济关系问题上，我们付出过巨大代价、遭遇过惨痛教训：或是极为野蛮、粗暴地铲除落后的封建文化、腐朽的资本主义文化，试图斩断延续千年的文化基因、割裂全球化时代中的外来文化；或是盲目乐观、一厢情愿地拥抱革命浪漫主义文化。代价是高昂的，教训是惨痛的。大动干戈后的理想文化样态，并没有为经济发展插上腾飞的翅膀，反而把国民经济带到了几乎崩溃的悬崖。以史为鉴，应该充分认识到，以文化高质量引领经济高质量，犹如大禹治水，宜疏不宜堵，既不能粗暴移植，又不能简单嫁接，而要以挖掘文化中的积极因素为主，寻找文化禀赋与经济发展之间的"最大公约数"，作为连接两者的纽带与桥梁，最终推动文化繁荣与经济发展的同频共振、和合共生。

除要充分体会和认识到文化的累积性、穿透性、延续性外，还应注意到文化对经济的作用，并非刚性的、直接的，而是柔性的、间接的，主要是借助于心智养成、情感培育涵化人们的行为模式，再借助于行为模式作用于经济高质量发展上。以大众创业、万众创新为例，首要前提就是人们要形成这样的认知与观念,而这急不得、快不得,只能通过春风化雨、润物无声的文化浸润与熏陶来达致。此外,另一个需要注意的或者应该避免的倾向,就是要放弃把文化当作万能处方的错觉。文化能够为经济发展提供伦理基石、价值导向、精神动力、行为模式等,但绝不是万能的。一旦泛化文化作用,只会把文化庸俗化、浅薄化。

基于此,以文化引领经济高质量发展的政策着力点,应该侧重于为人们日常生活世界中的行为模式提供一个心智与情感上的"道",即文以载道。只有构建认知图式中的正"道",才能有行为模式中的正道,才能顺应高质量发展的需要。对于江苏来说,应该站在"道"的层面上,发挥文化对经济的引领作用,为此,需要处理好以下几个主要问题。

一是正确看待创新与守正的关系。在后发追赶型现代化道路上,面对新一轮全球科学技术革命的挑战,创新是一个民族国家的必然选择,是实现经济高质量发展的必由之路。然而,欲速则不达。在创新之路上,剑走偏锋是一条捷径,但根基不牢,地动山摇。这里的"根基",既包括自身的技术积累、人才储备、创新路径等,也包括创新的法理底线与伦理约束。创新,不能以牺牲法治、破坏伦理、挑战公意为前提。客观地说,创新道路的重大成就不容否认,但创新的意识与理念生态依然脆弱。例如,知识产权意识匮乏下出现的对国外研究成果的简单复制、移植;基因工程上的某些创新,突破人类科学共同体的伦理底线;以模式创新为主的互联网新经济,更多是在利用监管软弱或真空来攫取法治红利、道德红利;等等。创新诚可贵,守正价更高。在守正基础上创新,才能具有更为强大的生命力与持久性。这也是发达国家新一轮科技创新的主流:既要注意到创新的可能收益,又要警惕创新潜在的意外后果,并提前准备防控风险。江苏科技基础雄厚、人才储备丰富,在创新驱动道路上,始终把合法合规合公意的守正作为前提。面对大规模高强度新一轮创新驱动战略压力,继续传承弘扬这一宝贵经验、优良传统尤为重要。

二是妥善处理外来与本来的关系。"海不择细流,故能成其大;山不拒细壤,方能就其高。"推动高质量发展,离不开吸纳古今中外人类文明的一切优秀成果。古为今用、洋为中用,取人之所长补己之所短,在开放包容中才能不断迈上新台阶、拓展新境界。一千多年来,江苏之所以能够成为中国经济中心与文化高地,之所以能够在救亡图存危急关头勇立潮头,之所以能在改革开放几十年间重新谱写时代新华章,从根本上说,就在于以海纳百川有容乃大的开放心态,在不泥古不媚外的同时,择其善者而从之,涵化人类文明的一切优秀成果为己之所用。过去经历也启示我们,单一向度的文化不足以支撑复杂现代化事业需要,甚至会让现代化之路面临山穷水尽之困。否弃本来,会让我们成为无根浮萍,只能随波逐流;拒绝外来,会让我们心胸狭隘、鼠目寸光,成为现代文明异类。以高质量发展为新取向的社会主义现代化,核心就是要处理好"三统"关系:本土的文化道统、外来的现代西统及红色的革命政统。"三统"关系涉及两大转换:时间上的"古今转换",即推动优秀传统要素在现代化中焕发新的生机;空间上的"外中转换",即推动发达国家的优秀成果要素实现本土化。当前,"三统"之间的边界与壁垒还比较森严,彼此的矛盾与龃龉还比较多,非此即彼的痕迹还比较重。只有到了"你中有我、我中有你"却又"自成一体、各美其美"的时候,如同儒道释三教关系从剑拔弩张到美美与共的时候一样,中国特色社会主义现代化事业才算彻底打通任督二脉,成为一个逻辑自洽、实践通融的人类共同体新方案。肩负"继续为全国探路"的江苏,要想在这一领域进行探索、做出贡献,就要不断深化对本来、外来关系的认识,寻求"三统"融合、两大转换的江苏路径。

  三是辩证认识区域文化因素的优势与劣势。区域文化是区域共同体的集体心智与情感表达,具有鲜明的个性,而个性犹如硬币,总有正反面。区域文化的个性因素在成就区域经济的同时也限制区域经济。"有原无峰"是江苏经济的显著特点,在迈向高质量发展新征程中,也成为区域政策发力焦点,试图实现从"有原无峰"到"有原有峰"的转变。愿景值得肯定,努力值得赞赏。然而,"有原无峰"格局在相当程度上是江苏精益求精、诚实守信的结果,是守法合规的结果,是稳健经营的结果。近年来,一大批曾经风光无限的所谓独角兽企业,在潮水退去之后纷纷显出原形。

"其兴也勃焉,其亡也忽焉。"大量独角兽企业依靠激进投资、高杠杆投资、博傻式投资走到时代前台与镁光灯下,主要是靠攫取货币宽松与监管宽松红利。一旦货币收紧或监管从严,提高合法合规的要求与门槛,那么相关企业就不得不面临釜底抽薪、墙倒人推的结局。所谓"剩者为王"的互联网超级巨头,大多也是"幸存者法则"下的少数幸运儿,或是在攫取完货币宽松与监管宽松红利之后及时收手转型,或已经到了"大而不能倒"的地步。时代精神与氛围的变化,意味着激进化的创新创业之路已经不再具有可模仿、可复制、可推广的意义。故应该以平常心来看到江苏"有原无峰"状态。要放平心态,可以积极向高峰准备、出发甚至冲刺,但不要急于一时,而是要以功成不必在我的态度静待花开。不偏之谓中,不易之谓庸。中庸之道,经世之要。区域竞合是一场马拉松比赛,要有长跑的心理准备。对于兄弟省区的先进经验,可以镜鉴,但没有必要过度模仿,否则,很容易东施效颦、南橘北枳,不仅没有学到别人长处,反而丢了自己特色,变得不伦不类。

四是努力引导区域文化在分合异同去取中良性消长。继秦王朝郡县制后,在大一统的中华大地上另一个具有深远意义的区域行政体制变动的就是元朝的行省制。行省制的一大特色在于,并非以语言、文化、习俗、自然地貌作为依据,按照物以类聚、人以群分的原则构建自然地理、历史人文、经贸联系高度同质性的省级空间单位,而是刻意打造一个行政、经济、文化与军事异质性极大的区域作为省级空间单元。自然区、经济区、文化区与行政区的"四区异构",必然会导致空间单元内的亚文化族群之间相互牵制,从而解决"四区同构"行政单元潜在的地方割据、尾大不掉问题,以强化中央集权。客观地说,自元以降,行省制安排确实极为有效地避免了困扰中华大地千年之久的统一与分裂的循环问题。尽管其后省级行政单元的具体边界与范围变动不停,但行省制的精神内核基本未变。今日江苏现状也是行省制理念的典型体现,以文化区为例,作为一个文化整体的江苏几乎不存在,存在的是一系列亚文化形态区,包括以宁镇为主的金陵文化区、苏锡常为主的吴文化区、扬泰为主的维扬文化区、徐淮宿为主的楚汉文化区以及连盐通为主的海洋文化区[14]。文化区上的自成一体、各具特色,也是自然区、经济区、行政区上断裂与紧张的体现,如从地理区位上看,经济中心位于全省东南一隅,而行政中心位于西南一隅。对于江苏来说,省级行政区意义上的文化政策,应在尊重次区域差异基础上,努力寻求不同文化的交汇点,分中求合、异中求同,逐渐形成一个与行政区同构的文化区。同时,顺应经济社会发展趋势,合理引导、改造次区域中与现代商业文明有龃龉的落后文化,去其糟粕、取其精华,为新时代区域高质量发展营造良性文化驱动力。

五是积极推动区域文化由耕读传家向商读传家转变。经济高地与文化高地的相辅相成是千余年来江苏最为鲜明的地域标识,二者互为表里、唇齿相依。时至今日,江苏经济依然散发出强烈的儒雅气质,无论是在企业家精神层面,还是在有形产品层面,基本上都鲜有过于飞扬跋扈的壮志雄心,而多了一份从容淡定的执着与坚守。路漫漫其修远兮,江苏上下而求索。不以路远易其志,不以喧嚣惑其心。在传统社会、自然经济下,传承江苏文化香火的是耕读传家,也让江苏成为千山千水千秀才的儒家重镇。在迈向高质量发展的新时代,农耕经济已经退出历史的舞台,代之而来的是现代工商业经济。经济表现形态可以变换,但以书育人、读书传家、书香门第传统不能变换,能够变换的就是要适应新时代,从耕读传家转变为商读传家。商读传家的意义在于,不仅能为个体的家族提供具有时空穿透性的文化底蕴,更重要的是能够为纸迷金醉时代中的集体浮躁或喧嚣提供熨平情绪的知识良方,让人们不致过于迷失在物质的欲望世界中,而能够多一份信仰,多一份释然,多一份超脱。

国家社科基金一般项目"特大城市老旧小区社会治理创新研究"(19BSH004)。原载于《山东大学学报(哲学社会科学版)》2020年第3期。

参考文献:

[1] 贝尔.资本主义文化矛盾[M].赵一凡,蒲隆,任晓晋,译.北京:生活·读书·新知

三联书店,1989.

[2] 符平."嵌入性"两种取向及其分歧[J].社会学研究,2009(5).

[3] GRANOVETTER M. Economic Action and Social Structure：The Problem of Embeddedness[J]. American Journal of Sociology，1985，91(3).

[4] POLANYI K. The Great Transformation[M]. Boston：Beacon Press，1944.

[5] 李春华.再读《新教伦理与资本主义精神》——韦伯命题的现实意义[J].河南社会科学,2003(3).

[6] 曾金花.《新教伦理与资本主义精神》与韦伯方法论的关联解读[J].中共南宁市委党校学报,2019(5).

[7] 刘雪飞.试析马克斯·韦伯的儒学观[J].齐鲁学刊,2011(6).

[8] 李大伟.历史比较研究与"欧洲中心论"之反思——以《大分流:中国、欧洲和现代世界经济的形成》为例[C]//历史学的省思与展望——第三届清华青年史学论坛,2013-11-23.

[9] 苏国勋.重读《儒教与道教》[J].江海学刊.2015(1).

[10] 侯杰.明清时期的商人与儒家思想观念[J].南开学报,2000(5).

[11] 李宗植.发挥江苏区域文化对区域经济发展的促进作用[J].现代经济探讨,2003(4).

[12] 莫砺锋.中国文化传统与江苏文脉[J].世界华文文学论坛,2017(4).

[13] 徐耀新.江苏地域文化述论[J].艺术百家,2017(4).

[14] 胡阿祥,姚乐.江苏文化分区及其影响因素述论[J].淮阴师范学院学报(社会科学版),2011(3).

[15] 胡发贵.江苏人文精神的地域特征[J].南通大学学报(社会科学版),2008(4).

[16] 赵明奇,李玉铭.吴韵汉风:江苏南北特色文化的和合之道[J].苏州科技学院学报(社会科学版),2013(1).

[17] 钱智.吴文化区域系统初步研究[J].地理学报,1998(2).

[18] 刘世定,邱泽奇."内卷化"概念辨析[J].社会学研究,2004(5)。

[19] 胡阿祥.魏晋南北朝时期江苏地域文化之分途异向演变述论[J].学海,2011(4).

[20] 王世谊.水文化孕育的江苏精神[J].唯实,2005(5).

[21] 黄杰.文化堕距视角中的江湖文化批判[J].江苏社会科学,2013(6).

隔离的城市际性与都市圈一体化

陈友华　苗　国[*]

摘　要　中国的区域一体化面临体制与条块分割、诸侯经济导致的地方性集体自私与公用地悲剧的挑战。不仅城市之间有制度隔离,而且城市内部也有体制隔离,仅从交通一体化与城市内部同质恶性竞争角度考察,城市际性视野下的都市圈一体化需付出极高的经济与制度成本,甚至时间与健康成本。同城化效应被严重夸大,中短期内一体化实践依然只是一种美好设想。城市际性中隔离远大于融合,都市圈一体化发展有大量的制度藩篱需要拆除。政府应在促进制度与文化融合上多下功夫,在"让市场在资源配置中起决定性作用和更好发挥政府作用"基调下充分释放市场活力。

关键词　都市圈　一体化　城市际性　城内际性

---

[*] 陈友华,南京大学社会学院副院长、教授、博士生导师,主要研究方向为人口社会学与经济社会学。
苗国,江苏省社会科学院副研究员。

引 言

自工业化以来,不同产业生产率与收入之间的差异,促使人口从乡村流入城市,形成了城市化浪潮。历经狂飙的城市化初级发展阶段,中国城市化正呈现整体发展速度放缓、人口向大城市和都市圈聚集等新特点。都市圈一体化主要受"人流、物流、信息流、资本流"游走便利化和市场资源配置规律的驱动。经济联系加强,特别是交通基础设施创新发展正在改变城市群的空间格局,以当日往返通勤范围所形成的生产经营、日常生活都市圈,提高了单一城市的人口聚集效应与溢出效用,激发了巨大的财富增长效应与生产生活便利。《探索与争鸣》2019 年第 8 期发表了邹诗鹏教授的文章《城市际性与都市一体化》(以下简称邹文),是一篇哲学视域下城市发展研究的创新成果,其以都市一体化及都市圈背景下的中国城市间关系为考察对象,透视城际空间生产及不同都市发展的联动与融合效应,邹诗鹏发现:中国都市一体化进程在加速,郊区迅速城市化,不仅使得城际空间迅速发展,不仅甚至乡村也在成为都市空间。[1]

西方也存在城市圈形成的城市际性,典型的城市际性主要存在于都市圈的核心地带。全球化社会特别是经济全球化,使得都市发展逐渐形成都市一体化及都市圈发展模式,并凸显城市际性,邹文"城市因市场以及城市竞争,会增强城市的内核性特征并排斥城市际性"的发现和判断均是准确的,城市际性包含着一定的乡村或城镇因素等见解也新颖独到。在对策建议方面,作者清醒地认识到城市际性不能泛化和滥用,提出培植具有全球化功能及价值的都市际性,应当成为发展和巩固世界市场的基本方略亦是合理的、有预见性的,为更深入部署和推动下一阶段长三角一体化发展提供了智力支持。但是,邹文的发现和结论也存在某些矛盾之处:一方面赞成"城市际性体现了城市与城市之间的相互依赖性,强调都市的市场性质",另一方面又想强调"空间生产其实也应有计划性和规范性",但事实上自由市场与计划管制是不可兼得的两面体。与此同时,笔者对邹文提到的"某种资本逻辑支配而形成的畸形的都市空间"不敢苟同。资本并不必然带来"恶",资本之所以作恶,制造畸形的都市空间,更多是缺少制度制衡下的权力区隔与权力寻租所致,而非资本自身是"恶之花"。在条块分割严重、诸侯经济特色鲜明的国情面前,区域合作的难度很大,建立"促进基础设施共建共享、环境生态共治共保共享、重大政策资源共享"的新平台和新机制,关键在于善待与善用资本,激发民间活力,寄希望于松绑减负而非依靠政府有形之手,才能真正释放市场机制的伟大力量。

一、城市际性:概念与类型

与城市产生类似,人口集聚主要是市场规律作用的结果。人口集聚既符合宏观经济学规律,也符合人类社会生产生活方式变迁的微观内在需要,人口聚集于都市圈产生同城化、一体化趋势,使得"城市际性"概念进入日常生活。目前,国内外学界对因都市圈而出现的"城市际性"(Interurbanity)概念尚未达成共识,邹诗鹏教授率先尝试将其定义为"随着都市一体化区域及时空压缩而出现的不同城市生活的事实性的同城化现象"。在此基础上,本文将城市际性定义为城市间因人流、物流、信息流与资本流而形成的城市间关系的总和。因此,城市际性可视作城际关系的理论表述。只要城市间关系存在,城市际性就存在,因而城市际性是一个历史性概念。只是在传统社会,因受交通、通信等限制,城际因联系较少而表现出更多的独自发展的弱城市际性,而进入现代社会,随着交通与通信技术等的发展,城际联系增加进而表现出更多的联动发展的强城市际性。

经过 40 年波澜壮阔的城市化过程,中国的城市群与都市圈雏形已现,并从过去龙头城市"一极独大""强势领跑"的单极化格局,逐步转化为"多中心格局"。[2]都市圈内,城市间既分工合作又相互竞争,都市圈一体化发展背后,有两股重要力量推动——市场机制与政府"有为"干预。

城市际性可以按照不同的维度划分为不同的类型。例如,隔离与融合、独立与依附、平等与不公、互利与互害,等等。在都市圈的权力与资源分布拓扑结构中,核心城市、核心区域往往承载着现代经济的核心大脑,依托信息、技术与金融等要素,在市场机制催动下的立体性投入是城市群积累财富与激发创新的倍增器(Amplifier)。因此,中心城市更多表现为独立取向的城市际性,而周边城市则更多表现为依附取向的城市际性;中心城市有天生的地方自我保护主义的隔离姿态,而周边城市更渴望区域融合发展。

二、制度、城市不平等与城市际性

(一) 制度的影响

制度不仅对人口迁移流动带来决定性影响,也影响甚至左右市场资源与公共资源的空间配置。人因生活在制度之中而很难摆脱制度的限制,因而不同制度国家的人们的生产生活方式,甚至思维方式都有根本性的不同。例如,社会主义国家普遍崇尚集体主义,而资本主义国家普遍崇尚个人主义。城市一体化以制度一体化下的资本、信息自由流动、公民自由迁徙权保障为前提条件。在西方,由于允许自由迁徙,也不存在明显的制度隔离与制度歧视,因而城市间更多表现为一种自然状态,而在中国,由于制度隔离,城市间更多表现为一种人为状态。

以城市圈、城市带、城市簇为样态的城市际性替代单核功能性城市的城市际性是经济规律使然。但市场配置资源并不能解决所有问题,以长三角为例,即便江浙沪皖三省一市地域相邻、经济相通,但制度统一、人缘相亲、文化相融异常艰辛,区域一体化从来不如理论设想的那般容易与美好,城市际性视角下的同城化更是充满各种困难与艰辛。比如,在大都市,地方政府面对区域公共服务需求往往不会主动作为,而更倾向于从本地利益出发,采取机会主义策略,企图通过"搭便车""成本外部化"等策略坐享别人的成果。[3]此外,信息流与资本流"极化聚集"扩大了贫富差距,城市中心的贫民窟、城际之间"三不管地带"糟糕的公共服务造成的区域发展失衡案例惨痛且深刻。政府在推进区域一体化、城市圈融合发展方面有着责无旁贷的义务。

(二) 城市间的不平等

西方城市在政治权力上拥有更多的平等元素。而在中国，每座城市不仅人口规模不同，更在行政级别、政治权力与资源数量上表现出巨大差异，城市间的不平等异常显著。

中国城市间的不平等，更多表现为政治权力上的不平等。政治权力不仅主导公共资源配置，而且影响甚至左右市场资源配置，优惠政策就是政府有形之手影响甚至左右资源配置的最重要手段。[4][5]在资源向沿海与大城市聚集的同时，又对这些城市设置了较高的准入门槛，在阻碍大城市人口扩张的同时，对周边城市形成溢出效应。例如，一时不能进入上海的人就寻求在上海周边暂时生活下来。如果没有制度隔离与城市不平等，上海的人口膨胀将更为迅猛，城市效率更高，对周边地区的辐射带动作用也应该更强。

在中国，在教育、医疗、养老、住房、就业等基本民生领域的隔离墙随处可见，制度隔离的大量存在使得城市一体化困难重重，即便最易实现的交通一体化，实际上也存在很多显而易见的问题，如城市交界处的断头路等。结果是人口单向流动与随之出现的"人口黑洞"。生活在人口黑洞之中的人享有超国民待遇，经济理性驱使下的个人会做出最有利于自己的抉择：已在人口黑洞内的人多不愿迁出，其不愿与他人分享福利，进而导致福利稀释；而在人口黑洞外的人千方百计想挤进来，分享其福利。例如，北京、上海等地更多地表现为人口迁入，很少有人从北京、上海等地迁出。由此可见，不平等不仅发生在个体之间，更出现在城市之间。正基于此，中小城市常常要看其区域中心城市的脸色行事。京津冀一体化推行很多年，但进展缓慢，原因就在于此。

(三) 城市际性

都市圈模式下，城市际性本质上是一种扁平化的网状资源交换结构，多样性与协调竞争效应使得城市间网状资源流动结构得以形成，互联互通让城市群整体性衰退的风险被大大降低，由中心城市与外围城市从点资源、线资源到面资源构成立体交叉的城市群落，具有极高的抗风险优势，都市圈的网状拓扑结构在功能上更为健全，其在追求效率的同时兼具公平。例如，上海中心区域地价昂贵，生产与生活成本极高，从事低附加值行业不具有比较优势，但由于物流与公共交通发达，江苏昆山等周边地区就演进其城市功能，为中心地区提供产业链级别的商品和服务配套，即最重要的核心区域不一定人口最多，但却是在交通、信息与金融网络上处于最关键位置的、能提供广泛的商品和服务的地区，核心区域高昂的营商成本并没有导致自身衰落，反而成功演化为第三产业发达的服务区，甚至成为区域发展生产链顶端的大脑智慧核心区。中国的城市在城市群中所处的政治地位与所拥有的经济资源差异悬殊，因而在不同制度环境下的城市际性可能表现出很大的不同。很多城市因为历史、文化等因素而具有地方性特点。例如，上海虽是国际化大都市，但地方特色鲜明，特别是上海"土著"使用更多的是吴语，导致吴语区域的人对上海文化倍加推崇，其他地区的人对上海文化的认同感就小很多。而深圳则是一个讲普通话的移民城市，各种地方文化在这里交汇，与地处珠三角粤语区的其他地方显得有些格格不入，自成一体。因而，深圳更多可以视作粤语区中的一块飞地，粤语区的人对广州的认同度要高于深圳。

三、技术进步与城市际性

在传统社会，由于交通、通信等条件的限制，城市间与地区间的联系交往较少。在现代社会，伴随着交通、通信等的改善，城市间的联系交往不断增多，特别是高铁、地铁与网络时代的来临，使得城市间的联系交往大大增加。技术进步带来的交通与通信等的便利，时空大大被压缩，人们日常的活动半径大大增大。例如，高铁、地铁、高速公路等交通条件的改善，使得城市之间的联系交往越来越密切。由此可见，技术进步对城市际性带来很大影响,以往城市际性的瓶颈因技术进步而部分得以解决,但这种解决只是"部分解决"。

以跨城通勤为例,都市圈范围内的交通通勤的同城化、一体化做得最好,也给公众带来了生产生活便利。但需注意的是:书面上的同城效应,只计算两座城市间的最短时间,通常是两座城市火车站间的最短通行时间。现实情况颇为周折:一是每座城市的火车站通常只有一两座,站点少,从居住地或工作地到火车站通常需要交通工具接驳,通勤时间较长;二是在火车站安检与候车时间较长;三是从一座城市火车站到另一座城市火车站所花费的时间;四是从目的地城市火车站到工作单位或者居住地,不仅常常需要交通工具接驳,而且也需要花费一定的通勤时间。

由此可见,城际通勤优势被严重夸大,职住在不同城市,实际上颇费周折。区域一体化通勤的经济约束明显。一是显性成本,如交通费。偶尔为之,经济上可以承受,然而日常为之,则经济负担甚重。二是隐形成本,如时间成本、健康成本。城际通勤需要付出极大的经济、时间与健康成本。长期来看,这种通勤模式降低了宏观经济效率;从微观来看,跨区域生活,特别是两地分居对个体是身心损害,对家庭亦会产生极大影响。

四、中国城市际性的特点、成因与问题

(一) 特点

1. 城市际性:竞争大于合作

"一极独大""强势领跑"的单极化格局逐步转化为"多中心格局",这本质上是受竞争主义的推动。仍以长三角为例,苏州、杭州作为上海两翼最大经济体量的城市,一直以来提出和上海错位竞争,但实际上,同质竞争根本无法避免。多年来,无论是先进制造业还是现代服务业,在招商方面和上海暗战不断,常常上海一个项目刚谈到一半,就被隔壁城市以税收优惠、政策灵活性以及低土地使用成本等挖走。也就是说,中心城市与周边城市的竞争优势并没有像其他全球城市那样大。地方政府掌握有包括

政策在内的各种资源,基于自利本性,都通过各种努力希望将资源聚集到其所辖区域,进而导致资源的优化配置只是一厢情愿。

2. 城内际性:城市内部的体制隔离

事实上,即便在同一座城市内部,不同层级政府间也存在着激烈的资源竞争,某个区县的项目被另外一个区县"挖墙脚"并不鲜见。城市内部,如南京的国家级软件园就有若干,相互间竞争激烈,未能出现统一的IT产业布局区,金融布局更是多点开花,CBD林立,城市内部资源的优化集中配置都很难做到,在权力作用下呈现出明显的"城内际性",更何况跨区域的"城市际性",或许北京、上海等核心城市对自身吸引力高度自信,甚至人为严格控制城市建设用地和人口规模,对一些所谓的低端产业采取清理政策,这种为别人作嫁衣,让渡市场资源与机会,同时又抬高自身土地和劳动力成本的"自损"现象,也只有在特殊情况下才能出现。

3. 城际交通:极高的通勤成本

物流与人流便利化对城市群、都市圈的构建至关重要。在政府大力推动下,高铁、城际轨道交通等基础设施得到极大改善。高速公路、高速铁路与城际轨道交通的改善,极大地提升了区域间资源要素流动效率与水平,对于促进产业的分工和协作、加速都市圈和城市群的发展起到重要作用。但物流与人流这种实体圈层依然受到经济学与物理学规律的限制。

(二) 成因

都市圈的同城化现象来自现代科技日新月异的实践助推,是区域一体化发展的必然产物,更是区域聚力发展与区域软实力的综合体现。目前,中国都市圈发展,跨城通勤已经形成了一定规模;产业分工形成按价值链向外延伸的空间格局;以中心城市为核心的都市圈城镇网络正在加快形成之中。都市圈一体化的形成必须具备如下条件:分工与协作,相互认可的文化基础、均衡享有的公共服务与基础设施、发达可交流沟通的制度环境。这些城乡与区域融合发展的"里子工程"还相差甚远。对此,刘志彪认为:"除自然和技术的因素,如地形地貌、交通运输、基础设施等,还有制度、体制、机制、政策等人为的障碍因素。可以系统地、大幅度地影响和扭曲要素和资源的合理配置,从而形成人为的发展差异。"[6][7]

除政府推动之外,都市圈产生的另一股力量是市场机制对资源的配置。进入21世纪,在金融与信息科技加持下,城市核心增长极依托新型服务业与强大的支配效用、乘数效应、扩散以及极化效应,对区域的产业发展及其空间分布与组合产生重大影响。特别是城市群、城市带作为一个实体组织,其大量的经济活动依然是实体的,但信息融合、金融渗透使实体经济产生虚拟增值部分,乃至产生大量附加值的服务业,使得实体资源圈的影响力下降,毕竟物流与人流自由度与灵活性远不如金融、信息资源的流动性高,前者正在受到后者严重的挤压。法国的布代维尔(Boudeville)、美国的赫希曼(Hirschman)等人曾提出著名的增长极理论,现代都市的财富载体主要依托人类智慧,庞大的虚拟网络将具有价值符号意义的金融与信息和实体的物流与人流紧密结合,让虚拟空间产生的服务能力和增值价值对于城市、特别是城市群的形成至关重要,政府对于实体经济的影响是立竿见影的,但对于虚拟资源配置,市场力量既是无形的,更是强大且很难直接干预的。

城市际性就是要打破城市之间的壁垒,实现城市间的融合发展。而要实现城市间的交融,首先要实现制度上的区域一统,而不应该是区域隔离。要做到这一点很难。例如,教育、养老、医疗、住房与就业制度之间是彼此隔离的。区域一体化与城市交融,不仅意味着享有由此带来的好处,更要承担由此带来的责任。基于"趋利避害"的集体自利本性,大城市只想要人口流动带来的好处,而不想承担人口流动所带来的在教育、医疗、养老、住房、就业等方面的责任。因此,类似于西方社会的人口自由迁徙在中国是一个长期的过程,不可能一蹴而就。

(三)问题

在中国,都市圈建设表面上高度依赖于政府"有为"干预,只不过很多时候,政策制定和具体执行可能是两码事。如《长三角地区一体化发展三年行动计划(2018—2020年)》,其覆盖12个合作专题,聚焦交通互联互通、能源互济互保、产业协同创新、信息网络高速互联、环境整治联防联控、公共服务普惠便利、市场开放有序7个重点领域,各地政府希望尝试形成一批项目化、可实施的工作任务。但由于政策间相互打架、各自为政,不协调现象比比皆是。特别是参加长三角"圆桌会议"的各城市负责人彼此行政级别不同,拥有的权力与话语权各异,和珠三角相比,长三角城市群的规划设置与推进一直是落后的,其根源就在于珠三角同属于广东省,区域协调相对容易,而长三角城市群分属不同的省份,区域协调难度大大增加。

交通是区域融合最好的维度,其他方面,如规划一体化、政策协同化、公共服务均等化、治理全域化等,由于地方政策规章千差万别,各地内部都经常出现不相协调,区域间协调更是难上加难。在省域内实施教育和社会保障公共服务均等化,只有统一的"财政支出"单位才具有可操作性,至少在市域内,公共服务均等化与治理协同才是可以希冀的(在许多城市,撤县建区的一大后遗症就是社会保障的城乡差异,例如,南京市江宁区的医疗保障是农村的新农合),但跨区域、特别是跨省域操作的可行性在近期几乎为零。

从经济社会发展的实体圈与虚拟圈两个重要维度,我们可以深刻透视资源要素流动的市场机制与制度藩篱两者的对立与冲突。各自为政的地方保护主义导致城市间一体化很难实现。同时,政策协同的成本极高,且很难协调各方利益达到均衡。具体表现为:享受"搭便车"的好处时总会"一马当先",但需要大家共同承担责任时就会产生"公用地悲剧"。如城际接壤处常常管理混乱,成为"断头路""藏污纳垢"之地,呈现出城市间隔离墙高高耸立的复杂局面。在中国,城市体系不是简单地由空间经济模型或生产要素分配所决定,而是一种"政治空间博弈"——行政审批、规划、财政权、行政管辖区域的划定等都在影响空间资源的分配,因而长三角一体化至今难以实现。同城化和一体化存在着理论和实践之间的巨大落差,这也反映了制度经济学的一个简单规律:没有成本的投入和消耗,无法达到政策目标。而一旦政策成本产生,则面临诸侯经济的集体性自私以及体制分割带来的公用地悲剧、政策的负外部性,谁来承担这部分投入责任?责任是否明晰?诸如此类的问题,现有体制下很难寻找到解决的办法。

五、结果与讨论

(一)结果

权力拥有追求的是区隔与等级分明,市场交易崇尚平等与自愿,因而只有市场才是社会正义的守护神。趋利避害是人之本性。因此,无论是城市际性还是城内际性,隔离大于融合,即便在城市内部,各区域之间也存在复杂的竞争利害关系,城内际性的体制藩篱甚至会给一体化帮倒忙。一味依赖宽泛的城市群概念推进区域一体化、同城化,除了交通、环保治理领域,多数情况下缺少有力的工作抓手,特别是在实现集聚科技创新资源、发展战略性新兴产业等核心价值方面,城市群一体化规划的作用更是非常有限。本质上,各座城市之间更多是严肃的竞争关系,在条块分割严重、诸侯经济特色明显的现实面前,区域合作的难度陡然加大。建立"促进基础设施共建共享、环境生态共治共保共享、重大政策资源共享"的新平台和新机制,关键在于善待、善用资本,激发民间活力,寄希望于松绑减负而非依靠政府有形之手,才能真正释放市场机制的伟大力量。

趋利避害的经济理性、诸侯经济导致的地方性集体自私与区域发展的巨大差异,使得城际交融远少于城际隔离。与此同时,用交通通勤和城际间接壤处出现"公用地悲剧"为案例也揭示了这样一个事实:学界热捧的同城化现象被严重夸大。城市际性概念进入日常生活,需要付出极大的经济、时间、沟通与融合成本。区域一体化、都市际性不是阳春白雪、风花雪月的浪漫,而是一次又一次艰难的妥协沟通与痛苦的抉择,对往返于两座城市的通勤者来说,更意味着日复一日地颠簸疲惫。政界和学界的浪漫情怀抵挡不了现实的残酷:我们生活在一个受到严格经济约束的现实世界,没有成本的选择、没有成本的消费只能是人类对美好生活的向往,即便短期可以由别人买单,长期来看,也是不可持续的。因此,谁来承担这些责任和重负是值得深思的问题。

(二) 讨论

农业社会生产的特点注定区域之间的发展相对独立,城市分散设置且相对独立,彼此之间无法取代。而进入工业社会与后工业社会以后,情况发生了很大的变化:一是城市间的联系交往不断增多,进而引发城市际性问题;二是一部分城市的辐射范围大大扩大,另一部分城市的作用与价值不断减弱,衰败不可避免。2019年中共中央办公厅、国务院办公厅出台《关于促进劳动力和人才社会性流动体制机制改革的意见》,意见提出:"全面取消城区常住人口300万以下的城市落户限制,全面放宽城区常住人口300万至500万的大城市落户条件,完善城区常住人口500万以上的超大特大城市积分落户政策,精简积分项目,确保社会保险缴纳年限和居住年限分数占主要比例。"放松了对大城市的人口控制,会使得城际制度隔离逐渐消解,城际融合制度逐步形成。大城市的虹吸效应将变得更为明显,中小城市与农村人口向大城市迁徙将加速,进而导致中小城市与乡村的衰败。

由此可见,制度隔离尽管对人的自由发展构成障碍,但对中小城市发展实际上起到一种保护作用,某种程度上阻延了人口向大城市的聚集,部分消解了大城市的虹吸效应。制度隔离的消解与自由迁徙权的重新获得,使得大城市虹吸效应的制度障碍被消减而愈发凸显,结果是大城市化与人口空间极化愈演愈烈。[8]

国家社会科学基金重大项目"实现积极老龄化的公共政策及其机制研究"(17ZDA120);国家社科基金青年项目"人口转变视角下教育结构失衡与大学生就业难问题研究"(14CRK017);江苏省社会科学院"社会学重点学科与建国70周年专项资助课题"。原载于《探索与争鸣》2020年第5期。本文被人大复印资料《文化研究》2020年第11期全文转载。

参考文献：

[1] 邹诗鹏.城市际性与都市一体化[J].探索与争鸣,2019(8).

[2] 徐琴.多中心格局下的长三角一体化发展[J].现代经济探讨,2018(9).

[3] 倪咸林,杨志云.跨区域公共服务探源:理论脉络与政策演化[J].天津行政学院学报,2019(2).

[4] 陈友华.理性化、城市化与城市病[J].北京大学学报(哲学社会科学版),2016(6).

[5] 陈友华,张钒.后工业社会与紧凑型城市[J].扬州大学学报(人文社会科学版),2019(4).

[6] 刘志彪.城市化群落驱动经济增长的机制研究——来自长三角16个城市的经验证据[J].经济研究,2008(2).

[7] 刘志彪.区域一体化发展的再思考——兼论促进长三角地区一体化发展的政策与手段[J].南京师大学报(社会科学版),2014(6).

[8] 陈友华,张钒.人类人口数量及其空间演进研究[J].福建论坛(人文社会科学版),2018(10).

乡村振兴：认识误区、比较优势与制度变革

陈友华　苗　国*

摘　要　工业化与城市化并不必然带来乡村衰败。乡村振兴的关键在于尊重市场规律，发挥乡村比较优势，并处理好如下三个基本问题：一是破除阻碍资源自由流动与优化配置的"制度藩篱"，实现农业振兴与农民增收；二是消解"乡土文明"与"城市文明"两者对立的固有偏见，深刻理解"土地束缚""小农经济"的桎梏之源，改革城乡二元制度安排，构建统一、公平公正的资产交易市场、劳动力市场与社会保障制度；三是采用市场激励机制，让农村人口"走出去"，让外部人才、资本与技术"引进来"，在城市化进程的"双向互动"中实现乡村振兴。

关键词　乡村振兴　比较优势　市场机制

一、问题的提出

经济增长需要各种生产力要素的投入。其中，资源的自由流动与自

---

* 陈友华，南京大学社会学院副院长、教授、博士生导师，主要研究方向为人口社会学与经济社会学。
苗国，江苏省社会科学院副研究员。

愿交易是现代社会生产力发展的基础性力量,在资源优化配置中市场主体"优胜劣汰"是元规律。过去一个世纪以来人类社会出现城市组织形态的"普遍胜利",是市场规律作用的自然结果。城市的繁荣是否必然以乡村衰败为代价?党的十九大报告提出乡村振兴战略,力图以精准扶贫为手段,推进农村农业发展,增加农民收入,提升农民获得感。在这一战略思想指导下,中央各部委推动,地方政府按照发展"休闲农业""乡村旅游",融合一、二、三产业发展的思路对乡村振兴战略进行了实践部署。

在多数经济学者看来,城市化才是农村发展与"三农问题"解决的关键,"大国大城"更符合中国的战略选择[1][2][3][4]。而在注重"公平"、缅怀"乡土社会传统"、社会学色彩较为浓重的"乡村建设学派"与"小农社会稳定派"看来,传统乡土文明既有"经济保障"与"社会安定"的重要价值,更是一种"反哺情节"浓重的怀旧意识形态[5][6][7][8]。更多研究者持"折中态度",认为乡村振兴战略应与城镇化同步推进[9][10][11],"在探索现代社会发展道路的过程中,注重传统的'延续性'与注重超越传统的'创新性'同样重要"[12]。简言之,乡村振兴不仅是家国理想,也一直是学界关注的焦点议题,学者们从多角度对乡村振兴战略进行研究,对目前政府的推进路径进行解释、完善与反思[13][14][15][16]。

如若结合中国乡村组织基础"家户制"的历史背景、城市化进程面临的"体制隔离"等现实情境,以及信息时代各种资源"流动性激增"的社会演进趋势进行综合研判,可以发现:由于不同学科视角的方法论差异与分析立场的"意识形态禁区",有些研究要么强调短期应对而忽视长远布局,或者强调固守农业立国、小农社会传统的"路径依赖",因而失去"高瞻远瞩"与"未雨绸缪"。单一学科视角,或者无视历史事实、前景预判不足,以及对国内外"乡村振兴"经验的"错误解读",都会导致无法提供积极、可操作的对策建议。本文从中国乡村建设的历史背景出发,分析目前乡村振兴可选择的"比较优势",已有的实践经验及存在问题,结合工业化、城市化推进背后的资本与市场逻辑,讨论乡村振兴的激励机制重构及其可能的实践路径,以明晰乡村振兴的长远路径选择。

二、乡村究竟适合发展什么产业？

人类自进入工业社会以来，现代农业发展的基础与前提条件就变成"土地集中＋农业机械化＋农业补贴"，家户制的小农经济模式不具备农业现代化的可能[17][18]。无论是支持"大国大城"的城市研究者，还是农村问题研究专家，普遍认为"二、三产业本身的规模经营要求和集聚效应特征，中国快速工业化和现代化的过程同时就是快速城市化的过程"[16]。伴随效率驱使下的工业化与城市化进程，受比较利益驱使的劳动力开始从第一产业部门流出进入第二与第三产业部门，为工业与服务业发展提供了大量的人力资源，促进了二、三产业的发展。与此同时，农村人口的大量流出，也为留守在农村的人口腾挪出更大的生存空间，进而为农业现代化创造了条件。改革开放以来中国抓住了这一历史机遇，实现了人口与资源的快速集聚，促进了快速的工业化与城市化，逐渐形成了人口与资源集聚的城市比较优势与逐渐摆脱了人口稠密的农村比较劣势，使得农村逐渐具备了乡村振兴的人口稀疏基础。贺雪峰认为依靠小规模的农业，特别是以老年人为主的农业很难形成产业兴旺，他认为应对办法有三：一是乡村工业化，二是发展新业态，三是扩大农业经营规模。[16]贺雪峰的应对三措施并不新鲜，其中前两大应对措施中国曾先后进行过大规模实践，但最后以失败告终。由此引申出一个本质性的问题：乡村究竟适合发展什么产业？

首先，乡村工业化缺乏"比较优势"。大卫·李嘉图的比较优势理论（Theory of Comparative Advantage）不仅可以用来分析国际贸易为什么存在，也可用来分析复杂的城乡二元结构，广袤乡村究竟适合发展什么产业来与城市彼此竞争、互通有无、互惠互利。在城市工业产能过剩、效率与技术优势明显的情况下，农村工业如何构建自己的比较优势，提供有竞争力的产品与服务？中国的乡村工业化曾走过一段曲折的道路，乡村企业的兴起是在如下背景下展开的：一是家庭联产承包责任制的实施；二是随之而来的农村剩余劳动力的显性化;三是自由迁徙权的缺失。在此情形下,农业剩余劳动力只能就地转移,"亦工亦农"实属"制度藩篱"阻碍资源自由流动与优化配置下的一种"破窗之举"。乡村办工业思路早已被中国实践所淘汰,中国绝大多数乡村企业在特定时期经历短暂的辉煌后迅速走向优胜劣汰。其缘由非常简单:一是经济效率低下,"一哄而上"发展乡村工业,绝大多数"低水平重复建设"起来的乡村工业被残酷的市场竞争无情淘汰;二是环境污染严重,容易被视为落后产能而"关停并转"或在环境整治过程中被强制淘汰;三是人口管制松动与城乡比较收益悬殊,驱使人口由乡村内部的"就地转移"转变为乡城之间的"异地转移",缺乏比较优势的乡村企业多走向衰败成为必然。中外经验证实,乡村只适合发展农业,很难想象在工业产能过剩、城市生产效率高与多元文化生活吸引力如此之强的21世纪,乡村工业究竟会有何种比较优势来重现昔日短暂的辉煌。

其次,人口密度不足的农村先天缺少发展服务业的基础。人口集聚是第三产业发展的基础与前提条件。尽管信息社会情况有所改变,但是否拥有规模优势并利用好"密度优势"降低运营成本,事关服务业的成败。这方面,乡村商业服务的发展具有天然劣势。在传统社会,地广人稀的乡村根本就不具备发展现代商业的基础条件,但乡村又有对商品交换的需求,怎么办?在某段时间集中完成商品交换,乡村集市便应运而生。在移动互联网时代,"分散式"商品贸易有存活的可能。例如,少许成功的"淘宝村"就是其典型。但淘宝村模式可以拓展到点,绝不可能扩展到面,因为如果村村淘宝,彼此之间的竞争将异常激烈,每个淘宝村所能辐射与服务的半径就会被极大地压缩,所能聚集的外销农产品数量与内销工业品数量都十分有限,最后必将导致"无宝可淘"。

乡村商业发展前景暗淡,乡村旅游业发展前景又会如何?不排除某些特殊的乡村因为历史、人文、地理、自然、区位等因素,成为乡村旅游热点,进而带动乡村旅游点脱贫甚至致富,但并不能成为面上一般模式。因此,某些地区将旅游点上的经验向乡村全境推广,很难有所收获。

最后,乡村新业态也不具有普及价值。通过发展乡村新业态,如特种养殖、田园综合体、农村电商等,可以提高农产品产出效率或卖一个好价钱,可能增加农民收入。但需警惕的是:与规模化生产的工业品利润率被"摊薄"类似,"任何一种具有超额利润的经济作物种植都会吸引大量模仿者,从而会出现供给过剩"[16]①。"谷贱伤农"即为一种极端案例,农产品商品化过程中存在类似的"边际效益递减",农业产出效率与物流效率的提高,未必能提升农业从业者的绝对回报水平。工业与服务业发展靠人口与资源集聚,但农业生产非常特殊,严重依赖土地,一家一户一亩三分地上很难提高农业劳动生产率与促使农民走上致富路,农业发展靠"人口稀疏"与"土地集中",前者靠人口城市化与减少农民和农村人口,后者靠土地制度改革与土地流转。

综上所述可以发现,因为城市无法发展农业,无法参与农业竞争,但农业又是人类生存所必须,因而乡村发展的比较优势还是农业。但传统农业模式最多只能解决温饱,绝对解决不了富裕的问题。因此,农业发展还需要"土地集中+规模化运营+农业补贴"。世界上有乡村振兴的成功案例,如欧美日韩,但没有乡村工业成功的"乡村振兴",更没有现代服务业成功的"乡村振兴"。中国的乡村工业化实际上是中国发展过程中走过的一段弯路。现在珠三角与长三角的部分乡村已经城市化,某些闪耀的县域模式,其生产与生活方式和城市相差无几,只是披着"乡村外衣"的城市而已(如江苏华西)。与其说乡村振兴,不如强调消除城乡与区域隔离性制度安排,走城乡融合发展道路更为现实。

---

① 笔者赞同这一观点,但其推论到乡村工业化、新业态与规模经营方面,为何不会出现"竞争过度"? 竞争导致利润摊薄是普世的,变迁、流动、竞争才是现代社会的"元规律",市场总是一个动态调整的过程,虽然贺雪峰也认为"靠休闲农业和乡村旅游机会来发展出新业态的农村占全国农村的比例不会超过5%",长期来看,资本比学术想象更精明,规划永远赶不上市场机制的自发秩序调节。

三、乡村振兴究竟靠什么？

首先，乡村建设主要靠现在生活在农村的人，而不是把已经进城的人重新吸引回乡村。在乡村振兴过程中农村人口不断外流是一个必然现象，直至农业劳动力占比很低时才可能逐渐稳定下来。要增加农民收入，必须同时走两条路：一是人口城市化，进而减少农民；二是走"土地改革→土地集中→农业机械化→农业劳动生产率提高"之路。乡村振兴应该是"农业振兴"，而不是"乡村人口振兴"，要实现乡村振兴，就目前情况看，主要还是通过城市化减少农村人口，而不是把早先进城的人口重新引回乡村的"一亩三分地"。

其次，乡村振兴不是把进城农民重新引回乡村的"一亩三分地"，而是要通过城市化与土地制度改革，实现土地集中和农业机械化。传统农业种植技术简单，一般人无须经过专门培训、多通过家庭内部的传帮带就能掌握，甚至部分人可以"无师自通"。虽然现代农业种植技术较以往显著提高，但相对于其他产业而言，其技术含量仍很低，一般人通过简单的技术培训就能胜任。因此，农民位居就业人口中受教育程度最低之列不足为怪。农业发展中真正具有较高科技含量的是现代农业科技，没有受过良好教育与严格专业训练，是不可能胜任的，但这些人绝不可能是农民，而是散布在大学、科研机构与农业科技公司等的科研人员，这些人处于农业生产链与"财富分配链"的高端，而负责农业种植的农民则处在底端。

乡村振兴主要靠农民利用市场发挥作用，而不是主要依靠政府和社会的帮扶。虽然后者的帮扶，对民生兜底、教育提升与职业培训等都非常重要，但增加人们自食其力的机会是扶贫的第一要务，除了要让农民挣得一定的收入外，还要让其提高能力、获得致富信息以及遵守与使用市场契约。但纯粹的资金输入式扶贫，除了因政策"瞄不准"导致成本增加、"福利损耗"甚至"腐败"外，也难言公平，长期来看，"回报不足以覆盖成本"的扶贫行为不可持续，甚至会恶化制度型隔离。

最后，城市化与农业劳动生产率提升相互关联。工业发展需要人口与资源集聚，所以工业化带动城市化，人口大规模从乡村向城市集聚。服务业发展比工业更需要人口集聚，所以在城市化中后期，人口主要向大城市、区域中心城市与都市圈集聚。区域发展实践证明：尊重城乡发展规律才能有持续高回报。长三角经济发展之所以取得显著成效，是因为这些县域把握住了全球化时机，依托外部资本涌入，通过工业化与城市化将大部分人转移到城镇，善待资本并发挥了区域比较优势，通过制度"变通"，形成了产业、资本与人口聚集的良性循环。比如，让市场机制自然发挥作用，调整农业内部的生产结构，农民在经济利益的驱使下，自愿部分放弃产出效率低、经济效益差的粮食种植，因地制宜发展特色农业，依靠现代农业科技让农业劳动生产率大幅度提高，进而提高农民收入，土地流转与集中利用为发展规模农业奠定了基础，工业发展带来的资本积累还可为农业提供"反哺"，走向真正的"双赢"道路。

四、如何避免乡村振兴中的资源错配？

基础设施是区域经济竞争力的关键要素之一。但中国乡村建设中的"建设性浪费"与"浪费性建设"十分严重。很多人把乡村振兴理解为农村基础设施建设与住房建设。在人口快速城市化背景下，乡村建设如果变成农村大兴土木，因农村人口不断外流，土地制度变革与土地集中，大量兴建的包括道路在内的农村基础设施与农村住房，将面临被拆除或被废弃的命运，最后导致财富资源的巨大浪费。

首先，乡村振兴不应是改变乡村"破旧外表"的运动工程，而应是注重"投资收益"的长远制度安排。在农村大兴土木，特别是在偏远农村建设更多的基础设施与住房，类似于"在大海中用瓢盆舀水"，虽然付出了艰苦劳动，但很少创造真正的财富。中共中央、国务院联合印发的《乡村振兴战略规划（2018—2022年）》明确提出"综合考虑村庄演变规律、集聚特点和现状分布，结合农民生产生活半径，合理确定县域村庄布局和规模，避免随意撤并村庄搞大社区、违背农民意愿大拆大建"。经过数十年建设，目前农村不仅多不缺住房，而且多出现住房过剩。与现代化都市相比，农村现在缺的是发展与致富机会，但农村很难给农民提供发展与致富机会。实施乡村振兴，道路硬化，路灯安装，医疗室新建，互联网接入，最后却发现因"人去楼空"而利用效率极低。今天，农村节假日的喧嚣与平日的死寂形成巨大的反差，从日韩少子老龄化的经验看，节日返乡这一"特定文化习俗"带来的人口流动将不断衰竭，在农村进行大量基础设施投资，经济效益不佳，社会效益也不彰。为避免当年"希望小学"建成后因学生稀少而被迫关闭的历史重演，寄希望于通过基础设施建设推动乡村振兴的路径应慎重考量，对农村的低效甚至无效投资应尽量避免。

其次，在乡村振兴过程中仅算经济账不对，但一味只算政治账也存在严重问题。中国以往是"政治账考虑有余，经济账考虑不足"，教训深刻而应吸取"前车之鉴"。在乡村建设更多的住房与基础设施，不顾具体环境的"大拆大建"，将造成巨大的浪费。中国的深度贫困地区都是地广人稀、自然环境恶劣地区，在这些地区兴建大量的基础设施，必然涉及如下三个问题。一是钱从哪里来？多是来自发达地区的转移支付。短期来看，外部输血是必须的，但长期来看，区域脱贫致富主要依靠自我造血机能重建①。二是建成后谁来使用与维护？基础设施建设不仅需要大量投入，建成后还需要持续支付一定的维护成本，如果很少有人使用，甚至免费任人糟蹋，无须太长时间就会失修报废。三是成本与收益如何平衡？任何制度运行都有大量成本，一旦成本形成就不会消失，而只能由自身承担或者转嫁给他人，成本的承担者不可能永远"流血"而看不到回报，经济学意义上的可持续性不存在，任何一项制度的寿命都不会太长。

由此可见，"劳动就能创造价值与积累财富"与"投资就有回报"的观念是存在严重问题的，无交易价值的劳动、错误方向的投资甚至比什么都

---

① 如果单纯从经济角度考量，政府通过行政手段强行将资源从发达地区转移到欠发达地区，以此推动欠发达地区发展，可能还不如拆除制度藩篱，允许人口自由迁徙，让市场配置资源，以便发达地区吸纳更多欠发达地区人口就业效用大。

不做还要糟糕。即便是政治考量，经济回报的可持续性也应摆在首位。在现代社会，资源是流动的，无论是人口、资金还是技术，都有趋利避害的本能，乡村振兴要制度变革先行，正视社会发展应有规律，乡村人口外流是无法阻止的，在乡村振兴过程中的基础设施与住房建设，应尽力避免人口流出造成大量的闲置与浪费。

五、乡村振兴的理想图景究竟是啥模样？

回顾关于乡村建设的国际比较研究，国内部分研究者对国外"乡村振兴"经验进行了"错误解读"，提出的许多设想也多是"南辕北辙"。

首先，对比先发国家的经验与现状可以发现，中国乡村未来的理想图景应该是现代化的大小不等的农场、农场主与农业产业工人。如果"乡村振兴"严重依赖外部资源的"补贴式"导入，而非市场机制发挥的自然过程，会存在大量"后遗症"。乡村振兴不仅是乡村扶贫，简单"输血式"的扶贫方式对于改善造成贫困的制度安排（如现行的户籍制度、土地制度、教育制度与社会保障制度等）意义不大，甚至会逆转激励机制，让人性更加懒惰，陷入更糟糕的贫困螺旋。

其次，城市"反哺性消费"可以激发"点式"兴旺，不是乡村振兴的普遍现象。有许多"乡土情节"的研究者，特别希望乡村利用"异域风情"赚城里人"乡愁"的钱。比如，借城里人对田园风光、风土人情的好奇来吸引城市人消费，从而让农民有就业和获利的机会。这种机遇一方面"可遇不可求"，另一方面受惠面狭窄，可持续性差。对于多数城市人来说，家庭消费主要在日常生活的城市，农村"情节性"消费多是一次性的、低层次的"风花雪月"。即便中国的"乡土游"能被资本包装为"瑞士雪山""澳洲农场"类似的高端体验，也只是少数情况，很难从"面上"带动乡村振兴。

最后，乡村振兴的理想图景，绝不是传统乡土文人与当代"恋乡"学者心目中那个"鸡犬相闻、老死不相往来"的世外桃源，而是物流发达、经济富足、充满自由的现代社会。实际上对农民来说多没有乡愁，有的只是

"城愁",能否在城市安居才是其主要担忧,至于享受乡间的自由与释放,类似于欧洲发达国家的乡村奢华体验,多属于财富精英与精神贵族的专利,普通人无力消受。

六、结论与思考

(一) 结论

资源的自由流动与优化配置是现代社会发展的基础性力量与元规律,国家调控只有和市场机制相结合才能收到成效。世界各国的乡村振兴计划都建立在城市化发展的基础之上,农民收入增加与城乡收入差距缩小恰恰是城市化、土地集中、农业机械化与农业劳动生产率提高的结果。中国目前居住与生活在乡村的人口还是太多,在制度藩篱、资源自由流动受限、"归乡思乡"意识形态禁锢下的乡村振兴的可能性微乎其微。

从发达国家的经验来看,工业化与城市化并不必然带来"乡村衰败",乡村振兴的关键在于发挥乡村的"比较优势",尊重市场规律,拆除经济增长与财富积累的"制度性藩篱":一是解决农民生产资料平权问题,缩小城市与农村的"资本积累"差距;二是改革农村内部的生产方式,鼓励工商业资本投资现代农业,释放出自身蕴藏的新的生产力;三是部分农民必须离土进城,即增加收入、学习技能、融入市场经济,不仅可反哺乡村,又增添城市发展动力。

(二) 几点思考

1. 乡村衰败真的很可怕?

乡村振兴和部分乡村衰败并不冲突。乡村"空心化"严重甚至部分乡村撤村销号,既是城市化的必然结果,也是社会进步的体现。城市吸收了大量农村劳动力,绝大多数农民进城后,比在农村生活得好。林修果与谢秋运就其"情感认同、资金积累、社会关系、技术力量"与"连接城乡两端"的特征做过概括性说明[19]。而有研究者更是对"返乡人口"在农业经济与社会发展中的积极作用进行肯定,但乡村振兴,归根到底不是狭隘地固守农村,这种依赖"情感与情结"的反哺效应是短暂的,缺乏"经济理性"与长期资本投入的乡村振兴是很难持续的。

更何况,在网络社会,社会变迁速度极快,中国正以前所未有的节奏走向现代化,人活着不只追求温饱,在温饱解决后还会追求财富,更追求财富以外的东西。现代化一定以城市为归宿。很难想象在网络时代年轻人退回传统农村生活。随着老年人逐渐离去,年轻一代更加熟悉城市生活,更加喜欢多元文化,而只有大城市才能提供多元文化生活。因此,即便金钱与住房也很难把年轻人拴在农村,即便农村收入增加,农村年轻人多还是不愿意留在农村与中小城镇,而愿意进入大城市。从这一意义上来说,只有城镇化以及城镇化意义上的乡村才有未来。

2. 缺少资本下乡的乡村振兴何以可能?

长期以来,包括资金、技术、人才等核心资源要素,单向由农村流入城市,造成农村"失血"而发展滞后。要实现乡村振兴,无论是改善农村基础设施,还是引入现代科技提升农业的规模和效益,都存在着巨大的资金需求,单纯依靠政府投入与农户积累无法从根本上解决问题,迫切需要多元化的投资主体。一些三农学者把城市资本下乡视为洪水猛兽,认为应该严格限制工商资本下乡,以避免"侵害农民利益"。这种鼓吹筑牢政策"防火墙"防止资本下乡作恶,只会恶化资本从农村单向输送到城市。今天我们再也不能依靠旧体制把新生代农民束缚在农村与土地上。相比财政输入性的乡村振兴,让资本下乡、个体自由选择权利增多才是乡村最重要的福音,"资本下乡"的形式、目的与流向若无法自由选择,资本缚手缚脚无法盘活农村资源,最受伤害的其实还是农民。

3. 相信市场的决定性作用

市场不仅可能在制造问题,市场更在不断地解决问题。世界上成功的资源配置在决定性的意义上依靠市场,而政府与社会应在市场运作中更好地发挥作用。改革开放 40 年来,引进外资都没能把中国搞乱,允许城市资本下乡,让各类资源在城乡间自由流动同样能造就政策红利。通过市场的决定性作用和更好地发挥政府的作用,才能解决好乡村振兴所需解决的三个基本问题。一是实施科教兴农战略,还要实施品牌强农战略,既要重视生产,更要重视资源流通,破除阻碍资源自由流动与优化配置的"制度藩篱",真正实现农业振兴与农民收入增加。二是消解"乡土文明"与"城市文明"两者对立的固有偏见,深刻理解"土地束缚""传统小农经济"的桎梏之源,改革城乡二元制度安排,构建统一、公平公正的资产交易市场、劳动力市场与社会保障制度。三是采用市场激励机制,让农村人"走出去",让外部人才、资本与技术"引进来",在城市化进程的"双向互动"中实现乡村振兴。

本文系国家社科基金重大项目"实现积极老龄化的公共政策及其机制研究"(17ZDA120)、江苏省社会科学院"社会学重点学科建设项目"的阶段性成果。原载于《江苏行政学院学报》2020年第2期。

参考文献:

[1] 倪鹏飞.新型城镇化的基本模式、具体路径与推进对策[J].江海学刊,2013(1).

[2] 张鸿雁.中国新型城镇化理论与实践创新[J].社会学研究,2013(3).

[3] 陆铭.大国大城[M].上海:上海人民出版社,2016.

[4] 方创琳.改革开放40年来中国城镇化与城市群取得的重要进展与展望[J].经济地理,2018(9).

[5] 梁漱溟.中国文化要义[M].上海:上海世纪出版集团,2005.

[6] 丁长发.百年小农经济理论逻辑与现实发展——与张新光商榷[J].农业经济问题,2010(1).

[7] 贺雪峰.关于"中国式小农经济"的几点认识[J].南京农业大学学报(社会科学版),2013(6).

[8] 叶敬忠.没有小农的世界会好吗?——兼序《新小农阶级》:中译本[J].中国农业大学学报(社会科学版),2013(3).

[9] 陈锡文.以新型城镇化与新农村建设双轮推进城乡一体化[J].求索,2017(11).

[10] 李铁.关注逆城镇化现象,推动乡村振兴发展——学习习近平总书记关于城镇化和逆城镇化的讲话精神[J].人民论坛,2018(15).

[11] 蔡继明.乡村振兴战略应与新型城镇化同步推进[J].人民论坛·学术前沿,2018(10).

[12] 徐勇.中国家户制传统与农村发展道路——以俄国,印度的村社传统为参照[J].中国社会科学,2013(8).

[13] 王剑利,宋雷鸣.从一本学术著作带动"金翼"黄村建设新模式[J].思想战线,2016(1).

[14] 黄鹏.城镇化与新农村建设耦合机制探析[J].社会科学家,2016(4).

[15] 谢开勇,谢寒,张建.新农村建设推进中的乡贤群体建设——基于调研的实证分析[J].农村经济,2016(8).

[16] 贺雪峰.关于实施乡村振兴战略的几个问题[J].南京农业大学学报(社会科学版),2018(3).

[17] 张新光.关于小农经济的理论争论与现实发展[J].农业经济问题,2008(4).

[18] 奂平清.论小农经济和"三农"困境的突破口——兼评"小农立场"[J].学术研究,2018(5).

[19] 林修果,谢秋运."城归"精英与村庄政治[J].福建师范大学学报(哲学社会科学版),2004(3).

国家公园管理局组织设计的完善路径

钱宁峰[*]

摘　要　国家公园管理局是管理国家公园的组织形式。从行政组织法角度看，我国国家公园组织设置呈现多样化，具有行政机关、公法人和行政署三种属性。它存在行政管理和专业管理不分，决策、执行和监督之间分工不明确，组织隶属关系不明晰，责任归属难以理清等组织构造难题。这就需要在国家主导管理目标下完善国家公园管理局组织设计，建构符合行政组织法要求的组织框架，即一是根据职能定位明确国家公园管理局的机构定位；二是加强国家公园管理局决策、执行和监督的内部分工；三是梳理国家公园领导体制中行政管理机构和专业管理机构的组织隶属关系；四是理清国家公园管理的责任归属和责任配置。

关键词　国家公园管理局　组织类型　组织责任　组织法

随着国家公园体制改革的展开，国家公园管理局已成为实施国家公园建设的组织载体。根据2018年3月17日第十三届全国人大第一次会

---

[*] 钱宁峰，江苏省社会科学院法学研究所所长、研究员，大运河文化带建设研究院院务委员。

议批准的《国务院机构改革方案》,在新组建的国家林业和草原局上加挂国家公园管理局的牌子。2018 年 9 月 11 日公布的《国家林业和草原局职能配置、内设机构和人员编制规定》第 2 条进一步规定,国家林业和草原局是自然资源部管理的国家局,为副部级,加挂国家公园管理局牌子。与此相应,各地国家公园纷纷成立国家公园管理局。由此,国家公园管理局组织体系初步形成。国家公园管理局的出现从形式上实现了统一管理国家公园的目标,但是在实践中却出现了组织属性的争论。例如,在神农架国家公园管理体制改革中就存在神农架国家公园管理局能否从事业单位性质改变为行政单位性质的争议。[1]虽然国家公园管理局的设置有助于推进国家公园管理体制改革,符合我国行政组织体系设立的通常做法,但是客观上也给国家公园管理局的法律定性带来困惑,进而影响相应组织设计。对此,有必要在理论上予以辨析。

一、国家公园管理局的组织设置及其属性

尽管国家公园是各国最为重要的自然保护地,但是国家公园管理机构并没有统一的名称。通常认为,我国"国家公园管理局"这一名称受到美国经验的启发。然而,国家公园管理局的建立却有明显的中国特色。国家公园管理局不仅成为国家林业和草原局的挂牌机构,而且成为各地国家公园的管理机构,从而实现了国家公园管理机构名称的统一化。不过,前述国家公园管理局的事业单位性质还是行政单位性质之争在很大程度上与其组织属性不清有很大的关系,因为行政单位和事业单位的性质划分方式通常是从管理角度展开的。在我国,不少机关虽然不属于行政机关,但是由于其人员参照公务员管理,因而具有行政单位性质。这种划分方式从行政组织法角度来看是存在疑义的。尽管各国具有自己的行政组织分类方式,但是在行政组织法上,在传统科层制行政机关之外,存在着众多其他形态的承担公务的主体,如公法人、行政署、承担公务的私人、私法形式的公务组织。[2]这主要是根据法律属性来划分,因为不同的

行政组织形式所负有的法律职责具有一定的差异。那么,如何从组织法角度来认识国家公园管理局？这里重点讨论行政机关、公法人和行政署三种属性。

首先,国家公园管理局具有行政机关属性。在行政组织法上,一般认为,行政机关是指依法设立的,能独立行使行政职权,对国家事务和社会事务进行管理的国家机关。[3] 由于国家公园管理局是国家林业和草原局的挂牌机构,那么似乎顺理成章地得出该机构为行政机关的结论。正因为如此,《国家林业和草原局职能配置、内设机构和人员编制规定》第 6 条规定,在驻长春森林资源监督专员办事处加挂东北虎豹国家公园管理局牌子、在驻西安森林资源监督专员办事处加挂祁连山国家公园管理局牌子、在驻成都森林资源监督专员办事处加挂大熊猫国家公园管理局牌子,承担中央政府直接行使所有权的国家公园自然保护地的自然资源资产管理和国土空间用途管制职责。这就意味着上述三个国家公园管理局具有行政机关属性,毕竟其和森林资源监督专员办事处是一套人马,两块牌子。这种挂牌方式虽然符合我国特殊行政机关设立的需要,但是和国外国家公园管理机构设置完全不同。美国构建了联邦政府直接管辖的国家公园局、地区局、园长三级管理体制。[4] 国家公园局、地区局和园长虽然均属于联邦行政机关,但是彼此之间具有一定的分工。其中,国家公园局和地区局行使行政管理权,不仅具有对国家公园的监督权,而且对其他自然保护地也有监督权。而国家公园园长则专门负责国家公园具体管理事务,如国家公园的资源保护、参观游览、教育科研等项目的开展以及特许经营合同出租。[5] 在这种组织架构下,国家公园局虽然具有广泛的行政权,但是和国家公园园长之间形成了一定的分工,在某种意义上来说形成了监督与被监督关系。由于前述国家公园管理局依托于国家林业和草原局及其派出机构而设立,因此,它和美国国家公园局一样具有行政机关属性。

其次,国家公园管理局属于公法营造物法人。公法人是行政法学解决各种行政组织法律资格的法律技术概念。尽管各国对公法人类型规定不同,但是一般分为社团、营造物和财团。国家公园管理局在性质上到底属于哪一种公法人则需要进一步研究。通常来说,除了上述三个国家公园管理局挂牌机构之外,其他国家公园管理局在管理属性上均属于事业单位。事业单位虽然在我国具有事业法人地位,但是在法律属性上却难以被视为一种公法人类型,因为"事业单位概念严格意义上来说并不是一个立法概念,而是一个管理概念"[6]。由于国家公园是一个相对独立的区域,承担着相应的建设任务,由此形成了一个为实现特定目的而成立的人与物相结合的组织体。这种组织体系实际上属于公法营造物。这种公法营造物既可以由国家设立,也可以由地方设立,国家和地方对公法营造物具有公法上的支配权。在此基础上,通过安排人员和分配财物组建公法营造物法人,即国家公园管理局,使其承担管理国家公园的职责并独立承担相应责任。正因为如此,我国国家公园管理局既有直接由中央管理,也有由地方进行管理的类型。这种做法在其他国家亦存在。国家公园管理机构在国外大致可以分为两种:一是联邦制国家的国家公园管理机构;二是单一制国家的国家公园管理机构。无论是联邦制还是单一制,其在国家公园管理机构设置方面非常清晰,就是国家的归国家,地方的归地方。即使存在所谓国家批准设立的国家公园,其在管理主体上也是非常明确的。例如,日本国家公园分为国立公园和国定公园两种。国立公园由环境部长听取自然环境保全审议会意见指定,是能够代表日本风景并具有非常优美的自然风光的区域,由国家实施具体的管理。国定公园经都道府县申请,由环境部长官听取自然环境保全审议会意见指定,由相关都道府县实施具体的管理。[7]在此基础上,由环境大臣和都道府县分别指定国家公园的管理组织。在奥地利,国家公园管理机构属于非营利有限责任机构,是由州政府负责组建、现代化管理的机构。[8]由于我国国家公园没有采用委托非营利性机构管理的模式,而采用了公法营造物这种公法人形式,因此,我国绝大多数国家公园管理局从法律性质上可以确定为公法营造物法人,代表国家公园表达机关意图。

最后,国家公园管理局具有行政署特征。所谓行政署,就是相对于部委行政机关而言具有一定独立性的行政组织。这种行政组织在形式上具有一定的自主权,其类型既有英国的部外公共组织、美国的独立机构、法国的独立行政局、荷兰的独立公共机构、新西兰的独立皇家实体等形式,也有英国的执行署、法国的中央服务机构、意大利的行政署、荷兰的特别管理署、日本的独立行政法人等形式。[2]我国也存在类似的行政署组织,如国务院办事机构、国务院特设机构、各部委管理的国家局等。在某种意义上说,作为国家林业和草原局挂牌机构的国家公园管理局具有行政署性质,因为国家林业和草原局受自然资源部直接领导,很难被划入部委行政机关序列之中。这种行政署并不是一种法律属性,而是一种行政组织类型。这种做法在国外国家公园管理中最为常见。前述美国国家公园局也是接受美国内政部领导的独立的行政署。而韩国国家公园管理公团是韩国唯一的专业管理国家公园的机构,隶属于韩国环境部。[9]法国2017年在环境部下建立了名为法国生物多样性署的公共机构,负责整体保护、管理和修复法国的生态环境,其职责包含对10个国家公园的统一管理。[10]参考国外实例,我国依托于国家林业和草原局成立的国家公园管理局可被视为行政署。

由上可见,国家公园管理局作为一种实现国家公园管理目标的组织形式,同一个组织名称在组织属性上表现出行政机关、公法营造物法人和行政署三种形态。这种组织形态复杂性在域外国家公园管理机构中是非常少见的。

二、国家公园管理局的组织构造难题

从形式上看,国家公园管理局具有多种组织面向。一方面,组织属性多样性适应国家公园管理体制改革的需要,保证因地制宜地构建国家公园管理机构。另一方面,也带来国家公园管理局的身份困惑。这种组织设计必然影响国家公园管理局横向和纵向职责的调整和分配,进而关系到国家公园管理的实效性。

（一）行政管理机构和专业管理机构身份存在混淆

国家公园作为自然保护地类型之一，应该由专业管理机构来进行，而不能由行政管理机构直接管理。美国国家公园局虽然被定性为相对独立的行政署，并在地区设立管理办公室，但是国家公园专业管理机构却是由园长来进行直接管理的。同样，虽然日本国家公园分为国立公园和国定公园两种，但是在中央层级，环境省下设自然环境局为国家公园的主管机关，自然环境局内设国家公园课，而国家公园课下则有国立公园管理事务所及75处国立公园管理员事务所，行使管理职责。同时，国立公园管理组织由环境大臣指定，国定公园管理组织由都道府县知事指定，如公益财团法人阿苏格林斯托克斯、自然公园基金会、知床基金会、非营利组织泷涌等。[11] 自然环境局、国立公园管理事务所和国立公园管理员事务所具有行政管理职责，而国立公园和国定公园管理组织则负责专业管理。而我国国家公园管理局从名称上看没有上述差异。根据《建立国家公园体制总体方案》要求，其大致有两类职责：一类是行政管理职责，如自然资源资产管理、特许经营管理、协调与当地政府及周边社区关系，甚至资源环境综合执法职责；另一类是专业管理职责，如生态保护、社会参与管理、宣传推介等。如果国家公园管理局属于行政机关，那么赋予其行政管理职责是应有之义，但是其不能担负生态保护、社会参与管理、宣传推介等专业管理职责。反过来亦如此。将行政管理和专业管理交由同一个机构来行使，必然使国家公园管理局既是监督者，又是执行者，存在自我监督的监管悖论。

（二）内部决策、执行和监督之间分工不明确

之所以要从公法人角度认识国家公园管理局，其原因就在于合理安排国家公园管理局的组织框架。由于国家公园管理局是相对独立的组织体，因此，它拥有了很大的权力。这种权力安排并没有实现国家公园管理过程中决策、执行和监督之间的有效分工。从国外经验来看，国家公园管理机构在组织设计上可谓形式多样，但是基本遵循着决策、执行和监督分开的原则。美国国家公园在经营方面实行"管理与经营相分离"制度，本

身不从事任何盈利性的商业活动,而是专注于自然文化遗产的保护与管理。[12]虽然美国国家公园没有建立决策机构、执行机构和监督机构三分的组织框架,但是因为通过行政管理权和专业管理权在国家公园管理局和国家公园之间的纵向权力分配保证权力不被滥用。这种权力安排也为非政府组织参与国家公园管理提供了条件。[13]在这种模式下,多元主体参与实际上起到了决策、执行和监督分开的效果。不采用美国模式的国家则更注重搭建决策机构、执行机构和监督机构,以保证国家公园管理权力能够受到有效的控制。法国在国家公园单元层面主要采用"董事会+管委会+咨询委员会"的管理体制,董事会负责民主协商和科学决策,管委会是保护管理政策的主要执行方,咨询委员会负责提供专家咨询服务。[10]同样,奥地利高陶恩国家公园运营机构名称为高陶恩国家公园基金会,分为决策部和事务部:前者称国家公园理事会,负责本园的年度工作报告、预算结算和资助方针的发布,就涉及对本园的措施进行表态,审议涉及本园的法律和行政律令草案,并由负责国家公园事务的州议员主持,按照国家公园法中规定的人数选择国家公园的主要利益相关者代表参与;后者称国家公园管理处,下设教育、游客服务、自然地管理、公共关系及科研等职能,由国家公园基金会负责人任主管。[8]无论哪一种组织设计,基本遵循决策、执行和监督分开的原则。虽然《建立国家公园体制总体方案》提出了建立健全监管机制的要求,但是在我国国家公园管理局职责范围广泛的情况下,要在组织架构上实现决策、执行和监督分开显然是非常困难的。因此,其权力约束问题更值得关注。

(三) 组织隶属关系不清晰

既然国家公园是代表国家的自然保护地形式,那么国家公园管理机构通常来说属于中央直接管理,而不能由地方来进行管理。然而,一些国家的国家公园机构却是由地方进行管理。但是无论采用何种方式,其管理主体要么从属于中央,要么从属于地方,而不可能出现中央和地方共同管理的国家公园管理机构。我国则采用了比较特殊的国家公园管理机构归属模式。自2015年12月中央批准同意三江源开展国家公园体制试点以来，我国共有 10 处国家公园体制试点，这些试点地区均相应建立了国家公园管理局。从组织体系上来看，大致分为两种类型。一是中央管理的国家公园管理局。主要分布于跨省区的国家公园，如东北虎豹国家公园、祁连山国家公园、大熊猫国家公园。具体来说，依托国家林业和草原局驻地机构挂牌成立国家公园管理局。国家公园管理机构不属于地方政府序列，形成相对独立的组织单元。二是地方管理的国家公园管理局。主要分布于省区内的国家公园，如三江源国家公园、海南热带雨林国家公园等。国家公园管理局实行直接管理体制，隶属于省级政府，虽然它没有脱离地方政府序列，但是与省以下地方政府之间形成了相对独立的组织单元。无论是中央管理的国家公园管理局还是地方管理的国家公园管理局，其在具体管理过程中仍然离不开地方政府及其部门的配合。二者均存在多重领导问题。对于中央管理的国家公园管理局来说，虽然它独立于地方，但是其下设机构仍然存在多重领导问题，既要接受国家公园管理局领导，又要受地方政府领导。而对于地方管理的国家公园管理局而言，不仅接受国家林业和草原局业务上的领导，而且接受省级政府领导，其下设机构常常和地方政府及其部门实现人员的交叉任职。这种多重领导体制虽然符合我国行政管理体制实际情况，但是将增加协调管理成本。

（四）责任归属难以理清

"组织法理论的研究对象主要是社会组织体的内部结构及其法律调整，借此明确行为在法律技术意义上的归类和责任归属。"[14] 责任归属意味着确定相关组织行为的法律责任。国外国家公园在管理体制上，要么由中央管理，要么由地方管理，而且国家公园管理机构具有独立法律地位，因此其法律责任划分较为明确。由于我国国家公园管理局既有行政管理职责，又有专业管理职能，既有中央管理的国家公园，也有地方管理的国家公园，从而使责任归属复杂化。

首先，自然资源资产管理责任。国家公园自然资源资产所有权类型复杂，既有全民所有，也有集体所有。在全民所有情况下，应该由国家履行对自然资源资产的管理责任，承担相应的法律责任。而在集体所有情况下,由集体组织履行管理责任,承担相应的法律责任。然而,根据《建立国家公园体制总体方案》规定,国家公园内全民所有自然资源资产所有权既由中央政府直接行使,也由省级政府代理行使。既然由中央政府和省级政府行使,那么,自然资源资产管理应该由行政机关进行,而不是由各国家公园管理局来承担,因为自然资源资产管理在本质上属于一项行政管理职责,而不是一项专业管理职责。

其次,特许经营管理责任。特许经营管理是一项行政许可,应该由行政机关赋予行政相对人相应权利义务。若国家公园管理局属于行政机关,那么,它有权做出特许许可。但是各地国家公园管理局在管理属性上始终被定位为事业单位。这样,它是否有资格进行行政许可就存在合法性问题,因为国家公园管理局既不是行政机关,也不是法律、法规授权的具有管理公共事务职能的组织。

最后,资源环境执法责任。资源环境执法责任是一项典型的行政管理职责。根据《建立国家公园体制总体方案》,资源环境执法可以委托国家公园管理局行使。由于资源环境执法具有属地管理性质,因此,其委托主体是地方政府及其部门。这就意味着行政执法虽然可以委托由国家公园管理局行使,但是其责任归属主体仍然是地方政府及其部门。这样,就出现了行为和责任相分离的现象,在一定程度上也影响到权利救济体制的运行。

三、国家公园管理局组织设计的完善措施

应该说,我国国家公园管理局的设立充分考虑到了现行行政管理体制,具有一定的合理性。但是,从组织法角度来看,法律明确性必然要求国家公园管理局职责明确、分工清晰、隶属到位和责任明晰,否则无疑会加大国家公园的管理成本。目前,国家公园在试点期间主要采用"中央直管,委托省级政府管理""中央直管,委托多省省级政府实行跨行政区管理"、省级政府垂直管理、"省级直管,委托市(县)政府管理"等模式。[15]

2019年6月26日中共中央办公厅、国务院办公厅印发的《关于建立以国家公园为主体的自然保护地体系的指导意见》提出，按照生态系统重要程度，将国家公园等自然保护地分为中央直接管理、中央地方共同管理和地方管理3类，实行分级设立、分级管理。而根据《建立国家公园体制总体方案》规定，国家公园由国家确立并主导管理。所谓主导管理，就是指国家林业和草原局（国家公园管理局）担负着管理职责，并在国家公园范围内代表国家居于主导地位。各国家公园都需要尊重国家林业和草原局（国家公园管理局）作为管理者的主导地位。为了明晰不同国家公园管理局的组织角色定位，笔者以为，国家公园管理局这一名称要么单独赋予国家林业和草原局，各地国家公园管理机构可以以国家公园管理委员会名义出现，要么单独赋予各国家公园，国家林业和草原局不再挂国家公园管理局这个牌子，由各国家公园挂国家公园管理局牌子，以便实现组织名称的差异化。在此基础上，对于各国家公园管理机构而言，要进一步完善组织设计，建构符合行政组织法要求的组织框架。

（一）根据职能定位明确国家公园管理局的机构定位

对于中央直接管理的国家公园而言，考虑到国家公园管理局直接隶属于国家林业和草原局，因此应该由国家林业和草原局派出机构承担起行政管理职责，将专业管理职责交由国家公园管理局来承担。这样，作为行政机关的国家林业和草原局派出机构应该侧重于自然资源资产管理、特许经营许可、行政执法、协调地方等职责。而作为专业管理机构的国家公园管理局应该侧重于生态环境保护、科研管理、社会参与等日常管理事务。对于地方管理的国家公园而言，中央负责制定国家公园立法和规划，地方按照法律和规划要求进行执行。省级政府及其林业管理部门行使自然资源资产管理、特许经营许可、行政执法以及协调省以下地方等行政管理职责。省级政府管理的国家公园管理局专门负责国家公园日常管理事务。这样，其能实现行政管理和专业管理在组织机构上的分离，确保行政的归行政，专业的归专业。

（二）加强国家公园管理局决策、执行和监督的内部分工

对于中央管理和地方管理的国家公园而言，行政管理机构和专业管理机构的区分有助于形成彼此监督的权力制约模式，保证其行政决策和行政管理、专业决策和专业管理的有效统一。同时，对于中央和地方共同管理的国家公园而言，建议分别设立决策机构、执行机构和监督机构，由中央和地方共同组成国家公园管理局议事协调机构承担国家公园决策职能，国家公园管理局执行机构则专门负责国家公园专业管理职能，国家公园管理局监督机构由中央、地方、居民、社会代表等主体组成，做好国家公园专业管理工作的监督。

（三）梳理国家公园领导体制中行政管理机构和专业管理机构的组织隶属关系

国家公园领导体制在组织体系上本身具有行政一体性。无论是中央直接管理的国家公园还是地方管理的国家公园，均应服从于国家公园建设统一的组织目标。不过，在领导体制上，需要根据隶属关系分清不同层级行政机关行政管理职责的权限划分。对于中央直接管理的国家公园，各国家公园管理局接受国家林业和草原局派出机构的行政管理和专业管理监督。对于地方管理的国家公园，省级政府及其林业管理部门履行行政管理职责，各国家公园管理局负责国家公园专业管理职责，分别接受国家林业和草原局的行政管理监督和专业管理监督。一旦涉及国家公园管理协调事宜，则由国家林业和草原局和省级政府及其林业管理部门出面进行协调，各国家公园管理局作为专业管理机构参与协调即可，避免因权威不足而出现力不从心的局面。只有这样，才能确保国家公园行政管理机构和专业管理机构不同隶属关系的明晰性。

（四）理清国家公园管理的责任归属和责任配置

由于自然资源资产管理、特许经营许可和行政执法具有一定的专业性，无论是国家林业和草原局及其派出机构还是省级政府及其林业管理部门，均可以在国家公园区域中建立相应的组织，如自然资源资产管理机构、特许经营管理机构和行政执法机构。自然资源资产管理机构既可以

代表国家行使全民所有职责,又可以协调和集体所有组织之间的关系。特许经营管理机构专门负责行政许可,实施特许事项。行政执法机构则负责国家公园资源环境执法。由于上述机构都是由国家林业和草原局和省级政府授权设立的行政机构,因此其能够接受行政机关委托履行行政职责,承担行政责任。同时,各国家公园管理局履行专业职责,承担专业责任。国家公园行政管理过程中出现的不当和违法行为由行政机关承担行政责任,而国家公园专业管理过程中出现的不当和违法行为由各地国家公园管理局承担,二者责任归属明确,合理分工,有机配合,能够避免行政机关和事业单位在责任归属上混淆不清的局面。

四、结语

国家公园管理局的组织设计关系到国家公园管理体制的有效运转。尽管我国国家公园体制改革不能照抄照搬国外国家公园管理经验,但是从法律角度充分考量国家公园行政管理机关和专业管理机关之间的差别,进而实现既符合我国行政管理模式,又保证职责和责任相统一的组织法原理的目标。这就要求既要按照既定规划设立并强化国家公园管理局的国家公园管理功能,又要在实践中因地制宜地细化符合组织法要求的组织架构。

本文原载于《中国行政管理》2020年第1期。

参考文献:

[1] 杜群等.中国国家公园立法研究[M].北京:中国环境出版集团,2018.
[2] 李洪雷.行政法释义学:行政法学理的更新[M].北京:中国人民大学出版社,2014.
[3] 任进.行政组织法研究[M].北京:国家行政学院出版社,2010.
[4] 高科.1916年《国家公园局组织法》与美国国家公园管理的体制化[J].史学集刊,

2017(5).

[5] 周武忠.国外国家公园法律法规梳理研究[J].中国名城,2014(2).

[6] 钱宁峰.行政组织法立法论研究[M].南京:东南大学出版社,2015.

[7] 田世政.中国自然保护区域管理体制:解构与重构[M].北京:中国环境出版集团,2018.

[8] 李可欣.奥地利国家公园体制:基础、事务与支持——以高陶恩国家公园为例[J].中国园林,2018(10).

[9] 闫颜等.韩国国家公园管理经验对我国自然保护区的启示[J].北京林业大学学报,2017(3).

[10] 张引,庄优波,杨锐.法国国家公园管理和规划评述[J].中国园林,2018(7).

[11] 郑文娟,李想.日本国家公园体制发展、规划、管理及启示[J].东北亚经济研究,2018(7).

[12] 国家林业局森林公园管理办公室,中南林业科技大学旅游学院.国家公园体制比较研究[M].北京:中国林业出版社,2015.

[13] 朱华晟,陈婉婧,任灵芝.美国国家公园的管理体制[J].城市问题,2013(5).

[14] 汉斯·J.沃尔夫,奥托·巴霍夫,罗尔夫·施托贝尔.行政法(第三卷)[M].高家伟,译.北京:商务印书馆,2007.

[15] 邓毅,毛焱,等.中国国家公园财政事权划分和资金机制研究[M].北京:中国环境出版集团,2018.

非法集资犯罪"非法性"标准的重拾与展开

刘 伟[*]

摘 要 "非法性"是理论与实践中判断非法集资犯罪的重要标准之一,由于法定犯的缘故,更多地表现为行政违法性的判断。但是一直以来行政违法性的判断在实践中因被刑事违法性判断所偷换、架空,继而导致"非法性"特征被忽视。随着互联网金融创新产品的不断出现,划定"创新"与"犯罪"的界限,成为处理互联网金融健康发展与惩治违法犯罪关系的重要内容,而"非法性"的判断显然是关键要素。在非法集资犯罪中,前置法带有复杂、多元、易变的重要特征。因此,在司法判断中,既要从法律位阶出发进行形式审查,也要从主体、程序、内容上进行实质判断。行政认定虽然已不是刑事认定的必经程序,但是依然具有违法性判断的实体法价值。

关键词 非法集资 非法性 行政违法 行政认定

我国刑法设定了非法吸收公众存款罪、集资诈骗罪,以及擅自发行股

---

[*] 刘伟,法学博士,江苏省社会科学院法学研究所副研究员、副所长,兼任江苏省法学会刑法学研究会常务理事、副秘书长,北京师范大学国际反腐败教育与研究中心特约研究员,中国法治现代化研究院特邀研究员,bullwei@163.com。

票、公司企业债券罪等罪名体系,用于规制向社会公众吸收资金的非法集资犯罪。在理论与司法实践中,刑法在规制非法集资犯罪时,相关罪名均强调其"非法性"的重要特征。以往的非法集资犯罪研究,对于行为的非法性问题,并没有给予更多的关注,主要原因是作为非法集资行为违法性的"先验性"判断,某种意义上在前置违法与刑事违法性混同的过程中被忽视了。随着近年来互联网金融的发展,涉及互联网金融的 P2P、股权众筹、私募基金等在金融领域不断"爆雷"。据公安部通报,自 2018 年 6 月 P2P 网贷平台集中"爆雷"以来,全国公安机关依法查办的非法集资犯罪平台已达 400 余个。[1] 以"e租宝""泛亚""钱宝网"案为代表的非法集资刑事案件,分别被以非法吸收公众存款罪或集资诈骗罪追究刑事责任。由此,互联网金融经历了从一开始的"金融创新"、合法募集资金,到涉嫌构成非法吸收公众存款罪、集资诈骗罪的过山车式的大起大落过程。到底是这些金融创新一开始就是违法的,还是在后来的运营过程中异化成为违法行为?从蜂拥而上的互联网金融到集中爆雷,究竟是互联网金融自身的问题还是刑事立法、司法的偏差所致?这些问题无疑成为理论和实践关注的焦点,而这些问题的背后,更多反映的是对非法集资刑事责任认定过程中"非法性"的判断问题。

一、双重违法结构:非法集资犯罪的"非法性"的构成特征

(一) 作为法定犯一般特征的双重违法结构

法定犯是与刑事犯相对应的概念,一般是指"根据刑罚法规作为犯罪处罚时才受到非难的行为(被禁止的恶)"[1]。因此,法定犯中的违法性被赋予了更深的含义,即法定犯的双重违法性必须同时具备。经济犯罪往往表现出浓厚的法定犯色彩,这类犯罪的特点在于,都是以违反一定的经

---

[1] 《公安机关重拳打击非法集资犯罪 查办 P2P 网贷平台 400 余个》,来源于 http://legal.people.com.cn/n1/2019/0510/c42510-31078623.html,访问日期:2019 年 5 月 10 日。

济行政法规为前提,它们很多原来都没有被规定为犯罪,由于社会情况的变化,在一些经济行政法规中首先作为被禁止的行为或作为犯罪加以规定,随后在修订的刑法中被吸收而规定为犯罪。所以,经济犯罪要构成犯罪,必须有一个基本的前提和依托,即经济、行政违法行为的确认。从这个意义上讲,经济犯罪的评价,属于法律的"二次评价"。因此,作为经济犯罪构成要件要素之一的"违反××法律、法规"(一般违法),与该行为总体上所违反的刑法规范(刑事法规),共同构成了经济犯罪所具有的双重违法结构模式。其中一般违法是决定该行为成立犯罪的前提条件,没有违法就不可能构成经济犯罪;当缺乏经济、行政法的违法性评价,即当缺乏前提法的基础性依托时,刑法就不能优先介入而判断它们为犯罪。

(二) 非法集资犯罪的双重违法表征

作为经济犯罪的非法集资犯罪,同样存在双重违法性的基本特征。我国刑法对"违反国家规定"的立法有直接规定、间接规定、没有规定三种模式。[2] 不论何种模式,这里所违反的法律、法规,显然不是指刑法规范,而是刑法所要保障实施的非刑事的其他法律、法规。也就是说,行为人具有民事、经济、行政法律的违法性,既是行为人构成经济犯罪的客观要件之一,也是行为人负刑事责任的一个法律依据。[3] 应当说,一般违法性的有无直接影响到经济犯罪行为刑事违法性是否成立。

很明显,"非法性"是非法集资犯罪的重要特征之一。《关于审理诈骗案件具体应用法律的若干问题的解释》(下文简称"《1996 诈骗解释》")在界定"非法集资"时,明确强调其属于"未经有权机关批准,向社会公众募集资金的行为"。而《关于审理非法集资刑事案件具体应用法律若干问题的解释》(法释〔2010〕18 号)(下文简称《2010 集资解释》")第 1 条便明确了非法吸收公众存款罪非法性特征的内容,即"违反国家金融管理法律规定"和"未经有关部门依法批准或者借用合法经营的形式吸收资金"。可以看出,《1996 诈骗解释》将非法集资犯罪的"非法性"特征界定为"未经有权机关批准",而《2010 集资解释》则在此基础上增加了"违反国家金融管理法律规定"的条件。刑法 179 条"擅自发行股票、公司、企业债券罪"

在立法上明确规定了"未经国家有关主管部门批准"的前置条件。实际上,"非法性"成为判断非法集资犯罪的重要前置条件。因此,随后陆续出台的以最高人民法院《关于非法集资刑事案件性质认定问题的通知(法〔2011〕262号)》(下文简称"《2011集资性质通知》")为代表的司法解释,均突出强调了"非法性"的认定问题。① 应当说,在刑事政策、刑事立法与司法领域,"非法性"的判断在非法集资犯罪中起到了划定刑事法律边界的作用,成为司法判断的第一层次的基础性问题。正因如此,作为行政违法的"违法性"可以说是非法集资犯罪的本质特征。

二、内容的复杂性:非法集资犯罪行政前置法的梳理

(一)非法集资犯罪前置法的多元性

我国非法集资犯罪的刑事立法在罪状描述上较为简单,对其"非法性"特征的判断不得不依赖相关的金融管理法律法规。前置性的行政性法规对于犯罪成立具有重要影响,在某种意义上,行政犯的不法判断有赖于前置性的行政法规判断。[4]正因如此,《2010集资解释》明确强调"违反国家金融管理法律规定"的要件。但是,"国家金融管理法律"到底有哪些,则需要经过进一步梳理。

在传统的非法集资犯罪中,以非法集资为核心点进行梳理,相关的金融管理法律规定不是单指某一个具体的法律,而是一个法律体系。[5]从内容上来看,主要有银行业监督管理法、商业银行法、证券法、公司法、保险法、证券投资基金法、企业债券管理条例等融资管理法律法规,以及《信托公司集合资金信托计划管理办法》《短期融资券管理办法》《证券公司客户

---

① 相关司法解释有:最高人民法院、最高人民检察院、公安部《关于办理非法集资刑事案件适用法律若干问题的意见》(公通字〔2014〕16号)2014年3月25日;最高人民检察院《关于办理涉互联网金融犯罪案件有关问题座谈会纪要》(高检诉〔2017〕14号2017年6月2日);最高人民法院、最高人民检察院、公安部印发《关于办理非法集资刑事案件若干问题的意见》的通知(高检会〔2019〕2号)2019年7月30日。

资产管理业务试行办法》等部门融资管理规章。而在所有类型的金融法律法规中,《中华人民共和国商业银行法》《非法金融机构和非法金融业务活动取缔办法》(下文简称"《取缔办法》")、《中国人民银行关于取缔非法金融机构和非法金融业务活动中有关问题的通知》(下文简称"《取缔通知》")以及《金融违法行为处罚办法》是最直接规定与"存款"相关业务活动的行政规范性文件。从内容来看,《商业银行法》将"吸收公众存款"明确规定为商业银行的首要业务范围;《取缔办法》则明确了"非法金融机构""非法金融业务活动""非法吸收公众存款"和"变相吸收公众存款"的含义;而《取缔通知》则从金融行政专业术语角度明确了"非法集资"的含义和特征。值得注意的是,从相关行政规范性文件出台的主体来看,不仅包括国家法律法规,还包括部门规章,更有各地方政府发布的针对本地的地方性规范性文件。与之相配套,国务院、国务院各部委相继出台了一系列针对专门领域规范非法集资、治理金融三乱的"通知""办法"和"意见"等规范性文件。地方政府出于打击非法集资犯罪的需要,也以政府金融办、地方金融监督管理局等名义出台相关规范性文件。这些规范性文件,成为一定时期内,我国行政机关打击非法集资,司法机关惩治非法集资犯罪的重要依据。

近年来随着互联网金融的快速发展,非法集资犯罪借着互联网创新开始由线下转至线上,互联网金融领域成为非法集资活动的重灾区。P2P、众筹、私募、ICO、第三方支付等金融创新产品,经历了从一开始无监管的无序生长到逐步加强监管的过程,相关的法律法规不断出台。2015年中国人民银行、工业和信息化部、公安部等十部委出台了《关于促进互联网金融健康发展的指导意见》(以下简称"《2015 互联网金融指导意见》"),强调对互联网金融的"适度监管";而针对不同的金融创新类型,2016 年银监会等部委出台了《网络借贷信息中介机构业务活动管理暂行办法》,对网贷行业的经营和监管做出了基本制度安排,并在此基础上先后出台了《网络借贷资金存管业务指引》《网络借贷信息中介机构业务活动信息披露指引》以及《网络借贷信息中介机构备案登记管理指引》,对该

"暂行办法"进行细化；此外，还有针对私募基金的《私募投资基金监督管理暂行办法》，针对数字货币融资的《关于防范代币发行融资风险的报告》，等等。如果说国务院及各部委针对互联网金融发布的规范性文件十分庞杂的话，那么各地方政府出台的意见则更为混乱。

通过对非法集资犯罪前置法的简单梳理，能够看出，前置法表现出鲜明的制定主体多元化的特征，既有国家法律，也有国务院及各部委出台的法规、规章，还有各地方政府出台的地方性规范性文件。从内容上看，前置法更表现出所涉领域的多元化，既有传统的金融领域，又有互联网金融领域，既涉及银行、证券、保险等传统领域，又涉及P2P、众筹、私募、ICO、第三方支付等金融创新领域。如此庞杂的前置法体系，无疑给非法集资犯罪的法律适用带来了法律识别上的巨大难度和困惑。

（二）非法集资犯罪前置法的变化性

如果说，非法集资犯罪前置法的多元性给前置法的识别造成诸多障碍的话，那么前置法的变化性，则给非法集资犯罪带来了更多的困扰。对于传统的非法集资犯罪，已有的非刑事法律与刑事立法已经有了较为明确的判断标准。而对于互联网金融的前置法规范则经历了一个从无到有、从留有余地的适度监管到强监管的渐进发展过程。而这一发展过程在某种意义上，就是行政违法性不断变化的过程。

随着2012年互联网金融概念的提出，互联网金融模式如火如荼地发展起来。曾经存在于传统金融监管体系的灰色地带的众筹、P2P、ICO、网贷等融资手段，以互联网金融创新的名义获得了事实上的合法性认可。而在当时的情况下，规范上述行为的法律法规并没有出台，以至政府和司法都形成了一种认知，即原有的非法集资犯罪规制体系不适用于互联网金融领域。

随着2015年以后大规模的P2P集中爆雷，对互联网金融重新审视和加强监管成为一种共识。就P2P网贷平台来说，直到2016年，银监会等部委才出台了《网络借贷信息中介机构业务活动管理暂行办法》（下文简称"《2016网贷暂行办法》"），随后相继出台的系列业务指引和管理规范共同构成了 P2P 网贷平台的法规体系。根据《2016 网贷暂行办法》的规定，网络借贷信息中介机构仅是信息中介而非信用中介，不得吸收公众存款、不得直接或间接归集资金设立资金池、不得自身为出借人提供任何形式的担保。同时还规定了网络借贷信息中介机构禁止从事的 13 项行为，通过负面清单的方式具体划定了其行为边界。至于私募、众筹领域的指导性规范，也逐步出台，而之前并没有相关的规则指引。

应当说，在"包容"和"试错"的监管思路下，各种互联网金融平台与金融产品才得以迅猛发展。互联网金融的监管者、经营者以及社会公众虽已意识到刑事犯罪风险的存在，但一直没有清晰的识别刑事犯罪风险的具体标准。[6]以至于，行政违法的不断变化影响和左右着刑事法律对互联网金融罪与非罪的判断，市场行为主体无形中成为互联网金融行政监管试错的最终责任承担者。

三、形式违法：违法性标准的判断的司法展开

（一）法律主义：前置法选择的基本原则

对于刑法中"国家规定"的理解，学界的看法并不一致。我国《刑法》第 96 条明确，"本法所称违反国家规定，是指违反全国人民代表大会及其常务委员会制定的法律和决定，国务院制定的行政法规、规定的行政措施、发布的决定和命令。"从这一规定来看，刑法典正式确认了非刑事法律可以在刑法领域适用，但对进入刑法领域的非刑事法律的范围作了限定，即限于法律和行政法规，这与刑法分则通过空白罪状和参见罪状的方式，来援用非刑事法律的实际规定似有矛盾之处。从刑法分则的规定来看，通过具体条文来援用的非刑事法律，除了法律和行政法规外，还包括国务院各部门的行政规章、地方性法规、地方政府规章等。显然，刑法分则条文中所包含的非刑事法律，范围要大于总则中的规定。虽然刑法不能事无巨细地规定构成要素的方方面面，因此行政法规的填补是必要的，但是在行政权不断扩张的今天，如果对空白罪状不做必要约束，罪刑法定原则

就会成为一纸空文。[7]为此,《2011集资性质通知》明确,刑法中的"国家规定"是指,全国人民代表大会及其常务委员会制定的法律和决定,国务院制定的行政法规、规定的行政措施、发布的决定和命令。其中,"国务院规定的行政措施"应当由国务院决定,通常以行政法规或者国务院制发文件的形式加以规定。以国务院办公厅名义制发的文件,符合以下条件的,应视为刑法中的"国家规定":(1)有明确的法律依据或者同相关行政法规不相抵触;(2)经国务院常务会议讨论通过或者经国务院批准;(3)在国务院公报上公开发布。同时,该通知强调,对于违反地方性法规、部门规章的行为,不得认定为"违反国家规定"。

以P2P网贷互联网金融为例,对P2P网贷是否涉嫌集资犯罪的认定,除了要基于《商业银行法》《取缔办法》之外,很重要的判断细则便是《2016网贷暂行办法》。因为前述法律法规无法对P2P的行为进行详细的甄别,必须借助该文件对相关概念和行为进行补充说明,才能全面理解有关非法集资犯罪在P2P网贷领域的行政违法内涵和标准,并以此为依据和前提,准确判断P2P网贷平台行为的刑事违法性。金融管理法规具有因时而异的及时性和多变性特点,需要不断地结合部门规章和规范性法律文件来调整空白规定的规范内涵。[8]也正因为如此,《2019集资意见》就关于非法集资的"非法性"认定依据问题明确规定,人民法院、人民检察院、公安机关认定非法集资的"非法性"应当以国家金融管理法律法规作为依据。对于国家金融管理法律法规仅作原则性规定的,可以根据法律规定的精神并参考中国人民银行、银监会、保监会、证监会等行政主管部门依照国家金融管理法律法规制定的部门规章或者国家有关金融管理的规定、办法、实施细则等规范性文件的规定予以认定。

(二)位阶方法:前置法适用的现实之路

从罪刑法定角度来说,应在刑法立法中特别关注空白罪状的位阶问题,以增强空白罪状中作为"违法性判断的前提条件"的规范性和统一性。空白罪状作为一种开放型的犯罪构成要件,要求法官在适用这些条款时要到相关的行政法律、经济法律中去寻找行为特征来确定这些要素。据此而言,罪刑法定原则要求犯罪与刑罚由法律规定,但并不排斥对犯罪认定过程中适用非刑事法律规范。当行政法规、规章、地方性法规等规范性法律文件中所涉及的内容与法律相冲突的时候,应当严格依照法律位阶理论将低层次效力的规范性文件的条款排除适用。也就是说,在非法集资案件中,即使地方通过地方性法规、部门规章等规范性文件确认某类型的集资行为合法,司法机关也可以不予采纳而独立做出判断。[9]

实际上,针对新型融资领域的非法集资犯罪之"非法性"的认定,司法机关已经形成了一系列的共识,特别是《2019集资意见》的出台,更标志着这套认定规则的基本形成。首先,行为时若无专门性的规范新型融资的监管规定时,原则上适用其上位的金融管理法律法规。以P2P网贷平台归集"资金池"融资为例,通过《商业银行法》等法律也可以判断其违法性。P2P网贷平台,作为一种信息中介,本意在于为借贷双方提供信息服务、促成交易,并收取一定的服务费。但在时下的P2P融资活动中,绝大多数P2P平台都突破了"信息中介"这一属性,由最初的独立平台向融资担保平台转变,进而演变为经营放贷业务的金融机构。[10]在"e租宝"案件中,人民法院在认定意见中直接依据《商业银行法》第11条的规定,认定被告利用虚假的债权项目向社会公众进行利诱性宣传,吸收巨额资金,事实上从事了商业银行吸收公众存款的业务,其行为违反了我国金融管理法律规定,属于非法集资行为。① 同样的,在私募领域中,《私募投资基金监督管理暂行办法》的内容可以查找颁布较早的上位法《证券法》《证券投资基金法》,因为《私募投资基金监督管理暂行办法》是对其上位法的落实,基础内容可以在上位法中找到来源。[11]

其次,从法律位阶适用的角度来说,不论是从效力高位的法律法规到效力低位规章的位阶适用,还是依照效力从低到高的逆向位阶审查,均成为非法集资犯罪前置法适用的重要规则,并得到了司法的实际认可和使

---

① 《e租宝案一审宣判涉案两公司被处罚金26人获刑》,来源于:https://www.chinacourt.org/article/detail/2017/09/id/2994796.shtml,访问日期:2017年9月12日。

用。在实践中,由于互联网金融创新产品的新颖性,而相关监管立法时常滞后,导致在互联网金融集资犯罪的法律适用中,往往找不到相对应的前置法,司法办案人员也往往因找不到相应的专门性规定而认定欠缺"非法性",且在一定范围内获得了司法判例的支持。为此,《2017金融犯罪纪要》强调,互联网金融不是"无法可依",因为互联网金融的本质是金融,要依据现有的金融管理法律规定,依法准确判断各类金融活动、金融业态的法律性质,准确界定金融创新和金融违法犯罪的界限。在办理涉互联网金融犯罪案件时,判断是否符合"违反国家规定""未经有关国家主管部门批准"等要件时,应当以现行刑事法律和金融管理法律法规为依据。也就是说,在国家没有制定新法排除现行法律规定适用的情形下,只要业务性质属于现行法律规定规制的,就要按照现行法律规定办理。[12]

四、行政批准:非法集资犯罪违法性的司法逻辑

(一) 主体的适格:批准主体的合法性

在非法集资犯罪的违法性判断中,经历了《1996诈骗解释》中"未经有权机关批准"到《2010集资解释》"违反国家金融管理法律规定"以及"未经有关部门依法批准或者借用合法经营的形式吸收资金"的转变,被学者总结为由"一元标准:形式标准"向"二元标准:形式标准+实质标准"的转变。[13]标准虽有变化,"经有关部门批准"依然是判断行为违法性的重要因素。如果对比司法解释的表述,可以看出前后的变化,即由"有权机关"转为"有关机关"。而这样的变化,从相关非刑事法律前置法的变化中也能够找到答案,即1995年的《商业银行法》规定了"未经中国人民银行批准";而《取缔通知》在规定非法集资非法性特征的时候明确:未经有关部门依法批准,包括没有批准权限的部门批准的集资以及有审批权限的部门超越权限批准的集资。既然强调有关部门的批准是违法性判断的依据,那么"有关部门"到底是指哪些部门,就显得十分必要。虽然说司法解释用"有关部门"取代了"有权部门",但实际上有关部门主要是为了解

决批准部门不适格问题，因此明确"有权部门"成为对这一形式标准判断准确与否的关键。至于对"有权部门"的确定，无疑需要从相关金融管理法律法规中予以梳理。

《商业银行法》明确规定，"未经中国人民银行批准，擅自设立商业银行，或者非法吸收公众存款、变相吸收公众存款的，……"这与1998年的《整顿乱集资乱批设金融机构和乱办金融业务实施方案》《取缔办法》，以及1999年的《取缔通知》中所确立的主体是完全一致的，即"中国人民银行"是法定的审批部门。随着机构改革的完成，我国金融业开始实行分业经营，金融业的分业监管制度开始建立。证监会、保监会、银监会成立后，"非法集资"概念中所指的"有权机关"由原来的中国人民银行一家变成了"一行三会"四个部门，在各自权限范围内审批相关业务。值得注意的是，随着我国金融市场的不断发展，机构向社会募集资金的方式与1995年《商业银行法》出台之时已经有了重大变化。不断涌现的金融创新产品，使得传统金融领域和金融产品间的界限日渐模糊，而混业经营下的分业金融监管模式，导致了监管职能重叠、缺位或者弱效的现象。[14]在互联网金融领域，一段时间内，对于互联网金融企业是否应该要求其具备金融机构的资质，以及如何界定其行为是否属于金融业务，立法上均无明确规定，互联网金融企业的登记注册备案也曾经一度放在网信部门。以P2P网贷为例，自2007年第一家网贷公司"拍拍贷"成立以来，直至《2015互联网金融指导意见》出台，对P2P网贷公司既没有牌照要求也没有准入门槛要求，长时间处于无监管状态。而随着《2016网贷暂行办法》的出台，以及后续配套文件的颁布，P2P又呈现出多元管理的局面。首先对公司实行备案登记制，在完成工商登记后，于10个工作日内向工商登记注册地的地方金融监管部门申请备案登记。同时，网贷公司还需要获得ICP许可，根据监管规定，电信业务经营许可为开展网络借贷信息中介业务和银行存管的前提，没有许可不得开展业务。由此，P2P网贷公司很大程度上又面临着多头管理的问题。

目前，互联网金融的本质依然是金融，这一点已得到明确，互联网金融的管理主体也应该说得到了明确，即互联网支付业务为中国人民银行；

网络借贷、互联网信托、互联网消费金融业务为银监会；股权众筹融资、互联网基金销售为证监会；互联网保险业务为保监会。同时，任何组织和个人开设网站从事互联网金融业务的，除应按规定履行相关金融监管程序外，还应依法向电信主管部门履行网站备案手续，否则不得开展互联网金融业务。应当说，监管主体并不当然等同于审批主体，更不当然等同于"有权主体"，是否属于"有权主体"应当具体从审批内容上来判断，而不是仅仅从监管职责上来分析。

(二) 程序与内容的合规：批准的实质合法性

未经有关部门批准，往往被理解为是非法性的表现形式，但这并不意味着凡是经过有关部门批准的行为，就一定具备了合法性。因为只有"有权机关"的审批才具有合法审批的意义。但是有权机关的批准依然仅仅是一种形式，就非法集资犯罪来说，其违法性的判断还要进一步从实体和程序上予以进一步分析，即批准的程序是否合法、批准的内容是否合法、批准内容合法的情况下与实际经营的内容是否一致等。

首先，就批准程序问题来说，主要涉及的是行为人在获得审批的过程中是否采取了欺骗、贿赂等不正当手段。对此，应该从法益侵害的角度区别对待，如果是行政相对人通过欺骗、贿赂等违法手段取得行政许可，自然是无效的。如果是行政机关工作人员疏忽大意、疏于审查等过错导致证件发放，行政相对人取得的许可，在证件被撤销前，不应视为违法。[15]《2017金融犯罪纪要》中还提及，实践中存在犯罪嫌疑人因信赖行政主管部门出具的相关意见而陷入错误认识的情况。如果上述辩解确有证据证明，不应作为犯罪处理，但应当对行政主管部门出具的相关意见及其出具过程进行查证。①

---

① 该纪要明确，如存在以下情形之一，仍应认定犯罪嫌疑人具有非法吸收公众存款的主观故意：(1) 行政主管部门出具意见所涉及的行为与犯罪嫌疑人实际从事的行为不一致的；(2) 行政主管部门出具的意见未对是否存在非法吸收公众存款问题进行合法性审查，仅对其他合法性问题进行审查的；(3) 犯罪嫌疑人在行政主管部门出具意见时故意隐瞒事实、弄虚作假的；(4) 犯罪嫌疑人与出具意见的行政主管部门的工作人员存在利益输送行为的；(5) 犯罪嫌疑人存在其他影响和干扰行政主管部门出具意见公正性的情形。

其次，从内容上来说，如果批准的内容属于越权批准或无权批准，批准的内容与实际经营的内容不一致，则行为人的行为同样属于未经批准，具备违法性。主要表现为，具有主体资格，但具体业务未经批准。证券法、公司法、信托法、企业债券管理条例等法律法规对融资活动从从业资格和具体融资行为两个方面进行规制，两个方面均应依法批准，缺一不可。

针对上述原因，司法解释做了一个实质解释，即"借用合法经营的形式"予以补充说明。因为未经批准，只能适用于法律明确规定应当审批而未经审批的非法融资行为，而合法借贷、私募基金等合法的融资活动，却无须有关部门批准；对于法律已有明确禁止性规定的行为，则没有必要考虑是否批准的问题；虽然有的行为获经批准，但并不一概合法，例如，违法批准、骗取批准的集资行为依然属于非法集资。

五、余论：行政认定的刑事司法判断

显而易见，兼具行政违法与刑事违法双重特质的"非法性"，是当前判断非法集资案件罪与非罪的重要标准。同样不容忽视的是，在非法集资犯罪案件中，"行政认定"所指的实际上是"行政主管部门对刑事案件中的专业性问题出具的定性意见"[16]，属于专业性判断的范畴。但是，一些地方公、检、法机关在办理非法集资刑事案件时，要求将行政部门对非法集资行为性质的认定意见作为立案侦查、移送审查起诉或司法定性的前置条件和必需程序。[17]这一方面使得刑事司法机关对此类案件是否属于集资型犯罪的行政认定形成前置性路径依赖；另一方面，也给一些地方政府和行政机关为推卸监管失职的责任开启了方便之门。为此，《2011集资性质通知》通过司法解释的形式明确了"行政部门对于非法集资的性质认定，不是非法集资案件进入刑事程序的必经程序。行政部门未对非法集资做出性质认定的，不影响非法集资刑事案件的审判"。但是，程序上不再强调"行政认定"前置的必要性，并不表示实体上行政认定的无价值和无意义。面对复杂多元的金融市场,尤其是在金融创新产品层出不穷的互联网金融领域,实体性的前置判断具有天然的专业性、技术性优势。失去了金融主管部门对行为性质的认定,固然可以摆脱行政认定不及时、不积极而给刑事司法造成的困难,但也容易滑向问题的另一面,即刑事司法对金融领域的过度干预,继而给金融发展带来极大的负面伤害。正是看到了这一客观现实,2014年出台的司法解释,突出强调了刑事认定中对行政认定内容的参考价值,明确规定"公安机关、人民检察院、人民法院应当依法认定案件事实的性质,对于案情复杂、性质认定疑难的案件,可参考有关部门的认定意见,根据案件事实和法律规定作出性质认定"[1]。

本文系国家社科基金青年项目"集资型金融犯罪刑法规制体系的完善问题研究"(项目号:13CFX07)的阶段性成果。原载于《学海》2020年第3期。

参考文献:

[1] 野村稔.刑法总论[M].全理其,译.北京:法律出版社,2001.

[2] 刘艳红.论法定犯的不成文构成要件要素[J].中外法学,2019(5).

[3] 孙国祥,魏昌东.经济刑法研究[M].北京:法律出版社,2005.

[4] 孙国祥.行政犯违法性判断的从属性和独立性研究[J].法学家,2017(1).

[5] 刘为波.非法集资特征的理解与认定[J].中国审判,2011(2).

[6] 毛玲玲.互联网金融刑事治理的困境与监管路径[J].国家检察官学院学报,2019(2).

[7] 罗翔.刑事不法中的行政不法——对刑法中"非法"一词的追问[J].行政法学研究,2019(6).

[8] 邹玉祥.非法吸收公众存款罪之行为类型研究——基于网贷背景下的教义学展开[J].政治与法律,2018(5).

---

① 最高人民法院、最高人民检察院、公安部《关于办理非法集资刑事案件适用法律若干问题的意见》(公通字〔2014〕16号)。

[9] 胡彦涛,刘莉.非法集资行为的"国家规定"与司法判断标准——以行政犯相关理论为视角[J].东北大学学报(社会科学版),2018(4).

[10] 刘宪权.论互联网金融刑法规制的"两面性"[J].法学家,2014(5).

[11] 赵秉志,杨清惠.涉私募基金非法集资犯罪司法治理研究[J].北京师范大学学报(社会科学版),2017(6).

[12] 聂建华,陈鹜成,贝金欣,等.《关于办理涉互联网金融犯罪案件有关问题座谈会纪要》的理解和适用[M]//陈国庆.刑事司法指南(2018年第1集).北京:法律出版社,2018.

[13] 王新.非法吸收公众存款罪的规范适用[J].法学,2019(5).

[14] 何小勇.我国金融体制改革视域下非法集资犯罪刑事规制的演变[J].政治与法律,2016(4).

[15] 张冬霞.论行政法对刑法的规范效应[J].中国人民公安大学学报,2008(2).

[16] 王崇青.行政认定不应作为行政犯认定的前置程序[J].中国刑事法杂志,2011(6).

[17] 刘路军,韩祎.对《关于办理非法集资刑事案件适用法律若干问题的意见》的解析及探讨[M]//高峰,程小白.经济犯罪侦查前沿问题研究.北京:中国人民公安大学出版社,2016.

一体化防卫行为的要件认定研究
——以昆山反杀案等典型案件为对象的分析

马啸 方明[*]

摘 要 一体化防卫行为是指被侵害方对不法侵害方实施、因相互间的紧密连续关系而在整体上作一体化评价的前后两个防卫行为的统称。其以起因要件与紧密连续性要件为必备要件,以限度要件为非必备要件。其中,判断起因要件,就是判断不法侵害是否尚未实质性结束和再次不法侵害危险是否具有防卫紧迫性;认定紧密连续性要件,就是按照"意识不自由—意识惯性(产生)—意识固化、升级"三阶段来认定前后两行为在主观意识上是否具有连续性,从行为性质、内容、结果三方面来认定前后两行为在客观行为上是否具有连续性;评判限度要件,就是要遵循"行为→结果"模式,并正确理解相关术语的含义。

关键词 一体化防卫行为 防卫紧迫性 防卫过当

---

[*] 马啸,南京大学法学院博士研究生,江苏省公安厅法制总队二级警长。
方明,江苏省社会科学院法学研究所研究员,江苏高校区域法治发展协同创新中心研究员。

一、问题的提出

近年来,正当防卫案件频繁成为社会热点话题,影响较大的有昆山反杀案、涞源反杀案、福州赵宇见义勇为案[1]等。纵观各地案情通报,有一细节,可谓是认定正当防卫的关键。如昆山反杀案通报指出,防卫人夺刀后在7秒内刺出的5刀与追赶时甩击的2刀,尽管时间上有间隔、空间上有距离,但为一个连续行为;涞源反杀案通报亦指出,侵害人被打倒地后,仍2次试图起身,防卫人因不能确定其是否已被制服,担心其再次实施不法侵害,又继续对其实施击打,该行为与之前防卫行为有紧密连续性,故属于一体化的防卫行为。在两起案件中,被侵害人前后实施了两个行为(以下分别简称"前行为""后行为""前后两行为"),该两行为尽管在时间上有间隔(有时空间上还有距离),但因相互间的紧密连续关系,故在整体上被评价为一体化防卫行为。类似情形其实早已有之,并不乏诸如朱晓红正当防卫案、旋某故意杀人案[2]等典型案件,只是当时未引起广泛关注。

一体化防卫行为兼有外在特殊性(前后两行为)与内在特殊性(两行为间的紧密连续性),其构成要件不能脱离正当防卫一般构成要件的基本框架,但又应有所区别。探讨一体化防卫行为构成要件,必然要涉及其因"何"而起、因"何"可为一体评价、因"何"在限度范围内三个问题。这些问题分别对应一体化防卫行为的起因、紧密连续性与限度要件。[3]

---

[1] 参见昆山市公安局《警方通报》,https://mp.weixin.qq.com/sIHTyu-av50ctITi6fQrNwkA;最高人民检察院《关于对"涞源反杀案"决定不起诉有关情况的通报》,http://www.spp.gov.cn/zdgz/201903/t20190303_410471.shtml;中国新闻网《最高人民检察院就"赵宇正当防卫案"作出回应》,http://www.chinanews.com/sh/2019/03-01/8769162.shtml。

[2] 参见中国法院网《朱晓红正当防卫案》,https://www.chinacourt.org/article/detail/2002/11/id/17919.shtml;腾讯网《90后少女捅死性侵大叔一审获刑4年》https://view.news.qq.com/a/20120911/000036.htm。

[3] 此处的起因要件包含一般构成要件中的起因与时间要件内容,紧密连续性要件包含一般构成要件中的主观与对象要件内容。

当前,对于一体化防卫行为构成要件,理论界尚缺乏专门研究,实践中也无明确的认定规则,社会公众更是不甚了解,甚至还存在诸多认识误区。故结合典型案件,研究一体化防卫行为的要件认定,在理论和实践层面皆具有重要价值和意义。

二、一体化防卫行为起因要件判断标准

一体化防卫行为的起因要件相对特殊。具体来说,前行为针对的是正在进行的不法侵害,其要被评价为防卫行为,必须具备正当防卫一般构成要件中的起因、时间要件;而后行为是被侵害人在前行为防卫的不法侵害已暂时停止,再次不法侵害迫在眉睫或发生概率较大的情形下,为应对可能再次发生的不法侵害而实施的,针对的是现实紧迫的再次不法侵害的危险,故其以"不法侵害暂时停止,再次不法侵害危险现实紧迫"为起因要件。由此,一体化防卫行为的起因要件可被归结为"不法侵害发生后暂时停止,再次不法侵害危险现实紧迫"。

上述分析揭示了一体化防卫行为起因要件的两个评价指标:不法侵害发生后暂时停止与再次不法侵害危险现实紧迫。前者判断的是不法侵害是否实质性结束,后者判断的是再次不法侵害危险是否存在防卫紧迫性。①

(一)确定与盖然:不法侵害尚未实质性结束的综合评断

关于不法侵害何时结束,学界存在行为完毕说、事实继续说与离去现场说;[1]另有人认为不法侵害结束是指"法益不再处于紧迫、现实的侵害或威胁之中,或者说不法侵害行为已经不可能(继续)侵害或者威胁法益";[2]最高检在检例第47号指导案例中则指出,"判断侵害行为是否已经结束,应看侵害人是否已经实质性脱离现场以及是否还有继续攻击或

---

① 关于正当防卫是否存在紧迫性要件,学界有必要说和不要说之争。本文基于防范权利滥用的角度,采用必要说,并将该说拓展适用至不法侵害危险。

再次发动攻击的可能"。综合来看,实施防卫行为的目的是制止不法侵害以使法益免受侵害、威胁,而当法益处于平和状态时,上述目的不再存在,防卫行为即无实施必要;且上述各观点并无本质矛盾,只是实质与形式、整体与细节的区别,抑或是说不法侵害结束确定性与盖然性的区别。故可将上述观点组成一个完整、有层次的判断标准体系,从以下方面进行具体考虑:

(1) 确定性判断标准。只要符合该标准,就可直接判定不法侵害尚未实质性结束。其内容包括:

其一,侵害人客观上未丧失再次侵害能力。被侵害人实施防卫行为后,若按照一般正常人的标准,[①]无法从直观上判断侵害人丧失再次侵害能力,如不存在侵害人倒地昏厥不起、被制服或具有丧失侵害能力的明显伤势等情形,则应认定侵害人未丧失再次侵害能力。在昆山反杀案中,侵害人将砍刀甩脱落地,立即上前抢刀,后虽受伤倒地,但仍站立起来,并向汽车东北侧跑去,其间展现出的活动能力和身体体力均表明其未丧失再次侵害能力。而在旋某故意杀人案中,旋某构成假想防卫,是因为其将侵害人刺倒后,害怕侵害人没死会起来报复自己,遂在侵害人倒地后已丧失再次侵害能力的情况下,又持刀砍刺侵害人头部致其当场死亡。

其二,侵害人主观上未放弃再次侵害意愿。可通过"侵害人无放弃再次侵害的迹象"这一客观指标进行验证。该指标有两个:① 明确表示或以积极举动暗示将再次发动不法侵害,如言语威胁、倒地后试图起身反击、侵害工具掉落后试图抢夺,而非停止侵害,如求饶、主动丢弃侵害工具等。在福州赵宇见义勇为案中,侵害人被防卫人从背后拉拽倒地,起身后欲殴打防卫人,并威胁要叫人"弄死你们",即属于"明确表示将再次发动不法侵害";而在朱晓红正当防卫案和昆山反杀案中,防卫人已完全控制刀具,侵害人仍上前夺刀,即属于"以积极举动暗示将再次发动不法侵害"。

---

① 一般正常人标准是一种以与被侵害人处于相同情境下的一般正常人为视角的事中判断,致力于改变"唯结果论"倾向和避免被侵害人承受过重负担。

② 退却去为再次发动侵害做准备,如去身旁不远处拿取侵害工具、边走边打电话叫人增援,而非实质性脱离现场。在昆山反杀案中,侵害人受伤后又立刻跑向汽车东北侧,鉴于其先前所用砍刀就是从车中取出,故无法排除其从车中取出侵害工具再次实施侵害的可能。

需注意的是,确定性标准的两项内容必须同时符合。因为再次侵害的能力与意愿只要丧失其一,再次不法侵害的发生概率就为零,不法侵害就已实质性结束。反之,若不法侵害已实质性结束,则意味着侵害人一定丧失了再次侵害的能力或意愿。换言之,若侵害人未丧失侵害能力且未放弃再次侵害意愿,则不法侵害尚未实质性结束。

(2) 盖然性判断标准。具备该标准情形之一,虽不能直接判定不法侵害尚未实质性结束,但至少表明该种可能性较大。其内容包括:

其一,先前不法侵害呈现不断升级态势。这是对侵害人行为发展趋势的预测。如朱晓红正当防卫案,侵害人携刀强行进入防卫人家中,先与防卫人母亲发生口角并厮打、进行言语恐吓,继而将进屋的防卫人妹妹踹倒并持刀刺之,其对防卫方人身权利的侵害呈现"言语辱骂—徒手攻击—持刀行凶"的升级过程。该过程将造成后续损害结果难以预料,导致防卫人人身安全始终面临现实紧迫的威胁。

其二,双方力量对比未发生明显变化。主要考量双方手段、人数、年龄、性别、体型、气势和对所在地的控制力等。如朱晓红正当防卫案,在手段上,侵害人持刀强行进入防卫人家中,并先后持刀刺向防卫人妹妹和母亲,后刀被防卫人母亲打落并被防卫人抢到;在性别上,侵害方为1名男性,被侵害方为3名女性,且有相当一段时间只有防卫人及其母亲2名女性在场;在气势上,侵害人先后2次叫嚣要用刀挑断防卫人妹妹脚筋。上述细节表明尽管防卫人后来抢刀在手,但双方力量对比未发生明显变化,防卫人人身安全仍受到现实紧迫的威胁。

(二) 数量到强度:不法侵害危险具有防卫紧迫性的科学评估

关于防卫紧迫性的判断标准,域外有主观标准说与客观标准说,国内则有客观主观说、区分说与事后判断说。[3]这些学说因为缺乏对主客观各要素的全面考虑,各自适用的场合较为有限。防卫紧迫性的判断标准其实是一种兼顾主观认识与客观事实、被侵害人立场与一般正常人立场的综合性标准,亦即从一般正常人立场出发,依据已查明的客观事实,兼顾被侵害人因惊恐、激愤、紧张心理产生的应急性反应,来判断不法侵害的有无及严重程度。

要落实该综合性标准,其实就是判断不法侵害对再次不法侵害危险的背书关系强度。因为不法侵害尚未实质性结束,对再次不法侵害危险将产生某种背书关系,当该背书关系强到一定程度时,不法侵害危险就会形成防卫紧迫性。

具体判断时,需考察同时具备"不法侵害尚未实质性结束"确定性标准两项内容的细节数量。认定不法侵害尚未实质性结束,只需侵害人同时符合该两项内容的部分细节甚至单个细节即可。在此基础上,若相符细节数量多到足以让处于相同情境下的一般正常人产生"不法侵害仍在进行"或"不法侵害再次发生的危险现实紧迫"的认知,即使该认知属于误认,只要该误认因侵害方的过错造成,就应认定不法侵害对再次不法侵害危险具有较强背书关系,亦即不法侵害危险具有防卫紧迫性。当然,若同时符合该两项内容的单个细节,足以让一般正常人产生上述特定认知,则无须机械要求相符细节数量。

三、一体化防卫行为紧密连续性要件认定规则

一体化防卫行为紧密连续性要件可被理解为前后两行为在主观意识、客观行为上存在着合乎逻辑、合乎情理的顺承关系。也即,两行为间的紧密连续性包括主观意识连续性和客观行为连续性。

(一) 主观意识连续性的认定

判断前后两行为的主观意识连续性,就是判断二者有无防卫意识和防卫意识是否具有连续性。事实上,如图1所示,被侵害人在一体化防卫行为中的意识变化过程可被概括为"意识不自由—意识惯性(产生)—意

识固化、升级",其中不法侵害若系突发、偶发,则"意识不自由"属于非必经阶段。具体情形如下:

其一,意识不自由阶段。被侵害人若在不法侵害发生前曾遭受侵害人多次滋扰,当面对后续可能滋扰时,会产生不堪忍受之感,陷入意识不自由状态,进而形成"侵害人发动不法侵害的可能性很大"的潜意识。

其二,意识惯性(产生)阶段。不法侵害发生,加之前述潜意识的惯性作用(如果存在第一阶段的话),被侵害人产生前行为防卫意识,认识到"不法侵害正在进行"并决意制止,进而实施前行为导致不法侵害暂时停止。

其三,意识固化、升级阶段。不法侵害暂时停止,其严重程度以及显现结果(如果结果显现的话),使得被侵害人陷入极度恐惧与不安中,同时在先前潜意识和前行为防卫意识的惯性作用下,被侵害人既有的"不法侵害正在进行"并决意制止的防卫意识得到进一步固化,甚至升级为"不法侵害再次发生的危险现实、紧迫"并决意应对的意识。前者为与前行为防卫意识同一、认识不甚精准的后行为防卫意识,后者为比前行为防卫意识有所发展、认识更精准的后行为防卫意识。

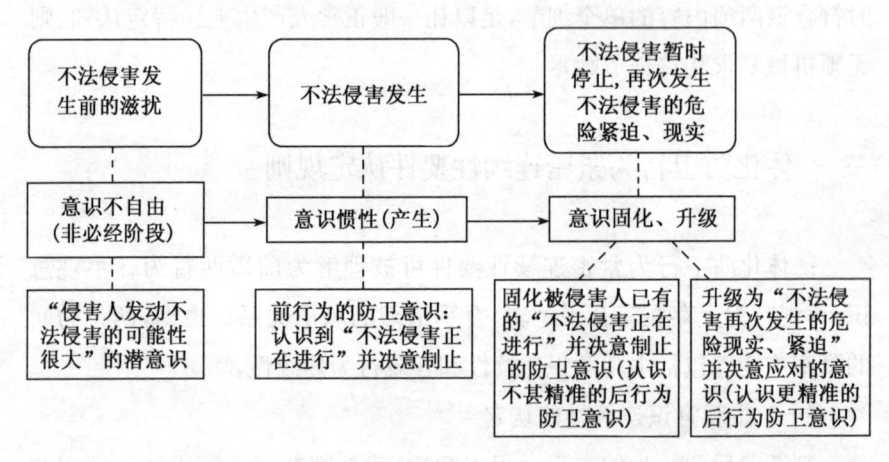

图1 被侵害人意识变化示意图

具体认定时,可遵循以下规则:

第一,对意识不自由阶段,主要考察双方是否原先就有矛盾冲突,侵害人对被侵害人的怨恨是否合理,以及被侵害人是否多次甚至长期遭受滋扰、是否对滋扰采取防范措施、是否事先与他人提及或约定相关反击计划等。在涞源反杀案中,侵害人在防卫人女儿多次明确拒绝与自己交往后,仍采取过激方式,先后6次对防卫人一家进行滋扰,致使防卫人女儿就读学校制定应急预案,防卫人也多次报警,并采取多种防范措施。这表明防卫人已在潜意识中认为侵害人有较大可能发动不法侵害。

第二,对意识惯性(产生)阶段,主要考察侵害人实施侵害的对象、时间、地点、手段等。在涞源反杀案中,侵害人深夜携带凶器,在防卫人采取多重防范措施的情况下翻墙闯入私人封闭住宅,并实施伤害行为,这必然给防卫人带来强烈的惊恐与不安。在"侵害人发动不法侵害的可能性很大"的潜意识的惯性作用下,防卫人形成"不法侵害正在进行"并决意制止的意识也就顺理成章。

第三,对意识固化、升级阶段,主要考察被侵害人的反抗时机、针对部位、使用工具、事后追击情况,以及被侵害人是否有事中或事后主动报警、让他人报警和事后在现场等待民警到来、在民警到来后如实表达、到公安机关投案自首等配合调查行为、是否对侵害人实施抢救等。如涞源反杀案,防卫人使用的均为日用工具,系其为防范不法侵害而提前放置在卧室里,且其女儿在事发期间曾回屋报警2次,事后又与防卫人一起在院中等待民警到来。

(二) 客观行为连续性的认定

判断客观行为连续性,可围绕前后两行为的性质、内容及结果展开:

首先,在行为性质上,两行为均为防卫行为。如朱晓红正当防卫案,防卫人进屋后,见侵害人正拿刀刺向其母,先是徒手制止,后是实施夺刀、厮打行为,其中前行为是针对严重危及防卫人母亲人身安全的不法侵害而实施,后行为是针对侵害人将刀夺回将再次实施不法侵害的危险而实施,二者均属防卫行为。

其次,在行为内容上,两行为存在一定的关联性。该关联性体现在:

(1) 二者均由被侵害方实施,均针对侵害方,否则后行为只能是新的侵害行为或防卫行为;(2) 二者无明显的时间中断和空间距离。如昆山反杀案,防卫人刺出的前 5 刀系其夺刀后在 7 秒内完成,后 2 刀系其在侵害人受伤跑向汽车东北侧途中所追砍,尽管在时间上存在间隔,在空间上产生位移,但几乎可忽略不计。

最后,在行为结果上,无论前行为结果是否显现,后行为结果若显现,也应与前行为显现或潜在的结果存在着连续性。实践中,应根据现场情况来考察两结果之间在整个事态发展中,是否存在合乎情理、合乎逻辑的顺承关系。

四、一体化防卫行为限度要件评判思路

探讨一体化防卫行为的限度要件,涉及两个问题,即符合限度要件是否为普遍要求,以及如何理解和评判防卫过当情形。

(一) 限度要件的要与不要

我国刑法根据防卫行为保护法益类型的不同,将正当防卫分为特殊正当防卫与一般正当防卫。二者的区别之一就是有无限度要件要求,故防卫行为保护法益类型与有无限度要件要求密切相关,可以考虑从防卫行为保护法益类型的角度来考察防卫行为是否需要限度要件。

关于防卫行为保护法益类型,《刑法》第 20 条第一款将其规定为国家利益、公共利益、人身权利、财产权利与其他权利,第二款将人身权利区分为重大人身权利(人身安全)与一般人身权利,并通过明确严重危及人身安全的暴力犯罪内容,表明人身安全包括个人生命、人身健康、人身自由、性自主权等。故防卫行为保护法益类型包括国家利益、公共利益、个人生命、人身健康、人身自由、性自主权、一般人身权利、财产权利、其他权利 9 类权利,这也是不法侵害(危险)针对的法益类型,因为二者本就是一体两面的关系。

一体化防卫行为涉及不法侵害和再次不法侵害危险,故可从不法侵

害所侵害的法益和再次不法侵害危险所危及的法益角度来分析其限度要件。鉴于不法侵害及显现结果是对再次不法侵害危险的背书,故应将不法侵害所侵害的法益作为分析关键。具体可分为两种情况(如图2所示):

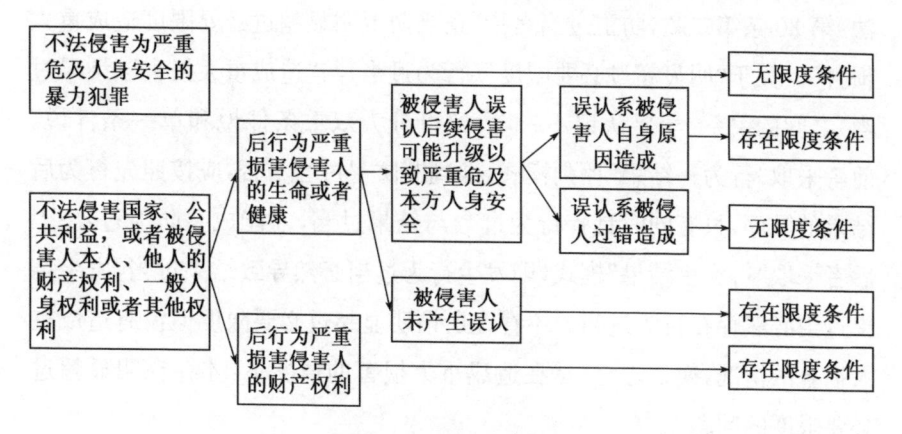

```
不法侵害为严重                    ──────────────→ 无限度条件
危及人身安全的 ┐
暴力犯罪      │        ┌─被侵害人误认后续侵害─┬─误认系被侵害人自身原因造成─→ 存在限度条件
              ├─后行为严重  可能升级以致严重危及 │
              │ 损害侵害人  本方人身安全        └─误认系被侵害人过错造成──→ 无限度条件
不法侵害国家、公│ 的生命或者
共利益,或者被侵│ 健康        └─被侵害人未产生误认 ──────────────→ 存在限度条件
害人本人、他人的┤
财产权利、一般人│
身权利或者其他权└─后行为严重损害侵害人的财产权利 ──────────────→ 存在限度条件
利
```

图2　限度要件示意图

其一,不法侵害为严重危及人身安全的暴力犯罪。前行为属于特殊正当防卫,不受限度要件限制。鉴于后续不法侵害目标法益发生变化的可能性不大,且即使变化,考虑到被侵害人处于应急状态下判断能力下降,希冀其能辨清现场形势变化,将后行为准确限定在一般防卫行为范围内,并不现实,故对后行为不宜做限度要件要求。由此,在该情形下,一体化防卫行为不受限度要件限制。

其二,不法侵害国家、公共利益,或者被侵害人本人、他人财产权利、一般人身权利或者其他权利。前行为应受限度要件限制,而对于后行为来说,除侵害方本身存在过错,使被侵害人误以为后续侵害可能升级以致严重危及本方人身安全而实施了严重损害侵害人生命或健康[①]的后行为,考虑到应急性因素,不应作限度要求外,对其他情形均应作限度要求。需注意的是,在前行为受限度要件限制而后行为不受限度要件限制的情况下,从鼓励对现实紧迫的不法侵害危险实施正当防卫的角度出发,无限

---

① 防卫行为损害的侵害人利益仅限个人生命、人身健康、财产权利。

度要件要求应覆盖有限度要件要求,一体化防卫行为不受限度要件限制。

(二) 评判模式:"行为→结果"还是"行为＝结果"?

一体化防卫行为除两种情形外,也存在防卫过当之可能。根据《刑法》第 20 条第二款,防卫过当是指"正当防卫明显超过必要限度造成重大损害"。关于"明显超过必要限度"(行为过当)与"造成重大损害"(结果过当)之间的关系,学界认识不一,大致可分为双重条件说和单一条件说。前者采取"行为→结果"评判模式,即判断防卫过当与否,应按照先行为后结果的顺序,只有同时具备行为过当与结果过当,才能成立防卫过当;[4]后者采取"行为＝结果"模式,即发生行为过当必然导致结果过当,发生结果过当必然存在行为过当,"不存在所谓明显超过必要限度但没有造成重大损害的情况,换言之,只是在造成重大损害的情况下,才存在明显超过必要限度的问题"。[2]

综合来看,双重条件说更为合理,因为:其一,行为过当与结果过当并非不可分离,实践中存在行为过当但结果不过当、行为不过当但结果过当情形;其二,将行为过当但结果不过当认定为防卫过当,意味着被侵害人在紧迫时间内,在意识不自由的状态下,现场必须精准选择不超过限度的反击手段及强度,否则即使未造成重大损害,也构成防卫过当,显然对被侵害人要求过高;其三,将行为不过当但结果过当认定为防卫过当,是结果无价值论使然,其不当扩大了防卫过当的成立范围,剥夺了部分场合下被侵害人的正当防卫权,最终导致对防卫过当的判断,简化为比较不法侵害所侵害的法益与防卫行为所损害的利益,只要侵害的不是人身安全,则一旦出现侵害人重伤或死亡的结果,就成立防卫过当。[6]

(三) 如何评判"行为过当"?

"行为过当"包括"明显超过""必要限度"两个问题。对于"必要限度",学界存在基本相适应说[7]、客观需要说[8]与折衷说[9]。综合来看,基本相适应说与折衷说均存在为难防卫人的问题,且都过于关注结果,[10]导致同一结果被行为与结果两个限度重复评价,造成客观结果在评价权重中占比过大。基本相适应说的"基本相适应"与客观需要说的"必需"均较为模糊、不易操作;客观需要说将"必需"理解为"非此不可",值得商榷。鉴于只有客观需要说无为难防卫人、重复评价结果的缺陷,故应在其基础上,适当修正"必需"的含义。其实,能达到制止不法侵害效果的行为不止一个,这些行为中的最低层级行为就是必要限度。亦即,"必需"是指能够制止不法侵害的行为层级范围,而"必要限度"就是指上述行为范围中的最低层级行为。

关于"明显超过"的含义,我国刑法以"明显"的表述,表明防卫行为可以超过但不能明显超过必要限度,[11]亦即被侵害人不是必须选用对侵害人损害最小的防卫行为。至于"明显超过"的临界点,应以防卫行为的实际层级比制止不法侵害的最低行为层级至少高出一个档次为宜。防卫人的行为层级,体现在行为性质、手段和强度上,表现为行为造成的危险。该危险具有行为意义,而非结果意义。以人身伤害危险为例,重伤、死亡危险就比轻伤危险至少高出一个档次。故"明显超过必要限度"就是指防卫行为给侵害人造成的危险,比制止不法侵害的最低层级行为给侵害人造成的危险高出至少一个档次。

判断一体化防卫行为是否成立行为过当,不能简单依据工具不对称、武装不对等,而应从以下方面进行综合考察:

其一,双方行为的性质、手段、强度。行为性质表现为行为的侵害法益或损害利益,行为手段表现为徒手、持械或使用其他工具等情况,行为强度表现为行为的激烈性、攻击性、暴力性程度。在昆山反杀案中,侵害人用刀背连续拍击防卫人颈、腰、腿等部位,虽未用刀刃,但已属于刑法意义上的"行凶",且其在掉刀后立即上前争夺,暴力性不减,而防卫人先实施的徒手被动防御,缺乏主动攻击性,后实施的夺刀及捅刺行为,虽暴力性较强,但始终是为维护自身人身安全,属于与侵害人暴力侵害相对抗的被动选择,故防卫人前后两行为在性质、手段、强度方面均未过当。

其二,双方的力量对比。在昆山反杀案中,防卫方仅有防卫人1人参与反击,且赤手空拳,而侵害方有2人参与侵害(1人持刀),后者力量明显优于前者。为扭转力量失衡的不利局面,防卫人面对不法侵害(危险),

先保持克制，继而采取在手段和强度方面均高于侵害行为的防卫行为，顺理成章。总之，当防卫方力量明显处于下风时，防卫行为在手段和强度方面可适当高于侵害行为。

其三，被侵害人的主观认识。如前所述，被侵害人实施前行为时应认识到不法侵害正在进行，实施后行为时应认识到不法侵害仍在进行或再次不法侵害危险现实存在。此外，被侵害人还应认识到侵害人将威胁本方何种法益，但该认识不需很精确，达到能区分人身权利还是财产权利，抑或是个人生命、人身健康还是人身自由等程度即可。

其四，被侵害人采取相关行为的合理性。即探究处于与被侵害人相同情境下的一般正常人可能采取的行为范围，被侵害人采取的相关行为是否处在上述行为范围内，以及被侵害人是否可以被期待做出与一般正常人相同或相差不大的行为选择。需注意的是，防卫人在实施后行为时可能存在应急性反应，若在事发前遭受侵害人多次或长期滋扰，在实施前行为时即可能存在应急性反应，故在后行为和遭受多次或长期滋扰的被侵害人实施的前行为的行为过当认定上，可适当放宽"与一般正常人相同或相差不大的行为选择"的认定标准。

在考察中，前后两行为在行为过当方面可能结论不一。若两行为中有一个行为过当，则一体化防卫行为构成行为过当；若两行为均不构成行为过当，则一体化防卫行为不构成行为过当。

（四）如何评判"结果过当"？

对于"重大损害"中的损害种类，有观点认为仅包括重伤或死亡，不包括轻伤或遭受财产损失等情形，[12]但也有观点认为，除包括重伤、死亡外，还包括重大财产损失。[13]二者其实均不甚合理。观点一的谬误有三：（1）防卫行为以制止不法侵害为目的，只要能够达到该目的，当然可采取造成侵害人财产损失的方式，如侵害人利用自身财产实施犯罪活动时，防卫人就可采取损坏侵害人财产的方式以制止犯罪；[13]（2）可能导致利益明显失衡，即财产权利遭受不法侵害的防卫人，只要采取指向侵害人财产权利的防卫行为，无论造成多大损失，均不属结果过当，更不构成防卫过当；

(3) 未解释防卫过当的人身损害结果为何只包括重伤和死亡而不包括同样具有刑法评价意义的轻伤。观点二同样具有观点一的第三个谬误。

认定损害是否"重大",不能在事先规定好的结果范围内选择,而应将被侵害人遭受侵害的法益类型及受侵害程度,与侵害人遭受损害的利益类型及受损害程度进行比较,看是否能得出相差较大的结论。

要比较受侵法益与受损利益的类型,离不开对法益(利益)类型的排序。综合来看,其他权利无具体内容,应居最低次序;在人身安全中,将个人生命放在第一次序,应无疑问,但对人身健康、人身自由、性自主权如何排序,比较复杂、不易辨别,暂且将三者均列入第二次序;对于财产权利,尽管其损失可大可小,但与人身健康、人身自由、性自主权相比,其重要性弱于基本人权,故应将其放低一个次序;国家利益、公共利益分别代表着一个国家、一定群体的利益,故至少要高于财产权利和一般人身权利,但二者与个人生命、人身健康、人身自由、性自主权孰轻孰重,则应依据国家利益、公共利益的重要程度,权利受损(侵)的实际情况以及同时代、同区域的价值取向和文化传统而定。综上,如表1所示,个人生命属于第一次序,人身健康、人身自由、性自主权属于第二次序,财产权利、一般人身权利属于第三次序,其他权利属于第四次序,国家、公共利益中的重大国家、公共利益属于第一次序,一般国家、公共利益属于第二次序。

表1 法益(利益)排序表

法益(利益)次序	法益(利益)名称
第一次序	个人生命;重大国家、公共利益
第二次序	人身健康、人身自由、性自主权;一般国家、公共利益
第三次序	财产权利、一般人身权利
第四次序	其他权利

实践中,不法侵害(危险)可能针对不同法益,前后两行为也可能针对不同利益。被侵害人受侵法益次序应依据不法侵害所侵害的法益次序确定,除非侵害人以明确的言语或身体举动表明其将侵害被侵害人更高次

序法益;而侵害人受损利益次序应遵循"高次序利益吸收低次序利益"的原则,依据高次序利益确定。由此,判断"结果过当"应遵循如下过程:

首先,判断侵害人受损利益是否属于个人生命、人身健康、财产权利。若不属于,则结果过当不成立;若属于,则进入第二阶段。

其次,判断被侵害人受侵法益与侵害人受损利益是否同一。若同一,则比较法益受侵与利益受损程度,当后者高于前者时,结果过当成立,否则不成立;若不同一,则进入第三阶段。

最后,判断被侵害人受侵法益与侵害人受损利益的次序。若前者高于后者,无论不法侵害结果有无发生,都不构成结果过当;若后者高于前者,构成结果过当;若二者次序相同,则具体问题具体分析。二者次序相同,只可能存在以下 3 种组合:前者为重大国家利益、公共利益,后者为个人生命;前者为一般国家利益、公共利益,后者为人身健康;前者为一般人身权利,后者为财产权利。要分清每组受侵法益与受损利益孰重孰轻,并不容易,需要考察法益受侵、利益受损的实际情况以及同时代、同区域的价值取向和文化传统。

五、结　语

认定一体化防卫行为的起因要件,应关注不法侵害及显现结果对再次不法侵害危险的背书关系;认定紧密连续性要件,应厘清前后两行为在主观意识和客观行为上的关系脉络;认定限度要件,应选择"行为→结果"评判模式,并正确理解相关术语的含义。此外,还需注意两点:

其一,对一体化防卫行为部分构成要件不必坚持一般正常人标准。判断起因要件和限度要件中行为过当是否成立时,应坚持该标准;对于紧密连续性要件,应区分适用,即判断主观意识连续性时,鉴于意识的个体差异,应采取一般正常人标准,而判断客观行为连续性时,考虑到其判断依据为业已发生的客观事实,并不涉及主观意识方面,应采取事后判断标准;就结果过当而言,判断的第一、第二阶段均建立在对客观损害结果两相比较的基础上,亦不涉及主观意识问题,故应采取事后判断标准。

其二,可适当放宽对后行为的认定标准。不法侵害及显现后果预示着再次发生不法侵害具有高度盖然性,不法侵害危险与不法侵害间的间隔时间又几乎可忽略不计,这导致被侵害人在实施后行为时往往具有更强的应急性反应,无充裕时间认识再次不法侵害危险可能包含的手段、强度和造成的侵害结果,也无余暇准确选择防卫行为的手段、强度和将要造成的损害结果。对此,基于正当防卫制度的设置初衷,当对行为手段、行为强度、防卫意识、防卫限度的判断存疑时,可适度放宽对后行为的认定标准,做出有利于被侵害人的考量。

本文系江苏省法学会2019年度重点研究项目"扫黑除恶专项斗争长效机制研究"(项目号:SFH2019A05)的阶段性成果。原载于《学海》2020年第5期。

参考文献:

[1] 魏东,钟凯.特别防卫权的规范解释与滥用责任[J].国家检察官学院学报,2013(6).

[2] 张明楷.刑法学(第五版)[M].北京:法律出版社,2016.

[3] 张宝.防卫紧迫性判断标准的刑法教义学诠释[J].中州学刊,2018(5).

[4] 陈璇.正当防卫、维稳优先与结果导向——以于欢故意伤害案为契机展开的法理思考[J].法律科学,2018(3).

[5] 冯军.防卫过当:性质、成立要件与考察方法[J].法学,2019(1).

[6] 伍金平.正当防卫司法适用的困境探析——从一宗致不法侵害人倒地"猝死"案的定性之争切入[J].河北法学,2012(5).

[7] 周详.防卫必要限度:学说之争与逻辑辨正[J].中外法学,2018(6).

[8] 王作富,黄京平.刑法(第五版)[M].北京:中国人民大学出版社,2011.

[9] 高铭暄,马克昌.刑法学(第八版)[M].北京:北京大学出版社,高等教育出版社,2017.

[10] 劳东燕.正当防卫的异化与刑法系统的功能[J].法学家,2018(5).

[11] 田宏杰.比例原则在刑法中的功能、定位与适用范围[J].中国人民大学学报,2019(4).
[12] 赵金伟.防卫行为相当性的重新解构[J].甘肃政法学院学报,2018(1).
[13] 李金明.防卫限度论[J].国家检察官学院学报,2003(3).

在"互镜"中寻求"合作"
——现代性视域中的规范伦理学与德性伦理学之争

叶舒凤 韩璞庚[*]

摘 要 面对现代社会的各种道德危机,尤其是在解决现代人如何安身立命的重大生存论问题上,规范伦理学与德性伦理学究竟处于何种关系,亟待从理论层面加以澄明。对之把握,需要摒弃"二元对立"的抽象思维,立足现代道德生活的完满诠释与理解。现代道德生活既追求社会秩序,又崇尚道德理想,希冀幸福生活。由此,现代道德生活既需要能够守住道德底线的规范伦理学,也需要能够满足人们对美好生活热烈追求的德性伦理学。不管是规范伦理关于道德的外在约束,还是德性伦理从主体内在阐发的幸福期待,都旨在回应现代人道德生活的重大问题。

关键词 现代性社会 德性伦理学 规范伦理学 道德困境

德性伦理学复兴是20世纪中后期伦理学领域的重要理论景观。以1958年安斯库姆(G. Anscombe)《现代道德哲学》一文为标志,德性伦理

---

[*] 叶舒凤,南京理工大学马克思主义学院博士研究生。
韩璞庚,江苏省社会科学院研究员,华中师范大学教授,博士生导师。

学对规范伦理学的两种代表性道德理论——义务论与功利主义,展开了激烈的批判,后经福特(Phillipa Foot)、麦金太尔(A. MacIntyre)、赫斯特豪斯(R. Hursthouse)等人的推动,迅速在西方学术界掀起一场德性伦理学复兴运动。这场运动以规范伦理学为批判对象。作为现代道德生活领域的主导性道德理论,规范伦理学根本上与现代社会的理性化特征相一致。然而,面对现代性带来的道德危机,规范伦理学逐渐暴露出各种问题,难以有效地解决现代道德领域的种种困境,复兴德性伦理学可谓是对现代道德理论的有力补救。正是在此背景下,不仅德性伦理学复兴渐呈燎原之势,而且德性伦理学与规范伦理学的关系也成为迫在眉睫的理论问题。面对现代社会的各种道德危机,尤其是在解决现代人如何安身立命的重大生存论问题上,规范伦理学与德性伦理学究竟处于何种关系,亟待从理论层面加以澄明。如果说现代伦理生活已经摒弃单一的伦理学方案,寻求规范伦理学与德性伦理学的融合之途的话,那么,在重理性""讲规范""寻秩序"的现代社会,如何获致这种融合的内在基础,无疑也需要充分的学理证成。

一、规范伦理学与德性伦理学:在对看中互相批评

一般认为,规范伦理学是对人的行为进行合理指导的道德理论,而德性伦理学是专门聚焦人的道德品质的道德理论。两者时常在对比和区分中获致自我说明和理解。宽泛地说,德性伦理学尽管关注人的道德品质,但其内容仍旧是对人的行为起着规范性的作用,从而,德性伦理学无疑是规范性的道德理论,但却有别于规范伦理学。本文是在对比和区分的语境下,使用规范伦理学和德性伦理学,前者主要是现代道德哲学的基本形态,以义务论和功利主义为典型代表;后者主要指20世纪50年代以来复兴的,旨在关注人的道德品质的道德理论,这种道德理论古已有之,伴随着对现代道德哲学的批判又重新被唤起。德性伦理学最早就是在与规范伦理学的对峙中复兴,并进一步在相互对看中表达各自的理论主张。

1. 德性伦理学对规范伦理学的批评

一个完满的道德理论,必定包含了对规则和品质的双重说明,但究竟选择以规范还是以品质作为核心的道德理论,却成为现代性的重大道德问题。按照麦金太尔的说法,现代社会的道德问题是作为启蒙道德谋划的产物,反映道德领域普遍必然性追求的失败,根本原因在于,奉行了以理性为特征的"韦伯式世界观"[1](P137)。然而,面对日渐多元化、破碎化的现代社会,这种追求普遍标准的道德规范体系,逐渐暴露出自身的问题,也反映现代道德哲学的合法性危机。正是基于对规范伦理学在现代性境遇下面临的种种问题的认识,德性伦理学对规范伦理学展开了批判。

首先,在德性伦理学看来,规范伦理学聚焦人的行为,会忽视人内在的道德品质和道德动机。现代社会注重规范,规范也较为契合理性化的现代社会,有其自身的合理性。但规范伦理学忽视了人的内在道德品质或动机,道德行为由此会丧失内在的驱动力,从而造成道德成为"不得不"服从的机械律条,原本出于人之内在善端的卓越行为,沦为外在的道德负担。安斯库姆指出:"从事道德哲学目前而言对我们来说是不合算的;除非我们拥有一种令人满意的心理哲学。而这正是我们明显欠缺的东西。"[2](P41)所谓"令人满意的心理哲学"即是表明,完满的道德哲学,应该基于道德主体做出道德行为时的内在心理状态,而做出合理说明。一旦缺失了内在道德动机,或者说,行为并不出于道德品质,这样的行为往往不是由内而外的,很难称得上是真正的道德行为。而且,也会造成现代道德哲学领域的"精神分裂症",人们的道德动机与道德行为之间,将会处于对立的状态。这种行为常常呈现强制性,而非源于主体动机的自觉行为。

其次,德性伦理学认为,由于聚焦人的行为,规范伦理学注重对行为做出正当与否的判断,而遗漏了人的道德情感。在德性伦理学看来,一种完满的道德理论必然包括了对道德情感的系统说明。当代德性伦理学的重要代表人物斯洛特(M. Slote)所沿袭的休谟主义路径,正是延续了情感在道德判断中的基础性地位,在德性伦理学看来,德性是道德主体进入现实的道德情境所展现的生命状态,有德性的人在做出德行的时候总是伴随着人的道德情感。亚里士多德在解释德性的时候,指出"我们必须把伴随着活动的快乐与痛苦看作品质的表征"[3](P37),"德性是与快乐和痛苦相关的、产生最好活动的品质"[3](P47)。德性伦理学关乎道德主体如何合宜地展现道德情感。相比之下,由于不考虑道德主体内在的生命感受,关注行为是否适应或遵守(conform to)道德规则,规范伦理学往往被视为一种非人格化(impersonal)的道德理论。这样,在德性伦理学看来,过分地注重规范的遵守与否,不仅情感难以获得应有的道德地位,而且也隔断了现实生活中人与人之间的情感关系。人与人的社会交往并不仅仅依靠理性化的契约来维持,更多地源自相互之间的伦理情感与道德关怀。然而,规范伦理学却无法增进社会成员的道德情感,反而是将现代人推向冷冰冰的人际交往的"罪魁祸首"。

最后,德性伦理学认为,规范伦理学普遍抽象的道德标准,使得道德抽离了所依赖的现实社会语境。在德性伦理学看来,德性本应是现实性的,道德应该植根于历史文化传统,德性总是存在一定的社会语境与历史脉络当中。在麦金太尔看来,"任何一种道德哲学都特别地以某种社会学为前提","从而,对于任何道德哲学的主张,如果不搞清楚其体现于社会时的可能形态,我们就不能充分地理解它"[1](P29)。对于伦理学而言,人们的社会生活样式具有根本性和基础性的地位。理解道德背后的历史文化传统与群体生活经验,往往成为进入道德思考的重要入口。一旦抽离了背后的社会历史语境,就很难把握真正的道德。在德性伦理学看来,规范伦理学脱离了现实的生活情境和社会背景,并未深入现实的人的具体生活样式,思考任何在现实的生活中成为卓越的道德主体,很难真正地理解人类道德生活。特别是在麦金泰尔看来,现代社会日渐呈现出与传统社会不同的理性化特征,这使得"规则成了社会生活的首要概念","首要的问题只涉及规则:我们应该遵循什么规则?我们为什么应该服从这些规则?"[1](P150),无法提供关于现实生活的统一性观念,导致现代道德哲学成为没有继承任何一种伦理文化传统的"断简残篇"。这样,道德无疑成了没有任何烟火气的规则堆砌。

2. 规范伦理学对德性伦理学的质疑

事实上,德性伦理学与规范伦理学总是相互批评、同步发展的,规范伦理学在接受德性伦理学批评的同时,也反思德性伦理学理论存在的不足。总体来看,规范伦理学认为,德性伦理学并不像如斯洛特说的可以成为三大独立的道德理论之一,它是对以规范伦理学为主导的现代道德哲学的反思和纠正,充其量不过是对现代道德哲学的一种"补救"而已,很难说德性伦理学已经达到与规范伦理学相抗衡的地位。

第一,在规范伦理学看来,德性伦理学只不过是规范伦理学的某种依附性形式,并不构成一种独立的道德理论。规范伦理学奉行的是基础主义(foundationalism)的论证方式[4](P37),即以基本概念为起点,并以基本概念派生出的系列概念,钩织完满的解释系统。它视规则为首要的、基础性的概念,德性则被理解为遵循规则的倾向和习性,并不是一个自足的概念,只是派生概念。规范伦理学也会关注德性,认为德性是一种内在性情,但其根本内容是规则内化的结果,是常规性、习惯化地服从规则所形成的内在心性。照此理解,规则是第一位的,而德性是第二位的。从这个意义上说,德性只是规则的内化状态,德性依附于规则,德性伦理学的基本主张也仅仅是规范伦理学某种形式的表达而已,并不具有独立性,德性伦理学也就不能够成为一种独立的道德理论。

第二,在规范伦理学看来,德性伦理学对情境的强调,容易陷入道德相对主义。德性伦理学反对规范伦理学追奉的普遍原则,突出强调了现实情境、特定道德主体的作用。从方法论上看,德性伦理学坚持了有别于规范伦理学的普遍主义方法论的特殊主义(particularism)思路,它强调特殊的道德情境或行为者的特殊性,引起了规范伦理学的质疑。德性论强调特定的道德主体,是一种典型的以行为者为基础(agent-based)的伦理学。真正的道德应该是出于道德主体深思熟虑的考量和抉择,道德生活的关键在于培养人们的实践智慧。不过,在规范伦理学看来,这里所提及的"道德主体的审视判断或实践智慧"都没有客观、现成的标准,它依赖人的主观判断,这样造成的结果是,道德行为容易成为道德主体的主观考量,从而陷入主观主义。"由于美德伦理学进一步承认行为者之间的差异以及具体情境之间的差异,并且强调行为者个体的感知力、判断力和内在品质在道德推理中的重要作用,因此它又容易被批评为'主观主义'的,似乎缺乏作为一门道德理论的说服力和稳定性。"[5](P176)此外,与实践智慧相关,尽管道德行为离不开道德主体结合具体情境加以展开分析,从而情境成为道德思考的重要因素,但德性伦理学容易造成对社会背景、历史文化传统等外部情境的依赖,导致德性伦理学容易陷入道德相对主义的风险。"美德伦理学强烈的道德特殊主义理论立场,比如,对文化多样性、文化传统和道德社群的独特特殊性的执着,不得不承受道德相对主义的压力。"[6]

第三,在规范伦理学看来,德性伦理学是精英主义的,而不能适应平等化的现代社会。无论是古希腊的德性伦理学,还是传统的儒家伦理,德性均有着较高的人性预设,对应于"君子""圣贤"等理想人格。德性展现了人性卓越(human excellence),只有那些将物质名利抛开身外,并且一生的行为都在恪守高尚品性的人,才能称得上"君子""圣贤"。德性所倡导的超越常人的卓越品质招致批评。"德性伦理蕴涵的精英主义和等级主义的思维,存在着用道德生活价值取代生活价值的道德理想主义倾向。"[7]在规范伦理学看来,德性伦理学要求所有人都将德性作为道德目标,力图使每个人成为德性之人(virtuous agent)是一件困难的事情。在现实生活中,个体的需要、境遇、接受水平等都存在巨大差异,特别是在现代社会,人的多样化、差异化日渐严重,时常是分歧大于共识,"理性多元化"与"合理分歧"是不得不加以考量的事实。一视同仁地要求每个人成为"道德圣徒""君子"并不现实,无疑也对人提出了过高的道德要求,难以普遍推广。现代社会建立在主体平等、理性的基础上,道德生活追求最低限度的道德共识,面对"价值观上的不可归约的多元性"[1](P137),"兜底式"的道德规范恰恰最为适用。

在规范伦理学看来,德性伦理学是与传统社会相适应的伦理学样式,它只适合小共同体、熟人社会,依靠亲密关系维系的生存场景。这样,在现代性语境下复兴德性伦理学不过是人们应对道德问题时,渴望回归古典的"道德乡愁"。随着社会现代性的不断凸显,与德性伦理学相适应的社会架构已经不复存在。现代社会的公共化特征日渐明显,传统的熟人社会被陌生人社会取代,社会交往是脱域式的,具有普遍化、快节奏乃至虚拟化等特征。理性化、科层制的社会组织形式,消解了人与人相互照面中产生的情感与态度。以植根于传统社会语境的德性论来治愈社会道德危机,无疑是无视现代社会现实的做法。

二、"摒弃两极对立":规范伦理与德性伦理融合的现代性境遇

在规范伦理学与德性伦理学的关系问题上,研究者们一直持有两极对立的观点,即坚持二元化区分。规范伦理学被视为注重规则、强调行为的道德理论,与现代社会生活样式一致,德性伦理学则被认为是关注行为者品质,并适应传统社会的道德理论。同样地,人们在现代社会究竟选择规范伦理抑或德性伦理,也有人坚持非此即彼的选择。回归古希腊,复兴德性伦理学成为拯救现代性伦理危机、克服现代道德哲学弊端的重要思路。麦金太尔明确指出:"如果有人要为一种前现代的道德和政治观点辩护以反抗现代性,那么他要么使用某些类似于亚里士多德主义的术语,要么什么也不用。"[1](P149)

然而,事实上,规范伦理学与德性伦理学并不能过分夸大彼此的区别,简单地将两者对立化。按照赫斯特豪斯(R. Hursthouse)的说法,规范伦理学与德性伦理学的区别并没有想象中的那么大,在很多问题上,它们的相似之处甚至多于差异之处。在《美德伦理学》一开始,赫斯特豪斯列出了人们对美德伦理学的五种基本观点,这些观点是基于与规范伦理学的二元对比做出的。不过,在她看来,"对美德伦理学的这些描述实在太常见,而不是因为我觉得它们很好。相反,我认为,就其粗糙的简短性而言,这些描述存在着严重的误导性"[8](P27),这些区分也只是"有助于最初的理解"罢了,而重要的问题在于,规范伦理学的诸理论与德性伦理学

之间在解决现实道德问题上所应有的交融与对话。"事实上,我更希望,经过所有这三种思路训练而成长起来的未来道德哲学家,不再有兴趣将自己划分为是遵循这条思路而不是那条思路的群体;这样,所有这三种标签可能就仅仅具有历史意义。"[8](P6) 循着赫斯特豪斯的思路,可以认为,不宜有两极对立、非此即彼的思路,而是注重在处理现代社会道德问题上,两者相互之间的沟通与合作。这需要在理论层面梳理现代人生活所遭遇的现实问题。

第一,伦理学应该关切现代人的生活意义问题。伦理学关乎"人应当过什么样的生活"。而人们生活样式的选择与个体对生活意义的理解又密不可分。真正的伦理学应该能够对人生意义做出完满说明。行为的判断,似乎只是暂时性、片段式,但诚如德莱福(Julia Driver)所言,很多时候决定"我们应该怎么做"的恰恰是"我们应该成为什么样的人"以及"我们应该过什么样的生活"。如果没有对生活的系统反思,就不可能对个人的每次行为做出恰切的实践指导。

一般而言,规范伦理着眼于现代社会的公共化结构,适用于普遍化的陌生人群体。人作为独立个体在公共社会生存,必须遵守社会制定的普遍性的道德规则。从思想实质上看,规范伦理学契合了现代社会的启蒙精神,比如自由、人权、理性、主体性等。然而,随着现代性的发展,道德规范执念于普遍化的抽象原则,将普遍必然性的律令奉为现代道德生活的圭臬,规范慢慢地僭越动机、情感,成为约束乃至压制人的工具,这标志着启蒙理性走向了对立面。其结果是,丧失对道德的目的或意义之维的关注。"理性是计算性的,它能够确定有关事实和数学的关系的真理,但仅此而已。所以,在实践领域,它只能涉及手段。对于目的,它必须保持缄默。"[1](P69) 道德规范进而被认为是规制自己的"枷锁",而不是通达理想的生存之境的自我实现方式。

事实上,现代道德哲学尽管以道德规范为核心,但这并不意味着规范本身就是自足的。规则需要在更为开阔的社会系统和价值系统中加以阐明。特别是,道德哲学关乎人类生活的意义,规则深层次上离不开人类对理想生活的追求,离不开人类对卓越人性价值的体悟。从这个意义上说,道德规范并不是奴役人、管束人的手段,制定道德规范恰恰是为了实现更加美好的现代社会,以及更加有力地促进个人在现代社会实现自我价值。而规范伦理学所希冀的价值支撑,往往是由德性伦理学提供的,即是说,德性伦理学关于人的美好生活目标的说明,将会为规范伦理学提供价值支撑。

德性伦理学是一种生活意义的目的论伦理学。追求理想生活之境、探寻生活意义是德性伦理学的重要品质。现代性消解了生活的统一性观念,随之而来的将是人生意义的缺失。麦金太尔可谓颇有意味地暗合这一点,他指出我们生活的现代社会是道德破碎的"德性之后"的时代:道德危机严重,人情关系寡淡,社会情感淡薄,所以他呼吁追寻美德;另一方面,对现代性的道德哲学的批评,意味着规范伦理学并不能挽回人们的道德理想,而要改善现代人的道德境遇,关注美好生活的意义,就应去追寻美德。

由此可以看出,规范伦理学与德性伦理学其实并非相互绝缘、彼此对立,如果没有德性伦理学对人的生活意义、生存价值的支撑,规范伦理学也会因为缺失坚实、有效的价值体系而变得冷酷无情,与此同时,如果没有规则的普遍适用,那么,现代社会将会丧失合理的秩序支撑。

第二,现代道德生活的完满阐释,离不开对"规范"与"品质"双重维度的阐明。规范伦理学与德性伦理学之争也从根本上涉及如何理解道德。现代道德哲学深受启蒙理性的影响,道德被理解为规范、条文。这种"道德律法化"的解释,要求行动必须符合特定规则,强调以外在规范来约束行为者。事实上,这种对道德的理解与规范伦理学相一致,它以一种劝导式、强压式的律令要求人们"应该怎么做",这很大程度上是中世纪神学道德的思想遗产,体现了宗教对人的行为的影响。用安斯库姆的话说,"'应当''需要''必须'这样一些日常的(同时也是极其不可或缺的)术语通过如下方式获得这种特定的含义,即在相关的语境之下被等同于'不得不''负有义务'或'被要求去做',其意义相当于,一个人可能受法律或某种能被法律所要求的东西所驱迫或约束",之所以如此,在于"在亚里士多德和我们之间出现了基督教,以及与之相伴的对于伦理的法律观。因为基督教从旧约律法中推演出它的伦理观念"[9](P45)。不可否认,在引导人们行为中,道德规则发挥的作用功不可没,尤其是面对道德意识薄弱的人,道德规范能够在很大程度上给予行为者行动的暗示,从而引导他们在实践中慢慢习得道德的习惯。

然而,规范仅仅是道德的表现形态之一,规范伦理学也绝非伦理学的全部,"只是伦理学的一个部分,事实上它们只是一小部分,一个枯燥无味的和最小的部分。存在另一个关于个人的、人际关系与活动之价值的整个领域,还有一个关于道德善良、优点、美德的领域"[10](P60)。面对现代社会复杂的情境以及道德主体日渐多样化的需求,道德规范难以适用于所有的道德情境,也不可能直面所有的道德主体。此时,道德自律就显得尤为重要。道德行为本应是行为者在内在道德意识的指引下做出的举动。只有道德行为者主动地、发自内心地拥护道德,并在生活中自觉地做出道德行为,道德才可能真正地落到实处。而一旦道德他律没有深入道德主体的内心,不被道德主体自动接受,那么道德行为就会一直处于被控制、被强迫的状态。

如果说,规范指向道德的他律之维,德性则指向道德的自律之维。他律的规范形式固然可以在外在约束力上使得行为者做出道德之举,但是如果没有内化为道德主体的内在品质,定然也不会出于自觉的道德动机。相反,如果在道德生活中,行为者时刻提醒自己要保持自觉的道德意识,这种出于道德自律的行为就会获得最佳的道德状态。道德自律是行为者认识到自身的主体性,并且希望免去外在规范的约束,去寻求道德生活中自由的状态,从主体内在发出道德需求,不管身处何时何地,道德主体都能严格要求自己。可以看出,在完满诠释现代人的道德生活问题上,自律与他律并不是割裂的,规范与德性相互配合、相互支撑。

第三,成就有德性的人需要规范和德性相互支撑。无论在传统社会还是在现代社会,成就一个有德性的人都是伦理学亘古不变的重要使命。

道德主体通过对外在道德规则的践履，升华到对道德理想的认同，成就道德品质，继而在以后的生活中自觉行使道德行为。道德外在表现为具体的道德行为，而在内在方面体现为道德动机、情感、理想、情怀乃至想象力等精神性元素。以道德理想和道德情怀为例，有德性的人展现出高尚的道德理想、卓越的道德情怀，这种道德理想和情怀使主体认识到自己做出利他性的道德行为之后，反馈到自身的强烈的满足感和自豪感。道德行为者因做了道德之事，体会到道德之乐，进一步感受到自我价值，而这种感受又会进一步激发道德主体更高的道德理想，如此循环往复塑造品格高尚的有德性的人(virtuous agent)。

从道德对人的要求来看，道德有层次之分。道德规范对应于人的较低层次的道德要求或标准，常常表现为人的道德底线，但却不能实现人的道德理想。而道德理想存在道德主体的精神世界，反映道德主体的精神境界。道德主体在自我训练、自我监督和自我反省过程中修得高尚的道德品质。规范伦理是让个体在具体道德规则中，调整自己的行为以养成道德习惯。但是，这种习惯还没有到达主体内部的心理意识。随着人们对道德规则的习惯性接受和践行，主体自主发挥道德自律意识，将人生的道德目标设置成为一个品质高尚的人。此刻，主体具备了内外统一的道德人格。因此，道德规范从外在他律的形式对道德主体进行行为的调整，以期符合社会道德要求。但是，只有来自人内心的道德自律，才能使道德获得真实的存在意义。道德人不仅需要在外在行动上监督自己的行为，更需要通过反省、自律的方式锤炼自身的道德品质，最终成为一个德性之人。

三、相互合作：现代道德生活的完满建构

伦理理论的合理性往往通过完满地诠释人们的道德生活加以检验。现代社会希冀什么样的伦理理论，很大程度上在于是否能够对现代人的伦理生活进行充足合理的诠释和理解。规范伦理学与德性伦理学之争，

一方面反映了较之传统社会,现代人的伦理生活已经发生了根本性的转变,两种伦理理论之争的背后折射出,在探寻现代人道德生活方案的问题上存在的重大分歧;另一方面,人们也可以发现,规范伦理学与德性伦理学并不存在无法跨越的鸿沟,通过规范伦理学与德性伦理学的互镜、对话,在解决现代人的实际道德生活问题上,可以建立互通性,共同发挥作用。这就需要充分把握现代人的道德生活的基本特征,在此基础上审视规范伦理学与德性伦理学的互补作用。

1."秩序"与"理想":现代道德生活的双重期待

一般而言,秩序是人们道德生活的根本前提。道德是维系人际关系、守护社会秩序的基本方式。由于主体性价值的确立,每个社会成员都成为独立的原子,进而,现代道德生活丧失了原有的整体性,呈现出"碎片化"的状态。"把一个人的整体生活作为客观的、非个人的评价的首要主题——而这种评价又为既定个体的具体行动或筹划提供判断内容——这样一种个人整体生活的概念在人们朝现代性前进的过程中已经不再普遍有效了。"[1](P43)现代社会是充满风险性的复杂性社会。"社会统一性"随之成为现代人道德生活的根本性问题。

伦理秩序为社会生活秩序提供担保。只有社会安定有序,人们才能各就其位、各司其职,保证社会的统一性。对于现代社会而言,这种追求社会秩序的道德要求是兜底式的,与此同时,对幸福生活的向往亦是现代人追求的道德理想。自古以来,追求幸福生活的美好愿望始终是人类道德生活不可或缺的维度,也是伦理学的重要组成部分。当人们过上了能够以道德规范加以约束的安定生活之外,对社会生活的更高期待也会随之而来。有秩序的社会给人们带来稳定的情绪,但是这种稳定的社会状态还不足以表达人们对更高社会状态的期待——幸福生活。幸福生活作为现代社会的道德理想,不仅依靠道德规范来维系秩序,而且依赖于每个社会成员具备更高的价值追求和道德理想。

尽管现代性消解了传统社会对"崇高"的价值肯定,将人置于没有价值和意义的"无根生存"状态中,并给社会带来了怀疑和否定的消极影响,然而,缺少了对于崇高的追求,我们对于自己,对于生活也就缺少了一种敬畏感。[11]一旦人们缺失了对卓越道德理想的向往,社会也将丧失活力。正因为如此,不少现代伦理学家试图通过重新找回德性,为社会注入真情实感。幸福生活首先表现在社会整体氛围的祥和、温暖和善良。在这个社会中,随处可以找到"人"的痕迹,可以感受到社会成员的道德温情和道德理想。只有当社会整体氛围充满道德情怀,这个社会才会散发人性的光彩,才会是一个崇高而幸福的社会。

2. 规范伦理:守住底线

现代社会的典型特征是个体化、理性化。加之,市场经济对道德生活产生的影响,人们的价值观和道德观呈现多元化的倾向,在生活中容易走向道德相对主义和道德虚无主义的危险。"现代社会是个喻于利"而且见利忘义的小人社会,为了给小人社会建立秩序,制度问题变成了首要问题,于是德性问题衰落了,现代伦理学主流都是广义上的规范伦理学。"[12](P8)因此,具有普遍约束力的道德规范是在社会整体中取得的道德公约数,成为现代社会的底线伦理,通过对全体社会成员提出底线的道德要求维持社会稳定。

规范伦理在现代社会是一种底线伦理。道德规范起到引导人们行为的作用。在具体的社会道德生活中,人们道德水平的高低评价在于其是否按照社会的道德规范行事,其行为是否符合对应的道德要求。道德规范是社会制定的底线式的道德要求。社会的发展首先在于安定,人们在安稳的社会中各就其职,按照自己的身份和角色来处理周遭事情。道德规范的作用是引导人们的行为符合社会整体的道德要求。它本身没有涵盖行为者的内在道德情操,而是仅需要行为者在社会中履行规范即可。因此,规范伦理发挥的作用只是约束社会成员的外在行为,使得他们遵守整体的道德规范以期社会安定有序。

3. 德性伦理:追寻美德

现代道德生活的更高目的在于塑造幸福生活,实现更美好的道德理想。道德规范形成严格的约束机制,以严格的他律形式对主体行为进行调节,对社会稳定和良性运转起着保障作用。然而,对道德的理解必须升华到对德性的尊重和肯定。由规范伦理组织的道德生活,并不能满足现代社会里人们更高的道德期待。诚如有学者所言:"视角的单一性导致了对道德理解的狭隘性,即仅从社会主体考察道德的内涵,忽视了其属人性。换言之,道德对人生存与发展的意义未能充分揭示出来,伦理学作为最应具有人文性的学科,却未能显现出应有的人文关怀。"[13]现代社会已经在人们的怀疑、反思中获得了新的生长点,人们更应该有正义、有爱,还有更多的人情味道。德性伦理本身包含着人们对社会生活的追问。人自身有道德追求,在道德生活中发挥道德的主体性也是人的内在需求。因此,人对生活的深刻追问导致德性伦理在现代社会有光荣的使命。"德性伦理在格位上应该高于规范伦理,并且它的应用范围不应该定位于具体的道德行为,这是规范伦理应该主导的领域,德性伦理应该统摄人类整体的道德生活。"[7]

德性伦理学的现代回归,不仅是当前时代对道德治愈良方的呼唤,更是饱含人们对崇高精神世界的期待。人类需要安定、有序、和谐,也需要温暖、友爱、善良。前者是规范伦理在现代社会能够起到的作用。人们严守纪律,恪守道德底线,每个人在各自生活范围内各司其职。后者是德性伦理学的目标,从人的内在精神品格出发培养人的道德品质和精神境界。可以说,现代道德生活既需要能够守住道德底线的规范伦理学,也需要能够满足人们对美好生活热烈追求的德性伦理学。不管是规范伦理关于道德的外在约束,还是德性伦理从主体内在阐发的幸福期待,都旨在回应现代人道德生活的重大问题。

教育部人文社会科学研究青年基金项目"21世纪以来西方德性伦理学的多样性研究"(17YJC720033);江苏省研究生科研与实践创新计划项目"现代性视域下的德性伦理研究"(KYCX19_0215)。原载于《伦理学研究》2019年第6期。

参考文献：

[1] 麦金太尔. 追寻美德[M]. 宋继杰,译. 南京:译林出版社,2003.

[2] 徐向东. 美德伦理与道德要求[M]. 南京:江苏人民出版社,2007.

[3] 亚里士多德. 尼各马可伦理学[M]. 廖申白,译. 北京:商务印书馆,2017.

[4] STAN V H. Understanding Virtue Ethics[M]. Montreal：McGill-Queen's university press，2006.

[5] 李义天. 美德伦理学与道德多样性[M]. 北京:中央编译出版社,2011.

[6] 万俊人. 当代伦理学前沿检视[J]. 哲学动态,2014(2).

[7] 李建华,胡祎赟. 德性伦理的现代困境[J]. 哲学动态,2009(5).

[8] 罗莎琳德·赫斯特豪斯. 美德伦理学[M]. 李义天,译. 南京:译林出版社,2016.

[9] 安斯库姆. 现代道德哲学[A]. 徐向东. 美德伦理与道德要求[C]. 南京:江苏人民出版社,2007.

[10] 迈克尔·斯托克. 现代伦理理论的精神分裂[A]. 谭安奎译. 徐向东. 美德伦理与道德要求[C]. 南京:江苏人民出版社,2007.

[11] 张言亮,卢风. "躲避崇高"与人的无根生存[J]. 唐都学刊,2007(7).

[12] 赵汀阳. 论可能生活[M]. 北京:中国人民大学出版社,2009.

[13] 黄明理. 论道德与个人幸福的统一性[J]. 南京政治学院学报,2003(6).

慈善事业中的政府、慈善组织与公众
——公众微观认知的视角

毕素华[*]

摘　要　慈善作为公共生活的一部分,是公众爱心的表达,也是社会责任与公共情怀的体现。其在宏观层次涉及政府对慈善事业的指导,中观层次涉及慈善组织的内部管理结构,微观层次涉及大众的捐献行为。公众的慈善行为是慈善事业的基础,公众对慈善事业的系统认知水平对慈善事业的成长与发展则具有深远影响。从社会公众微观认知的视角对慈善事业三个层次展开实证研究发现:政府与慈善组织的边界越明确,慈善事业发展越稳定;公众的捐献行为具有选择性,基层政府有组织的慈善宣传对捐献行为有正面影响;慈善组织的规范管理和信息透明对慈善行为有正面影响。

关键词　公众认知　慈善事业　系统分析

慈善、慈善组织、捐助、献爱心等已经日益成为当代中国社会公众日常话语体系中的热点词汇。而其中的慈善也日益成为公众的一种生活方式,它既是公众爱心的表达,也是社会责任与公共情怀的体现。在此次抗

---

[*] 毕素华,江苏省社会科学院研究员。

击新冠肺炎疫情战役中,慈善组织作为一股重要的力量参与其中,也暴露出了公信力不强、专业不足、效率低下等问题。从组织角度看来,众多慈善生活参与主体中,社会公众显然是最为重要的主体,社会公众的慈善意识与慈善认知在很大程度上代表着慈善生活参与主体的慈善意识与慈善认知水平,决定了慈善生活系统的内外部生态环境。那么,我国社会公众对慈善生活系统的认知存在哪些问题?作为宏观慈善生活系统重要组成部分的政府、作为中观慈善生活系统的慈善组织、作为微观慈善生活系统关键主体的社会公众三者之间的内在关系如何?宏观、中观、微观慈善生活系统之间如何相互作用?哪些因素对微观慈善生活系统构成影响?这是本文要回答的问题。

一、基于慈善生活系统构成的文献梳理

近十余年来,慈善事业受到中国学术界的重视。宏观层面,学者主要考察了政府与社会的边界、官办型慈善组织与民办慈善组织在资源依赖、组织动员和组织体制等方面的活动,注重慈善事业的发展模式、形式与慈善组织的类型,强调慈善组织向现代化转型过程中"官办型"慈善组织与"民间型"慈善组织的发展形态与合作关系。有学者认为中国慈善事业存在两次转型,"第一次是由传统向近代转型,发生在晚清到民国时期;第二次是由近代向当代转型,这次转型的起点是 2008 年"[1]。但更多的学者则注重第二次转型进程中的慈善组织发展,因为伴随社会主义市场经济体制及其相关的政治体制、社会治理体制的改革和调试,"现行的政治体制保留和继承了全能体制下的大部分政治资源和组织资源"[2],这也"决定了我国慈善事业必然是社会保障体系的必要补充"[3]。随着社会活动空间的逐步扩展,慈善组织的发展维度中呈现出"官办型慈善组织"与"民办型慈善组织"共同发展的情形,甚至有的地方还呈现出一种"官办民资型慈善组织",这种慈善组织"沿袭了民政部门的社会救助职能,但其资金来源由财政拨款改为吸纳民间资金"[4],这表明"官办型慈善组织"开始向

"民办型慈善组织"转型。中国慈善组织为了突破资源不足而寻求本土解决道路,在汲取本地资源时将地方社会资源与社区社会组织相链接。[5]

中观层面的分析主要考察慈善组织的内部治理结构与体制,外部力量(如政府、个体)对慈善组织发展的影响,以及慈善资源的配置等方面的内容,认为慈善公信力是慈善组织和慈善活动在社会系统信任中获得社会认可和公众信任的程度。[6]在推进慈善组织公信力的具体措施方面,张鹏等认为慈善事业运作透明化是重塑慈善公信力的关键和源头。[7]赵春雷强调慈善信息公开有助于重构社会公众与慈善组织的信任关系。[8]孙发锋认为专业性、独立性、民间性的第三方评估对慈善组织公信力建设具有评价、引导、激励、预防作用。[9]李占乐等则更加强调政府、立法对慈善组织公信力建设的作用。[10]对慈善组织自身管理能力建设,郭大林认为,慈善组织人力资源管理、慈善资源募集与使用、慈善组织公信力建设等方面的不足是其管理能力提升的桎梏。[11]研究认为,慈善组织品牌形象对社会公众慈善捐赠动机有重要影响,[12]吴靖国等则强调应在考虑政府与社会责任的二维视角中,推进慈善事业治理结构演进,实现慈善事业多中心治理。[13]在慈善组织内部治理和慈善资源配置方面,联合劝募的方式为慈善事业的发展提供了新的视角。

微观层面的研究则注重居民慈善意愿及慈善认知对慈善行为的影响机制分析,认为主体在拥有捐赠意愿的基础上生成捐赠动机,才能转变为捐赠行为。[14]而在特定慈善行为个体研究方面,集中在互联网对大学生慈善渠道的信任问题,[15]以电脑、手机等为终端的新媒体对大学生慈善价值观的影响[16]以及中国企业家的慈善行为[17]等方面。

显然,慈善生活内部宏观、中观、微观三个子系统之间并不是孤立存在的,而是相互影响、相互促进的,共同实现着对社会慈善生活的系统协调推进作用,因此,慈善生活系统的成长与发展是三个子系统各要素之间相互影响、共同作用、协同推进的结果。

二、公众对慈善事业认知度分析

通过调查公众对慈善事业的认知水平,我们可以把握当代中国慈善事业宏观、中观到微观层次整体状况以及各个层次之间的关联。为此,2015年3月至9月间,笔者在南京、重庆、芜湖、温州、上海、苏州等地就政府与慈善组织关系、慈善组织运行现状、公众对慈善组织认知三个主要方面展开了抽样调查,共发放问卷750份,回收问卷726份,其中有效问卷676份。在获得样本数据后,本文以社会公众对"政府与慈善组织的关系"的认知为自变量,以公众的慈善活动参与为因变量展开分析。自变量有10个相关问题,包括"Q1.1您是否认为政府应该在规范慈善组织的运行中发挥较大作用?""Q1.2您是否认为政府应通过制度和标准严格慈善组织的运行程序?""Q1.3您是否认为政府或相关部门应制定基于中国实际的《慈善法》?""Q1.4您是否认为政府应与慈善组织明确各自作用的边界?""Q1.5您是否认为在中国目前情势下政府应该完全退出慈善领域?""Q1.6您是否认为应该建立具体的强制性的慈善信息公开规则和程序?""Q1.7您是否认为应该建立健全针对慈善组织信息公开的问责机制?""Q1.8您是否了解政府对慈善组织的诸多监管主体?""Q1.9您是否认为应该建立针对慈善组织的慈善评级机构和制度?""Q1.10您是否认为司法机关有必要介入慈善机构的日常监管?"。通过Binary Logistics回归,对慈善生活系统的社会公众微观认知情况进行定量分析,着重探讨政府、慈善组织与社会公众的内在互动关系及慈善生活系统的宏观、中观、微观的相互作用。控制了性别、年龄、教育和职业等变量之后的模型分析结果见表1。

从模型1可以看出,在控制其他变量以后,认为政府应该在规范慈善资助的运行中发挥更大作用的被访者,参加单位或学校募捐的概率是反对政府发挥更大作用者的2.86倍。这说明,政府对慈善组织运行的规范能有效促进公众参与单位或学校组织的慈善活动。如果政府完全退出慈善领域则会显著降低公众参加单位/学校组织的慈善活动的可能性(参与慈善的概率下降83%,且显著)。认为司法机关有必要介入慈善机构的日常监管的公众更可能参加单位/学校组织的慈善捐款活动,参与概率是反对司法机关介入慈善机构的日常监管公众的2.07倍。认为政府与慈善组织应明确各自作用的边界的被访者参与单位/学校募捐的概率,是不认为政府与慈善组织应明确各自作用的边界的被访者参与概率的2.19倍。由此可见,在中国,一方面政府不能完全退出慈善领域,政府只有对慈善组织的运作进行必要的监管,司法机关加强对慈善组织进行日常监管,才能提高公众参与单位/学校募捐的热情;另一方面,要注意政府与慈善组织之间的边界,一旦政府太过强势越界管理,则会产生"过犹不及"的结果,从而降低公众参与单位/学校募捐的热情。

模型2的结果表明,政府是否在慈善组织的运行中发挥作用与居民是否参加过慈善组织发起的相关活动不具备统计学上的相关性,居民是否参加慈善组织发起的活动是由居民自发性行为产生的,受政府影响不大。然而,统计学上的不显著性表明,要想有效促进慈善生活系统良性发展,政府并不需要特别干预慈善组织的运营,否则即便浪费了公共财力,可能也不会达到帕累托效益的结果,而鼓励与培养慈善组织具有独立的、较完善的组织能力和运营效率,让民众的慈善行为发挥最大效应,更有利于慈善氛围的形成,能够促进生活系统的良性发展。

表1 对"政府应在慈善组织运作中发挥作用"的认知对慈善活动参与的影响(N=676)

	模型1	模型2	模型3	模型4	模型5	模型6
	单位/学校募捐	慈善组织发起活动	街道/社区慈善捐赠	固定捐款活动	网络捐赠	媒体/个人捐赠
	Exp(B)	Exp(B)	Exp(B)	Exp(B)	Exp(B)	Exp(B)
Q1.1	2.855*	1.084	0.665	0.699	1.009	1.547
Q1.2	0.281	0.896	2.145*	1.362	1.320	0.878

(续表)

	模型1 单位/ 学校募捐 Exp(B)	模型2 慈善组织 发起活动 Exp(B)	模型3 街道/社区 慈善捐赠 Exp(B)	模型4 固定 捐款活动 Exp(B)	模型5 网络捐赠 Exp(B)	模型6 媒体/ 个人捐赠 Exp(B)
Q1.3	0.408	0.911	0.956	0.608	0.830	0.928
Q1.4	2.190*	0.904	1.007	0.895	1.175	0.626*
Q1.5	0.170***	0.919	0.907	1.721**	1.568*	0.919
Q1.6	1.451	0.662	0.822	1.233	1.119	3.079***
Q1.7	0.724	1.462	1.425	1.518	1.498	0.723
Q1.8	0.966	1.061	0.906	1.414	0.996	1.037
Q1.9	1.803	1.623	1.142	1.188	0.662	0.927
Q1.10	2.068*	1.314	1.341	1.107	1.178	1.436

注:1. * $p<0.05$,** $p<0.01$,*** $p<0.001$;2. 限于文章篇幅限制,标准误、控制变量及模型拟合相关参数在此未予呈现。

模型3中,只有Q1.2对居民是否参加过所在街道/社区组织的慈善捐赠活动具有统计学意义,表明政府通过制度和标准严格慈善组织的运行程序,对居民参加所在街道或社区组织的慈善捐赠活动有显著性影响,而且这种影响表现为具有正面促进作用。这说明要想促进居民参与所在街道或社区组织的慈善捐赠活动,提高慈善运行效率和质量,政府应该加大规范制度和标准建设力度,着力健全和完善作为中观慈善生活系统的规章制度,推动慈善组织能力建设。此外,由于社区或街道人口的流动性较大,管理模式和口碑远远比不上专业的慈善组织和单位,因此,要想提高街道或社区在慈善领域的贡献,让居民对其增加信任感,就有必要加强政府对社区慈善组织的管制与监督,让其深入渗透到居民慈善资金运行的每一环节,保障每一份资金都能合理真实地应用到慈善领域。

模型4、5、6则分别是公众是否参与"慈善一日捐"等固定捐款活动、网络发起的捐赠活动和媒体/个人发起的捐赠活动等的回归分析结果。

其中，认为在中国目前情势下政府应该完全退出慈善领域的公众，参与"慈善一日捐"等固定捐款和网络发起的捐赠活动的概率更大，这也意味着在固定捐款和网络捐款领域，政府应当退出慈善领域，减少对慈善组织的干预；在媒体/个人捐款领域，政府则需要加强对慈善活动的监管，如果太过强调双方的作用边界反而不利于慈善活动，降低公众参与慈善活动的概率，且对媒体/个人应该建立具体的强制性的慈善信息公开规则和程序，才能提高公众的慈善活动参与概率。

综合表1关系，可以分析得出公众对政府在慈善组织运作中发挥的作用的认知差异，可能会对他们参与不同主体发起的慈善活动产生影响。宏观和中观层面体现在以下三个方面。首先，政府在规范慈善组织运行中发挥较大作用，可以推动公众对单位/学校组织的募捐活动的参与概率大大提高，但对其他主体（慈善组织、街道/社区、媒体/个人等）发起的慈善募捐活动的参与不存在显著影响；政府通过制度和标准严格慈善组织的运行程序，可能会提高公众对街道/社区组织的慈善募捐活动的参与概率，但对其他主体组织的慈善活动参与不存在显著影响；《慈善法》的制定，对公众参与慈善活动募捐不存在显著作用。其次，政府与慈善组织的作用边界的明确，对不同主体组织的慈善活动的参与的作用不同。对单位/学校组织的募捐活动而言，政府与慈善组织的边界清晰有利于公众慈善活动的参与。但是对于媒体/个人组织的捐赠活动来说，政府与慈善组织的边界清晰，反而会降低公众的慈善活动参与；政府是否应退出慈善领域对不同主体组织的慈善活动的参与的影响也不尽相同：认为目前形势下政府应退出慈善领域的公众对单位/学校组织的募捐活动的参与概率较低，但对"慈善一日捐"等固定捐赠活动和网络发起的捐赠活动的参与概率更高。再次，建立强制性的慈善信息公开规则和强制程度对公众参与媒体/个人发起的捐赠活动的参与具有较大的影响。而司法机关介入慈善机构的日常监管可能会提高公众对单位/学校组织的慈善活动的参与概率。公众对慈善组织运行和慈善资金使用情况的了解程度对居民是否参加所在学校或单位组织的慈善募捐活动的意愿构成重要影响。由此可见,居民是否愿意参加所在学校或单位组织的募捐活动,主要在于慈善机构自身与民众对其的信赖度,因此,对慈善机构的基本信息、运行理念及民众与协会的约束监督就很重要,慈善机构内部机制一旦出现漏洞或者监管不善,其带来的负面影响较大。在中国目前情势下,政府应该加强慈善组织自身基本信息(如组织的宗旨、工作领域、年检情况等)、慈善组织自身治理信息(如组织主要负责人的背景信息,职能部门的设置情况等)方面的监管措施;而慈善组织应该联合起来组建慈善行业协会以加强自身约束。

在微观层面,民众参加慈善组织发起的相关活动,完全由民众自发行为决定。他们对慈善组织信息公开情况、业务信息的关注及了解程度,是其参加慈善组织组织的慈善项目或活动的意愿影响因素。这就对慈善组织自身管理提出了更高要求,包括信息公开,资金运用明细、慈善信息真伪等。居民参加所在街道或社区组织的慈善捐赠活动具有选择性,这就要求政府通过制度建设并制定相应的标准严格规范慈善组织的运行程序、监督慈善组织的运行状况,要求慈善组织公开自身费用支出的情况,并借助网络对慈善信息进行真伪辨别。街道和社区的慈善组织既有普通单位和组织的自治管理属性,又具有区域行政性,因此,街道或社区的慈善组织除了需要做到慈善费用运用明细公开透明之外,还需要广大民众的实时监督,更需要政府通过行政制度严把其运行过程,保障街道或社区慈善组织的慈善行为合理合法合规,保障民众的财产和慈善心运用得当。

另外,民众参加"慈善一日捐"等固定捐款活动的性质类似于慈善组织组织的慈善活动,当"慈善一日捐"形成固定模式时,说明其内部运行机制和管理模式已形成规模,具有完善性,只需其独立运行即可,但需要引入慈善组织协会的约束与社会的监督,这些活动的运行经费需要实现公开与透明。网络作为新时代的必然产物,自身所携带的民众的自由与自主是其特有的性质,但网络上发起的捐赠活动的真实性也给民众带来巨大挑战,因此网络上的各种事件都需要网民自主判别,同样也对网络环境管理提出了新要求。对媒体或个人通过网络平台发起的捐赠活动,其影响因素众多,涉及政府管制、慈善组织内部管理、民众自愿程度以及网络的可靠性等。政府需要制定并出台相关法律法规保障真实的慈善行为能够安全运行,同样要求各类捐赠平台和受捐赠对象必须将民众的善款透明化、使用渠道和明细公开化。

三、研究结论

慈善行为深受多重因素影响和制约。不同类型的慈善组织的慈善行为表现出相当程度的差异性,与之呼应的则是,监管的方式和手段也存在着较大甚至是本质性区别。对于那些具有规模效应、运行机制完善、运行过程透明、运行平台开放、社会公信力高的慈善组织,其发起的慈善行为则具有独立性、合理性和公正性。政府只需要在宏观层面上做好顶层的制度性设计,具体体现在以下方面。基于民众有效表达和实现善心的价值考量,对于那些社会公信力低、规模较小、运行机制不健全、运行过程公开和运行平台开放程度低的慈善组织所发起的慈善行为,政府必须秉承一种积极并主动的姿态来建章立制,以对其慈善行为进行动态化、立体化监管;针对那些民间自发的慈善行为和借助于网络所发起的自愿性慈善活动,则需要进一步建立健全相关的专门性法律法规,以不断强化政府监管的力度和强度,进而保障该类慈善行为的规范性运行和实现动态的良性发展。从系统论的意义上看,慈善组织内部架构安排或设计的科学性、完善性、合理性、有效性以及社会公众理性的判断能力和意识等,是影响甚至决定慈善生活系统良性运行的关键性要素。实践中,我们唯有审慎地探索慈善组织的内部架构、运行机制等核心要件的建构之道和促进慈善组织的健康发展,方能在根本上实现社会慈善生活系统的良性运行。

本文系国家社科基金"我国慈善组织内部治理研究"(19BSH137)及江苏省社会科学院建国70周年专项课题"新中国70年江苏慈善事业发展研究"的阶段性成果。原载于《学术研究》2020年第4期。本文被人大复印资料《社会保障制度》2020年第6期全文转载。

参考文献：

[1] 周秋光,王猛.当代中国慈善发展转型中的抉择[J].上海财经大学学报,2015(1).

[2] 毕素华.官办型公益组织的价值突围[J].学术研究,2015(4).

[3] 陈成文,雷旦丹,尹伟.慈善:政府与民间的责任边界[J].湖南社会科学,2013(1).

[4] 高力克,杨琳.慈善中的社会与政府:温州与常州慈善模式比较[J].浙江学刊,2013(5).

[5] 胡小军,朱健刚.社区慈善资源的本土化——对中国社区基金会的多案例研究[J].学海,2017(6).

[6] 杨思斌,吴春晖.慈善公信力:内涵、功能及重构[J].理论月刊,2012(12).

[7] 张鹏,李萍,赵文博.破解慈善公信力困境:可追溯系统原理运用的理论与实证[J].社会科学研究,2016(3).

[8] 赵春雷.论慈善组织信息公开的公信力塑造功能——基于近年中国慈善组织公信力嬗变视角的分析[J].南京师大学报(社会科学版),2015(6).

[9] 孙发锋.第三方评估:我国慈善组织公信力建设的必然要求[J].行政论坛,2014(4).

[10] 李占乐.慈善组织公信力建设中的政府职能探析[J].长白学刊,2012(3).

[11] 郭大林.我国慈善组织管理能力提升的障碍与突破[J].天津大学学报(社会科学版),2015(2).

[12] 谢晓霞.慈善组织品牌形象对公民慈善捐赠的影响[J].山东社会科学,2016(S1).

[13] 吴靖国,毛寿龙.从"操作规则"到"规则的规则"——我国慈善组织治理结构的演进[J].社会政策研究,2017(1).

[14] 赵春雷.社会主体捐赠意愿的形成与转化[J].学海,2016(3).

[15] 吕鹏,费丽君.互联网对中国大学生慈善渠道信任的影响及其限度[J].学海,2014(6).

[16] 许德雅.新媒体与大学生慈善价值观的建构[J].东南传播,2017(1).

[17] 赵曙明,白晓明等.中国企业家慈善捐赠行为模式及现状研究[J].南京社会科学,2015(1).

经济学

人工智能与全要素生产率
——证伪"生产率悖论"的中国证据

刘 亮 胡国良[*]

摘 要 人工智能是引领新一轮科技革命和产业变革的战略性技术,对中国经济高质量发展至关重要。然而,人工智能对于生产率的影响非常复杂,对于究竟是否存在所谓的"生产率悖论"尚无一致见解。基于中国制造业数据的实证研究结果显示,人工智能显著促进了全要素生产率的提升,证伪了"生产率悖论";进一步的异质性分析发现,人工智能对中高技术行业的生产率提升效应更强。但是,由于"拥挤效应"以及应用潜力被低估,人工智能对制造业全要素生产率提升的边际效应在降低。人工智能主要通过提高技术效率来促进全要素生产率的提升,其对于技术进步的促进作用并不显著。为此,应推动人工智能技术在中国制造业的应用,完善人工智能相关政策,加强智能化基础设施建设,培养人工智能技术人才。

关键词 人工智能 全要素生产率 生产率悖论 工业机器人

---

[*] 刘亮,东南大学经济管理学院博士研究生。
胡国良,管理学博士,江苏省社会科学院经济研究所所长、研究员。

引　言

　　人工智能已经成为目前最有前途的技术之一。据推算,到 2030 年,人工智能将推动全球 GDP 年均增长 1.2%,超过了蒸汽机、信息和通信技术扩散引致的 0.3%、0.6%的年均增长效应。[1]习近平总书记强调,人工智能是全球新一轮科技革命和产业变革的重要驱动力量,加快发展新一代人工智能是事关我国能否抓住新一轮科技革命和产业变革机遇的战略问题,要在经济发展质量变革、效率变革、动力变革中发挥人工智能作用,提高全要素生产率。因此,如何准确把握人工智能的技术特性与优势,实现全要素生产率的提升,成为学界与政策制定部门关注的重大课题。

　　近年来,随着大数据、云计算、深度学习等技术的突破发展,人工智能开始呈现爆发式发展的态势,关于人工智能对经济社会发展各方面的影响的研究文献大量涌现。不过,正如 Solow 所言:"计算机无处不在,唯独在生产率统计数据上难见其踪影。"[2]近年来,人工智能在感知与认知方面取得了突飞猛进的发展,人工智能图像识别的误差率已经由 2010 年的 30%降低到 2016 年的 5%以下,语音识别的误差率也由 2016 年的 8.5%下降到 2017 年的 5.5%。然而,2000 年中期以来,美国的劳动生产率并未出现大幅度的增长,2005—2016 年,美国劳动生产率的年均增速仅为 1.3%,低于 1995—2004 年的 2.8%。[3]这种生产率增速显著下降的现象也广泛出现在经济与合作组织(OECD)国家,并且在新兴经济体中也初见端倪。[4]

　　可见,人工智能在提升全要素生产率方面的作用依然存在争议。一些文献为人工智能对全要素生产率的影响提供了经验证据,但研究的样本多为发达国家,由于经济结构、发展阶段、技术水平等方面的差异,不同国家的技术溢出条件可能发生变化。[5]人工智能技术的应用是否提高了中国的全要素生产率?现有研究尚未给出确切答案。基于以上考虑,本文试图采用2006—2016年中国制造业二位数行业工业机器人装备量及相关数据,分析人工智能技术在中国的应用是否有效促进了全要素生产率的提升,剖析其影响渠道,检验人工智能的"生产率悖论"。

一、人工智能对全要素生产率的双向效应:"生产率悖论"的产生机理

人工智能作为新一代信息技术,具备替代性、协同性、创造性与渗透性四项技术特性,其对全要素生产率的影响主要体现在如下几个方面:

一是人工智能通过替代人类劳动,提高生产率。一方面,人工智能作为能够识别和响应环境而智能运行的机器、软件或算法,可以创造新的虚拟劳动力替代人类劳动执行程序化任务,实现复杂任务的"智能自动化",直接提高生产效率。[6]另一方面,随着人工智能资本的扩张,知识与智力密集度不断积累的同时也产生了新任务,在这些新任务中高技能劳动力更具比较优势,进而导致对高技能劳动力的需求相对增加,最终变现为更高的生产率。二是人工智能可以与传统生产要素融合,改善要素质量与配置效率。人工智能的应用能够补充或增强其他要素的生产力,带来企业组织、管理、生产流程的改变,提升要素流动性与利用率。由于人工智能比一般技术改进得更快,在其他要素可以根据需要快速增长的情况下,人工智能的应用可将生产率提高一个或更多个数量级。[7]三是与以往的自动化技术存在差异,人工智能不仅是对体力劳动生理器官及其动力的替代,而且是对脑力劳动生理器官及其智能的替代。[8]"创新方法的创新"往往比任何单一创新更有潜在价值,深度学习等技术的快速发展使得人工智能具备了自我提升的能力,随着人工智能资本的不断积累,可能引致奇点的到来,在有限的时间带来无限的经济增长。[9]四是人工智能作为通用目的技术,具有渗透性。与蒸汽机、电力、内燃机和计算机等技术相似,人工智能能够应用于经济社会各个行业、各个环节,彻底改变经济的运行方式。这就意味着,人工智能不仅可以直接提升生产率,还能促进互补式

创新的发展。现阶段,机器学习技术已广泛运用于自动驾驶、疾病诊疗、人脸识别、产品推荐等领域,推动了不同产业领域的创新发展。

然而,尽管理论上人工智能对促进经济增长有重要的支撑作用,但经济运行的实践与理论预期往往存在较大偏差。[10]一是目前人工智能的应用更偏向"智能自动化"的替代效应,没有足够的精力创造新任务。这种选择可能导致劳动需求停滞不前甚至下降,进而在造成劳动力收入份额下降的同时,降低劳动生产率。[6]二是通用目的技术对全要素生产率的促进效应并不是自动实现的,需要互补性技术、基础设施、人员素质等与之匹配。现阶段,人工智能技术尚未成熟,人工智能对全要素生产率的促进作用需要存量积累达到具有全局影响的规模。[10]三是人工智能对全要素生产率的促进作用需要大量的投资以及个人、企业乃至国家适应能力的提升。[3]过度的"智能自动化"可能会导致劳动力无法匹配人工智能所需的新技能,人工智能的生产率促进效应将被抑制。而人工智能的过快引入,也可能以牺牲其他提高生产率的技术为代价,不仅直接导致效率低下,也可能造成资源浪费,导致整体生产率的下降。[11]

综上,人工智能对全要素生产率存在促进与抑制的双向影响,验证中国是否存在"生产率悖论",需要进行进一步严格的计量检验。

二、人工智能对中国全要素生产率的影响:基于制造业的实证检验

(一) 模型设定

本文设定如下模型估计人工智能对全要素生产率的影响:

$$TFP_{it}=\alpha+\beta AI_{it}+\gamma X_{it}+\varepsilon_{it} \tag{1}$$

其中,TFP_{it}表示i行业t时期的全要素生产率;AI_{it}表示i行业t时期人工智能应用程度;X表示控制变量,包括研发投入(R&D)、政府干预(Gov)、外商直接投资(FDI)、要素禀赋(Factor)、行业规模(Scale);ε表示随机扰动项;α、β、γ表示待估计系数。

(二) 变量说明

1. 人工智能(AI)

人工智能可以被定义为能够识别和响应环境而智能运行的机器、软件或算法,也可以简单理解为"机器模仿人类智能行为的能力"。[6]工业机器人作为人工智能在制造业领域应用最广泛的技术之一,是一种自动控制的多用途的机器,可以通过编程完全自主地执行焊接、喷漆、组装、搬运、包装等任务。本文借鉴 Acemoglu 和 Restrepo 等的研究,选用中国制造业二位数行业工业机器人装备增长量表示人工智能的应用程度。[12]

2. 全要素生产率(TFP)

本文采用基于 DEA 模型的 Malmquist 生产率指数法,估算中国制造业全要素生产率的变化趋势。用行业固定资产合计、年末从业人数作为投入变量,用主营业务收入作为产出变量。由于国际机器人联盟(IFR)提供的工业机器人数据按《国际标准行业分类(ISIC Rev4.0)》标准分类,本文将中国制造业二位数行业按照《国民经济行业分类(GB/T 4754-2017)》与《国际标准行业分类(ISIC Rev4.0)》匹配,具体匹配方式与部分年份计算结果见表1。

表1 中国制造业二级行业全要素生产率计算结果

行业分类	国民经济行业分类(GB/T 4754-2017)	国际标准行业分类(ISIC Rev 4.0)	2006	2010	2013	2016
食品和饮料业	13~16	10~12	1.134 5	1.088 8	1.018 4	1.045 5
纺织业	17~19	13~15	1.077 5	1.096 0	1.022 6	1.000 0
木材与家具业	20~21	16	1.094 1	1.059 8	1.009 0	1.048 3
纸及纸制品与印刷业	22~23	17~18	1.150 4	1.166 9	1.043 0	1.075 0
塑料化工业	25~29	19~22	1.128 8	1.177 2	1.033 3	1.033 0
非金属矿物制品业	30	23	1.223 0	1.140 8	1.086 7	1.060 7

(续表)

行业分类	国民经济行业分类（GB/T 4754-2017）	国际标准行业分类（ISIC Rev 4.0）	2006	2010	2013	2016
基础金属业	31~32	24	1.2121	1.1794	1.0087	1.0755
金属制品业	33	25	1.1023	1.0735	1.0054	1.0871
工业机械制造业	34~35	28	1.1046	1.0990	1.0119	1.0423
交通运输设备制造业	36~37	29~30	1.1722	1.1519	1.0694	1.0763
电子设备制造业	38~40	26~27	1.1129	1.0062	1.0132	1.0083
均值			1.1375	1.1127	1.0292	1.0502

3. 控制变量及数据说明

参考已有研究,控制变量研发投入(R&D)采用各行业R&D经费内部支出进行度量；政府干预(Gov)采用各行业国有资本进行度量；外商直接投资(FDI)采用各行业外商资本进行度量；要素禀赋(Factor)采用劳均固定资本净值表示；产业规模(Scale)采用劳均主营业务收入表示。相关数据主要来源于2007—2017年《中国统计年鉴》《中国工业统计年鉴》和国际机器人联盟网站等。为避免异方差,本文对AI、R&D、Gov、FDI进行对数化处理,并对所有变量进行了1%以下和99%以上分位数缩尾(Winsorize)处理。

（三）结果分析

1. 基准结果分析

本文采用最小二乘法(OLS)对基准模型进行估计,结果见表2。表2中,列(1)和列(2)分别为只包含人工智能核心解释变量与加入控制变量的回归结果,系数分别为0.0121和0.0059,且均通过显著性检验,这说明人工智能的应用对中国制造业全要素生产率变化有显著的正向影响。

列(3)和列(4)分别为控制行业因素和时间因素的回归结果,人工智能变量的系数均显著为正。上述结果初步表明,考察期内人工智能的应用促进了中国制造业全要素生产率的提升。人工智能资本积累与深化,对全要素生产率形成有益补充。尽管存在潜在的"机器对人的替代",但具备工程和编程功能的数据管理师、数据分析师等高技能任务开始出现,有利于行业劳动生产率的提升。

表2 基准回归结果

	(1)	(2)	(3)	(4)
AI	0.012 1** (0.006 0)	0.005 9* (0.003 4)	0.005 3* (0.002 9)	0.005 7** (0.002 5)
R&D		−0.026 9*** (0.006 6)	−0.025 5*** (0.006 8)	−0.008 5 (0.022 9)
Gov		−0.026 5 (0.026 3)	−0.023 7 (0.020 8)	0.008 4 (0.019 6)
FDI		0.027 3*** (0.009 2)	−0.025 7 (0.020 2)	0.032 3 (0.023 7)
Factor		−0.006 2 (0.004 6)	−0.016 2*** (0.005 0)	−0.016 2*** (0.004 1)
Scale		0.009 1*** (0.000 7)	0.008 3*** (0.001 0)	0.005 6*** (0.001 0)
c	1.050 1*** (0.007 0)	1.197 5*** (0.054 1)	1.571 3*** (0.124 2)	0.991 9** (0.399 6)
控制变量	不控制	控制	控制	控制
行业	不控制	不控制	控制	控制
时间	不控制	不控制	不控制	控制
F	4.004 5	31.475 9	15.912 5	36.754 2
R^2	0.024 5	0.663 6	0.766 2	0.855 7
N	110	110	110	110

注:***、**、*分别表示1%、5%、10%的显著性水平,括号中为标准误,下同。

2. 人工智能对全要素生产率影响的行业异质性

由于制造业不同行业应用的工业机器人的种类、技术含量等存在明显差异,因而,人工智能应用对全要素生产率的提升作用可能会存在行业异质性。借鉴《国际标准行业分类(ISIC Rev 4.0)》将 11 个行业划分为低技术行业、中技术行业、高技术行业,在基准模型的基础上引入低技术行业(Low)、高技术行业(High)虚拟变量与人工智能的交互项,考察人工智能对全要素生产率影响的行业异质性。以中技术行业为参照组的回归结果见表 3。表 3 中,列(1)和列(2)分别为加入控制变量、同时控制行业因素与时间因素的回归结果。从结果来看,人工智能应用对全要素生产率的影响系数显著为正,表明基准回归结果较为稳健。从交互项系数来看,人工智能的应用对全要素生产率的影响存在行业异质性。以列(2)为例,人工智能与低技术行业的交互项(AI * Low)系数为-0.011 2,通过 10% 的显著性检验,人工智能与高技术行业的交互项(AI * High)系数为-0.009 9,但并不显著。这说明,人工智能的生产率效应主要体现在中技术行业与高技术行业上,而人工智能对低技术行业生产率的促进作用相对较小。原因可能是目前中高技术行业的人工智能设备、软件、算法等技术水平更高,人工智能对流程化任务的替代得以让中高技能劳动力释放更多的精力,进一步强化了非流程化任务的比较优势。此外,中高技术行业的人工智能相关投入更多,也具有更为良好的技术基础与吸收能力,可以与工业机器人等人工智能技术形成互补、促进技术外溢,从而更好发挥其生产率效应。

3. 人工智能对全要素生产率影响的阶段性特征

本文以 2014 年为界,将全样本分为 2006—2013 年和 2014—2016 年两个时间段分别进行回归,以分析人工智能对全要素生产率影响的阶段性特征。表 3 的分时段回归结果揭示了人工智能对中国制造业全要素生产率的影响强度在不同阶段的差异。其中,列(3)为 2006—2013 年样本的回归结果,人工智能对全要素生产率的影响系数显著为正,列(4)为 2014—2016 年样本的回归结果,正向影响依然显著。这表明,在考虑人工智能对全要素生产率影响的阶段性特征后,基准回归结果依然稳健。从影响的阶段性特征来看,在经济进入"新常态"后,人工智能对全要素生产率提升的边际影响似乎在下降。这一结果与 Graetz 和 Michaels 的结论相似,他们认为随着工业机器人在制造业的广泛运用,人工智能的边际收益似乎在减少,会产生"拥挤效应"。[13] 这种"拥挤效应"的确需要引起重视,不过本文认为造成这种结果的更重要的原因是人工智能在制造业领域的应用潜力被低估。尽管近年来中国人工智能相关投资屡创新高,但 2015—2018 年人工智能相关项目投资最大的 300 项中,制造业领域仅占 1%,远低于商业及零售领域(23.4%)与自动驾驶领域(18.3%)。因此,不应对人工智能的生产率效应过于悲观,相反,随着人工智能技术在制造业领域的逐渐推广与不断发展,人工智能对未来制造业发展的贡献是巨大的。

(四)稳健性检验

以上结果均支持人工智能对全要素生产率提升的积极作用。然而,模型的内生性问题不可忽视。对于遗漏变量造成的内生性问题,本文尝试通过基于面板数据的固定效应(FE)模型予以缓解,回归结果见表 3 列(5)。列(5)结果表明,在缓解了遗漏变量引起的内生性问题后,人工智能的应用程度越高,全要素生产率增速越高。对于人工智能与全要素生产率潜在的双向因果关系引起的内生性问题,本文尝试采用系统广义矩估计(SYS-GMM)模型予以缓解,回归结果见表 4 列(6)。从结果来看,在缓解双向因果关系引起的内生性问题后,人工智能与全要素生产率显著正相关。

表 3 行业异质性、阶段异质性与稳健性检验结果

	(1)	(2)	(3)	(4)	(5)	(6)
L.TFP						0.1735*** (0.0517)
AI	0.0187** (0.0075)	0.0144** (0.0058)	0.0083*** (0.0030)	0.0015* (0.0005)	0.0057** (0.0028)	0.0077** (0.0033)

(续表)

	(1)	(2)	(3)	(4)	(5)	(6)
AI * Low	−0.017 1** (0.008 2)	−0.011 2* (0.006 5)				
AI * High	−0.0166* (0.008 5)	−0.009 9 (0.006 5)				
Hausman					62.04*** (0.000 0)	
AR(1)						−20.64 (0.000)
AR(2)						−0.60 (0.550)
Sargan						85.24 (0.269)
控制变量	控制	控制	控制	控制	控制	控制
行业	不控制	控制	控制	控制	控制	控制
时间	不控制	控制	控制	控制	控制	控制
F	22.026 7	30.927 1	40.874 5	562.111 3	39.016 0	
R^2	0.659 0	0.858 0	0.873 5	0.983 9	0.837 1	
N	110	110	77	33	110	110

(五) 机制检验

为验证人工智能影响中国制造业全要素生产率的渠道,本文进一步将 Malmquist 生产率指数分解为技术效率(Technical Efficiency Change, EF)和技术进步(Technical Change, TC)两部分。分别以技术效率和技术进步两个指数增长率为被解释变量,对人工智能影响全要素生产率的传导路径进行检验和识别。考虑结果的稳健性以及行业异质性,本文分别用 FE、系统 GMM 模型进行回归分析,并加入低技术行业、高技术行业虚拟变量与人工智能的交互项,回归结果见表4。表4中,列(1)和列(2)是以技术效率为被解释变量的回归结果,列(3)和列(4)是以技术进步为被解释变量的回归结果。由结果可知,人工智能对技术效率的影响显著为正,系数在 0.011 9~0.017 5。人工智能对于技术效率的影响依然存在行业异质性,只是这种异质性可能并不明显,系统 GMM 模型的回归结果通过了 5% 的显著性检验。人工智能的应用对技术进步有正向影响,但这种影响并不显著。这说明,人工智能主要通过补充与替代劳动力的方式提高技术效率,进而提高中国制造业的全要素生产率,而作为通用目的技术的技术进步效应并不显著。

表 4 机制检验结果

	EF		TC	
	(1)	(2)	(3)	(4)
AI	0.011 9* (0.007 0)	0.017 5*** (0.006 3)	0.002 3 (0.005 8)	0.000 1 (0.007 7)
AI * Low	−0.011 8 (0.008 1)	−0.017 3** (0.007 5)	0.000 3 (0.006 7)	0.000 6 (0.009 1)
AI * High	−0.001 7 (0.009 1)	−0.008 0 (0.008 7)	−0.007 7 (0.007 5)	−0.007 2 (0.010 6)
AR(1)		−2.75 (0.006)		−5.10 (0.000)
AR(2)		−1.60 (0.109)		−0.96 (0.337)
Sargan		101.60 (0.409)		109.07 (0.230)
控制变量	控制	控制	控制	控制
行业	控制	控制	控制	控制
时间	控制	控制	控制	控制
F	3.955 5		31.692 8	
R^2	0.269 7		0.824 4	
N	110	110	110	110

三、结论与政策建议

本文基于国际机器人联盟提供的 2006—2016 年中国制造业二位数

行业工业机器人数据,实证检验了在生产中应用工业机器人的程度对中国制造业全要素生产率的影响及其机制。研究发现:(1)整体而言,提高生产过程中人工智能的应用程度显著提高了全要素生产率,而提高技术效率是人工智能影响全要素生产率的主要路径;(2)人工智能对全要素生产率的影响存在行业异质性,在中高技术行业更为明显,在低技术行业相对较低;(3)人工智能对中国制造业全要素生产率的影响存在阶段性差异,由于可能的"拥挤效应"与相对重视程度不足,人工智能对制造业全要素生产率的边际贡献在降低。

基于上述研究结论,本文得到以下政策启示:(1)人工智能技术的应用可以有效提升制造业全要素生产率,因此,应积极推广人工智能技术在制造业产品设计、生产制造、智能供应链等环节的运用;(2)由于不同行业技术水平存在较大差异,因此,应针对不同行业的优势与特点,制定差异化的具体政策,提升政策工具的实用性;(3)人工智能技术尚处在早期阶段,相关规范、标准、制度尚未统一,因此,应完善人工智能相关法律法规,加强人工智能基础理论和关键核心技术的研究,规避潜在的"拥挤效应";(4)人工智能技术进步效应的有效发挥依赖于技术基础与吸收能力,因此,应加大人工智能互补性技术的投入,推动智能化信息基础设施建设,培养人工智能技术人才,保障人工智能生产率效应的有效发挥。

本文系国家自然科学基金项目"基于'互联网+'的中国制造业转型升级研究"(项目号:71673145)、江苏省社科基金重点项目"江苏制造业智能化转型升级研究"(项目号:18ZD003)、教育部人文社会科学研究规划基金项目"制造业智能化对我国就业的影响:机制与对策研究"(项目号:19YJA790055)的阶段性成果。原载于《江海学刊》2020年第3期。

参考文献:

[1] BUGHIN J., J. SEONG, J. MANYIKA, ET AL. Notes from the AI frontier: Modeling the impact of AI on the world economy[J]. McKinsey Global Institute,

2018.

[2] SOLOW R. We'd better watch out, review of SS Cohen and J. Zysman, Manufacturing matters: The myth of the post-industrial economy[J]. New York Times Book Review, 1987(36).

[3] BRYNJOLFSSON E., D. ROCK, SYVERSON C.. Artificial intelligence and the modern productivity paradox: A clash of expectations and statistics[R]. NBER working Paper, 2017(w24001).

[4] SYVERSON C. Challenges to mismeasurement explanations for the US productivity slowdown[J]. Journal of Economic Perspectives, 2017, 31(2).

[5] 何小钢,梁权熙,王善骝. 信息技术、劳动力结构与企业生产率——破解"信息技术生产率悖论"之谜[J]. 管理世界,2019(9).

[6] ACEMOGLU D., P. RESTREPO. The Race between Man and Machine: Implications of Technology for Growth, Factor Shares, and Employment[J]. American Economic Review, 2018, 108(6).

[7] Purdy M., Qiu S., Chen F. How Artificial Intelligence Can Drive China's Growth[J]. Accunture Research Paper, 2017.

[8] 韩江波. 智能工业化:工业化发展范式研究的新视角[J]. 经济学家,2017(10).

[9] NORDHAUS W. D. Are We Approaching an Economic Singularity? Information Technology and the Future of Economic Growth[R]. NBER working Paper, 2015(w21547).

[10] 蔡跃洲,陈楠. 新技术革命下人工智能与高质量增长、高质量就业[J]. 数量经济技术经济研究,2019(5).

[11] ACEMOGLU D., RESTREPO P. Artificia lintelligence, automation and work[R]. NBER working paper, 2018(w24196).

[12] ACEMOGLU D., RESTREPO P. Robots and Jobs: Evidence from US Labor Markets[R]. NBER working paper, 2017(w23285).

[13] GRAETZ G., MICHAELS G. Robots at work: The impact on productivity and jobs[J]. The Magazine for Economic Performance, 2015(447).

中国城镇化的现实图景、演进逻辑与未来展望

侯祥鹏[*]

摘 要 城镇化是我国经济社会发展的重要驱动力。我国城镇化的快速推进,得益于在纵向的政治集权—经济分权的央地关系框架下地方政府为增长而展开的竞争,但由此也带来了户籍人口城镇化与常住人口城镇化之间的失衡、人的城镇化与地的城镇化之间的失衡等矛盾和问题。快速城镇化与不平衡不充分的发展交织在一起,构成了我国城镇化的现实图景,也意味着我国城镇化还有着巨大的发展空间。未来我国城镇化发展基本思路应是以人为核心,继续发挥地方政府的积极作用,鼓励和激励地方政府从以经济竞争推动城镇化转向以公共服务竞争推动城镇化,实现城镇化的高质量发展。

关键词 城镇化 政府主导 央地关系 演进逻辑

引 言

2020 年我国全面建成小康社会收官,并乘势而上开启全面建设社会

---

[*] 侯祥鹏,经济学博士,江苏省社会科学院经济研究所副研究员。

主义现代化国家新征程。城镇化是现代化的必由之路,对于我国社会主义现代化建设具有重要的现实意义。2012年党的十八大提出坚持走中国特色新型城镇化道路。新型城镇化的核心要义是"人的城镇化",首要原则是推进城镇基本公共服务常住人口全覆盖,稳步提升城镇化的水平和质量。至2019年末,我国常住人口城镇化率达到60.6%,户籍人口城镇化率达到44.38%。2020年新型城镇化规划收官,城镇化率规划目标基本能够实现。在开启新的城镇化建设之际,有必要梳理我国城镇化发展现实,厘清未来发展趋势。

改革开放以前,我国城镇化水平一直在低位徘徊。改革开放以后,我国城镇化速度突飞猛进,可谓又一个"中国奇迹"。这主要得益于我国城镇化的政府主导。现有文献对此已有所关注[1],并研讨了政府的具体干预方式或推进模式[2],但对其内在机理的探讨尚显薄弱。仅仅从中央政府或者地方政府的单一视角出发,可能无法全面理解我国城镇化的这种进程。本文即试图描摹我国城镇化的现实图景,从央地关系视角出发探索我国城镇化的演进逻辑,并展望未来可能的进路。

中国城镇化的现实图景

我国城镇化发展真正始于新中国成立[3],70年城镇化历程曲折复杂,其间有波动、有反复。1949年我国城镇人口只有5 765万人,城镇人口占全部人口的10.6%。中华人民共和国成立后城镇化开始起步,但不久即进入停滞阶段;改革开放后城镇化复苏并快速增长。1978年全国大陆城镇人口17 245万人,城镇化率尚不到20%。至2019年末,全国大陆城镇常住人口已达84 843万人,常住人口城镇化率上升到60.6%。改革开放40年间,我国城镇人口增加6亿多,城镇化率提高40多个百分点。建制市数量从1978年的193个增加到2018年的672个,建制镇数量从2 176个增加到21 297个。我国已成为城镇化发展速度最快的国家之一,但我国城镇化的快速发展是与不平衡不充分的发展交织在一起的。

城镇化发展的不平衡首先体现在区域空间上的不平衡。改革开放前,中西部地区城镇化快于东部地区,区域间城市化差异趋于缩小,改革开放后则相反[4]。新中国成立之初,为了在较短时间内实现工业化并缩小与发达国家之间的差距,我国采取了重工业优先发展战略。工业化发展需要以城镇地区为依托。在重工业优先发展战略下,我国工业投资和城市建设向东北和内陆地区倾斜,这对加快我国中西部地区城市发展起了极大的促进作用。20世纪60年代的"三线"建设高潮,再次使得我国城镇布局较大幅度地南移,城市和城市人口重心向西南推移,而东部沿海则处于相对停滞局面。这一格局一直保持到改革开放初。随着改革开放的起步和不断深化,我国逐渐形成了沿海、沿边、沿江开放格局,大量农村剩余劳动力和外资向东部沿海地区转移和集聚,极大地促进了东部地区城镇化发展,全国形成了较为明显的"东高西低"的城镇化梯度格局。如表1所示,从改革开放以来的四次人口普查数据来看,我国城镇化整体增速明显提高,但区域差异也比较显著,东部地区速度最高,中西部地区快速崛起,东北地区在高水平起点上进展缓慢。

表1 1982—2010年中国城镇化水平区域比较

	年份	东部地区	中部地区	西部地区	东北地区	全国
城镇化率(%)	1982	22.24	16.01	16.61	40.89	20.55
	1990	30.07	20.28	20.81	47.81	26.20
	2000	45.67	29.27	28.77	52.40	36.92
	2010	59.70	43.55	41.43	57.67	50.27
年均增加百分点	1982—1990	0.98	0.53	0.53	0.87	0.71
	1990—2000	1.56	0.90	0.80	0.46	1.07
	2000—2010	1.40	1.43	1.27	0.53	1.34
	1982—2010	1.34	0.98	0.89	0.60	1.06

注:东部地区包括北京、天津、河北、上海、江苏、浙江、福建、山东、广东、海南共10省(市);中部地区包括山西、安徽、江西、河南、湖北、湖南共6省;西部地区包括内蒙古、广西、重庆、四川、贵州、云南、西藏、陕西、甘肃、青海、宁夏、新疆共12省(区、市);东北地区包括辽宁、吉林、黑龙江共3省。

资料来源:根据1982年、1990年、2000年、2010年人口普查数据计算整理。

城镇化发展的不平衡还体现在城镇化维度的不平衡。人口城镇化是城镇化的基本维度之一。正是人口的大规模流动并向城镇集聚加速了我国城镇化进程。但由于没有当地城镇户口,外来人口在就业和生活的所在地往往不能享受与当地城镇居民同等的基本公共服务和生活福利待遇,从而难以融入城市社会,形成"半城镇化"现象,造成户籍人口城镇化率低于常住人口城镇化率的双重人口城镇化失衡[5]。如图1所示,由于流动人口数量日益增加,这种失衡程度越来越大,1978年二者相差2.1个百分点,2000年扩大到10.1个百分点,2014年扩大至顶峰,为18.1个百分点,此后有所收缩,但至2019年二者仍相差16.2个百分点。土地城镇化是城镇化的另一个基本维度。改革开放以来,与快速的人口城镇化相伴的是更快的土地城镇化[6]。2000—2018年全国城镇建成区面积由53 772平方公里增加到119 224平方公里,增长了121.7%,远高于同期城镇人口81.1%的增速。这种由于土地城镇化快于人口城镇化而造成的人地城镇化失衡,导致城镇空间急剧向外扩张,城镇建成区人口密度大幅下降,从2000年的8 537人/平方公里下降到2018年的6 973人/平方公里,下降了18.32%。

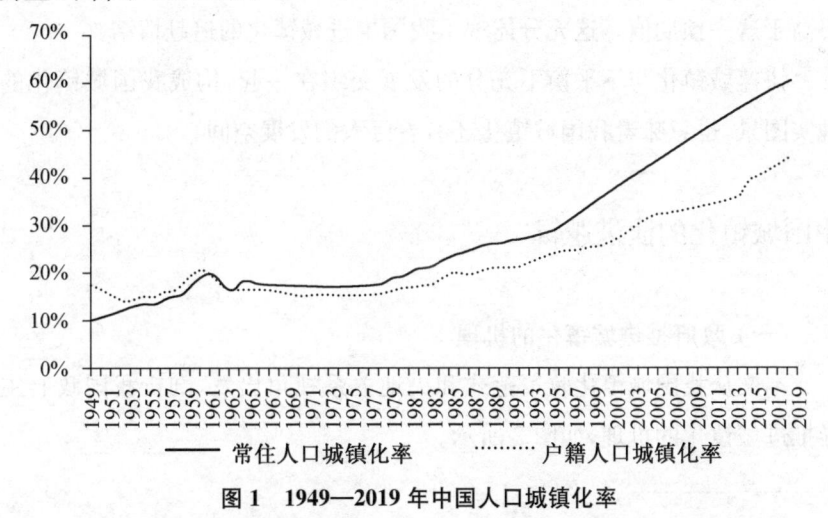

图1 1949—2019年中国人口城镇化率

资料来源:常住人口城镇化率来自《中国统计年鉴》,户籍人口城镇化率来自《中国人口统计年鉴》《中国人口和就业统计年鉴》和国家统计局统计公报。

城镇化发展的不充分体现在，相对于我国的经济发展水平，城镇化水平偏低。从国内来看，我国城镇化水平滞后于国内工业化或非农化进程[7]。根据钱纳里"发展模型"[8]，城市化率一般低于非农就业比率10个百分点，二者比值基本在1.2以内。1978年我国非农就业比率高出城镇化率11.6个百分点，二者比值为1.65，至2018年，我国非农就业比率仍高出城镇化率14.3个百分点，二者比值仍高达1.24。与钱纳里"发展模型"相比，我国城镇化水平滞后于我国非农化水平。从国际比较来看，我国城镇化水平滞后于同等发展水平或同样发展阶段的国家和地区。2018年中高收入组别国家和地区的平均城镇化率为67%，而我国城镇化率为59%，在56个同类收入水平经济体中排在第35位，而高收入组别国家和地区的平均城镇化率已达81%。① 可见，我国城镇化进程实际仍处于追赶状态中。正因如此，我国连续在"五年规划"中对城镇化提出了明确的目标要求："十一五"规划提出城镇化率从2005年的43%提高到2010年的47%，"十二五"规划提出从2010年的47.5%提高到2015年的51.5%，"十三五"规划提出从2015年的56.1%提高到2020年的60%。三个"五年规划"预期城镇化率年均提高0.8个百分点，而实际增长率还要高于这一预期值。这充分体现了我国推进城镇化的追赶情结。

快速城镇化与不平衡不充分的发展交织在一起，构成我国城镇化的现实图景，也意味着我国城镇化还有着巨大的发展空间。

中国城镇化的演进逻辑

（一）政府推进城镇化的机理

本文从我国城镇化政策范式和央地关系视角出发，剖析我国政府主导推进城镇化的机理，如图2所示。

---

① 资料来源：The Department of Economics and Social Affairs of United Nations Secretariat, *World Urbanization Prospects*, The 2018 Revision, New York, 2019。

城镇化政策范式决定了我国城镇化发展的目标、方向与进程。在不同发展时期,我国出台了一系列关于城镇化的政策,从而形成了不同的城镇化政策范式。这些城镇化政策范式服从和服务于更高层级的国家发展战略需要,由此决定了或抑或扬的城镇化政策目标。城镇化的基础是人口和土地,载体是城镇。不同城镇化政策范式下政策目标的实现主要依赖于这些领域政策工具的设定与使用。人、地、城等领域的政策工具构成了我国城镇化政策工具。根据 Hall 的政策范式分析框架[1],可以将我国城镇化政策划分为四个范式阶段:1949—1978 年抑制型政策范式,政策目标是重点建设工业城市,保证重点城市供给;1978—1992 年控制型政策范式,政策目标是"摸着石头过河",有控制地发展城镇化;1992—2012 年促进型政策范式,政策目标是积极稳妥地推进城镇化;2012 年开始的深化型政策范式,政策目标是推进以人为核心的城镇化。

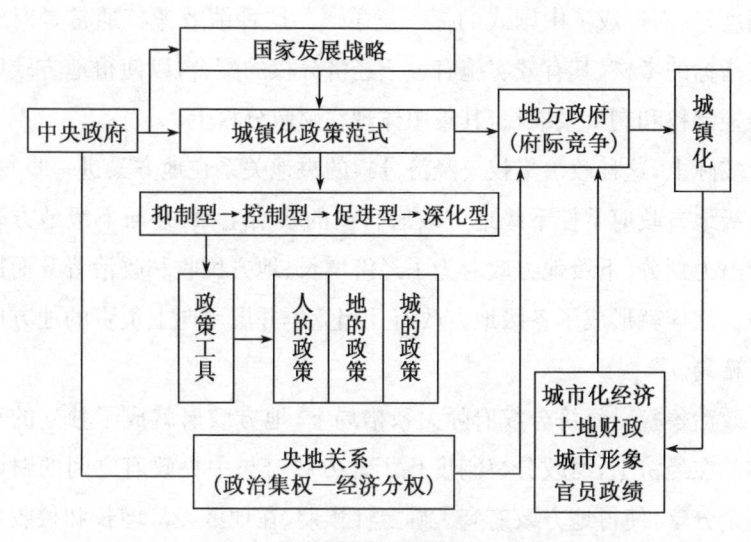

图 2 政府主导推进城镇化的机理

中央政府确定的城镇化政策范式决定了地方政府在城镇化进程中可

---

[1] Hall, Peter A., "Policy Paradigms, Social Learning, and the State: The Case of Economic Policymaking in Britain", *Comparative Politics*, No. 3, Vol. 25(1993), pp. 275-296.

以有何作为。随着城镇化政策范式由抑转扬，地方政府的作用才有了发挥的可能。但要真正使地方政府的作用发挥出来，还需要一定的前提条件以解决地方政府的动力问题，那就是改变地方政府仅仅是中央政府"附属"的角色，使其成为独立的利益主体。这就需要从央地关系视角来加以考察。

从1956年毛泽东在《论十大关系》中提出发挥中央与地方"两个积极性"，到改革开放初期邓小平反复强调"权力要下放"，我国的央地关系基本围绕"集权—分权"的基轴反复探索。改革开放前，我国进行了多轮中央向地方放权的尝试，但在政经高度一体的计划体制下，最终都以中央收权而告终。改革开放后，我国逐渐形成了政治集权—经济分权的央地关系格局。政治上的集权表现为地方政府官员的选拔、任命、晋升由中央政府掌控。地方政府官员的政治生命决定权始终操控在中央政府手中。中央政府为了有效实施对地方政府官员的晋升激励，必须采取相对绩效考核制度，从而形成了中国式的标尺竞争[9]。这种绩效考核通常是对经济绩效指标的考核，其有效实施有赖于经济分权的配合，以使得地方政府有剩余控制权和剩余索取权，其集中体现在财政分权上。

实际上，这种政治集权—经济分权的央地关系在地方又进一步复制，即上级地方政府掌控下级地方政府官员的政治生命，并与下级地方政府进行财力划分；下级地方政府为了经济增长、地方税收和政治晋升而展开竞争。这样就形成了各级地方政府互相竞争并层层向上负责的地方府际关系格局。

政治集权—经济分权府际关系格局下，地方政府就成了独立的利益主体。在经济上，财政分权制度化了地方政府与中央政府之间的财政收入剩余分享，使得地方政府有了确定性预期，在地区经济增长和税收上展开竞争并能够按自己的意愿进行资源配置。在政治上，地方官员需要在与其他地方官员的经济竞争中胜出，进而提高自己获得晋升的可能性。经济竞争将会增加地方官员政治晋升的筹码。这样，地方官员不仅在经济上为GDP和税收进行竞争，还在"官场"上为晋升而竞争[10]，从而各级地方政府深入参与到经济活动中。"城市是经济增长的发动机"①,这样,地方政府就积极地、主动地卷入城镇化进程。

府际竞争激发了地方政府推动城镇化的动力。地方政府为经济增长而竞争的领域主要集中在第二和第三产业,第二、三产业的载体是城镇,因而产业的发展自然促进了资本、劳动力等要素资源在城镇的集聚,扩大了城镇的规模。一方面人口向城镇的集中扩大了城镇人口规模;另一方面第二、三产业发展以及城镇人口居住需要占用更多的土地,进而扩大了城镇空间规模。这二者都表现为城镇规模的扩大,至少在统计意义上提高了城镇化水平。城镇化的本质是集聚,这种集聚带来的共享中间投入品、分享劳动力储备、提高劳动力技能匹配性、知识溢出效应,以及更多的学习机会和交往机会等,会进一步扩大城市化经济效应,进而带来更高的劳动生产率。因此,地方政府在为增长而竞争的过程中自然而然地追求城镇化。

财政分权赋予了地方政府推动城镇化的能力。地方政府为了提高集聚资源的竞争力,会致力于城市基础设施建设,提高公共服务供给水平,从而创造更加良好的外部硬环境和软环境,以吸引生产要素在本地集聚。财政分权使得地方政府既有建设和服务本地的事权,也有建设和服务本地的财权。因此,地方政府会通过经济增长以谋取更多的地方财政剩余,财政收入能力的增强反过来会提高地方政府在城镇化方面的资源配置能力,为本地经济增长创造更好的条件。另外,用地制度的市场化改革为地方政府"以地生财"提供了制度性工具,土地财政提高了地方政府的财政支配能力,在财权与事权不匹配的约束下满足了地方政府投资城市基础设施和提供城市公共服务的资金需求。其结果是城镇化发展质量的提高,进而在内涵上提高了城镇化水平。

不论是经济增长还是城市建设,都是地方官员的政绩,有利于树立地

---

① O'Sullivan, Arthur, *Urban Economics*, Eighth Edition, New York, NY: McGraw-Hill/Irwin, 2012.

方官员形象,提高地方政府官员晋升的概率。总之,为增长而竞争、为竞争而建设是同一过程中互相增益的两个方面,伴随这个过程的是城镇化水平的不断提高。地方政府在这种"为增长而竞争""为晋升而竞争"的过程中促进了城镇化发展。

(二)地方政府推进城镇化的典型路径

政府主导城镇化进程是通过城镇化政策范式实现的,中央政府的政策意图也是需要地方政府付诸行动才能实现。在计划经济时期,我国对城镇化基本持抑制态度,城镇化几乎完全由中央政府掌控,地方政府作为中央政府的下级机构,没有独立的经济利益,处于被动服从的状态,因此没有发挥自身积极性的权力与动机。改革开放后,特别是1992年确立社会主义市场经济体制改革目标后,我国城镇化政策范式由抑转扬,地方政府的积极性得以激发,作用得以发挥,在促进型城镇化政策范式作用下,极大地推进了城镇化进程。地方政府推进城镇化,主要在劳动力流动、土地使用、区划调整等方面发挥主导作用。

(1)引导农民进城。在逐步放开流动人员就业的初始阶段,地方政府对进城务工人员基本采取的是"只要劳动而不要劳动力"的方式,即只要外来劳动力对本地经济和社会发展做出的贡献,而不愿与之分享城市的福利。随着中央政府城镇化政策范式转换,特别是中央政府对户籍人口城镇化问题的日益重视,地方政府在限制农民进城落户方面开始逐渐放松,各地纷纷出台户籍制度改革实施意见[①]。截至2016年末,省级层面全部研究制定了户籍制度改革实施意见。各地在户籍人口城镇化率的实现目标上纷纷"层层加码"。全国"十三五"规划提出的预期性目标是,常住人口城镇化率累计提高3.9个百分点,户籍人口城镇化率累计提高5.1个百分点;而根据27个省份"十三五"规划[②],常住人口城镇化率平均

---

① 主要内容包括:取消农业户口与非农业户口性质区分,实行城乡统一的户口登记制度,降低农业转移人口和其他常住人口在城镇落户门槛,完善超大城市、特大城市积分落户制度,在教育、社会保障、住房等重点领域进行配套改革等。
② 不包括北京、上海、天津和西藏。

累计提高 6.06 个百分点,户籍人口城镇化率平均累计提高 7.67 个百分点,分别高出中央政府预期目标 2.16 个和 2.57 个百分点。

(2) 开发新区造城。新城区开发已经成为地方政府推动地方经济建设和拓展城市空间的主要载体。这种载体在实践中具有多种形式,如工业新城、大学城、政务新区、会展新区、住宅新城等[11]。国家批准设立开发区的本意是通过实行特定优惠政策以实现更有效的招商引资,促进地区经济发展。但在实践过程中,地方政府由于"GDP 饥渴",纷纷"圈地建城"。根据国家发展改革委等六部门发布的《中国开发区审核公告目录》(2018 年版),全国共有 2 543 家开发区,其中国家级开发区 552 家、省级开发区 1 991 家,开发区数量比 2006 年版《中国开发区审核公告目录》增加了 1 032 家。此外,还有省以下地方政府自行设立的名目繁多的各式开发区。

(3) 调整行政区划扩城。地方政府支配财权事权的权限与范围受到城市级别和城市规模的制约。城市的不同规模与级别意味着地方政府拥有和掌控不同的权力和资源。行政区划调整对于扩大城市规模的作用立竿见影,对于地方政府来说意味着土地规模扩张、城市等级提升、财权与事权管辖范围的扩大,其背后是可能占有更多更大的发展机会,从而有可能在地区竞争中胜出。因此,地方政府有着强烈的冲动谋求行政区划调整,行政区划调整也成为我国地方政府推进城镇化的一条捷径。20 世纪 80 年代以前行政区划调整的主要模式是"切块设市",1980 年以后形成了整县改市的模式,这导致全国县级市数量在 1996 年达到 445 个的峰值。1980—1996 年全国减少 441 个县,新设 332 个县级市。1997 年国务院做出"暂停审批县改市"的决定后,地方又出现了以撤县设区和市辖区重组合并为主要形式的行政区划调整。1997 年以后全国县和县级市数量处于绝对下降趋势,1997—2018 年全国减少 187 个县,减少 67 个县级市,与此同时增加 243 个市辖区。地方政府通过撤县设区、多设区、设大区整合所辖行政区域,扩大了城市规模,提高了资源配置能力,从而谋求更大的竞争优势。

(4)借力政策平台建城。政策试点是我国推动经济社会发展的一种颇具特色的政策试验模式。地方政府纷纷通过争取中央政府的各种政策试点资格,借力中央政府的专门政策推进本地城镇化发展。目前,我国已经构建了包括新型城镇化综合试点地区以及城市群、中心城市、新区、特色小镇等不同类型、不同层级的各类城镇化发展平台,这些平台是地方政府推进城镇化的重要政策工具。对地方政府来说,获得试验资格或者进入国家规划名单,可以取得多方面效应。在政治效应方面,地方政府通过有效贯彻上级政府意图,成功试点完成上级政府寻求新政策方案的目标任务,可以赢得上级政府的关注与好感,从而有利于政治晋升。在政策效应方面,中央政府往往对试点地区给予优惠政策支持或是资金扶持,地方政府可以利用这些扶持政策解决本地面临的实际问题;地方政府也可以试点或规划为名,在更大范围内谋求政策的自主性。在品牌效应方面,纳入试点和规划名单,在某种程度上意味着地方做法得到上级的认可,使得本地在集聚要素资源方面更具有吸引力,有利于争取更多的发展机遇,有利于树立城市形象。因此,地方政府全力加入和利用这些政策平台以推进本地城镇化发展。

(三)政府主导城镇化的效应

政府主导加快了我国城镇化进程,不仅以充足的劳动力、低价的土地和良好的基础设施为经济高速发展创造了有利的条件,而且,在实现人口向城镇大规模转移的同时成功避免了许多国家城镇化进程中的一些常见"城市病",特别是避免了城市贫困、大规模失业和贫民窟的出现。这条道路之所以能发挥如此巨大的作用,在于中央政府向地方的放权充分地激发和释放了地方政府的发展积极性,地方政府的"为增长而竞争"极大地促进了经济增长,地方政府之间的竞争及至城市之间的竞争加速了城镇化进程,在实现经济增长的同时也实现了收入和就业的增长,加之政府对人口流动特别是向大城市流动的控制,避免了城市贫困和贫民窟的出现。但地方政府的深度卷入也不可避免地给我国城镇化带来一些问题,诸如土地利用效率低下、户籍制度羁绊、城市公共服务供给歧视,以及"城市病"的隐患等。

(1) 经济增长效应。城镇化的本质是集聚，大量人口向相对较小地理区域聚居，由此集中生产和集中交换而产生集聚经济效应，可以共享基础设施，促进要素供需匹配，便利的面对面交流可以提高知识溢出效应，有利于提高研发和创新效率，提高全要素生产率，进而促进经济增长。如图 3 所示，1978 年至 2018 年，我国城镇化率提高了 42 个百分点，相应地人均 GDP 提高了 24 倍。

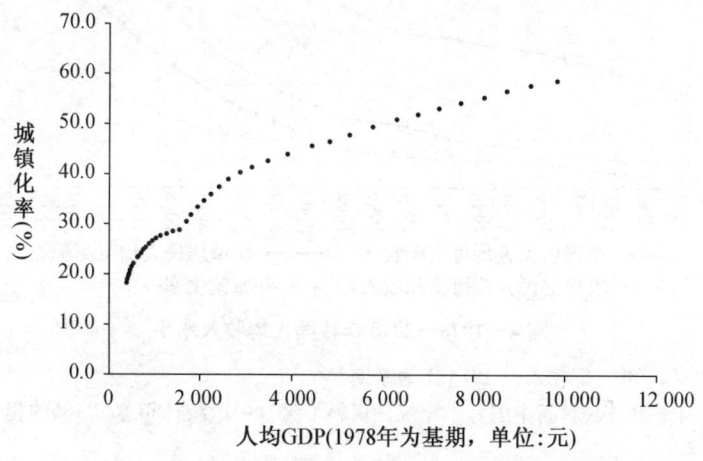

图 3　1978—2018 年我国城镇化率—人均 GDP 散点图

资料来源：根据《中国统计年鉴》相关年份数据整理计算。

(2) 收入分配效应。Lewis 的二元经济结构理论表明，城市部门和农村部门实际收入差距的存在使得农村部门的剩余劳动力在逐利动机下源源不断涌入城市部门，随着城市经济规模的不断扩张，农村剩余劳动力将趋于短缺，收入分配不平等则趋于下降。[12]如图 4 所示，与我国城镇化进程不断深入相呼应的，是居民收入的不断上升。按可比价格，2018 年全国居民人均可支配收入是 1978 年的 25 倍。但是城镇化对城乡居民的增收效应是非同步的，城乡居民相对收入差距略有缩小，城乡收入比从 1978 年的 2.6 下降到 2018 年的 2.2，但二者的绝对差距却呈现拉大趋势。这主要是因为城乡分割的户籍管制，以及由此衍生的福利保障差异和地方政府采取城市倾向的经济政策等，制约了城乡收入差距的改善[13]。

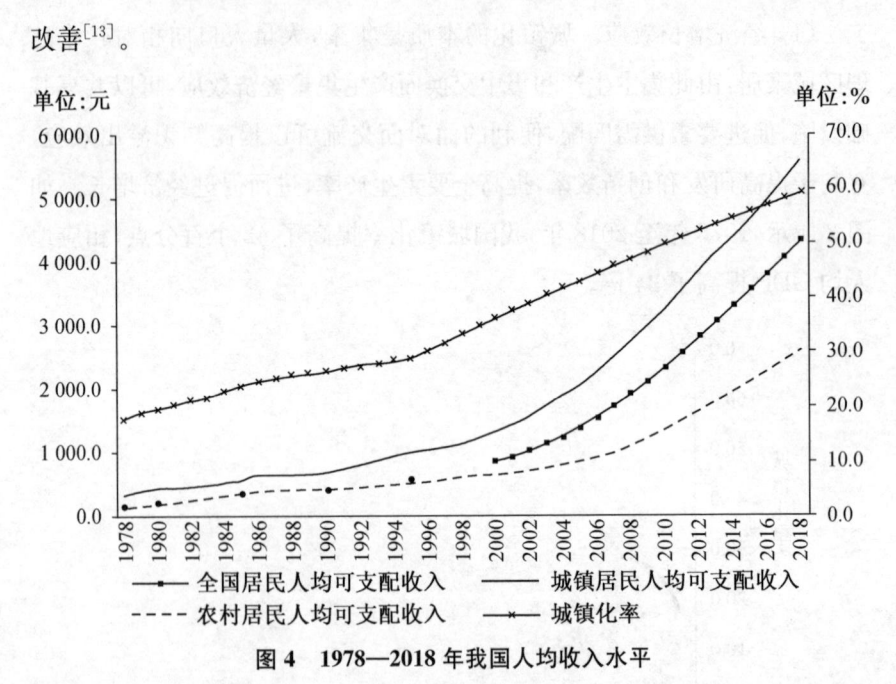

图 4 1978—2018 年我国人均收入水平

注：人均可支配收入以 1978 年为基期。
资料来源：根据《新中国六十年统计资料汇编》《中国统计年鉴 2018》的相关数据整理计算。

（3）环境效应。环境质量与经济增长之间存在"环境库兹涅茨曲线"关系，环境质量与城镇化之间也存在这种曲线关系。随着我国城镇化进程的深入和企业与人口的大量聚集，资源能源紧张、交通拥堵等"城市病"初显，特别是生产和生活污染排放强度加大，造成城镇化过程中的生态环境问题日益严重。如图 5 所示，在我国城市空气中，PM2.5 和 PM10 浓度在大部分时间里都高于我国的空气质量标准限值，与世卫组织的标准限值相距更远。不过，近年来城市空气质量也呈现出向好的趋势，颗粒物浓度逐年下降。这主要来自政府的主动作为，包括推进产业转型升级、加大污染治理力度、完善环保体制机制等。

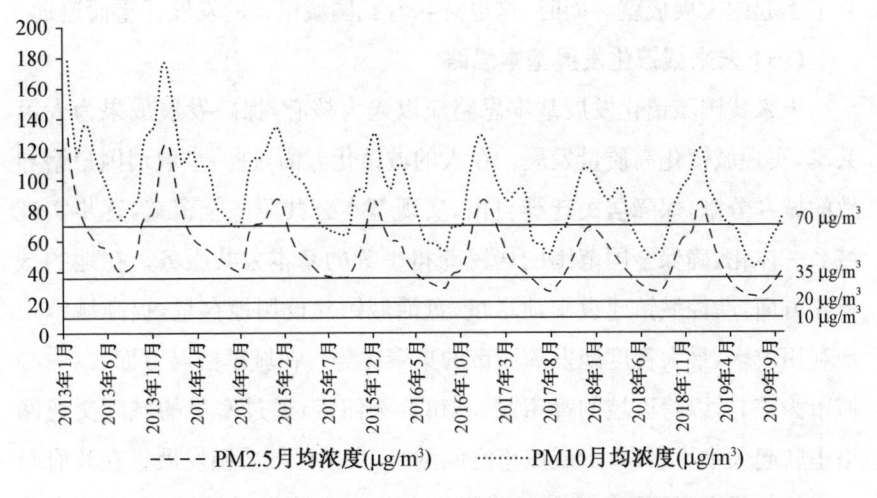

图 5　2013 年 1 月—2019 年 12 月我国城市空气颗粒物浓度

注：(1) 2013 年 1 月至 2018 年 5 月为 74 个城市平均值，2018 年 6 月至 2019 年 10 月为 169 个城市平均值，2019 年 11 月—12 月为 168 个城市平均值。(2) PM2.5 和 PM10 的年平均浓度限值，我国标准分别为 35 μg/m³ 和 70 μg/m³，世卫组织标准分别为 10 μg/m³ 和 20 μg/m³。

资料来源：根据中国环境监测总站《全国城市空气质量报告》整理。

中国城镇化的未来展望

城镇化高质量发展将是我国未来相当长一段时期的战略导向和主要任务，以为全面建设社会主义现代化国家提供高质量的载体和平台。《国家人口发展规划（2016—2030 年）》预期 2030 年我国常住人口城镇化率要达到 70%。根据联合国经济和社会事务部（DESA）预测，2030 年我国城镇化率将达到 71%，有 10.2 亿人居住在城市；2050 年我国城镇化率将达到 80%，有 10.9 亿人居住在城市。届时，我国城镇化水平将接近中高收入组别的平均水平（83%）。[①] 考虑到我国庞大的人口基数，这将是非

[①] 资料来源：The Department of Economics and Social Affairs of United Nations Secretariat, *World Urbanization Prospects*, The 2018 Revision, New York, 2019。

常了不起的发展成就。同时,这也意味着我国城镇化的发展任重而道远。

(一) 未来城镇化发展基本思路

未来我国城镇化发展基本思路应以人为核心,保障发展成果为人民共享,实现城镇化高质量发展。在人的城镇化方面,进一步取消因户籍导致的城乡分割,保障居民迁徙自由,实现基本公共服务全覆盖,逐步实现城乡一体化,确保全国范围的居民获得平等的基本公共服务。在地的城镇化方面,严控城镇建设用地增量,盘活城镇建设用地存量,提高城镇土地利用效率,最大程度地发挥城市的集聚优势。在城镇格局方面,以中心城市为核心,以跨区域的都市圈、城市群为纽带,通过密集的城际交通网络串联起大中小城市,形成城市空间网络,带动区域协调发展。在政府与市场的关系方面,使市场在资源配置中起决定性作用,更好发挥政府作用,推动地方政府从经济竞争转向高质量城镇化竞争。

(二) 未来城镇化发展主要举措

(1) 加强城镇化顶层设计。长期以来,我国并无城镇化专门政策文件,城镇化政策往往散见于相关领域的政策文件,零星而不成体系,不利于指导我国城镇化进程。《国家新型城镇化规划(2014—2020年)》是我国第一个关于城镇化的专门文件。目前这一文件的规划期限已至。不论是服务于国家战略还是从城镇化自身发展趋势来看,我国城镇化还有很大的上升空间。因此需要未雨绸缪,在深化型城镇化政策范式框架下,科学评估《国家新型城镇化规划(2014—2020年)》实施情况,进一步做好城镇化顶层设计,适时出台国家新型城镇化中长期发展规划,以指导未来较长一段时期我国城镇化推进的整体工作,规范和指引地方政府行为。

(2) 强化地方政府公共服务职能。既要充分肯定地方政府在推进城镇化过程中发挥的巨大作用,也要正视地方政府带来的城镇化不协调问题。这主要是因为目前地方政府仍然更多地扮演着生产型政府的角色,而其服务型政府角色发挥不足。需要调整地方政府的政绩和晋升考核体系,弱化经济考核的权重,强化公共服务考核的权重,鼓励和激励地方政府重视履行公共服务领域所应负的职能,从生产型政府向服务型政府转变,从有为政府向有限政府转变。一是做好城镇基本公共服务工作,有序推进农业转移人口市民化,稳步推进城镇基本公共服务常住人口全覆盖;二是做好城市治理工作,提高应对突发重大公共卫生事件的能力和水平,防范严重"城市病"的发生,保障城镇化的可持续发展;三是做好营商环境优化工作,从直接的要素竞争转向公共服务竞争,适应城镇居民和企业"用脚投票"的新形势,通过良好的公共环境吸引和集聚城镇发展所需要的资源。

(3)协调城镇化政策平台的关系。我国已经形成了一系列不同类型、不同层级的城镇化发展政策平台,以后可能还会继续建设新的城镇化政策平台。这些平台已经或将要成为地方政府推进城镇化的重要政策工具。国家层面应妥善处理好各类政策平台的关系,使其互相增益,注重发挥平台的政策实效,加强对平台运行的督查与考核。地方政府也应实事求是,根据本地实情申报与运用政策平台,着力避免在政策平台申报与运行过程中的无谓消耗,在试点过程中积累可复制可推广的经验,以利于相关政策在全国的推行。当城镇化政策平台的政策效应开始萎缩并完成其历史使命的时候,国家应适时搭建新的城镇化改革平台,以适应城镇化发展新形势,为地方政府推进城镇化提供抓手和工具。

(4)多方协力共同推进城镇化。随着我国城镇化进程的深化,所面临的问题可能越来越多样和复杂,仅仅依靠地方政府一方可能无法较好地应对和治理。因此,在继续发挥地方政府积极的主导作用的同时,要注意调动和发挥各方力量共同推进城镇化。对于未来城镇化进程中可能出现的问题及应对,可充分发挥高校科研院所的专长,加强前瞻性研究,鼓励各类智库建言献策。城镇化发展必须与产业转型升级形成良性互动,以产业发展为城镇化发展积累和提供资金,既有利于消解地方政府"以土地谋发展"的路径依赖,避免土地资源的浪费和城镇空间的无序扩张,又可避免因缺乏产业依托而形成空心式城镇化。在以政府为主体提供公共服务的同时,引导、鼓励和调动各类社会资源为城镇人口排忧解难,通过发展各类民间组织来弥补地方政府鞭长莫及所形成的盲点。这样,通过官、产、研、社等多方合作,协力推进城镇化高质量发展。

（5）完善城镇化统计与监测。城镇化指标统计工作是城镇化的一项基础性工作,其对于把握和预测城镇化进程、决策和指导城镇化工作具有重要的实践意义。我国现有的人口统计制度和户籍制度,导致我国存在多个不同统计口径的人口城镇化率测算指标,这些指标之间存在较大的差异,从而给了解和把握我国城镇化进程带来了较大的困扰。特别是随着新型城镇化的推进,仅仅以人口数量作为城镇化测度指标的基础数据可能已经不能完全反映现实情况。因为城镇化本就是一个复杂的、多维的社会、经济、政治、文化、生态等相互交织影响的过程与结果,新型城镇化更加强调"以人为本",重视促进人的全面发展和社会公平正义。因此,亟须根据新情况新问题,设计科学合理的城镇化指标或指标体系,建立科学有效的城镇化监测制度,做到自上而下一以贯之,且便于地区之间横向比较,从而真实、全面地反映我国城镇化进程,为城镇化理论研究和实务工作提供准确、可靠的城镇化基础数据。

本文系国家社科基金一般项目"基于地方政府行为的中国城镇化发展研究"（项目号:16BJY043）的阶段性成果。原载于《学海》2020年第5期。

参考文献：

[1] 谷荣.中国城市化的政府主导因素分析[J].现代城市研究,2006(3).

[2] 李强,陈宇琳,刘精明.中国城镇化"推进模式"研究[J].中国社会科学,2012(7).

[3] 高珮义.中外城市化比较研究(增订版)[M].天津:南开大学出版社,2004.

[4] 蒋耒文,考斯顿.中国区域城市化水平差异原因探析[J].中国人口科学,2001(1).

[5] 侯祥鹏.地方政府行为与双重人口城镇化——基于中国省级面板数据的空间计量分析[J].经济问题,2019(11).

[6] 侯祥鹏.地方政府行为与人地城镇化失衡[J].现代经济探讨,2020(8).

[7] 简新华,黄键.中国城镇化水平和速度的实证分析与前景预测[J].经济研究,2010(3).

[8] 钱纳里,塞尔昆.发展的型式 1950—1970[M].李新华,等译.北京:经济科学出版

社,1988.

[9] 周业安,宋紫峰.中国地方政府竞争30年[J].教学与研究,2009(11).

[10] 周黎安.晋升博弈中政府官员的激励与合作——兼论我国地方保护主义和重复建设问题长期存在的原因[J].经济研究,2004(6).

[11] 汪劲柏,赵民.我国大规模新城区开发及其影响研究[J].城市规划学刊,2012(5).

[12] LEWIS, W. ARTHUR. Economic Development with Unlimited Supplies of Labour[J]. The Manchester School, 1954(22):139-191.

[13] 陆铭,陈钊.城市化、城市倾向的经济政策与城乡收入差距[J].经济研究,2004(6).

中国金融结构与创新结构的适应性研究

千慧雄 安同良[*]

摘 要 本文从创新结构的视角出发,构建适应性金融结构模型,同时使用省际面板数据分析中国金融结构与创新结构的适应性。研究发现:与创新结构相适应的金融结构与创新风险、股权融资效率负相关,与创新潜在价值、债权融资效率正相关;当参数发生变化时,与创新结构相适应的金融结构有一个从纯债权融资到债权融资主导、股权融资主导、纯股权融资的连续演化过程;当前中国创新结构已转型为高风险的 R&D 和产品创新为主,以银行主导的金融结构已不能适应创新结构的升级。因此,为推动"中国制造"向"中国创造"转型,需要深化金融供给侧结构性改革,建立风险包容性与承担能力更强的金融结构体系。

关键词 金融结构 创新结构 适应性

---

[*] 千慧雄,江苏省社会科学院经济研究所副研究员。
安同良,南京大学经济学院教授、博士生导师,教育部长江学者特聘教授。

引 言

金融是国家重要的核心竞争力,金融结构更应以服务实体经济、推动创新发展为己任。但关于何种金融结构更有利于创新和经济增长,长期以来一直存在着以美英为代表的市场体系与以德日为代表的银行体系孰优孰劣之争。近年来,虽然又出现了金融深化、更健全的金融功能与更优良的金融法治环境起决定作用的"结构无关论",以及"最优结构论"来调和金融结构之争,但始终未达成较为一致的意见。与此同时,大量证据显示随着一国经济发展水平的提高,其金融体系中银行的重要性将逐步下降,而其他金融市场的重要性将逐步上升[1][2]。这表明,不仅金融结构由具体的经济社会条件所决定,而且随着经济的发展金融结构也应随之进行适应性调整。在各种经济社会条件中,最重要的应该是实体经济中创新部门的需求状况,而创新本身从来都不是一个单纯的行为,Schumpeter所讲的创新包括新产品、新的生产方法、新的供应源、开辟新市场以及新的企业组织形式五种行为[3]。国家统计局在2017年的《中国科技统计年鉴》中将企业创新活动分为产品创新、工艺创新、组织创新和营销创新,因此从理论到实践创新都是一个多行为的复合体,包含着多类具体行为,需要多种投入,也会产生多种结果,因而也就存在着创新结构以及结构变迁的问题。创新结构,从前端看是企业采取各类创新活动所形成的投入结构,从后端看则是各类创新成果的直接或间接产出。不同的创新结构包含着不同的风险结构,以及对资金使用的期限结构,因此对金融结构的需求就有较大差异,而且创新结构也是动态演进的过程,如韩国从模仿到创新的过程中创新结构就发生了实质性的变化[4],由以低风险技术获取(技术引进和消化吸收)为主的创新结构转变为以高风险R&D和产品开发为主的创新结构,这种转变势必要求金融结构进行巨大的适应性调整,在中国即表现为金融供给侧结构性改革。

从中国企业创新活动的实际情况来看,投入端主要包括四类行为:研究与试验发展(R&D)、新产品开发、技术获取和技术改造。从结构上来看,改革开放后相当长一段时期,中国一直以低风险的技术改造和技术获取为主[5],1991年时,技术改造支出在四项支出中占51.98%,加上技术获取这一比例上升至79.07%,高风险的R&D活动和新产品开发经费则很少。随后的20多年,中国的创新结构发生了巨大的变化,先是1999年R&D和新产品开发经费同时超过了技术获取,接着在2010年和2009年二者支出比重又分别超过了技术改造,到2017年时中国R&D和新产品开发支出比重分别达到了42.33%和44.95%,创新结构已转变为高风险的R&D和产品创新为主。反观中国的金融结构,长期以来一直以银行为主导,虽然近年来一直在推进多层次资本市场建设,但金融结构始终未发生实质性变化。2017年全国社会融资规模增量为19.44万亿元,其中人民币贷款为13.84万亿元,占71.19%,如果再加上外币贷款、委托贷款、信托贷款、未贴现银行承兑汇票等各类贷款,这一比例将上升到89.56%,而企业债券和非金融企业境内股票融资仅占2.27%和4.5%。那么,这种金融结构是否能适应中国实体经济发展的要求,尤其是能否适应企业创新的需求？如果不适应,那么又应该做如何调整？围绕这一主线,本研究首先构建适应性金融结构模型,分析金融结构由纯银行体系向银行为主、市场为主、纯市场体系连续演进的动力和条件。在理论分析的基础上,检验中国金融结构与创新结构的适应性,进而为重塑中国金融结构,深化金融供给侧结构性改革,助力中国制造走向中国创造提供政策建议。

一、文献述评

自从Goldsmith提出金融结构(经济体中金融市场和金融中介的构成情况)是否会影响经济增长这一问题以来[6],关于何种金融结构更有利于创新和经济增长的讨论一直在进行,然而始终未达成相对一致的看法。纵观国内外研究,大致有四类观点:银行主导论、市场主导论、最优结构论和结构无关论。

"银行主导论"认为以银行为主的金融结构更有利于创新,这是因为:(1)银行能够通过将信息私有化,以及与企业建立长期的战略合作关系等办法[7],解决Stiglitz所讲的金融市场"搭便车"问题[8];(2)具有市场势力的银行能够给企业施加更大的压力,从而迫使企业偿还债务,这可以降低企业的违约率,提高金融市场的投资意愿和投资效率[9];(3)在对公司治理和资金使用的监督上,银行发挥规模经济优势,同时也可以解决监督的"搭便车"问题[10];(4)银行存续时间比较长,跨期风险的分担上也有一定优势[11]。

"市场主导论"者则认为:(1)随着金融市场的扩大和流动性的增强,投资者有更强的激励去获取公司信息[12],这将有助于资本配置效率的提高[13];(2)在信息的处理上,对于非标准化的信息,尤其是牵涉新产品和新工艺时有更多的新信息,以及不确定性,市场主导的金融系统更有优势[14];(3)在对创新的支持上,通过股权融资不会产生破产清算的风险,因此对于推动风险较大的创新,金融市场更为有效;(4)在风险管理上,发达的金融市场可以通过多样化克服截面风险和流动性风险[15]。

与"银行主导论"和"市场主导论"各强调一端不同,"最优结构论"者认为,存在一个最优的金融结构与各国的经济、社会和文化条件相匹配。林毅夫等从企业规模、企业风险特征、要素禀赋、产业结构等多个方面较早地探讨了最优金融结构问题。Demirgüç-kunt等的研究表明随着经济发展由低级阶段向高级阶段迈进,银行体系的重要性和有效性逐步下降,而市场体系的重要性和有效性则会逐步提升。龚强等的研究表明,当产业技术成熟稳定,风险较低时银行体系更为有效,相反产业技术不稳定、风险较高时市场体系更为有效[16]。张成思和刘贯春从金融监管的视角,论证了最优金融结构的存在性和动态特征[17]。

"结构无关论"者认为,创新和金融结构无关,而取决于金融体系:(1)降低交易成本、缓解信息不对称等功能的大小[18];(2)能否解决经济不同发展阶段中的金融抑制,缓解金融市场上的逆向选择和道德风险等问题;(3)是否有一套完整的法律体系,保障金融体系稳定性,有效推动经济增长和技术进步[19]。"结构无关论"实际上是在回避"市场"与"银行"之争,在本质上是一个"金融发展论",即功能更健全、融资效率更高的金融体系有利于经济增长和创新,实际上这是不言而喻的。

从国内外关于金融结构的争论可以发现,各种观点既有理论分析,又有大量的经验证据支撑[20],这就表明这些争论所形成的冲突在很大程度上是表面上的,各种观点在局部上可能正确,只是在全域上的有效性较低。那么一定存在一个全域有效的分析框架,实际上"结构无关论"和"最优结构论"已经在争论的调和上做了初步的探索,本文从创新结构入手,以创新结构变化所引致的对金融需求结构的变化来探讨适应性金融结构的演进过程,尝试将各种观点包含的主要因素纳入统一的分析框架,从而解决金融结构之争。

二、适应性金融结构模型的构建

(一) 模型结构描述

假设经济体中只有一个企业,此企业有一个创新项目,企业自有资金单位化为1,要启动这个项目需要2单位资金,也就是说创新企业还需要1单位的外源融资,2单位资金投入后该创新项目正式启动。由于创新有一定的风险性,创新失败后项目还可能有一定数量的残值,为简化分析,我们假设项目成功后的最大潜在价值为v,项目完全失败时残值为0。那么企业创新的价值将在$[0,v]$服从一个随机分布,假设其分布函数为:

$$F(y) = \int_0^y \frac{\alpha t^{\alpha-1}}{v^\alpha} dt \quad \alpha \geqslant 1, 0 \leqslant y \leqslant v \tag{1}$$

其中,y代表创新的潜在价值,$y \in [0,v]$。原则上$v>2$,否则企业将不会启动这个创新项目。α可以反映创新的风险,当$\alpha=1$时是均匀分布,随着α增加其密度不断向上端集中,即创新的风险不断降低。另外,创新风险的大小与企业研发能力也有较强的相关性[21],企业研发能力越高则创新失败的概率就越低,即创新的风险就会越小,反之则创新的风险就越大,企业创新的风险分布结构实际上就是企业的创新结构。

企业 1 单位的外源融资可以采取两种方法来筹集,一是以利率 r 向银行进行债权融资,这需要以企业的全部资产作为抵押,当企业价值低于银行债权值时,企业的全部资产都将归银行所有,这时对企业而言其创新的价值就会降为 0。另一种方法是采取股权融资,股权融资时企业不会被清算,但对方要求剩余索取权,这里假设每单位股权融资要求的剩余索取权的比例为 λ。金融市场上股权融资与债权融资的资金供给比例就是本研究要讨论的金融结构。面临这样的金融市场,假设企业进行 s 单位的债权融资,$1-s$ 单位的股权融资,$s\in[0,1]$。在这种融资结构下,创新企业的预期收益为:

$$E(R) = \int_0^v y \frac{\alpha y^{\alpha-1}}{v^\alpha} dy \tag{2}$$

付给银行的预期成本为:

$$E(C_1) = \int_0^{(1+r)s} y \frac{\alpha y^{\alpha-1}}{v^\alpha} dy + \int_{(1+r)s}^v (1+r)s \frac{\alpha y^{\alpha-1}}{v^\alpha} dy \tag{3}$$

付给股权融资方的预期成本为:

$$E(C_2) = \int_{(1+r)s}^v [y-(1+r)s]\lambda(1-s)\frac{\alpha y^{\alpha-1}}{v^\alpha} dy \tag{4}$$

另外企业还有一个自有成本 $C_3=1$,在此条件下,企业的预期利润为:

$$E(\Pi) = E(R-C_1-C_2-C_3) \tag{5}$$

将(2)、(3)、(4)式及 $C_3=1$ 代入(5)式,整理后可得:

$$E(\Pi) = (1-\lambda+\lambda s)\left\{\frac{\alpha v}{\alpha+1} + \frac{[(1+r)s]^{\alpha+1}}{(\alpha+1)v^\alpha} - (1+r)s\right\} - 1 \tag{6}$$

此时企业需要确定一个融资结构 s 来优化其利润,一阶条件为:

$$\frac{\lambda(1+r)^{\alpha+1}+\alpha+1}{\alpha+1}s^{\alpha+1}+\frac{(1-\lambda)(1+r)^{\alpha+1}}{v^{\alpha}}s^{\alpha}-$$
$$2\lambda(1+r)s+\frac{\lambda\alpha v}{\alpha+1}-(1-\lambda)(1+r)=0 \tag{7}$$

满足(7)式的 s 即是创新企业所要采取的最优银行融资量,此时创新企业所需要的融资结构即为 $s:(1-s)$,若金融市场提供的资金结构与此相匹配,就表明金融结构与创新结构相适应,若有偏离则创新企业所要求的部分融资就无法满足。因此,探讨金融结构的适应与否,以及应该如何调整,关键是研究创新企业所需的金融结构是如何演进的,它的转型又受哪些因素影响。由于(7)式的函数关系比较复杂,难以直接得出创新企业所需金融结构与其影响因素的关系,下面将采取数值模拟的方式进行分析。

(二) 数值模拟分析

从(7)式可以看出,影响 s 的变量是 λ、r、v 和 α,分别代表股权融资效率、债权融资效率、创新项目最大潜在价值和创新风险。数值模拟的基本方法是每次给三个影响因素赋固定值,然后分析金融结构与剩余那个变量的关系,四个变量所赋的基准值为:$\lambda=0.5$,$r=0.05$,$v=3$,$\alpha=1$。为叙述方便,这里所说的金融结构是指债权融资在总融资中占的比重,金融结构增加或者上升就是指这一比重的增加或者上升,下同,不再赘述。

图 1 描述的是股权融资效率与企业所需金融结构的关系。图 1 共有四个子图,子图 Ⅰ 描述的是股权融资效率与金融结构的总体关系,子图 Ⅱ、Ⅲ 和 Ⅳ 描述的是其他变量发生变化时对二者总体关系的影响。从子图 Ⅰ 可以看出,金融结构与 λ 是正相关关系,但 λ 是指单位股权融资所要求的回报,与融资效率是负相关的,所以金融结构与股权融资效率总体上是负相关。且给定其他条件,存在一个 λ_{min} 和一个 λ_{max},当 $\lambda<\lambda_{min}$ 时,金融结构 $s=0$,即创新企业仅采取股权融资;相反当 $\lambda>\lambda_{max}$ 时,金融结构 $s=1$,创新企业仅采取债权融资,当 $\lambda\in(\lambda_{min},\lambda_{max})$ 时,创新企业所需的融资结构逐渐由股权融资为主向债权融资为主转换。观察子图 Ⅱ、Ⅲ 和 Ⅳ 可以发现,r、v、α 的变化对金融结构与股权融资效率之间的总体负相关关系

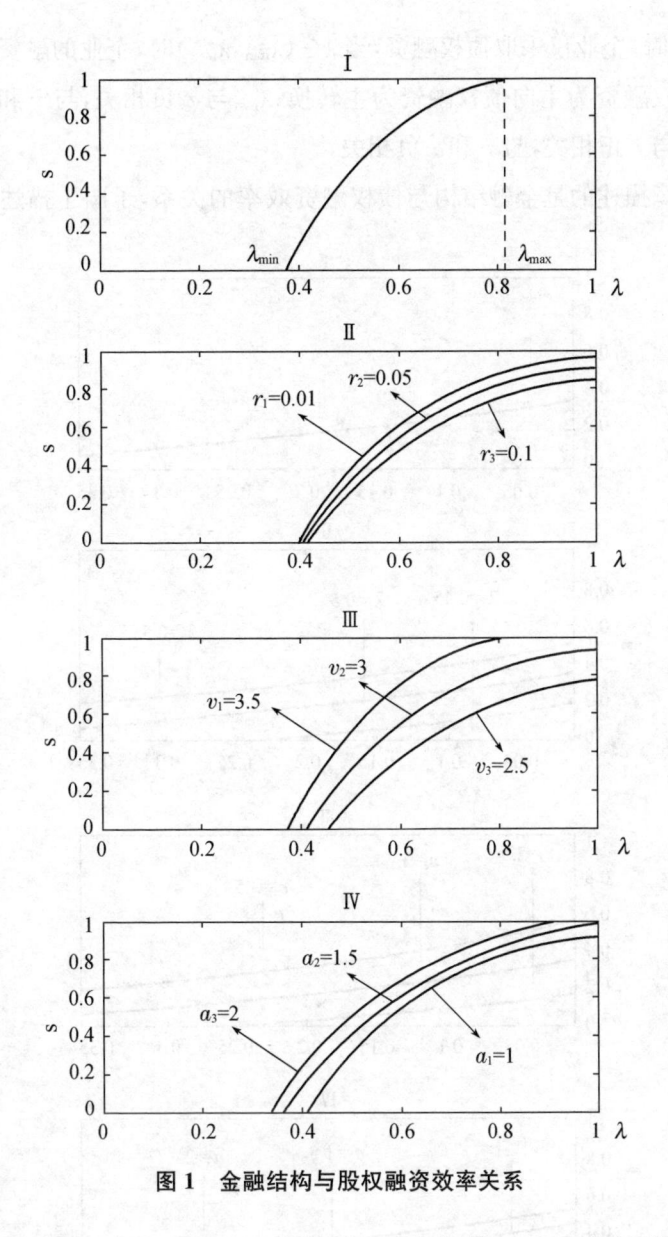

图 1　金融结构与股权融资效率关系

没有影响,但会改变 λ_{min} 和 λ_{max} 的位置。具体来说 λ_{min} 与 r 负相关,与 v 和 α 正相关,λ_{max} 与 r 正相关,与 v 和 α 负相关。综上所述可得命题 1:

命题 1:给定其他条件,企业所需的金融结构与股权融资效率总体上呈负相关关系;且存在 λ_{min} 和 λ_{max},当 $\lambda < \lambda_{min}$ 时,企业仅采取股权融资,当

$\lambda > \lambda_{max}$ 时,企业仅采取债权融资,当 $\lambda \in (\lambda_{min}, \lambda_{max})$ 时,企业的融资结构逐渐由股权融资为主向债权融资为主转换;λ_{min} 与 r 负相关,与 v 和 α 正相关,λ_{max} 与 r 正相关,与 v 和 α 负相关。

图 2 描述的是金融结构与债权融资效率的关系,子图 I 描述的是二

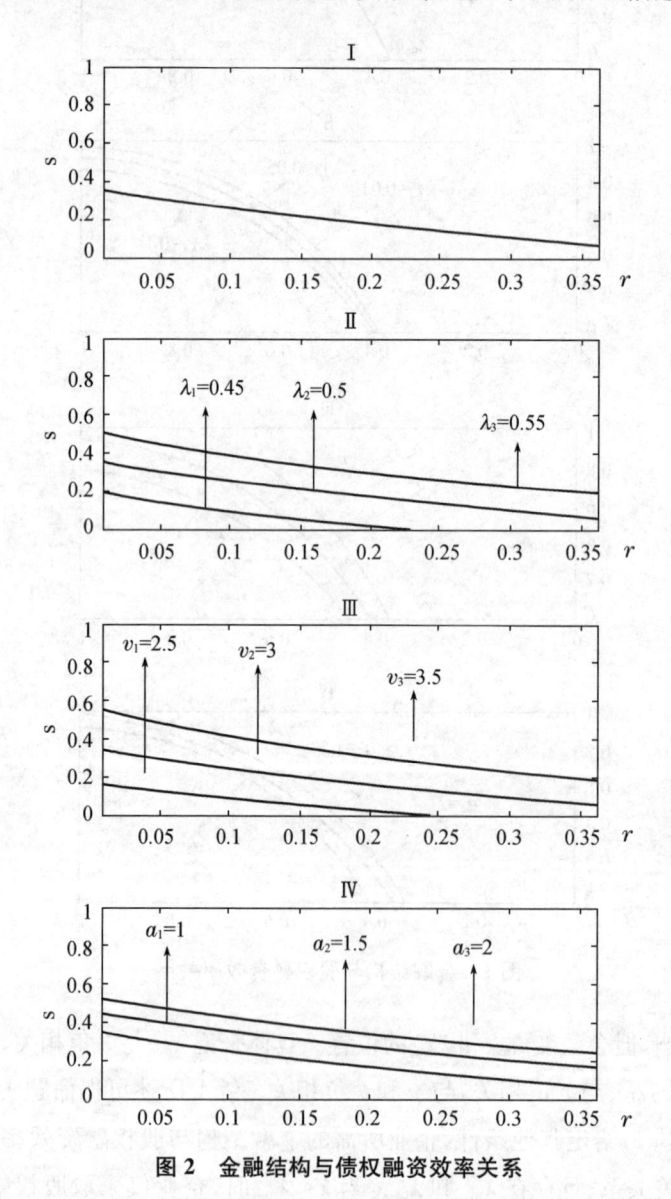

图 2 金融结构与债权融资效率关系

者之间的总体关系,子图Ⅱ、Ⅲ和Ⅳ则是其他变量变化对二者关系的影响。在子图Ⅰ中可以观察到,金融结构与债权融资效率(利率 r 与债权融资效率负相关)呈正相关关系,与图1的结果刚好相反。同时也存在一个 r_{max},当 $r>r_{max}$ 时企业将会全部采用股权融资,这一点也与图1相似,但与图1不同的是无论 r 多么低(当然 r 是要大于0的),企业都不愿全部采取债权融资,这表明给定其他条件,企业总是希望把创新的风险让外部分担一些。观察子图Ⅱ、Ⅲ和Ⅳ可以发现,λ、v、α 的变化仅仅影响 r_{max} 的位置,具体来讲 r_{max} 与股权融资效率、创新风险负相关,与创新项目潜在价值正相关。综上可得命题2:

命题2:给定其他条件,企业所需的金融结构与债权融资效率正相关;存在一个 r_{max},当 $r>r_{max}$ 时企业仅采用股权融资,无论 r 多么低($r>0$),企业都不愿全部采取债权融资;r_{max} 与股权融资效率、创新风险负相关,与创新项目潜在价值正相关。

图3描述的是金融结构与创新项目潜在价值的关系,从子图Ⅰ中可以观察到,企业所需的金融结构与创新项目潜在价值呈正相关关系,且存在 v_{min} 和 v_{max},当 $v<v_{min}$ 时企业全部采用股权融资,当 $v>v_{max}$ 时企业全部采用债权融资,当 $v\in(v_{min},v_{max})$ 时企业所愿意采用的融资结构有一个从股权融资为主向债权融资为主转变的过程。从子图Ⅱ、Ⅲ和Ⅳ可以观察到,λ、r、α 也是仅影响 v_{min} 和 v_{max} 的位置。具体来讲,v_{min} 与 λ 和 α 负相关,与 r 正相关;v_{max} 与这三个变量的相关关系和 v_{min} 相同。综上可得命题3:

命题3:给定其他条件,企业所需的金融结构与创新项目潜在价值总体上呈正相关关系;且存在 v_{min} 和 v_{max},当 $v<v_{min}$ 时,企业仅采取股权融资,当 $v>v_{max}$ 时,企业仅采取债权融资,当 $v\in(v_{min},v_{max})$ 时,企业的融资结构逐渐由股权融资为主向债权融资为主转换;$v_{min}(v_{max})$ 与 λ 和 α 负相关,与 r 正相关。

图4描述的是金融结构与创新风险的关系,由前面的模型分析知道,α 越大创新风险越小,因此从子图Ⅰ可以观察到金融结构与创新风险整体上呈负相关关系,且当创新风险小到一定程度,即 $\alpha>\alpha_{max}$ 时,企业将不

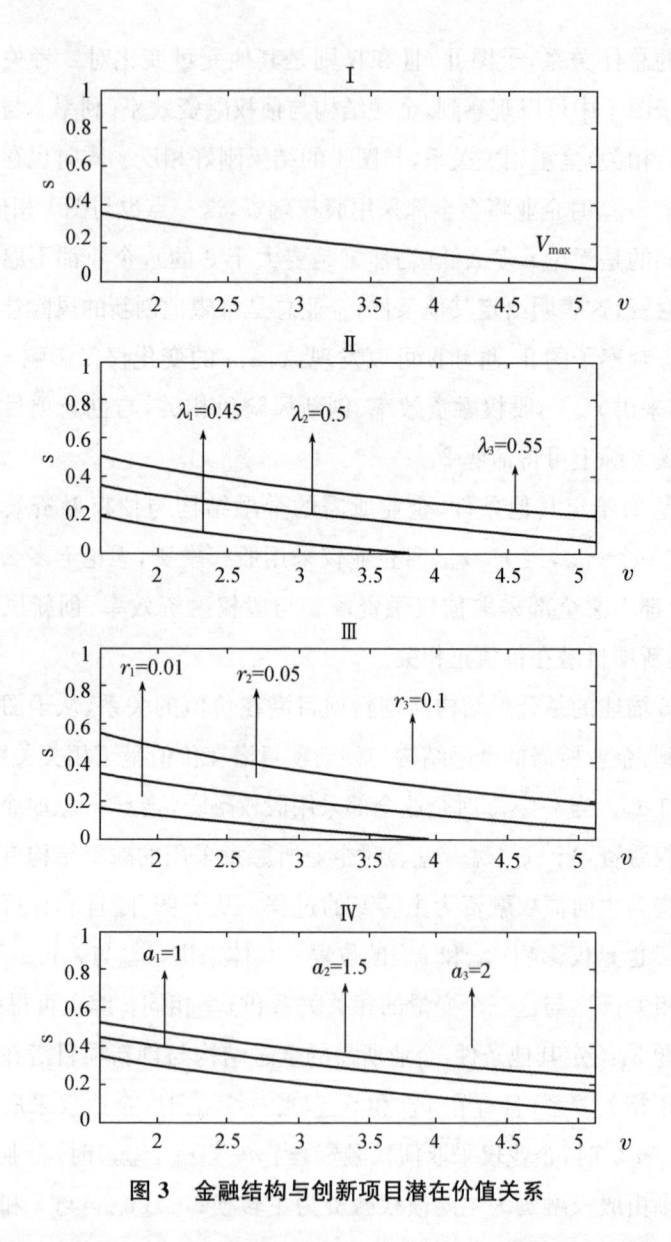

图 3　金融结构与创新项目潜在价值关系

需要股权融资,而全部采用债权融资。这是因为企业采用股权融资的本意是让外部力量为自己分担部分创新风险,当创新风险极低时也就没有必要进行风险的分摊了。由子图Ⅱ、Ⅲ和Ⅳ可以发现,λ、r 和 v 也不改变金融结构与创新风险的总体关系,仅影响 α_{max} 的位置,α_{max} 与 λ、v 负相关,

与 r 正相关。综上可得命题 4：

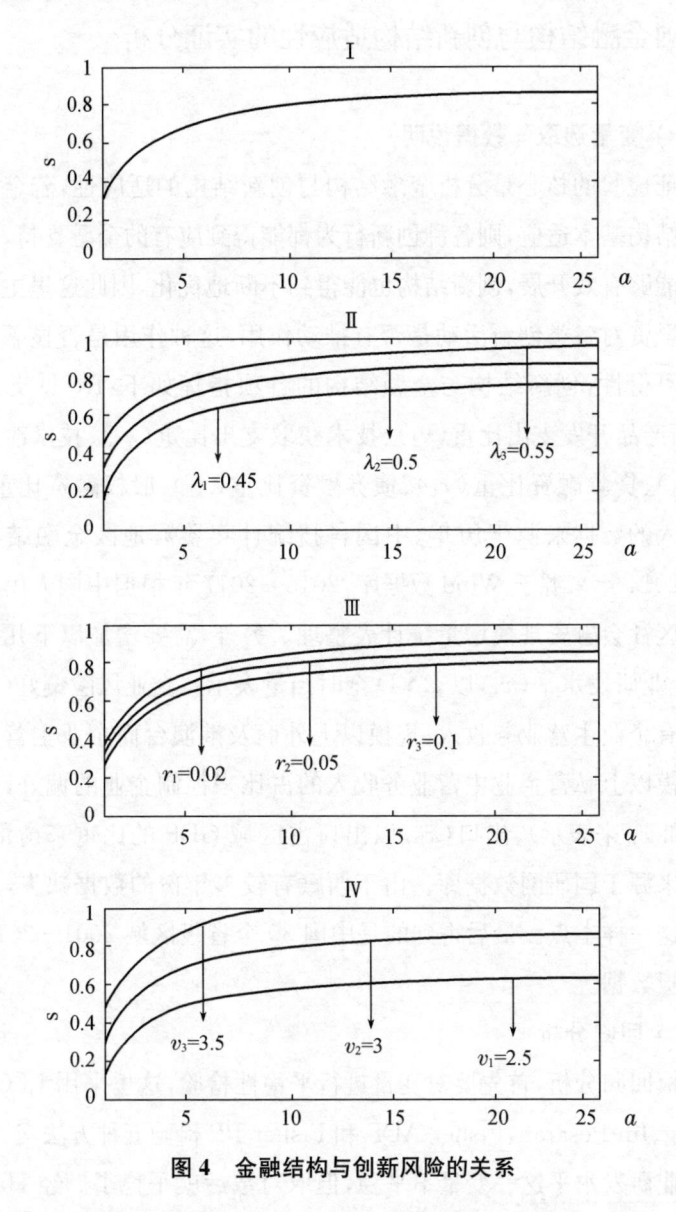

图 4　金融结构与创新风险的关系

命题 4：给定其他条件，企业所需的金融结构与创新风险整体上呈负相关关系；存在 α_{max}，当 $\alpha > \alpha_{max}$ 时，企业将全部采用债权融资；α_{max} 与 λ、v 负相关，与 r 正相关。

三、中国金融结构与创新结构适应性的实证分析

(一) 变量选取与数据说明

实证检验的核心是分析金融结构与创新结构的适应性,若金融结构与创新结构基本适应,则各种创新行为都能得到应有的金融支持,从而创新活动能够有效开展,创新结构也能得到不断地优化,因此这里主要是检验各类融资对各类创新活动是否有推动作用,这种作用是否显著。根据数据的可得性,创新结构与金融结构的各项指标如下:R&D 支出比重(y_1)、新产品开发支出比重(y_2)、技术获取支出比重(y_3)、技术改造支出比重(y_4)、贷款融资比重(x_1)、债券融资比重(x_2)、股权融资比重(x_3)。创新投入的数据来源于历年《中国科技统计年鉴》,地区金融结构数据 2001—2014 年来源于 Wind 数据库,2015—2017 年根据中国人民银行公布的地区社会融资规模增量统计表整理。另外,需要增加以下几个控制变量:企业研发水平(x_4,以 R&D 全时当量表示)、企业风险偏好(以规模以上国有企业主营业务收入、规模以上外商及港澳台商企业主营业务收入和规模以上私营企业主营业务收入的占比来控制企业的偏好,分别用 x_5、x_6 和 x_7 来表示)、出口(x_8,以出口占区域 GDP 的比重来衡量)。这些数据来源于国研网数据库。由于西藏有较多年份的数据缺失,所以剔除西藏这一样本点。最后得到的是中国 30 个省级区域 2001—2017 年的平衡面板数据。

(二) 回归分析

面板回归分析,首先要对变量进行平稳性检验,这里采用 LLC 检验、Breitung、Im-Pesaran、Fisher-ADF 和 Fisher-PP 检验五种方法交叉检验,发现企业研发水平这一变量不平稳,但取对数后就平稳了。经 Hausman 检验,截面之间的变异存在固定效应,因此这里对研发水平取对数,其他变量用水平数据,采用面板固定效用模型进行回归。另外,通过检验还发现模型存在内生性等问题,因此这里采用面板 GMM 方法进行回归,选取

解释变量的滞后项作为工具变量,具体的回归结果见表1、表2和表3。

表1 贷款(主要是银行贷款)与创新结构关系检验

自变量	因变量					
	y_1(1)	y_2(2)	y_3(3)	y_4(4)	y_3(5)	y_4(6)
x_1	0.072	−0.426**	−0.168	0.522**	−0.151	0.732**
x_4	0.111***	0.047***	−0.059***	−0.099***	−0.061***	−0.155***
x_5	−0.231***	−0.330***	0.026	0.534***		
x_6					0.076	
x_7						0.016
x_8	−0.035	−0.124*	−0.068	0.228**	−0.101*	0.050
LM	24.386 (0.000)	24.386 (0.000)	24.386 (0.000)	24.386 (0.000)	26.058 (0.000)	26.211 (0.000)
C-DWF	14.897	14.897	14.897	14.897	15.097	15.154
Sargan	0.799 (0.670)	1.598 (0.450)	1.053 (0.591)	0.034 (0.983)	1.062 (0.588)	0.431 (0.806)
R^2	0.655	0.488	0.241	0.535	0.254	0.416

注:*、**、***分别表示10%、5%、1%的显著水平,另外,LM统计量和Sargan统计量下方圆括号内报告的是P值,下同,不再赘述。

表2 债券融资与创新结构关系检验

自变量	因变量					
	y_1(7)	y_2(8)	y_3(9)	y_4(10)	y_1(11)	y_2(12)
x_2	−0.062	0.387***	0.164	−0.488**	0.040	0.511***
x_4	0.111***	0.049***	−0.059***	−0.101***	0.133***	0.086***
x_5	−0.229***	−0.339***	0.024	0.544***		
x_6					−0.101	
x_7						−0.012
x_8	−0.041	−0.089	−0.0536	0.183*	0.075	0.036
LM	44.623 (0.000)	44.623 (0.000)	44.623 (0.000)	44.623 (0.000)	46.259 (0.000)	47.140 (0.000)

299

(续表)

自变量	因变量					
	y_1(7)	y_2(8)	y_3(9)	y_4(10)	y_1(11)	y_2(12)
C-DWF	16.292	16.292	16.292	16.292	16.957	17.318
Sargan	0.826 (0.662)	2.182 (0.336)	0.942 (0.624)	0.022 (0.989)	1.431 (0.489)	0.678 (0.712)
R^2	0.653	0.547	0.270	0.579	0.628	0.451

表3 股权融资与创新结构关系检验

自变量	因变量					
	y_1(13)	y_2(14)	y_3(15)	y_4(16)	y_2(17)	y_3(18)
x_3	−0.272**	0.166	−0.028	0.134	0.250**	−0.031
x_4	0.109***	0.064***	−0.052***	−0.120***	0.110***	−0.054***
x_5	−0.227***	−0.372***	0.008	0.591***		
x_6					0.103	
x_7						0.002
x_8	−0.013	−0.124**	−0.060	0.198**	−0.032	−0.063
LM	170.835 (0.000)	170.835 (0.000)	170.835 (0.000)	170.835 (0.000)	171.209 (0.000)	170.493 (0.000)
C-DWF	136.158	136.158	136.158	136.158	136.640	135.720
Sargan	0.672 (0.412)	1.824 (0.177)	0.258 (0.612)	0.926 (0.6674)	0.711 (0.399)	0.245 (0.620)
R^2	0.650	0.581	0.303	0.620	0.504	0.303

上面3张表的18个回归方程全面反映了各类融资对企业各类创新活动的影响情况,即金融结构对创新结构的影响,表格的第一行是因变量,左列是解释变量。另外表格最后四行还报告了工具变量不可识别检验的 Andersoncanon. corr. LM 统计量、弱工具变量检验的 Cragg-DonaldWaldF 统计量、过度识别检验的 Sargan 统计量和拟合优度 R^2,从检验结果可以发现工具变量不存在不可识别、弱工具变量和过度识别问题。

下面首先分析金融结构对技术创新的影响。从贷款的作用来看(回归1-4),贷款对技术改造有显著的推动作用,对新产品开发有显著的抑制作用,对R&D投入和技术获取的影响不显著。这表明银行是高度风险规避的,银行贷款对创新的支持仅限于最低风险的技术改造,由于新产品开发过程存在较大的不确定性,银行对这类企业的贷款可能会采取更为谨慎的态度,因此贷款在区域融资比重中的提高会阻碍高风险的创新活动。但从另一方面看,改革开放40年来,中国很长一段时期是处于技术模仿状态,中国企业的创新行为以低风险的技术改造和技术引进为主,因此银行在这段时期的企业技术进步中发挥了重要作用,尤其是利率市场化改革前,银行以极低的利率为企业提供融资,这就进一步放大了这种作用。

从企业债券融资的作用来看(回归7-10),债券融资比重的提高可以显著提高企业新产品开发支出比重,同时对低风险的技术改造支出有抑制作用,这表明债券融资有更强的风险包容性,企业发债主要不是用于低水平的扩大再生产,因此对技术改造的作用为负。从股权融资的作用来看(回归13-16),除了对R&D投资有显著的抑制作用外,对其他三类投资的作用都不显著,其中,股权融资对产品创新的回归系数为0.166,显著水平为11.8%。从理论上讲,股权融资的风险包容性应该更强,对风险较高的R&D投资和新产品开发投资应有显著的推动作用,但我国的情况却与此相悖。从实际情况来看,一方面是由于我国的股权融资市场发展滞后,规模较小,根据中国人民银行的统计,2018年社会融资规模增量累计为19.26万亿元,而非金融企业境内股票融资3 606亿元,仅占1.87%;另一方面,我国企业上市资质要求较高,基本上是企业发展进入成熟期才能上市,而进入成熟期的企业其创新积极性会下降,更多的是做水平扩张,虽然深圳市场的中小板和创业板改革对这一问题有一定的缓解,但仍无法扭转目前沪深两市是以成熟型大企业为主的格局。因此从优化创新结构的角度来看,应该进一步发展风险包容性更强的融资方式,尤其推动股权市场发展,从而提高金融的风险包容性和风险承担能力,使创新风险更大的 R&D 活动和产品创新活动能获得坚实金融支持。2019年的科创板改革,以及今后的注册制改革,都正在朝这一方向迈进。

从其他控制变量来看,企业研发能力的提高可以显著提高 R&D 支出和新产品开发支出的比重,这是因为研发能力的提高能够降低企业创新风险,这会直接提高企业高风险创新活动的预期收益。出口对部分创新活动主要是技术改造有微弱的正向作用,这是缘于出口的学习机制、竞争机制,以及互补机制[22]。从企业的风险偏好来看,国有企业对低风险的技术改造比较积极,但对高风险的 R&D 和创新活动有一定的抵制,私营企业对各类技术创新活动的影响都不太显著,外资企业则对技术获取有正向作用。

(三)稳健性检验

从金融结构与创新结构回归分析中得出的基本结论是:中国的创新结构已由以技术改造和技术获取为主的低风险结构转变为以 R&D 和产品创新为主的高风险结构,而金融结构的风险承担能力和风险包容性虽有所增强,但仍是以银行融资为主的低风险结构,相对于创新结构的升级而言金融结构发展显得滞后,对高风险创新项目的支持力度不够。为检验这一结论的稳健性,这里从创新结果的角度对创新结构重新度量。从创新结果来看,能获取到的数据主要是专利,中国的专利授权有三个指标,分别是国内发明专利授权数、国内实用新型专利授权数和国内外观设计专利授权数。从风险来看,发明专利最大,外观设计专利最小,因此这里可以用三类专利的结构来度量创新结构,重新检验其与金融结构的关系,其检验方法与上面相同,其中 x_1 的回归系数分别用回归方程1、2和3的形式,相应地,x_2 分别用方程7、8和9的形式,x_3 分别用方程13、14和15的形式。为简便起见,这里只报告出金融结构的回归系数,具体情况见表4。y_5、y_6 和 y_7 分别表示发明专利、实用新型专利和外观设计专利在区域专利授权总量中所占的比重。从回归结果中可以观察到:由于专利中包含的创新活动本身就比较高,因此贷款基本上没有作用,只对风险最低的外观设计有微弱的正向作用;非金融机构债券融资的风险包容性较强,对发明专利和实用新型都有微弱的正向作用;风险包容性最高的股权融资对实用新型和外观设计都有显著的正向作用,但对风险最高的发明有负向作用。这一检验结果与使用创新投入结构检验的结果基本相同。

表4 金融结构与创新结构关系稳健性检验

自变量	因变量					
	x_1	P值	x_2	P值	x_3	P值
y_5	−0.0216	0.886	0.017	0.12	−0.680	0.000
y_6	−0.236	0.175	0.222	0.169	0.434	0.000
y_7	0.257	0.215	−0.239	0.207	0.247	0.073

四、结论与政策建议

何种金融结构更有利于创新与经济增长是经济理论研究者和实践工作者长期争论的重点话题,但始终没有得出较为一致的结论。本研究引入创新结构这一核心变量,并以连续分布的帕累托函数来描述创新结构,同时考虑创新潜在价值、股权融资市场效率、债权融资市场效率等变量,构建适应性金融结构模型。我们在理论上能够把当前关于创新与金融结构关系相互冲突的各种观点纳入一个统一的分析框架,并且给出了与创新结构相适应的金融结构由完全的债权融资向债权融资主导、股权融资主导、完全的股权融资连续转换的条件,从而把"银行主导论""市场主导论""最优结构论""结构无关论"的长期争论统一起来。在理论分析的基础上,本研究进一步对中国金融结构与创新结构的适应性做了实证检验,研究发现主要体现在三个方面。第一,企业创新所需的金融结构由具体的经济社会条件所决定,当条件发生变化时,所需的金融结构有一个从纯债权融资向纯股权融资连续演进的动态过程。具体来讲,当创新风险较小、股权融资效率较低、创新潜在价值较大、债权融资效率较高时,企业愿意使用更多的债权融资,即"银行主导论"的情形,在极端情况下,企业则完全使用债权融资;当这四个指标反向变化时,企业采取股权融资的比重逐渐上升,最终形成股权融资主导,即"市场主导论"的情形,极端情况下则完全采取股权融资。另外,银行融资效率、股权市场融资效率的提高都可以使激励相容约束条件更加松弛,进一步拓展融资空间,从而促进创新,这就是"结构无关论"或金融发展论所讲的情形。而创新所需金融结构演进的每一个点上都是企业的最优选择,因而在全域的每一点都是"最优结构"。第二,中国金融结构的发展滞后于创新结构,这使得中国企业创新主要是高风险创新活动,无法获得充足的金融支持。从创新投入来看,中国的创新结构已由以低风险的技术获取和技术改造为主升级为以高风险的 R&D 和新产品开发为主,而金融结构中虽然近年来股权融资的比重有所上升,但仍以银行债权融资为主,债权融资能够支撑的是低风险创新结构,中国改革开放后 40 年的快速技术进步也得益于这一金融结构。但当前中国技术发展水平已与世界一流水平并跑甚至领跑,原始创新、自主创新的比重将会迅速提高,创新结构的风险性势必会持续上升,以银行融资为主的金融结构显然不适应这一变化,这就要求中国的金融结构也要进行升级,要有更强的风险包容性和更高的风险承担能力。第三,中国的金融结构与创新结构存在较大的区域差异。从创新结构来看,虽然 R&D 活动和产品创新在全国普遍占主导地位,但区域差距还比较大,东部地区的 R&D 和产品创新投入在创新结构中已超过八成,而西部地区技术获取和技术改造依然占较大的比重。从金融结构来看,中西部地区对银行贷款的依赖程度也远远高于东部地区,但联系到西部地区较低风险的创新结构,这一金融结构也具有一定的适应性。

基于这些研究与发现,为进一步引导中国金融资源支持实体经济创新,优化创新结构,持续提升中国各区域创新能力,推动中国制造向中国创造迈进,本研究提出以下五个建议。第一,积极推进中国金融结构转型升级,深化金融供给侧结构性改革,提高金融结构对创新的风险包容性和风险承担能力。重点是通过加强制度建设,深入推进资本市场改革,促进资本市场长期健康发展。以科创板及试点注册制改革为支点,降低创新型企业股权融资的难度。推动VC、PE及天使投资等风险包容性高的创新创业投资市场建设,从根本上改变中国金融结构风险承受力较低的局面。另外也要加大银行体系中科技金融的建设力度,提升银行系统对创新风险的承受能力。第二,多措并举疏通实体经济融资渠道,提高融资效率,拓展融资空间。一方面金融系统要积极应用以互联网、云计算、大数据等为基础的最新金融科技成果,有序推动P2P、众筹、网络银行等新型金融业态发展,突破融资技术瓶颈。另一方面要进行体制机制创新,尤其是改革和完善金融机构监管考核与内部激励机制,提升金融机构本身的风险包容性和支持实体经济的积极性,形成金融体系支持实体经济发展,尤其是支持实体经济创新的长效机制。第三,金融结构的调整以及创新等相关产业政策的实施也要因地制宜,与区域经济发展阶段相适应。中国区域经济社会发展不平衡的现状使各类政策的实施不可"一刀切",具体来讲,东部发达地区在金融结构的调整上可以更加注重多层次资本市场的建设,创新上可以充分发挥科教资源的优势,引导企业更加注重原创新技术开发;中西部地区则需要继续稳定银行系统的主体功能,同时有序建设其他金融市场,技术开发上更加重视实用性、配套性技术的研究。第四,进一步深化国有企业改革,一方面继续发挥国企在中国创新过程中的主导地位,同时更要使其成为创新结构升级的引领者。以新一轮的混合所有制改革为契机,优化国有企业股权结构,构建与激发企业创新能力相容的考核管理体制,引导国有企业积极开展创新,尤其是那些具有战略性、基础性,同时又具有较大风险的技术攻关项目。第五,通过切实有效地维护在华外资企业合法权益等手段,鼓励和引导外资及港澳台资企业研发中心向中国转移,同时培养本土私营企业科技创新能力。改变传统的FDI粗放式引进模式,注重引进产业带动效应大、能够弥补区域产业链薄弱环节的外资企业,转变以提升短期区域GDP为目标的外资引进观念,积极引导外资研发中心向国内转移,为区域技术进步提供持久的动能。营造公平有序的市场环境,在用地、税收、融资等各方面给本土私营企业平等的政策待遇,壮大私营企业实力,培育其创新能力。

　　本文系国家社会科学基金重大研究专项项目"新时代中国特色经济学基本理论问题研究"(18VXK002);中宣部"万人计划"项目"中国创造之路:中国制造业企业创新行为的演化研究"的阶段性成果。原载于《经济学家》2020年第2期。

参考文献:

[1] 林毅夫,孙希芳,姜烨. 经济发展中的最优金融结构理论初探[J]. 经济研究,2009(8):4—17.

[2] DEMIRGÜÇ-KUNT A, FEYEN E, LEVINE R. The Evolving Importance of Banks and Securities Markets[J]. World Bank Economic Review, 2012, 27(3):476-490.

[3] SCHUMPETER J. The Theory of Economic Development[M]. Cambridge, Harvard University Press,1934.

[4] 金麟洙. 从模仿到创新:韩国技术学习的动力[M]. 中译本,北京:新华出版社,1998.

[5] 安同良. 中国企业的技术选择[J]. 经济研究,2003(7):76—84,92.

[6] GOLDSMITH R W. Financial Structure and Development[M]. NewHaven:Yale University Press, 1969.

[7] BOOT A W A, GREENBAUM S J, THAKOR A. Reputation and Discretion in Financial Contracting[J]. American Economic Review, 1993(83):1165-1183.

[8] STIGLITZ J E. Credit Markets and the Control of Capital[J]. Journal of Money, Credit and Banking, 1985(17):133-152.

[9] RAJAN R G, ZINGALES L. Which Capitalism? Lessons From the East Asian Crisis[J]. Journal of Applied Corporate Financial, 1999(47):1367-1400.

[10] DIAMOND D W. Financial Intermediation and Delegated Monitoring[J]. Review of Economic Studies, 1984(51):393-414.

[11] ALLEN F, GALE D. Financial Markets, Intermediaries, and Intertemporal

Smoothing[J]. Journal of Political Economics, 1997(105): 523-546.

[12] HOLMSTROM B, TIROLE J. Market Liquidity and Performance Monitoring [J]. Journal of Political Economy, 1993(101): 678-709.

[13] MERTON R C. A Simple Model of Capital Market Equilibrium with IncompleteInformation[J]. Journal of Finance, 1987(42): 483-510.

[14] ALLEN F, GALE D. Comparing Financial Systems[M]. Cambridge, MA: MIT Press, 2000.

[15] LEVINE R. Stock Markets, Growth and Tax Policy[J]. Journal of Finance, 1991(46): 1445-1465.

[16] 龚强,张一林,林毅夫.产业结构、风险特性与最优金融结构[J].经济研究,2014(4):4—16.

[17] 张成思,刘贯春.最优金融结构的存在性、动态特征及经济增长效应[J].管理世界,2016(1):66—77.

[18] BECK T, LEVINE R. Industry Growth and Capital Allocation: does Having a Market-or Bank-system Matter? [J]. Journal of Financial Economics, 2002, 64(2): 147-180.

[19] LA PORTA R, LOPEZ-DE-SILANES F, SHLEIFER A, et al. Law and Finance[J]. Journal of Political Economy, 1998, 106(6): 1113-1155.

[20] LEVINE R. Finance and Growth: Theory and Evidence[Z]. NBER Working Papers 10766, 2004.

[21] BAUMOL W J. The Free-Market Innovation Machine: Analyzing the Growth Miracle of Capitalism[M]. Princeton: Princeton University Press, 2002.

[22] WAGNER J. Exports and Productivity: A Survey of the Evidence from Firm-level Data[J]. World Economy, 2007, 30 (1): 60-82.

收入不平等、金融包容性与益贫式增长

赵锦春 范从来*

摘 要 文章通过构建异质性消费者的跨期最优化模型，基于理论分析金融包容性通过影响资本增长率和收入不平等两个途径实现益贫式增长的具体机制，并使用 1990—2017 年 142 个国家的跨国面板数据检验理论命题。研究认为，提升金融包容性兼备经济增长与收入分配改善的双重功能。金融包容性提升对中低收入国家的人力资本积累有较强促进作用，但对低收入国家资本积累则不存在显著影响。研究分析表明，提升金融包容性水平对于中国实现益贫式增长具有重要意义。大力开展普惠金融，放宽金融市场准入标准，增加金融服务的有效供给，加强信用体系建设，减少资金供需双方的信息不对称均有助于推动中国的益贫式增长。

关键词 收入不平等 金融包容性 益贫式增长 资本积累机制

---

* 赵锦春，南京大学商学院理论经济学博士后流动站。
范从来，南京大学商学院经济学系。

引 言

改革开放四十多年来,中国扶贫工作的实践取得显著成效。1978—2017年,全国农村贫困人口累计减少7.4亿人,年均减贫人口规模接近1 900万人。2017年底全国贫困发生率仅为3.1%,国内17个省份贫困发生率降至3%以下[①]。经济增长和收入不平等是影响益贫式增长的重要因素。Kakwani等(2000)认为,经济增长对减贫存在积极影响,但收入不平等加剧则会导致贫困人口增加。然而,经济增长往往伴随着收入不平等加剧的社会现象,这也是导致世界各国普遍出现"弱益贫式增长"的原因[②]。中国的益贫式增长模式同样具有典型的"弱益贫式增长"特征(赵锦春和范从来,2018)。因此,如何找到兼备经济增长与收入改善的双赢政策并选择中国提升经济增长的益贫性模型,具有重大的理论与实践意义。

学界对于提升经济增长益贫性的政策选择可分为以下两种观点:一种观点认为只有在保持经济增长的前提下,通过政府再分配和社会福利改善才能实现益贫式增长(Ravallion等,2000);另一种观点则倾向于将增长与分配相统一,提出应选择合适的政策组合实现经济增长前提下的分配改善(Lopez等,2004)。Beck等(2004)认为,发展普惠金融,提升金融包容性是兼顾增长与分配双重功能的重要政策选择。在金融信贷规模较大和金融中介发展水平更好的国家和地区中,低收入群体收入增速高于平均收入增速,从而实现益贫式增长(Doumbia等,2018)。本文旨在分析金融包容性对益贫式增长的影响并使用跨国面板数据实证检验金融包

[①] 国家统计局住户调查办公室.中国农村贫困监测报告(2018)[M].[北京]中国统计出版社,2018.

[②] Kakwani和Pernia(2000)使用同时包含收入分配改善和经济增长因素的减贫等值增长率(PEGR)测度益贫式增长水平,定义弱益贫式增长为经济增长伴随收入分配恶化的同时,增长的减贫效应超过收入分配恶化带来的贫困增加。

容性提升对益贫式增长的积极作用,以期丰富金融包容性发展与益贫式增长的相关研究,为指导中国的益贫式增长实践提供政策参考。

一、文献综述

金融发展会推动经济增长,但学界对金融发展是否能够降低收入不平等仍存争议。一方面,有研究发现收入不平等与金融发展之间存在"倒U形"关系,随着金融发展水平提升,收入不平等会经历先提高后下降的变化(Greenwood等,1990)。Dimova等(2017)使用尼加拉瓜数据的实证分析同样表明,以正式金融服务获得性表示金融发展能够显著提升社会福利水平,但也会小幅加剧收入不平等。另一方面,更多的研究则认为,金融发展能够促进收入不平等改善。Clarke等(2003)使用1960—1995年的跨国面板数据实证分析表明,私人部门信贷和金融中介资产均与收入不平等呈显著的负相关关系。Beck等(2004)同样认为,金融中介发展有利于提高社会服务水平,在金融中介发展更好的国家和地区中,最低收入组收入比平均收入增长得更快。Beck等(2007)进一步研究表明,金融发展在消除贫困的过程中,40%得益于金融发展对收入不平等的缓解,60%得益于金融发展对增长的直接促进作用。范香梅等(2015)认为,中国金融包容性与收入不平等之间呈现"U形"关系。由于大多数省份金融包容性水平较低,导致难以形成金融包容性与收入分配改善的良性机制。Kim(2016)使用2004—2011年OECD国家的样本数据实证分析了金融包容性对收入不平等的影响。既有研究结论都认为,金融包容性能够促进收入不平等缓解,有助于提高贫困人口的金融服务接入能力。

前人的研究更多关注了金融发展对收入不平等的影响,较少关注金融包容性对益贫式增长的影响。并且,在衡量金融发展时更多使用的是私人部门信贷规模和金融中介资产规模等指标,使用金融包容性指标进行分析的研究较少。本文在内生增长理论框架的基础上,阐述金融包容性影响益贫式增长的具体机制。使用1990—2017年142个国家的数据样本,测度各国益贫式增长绩效和金融包容性水平并对理论命题进行实证检验。本文可能的贡献如下:一是从理论上分析金融包容性对动态不平等的影响,阐明金融包容性影响益贫式增长的具体作用机制;二是以跨国面板数据为样本,测算各国金融包容性水平与益贫式增长绩效;三是实证检验金融包容性通过人力资本和实物资本积累对益贫式增长产生的影响。

二、理论分析框架

1. 基本假设

(1) 生产函数

假设 t 期国内生产函数为满足 AK 模型的生产函数形式:

$$Y_t^i = A_0 \cdot K_t \cdot f(k_t^i/K_t) = A_0 \cdot K_t \cdot f(\varphi_t^i) = A_0 \cdot K_t \cdot (K_t^i/K_t)^\alpha \quad (1)$$

$$K_t = \int_i K_t^i = E(K_t^i), \phi_t^i \equiv K_t^i, E(\phi_t^i) = K_t/K_t = 1 \quad (2)$$

$$Y_t = E(Y_t^i) = A_t K_t = E[f(\phi_t^i)] \cdot K_t \quad (3)$$

其中,Y_t^i 和 K_t^i 表示企业的产出和资本存量。Y_t 为总产出,K_t 是社会总资本,$0<\alpha<1$ 表示家庭资本的边际报酬,A_0 表示初始技术条件。设定上述模型可知加总层面规模报酬不变,个体层面则存在资本投入的规模报酬递减。

(2) 效用函数

t 时期消费者 i 拥有 K_t^i 单位的初始资本禀赋和 1 单位无弹性劳动力供给,家庭既是生产者也是消费者,个体家庭的资本禀赋满足如下对数正态分布函数:

$$\ln K_t^i \sim N(\mu_{K,t}, \sigma_{K,t}^2) \quad (4)$$

其中 $\mu_{K,t}$ 是 t 期资本均值,$\sigma_{K,t}^2$ 为资本存量对数的方差,β 为效用贴现率,消费者效用函数设定为如下形式:

$$U(C_t^i) = \sum_{t=0}^{\infty} \beta^t \cdot \ln C_t^i \tag{5}$$

2. 金融市场

(1) 金融包容性与预算约束

异质性消费者通过金融市场进行借贷,金融包容性直接影响金融市场运行效率。假设消费者可获得的金融产品数量为 Q_t^i,对应的外生使用成本或收益为 R_t,家庭预算约束可写为:

$$C_t^i + K_{t+1}^i + Q_{t+1}^i = Y_t^i + Q_t^i \cdot R_t \tag{6}$$

$$Q_{t+1}^i \geqslant -\tau Y_{t+1}^i \tag{7}$$

其中,C_t^i、K_{t+1}^i 和 Y_t^i 分别表示家庭消费、滞后 1 期的资本存量和当期收入。在(7)式中,τ 衡量金融市场的金融包容度,K_{t+1}^i 和 Q_{t+1}^i 分别表示滞后 1 期家庭在资本和金融产品之间的资产配置。若 $\tau=0$,则 $Q_{t+1}^i \geqslant 0$,表明家庭存在不能借入资产的金融市场约束。若 $\tau \to 8$ 则表示家庭在持有金融资产上没有约束。家庭跨期最优化决策的欧拉方程为:

$$\frac{U'(C_{t+1}^i)}{U'(C_t^i)} = \frac{1 - \tau \cdot (\partial Y_{t+1}^i / \partial K_{t+1}^i)}{\beta \cdot (1 - \tau \cdot R_{t+1}) \cdot (\partial Y_{t+1}^i / \partial K_{t+1}^i)}$$

$$= \frac{1 - \tau \cdot R_{t+1}^i}{\beta \cdot (1 - \tau \cdot R_{t+1}) \cdot R_{t+1}^i} \tag{8}$$

其中,$\partial Y_{t+1}^i / \partial K_{t+1}^i = A_0 \cdot \alpha \cdot (Y_{t+1}^i / K_{t+1}^i) = R_{t+1}^i$ 表示家庭的资本生产率。

(2) 金融包容性的影响

简单变化后可将(8)式改写成如下形式:

$$C_{t+1}^i / C_t^i = \beta \cdot \hat{R}_{t+1}^i \tag{9}$$

定义 $R_{t+1}^i \cdot H_{t+1}^i = \hat{R}_{t+1}^i$ 衡量家庭有效生产率。权重 $H_{t+1}^i = (1 - \tau \cdot R_{t+1})/(1 - \tau \cdot R_{t+1}^i) > 0$ 则取决于资本边际产出 R_{t+1}^i 和金融产品边际产出 R_{t+1} 的相对值以及金融包容性程度 τ。

3. 金融包容性与益贫式增长的动态关系

(1) 加总经济中的动态不平等

由于家庭资本可表示为 $K_t^i = A_0 \cdot \alpha \cdot Y_t^i \cdot (\partial Y_t^i/\partial K_t^i)^{-1}$，由跨期最优化条件可知：

$$\beta \cdot \hat{R}_{t+1}^i = C_{t+1}^i/C_t^i = Y_{t+1}^i/Y_t^i \tag{10}$$

因此，$t+1$ 期的家庭资本动态表示为：

$$K_{t+1}^i/K_t^i = \beta \cdot \alpha \cdot A_0 \cdot H_{t+1}^i \cdot (K_t)^{1-\alpha} \cdot (K_t^i)^{\alpha-1} \tag{11}$$

加总(11)式可知：$K_{t+1} = \beta \cdot \alpha \cdot A_0 \cdot (K_t)^{1-\alpha} \cdot \sum(K_t^i)^\alpha \cdot \sum H_{t+1}^i$。由于 $\sum H_{t+1}^i = R_{t+1}/\sum R_{t+1}^i$，将 $t+1$ 家庭生产率与资本禀赋加总后可得边际生产率与资本总量，表示为：$\sum R_{t+1}^i = A_0^2 \cdot \alpha \cdot \exp[(\alpha-1) \cdot (\alpha-2) \cdot 0.5 \cdot \sigma_{K,t+1}^2]$，$\sum(K_t^i)^\alpha = (K_t)^\alpha \cdot \exp[\alpha \cdot (\alpha-1) \cdot 0.5 \cdot \sigma_{K,t}^2]$[①]。于是加总后的资本动态表示为：

$$\frac{K_{t+1}}{K_t} = \frac{\beta \cdot \exp[\alpha \cdot (\alpha-1) \cdot 0.5 \cdot \sigma_{K,t}^2] \cdot R_{t+1}}{A_0 \cdot \exp[0.5(\alpha-1)(\alpha-2) \cdot \sigma_{K,t+1}^2]} \tag{12}$$

由家庭资本动态方程(11)式可知：$K_{t+1}^i = \beta \cdot A_0 \cdot H_{t+1}^i \cdot (K_t)^{1-\alpha} \cdot (K_t^i)^\alpha$。对其两边取对数后求方差，可得[②]：

$$\sigma_{K,t+1}^2 = V[\ln H_{t+1}^i] + \alpha^2 \cdot \sigma_{K,t}^2 \tag{13}$$

将 $V[\ln H_{t+1}^i] = -\tau^2 \cdot V[\ln R_{t+1}^i]$ 和 $V[\ln R_{t+1}^i] = (\alpha-1)^2 \cdot \sigma_{K,t+1}^2$ 代入(13)式可得 $t+1$ 期资本方差为：

$$\sigma_{K,t+1}^2 = \alpha^2 \cdot \sigma_{K,t}^2 / [1 + \tau^2 \cdot (\alpha-1)^2] \tag{14}$$

---

① 等式两边取对数有：$\ln\{\sum(K_t^i)\alpha\} = \sum\ln(K_t^i)^\alpha + 0.5 \cdot V[\ln(K_t^i)^\alpha] = \alpha \cdot [\ln(\sum K_t^i) - 0.5V\ln K_t^i] + 0.5 \cdot \alpha^2 \cdot V[\ln(K_t^i)]$。上式右边等价于：$\alpha \cdot \ln(K_t) - 0.5 \cdot \alpha \cdot V\ln K_t^i + 0.5 \cdot \alpha^2 \cdot V[\ln(K_t^i)] = \ln(K_t)^\alpha + \alpha \cdot (\alpha-1) \cdot \sigma_t^2$。再对等式两边取自然指数可得：$\sum(K_t^i)^\alpha = (K_t)^\alpha \cdot \exp[\alpha \cdot (\alpha-1) \cdot 0.5 \cdot \sigma_1^2]$。

② 其中，$V[\ln X]$ 表示变量 X 的对数方差。

(2) 金融包容性与益贫式增长

对(12)式两边取对数可得：

$$\Delta \ln K = \ln \beta - \ln A_0 + \ln R_{t+1} + \alpha \cdot (\alpha - 1) \cdot 0.5 \cdot \sigma_{K,t}^2 -$$
$$0.5(\alpha - 1)(\alpha - 2) \cdot \sigma_{K,t+1}^2 \qquad (15)$$

其中，$\Delta \ln K = \ln K_{t+1} - \ln K_t$ 表示资本的增长率。对(15)式两边求 t 期初始资本方差和 $t+1$ 期资本方差的偏导可知：

$$\partial \Delta \ln K / \partial \sigma_{K,t}^2 = \alpha \cdot (\alpha - 1) \cdot 0.5 < 0$$
$$\partial \Delta \ln K / \partial \sigma_{K,t+1}^2 = -0.5(\alpha - 1)(\alpha - 2) < 0 \qquad (16)$$

其中，$0 < \alpha < 1$ 是家庭个体资本的边际报酬。由(16)式可知，t 期或 $t+1$ 期的资本不平等程度越高，资本增长率越低。又由(14)式可知，当金融包容性提高，即 τ 越大时，$\sigma_{K,t+1}^2$ 越小。于是得出理论命题1。

命题1：收入不平等加剧会降低总资本增长，金融包容性提升则能够降低加总层面的不平等程度，提高资本增长率。

加总个体生产函数(1)式可得：$Y_t = A_0 \cdot K_t \cdot \exp[\alpha \cdot (\alpha - 1) \cdot 0.5 \cdot \sigma_{t,K}^2]$。于是，总产出增长率表示为：

$$\frac{Y_{t+1}}{Y_t} = \frac{K_{t+1}}{K_t} \cdot \exp[\alpha \cdot (\alpha - 1) \cdot 0.5 \cdot (\sigma_{t+1,k}^2 - \sigma_{t,k}^2)] \qquad (17)$$

将总资本增长率(12)式代入总产出增长率(17)式，可得：

$$Y_{t+1}/Y_t = \exp[(\alpha - 1) \cdot \sigma_{t+1,k}^2] \cdot \beta R_{t+1}/A_0 \qquad (18)$$

对总产出增长率(18)式两边取对数：

$$\Delta \ln Y = \ln Y_{t+1} - \ln Y_t = \ln \beta R_{t+1} - \ln A_0 + (\alpha - 1) \cdot \sigma_{t+1,k}^2 \qquad (19)$$

由(19)式可知 $\partial \Delta \ln Y / \partial \sigma_{t+1,k}^2 = (\alpha - 1) < 0$，即 $t+1$ 期的资本不平等加剧不利于总产出增长率。考虑(14)式金融包容性提升会降低 $t+1$ 期的资本不平等水平，于是我们得出理论命题2。

命题2：不平等加剧会降低总产出增长率，对益贫式增长产生负面影响。金融包容性提升则能够降低不平等程度，提高全社会的总产出增长率。

将家庭跨期最优化条件(10)式在 $R_{t+1}=\bar{R}$ 稳态附近对数线性化。于是家庭收入增长率可改写为：

$$\Delta \ln Y^i = \ln Y^i_0 - \ln Y^i_t = \ln \beta \bar{R} + (\ln R^i_{t+1} - \ln \bar{R})/(1-\tau \cdot \bar{R}) \quad (20)$$

由(20)式可知，$\partial \Delta \ln Y^i/\partial \tau = \bar{R}(\ln R^i_{t+1} - \ln \bar{R})/(1-\tau \bar{R})^2$。若 $\ln R^i_{t+1} > \ln \bar{R}$，则家庭倾向于通过资本市场获得贷款。金融包容性水平越高，家庭收入增速越快。若 $\ln R^i_{t+1} < \ln R_{t+1}$，则金融包容性水平越高，家庭收入增长率下降。在家庭资本边际报酬递减的假定下，家庭资本存量较少对应着更高的资本边际生产率水平。因此，金融包容性提高能够促进家庭资本存量较少的家庭获得更快的收入增长。继续对(20)式两边求方差可得：

$$V[\ln Y^i_{t+1}/Y^i_t] = \sigma^2_{Y,t+1} - \sigma^2_{Y,t} = (\alpha-1)^2 \cdot \sigma^2_{K,t+1}/(1-\tau \cdot \bar{R})^2 \quad (21)$$

其中，$\sigma^2_{Y,t+1}$ 和 $\sigma^2_{Y,t}$ 分别表示 $t+1$ 期和 t 期的收入不平等水平。将(14)式的跨期资本方差带入(21)式后可得收入不平等变化率为：

$$\Delta \sigma^2_{Y,t} = (\alpha-1)^2 \cdot \sigma^2_{K,t}/[(1-\tau \cdot \bar{R})^2 \cdot (1+\tau^2(\alpha-1)^2)] \quad (22)$$

由(22)式分母可得：$\partial(1-\tau \cdot \bar{R})^2/\partial \tau = 2\bar{R}(\tau \bar{R}-1)$ 且 $\partial[1+\tau^2(\alpha-1)^2]/\partial \tau = 2\tau(\alpha-1)^2$。当金融包容性水平 τ 提高时，(22)式分母变大，于是有 $\partial \Delta \sigma^2_Y/\partial \tau < 0$。因此，金融包容性提高会降低家庭收入增长率的方差，降低收入不平等。于是可得理论命题3。

命题3：金融包容性提升能够促使初期资本较少的低收入家庭获得更高的收入增长率，降低家庭收入不平等，有助于实现益贫式增长。

三、指标设定与数据来源

1. 益贫式增长的测度

假设 t 时期 i 国个体收入 x_{it} 是满足分布函数为 $F(x_{it})$ 的随机变量，p

表示贫困人口对应的人口比重，$x_{it}(p)=F_{it}^{-1}(p)$ 表示分组收入水平，贫困人口收入分布洛伦兹曲线定义为：

$$L_{it}(p) = \frac{1}{\omega_{it}}\int_0^p x_{it}(q)\mathrm{d}q \tag{23}$$

其中，$\omega_{it}=\int_0^1 x_{it}(q)\mathrm{d}q$ 表示 t 期全社会的平均收入水平。贫困人口收入分布又可以表示为相对收入与贫困人口比重的乘积，即

$$L_{it}(p) = (\omega_{it}^p/\omega_{it}) \cdot p \tag{24}$$

其中，对(24)式两边取对数差分，可得贫困人口收入增长率为：

$$g_{it}(\omega_{it}^p) = \underbrace{\ln\omega_{it}^p - \ln\omega_{it-1}^p}_{\text{贫困人口人均收入增长率}} = \underbrace{\ln\omega_{it} - \ln\omega_{it-1}}_{\text{全局平均收入增长率}} + \underbrace{\ln L_{it}(p) - \ln L_{it-1}(p)}_{\text{贫困人口收入分布变化率}}$$
$$\tag{25}$$

根据(24)式和(25)式以及广义洛伦兹曲线的定义，设定全局益贫式增长率如下：

$$PROG_{it} = \int_0^1 g_{it}(\omega_{it}^p)\mathrm{d}p$$
$$= \underbrace{\ln\omega_{it} - \ln\omega_{it-1}}_{\text{全局平均收入增长率}} + \int_0^1 \underbrace{[\ln L_{it}(p)] - [\ln L_{it-1}(p)]\mathrm{d}p}_{\text{全社会收入分布变化率}} \tag{26}$$

定义 t 时期的社会不平等指数为：

$$\ln D_{it} = 2\int_0^1 [\ln p - \ln L_{it}(p)]\mathrm{d}p \tag{27}$$

将(27)式代入(26)式可得全局益贫式增长率为：

$$PORG_{it} = \underbrace{\ln\omega_{it} - \ln\omega_{it-1}}_{\text{全局平均收入增长率}} - (\ln D_{it} - \ln D_{it-1})$$
$$= g_{it} - (\ln D_{it} - \ln D_{it-1}) = g_{it} - \Delta\ln D_{it} \tag{28}$$

由(28)式可知，益贫式增长率等于全社会平均收入水平增长率 g_{it} 与全局收入不平等变化率 $\Delta\ln D_{it}$ 之和。根据 Son 等(2008)的定义，当收入不平等变化率 $\Delta\ln D_i < 0$ 且 $g_{it} > 0$ 时，益贫式增长率高于可观察的平均收入增长率，此时可以定义为益贫式增长；当 $\Delta\ln D_i > 0$ 且 $g_{it} > 0$，即不平

等造成了益贫式增长率低于实际平均收入增长率时,此时为反贫式增长。本文使用人均 GDP 表示社会平均收入。社会收入不平等指数 $\ln D_{it}$ 按照 (27)式测算,利用(27)式的一阶差分得到益贫式增长率 $PROG_{it}$。将五等分收入组居民收入占总收入的比重 $SINC_{it}^q(q=1,2,3,4,5)$ 引入分析[1],同时按照 1.9 美元/天收入标准测度的各国贫困发生率 PVI_{it} 作为益贫式增长的指标进行补充说明。

2. 收入不平等与金融包容性

(1) 收入不平等

参考 Deininger 等(1998)以及 Beck 等(2004)对收入不平等的衡量方法。本文使用 t 时期 i 国的基尼系数 $GINI_{it}$ 表示收入不平等。

(2) 金融包容性指数

使用 Sarma 和 Pais(2011)所提出的 IFI 指数计算方法测度各国金融服务的包容性水平 IFI_{it}。假设 i 国 t 期各国存贷款规模占 GDP 比重为 FIN_{ijt},其中 $j=D、L$ 分别表示存款和贷款规模。定义金融包容度为:

$$IFI_{ijt} = \lambda_{jt} \cdot \left(\frac{FIN_{ijt} - \min_{jt}}{\max_{jt} - \min_{jt}} \right) \quad (29)$$

其中,$\min_{jt}$ 和 $\max_{jt}$ 分别表示 t 时期截面内各国存贷款规模占 GDP 比重的最小值和最大值。$0 \leqslant \lambda_{jt} \leqslant 1$ 为指标 j 的权重。定义 $\lambda_{jt} = v_{jt}/\sum_{j=1}^{2} v_{jt}$,$v_{jt} = \sigma_{jt}/\overline{X}_{jt}$,$\sigma_{jt}$ 表示指标 j 的标准差,$\overline{X}_{jt}$ 表示 t 期指标 j 的截面均值[2]。各国存款与信贷规模占 GDP 比重原始数据均来自 WDI。使用存款与私人部门信贷规模占 GDP 比重测度私人部门金融包容性水平 $PIFI_{it}$ 以分析私人部门金融包容性的影响。

---

[1] 五等分收入组别分别对应最低 20% 收入组、中低 20% 收入组、中等 20% 收入组、中高 20% 收入组和最高 20% 收入组。

[2] 参考 Sarma 和 Pais(2011)的金融包容性指数测算方法,利用(29)式得到 $IFIj_{ijt}$ 之后,定义如下距离函数:$D_{it}^1 = (\sum_{j=1}^{2} IFI_{ijt}^2/\sum_{j=1}^{2} \lambda_{jt}^2)^{1/2}$ 与 $D_{it}^2 = 1 - [\sum_{j=1}^{2} (IFI_{ijt} - \lambda_{jt})^2/\sum_{j=1}^{2} \lambda_{jt}^2]^{1/2}$。由此得到最终金融包容性指数计算公式为:$IFI_{it} = (D_{it}^1 + D_{it}^2)/2$。如此设定可确保金融包容性指数介于 0~1。

(3) 控制变量

控制变量选择如下:劳动参与率(LBF_{it}),用就业人口占劳动力人口比重表示;人力资本(HUM_{it}),用中学教育程度的毛入学率表示;基础教育(PIS_{it}),用小学教育毛入学率表示;总资本形成(GCF_{it}),用全社会总资本形成占 GDP 比重表示;对外开放程度(TRD_{it});城市化水平(UBP_{it});物价水平(CPI_{it});失业率水平(UEM_{it})用失业率表示;政府公共服务水平,用健康支出占 GDP 比重(HLH_{it})和教育支出占 GDP 比重(EDU_{it})表示。指标原始数据均来自 WDI。剔除 1990—2017 年只存在一个年份的国家和重要指标缺失的样本得到 142 个国家 1990—2017 年的非平衡面板数据。实证分析使用的变量定义和指标说明见表 1,样本描述性统计分析结果见表 2。

四、实证分析

1. 益贫式增长与金融包容性的特征事实

(1) 整体情况

利用(28)式对 142 个国家 1990—2017 年的益贫式增长率进行测度。从表 3 可以看出,考察期内更多的国家呈现出人均 GDP 增长的现象。在 1 309 个样本中,有 81.05% 的国家呈现人均 GDP 的增长;只有 248 个样本出现负增长,占比为 18.95%;益贫式增长的样本个数为 723 个,占比 55.23%,多于反贫式增长比重的 44.77%。在人均 GDP 增长的样本中,有 593 个样本呈现益贫式增长,占比 55.89%,高于反贫式增长比重的 44.11%。上述分析表明,较多的国家出现经济增长,但仍有较多的国家由于收入分配恶化而出现反贫式增长。

按照 Sarma 和 Pais(2011)的定义,金融包容性指数值越大,金融包容性水平越高。从表 4 的结果可知,金融包容性越强越有可能导致人均 GDP 的增长,且这一效应在两类金融包容性指数中均存在,出现益贫式增长样本的金融包容性指数均值也显著高于反贫式增长的样本。

表 1 变量定义、指标说明及数据来源

数据来源	变量	符号	指标说明	
益贫式增长	益贫式增长率	PROG	实际人均收入增长率与收入平等变化率之和	人均收入和五等分收入组收入比数据来自WDI,经Son和Kakwani(2008)的方法测度所得
	贫困发生率	PVI	1.9美元/天标准的贫困人口比	世界银行WDI数据库
	五等分组别收入比	$SINC_p$	最低20%至最高20%分组收入比 p=1,2,3,4,5	同上
不平等	基尼系数	GINI	衡量收入不平等的主要指标	同上
金融包容性	金融包容性指数	IFI	社会存贷款规模占GDP比重测度的金融服务包容性指数	原始数据来自WDI,经Sarma和Pais(2011)的方法测度所得
	私人部门金融包容性指数	PIFI	以私人部门信贷规模与存款规模占GDP比重的重新测度	同上
控制变量	劳动参与率	LBF	就业人口占劳动力人口比重	
	人力资本	HUM	中学教育毛入学率	
	总资本形成	GCF	全社会资本形成占GDP比重	
	对外开放程度	TRD	进出口总额占GDP比重	
	城市化	URB	城市人口占总人口比重	世界银行WDI数据
	物价水平	CPI	消费价格指数	
	失业	UEM	失业率	
	健康支出	HLH	健康经费支出占GDP比重	
	教育支出	EDU	教育经费支出占GDP比重	
	基础教育	PIS	小学教育毛入学率	

表2 原始变量的描述性统计分析结果

变量	符号	观察值	算术平均值	标准差	最小值	最大值
益贫式增长率	PROG	1 309	0.089	0.426	−3.099	3.758
贫困发生率	PVI	1 451	11.526	18.418	0.05	94.1
基尼系数	GINI	1 451	39.415	9.402	23.7	65.8
最低20%收入比	SINC1	1 451	6.331	2.170	0.90	10.9
中低20%收入比	SINC2	1 451	10.800	2.390	4.3	15.1
最高20%收入比	SINC5	1 451	46.309	7.750	34.0	71.0
金融包容性	IFI	984	0.295	0.162	0.012	0.805
私人部门金融包容性	PIFI	1 145	0.260	0.218	0.000	1.000
劳动参与率	LBF	1 241	46.323	12.361	15.706	92.000
人力资本	HUM	1 348	81.953	28.219	5.347	163.931
总资本形成	GCF	1 413	24.133	7.185	4.884	67.911
对外开放程度	TRD	1 432	84.908	47.645	13.753	416.389
城市化	URB	1 451	60.827	20.126	6.637	97.876
物价水平	CPI	1 363	19.685	176.000	−30.856	4 734.914
失业	UEM	1 432	7.951	5.342	0.319	37.266
健康支出	HLH	1 135	6.784	2.289	1.852	17.073
教育支出	EDU	703	90.993	5.886	54.211	101.018
基础教育	PIS	1 380	102.69	12.944	26.466	165.645

表3 基于益贫式增长样本个数测度结果

增长类型	正增长	占比	负增长	占比	合计	占比
益贫式增长	593	55.89%	130	52.42%	723	55.23%
反贫式增长	468	44.11%	118	47.58%	586	44.77%
总和	1 061	81.05%	248	18.95%	1 309	100.00%

注：表中数值为特定增长类型的样本个数，百分比为各增长类型的分类比重。

表 4 按增长特征分类的金融包容性指数均值比较

金融包容度	金融包容性指数		私人部门金融包容性指数	
增长类型	正增长	负增长	正增长	负增长
益贫式增长	0.501	0.279	0.453	0.245
反贫式增长	0.292	0.177	0.278	0.118
均值	0.397	0.228	0.366	0.182

注：表中数值为特定增长类型下金融包容性指数均值。

(2) 收入差异国家的分析

根据世界银行的收入阶段划分①标准，按照年人均 GNI 标准划分四个收入阶段国家进行比较。表 5 的统计结果表明，中高收入国家中实现益贫式增长的样本比例最高，为 43.79%，中低收入国家实现益贫式增长比重为 41.7%，低收入国家实现益贫式增长比重为 34.29%。这说明中等收入国家中实现益贫式增长的比例较高，高收入国家和低收入国家则更易出现反贫式增长。高收入国家的金融包容性水平均依次高于中等收入国家和低收入国家，中等收入国家之间的金融包容性没有较大差异 (Sarma 和 Pais,2011;程相宾等,2019)。

表 5 按收入水平划分的益贫式增长与金融包容性比较

收入阶段划分标准（人均 GNI）	高收入国家 高于 12 235	中高收入国家 [3 956,12 235]	中低收入国家 [1 006,3 956]	低收入国家 低于 1 006
益贫式增长	188(38.52%)	229(43.79%)	140(41.79%)	36(34.29%)
反贫式增长	166(34.02%)	164(31.36%)	109(32.54%)	29(27.62%)
金融包容性指数	0.414	0.281	0.280	0.238
私人金融包容性指数	0.439	0.241	0.211	0.113

---

① https://datahelpdesk.worldbank.org/knowledgebase/articles/906519-world-bank-country-and-lending-groups.

(续表)

收入阶段划分标准(人均GNI)	高收入国家高于12 235	中高收入国家[3 956,12 235]	中低收入国家[1 006,3 956)	低收入国家低于1 006
国家数	37	44	37	24
样本数	488	523	335	105

注:表中益贫式增长和反贫式增长为对应收入组国家该增长类型的观察值个数及比重,只考虑人均GDP增长的样本,故二者之和小于100%。金融包容性指数为对应样本均值。

2. 实证方法设计

(1) 收入不平等与益贫式增长

理论命题1和命题2认为,收入不平等加剧对益贫式增长存在不利影响。以设定如下基础计量模型进行检验:

$$Y_{it}=cons+\rho_1 \cdot GINI_{it}+\rho_2 \cdot control_{it}+\lambda_i+\delta_t+\xi_{it} \quad (30)$$

其中,i、t分别表示国家和年份,ρ_i为估计系数,Y_{it}为益贫式增长的相关被解释变量,由益贫式增长率$PROG_{it}$、贫困发生率PVI_{it}和贫困深度PVG_{it}表示。$GINI_{it}$为基尼系数,$control_{it}$为控制变量集合,$cons$为常数项,λ_i表示国家控制变量,δ_t表示时间控制变量,ξ_{it}为随机误差项。

(2) 金融包容性与益贫式增长

理论命题3认为,金融包容性提高有利于实现益贫式增长,设定基础计量模型如下:

$$Y_{it}=cons+\gamma_1 \cdot IFI_{it}+\gamma_2 \cdot control_{it}+\kappa_i+\varphi_t+\xi_{it} \quad (31)$$

其中,Y_{it}仍为益贫式增长相关被解释变量,IFI_{it}为金融包容性指数,反映金融包容性对益贫式增长的影响,$control_{it}$为控制变量集合,κ_i和φ_t分别表示国家和时间控制变量,ξ_{it}为随机误差项。

3. 实证检验结果

采用Hausman检验确定模型设定,使用异方差稳健标准误方法估计(30)式,同时考虑变量内生性的影响,使用系统GMM方法进行估计,所

有变量均取对数处理。表6是回归结果,分析如下:

表6 基础模型(30)式全样本回归结果

模型被解释变量	面板固定效应		系统 GMM				
	(1) 益贫式增长率	(2) 贫困发生率	(3) 益贫式增长率	(4) 贫困发生率	(5) 最低20%收入比	(6) 中低20%收入比	(7) 最高20%收入比
$Y(-1)$			0.532*** (0.008)	0.627*** (0.004)	0.360*** (0.009)	0.248*** (0.006)	0.040*** (0.003)
$GINI$	−3.859*** (0.125)	3.303*** (0.349)	−3.167*** (0.051)	0.960*** (0.049)	−1.043*** (0.012)	−0.747*** (0.006)	0.660*** (0.002)
LBF	1.107*** (0.252)	−0.022*** (0.009)	0.052*** (0.009)	−0.005 (0.017)	0.007*** (0.002)	0.003*** (0.001)	−0.000 (0.000)
HUM	0.631*** (0.010)	−1.018*** (0.247)	0.049** (0.023)	−0.483*** (0.037)	0.042*** (0.007)	0.008** (0.003)	0.001 (0.001)
GCF	0.049*** (0.021)	−1.243*** (0.185)	0.174*** (0.015)	−0.156*** (0.020)	0.015*** (0.005)	0.014*** (0.003)	0.001 (0.001)
TRD	0.044*** (0.003)	−0.086*** (0.004)	0.118*** (0.014)	−0.090*** (0.032)	0.019*** (0.006)	0.021*** (0.002)	0.010*** (0.001)
URB	0.711*** (0.696)	−0.814*** (0.292)	0.793*** (0.037)	−0.423*** (0.026)	0.047*** (0.007)	0.040*** (0.005)	0.007*** (0.002)
CPI	−0.018*** (0.004)	0.122*** (0.022)	−0.014*** (0.001)	0.006*** (0.002)	−0.001*** (0.000)	−0.002*** (0.000)	0.001*** (0.000)
UEM	−0.087*** (0.032)	0.072*** (0.020)	−0.026* (0.014)	0.058*** (0.011)	−0.020*** (0.003)	−0.012*** (0.001)	−0.001** (0.001)
HIH	0.101*** (0.003)	−0.151*** (0.010)	0.132*** (0.021)	−0.050*** (0.010)	0.019*** (0.005)	0.012*** (0.003)	0.002 (0.001)
常数项	0.013 (0.013)	1.403 (1.723)	5.168*** (0.172)	5.377*** (0.083)	5.323*** (0.085)	4.458*** (0.040)	1.345*** (0.013)
R^2	0.672	0.639					
自相关检验 z			−2.636	−4.100	−2.558	−3.139	−3.574
伴随概率			0.002	0.000	0.010	0.002	0.000

(续表)

模型被解释变量	面板固定效应		系统 GMM				
	(1) 益贫式增长率	(2) 贫困发生率	(3) 益贫式增长率	(4) 贫困发生率	(5) 最低20%收入比	(6) 中低20%收入比	(7) 最高20%收入比
Sargan 检验卡方			108.741	98.426	100.391	107.117	99.552
伴随概率			1.000	1.000	1.000	1.000	1.000
观察值	876	1 003	963	963	963	963	963
国家数	115	124	123	123	123	123	123

注:括号内数值为标准差;***、**、* 分别表示系数统计值在1%、5%、10%的水平上通过显著性检验;核心被解释变量为基尼系数;表中(1)列和(2)列为固定效应OLS回归,(3)~(7)列为系统GMM方法估计;除第(1)列使用变量的对数差分进行回归外,其余各列控制变量均为对数值;同时提供系统GMM的残差一阶自相关检验z值及Sargan过度识别检验卡方值及伴随概率;表7注同。

(1) 系统 GMM 模型设定检验。使用滞后1期的被解释变量作为工具变量,将劳动参与率 LBF_{it} 和人力资本 HUM_{it} 设定为前定变量,将总资本形成 GCF_{it}、对外开放程度 TRD_{it} 和失业率 UEM_{it} 设定为内生变量,采用系统 GMM 方法估计模型(30)式。由表6中第(3)—(7)列的检验结论可知,滞后1期被解释变量与当期被解释变量之间均存在显著的正相关关系。所有系统 GMM 估计的残差均存在一阶自相关[①],Sargan 检验说明所有模型均不能拒绝工具变量有效的原假设。由此可见,表6中的系统 GMM 估计方法合适,结论可信。(2) 收入不平等对益贫式增长存在显著负面影响。将被解释变量调整为贫困发生率对数值,使用固定效应普通 OLS 回归的结果则显示,收入不平等加剧会显著提高贫困发生率。这一结果在使用系统 GMM 方法估计时同样显著。收入不平等加剧会显著降低最低20%和中低20%收入组的收入占比,但对最高20%收入组收

[①] 我们同时对每个模型进行了高阶自相关检验,结论表明,所有模型均不存在高阶自相关。限于篇幅,高阶自相关检验结果备索。

入占比则有较显著的提升作用,因此收入不平等加剧会提高贫困发生率。(3) 控制变量的影响。首先,劳动参与率提升对益贫式增长有显著的促进作用。劳动参与率提高能够降低贫困发生率,劳动参与率对最低20%收入组收入占比的提升幅度最大,同时也会带动中低20%收入组的收入占比提高。其次,人力资本与社会总资本提升、扩大对外开放程度、城市化水平的提升以及提高社会公共服务水平均对益贫式增长有显著的促进作用,也对贫困发生率产生显著的抑制作用。控制变量对最低20%和中低20%收入组收入占比的促进作用较强,说明人力资本、社会总资本、对外开放程度、城市化水平和公共服务水平均能够通过加快中低收入居民的收入更快速增长来实现益贫式增长。物价上涨和失业率的提高也会提升贫困发生率,且对中低收入组居民的影响幅度显著高于最高收入组。

以(31)式为基础分析金融包容性对益贫式增长的影响。对表7的实证分析如下。首先,金融包容性提高能够显著提高中低20%收入组的收入占比,尤其对中低20%收入组别的收入占比促进效应最强。这说明提升金融包容性水平能够有效促进中低收入群体的收入占比提升,从而验证了理论命题3的结论。其次,从控制变量的估计结果看,劳动参与率、人力资本、总资本、对外开放程度、城市化水平和社会公共服务均能够提高益贫式增长率,促进益贫式增长,降低贫困发生率。在引入金融包容性变量后,上述控制变量对中低20%收入组别的收入占比均表现出更强的拉动作用。这说明上述政策措施均能够促进中低收入阶层收入比重的更快增长,从而降低贫困发生率,推动益贫式增长。

4. 机制检验

进一步分析金融包容性通过人力资本与总资本形成两个渠道促进益贫式增长的内在机制,设定计量模型如下:

$$K_{it} - K_{it-1} = cons + \beta_1 \cdot K_{it-1} + \beta_2 \cdot IFI_{it} + \beta_3 \cdot GINI_{it} + \beta_4 \cdot control_{it} + \lambda_i + \tau_t + \upsilon_{it} \quad (32)$$

$$G_{it} - G_{it-1} = cons + \theta_0 \cdot GINI_{it} + \theta_1 \cdot IFI_{it} + \theta_2 \cdot control_{it} + \eta_i + \sigma_i + \varepsilon_{it} \quad (33)$$

其中，i、t 分别表示国家和年份，$cons$ 为常数项，β_i 和 θ_i 为估计系数。K_{it} 是资本变量，由人力资本 HUM_{it} 与社会资本形成占 GDP 反映的总资本 GCF_{it} 表示。G_{it} 是分配变量，用（27）式计算的社会不平等指数表示。$control_{it}$ 为控制变量集合。定义当 $K_{it}-K_{it-1}\geqslant 0$ 或 $G_{it}-G_{it-1}\geqslant 0$ 时，取 $L_{ijt}=1$；当 $K_{it}-K_{it-1}<0$ 或 $G_{it}-G_{it-1}<0$ 时，取 $L_{ijt}=0$，$(j=K,G)$，用于面板 Logit 模型分析。

(1) 资本积累机制。使用普通固定效应 OLS、差分 GMM 和固定效应 Logit 方法估计(32)式。在差分 GMM 估计时，将基础教育 PIS_{it} 和城市化水平 UBP_{it} 设为前定变量，将失业率 UEM_{it} 和教育支出 EDU_{it} 占比作为内生变量，将滞后一期的被解释变量 Y_{it-1} 作为工具变量。因此，(32)式中 β_1 对应的是 1 减去表 8 中差分 GMM 估计得到滞后 1 期被解释变量的估计系数。结果分析如下：

表 7 基础模型(31)式全样本回归结果

模型被解释变量	面板固定效应		系统 GMM				
	(1) 益贫式增长率	(2) 贫困发生率	(3) 益贫式增长率	(4) 贫困发生率	(5) 最低20%收入比	(6) 中低20%收入比	(7) 最高20%收入比
$Y(-1)$			0.870*** (0.018)	0.759*** (0.009)	0.838*** (0.019)	0.839*** (0.020)	0.823*** (0.027)
IFI	0.069*** (0.014)	−0.311*** (0.115)	0.063*** (0.014)	0.059*** (0.016)	0.015*** (0.004)	0.020*** (0.003)	0.007*** (0.001)
LBF	1.911* (1.003)	−2.076*** (0.454)	0.067*** (0.021)	−0.104*** (0.017)	0.003 (0.001)	0.004* (0.002)	0.011*** (0.003)
HUM	0.275*** (0.100)	−0.533*** (0.102)	−0.049 (0.052)	−0.287*** (0.070)	0.014*** (0.005)	0.011*** (0.002)	0.002 (0.007)
GCF	0.059*** (0.011)	−0.684*** (0.187)	0.219*** (0.051)	−0.197*** (0.026)	0.050*** (0.011)	0.038*** (0.010)	0.034*** (0.004)
TRD	0.435*** (0.039)	−0.398** (0.199)	0.216*** (0.055)	−0.112* (0.060)	0.037* (0.020)	0.040*** (0.013)	0.002 (0.005)

(续表)

模型被解释变量	面板固定效应		系统GMM				
	(1) 益贫式增长率	(2) 贫困发生率	(3) 益贫式增长率	(4) 贫困发生率	(5) 最低20%收入比	(6) 中低20%收入比	(7) 最高20%收入比
URB	2.901*** (0.828)	−2.841*** (0.775)	0.241*** (0.076)	−0.246*** (0.047)	0.045** (0.023)	0.008 (0.016)	0.000 (0.013)
CPI	−0.087*** (0.020)	0.616*** (0.035)	−0.015*** (0.005)	0.020** (0.008)	−0.001 (0.002)	−0.004*** (0.001)	0.003*** (0.001)
UEM	−0.259** (0.108)	0.173*** (0.008)	−0.150*** (0.032)	0.116*** (0.020)	−0.015 (0.001)	−0.018*** (0.005)	−0.003 (0.004)
HIH	0.624*** (0.122)	−1.068*** (0.226)	−0.433*** (0.084)	0.482*** (0.065)	0.029*** (0.001)	0.013*** (0.003)	0.005 (0.010)
常数项	0.034 (0.026)	46.115*** (5.870)	−1.392** (0.595)	3.692*** (0.341)	0.109 (0.111)	0.202*** (0.076)	0.606*** (0.144)
R^2	0.275	0.277					
自相关检验z			−3.139	−3.129	−2.799	−3.441	−3.658
伴随概率			0.002	0.002	0.005	0.000	0.000
Sargan检验卡方			74.507	72.908	78.197	74.360	72.393
伴随概率			1.000	1.000	1.000	1.000	1.000
观察值	550	646	623	623	623	623	623
国家数	85	93	92	92	92	92	92

第一,滞后1期被解释变量与被解释变量变化率$Y(-1)$的估计系数均显著为负,人力资本和总资本均具有较强的收敛特征;第二,金融包容性提升与人力资本和总资本增长率之间存在显著的正相关关系,且金融包容性对人力资本积累的影响程度更强,收入不平等加剧会降低人力资本和总资本变化率,但对总资本增长的负面影响更强;第三,基础教育覆盖率提高、城市化和教育支出占GDP比重提高均对人力资本积累有显著

的正向促进作用;第四,对外开放程度与城市化水平提升则与总资本积累显著正相关。由此可见,资本积累机制是金融包容性和收入不平等影响益贫式增长的重要路径,从而验证了理论命题1。我们还发现,金融包容性对人力资本积累的促进作用较强,而收入不平等则会对社会总资本积累产生更大的负面影响。

表8 金融包容性影响益贫式增长的资本积累机制

模型被解释变量	人力资本			总资本		
	固定效应(1)	差分GMM(2)	面板Logit(3)	固定效应(4)	差分GMM(5)	面板Logit(6)
$Y(-1)$	−0.590***(0.037)	−0.625***(0.014)	−7.888***(2.768)	−0.605***(0.031)	−0.557***(0.004)	−5.074***(0.577)
IFI	0.024*(0.014)	0.026***(0.002)	1.476**(0.707)	0.037*(0.019)	0.019***(0.001)	0.353(0.282)
GINI	−0.153***(0.050)	−0.080**(0.033)	−3.254(2.397)	−0.167**(0.080)	−0.342***(0.011)	−1.065(1.151)
PIS	0.574***(0.063)	0.651***(0.079)	10.188***(3.372)			
TRD				0.152***(0.034)	0.274***(0.006)	2.136***(0.491)
URB	1.428***(0.141)	1.341***(0.164)	25.857***(9.092)	0.196***(0.053)	0.173***(0.020)	0.927(1.178)
EDU	0.142***(0.060)	0.159***(0.039)	2.803(3.134)			
UEM	−0.026**(0.012)	−0.017***(0.005)	−0.320(0.657)	−0.170***(0.021)	−0.092***(0.003)	−0.955***(0.309)
常数项	−5.490***(0.667)	−5.120***(0.755)		0.518(0.490)	−1.183***(0.142)	
R^2	0.562			0.576		
自相关检验 z		−3.123			−4.138	
伴随概率		0.001			0.000	

(续表)

模型被解释变量	人力资本			总资本		
	固定效应(1)	差分GMM(2)	面板Logit(3)	固定效应(4)	差分GMM(5)	面板Logit(6)
Sargan检验卡方		45.982			78.180	
伴随概率		1.000			1.000	
极大似然值			−117.801			−395.057
$LR\ chi2$			30.23			127.86
观察值	369	285	300	868	767	839
国家数	69	51	35	101	88	82

注:括号内数值为标准差,***、**、*分别表示系数统计值在1‰、5%、10%的水平上通过显著性检验;分别使用固定效应OLS、差分GMM和面板Logit回归进行检验;第(1)列和第(4)列使用被解释变量的对数差分进行回归;Logit回归被解释变量是人力资本和总资本是否增长的虚拟变量;系统GMM列的Y(−1)系数为滞后1期被解释变量与当期被解释变量估计值与1的差值;同时提供系统GMM的残差一阶自相关检验z值、Sargan过度识别检验卡方值及伴随概率、面板Logit回归极大似然之和卡方值。

(2)分配改善机制。使用面板固定效应Logit模型检验金融包容性与社会不平等指数增长可能性的关系。考虑金融包容性与收入分配之间可能存在内生性问题,将固定总资产形成GCF_{it}和健康支出HIH_{it}作为工具变量,进行工具变量两阶段最小二乘估计。在GMM估计时,引入滞后一期的社会不平等指数作为工具变量,控制变量设定同表7。从表9的估计结果看,在控制基尼系数对社会不平等促进效应的条件下,金融包容性与社会不平等指数之间存在显著的负相关关系。这说明金融包容性提升不仅能够促进资本积累加速,具有"增长效应",也能够促进收入均等化,具有"分配效应",从而验证了理论命题2。

5. 稳健性检验

表9 金融包容性影响益贫式增长的分配改善机制

模型被解释变量	社会不平等指数					
	面板 Logit (1)	面板 IV (2)	差分 GMM (3)	系统 GMM (4)	差分 GMM (5)	系统 GMM (6)
Y(-1)			-0.887*** (0.007)	-0.745*** (0.013)	-0.717*** (0.002)	-0.723*** (0.001)
IFI	-2.391*** (0.045)	-0.373*** (0.023)	-0.019*** (0.006)	-0.021*** (0.004)	-0.003*** (0.001)	-0.003*** (0.000)
GINI	10.527*** (1.799)	2.207*** (0.269)	4.445*** (0.060)	4.133*** (0.074)	5.466*** (0.013)	5.128*** (0.009)
是否包含控制变量	是	是	是	是	否	否
常数项			6.533*** (1.316)	-6.355*** (0.427)	-11.371*** (0.029)	-10.051*** (0.024)
R^2		0.416				
自相关检验 z			-3.677	-4.026	-3.256	-3.383
伴随概率			0.001	0.002	0.005	0.001
Sargan 检验卡方			64.962	77.779	63.128	68.936
伴随概率			1.000	1.000	1.000	1.000
极大似然值	-272.461					
LR chi2	52.39					
识别不足检验 p 值		0.000				
弱工具变量 F 检验		10.760				
过度识别检验 p 值		0.309				
观察值	599	610	528	623	782	891
国家数	72	79	78	92	94	109

注:括号内数值为标准差,***、**、*分别表示系数统计值在1%、5%、10%的水平上通过显著性检验;核心被解释变量为社会不平等指数,Logit 回归被解释变量是社会不平等指数是否增长的虚拟变量,GMM 回归时的控制变量设定同表7,GMM 所得 Y(-1)的估计系数计算同表9。限于篇幅,控制变量回归结果备索。

(1) 替换核心变量。使用私人部门金融包容性指数替换全社会金融包容性指数,利用基础计量模型(31)式进行替换核心解释变量稳健性检验。表10的回归结果表明,私人部门金融包容性指数与益贫式增长率之间依然存在显著的正相关关系,与贫困发生率存在负相关关系,说明私人部门金融包容性提高对益贫式增长和减贫同样存在显著的正面促进作用。私人部门金融包容性会显著提升中低和最高收入20%收入组居民的收入比重,但对最低20%收入组收入占比的影响则不显著,因此私人部门金融包容性提升能够促进益贫式增长,降低贫困发生率。然而,单纯提升私人部门金融包容性对最低收入组群体的收入拉动作用不明显,且有可能会拉大收入差距,不利于益贫式增长。

(2) 分样本检验。从表11的分样本稳健性检验可以看出,金融包容性仅对中等收入国家社会不平等指数存在显著抑制作用,对低收入国家的收入分配改善存在显著不利影响。我们认为:首先,低收入国家国内私人部门金融体系不健全,在金融部门政府垄断的条件下,私人部门基于"寻租"方式获得更为集中化的金融资源,造成金融部门难以充分发挥资源优化配置,难以实现资本均等化的功能,继而造成私人部门金融包容性提高而加剧了社会不平等程度(Arestis等,2004);其次金融包容性对低收入国家的资本积累并不存在显著影响,尽管金融包容性能够促进低收入国家实现益贫式增长,但金融包容性对资本积累和分配改善促进作用依然较弱。

表10 基础模型(31)式的稳健性检验

模型被解释变量	面板固定效应		系统 GMM				
	(1) 益贫式增长率	(2) 贫困发生率	(3) 益贫式增长率	(4) 贫困发生率	(5) 最低20%收入比	(6) 中低20%收入比	(7) 最高20%收入比
$Y(-1)$			0.891*** (0.011)	0.754*** (0.006)	0.838*** (0.019)	0.839*** (0.020)	0.823*** (0.027)
PIFI	0.052** (0.025)	−0.129** (0.061)	0.096*** (0.008)	0.005 (0.008)	0.005 (0.004)	0.003*** (0.001)	0.004*** (0.001)

(续表)

模型被解释变量	面板固定效应		系统 GMM				
	(1)益贫式增长率	(2)贫困发生率	(3)益贫式增长率	(4)贫困发生率	(5)最低20%收入比	(6)中低20%收入比	(7)最高20%收入比
常数项	0.068***(0.022)	40.799***(5.513)	0.197(0.572)	3.388***(0.410)	0.109(0.111)	0.202***(0.076)	0.606***(0.144)
R^2	0.071	0.243					
自相关检验 z			−3.321	−3.159	−2.799	−3.441	−3.658
伴随概率			0.000	0.002	0.005	0.001	0.000
Sargan检验卡方			88.305	87.592	78.197	74.360	72.393
伴随概率			1.000	1.000	1.000	1.000	1.000
观察值	629	736	710	710	623	623	623
国家数	96	104	103	103	92	92	92

注:括号内数值为标准差;***、**、*分别表示系数统计值在1%、5%、10%的水平上通过显著性检验;核心被解释变量为基尼系数;表中(1)列和(2)列为固定效应OLS回归,(3)~(7)列为系统GMM方法估计;除第(1)列使用变量的对数差分进行回归外,其余各列控制变量均为对数值。

五、结论与政策建议

本文的主要结论如下。(1)收入不平等加剧会导致反贫式增长的出现,经济增长的减贫效应会伴随着收入分配的改善而显著提高。(2)金融包容性的提升能够降低加总层面的不平等程度,提高资本增长率与总产出增长率。(3)金融包容性提升与人力资本和总资本增长率之间存在显著的正相关关系,且金融包容性对人力资本积累的影响程度更强。因此,金融包容性提高不仅具有"增长效应",也具有显著的"分配改善效应"。(4)单纯提升私人部门金融包容性对最低收入组群体的收入拉动作用不明显，且有可能拉大收入差距，不利于益贫式增长。由于金融包容性对低收入国家的资本积累并不存在显著影响，因此，金融包容性对低收入国家资本积累和分配改善的促进作用依然较弱。

经济增长的减贫作用毋庸置疑，但经济增长和收入不平等的加剧又显著削弱了增长的减贫效应，如何在实现经济增长的同时改善收入分配就成为益贫式增长进程中必然面临的理论与实践难题。本文基于跨国面板数据的实证分析认为，提升金融包容性是兼备经济增长与收入分配改善双重功能的政策选择，因此，基于本文的分析和中国实践，我们提出以下政策建议：

第一，大力发展普惠金融，提升国内金融包容性水平。在部分低收入国家中，由于金融体系不健全，在金融部门政府垄断的条件下，部分企业基于"寻租"方式更容易获得集中的金融资源，造成实践中金融部门很难发挥金融资源优化配置的功能。因此，应当转变传统金融发展观念，坚持普惠金融理念，在吸收国外包容性金融发展实践经验的基础上推动金融包容性发展。第二，放宽金融市场准入标准，增加有效的金融服务供给。目前，分布国内城乡的小额信贷公司、民间借贷公司等新型金融组织很难满足多元化的金融服务需求，监管缺失与现实发展的困境也造成城市地区的互联网金融、区块链金融和新型农村金融组织的发展陷入困境。应着力建立需求导向、多层次和多元化的包容性金融体系，保障中小微企业、农户和贫困阶层等获得公平的发展机会和金融接入服务。第三，加强信用体系建设，减少资金供求方的信息不对称。政府应从金融供求两个方面建立真实可信的"动态"信贷征信体系。一方面，以提高资金使用效率为导向，确保金融资金"精准到户"；另一方面，通过建立普惠金融与包容性金融发展信息平台，为资金供求双方提供更精准的信息服务，从而降低交易成本，提升融资效率。

表 11 按收入水平划分的分样本系统 GMM 稳健性检验

样本分类		高收入国家	中高收入国家	中低收入国家	低收入国家
被解释变量	核心解释变量	(1)	(2)	(3)	(4)
益贫式增长率	PIFI	0.037*** (0.006)	0.058*** (0.005)	0.047*** (0.002)	0.290*** (0.105)
贫困发生率	PIFI	−0.310*** (0.024)	−0.021*** (0.003)	−0.120*** (0.002)	−0.031*** (0.008)
分配改善机制	PIFI	0.001 (0.013)	−0.035*** (0.001)	−0.079*** (0.001)	0.012** (0.005)
	GINI	1.445*** (0.098)	5.195*** (0.009)	4.036*** (0.033)	5.096*** (0.168)
观察值		207	456	286	77
国家数		18	44	36	24
人力资本机制	PIFI	0.041*** (0.010)	0.003*** (0.001)	0.046*** (0.005)	0.003 (0.017)
	GINI	−0.041 (0.035)	−0.036*** (0.009)	−0.104*** (0.023)	−0.295*** (0.017)
观察值		198	407	245	68
国家数		17	40	35	22
总资本机制	PIFI	0.057*** (0.021)	0.034*** (0.003)	0.030*** (0.003)	0.000 (0.022)
	GINI	−0.196** (0.079)	−0.076** (0.034)	−0.109** (0.056)	0.082 (0.398)
观察值		206	450	268	74
国家数		18	41	31	22

注：括号内数值为标准差，***、**、* 分别表示系数统计值在 1%、5%、10%的水平上通过显著性检验；仅使用滞后 1 期被解释变量作为工具变量进行系统 GMM 估计，省略滞后 1 期被解释变量及控制变量估计结果；估计结果常数项、系统 GMM 的残差一阶自相关检验以及 Sargan 过度识别检验结果备索。

本文系教育部人文社会科学重点研究基地重大项目"长江三角洲全面建设小康社会中的共享发展研究"(项目批准号:16JJD790024);第63批中国博士后科学基金面上资助项目"低生育率背景下中国参与全球价值链分工的比较优势重构"(项目批准号:2018M630539);江苏省博士后科研资助计划"低生育率背景下要素收入分配与中国经常项目失衡的调整与演化"(项目批准号:1701123B);江苏省社会科学基金项目"江苏农民资金互助合作社可持续发展路径研究"(项目批准号:17EYB013);2020年江苏省社会科学院首批自组学科项目"城乡融合视角下益贫式增长实现路径研究";2020年江苏省社会科学院首批重点学科项目"农村经济学";2020年江苏省社会科学院院长应急课题"江苏建立健全返贫预警与动态帮扶机制研究"的阶段性成果。原载于《世界经济研究》2020年第8期。

参考文献:

[1] ARESTIS P, CANER A. Financial Liberalization and Poverty: Channels of Influence[R]. The Levy Economics Institute Working Paper Archive, 2004.

[2] BECK T, DEMIRGÜÇ-KUNT A, LEVINE R. Finance, Inequality, and Poverty: Cross-Country Evidence[R]. World Bank Policy Research Working Paper, No. 3388, 2004.

[3] BECK T, DEMIRGÜÇ-KUNT A, LEVINE R. Finance, Inequality and the Poor [J]. Journal of Economic Growth, 2007, 12 (1): 27–49.

[4] CLARKE G, XU L C, ZOU H F. Finance and Income Inequality: Test of Alternative Theories[R]. Policy Research Working Paper Series, 2003.

[5] DEININGER K, SQUIRE L. New Ways of Looking at Old Issues: Inequality and Growth[J]. Journal of Development Economics, 1998, 57(2): 259–287.

[6] DIMOVA R, ADEBOWALE O. Does Access to Formal Finance Matter for Welfare and Inequality? Micro Level Evidence from Nigeria[J]. The Journal of Development Studies, 2017, 54(2): 1–17.

[7] DOUMBIA D. The Quest for Pro-poor and Inclusive Growth: the Role of

Governance[R]. ECINEQ Working Paper, No. 458, 2018.

[8] GREENWOOD J, JOVANOVIC B. Financial Development, Growth, and the Distribution of Income[J]. Journal of Political Economy, 1990, 98(5): 1076-1107.

[9] KAKWANI N, PERNIA E. M. What is Pro-poor Growth? [J]. Asian Development Review, 2000, 18(1): 1-16.

[10] KIM J H. A Study on the Effect of Financial Inclusion on the Relationship Between Income Inequality and Economic Growth [J]. Emerging Markets Finance and Trade, 2016, 52(2): 498-512.

[11] LOPEZ J H. Pro-Growth, Pro-Poor: Is There a Trade-off? [J]. World Bank Policy Research Working Paper, No. 3378, 2004.

[12] RAVALLION M. What Is Needed for a More Pro-Poor Growth Process in India? [J]. Economic and Political Weekly, 2000, 35(13): 1089-1093.

[13] SARMA M, PAIS J. Financial Inclusion and Development[J]. Journal of International Development, 2011, (23): 613-628.

[14] SON H H, KAKWANI N. Global Estimates of Pro-Poor Growth[J]. World Development, 2008, 36(6): 1048-1066.

[15] 程相宾,张小滨,杨文.金融包容水平与收入分配平等——基于跨国研究视角[J].重庆大学学报(社会科学版),2019(2):37—48.

[16] 范香梅,张晓云,辛兵海.中国金融包容性发展与收入公平分配的因果关系研究[J].当代经济研究,2015(9):60—68.

[17] 赵锦春,范从来.贸易自由化、劳动力市场分割与益贫式增长[J].世界经济研究,2018(11):118—136,139.

江苏如何深度融入全球创新网络

王 维 李思慧[*]

摘 要 近年来,江苏科技创新能力持续提升,对外科技合作领域和范围不断拓展,初步形成了全方位、多层次的国际科技合作新格局,在局部领域成为全球领先技术研发和产业化的重要节点,但也存在一些短板。在"百年未有之大变局"叠加全球疫情防控的背景下,江苏深度融入全球创新网络的宏观环境变得更为复杂多变,主要表现为:新冠肺炎疫情全球蔓延增加了创新活动的不确定性;科技成为中美经贸摩擦的主要"承压区";建设现代化经济体系需要科技创新发挥更直接、更强劲的支撑和引领作用;长三角一体化发展国家战略为江苏更快融入全球提供战略机遇。在当前机遇和挑战并存的形势下,我们提出江苏深度融入全球创新网络的路径及对应政策建议:一是在全球创新要素流动受阻的背景下,快速反应、灵活变通,在逆境中加速全球创新要素整合;二是突破传统全球创新网络融入方式,重构国际创新链,畅通国内创新链;三是加大政府支持力度,引导社

---

[*] 王维,南京信息工程大学兼职教授,江苏省社会科学院世界经济研究所研究员,vivian.nj@163.com。
李思慧,江苏省社会科学院世界经济研究所副研究员,isihui59@163.com。

会资本与企业共担风险,集聚产学研力量,聚焦关键共性技术、卡脖子技术,助力企业弯道超车;四是弱化融入全球创新网络渠道的政治属性,更多发挥民营载体平台等的中间力量,畅通和拓宽融入渠道;五是把握长三角一体化战略机遇,以南京、苏州为重要支点和枢纽,构建区域创新网络,通过规模效应整体融入全球创新网络。

关键词 科技创新 创新网络 深度融入 创新链

全球创新网络(Global Innovation Networks,GIN)是经济全球化背景下,企业由封闭式创新转向开放式创新后的一种创新组织模式[1]。当前,以大数据、物联网、人工智能等为核心的新一轮科技革命和产业变革正在成为影响各国竞争力和大国兴衰的重要力量,各国抢占制高点的竞争更趋激烈。随着创新全球化发展逐步深入,科技创新对外开放的持续强化成为推进科技创新发展的必然要求,也是在全球化条件下的必然选择。2018年5月28日,习近平总书记在中国科学院第十九次院士大会、中国工程院第十四次院士大会上指出:要深度参与全球科技治理,贡献中国智慧,着力推动构建人类命运共同体;要坚持以全球视野谋划和推动科技创新,全方位加强国际科技创新合作,积极主动融入全球科技创新网络。[2]

一、江苏融入全球创新网络的现状

近年来,江苏省科技系统持续发挥全省科教优势和开放优势,推动开放创新,积极融入全球创新网络,创新生态环境呈现新局面。一是科技综合创新能力不断增强。2019年全省研发投入占GDP的比重达2.72%,科技进步贡献率达64%,同比提高1个百分点。区域创新能力在全国位居前列,是我国创新活力最强、创新成果最多、创新氛围最浓的省份之一。二是科研投入力度加大。2019年全省组织实施省重大科技成果转化专项资金项目102项,新增总投入86.0亿元。截至2019年,全省拥有中国科学院和中国工程院院士102人,研究与试验发展(R&D)人员58.0万人,建成国家和省级重点实验室183个,科技服务平台275个,工程技术研究中心3 679个,企业院士工作站349个。① 三是创新产出质量不断提升。2019年全省专利申请量、授权量分别达59.4万件、31.4万件,其中发明专利申请量17.2万件、发明专利授权量4.0万件。通过《国际专利合约》(PCT)途径提交专利申请6 635件,增长20.6%。万人发明专利拥有量30.2件,比上年增加3.7件。全省各类技术合同成交额达1 675.6亿元,同比增长45.4%。四是高新技术产业加快发展。高新技术企业超过2.5万家,企业研发经费投入占主营业务收入比重提高至1.6%②;国家级高新技术特色产业基地达162个;国家级企业技术中心117个,位居全国前列。2019年,全省高新技术产业产值比上年增长6.0%,占规上工业总产值比重达44.4%。③

凭借改革开放和对外经济的优势,江苏省初步形成了全方位、多层次的国际科技合作新格局,科技创新水平持续攀升,在局部领域不断深度融入全球创新网络,但同时也存在一些短板。

1. 新知识创造取得进展,但总体质量不高

近年来,江苏省专利产出能力有明显提升,但在专利数量快速增长的同时,与国内外先进地区相比,在专利质量上仍存在较大差距。从专利申请数量上看,江苏省专利申请数量从1990年的2 706件快速增至2019年的594 249件。但同时,专利类型及所属行业等集中体现专利质量的领域却并未占据优势。2019年,全省发明专利申请仅占专利申请总量的40.9%,较国外80%的比例仍有较大差距。同时,全省的发明专利主要集中于机械制造、零配件等传统领域,而在高端装备、计算机、信息和通信

---

① 《2019年江苏省国民经济和社会发展统计公报》http://district.ce.cn/newarea/roll/202003/05/t20200305_34407647.shtml。
② 同上。
③ 同上。

技术等高技术领域中国外企业仍占据主导地位。

2. 创新主体不断壮大,但链接全球资源能力不强

江苏省充分调动企业的能动性,积极融入全球创新网络。帮助企业建立海外研发平台,实施省国际科技合作计划,立足引导省内机构汇聚国际资源促进创新发展,2019年立项支持71项重点国别产业技术合作及国际技术服务转移机构企业及海外研发基地建设,鼓励省内企业与跨国公司进行多种形式的经济技术合作,深入其研发活动链条,支持有实力的企业与海外跨国公司结成战略联盟,共同开展高端研发合作,形成融入全球创新网络的管理、研发、设计和生产体系。但与国内外先进地区企业相比,江苏省企业在链接全球创新网络的主体地位还需要进一步强化。比如华为在与国际研发机构合作过程中,在海外申请大量专利,2018年PCT专利申请数已经达到5 405件,连续多年世界排名第一。此外,虽然中小企业在经济社会中发挥重要作用,但与美国中小企业在发明创造中担当的重要角色相比,江苏省中小企业尚未能借助全球创新链实现价值提升。

3. 海外高层次创新创业人才加快集聚,但仍面临体制机制限制

人才是创新的核心资源。21世纪以来,江苏省实施人才强省战略,利用重大人才工程,加快集聚海外创新人才,打通链接全球创新网络的核心渠道。加强"双自"联动,发挥中国(江苏)自由贸易试验区和苏南国家自主创新示范区政策叠加和联动优势,建设海外人才离岸创新创业基地。优化高层次人才服务环境,建立外籍人才科技成果转化渠道,对来苏工作的海外高层次人才给予政策倾斜,对持有外国人永久居留证的外籍高层次人才创办科技型企业,给予中国企业、公民同等待遇,发放外国人工作许可总数达2.7万件。但国外人才在苏工作和生活仍面临一些体制问题,比如外国人才工作许可证制度和外国人才签证制度还未全面推开,外国人才来华签证、居留还存在一定限制,引进人才还存在社会保障、户籍、子女教育等问题,有待通过创新评价机制、强化激励机制等为海内外各类人才提供更加积极、开放、包容的环境,搭建事业发展的舞台。江苏省高

校留学生规模不小,但知识层次和专业水平总体不高,对全省科技创新贡献度有限。

4. 产业技术进步取得长足进展,但关键核心技术还受制于人

2019年,江苏省科技部门组织实施前瞻性产业技术创新专项和重大科技成果转化专项,6个产业技术创新中心、50个省级以上产业技术创新战略联盟加速建设。国家未来网络试验设施、国家高效低碳燃气轮机试验装置相继落户,"神威·太湖之光"连续两次荣登全球超级计算机TOP500排名榜首,其相关应用成果获得国际高性能计算应用领域最高奖戈登贝尔奖,填补了国内空白。亨通自主研制成功世界最大尺寸光纤预制棒,成为中国唯一拥有这项世界级核心技术及自主知识产权的本土企业。[1] 目前,全国超过1/5的高技术产品出口来自"江苏制造",有15.1%的在全球领跑的技术分布在江苏[3],但从关键领域核心技术分布看,高端芯片设计制造、高端医疗设备、高端数控机床等产业技术我们还不掌握,在参与全球创新中处于被动地位。

5. 国际科技合作深入开展,但创新网络节点的联动作用有待更好发挥

2019年,江苏多措并举推动企业开展国际技术交流对接,联合国外合作伙伴在境内外组织开展多场国际技术交流对接活动,深入推进与以色列、芬兰、捷克、挪威、澳大利亚维多利亚州等国家或地区的产业研发合作机制,正式成立了省级层面的创新园发展工作协调小组;与挪威签署合作备忘录,启动产业研发合作计划;与澳大利亚维多利亚州继续共同实施江苏—维州产业研发合作计划;与以色列、芬兰分别完成了第15轮、第7轮合作项目联合征集与评审工作;与捷克、荷兰北布拉邦省经济发展署、比利时法兰德斯大区、韩国科学技术院、埃及亚历山大图书馆、土耳其科学技术研究委员会、约旦皇家科学学会、泰国及新西兰驻华使领馆等多个国家或机构建成不同程度的合作关系。截至2020年4月,全省国际科技

---

[1] 引自《15.1%领跑技术分布在江苏"厚家底"成发展优势》http://js.people.com.cn/n2/2017/0304/c360301-29803298.html。

合作基地数量达到23家。但总体看,已经建设的载体和平台在联通国际创新资源、联结国际创新网络上的作用尚未完全发挥,在创新资源整合和跨境转移方面的作用有待进一步拓展。

二、江苏深度融入全球创新网络面临的宏观环境

随着互联网、云计算、大数据等现代信息技术在世界范围的广泛应用,新一轮科技革命和产业变革正在带来全球创新版图和全球经济结构的改变,世界各国成为联系愈发紧密的利益共同体,创新资源在世界范围内加速流动,科技创新的全球化态势势不可挡,这决定了科技创新必须坚持对外开放、加强国际合作。[①]"百年未有之大变局"叠加突如其来的疫情,使得江苏深度融入全球创新网络的宏观环境更为复杂多变,面临着新的挑战和机遇。

1. 新冠肺炎疫情全球蔓延增加了创新活动的不确定性

疫情形势变化引发供需结构变化,国际国内市场环境出现剧烈波动。随着疫情在境外不断扩散,市场需求锐减,在手订单被部分取消,企业到境外参展、接单等都受到不同程度的影响,企业拓展市场的难度加大。同时,疫情还导致海运、航班调整,物流成本随之大幅上涨,企业履约成本不断增加,技术研发和新产品推广的预算缩减,创新活动受到较严重的影响,全球创新链条存在脱节现象。

2. 科技成为中美经贸摩擦的主要"承压区"

从国际竞争走势看,中美贸易摩擦表面上是经济战,实质上是科技战,更是能力战、人才战。美国在近期的出口管制实体清单中,陆续对华为、中兴等国内企业、国内高校进行限制,通过签证限制 STEM 留学生境外学习等,可以看出,从长期来说,西方国家对我国科技创新和高端人才

[①] 引自经济日报评论员:《以全球视野谋划和推动科技创新——三论学习贯彻习近平总书记两院院士大会重要讲话》http://theory.people.com.cn/n1/2018/0531/c40531-30024632.html.

引进的封锁打压将成为常态。这使得江苏在融入全球创新网络时使用的传统模式必然受到冲击,这也倒逼我们在融入全球创新网络过程中加快建立自主可控的现代产业体系,投入更多精力和更多资源加快关键领域自主创新。

3. 建设现代化经济体系需要科技创新发挥更有力的支撑和引领作用

从总体上看,我国长期向好趋势没有变,仍处于重要战略机遇期的态势没有变。从科技发展趋势看,新一轮科技革命和产业变革加速演进,基础前沿领域孕育重大突破,信息技术、生物技术、新材料技术、新能源技术广泛融合渗透,带动几乎所有领域发生了以绿色、智能、泛在为特征的群体性技术突破,带来了更多的创新机遇和发展空间。如区块链技术与实体经济结合的趋势愈加明显,作为分布式数据存储、点对点传输、共识机制、加密算法等技术综合集成的分布式计算范式,能够解决金融、公益、监管、打假等很多领域难点问题,将为实体经济发展和社会治理带来重大机遇。

4. 长三角一体化发展国家战略为江苏更快融入全球提供战略机遇

从区域格局态势看,国家区域创新高地加快建设和发展,长三角一体化上升为国家战略,这为江苏在更高水平推进自主创新、更深层次深化体制改革、更广范围集聚创新资源提供了战略机遇。超前谋划和顶层设计有助于推进重大创新平台、科技重大设施、科技公共服务等领域的深化合作,能够争取将更多合作载体平台纳入国家长三角科技创新共同体规划。

三、江苏深度融入全球创新网络的主要路径及政策建议

1. 在全球创新要素流动受阻的背景下,快速反应、灵活变通,在逆境中加速全球创新要素整合

高级要素跨国流动已日益成为国际合作和技术进步的重要动力,在复杂多变的国际经济社会背景下,全球范围内的资金、技术、人才的重构和分布受到严重影响,中国企业和研究机构获取创新要素的渠道持续收

窄。全球创新要素资源中最关键的是创新人才要素资源,传统的大规模"人才+项目"的"引智"模式不可持续。因此,突出"快"和"活",加速全球创新要素尤其是人才的抢夺,是江苏深度融入全球创新网络的关键所在。在新一轮自主创新热潮中,关键是要保持战略定力,做好两手准备:一方面要坚持底线思维,持续加强科技安全风险动态排查,列出任务清单,努力拉长板、强弱项,在最有基础、最有优势的领域,集中优势力量攻关突破;另一方面要继续扩大开放,积极融入全球创新网络,加强与创新大国、关键小国和"一带一路"沿线国家的创新合作,组织实施与重点国家产业技术联合研发专项,充分利用好国际创新资源,不断增强国际话语权。

应充分利用高校、科研院所、企业资源,建立并密切关注省内重点产业发展领域全球人才库、未来热点领域全球人才库、高端基础研究领域全球人才库等,及时掌握人才发展意愿动态。密切关注美国出口管制实体清单、《美国国家安全战略报告》等对全球创新网络运行产生巨大干扰的要素,并做出迅速反应。对受所在国环境及政策影响有意愿来华考察和发展的人才,第一时间建立绿色通道,特事特办快办。加大鼓励高科技领域专家来华指导交流的力度,简化申请、报销流程,提高专家咨询待遇,鼓励与高科技领域专家"云"交流,增加沟通频率。对受疫情、美国签证政策等影响的STEM类优秀留学生,省内高校有相关专业且留学生属于重要领域紧缺高层次人才的,可突破流程限制,给予高额奖学金,安置进最适宜人才未来发展的团队,给予定向培养,强化人才储备。

更加重视与欧洲、"一带一路"沿线国家的科技合作,形成与"重要大国""关键小国"的国际科技合作布局。建立和拓展与北欧国家、中东欧国家、瑞士、以色列等国的联系,跟踪这些国家在某些领域的特有优势,充分挖掘潜在的合作机会。落实好"一带一路"科技创新行动计划,加快与"一带一路"沿线国家在科技创新领域的规划对接、资源共享,编织更加紧密的创新"网络朋友圈"。积极承建"中国—中东欧国家技术转移中心",支持中国—以色列常州创新园、中国—肯尼亚作物分子生物学联合实验室等提升建设水平。进一步激发地方积极性,与"重要大国""关键小国"的省(州)、市签订合作协议,构建更加灵活、高效、务实的工作机制。

2. 突破传统全球创新网络融入方式,重构国际创新链,打通国内创新链

随着国际国内竞争的日益激烈和传统创新方式变革的加速,企业在增强既有竞争力的同时,需要持续开发新的竞争力以不断更新与进化,获得更加强大的网络创新能力,从而适应全球竞争。在全球创新网络中,时刻做好与美国的创新链"断链"准备。一方面,应采取更为主动的方式获取所需的创新资源以及开展创新活动,积极从欧洲、东亚等地区寻找可替代的创新环节,如通过专业型公司来对接国际组织全球创新网络,通过在海外设立研发机构自主构建产业组织全球创新网络,通过社交网络嵌入群体组织全球创新网络获取更多的国际创新要素资源等。另一方面,加强与本土企业之间的创新合作,构造良好的企业创新生态环境,提升企业在全球的竞争力。与上下游企业、用户、消费者、同行、科研机构、社会组织等合作,组建参与全球竞争的创新联合体[4]。

在现有态势下,积极创新拓展"云"创新合作,探索线上进行合作研发、成果对接与转化的新模式。鼓励企业以创新外包的方式,向国内外创新团队提出创新需求,进行发包采购,从而主动构建为我服务的全球创新链,编制以我为中心的区域创新网络。支持江苏本土企业、研发机构与外资企业、外资研发机构合作,设立专项资金或科技计划,将政策着力点从"鼓励设立"向"促进合作"转换,增强外资企业、外资研发机构的技术溢出和网络链接效应。

3. 加大政府支持力度,引导社会资本与企业共担风险,集聚产学研力量,聚焦关键技术、卡脖子技术,助力企业弯道超车

当前,以美国为首的发达经济体对我国科技领域,尤其是核心技术和关键设备等的技术封锁形势日益严峻,中国企业应更加积极推动自主创新,实施开放的创新全球化战略,积极利用开放的创新资源网络突破关键技术与核心技术,摆脱全球价值链分工"低端锁定"。在国家创新驱动发展战略及"一带一路"倡议基础上,江苏企业,尤其是原先拥有大规模制造、市场规模和新技术应用优势的重点企业,应与长期合作的、拥有长期技术沉淀积累的欧美企业积极形成技术协同,通过全球创新网络实现合作与能力互补。充分利用现有的创新基础设施、知识基础,通过市场需求倒逼关键技术突破或寻求新的技术创新轨道,催生更加符合市场需要的创新产品。

提升企业主体科技创新能力,着力打造高水平的工程技术研究中心、重点实验室、科研中试基地等创新基础设施,努力培育一批具有世界领先水平的企业技术研发机构。建立重点科技型企业名录库,并进行动态管理、精准培育,促进一批中小企业"专精特新"发展,大量培育高新技术企业,重点打造一批高成长性创新型企业,提高江苏的瞪羚企业和独角兽企业的数量和质量。瞄准科技和产业革命发展前沿,在人工智能、新一代信息技术、高端装备、新能源、新材料等战略性新兴产业优势行业或细分领域,通过政策宣讲、费用资助等方式,不断提高政府机构、企业、高校、科研机构和专利代理机构对PCT国际专利申请的重视程度,大力支持江苏企业国际专利申请与布局。

加强科技服务业保障支撑能力,建设以技术检测、专利代理、技术咨询等为重点的中介服务平台,促进江苏优秀科技服务机构获得国际相关组织的授权与认证。推动科技服务机构"走出去",为江苏企业在海外开展各种形式合作提供全面的风险保障和风险信息管理咨询服务,为技术特别是关键、核心技术跨境转移面临的制度障碍提供完备的应对措施。引导和鼓励各类商业协会、产业联盟、技术联盟等行业组织在企业国际化创新过程中发挥协调和指导作用。鼓励金融机构"走出去",完善海外分支机构布局,加强与本行海外分支机构、海外代理行的相互联动。根据江苏企业的实际需求,在业务流程改进、产品设计和管理架构完善上下功夫,努力提升金融服务效率。大型银行要针对国际创新领域建立针对性的部门和团队,对重点领域、重点行业、重点企业的国际创新投资特事特办、特事快办,持续提升人员的科技金融领域专业服务水平,为江苏深度融入全球创新网络提供全程融资和信息咨询服务。

4. 弱化融入全球创新网络渠道的政治属性，更多发挥民营载体平台等的中间力量，畅通和拓宽融入渠道

坚持市场为主导、政府为引导的创新网络融入，放手给市场，更多发挥民营企业、个人创新国际化的中间力量，加强创新合作过程中的规范化、法制化和商业化，避免过度依赖行政力量。发挥江苏在开发区、高新区的建设、运营和服务方面的经验和优势，支持中外高科技企业、研发机构、行业中介组织入驻江苏在海外的国际科技与产业园区，开展技术研发项目对接，拓宽与相关国家和地区的产业技术合作通道。建立和完善企业开展重大国际科技合作的绿色通道制度，简化政府审批程序，提高项目审批效率。充分借鉴以色列和美国的经验，积极发挥民营科技孵化器和国外科技孵化器等创新加速中介及载体作用，鼓励民营孵化器发展，加快专业孵化器运营团队培育，学习和借鉴优秀国外孵化器运营管理经验，为江苏深度融入全球创新网络开辟高速通道。

多维度激发企业创新动能，积极与企业、国内外科研院所、科技服务机构进行对接，充分发挥技术经纪人作用，实行精准服务。针对企业非核心产业技术，大力提高技术需求搜集及供求匹配效率；针对企业涉密核心产业技术，进行技术供给方信息搜集，为需求企业搭建合作对接平台。鼓励企业以独资新建、合资、并购等方式在海外设立研发中心或联合国内外科学家、机构等设立联合实验室、新型研发机构、离岸孵化器等创新载体，组织企业与国外先进科创资源对接，共建联合技术攻关中心，形成国内外社会资本的协同创新。

5. 把握长三角一体化战略机遇，以南京、苏州为重要支点和枢纽，构建区域创新网络，形成整体融入全球创新网络的规模效应

结合南京建设具有全球影响力创新名城、苏州开放再出发以及江苏自贸区建设，将南京、苏州等城市打造成全球科技体系、知识体系、创业体系中的重要节点枢纽，提高链接全球创新网络的能力。招引和培育标志性企业、吸引高素质科研人员、形成高水平科技成果和创新投资，打造具有全球竞争力的创新型产业集群，使之成为有世界影响力的原创性科技

创新成果的"发源地"。加快推进中国—以色列常州创新园、江苏省中以产业技术研究院、深时数字地球国际卓越研究中心等建设，灵活高效实施高层次外国专家引进项目计划，①推进外国人来华工作许可办理便利化，全方位提升科技创新国际化水平。

抢抓长三角一体化的重大战略机遇，通过区域协同，提高区域整体科技创新能力，打造开放、协调的区域创新资源网络，为深度融入全球创新网络提供良好的腹地支撑和区域化分工架构。加强长三角科技主管部门的对接，在区域性政策法规制定、联合攻关等方面，建立定期会商机制，着力在国际人才引进与使用、产学研合作、科技招商、科技金融等领域联合出台一批含金量高的政策举措，适应当前形势的变化。加快创新基础设施建设，建立科技资源开放共享机制，联合建设一批高水平资源共享的基础科学和前沿技术研究基地。借助长三角各自贸区建设的契机，打造"国际人才先行区"，探索技术移民的模式与配套政策。共同推进与有关国家开展职业资格互认和行业执业许可，提高跨境执业的便利度。

本文系国家社科基金项目"推进我国民营企业创新能力提升的路径与政策研究"（项目号：19CJL031）的阶段性成果。原载于《学海》2020年第5期。

参考文献：

[1] 马琳,吴金希.全球创新网络相关理论回顾及研究前瞻[J].自然辩证法研究,2011(1).

[2] 习近平.在中国科学院第十九次院士大会、中国工程院第十四次院士大会上的讲话[R/OL].http://www.xinhuanet.com/poli-tics/leaders/2018-05/28/c_1122901308.htm.

[3] 张晔.稳固"双链"构建"双循环"科技创新该如何发力[N].科技日报,2020-5-29.

[4] 陈志明.全球创新网络的特征、类型与启示[J].技术经济与管理研究,2018(6).

---

① 引自《激活技术要素,提升科技创新"浓度"》,http://xh.xhby.net/mp3/pc/c/202004/14/c764221.html.

双重价值链嵌入下的中国省级区域角色
——一个综合理论分析框架

黎 峰[*]

摘 要 本文从理论上厘清国内价值链与全球价值链的内涵及边界,进而拓展区域间投入产出模型,建立双重价值链嵌入下的综合理论分析框架,在对中国区域间投入产出表及世界投入产出表匹配基础上,就中国省级区域双重价值链嵌入行为进行实证分析。结果表明:① 相对于国内价值链,中国大部分省级区域嵌入全球价值链的程度更深,且2007年以来呈现出明显的价值链攀升势头;② 沿海地区在双重价值链中更多扮演"加工制造者"角色,内陆地区则是更多扮演"原材料、初级产品供给者"角色;③ "入世"以来,中国制造部门全球价值链位置呈现"先抑后扬"的发展态势,国内价值链分工和资源整合是推动中国制造部门全球价值链升级的重要因素;④ 市场整合效应、技术进步效应、企业成长效应是国内专业化分工推动全球价值链升级的重要途径。加快中国产业部门全球价值链升级,应更加重视国内资源整合,协调区域专业化分工;更加重视高级要素培育,推动要素禀赋结构升级;更加重视本土关联,提升国内配套

---

[*] 黎峰,江苏省社会科学院世界经济研究所研究员,经济学博士。电子邮箱:lifeng@jsass.org.cn。感谢匿名评审专家和编辑部的宝贵意见,当然文责自负。

能力。

关键词 双重价值链嵌入 国内价值链 全球价值链 价值链升级

引 言

改革开放以来,通过充分发挥要素成本优势和优惠政策激励,中国积极融入跨国公司主导的全球价值链分工,推动国内资源优化配置和产业转型升级,实现经济持续快速发展。2008年国际金融危机以来,面临全球贸易下滑、国际投资转移及发达国家倡导的国际贸易投资新规则,中国政府提出"一带一路"倡议、京津冀协同发展、长三角一体化、珠港澳大湾区建设等重大部署,预示着经济发展将更加重视国内区域协调及产业整合。党的十九大报告将"实施区域协调发展战略"作为建设现代化经济体系的重要内容,提出"建立更加有效的区域协调发展新机制"的理念和新要求,同时提出"促进我国产业迈向全球价值链中高端,培育若干世界级先进制造业集群"。

在深度融入全球生产网络及国内区域经济一体化进程加快背景下,中国省级区域事实上面临着全球价值链(Global Value Chain,GVC)与国内价值链(National Value Chain,NVC)的双重嵌入。值得研究的是,各省级区域在两种价值链分工中各自扮演着怎样的角色,其背后的原因及机理何在?此外,双重价值链分工的嵌入存在怎样的关联,区域在两种价值链分工中的角色是否联动,各区域应如何作为以推动两种价值链分工的协调?以上研究的关键点在于三个方面:一是如何厘清区域参与国内价值链与全球价值链的边界;二是如何把区域双重价值链嵌入行为纳入统一的理论分析框架;三是如何有效整理和匹配现有数据资源,使其能反映区域的双重价值链嵌入行为。

关于双重价值链分工的内涵及边界,大多文献基于专业化分工的地域范围进行划分。其中全球价值链分工更多体现为国际垂直专业化分工概念(Arndt,1997),而把国内价值链分工描述为主权国家内部的地区专业化(Fally,2011)。然而以上研究并没有重视两种分工模式的内涵及外延区分。部分文献分析了国内价值链分工与全球价值链分工的相互关联(Meng et al.,2013;Beverelli et al.,2017),但并没有从理论层面把两种价值链分工纳入统一的分析框架。在数据匹配方面,Meng et al.(2013)尝试把中国区域间投入产出表(MRIOT)嵌入世界投入产出表(WIOT),但其匹配的分工参与主体及行业仍相对粗糙,缺乏对国内各区域间垂直专业化分工特征及其机制原理做进一步探讨。

针对已有研究对两种价值链分工界定可能出现的混淆,本文从理论上厘清全球价值链与国内价值链的内涵及边界,在此基础上构建一个省级区域行业层面双重价值链嵌入的综合理论分析框架,进而对中国各省级区域在两种价值链分工的角色及动态变化进行分析。接着通过构建计量模型,从国内资源整合的视角切入进一步探讨国内价值链构建对产业部门全球价值链升级的影响,由此得出协调两种价值链分工、推动中国制造全球价值链攀升的新路径。

本文可能的创新之处在于:① 通过对全球价值链分工和国内价值链分工的理论分析,界定两者之间的边界;② 借鉴 Wang et al.(2013)行业层面的增加值分解思路,统筹考虑省级区域产业部门国内流出及出口的增加值分解,构建反映省级区域双重价值链嵌入的综合理论分析框架;③ 利用中国省级行业层面数据的实证分析,发现国内价值链构建能产生市场整合效应、技术进步效应和企业成长效应,进而推动产业部门全球价值链升级的影响机制。

一、全球价值链与国内价值链:内涵及边界

价值链从本质上说更多是一种产品内分工,随着全球范围内贸易分工的不断发展,价值增值链进一步从企业层面延伸到了国家和区域层面。

然而全球价值链分工的内涵及边界是什么？已有文献仍存在着争议。一类观点认为，包含增加值跨境贸易的就算全球价值链分工，如 Wang et al. (2017a,2017b)把部门产出分解为三类增加值，其中全球价值链分工部分被界定为涉及增加值跨境流动，而按照增加值的跨境次数，全球价值链部分又细分为浅度全球价值链分工（增加值跨境流动一次）和深度全球价值链分工（增加值跨境流动两次及以上）。另一类观点认为，全球价值链分工的内涵应突出增加值贸易流的跨境次数。如 Hummels et al. (1998)指出，垂直专业化的必要条件在于至少有一个国家在生产过程中使用进口投入品，且生产的产品被出口。与此类似，Beverelli et al. (2017)也强调全球价值链分工意味着增加值至少跨境流动两次。

究竟哪种口径的全球价值链分工内涵更为合理？增加值贸易仅跨境一次的简单分工模式更加符合以"中心—外围"为特征的传统贸易分工内涵，而增加值贸易跨境两次以上的分工模式显然更加契合全球价值链分工特征。此外，无论是基于"促进中国产业迈向全球价值链中高端"的要求，还是"构建以我为主的新型全球价值链"的目标，研究中国各省级区域在分工模式更为迂回的价值链分工中的角色、存在的问题及影响因素，无疑更具理论价值和指导意义。由此，本文研究的全球价值链分工以增加值贸易跨境两次及以上为特征[①]。

国内价值链的内涵同样存在一定分歧。既有文献（如 Fally,2011；Meng et al.,2013；Beverelli et al.,2017）大多把国内价值链分工定义为国境范围内的生产专业化，突出价值链分工的属地特征。然而发生在国境内的区域间专业化都属于国内价值链分工吗？鉴于中国产业部门寻求全球价值链升级过程中遭遇的"俘获"，刘志彪和张杰(2007)提出属权层面的国家价值链分工。显然，该定义更加强调价值链分工主导力量内生[②]

[①] 即 Wang et al. (2017a,2017b)提出的深度全球价值链分工概念。

[②] 该概念不仅要求国内价值链分工的市场需求内生，更加强调分工参与主体的国民属性，即国内价值链分工的参与主体只包括内资企业，而不包括各种形式的中国港澳台企业和外资企业。

的属权概念。然而属权国内价值链分工概念对统计核算体系提出极高要求。如国际股权投资推动跨国企业间的相互参股,内资企业包含着外资股权,而对外股权投资意味着中资参股的国外公司一定程度上属于"内资企业"。此外,中国"走出去"企业基于国内需求的境外采购属于国家价值链范畴,而在华外资企业的本地消费和配套必须从国家价值链里剔除。在现有统计条件下,要严格区分属权层面的国家价值链分工难度相当大。

鉴于此,本文提出基于内生能力的国内价值链概念,即国内价值链分工是指包括初始投入(资源供给内生)、生产制造(制造能力内生)到最终消费(市场渠道内生)的整个价值链上下游布局在国内,增加值在省级区域间跨境流动两次及以上的国内垂直生产专业化。实际上与 Wang et al. (2017a,2017b)的满足国内最终品消费的生产(V_D 和 Y_D)部分相比,该内涵仅仅是增加了生产的国内跨境次数约束。与属地特征的国内价值链分工概念相比,该内涵更加强调从初始投入到市场渠道的内生能力。而与属权维度的国内价值链分工概念相比,基于内生能力的国内价值链并不严格区分参与主体的股权特征[①],同时并不深究属权要素的境外生产行为,因而更加具有操作性。

具体而言,基于内生能力的国内价值链分工的表现形式为境内企业(包括内资企业和外资企业)之间基于资源及中间品供应能力、加工制造能力及国内市场潜力而开展的产品内分工。该价值链条通常表现为:资源及中间品提供地区(如区域 R)为加工制造地(如区域 S)的国内流出(包括流出到第三地如区域 T 及回流至区域 R)提供资源及中间品。显然,该分工模式对于区域 R(不发生增值折回时)而言属于前向嵌入国内价值链,对于区域 T 而言属于后向嵌入国内价值链,而对于区域 S 及区域 R(发生增值折回时)则属于同时前向及后向嵌入国内价值链。

与此相对应,省级区域嵌入的全球价值链分工是指价值链部分环节

[①] 开放经济条件下,中国港澳台和外资企业也是中国国民经济的重要组成部分,大量生产配套引致的国内专业化分工正是围绕外资企业开展的,完全排除外资成分不仅难以操作且现实意义有限。

在国外完成,增加值跨境(包括跨省境及国境)流动两次及以上的国际垂直生产专业化,可见该概念与 Wang et al. (2017a,2017b)的深度全球价值链分工概念基本一致。与大多数文献关于全球价值链概念相区别的是,本文的全球价值链分工更加强调国内生产对国际专业化分工的利用,其表现形式为境内企业(包括内资企业和外资企业)通过与外国企业开展产品内分工而直接或间接利用了国外资源及参与了中间品提供环节、加工制造环节及最终消费环节。具体而言,该价值链条通常包括四类:

链条一为区域 R 直接对外国(如国家 S')提供中间品,国家 S' 进行加工后再次出口(包括出口到其他国家、折返回国内其他区域,以及折返回区域 R)。该分工模式对于区域 R 而言,不发生增值折返时属于直接方式前向嵌入全球价值链,否则属于同时前向及后向嵌入全球价值链。

链条二为区域 R 直接对国内其他区域(如区域 S)提供中间品,区域 S 加工后以最终品形式直接出口,或者仍以中间品形式直接或间接(通过第三区域再次加工)出口。该分工模式对于区域 R 而言属于间接方式前向嵌入全球价值链,对于区域 S 而言则属于直接方式前向嵌入全球价值链。

链条三为区域 R 直接利用外国(如国家 S')提供的中间品,加工后以中间品或最终品形式流出到国内其他区域(如区域 S)或出口(包括出口到其他国家及折返回国家 S')。该分工模式对于区域 R 而言,不发生增值折返时属于直接方式后向嵌入全球价值链,否则属于同时前向及后向嵌入全球价值链。对于区域 S 而言则属于间接方式后向嵌入全球价值链。

链条四为区域 R 从国内其他区域(如区域 S)流入的中间品,包含了外国(如国家 S')的增加值成分。该分工模式对于区域 R 而言属于间接方式后向嵌入全球价值链,而对于区域 S 而言则属于直接方式后向嵌入全球价值链。

二、双重价值链嵌入下的增加值分解模型及数据匹配

1. 双重价值链嵌入下的增加值分解模型

考虑国内流出情况,以区域 R 对区域 S 的国内流出 E^{RS} 为例,由于国内流出可以细分为中间品流出和最终品流出,即

$$E^{RS} = \begin{pmatrix} a_{11}^{RS} & a_{12}^{RS} & \cdots & a_{1n}^{RS} \\ a_{21}^{RS} & a_{22}^{RS} & \cdots & a_{2n}^{RS} \\ \vdots & \vdots & \ddots & \vdots \\ a_{n1}^{RS} & a_{n2}^{RS} & \cdots & a_{nn}^{RS} \end{pmatrix} \begin{pmatrix} X_1^S \\ X_2^S \\ \vdots \\ X_n^S \end{pmatrix} + \begin{pmatrix} Y_1^{RS} \\ Y_2^{RS} \\ \vdots \\ Y_n^{RS} \end{pmatrix} \quad (1)$$

其中,a_{ij}^{RS} 表示区域 R 行业 i 对区域 S 行业 j 的直接消耗系数,X_i^S 为区域 S 行业 i 的总产出,Y_i^{RS} 表示区域 R 行业 i 对区域 S 的最终品投入。为厘清中间品流出后的使用情况,可以对区域 R 对区域 S 的中间品流出按使用情况(包括对国内其他区域流出及对外出口)进行分类如下[①]:

$$\begin{aligned} A^{RS}X^S =\; & A^{RS}B^{SS}Y^{SS} + A^{RS}B^{SS}\sum_{T\neq S,R} Y^{ST} + A^{RS}B^{SS}Y^{SR} + A^{RS}B^{SS}Y^{SW} + \\ & A^{RS}\sum_{T\neq S,R}\sum_{I\in D, I\neq R} B^{ST}Y^{TI} + A^{RS} + \sum_{T\neq S,R} B^{ST}Y^{TR} + \\ & A^{RS}\sum_{T\neq S,R} B^{ST}Y^{TW} + A^{RS}B^{SR}Y^{RR} + A^{RS}B^{SR}\sum_{I\in D, I\neq R} Y^{RI} + \\ & A^{RS}B^{SR}Y^{RW} + A^{RS}B^{SS'}Y^{SW} + A^{RS}B^{SS'}Y^{S'R} + \\ & A^{RS}B^{SS'}\sum_{I\in D, I\neq R} Y^{S'I} + A^{RS}\sum_{T\neq S'} B^{ST'}Y^{T'W} + A^{RS}\sum_{T'\neq S'} B^{ST'}Y^{T'R} + \\ & A^{RS}\sum_{T'\neq S'}\sum_{I\in D, I\neq R} B^{ST'}Y^{T'I} \end{aligned} \quad (2)$$

其中,B 为跨区域里昂惕夫逆矩阵,A^{RS} 为区域 R 对区域 S 中间投入品的直接消耗系数矩阵。此外,流入地区域 S 的总产出按照行模型又可

[①] 为简便起见,公式中的 D 表示国内各区域、I 表示区域 R 之外的国内其他区域,W 表示其他国家和地区,下同。

以表示为：

$$\begin{aligned}
X^S &= A^{SS}X^S + A^{ST}\sum_{T\neq S,R}X^T + A^{SR}X^R + Y^{SS} + \sum_{T\neq S,R}Y^{ST} + Y^{SR} + A^{SS'}X^{S'} \\
&\quad + \sum_{T\neq S}A^{ST'}X^{T'} + Y^{SS'} + \sum_{T\neq S'}Y^{ST'} \\
&= A^{SS}X^S + Y^{SS} + \sum_{T\neq S,R}E^{ST} + E^{SR} + E^{SS'} + \sum_{T'\neq S'}E^{ST'} \\
&= A^{SS}X^S + Y^{SS} + \sum_{N\in D,N\neq S}E^{SN} + E^{SW}
\end{aligned} \quad (3)$$

因而有：

$$A^{RS}X^S = A^{RS}L^{SS}Y^{SS} + A^{RS}L^{SS}\sum_{N\in D,N\neq S}E^{SN} + A^{RS}L^{SS}E^{SW} \quad (4)$$

此外，L 是本区域的里昂惕夫逆矩阵。此外，由于区域 R 产出中的中间品来源包括区域 R、区域 S、区域 T，以及国家 S'、国家 T'，因而有①：

$$\begin{aligned}
A^{RS}X^S &= (V^R L^{RR})^T \# (A^{RS}X^S) + (V^R B^{RR} - V^R L^{RR}) \# (A^{RS}X^S) + \\
&\quad (V^S B^{SR})^T \# (A^{RS}X^S) + (\sum_{T\neq S,R}V^T B^{TR}) \# (A^{RS}X^S) + \\
&\quad (V^{S'}B^{S'R})^T \# (A^{RS}X^S) + (\sum_{T'\neq S'}V^{T'}B^{T'B})^T \# (A^{RS}X^S) \\
&= (V^R L^{RR})^T \# (A^{RS}X^S) + (V^R B^{RR} - V^R L^{RR})^T \# (A^{RS}X^S) + \\
&\quad (\sum_{I\in D,T\neq R}V^I B^{IR})^T \# (A^{RS}X^S) + (\sum_{C\in W}V^C B^{CB})^T \# (A^{RS}X^S)
\end{aligned}$$

$$(5)$$

其中，V 表示区域（国家）的直接增加值系数对角阵，"♯"表示矩阵点乘，结合（1）式、（4）式和（5）式，可以得到按增加值来源的区域 R 对区域 S 中间品流出的表达式，在此基础上合并按增加值来源的区域 R 对区域 S 最终品流出的表达式，可以得出区域 R 对区域 S 国内流出的完全增加值分解结果，即

$$E^{RS} = {}_1(V^R L^{RR})^T \# Y^{RS} + {}_2(V^R L^{RR})^T \# (A^{RS}B^{SS}Y^{SS}) +$$

---

① 区域 R 的产出按增加值来源可分为三大类：一是本地增加值；二是国内其他区域增加值；三是其他国家增加值。为简化公式，国家 S'、国家 T' 统一以其他国家（C'）表示，下同。

$$\begin{aligned}
&{}_3(V^R L^{RR})^T \# (A^{RS} B^{SS} \sum_{T \neq S,R} Y^{ST}) + {}_4(V^R L^{RR})^T \# (A^{RS} B^{SS} Y^{SW}) + \\
&{}_5(V^R L^{RR})^T \# (A^{RS} \sum_{T \neq S, RI \in D, I \neq R} \sum B^{ST} Y^{TI}) + \\
&{}_6(V^R L^{RR})^T \# (A^{RS} \sum_{T \neq S,R} B^{ST} Y^{TW}) + \\
&{}_7(V^R L^{RR})^T \# (A^{RS} \sum_{S'} \sum_{I \in D, I \neq R} B^{SS'} Y^{S'I}) + \\
&{}_8(V^R L^{RR})^T \# (A^{RS} \sum_{S'} B^{SS'} Y^{S'W}) + {}_9(V^R L^{RR})^T \# (A^{RS} B^{SS} Y^{SR}) + \\
&{}_{10}(V^R L^{RR})^T \# (A^{RS} \sum_{T \neq S,R} B^{ST} Y^{TR}) + \\
&{}_{11}(V^R L^{RR})^T \# (A^{RS} \sum_{S'} B^{SS'} Y^{S'R}) + {}_{12}(V^R L^{RR})^T \# (A^{RS} B^{SR} Y^{RR}) + \\
&{}_{13}(V^R L^{RR})^T \# (A^{RS} B^{SR} \sum_{I \in D, I \neq R} Y^{RI}) + \\
&{}_{14}(V^R L^{RR})^T \# (A^{RS} B^{SR} Y^{RW}) {}_{15}(V^R B^{RR} - V^R L^{RR})^T \# (A^{RS} X^S) + \\
&{}_{16}(\sum_{I \in D, I \neq R} V^I B^{IR})^T \# Y^{RS} + {}_{17}(\sum_{I \in D, I \neq R} V^I B^{IR})^T \# (A^{RS} L^{SS} Y^{SS}) + \\
&{}_{18}(\sum_{I \in D, I \neq R} V^I B^{IR})^T \# (A^{RS} L^{SS} \sum_{N \in D, N \neq S} E^{SN}) + \\
&{}_{19}(\sum_{I \in D, I \neq R} V^I B^{IR})^T \# (A^{RS} L^{SS} E^{SW}) + {}_{20}(\sum_{C \in W} V^C B^{CR})^T \# Y^{RS} + \\
&{}_{21}(\sum_{C \in W} V^C B^{CR})^T \# (A^{RS} L^{SS} Y^{SS}) + \\
&{}_{22}(\sum_{C \in W} V^C B^{CR})^T \# (A^{RS} L^{SS} \sum_{N \in D, N \neq S} E^{SN}) + \\
&{}_{23}(\sum_{C \in W} V^C B^{CR})^T \# (A^{RS} L^{SS} E^{SW})
\end{aligned}$$
（6）

因而,区域 R 对区域 S 的国内流出 E^{RS} 按照使用去向大致可以分解为 5 类 23 项,其中:

第一类(项 1 和项 2)为被区域 S 直接吸收的产出中属于区域 R 的增加值部分,即区域 R 对区域 S 的国内流出直接实现的增加值(Direct Value-added Outflow, dv)。其中,项 1 是通过最终品流出直接实现的区域增加值($dv1$),而项 2 是通过中间品流出直接实现的区域增加值($dv2$)。

第二类(项 3—项 8)为区域 R 通过对区域 S 中间品流出而间接实现

的区域增加值(Indirect Value-added Outflow,iv)。项 3 和项 4 是区域 S 把流入中间品生产为最终品并再次流出或出口($iv1$),其中,项 3 是通过国内循环而间接实现的区域增加值($iv1n$),项 4 是通过外部循环而间接实现的区域增加值($iv1g$);项 5—项 8 是中间品流入地(区域 S)把流入中间品加工后以中间品形式再次流出或出口($iv2$),其中,项 5 是通过国内循环而间接实现的区域增加值($iv2n$),项 6—项 8 是通过外部循环而间接实现的区域增加值($iv2g$)。

第三类(项 9—项 12)为区域 R 的产出经区域 S 加工后再次以最终品或中间品形式返回的增值折返部分(Value-added Returns,vr)。项 9—项 11 为以最终品形式返回的增值折返部分($vr1$),其中,项 9 和项 10 是通过国内循环实现的增值折返($vr1n$),而项 11 是借助了外部循环体系而实现的增值折返($vr1g$);项 12 则是以中间品形式通过国内循环的增值折返部分($vr2$)。

第四类(项 16—项 23)为区域 R 的生产过程中由于使用了其他区域或进口中间品,而属于区外的增加值部分(Foreign Value-added,fv)。项 16—项 19 属于国内其他区域增加值($fv1$),其中,项 16—项 18 是通过国内循环实现的其他区域增加值($fv1n$),项 19 为通过外部循环实现的其他区域增加值($fv1g$),而项 20—项 23 属于国外增加值($fv2$)。

第五类(项 13—项 15)则为由于中间品多次跨区域流动而导致的重复计算部分(Double Counting,dc),其中,项 13 是通过国内循环实现的重复计算(dcn),项 14 包含了外部循环体系中重复计算部分(dcg)①。

在区域 R 对区域 S 的国内流出中,项 3、项 5、项 9 和项 10、项 12 为嵌入国内价值链分工实现的区域 R 增加值;项 16—项 18 是嵌入国内价值链分工实现的国内其他区域增加值。项 4、项 6—项 8、项 11 属于嵌入全球价值链分工实现的区域 R 增加值;项 19 为嵌入全球价值链分工实现

---

① 项 15 表示流出中间品返回后再度用于加工中间品,其后续流向仍有多种可能,按用途分解会导致无穷循环,为简便起见,该部分不做进一步分解。

的国内其他区域增加值；而项 20—项 23 是嵌入全球价值链分工实现的外国增加值。

就各区域嵌入全球价值链的形式而言，项 4、项 6—项 8、项 11 反映区域 R 嵌入全球价值链链条二的情况；项 19 反映的是其他区域嵌入全球价值链链条二的情况；项 20—项 23 反映区域 R 嵌入全球价值链链条三的情况，而项 21—项 23 同时又是其他区域嵌入全球价值链链条四的情况。此外，项 13 和项 14 分别为区域 R 嵌入国内价值链和全球价值链产生的重复计算。

其次，考虑区域出口情况，以区域 R 对国家的出口 $E^{RS'}$ 为例：

$$
\begin{aligned}
E^{RS'} =\ & _{24}(V^R L^{RR})^T \# Y RS' +_{25}(V^R L^{RR})^T \#(A^{RS'} B^{S'S'} Y^{S'S'}) + \\
& _{26}(V^R L^{RR})^T \#(A^{RS'} B^{S'S'} \sum_{I \in D, I \neq R} Y^{S'I}) + \\
& _{27}(V^R L^{RR})^T \#(A^{RS'} B^{S'S'} \sum_{T' \neq S'} Y^{S'T'}) + \\
& _{28}(V^R L^{RR})^T \#(A^{RS'} \sum_{S} \sum_{I \in D, I \neq R} B^{SS} Y^{SI}) + \\
& _{29}(V^R L^{RR})^T \#(A^{RS'} \sum_{S} \sum_{I \in D, I \neq R} B^{SS} Y^{SW}) + \\
& _{30}(V^R L^{RR})^T \#(A^{RS'} \sum_{T' \neq S'} \sum_{I \in D, I \neq R} B^{ST'} Y^{T'I}) + \\
& _{31}(V^R L^{RR})^T \#(A^{RS'} \sum_{T' \neq S'} B^{ST'} Y^{TW}) + \\
& _{32}(V^R L^{RR})^T \#(A^{RS'} B^{S'S'} Y^{S'R}) + \\
& _{33}(V^R L^{RR})^T \#(A^{RS'} \sum_{S} \sum_{I \in D, I \neq R} B^{SS} Y^{SR}) + \\
& _{34}(V^R L^{RR})^T \#(A^{RS'} \sum_{T' \neq S'} B^{ST'} Y^{T'R}) + \\
& _{35}(V^R L^{RR})^T \#(A^{RS'} B^{S'R} Y^{RR}) + \\
& _{36}(V^R L^{RR})^T \#(A^{RS'} B^{S'R} \sum_{I \in D, I \neq R} Y^{RI}) + \\
& _{37}(V^R L^{RR})^T \#(A^{RS'} B^{S'R} Y^{RW}) + \\
& _{38}(V^R B^{RR} - V^R L^{RR})^T \#(A^{RS'} X^{S'}) +_{39}(\sum_{I \in D, I \neq R} V^I B^{IR})^T \# Y^{RS'} + \\
& _{40}(\sum_{I \in D, I \neq R} V^I B^{IR})^T \#(A^{RS'} L^{S'S'} Y^{S'S'}) +
\end{aligned}
$$

$$_{41}(\sum_{I\in D, I\neq R} V^I B^{IR})^T \# (A^{RS'}L^{S'S'}E^{S'D}) +$$

$$_{42}(\sum_{I\in D, I\neq R} V^I B^{IR})^T \# (A^{RS'}L^{S'S'}\sum_{T\neq S'} E^{S'T'}) +$$

$$_{43}(\sum_{C\in W} V^C B^{CR})^T \# Y^{RS'} +$$

$$_{44}(\sum_{C\in W} V^C B^{CR})^T \# (A^{RS'}L^{S'S'}Y^{S'S'}) +$$

$$_{45}(\sum_{C\in W} V^C B^{CR})^T \# (A^{RS'}L^{S'S'}E^{S'D}) +$$

$$_{46}(\sum_{C\in W} V^C B^{CR})^T \# (A^{RS'}L^{S'S'}E^{S'T'}) \tag{7}$$

同样,(7)式意味着区域 R 对国家 S' 的出口可以分解为 5 类 23 项,其中:

第一类(项 24 和项 25)是区域 R 通过对国家 S' 出口直接实现的增加值(dv')。其中,项 24 是通过最终品出口直接实现的区域增加值($dv1'$),项 25 则是通过中间品出口直接实现的区域增加值($dv2'$)。

第二类(项 26—项 31)是区域 R 通过对国家 S' 中间品出口而间接实现的区域增加值(iv')。项 26 和项 27 是国家 S' 把流入中间品生产为最终品并再次出口($iv1'$);项 28—项 31 是国家 S' 把流入中间品加工后以中间品形式再次出口($iv2'$)。

第三类(项 32—项 35)为区域 R 的产出经国家 S' 加工后再次以最终品或中间品形式返回的增值折返部分(vr')。项 32—项 34 为以最终品形式返回的增值折返部分($vr1'$),项 35 则是以中间品形式返回的增值折返部分($vr2'$)。

第四类(项 39—项 46)为区域 R 对国家 S' 出口包含的区外增加值(fv')。项 39—项 42 是区域 R 对国家 S' 出口实现的国内其他区域增加值($fv1'$),项 43—项 46 是包含在区域 R 对国家 S' 出口中的国外(包括直接进口国 S' 及其他国家)增加值($fv2'$)。

第五类(项 36—项 38)为由于中间品多次跨区域流动而出现的重复计算部分(dc')。

同样在区域 R 对国家 S' 的出口中,项 26—项 46 为区域 R 参加全球价值链分工实现的各类增加值,其中,项 26—项 35、项 39—项 42 分别属于区域 R 及国内其他区域的增加值,项 43—项 46 则是其他国家的增加值。就各区域嵌入全球价值链的形式而言,项 26—项 38 反映区域 R 嵌入全球价值链链条一的情况,项 39—项 42 是国内其他区域嵌入全球价值链链条二的行为,项 43—项 46 属于区域 R 嵌入全球价值链链条三的特征。

2. MRIOT 与 WIOT 的数据匹配

将 MRIOT 与 WIOT 的行业分类相匹配。参照 Meng et al. (2013)、苏庆义(2016)的方法将 MRIOT 与 WIOT 中投入产出数据进行行业归并,得到 17 个匹配行业部门①。

将 MRIOT 与 WIOT 的统计口径相匹配。由于涉及行业分类的归并,对于 MRIOT 中区域产出的国内使用(包括本区域各部门中间品使用、其他部门中间品使用、本区域最终产品使用和其他区域最终产品使用②),综合其分布比重及 WIOT 的中国国内部门间相互投入数据,计算出与 WIOT 统计口径匹配的区域间各部门投入产出数据的估计值 xe_{ij}^{RS}、ye_{ik}^{RS}、Xe_i^R 和 VAe_j^R,即

$$xe_{ij}^{RS} = \sum_i \sum_j x_{ij}^{CC} \cdot \frac{x_{ij}^{RS}}{\sum_R \sum_S \sum_i \sum_j x_{ij}^{RS}} \tag{8}$$

$$ye_{ik}^{RS} = \sum_i \sum_k y_{ik}^{CC} \cdot \frac{y_{ik}^{RS}}{\sum_R \sum_S \sum_i \sum_k y_{ik}^{RS}} \tag{9}$$

---

① 行业匹配对照表详见《中国工业经济》网站(http://www.ciejournal.org)公开附件。
② 最终品的匹配思路为:MRIOT 中的最终品使用分为最终消费支出(FU)和资本形成总额(GCF)两种渠道,而 WIOT 中的最终使用途径包括私人最终消费支出(C37)、非营利组织最终消费支出(C38)、政府最终消费支出(C39)、资本形成总额(C41)和存货变动(C42)。因而 MRIOT 中的最终消费支出(FU)与 WIOT 中的 C37—C39 项匹配为最终消费支出,而 MRIOT 中的资本形成总额(GCF)与 WIOT 中的 C41 项匹配为资本形成总额。

$$Xe_i^R = \sum_i X_i^C \cdot \frac{X_i^R}{\sum_R \sum_i X_i^R} \tag{10}$$

$$VAe_j^R = \sum_j VA_i^C \cdot \frac{VA_j^R}{\sum_R \sum_j VA_j^R} \tag{11}$$

其中,(8)—(11)式中等式右边的 x_{ij}^{CC}、y_{ik}^{CC}、X_i^C、VA_j^C 均为 WIOT 的中国部门层面数据,而比值数据均来自 MRIOT 中的省级区域部门层面流量数据。

利用中国海关数据库捕捉中国省级行业层面对主要经济体①的进出口贸易信息。借鉴盛斌(2002)的做法,通过中国海关数据库 HS 编码进行行业匹配,在此基础上按照生产地区(出口)/消费地区(进口)②进行省级区域匹配。在此基础上,参照国际上通用的 BEC 标准产品分类编码筛选中间品和最终品,利用中国海关数据库 HS 编码与 BEC 编码的对应,可以计算出中国省级行业层面对主要经济体的中间品及最终品贸易流量。

在以上工作基础上,借鉴 Meng et al. (2013)的做法,按照 WIOT 的中国与各经济体部门间相互投入流量数据,以及海关数据库中各省级区域部门层面的中间品与最终品出口占比系数,核算出匹配表的各省级区域对各经济体部门间出口流量的估计值 $xe_{ij}^{RS'}$ 和 $ye_{ik}^{RS'}$,即

$$xe_i^{RS'}j = x_{ij}^{CS'} \cdot \frac{x_i^{RS'}}{\sum_R x_i^{RS'}} \tag{12}$$

$$ye_{ik}^{RS'} = y_{ik}^{CS'} \cdot \frac{y_i^{RS'}}{\sum_R y_i^{RS'}} \tag{13}$$

---

① 为简便起见,本文把 WIOT 中的 41 个国家和地区归并为 13 个经济体,即中国、澳大利亚、巴西、俄罗斯、加拿大、美国、墨西哥、韩国、日本、中国台湾、印度、欧盟和其他地区。
② 在中国海关数据库中,首先根据生产地区(出口)/消费地区(进口)指标中包含的省级名称(如北京、河北等)进行筛选和区域划分。其次,对未包含省级名称字眼(主要包括各开放载体,尤其是国家级开发区、高新区、保税区、工业园区等)的出口交易进行省级区域划分。

其中，(12)式、(13)式中等式右边的 $x_{ij}^{CS'}$、$y_{ik}^{CS'}$ 为 WIOT 的中国与各经济体部门间中间品与最终品投入数据，比值数据来自海关数据库整理后得到的中国省级区域部门层面对主要经济体的出口贸易信息。由于服务贸易数据在海关数据库中无法获得，这里的比值数据采用的是制造业的加权平均值，权重为省级区域各制造业部门的出口占比。

对于各省级区域部门的进口数据匹配，同样采用 WIOT 的中国与各经济体部门间相互投入流量数据，以及海关数据库中各省级区域部门层面的中间品与最终品进口占比系数。此外由于涉及进口品在国内各省级区域部门间的利用，还考虑国内各省级区域部门间的流量关系，由此核算出匹配表的各省级区域对各经济体部门间进口流量的估计值 $xe_{ij}^{S'R}$ 和 $ye_{ik}^{S'R}$，即

$$xe_{ij}^{S'R} = \left(\sum_j x_{ij}^{S'C} \cdot \frac{x_i^{SR}}{\sum_R x_i^{S'R}} \right) \cdot \frac{\sum_S x_{ij}^{SR}}{\sum_S \sum_j x_{ij}^{SR}} \quad (14)$$

$$ye_{ik}^{S'R} = \left(\sum_k y_{ik}^{S'C} \cdot \frac{y_i^{SR}}{\sum_R y_i^{S'R}} \right) \cdot \frac{\sum_S y_{ik}^{SR}}{\sum_S \sum_k y_{ik}^{SR}} \quad (15)$$

其中，(14)式和(15)式中等式右边的 $x_{ij}^{S'C}$、$y_{ik}^{S'C}$ 为 WIOT 的各经济体与中国部门间中间品与最终品投入数据，第一个比值数据来自海关数据库整理后得到的中国省级区域部门层面对主要经济体的出口贸易信息，第二个比值数据来自 MRIOT 中的各省级区域部门对国内中间品及最终品需求信息。

最后，在综合上述中国各省级区域部门间、各省级区域与各经济体部门层面中间品及最终品投入产出流量估计值基础上，根据投入产出表的特征，借鉴 Koopman et al. (2008)、Meng et al. (2013) 和黎峰(2016) 的思路，建立估计值与实际值偏误最小化的线性规划模型，进而求解出上述未

知参数的修正值 x_{ij}^{SR}、y_{ik}^{SR}、X_i^R、VA_j^R、$x_{ij}^{RS'}$、$y_{ik}^{RS'}$、xe_{ik}^{SR} 和 ye_{ik}^{SR}①。

至此，综合利用 MRIOT、WIOT 及中国海关数据库的信息，大致将区域间相互投入产出数据与 WIOT 统计口径相匹配，同时把各区域部门进出口数据细化至对其他 12 个经济体部门层面的中间品和最终品进出口，从而实现了 MRIOT 与 WIOT 的匹配。

三、双重价值链嵌入下的中国省级区域角色及动态变化

1. 中国省级区域的双重价值链嵌入程度

本文借鉴 Wang et al.（2017b）的思路构建省级区域部门层面的国内价值链嵌入度（NVC Participation，NPA）与全球价值链嵌入度（GVC Participation，GPA）指标，同时采用 Koopman et al.（2010）的方法重新核算以检验结果的稳健性②。

$$NPA_{ik} = \left(\frac{iv1n_{ik} + iv2n_{ik} + vr1n_{ik} + vr2_{ik}}{VA_{ik} + VA'_{ik}} + \frac{fv1n_{ik}}{X_{ik}} \right) \quad (16)$$

$$GPA_{ik} = \left(\frac{iv1g_{ik} + iv2g_{ik} + iv'_{ik} + vr1g_{ik} + vr'_{ik}}{VA_{ik} + VA'_{ik}} + \frac{fv1g_{ik} + fv2_{ik} + fv'_{ik}}{X_{ik}} \right) \quad (17)$$

其中，i 表示区域、k 表示部门，考虑到区域双重嵌入价值链分工的情况，（16）式和（17）式分子中的 $iv1n_{ik} + iv2n_{ik} + vr1n_{ik} + vr2_{ik}$、$iv1g_{ik} + iv2g_{ik} + iv'_{ik} + vr1g_{ik} + vr'_{ik}$ 分别表示区域 i 部门 k 以提供中间品的形式参与国内价值链分工和全球价值链分工；而 $fv1n_{ik}$、$fv1g_{ik} + fv2_{ik} + fv'_{ik}$ 分别代表区域 i 部门 k 以利用外来中间品的形式参与国内价值链分工和全球价值链分工。分母 VA_{ik}、VA''_{ik} 分别代表区域 i 部门 k 通过国内流出和出口实现的区域增加值，X_{ik} 表示区域 i 部门 k 的产出水平。

---

① 行业匹配对照表详见《中国工业经济》网站（http：//www.ciejournal.org）公开附件。
② 核算的稳健性结果详见《中国工业经济》网站（http：//www.ciejournal.org）公开附件。

图1显示了中国30个省级区域的纺织服装、电子光学及仪器仪表部门的双重价值链嵌入程度及其嵌入方式,其中,对角线右下方的区域代表国内价值链嵌入度大于全球价值链嵌入度,而左上方的区域代表全球价值链嵌入度大于国内价值链嵌入度,可以看出两种现象。① 大多数区域嵌入全球价值链的程度要大于国内价值链,表明随着中国对外开放步伐的加大,包括中西部地区在内的绝大多数地区更多地融入了全球生产网络,相比之下国内区域间专业化分工的发展相对滞后。② 从两类价值链嵌入程度的横向比较看,参与全球价值链分工程度较高的区域主要包括两类地区,一类是上海、广东、江苏、浙江、北京、天津等的东部沿海地区,地理区位及制造基础优势使得以上区域更有条件全面开展对外贸易和国

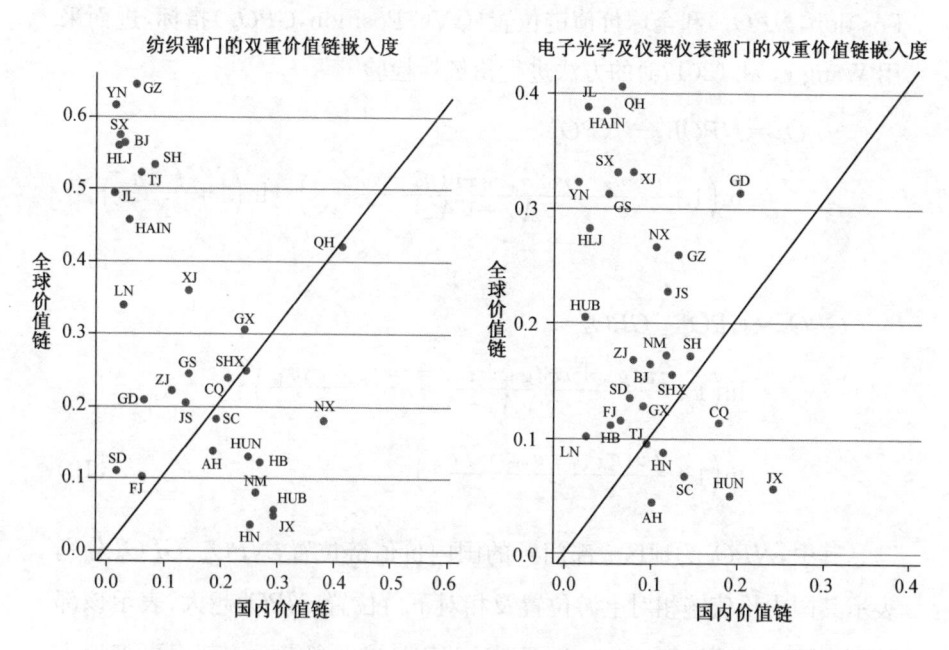

图1 中国各省级区域典型行业的双重价值链嵌入程度(2010年)

注:图中字母为各省级区域的缩写,分别为北京(BJ)、天津(TJ)、河北(HB)、山西(SX)、内蒙古(NM)、辽宁(LN)、吉林(JL)、黑龙江(HLJ)、上海(SH)、江苏(JS)、浙江(ZJ)、安徽(AH)、福建(FJ)、江西(JX)、山东(SD)、河南(HN)、湖北(HUB)、湖南(HUN)、广东(GD)、广西(GX)、海南(HAIN)、重庆(CQ)、四川(SC)、贵州(GZ)、云南(YN)、陕西(SHX)、甘肃(GS)、青海(QH)、宁夏(NX)、新疆(XJ),以下各图同。

际专业化分工；另一类是新疆、山西、贵州、云南、黑龙江、吉林、海南等资源相对密集地区，东部沿海地区的加工出口形成对该区域资源能源及初级产品的大规模需求，以上地区实际上更多以间接参与的形式嵌入全球价值链(Meng et al.，2013；黎峰，2016；倪红福和夏杰长，2016)。嵌入国内价值链程度较高的包括江西、湖南、内蒙古、河南、安徽等中部地区，其可能的解释仍然在于地理区位因素。位于"华夏腹地"的中部地区开展国际物资交流的成本相对较高，而"衔接东西、贯通南北"的独特地理优势又使得该地区更有条件与国内其他地区开展专业化合作和分工。

2. 中国省级区域的双重价值链嵌入位置

同样借鉴 Wang et al.(2017b)的思路构建国内价值链位置(NVC Position, NPO_{ik})和全球价值链位置(GVC Position, GPO_{ik})指标，进而采用 Wang et al.(2017a)的方法进行稳健性检验[①]。

$$NPO_{ik} = NPOF_{ik}^F - NPO_{ik}^B$$
$$= \ln\left(1 + \frac{iv1n_{ik} + iv2n_{ik} + vr1n_{ik} + vr2_{ik}}{VA_{ik} + VA'_{ik}}\right) - \ln\left(1 + \frac{fv1n_{ik}}{X_{ik}}\right) \tag{18}$$

$$GPO_{ik} = GPO_{ik}^F - GPO_{ik}^B$$
$$= \ln\left(1 + \frac{iv1g_{ik} + iv2g_{ik} + iv'_{ik} + vr1g_{ik} + vr'_{ik}}{VA_{ik} + VA'_{ik}}\right) -$$
$$\ln\left(1 + \frac{fv1g_{ik} + fv2g_{ik} + fv'_{ik}}{X_{ik}}\right) \tag{19}$$

其中，NPO_{ik} 为地区 i 部门 k 的国内价值链位置，NPO_{ik}^F、GPO_{ik}^B 分别表示其国内价值链相对上游位置及相对下游位置，NPO_{ik}^F 越大，表示该部门更多地对其他地区输出中间品；而 NPO_{ik}^B 越大则表示该部门更多地由其他地区输入中间品。同样，GPO_{ik} 衡量地区 i 部门 k 的全球价值链位

[①] 核算的稳健性结果详见《中国工业经济》网站(http://www.ciejournal.org)公开附件。此外，各省级区域双重价值链嵌入中的间接流出(出口)及增值折返行为是判断其价值链位置的重要依据，该部分分析也详见《中国工业经济》网站(http://www.ciejournal.org)公开附件。

置,GPO_{dk}^F、GPO_{dk}^B分别表示其全球价值链相对上游位置及相对下游位置。

图2横轴度量的是国内价值链位置,顺着横轴往右代表更加靠近国内价值链上游位置,而纵轴衡量全球价值链位置,纵坐标值越大则表明更加靠近全球价值链上游位置。从各省级区域嵌入双重价值链位置的整体情况看,位于坐标轴东北方向的区域包括贵州、重庆、广西、陕西、新疆等中西部地区,表明中国中西部地区更多以前向参与(为国内其他地区和国外提供中间品)方式嵌入双重价值链,扮演"原材料、初级产品供给者"的角色,更加靠近国内价值链和全球价值链的中上游;而广东、江苏、浙江、山东等东部沿海地区主要分布坐标轴的西南方向,表明其更多以后向参与(依赖国内其他地区和国外提供中间品)方式嵌入双重价值链,扮演的是"加工制造者"的角色(黎峰,2017)。

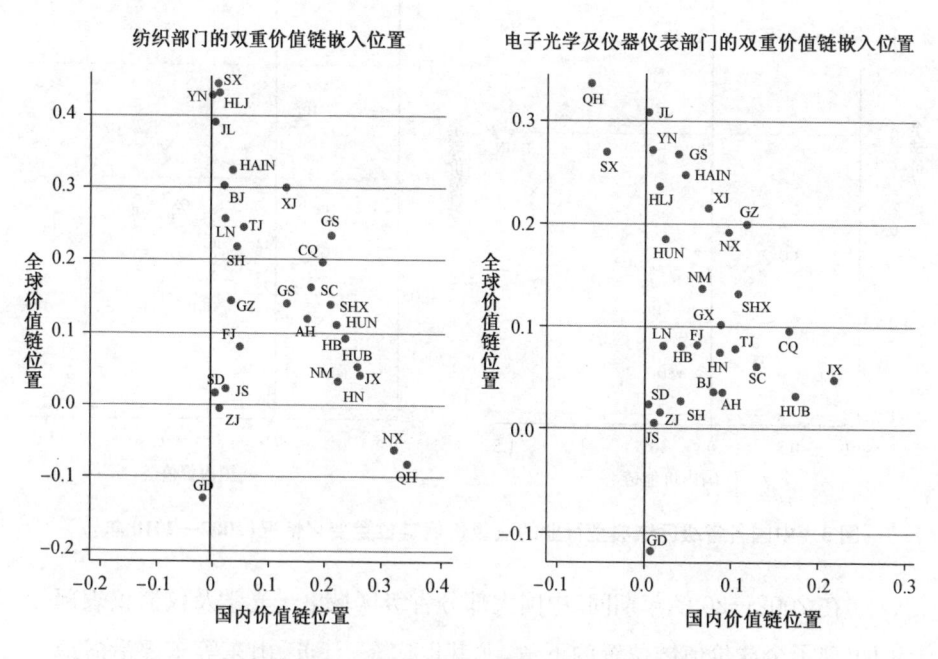

图2 中国各省级区域典型行业的双重价值链嵌入位置(2010年)

3. 中国省级区域的双重价值链嵌入位置的动态变化

仍然采用Wang et al.(2017b)的方法核算中国各省级区域部门的双

重价值链嵌入位置,据此分析2002年以来中国电子光学及仪器仪表部门的双重价值链位置变化情况。图3的左图和右图分别描述的是2002—2007年、2007—2010年各区域电子光学及仪器仪表部门双重价值链位置的变动情况,其中,第一象限代表同时出现了国内价值链及全球价值链位置的提升;第三象限表示同时出现了国内价值链及全球价值链位置的下降;第二象限代表出现了国内价值链位置的下降及全球价值链位置的提升;而第四象限则代表出现了国内价值链位置的提升及全球价值链位置的下降。

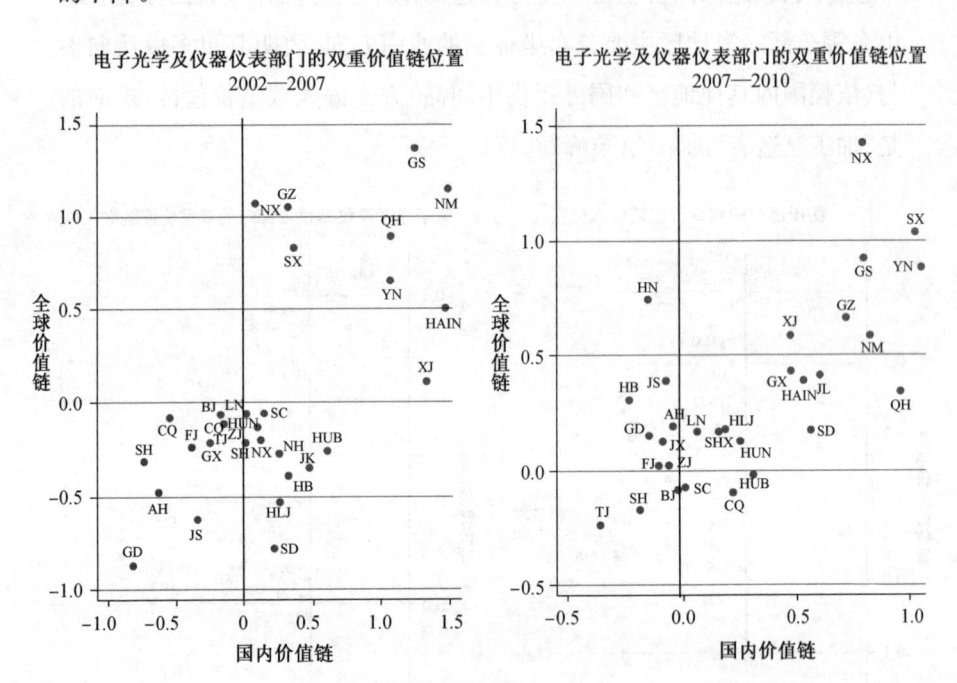

图3 中国各省级区域典型行业的双重价值链位置变化情况(2002—2010年)

在2002—2007年期间,中国大部分省级区域电子光学及仪器仪表部门出现了全球价值链位置的下滑,尤其以广东、江苏、山东等东部沿海地区最为明显,表明"入世"推动了中国经济整体融入国际分工,更具区位优势的东部沿海地区大力发展"进口引致出口"为特征的加工贸易,全球制造基地的分工定位自然意味着产品更加靠近最终消费端,占据全球价值链中低端的加工制造环节。

中国大部分省级区域电子光学及仪器仪表部门的国内价值链位置波动态势出现了较为明显的分化。以甘肃、内蒙古、云南为代表的西部地区国内价值链位置出现较大幅度提升,与此相对的是,广东、上海、江苏等东部沿海地区的国内价值链位置明显下滑。很大程度上表明,融入全球价值链程度的加深客观上有利于打破国内的行政壁垒和区域市场分割(陈敏等,2008),而资源能源主要集中在西部地区,生产制造主要布局在东部沿海的区域特征决定了中国国内价值链的分工格局更多表现为:东部沿海地区大量利用西部地区的资源能源等初级产品进行加工制造,而主要发挥资源禀赋优势的西部地区在国内价值链分工中扮演着"原材料、初级产品供给者"的角色。

而2007—2010年,中国各省级区域典型行业的双重价值链位置变化呈现出新态势,主要体现在两方面。① 更多区域的全球价值链位置出现了明显提升,尤其是宁夏、内蒙古、甘肃、云南、河南等中西部地区,而东部沿海地区全球价值链位置出现了"止跌回稳"的态势,江苏、广东两省的全球价值链位置甚至出现了小幅提升。可能的解释在于,全球经济危机凸显了国内市场需求和生产配套的重要性,更为重要的是,2006年以后中国政府重视开放型经济转型升级的政策措施起到了明显成效,以东部沿海为主的加工制造地区积极发展中间品国内配套以降低对进口中间品的依赖,零部件、半成品等中间品配套能力的提升意味着中国不再仅以"加工制造者"的角色提供紧邻消费端的最终品,而在全球价值链分工中逐渐向中端攀升,具备一定的中间品供给能力(戴翔,2015;高鹏,2018)。② 在国内价值链分工中,山西、宁夏、云南等中西部地区国内价值链位置持续向中上游移动,而广东、江苏、浙江、上海等东部沿海地区的国内价值链位置更加靠近中下游,一定程度上表明与逆全球化迹象相对应的是,中国各区域基于本地要素禀赋特征加快融入国内价值链分工,拥有资源能源要素优势的中西部地区"原材料、初级产品供给者"的角色更加强化,而以加工制造见长的东部沿海地区不仅成为全球制造基地,同时也是国内的生产制造中心,中国区域间专业化分工格局进一步凸显。

四、国内价值链构建是否有利于全球价值链位置提升

1. 理论分析及模型构建

对于省级区域而言,既有文献阐述的全球价值链位置影响因素通常包括四大类:国内专业化分工水平,强调一国资源整合水平对其参与国际分工行为特征的影响(Navas-Aleman,2011;刘斌等,2016);区域要素禀赋特征,突出要素禀赋结构对全球价值链定位的重要性(Humphrey and Schmitz,2004;唐海燕和张会清,2009);制度质量,指出更为深层次的制度文化因素同样也是影响全球价值链嵌入行为的重要因素(Acemoglu et al.,2007;Nunn,2007);外资进入,强调外资进入及其行为方式是影响东道国价值链升级不可忽略的因素(Borensztein et al.,1998;Xu,2000)。

基于以上文献,构建省级区域部门层面全球价值链位置影响因素的计量模型如下:

$$\ln GVC\_POS_{ikt} = \beta_0 + \beta_1 \ln NPA_{kt} + \gamma \ln X_{ikt} + \varepsilon_{ikt} \tag{20}$$

其中,下标i、k、t分别表示地区、部门及年份,X为控制变量,具体包括:

(1) 全球价值链位置(GVC_POS_{ikt})。采用Wang et al.(2017b)的方法衡量省级区域部门层面的全球价值链位置,相关数据源于2002年、2007年和2010年MRIOT与WIOT的数据匹配。

(2) 国内价值链分工水平(NPA_{kt})。采用Wang et al.(2017b)方法修正的省级区域部门层面的国内价值链嵌入度,在此基础上以各部门的区域产出占比为权重进一步构建全国加权层面的该部门国内价值链分工水平,即$NPA_k = \sum_i w_{ik} NPA_{ik}$,$w_{ik}$为地区$i$部门$k$产出占全国该部门总产出比重,$NPA_k$越大,表示该部门的国内价值链分工水平越高,国内生产配套能力越强。相关数据源于2002年、2007年和2010年MRIOT与

WIOT 的数据匹配。

(3) 控制变量。① 省级部门的要素禀赋结构。其中以资本—劳动比(K_{ikt}/L_{ikt})来衡量部门的资本密集度(Capital Intensity, CI_{ikt}),资本以部门的固定资产净值年平均余额表示,固定资产净值按照固定资产价格平减指数统一为 2000 年的价格,劳动以部门全部从业人员年平均人数表示。此外,以采掘业从业人员数占当地从业人员比例来衡量省级区域的资源密集度(Resource Intensity, RI_{it}),以上数据来源于相应年度的《中国工业经济统计年鉴》。② 制度质量(Institution Quality, IQ_{it}),以樊纲等(2011)编制的《中国市场化指数》中的市场化进程总得分衡量各省级区域的制度质量,由此分析区域制度质量如何影响部门的全球价值链位置。③ 中国港澳台和外商资本存量规模(FDI_{ikt}),以各部门所有者权益中中国港澳台资本及外商资本存量之和的对数形式衡量,为避免对数取值为 0 的情况,以 $\ln(FDI_{ikt}+1)$ 来衡量各部门的中国港澳台和外商资本存量规模,数据来源为相应年度《中国工业经济统计年鉴》。④ 制造服务化水平(Producer Services, PS_{ikt}),以各部门单位产出中的服务含量来衡量制造的服务化水平,即制造的服务化水平=(国内生产性服务消耗+进口生产性服务消耗)/部门总产值,其中,国内生产性服务消耗、进口生产性服务消耗数据源于相应年度的 MRIOT 与 WIOT 数据匹配。⑤ 规模经济水平(Scale Economy, SE_{ikt}),以工业企业的平均产出规模衡量,数据来源为相应年度《中国工业经济统计年鉴》。

(4) 交互项。引入核心解释变量 NPA_{kt} 与资本密集度、制度质量及中国港澳台和外商资本存量规模的交互项,分别为 $NPA_{kt} \times CI_{ikt}$、$NPA_{kt} \times IQ_{it}$、$NPA_{kt} \times FDI_{ikt}$。

2. 基本估计结果及分析

在建立计量模型基础上,本文采用 2002 年、2007 年和 2010 年省级工业部门数据构建面板数据模型,重点探讨国内专业化分工对工业部门全球价值链位置的影响,通过 F 检验及 Hausman 检验,确定面板固定效应估计方法相对更优,由于沿海地区和内陆地区[①]参与全球价值链分工的模式及角色存在差异,采用分组进行样本回归。由表1的FE估计可得到以下结论。

国内价值链构建与部门的全球价值链位置存在正相关关系,尤其是在东部沿海地区尤为明显,表明国内专业化分工水平越高、国内配套能力越强的部门(如金属压延及制品、石油加工及炼焦等资源能源型部门),其全球价值链位置往往更相对靠近上游;而国内价值链分工链条较短的通常为技术复杂度较高的制造部门(如纺织服装、电子光学及仪器仪表等),其初级产品、零部件等中间品更多依赖进口,更加靠近全球价值链的中下游位置(张杰等,2013;刘维林,2015)。

由上述分析可以得到初步判断,即国内专业化分工的开展有利于制造部门全球价值链位置攀升。考虑到制造部门的全球价值链位置与国内价值链分工可能存在的双向因果关系,本文分别选用两个工具变量进行估计:① 鉴于国内专业化分工程度很大程度上由国内区域间贸易成本决定,而后者与全球价值链定位并无直接关联,本文以1997年、2002年、2007年中国行业层面国内贸易成本的倒数[②]作为该部门国内价值链分工水平的第一个工具变量;② 采用国内价值链分工水平的滞后一期值作为第二个工具变量。进而采用工具变量固定效应模型(IV-FE)对(20)式

[①] 参照许政等(2010)、陆铭和向宽虎(2012)的思路,以省会城市距三大港口(天津、上海和香港)的最近距离来衡量该地区的地理区位,距三大港口500公里以内的定义为沿海地区,500公里以外的则定义为内陆地区。

[②] 国内贸易成本更多反映的是区域间贸易壁垒或分割水平,因而取国内贸易成本的倒数能间接衡量国内专业化分工水平。借鉴Novy(2008)、潘文卿和李跟强(2017)的思路和方法,由区域间多边贸易成本核算出行业层面的国内贸易成本 $\tau_{kt} = \frac{1}{R}\sum_{i}^{R}\tau_{i,-i,kt}$,其中,下标$k$、$t$、$i$分别代表行业、年份和区域,$-i$表示除区域$i$以外的其他区域。而区域间多边贸易成本 $\tau_{i,-i,kt} = \left(\frac{x_{iikt}x_{-i,-i,kt}}{x_{i,-i,kt}x_{-i,i,kt}}\right)^{1/2(\sigma-1)}$,其中,$x_{iikt}$为$t$年区域$i$行业$k$的区域内中间品和最终品流量总和,$x_{i,-i,kt}$为$t$年区域$i$行业$k$对其他区域的中间品和最终品投入总和,$x_{-i,i,kt}$为$t$年其他区域行业$k$对区域$i$的中间品和最终品投入总和,$x_{-i,-i,kt}$则代表$t$年其他区域之间行业$k$的中间品和最终品相互投入流量。$\sigma$则采用Novy(2008)、潘文卿和李跟强(2017)的做法取值为8。

进行再估计,经检验,该工具变量与国内价值链分工水平高度相关,且由F值可判定不存在弱工具变量问题。由表1可见工具变量估计下主要解释变量的方向及显著性并未改变,由于处理了可能存在的内生性问题,国内价值链分工对制造部门全球价值链位置的正向影响更为显著,表明国内专业化分工扩大、国内配套完善很大程度上推动了制造部门全球价值链升级。

表1 国内价值链构建对全球价值链位置影响的基本估计结果

变量	FE 沿海地区	FE 内陆地区	IV1-FE 沿海地区	IV1-FE 内陆地区	IV2-FE 沿海地区	IV2-FE 内陆地区
NPA_{kt}	0.031 1** (2.288 9)	0.004 5 (0.898 1)	0.162 1** (2.470 3)	0.081 3* (1.670 1)	0.054 1* (1.942 6)	0.014 2** (2.116 8)
Constant	0.960*** (5.451 5)	1.014*** (15.916 8)	0.993*** (5.497 6)	0.090*** (15.874 4)	0.940*** (22.903 2)	1.005*** (17.281 8)
X_{ikt}	是	是	是	是	是	是
Year	是	是	是	是	是	是
Region	是	是	是	是	是	是
Industry	是	是	是	是	是	是
第一阶段F值			161.423 0	128.322 1	184.267 7	142.531 4
Adjusted R^2	0.157 4	0.495 2	0.137 8	0.497 6	0.146 3	0.434 1
N	347	670	347	670	347	670

注:括号内为t值;***、**、*分别表示在1%、5%、10%的置信区间上显著。以下各表同。

3. 稳健性检验[①]

本文采用三种方法进行稳健性检验,检验结果与前文的结论保持一致。① 对核心解释变量进行重新估算。采用 Koopman et al.(2010)的方法对省级区域部门的国内价值链嵌入度进行重新估算。② 相对于前

---

① 稳健性检验结果详见《中国工业经济》网站(http://www.ciejournal.org)公开附件。

文的面板固定效应估计方法,利用2007年和2010年的数据构建对数差分方程模型进行再估计。③样本量变换方法。即剔除样本中的资源采掘业和电力燃气水供应业样本,以12个制造业部门样本对模型进行再估计。

4. 国内价值链构建对全球价值链位置影响的机制分析

国内专业化分工的开展可以从三个渠道推动国内产业部门的全球价值链升级。市场整合效应,即国内专业化分工的推进很大程度上降低了国内外包成本(Beverelli et al.,2017),有利于打破国内区域间行政保护和市场壁垒。而超大规模市场优势和内需潜力的充分挖掘、行业上下游资源的整合,有利于国内生产链与跨国公司全球供应链直接开展"链条对链条"的竞争。技术进步效应,即国内价值链分工通过区域间产业上下游环节的生产配套,产生显著的区域间反馈与溢出效应(Navas-Aleman,2011;潘文卿,2012;邵朝对和苏丹妮,2019),更多表现为东部沿海地区对东北、西北、西南等内陆地区技术进步的带动效应日益增强(Long,2002;Brun et al.,2002)。企业成长效应,即国内专业化分工的开展,客观上有利于内资企业在本土市场获得品牌和销售终端渠道以及自主研发创新能力,从而提升在区域或全球价值链分工生产体系中的竞争力(刘志彪、张杰,2009)。

基于以上分析,本文选取部门国内销售占比衡量市场整合效应(Market Integration Effect,MIE),以全员劳动生产率表示技术进步效应(Technological Progress Effect,TPE),采用内资龙头企业产值占比刻画企业成长效应(Enterprises' Growth Effect,EGE),由此构建中介效应模型以检验嵌入国内价值链分工对产业部门全球价值链升级的影响渠道。

$$\ln GVC\_POS_{ikt} = \eta_i + \eta_k + \eta_t + a_1 \ln NPA_{kt} + \gamma \ln X_{ikt} + \varepsilon_{ikt} \quad (21)$$

$$\ln MIE_{kt} = \eta_i + \eta_k + \eta_t + b_1 \ln NPA_{kt} + \gamma \ln X_{ikt} + \varepsilon_{ikt} \quad (22)$$

$$\ln TPE_{ikt} = \eta_i + \eta_k + \eta_t + c_1 \ln NPA_{kt} + \gamma \ln X_{ikt} + \varepsilon_{ikt} \quad (23)$$

$$\ln EGE_{ikt} = \eta_i + \eta_k + \eta_t + d_1 \ln NPA_{kt} + \gamma \ln X_{ikt} + \varepsilon_{ikt} \quad (24)$$

$$\ln GVC\_POS_{ikt} = \eta_i + \eta_k + \eta_t + e_1 \ln NPA_{kt} + \varphi \ln MIE_{kt} + \lambda \ln TPE_{ikt} + \mu \ln EGE_{ikt} + \gamma \ln X_{ikt} + \varepsilon_{ikt} \quad (25)$$

其中,η_i、η_k 和 η_t 分别为地区固定效应、行业固定效应和时间固定效应,核心解释变量 NPA_{kt} 及控制变量 X_{ikt} 如基准模型(20)。MIE_{kt} 为工业部门的内销占比,即部门国内销售产值[1]占其工业销售产值比重,数据源于相应年度的中国工业企业数据库;TPE_{ikt} 为省级区域各部门的全员劳动生产率,数据来源于相应年度的《中国工业经济统计年鉴》;EGE_{ikt} 为各部门大型内资企业[2]产值占比,数据来源于相应年度的中国工业企业数据库。

表 2 显示了国内价值链构建对全球价值链位置的影响机制检验,第(2)列以中介变量 MIE_{kt} 作为因变量,在控制了其他影响因素条件下,国内价值链构建与国内市场整合呈现显著正相关关系,由此也印证了 Beverelli et al.(2017)、刘志彪和张少军(2008)的观点。第(3)列是以中介变量 TPE_{ikt} 作为因变量的估计结果,可见如同 Long(2002)、Brun et al.(2002)、Zhang and Felmingham(2002)研究发现,国内专业化分工能通过区域关联与合作,显著促进国内产业部门的技术进步。第(4)列报告了以中介变量 EGE_{ikt} 作为因变量的估计结果,表明国内价值链分工水平的提升显著推动了内资企业成长,以中国经验数据的实证结果与 Schmitz(2000)的观点保持一致。

第(5)—(8)列报告了三个中介变量纳入基准模型的估计结果,可见中介变量 MIE_{kt} 表现为显著性稍弱的正相关,而 TPE_{ikt} 和 EGE_{ikt} 的估计系数均显著为正,说明国内资源整合、技术进步及企业成长一定程度上有利于产业部门全球价值链升级。值得注意的是,与第(1)列的基准回归相比,在分别加入 MIE_{kt}、TPE_{ikt} 和 EGE_{ikt} 之后(见第(6)、(7)列),核心解释

---

[1] 国内销售产值等于工业销售产值减去出口交货值。
[2] 大型内资企业的统计口径为企业规模包括特大型、大型、大一型和大二型,且注册类型为内资企业的企业样本。

表 2 国内价值链构建对全球价值链位置的影响机制检验

	GVC_POS$_{ikt}$	MIE$_{ikt}$	TPE$_{ikt}$	EGE$_{ikt}$	GVC_POS$_{ikt}$			
	(1)	(2)	(3)	(4)	(5)	(6)	(7)	(8)
NPA$_{ikt}$	0.024 35* (1.937 1)	0.013 4*** (5.346 5)	0.022 2** (2.143 6)	0.001 1* (1.660 6)	0.027 23* (1.844 5)	0.022 1* (1.818 1)	0.023 88* (1.724 8)	0.011 3 (1.079 3)
MIE$_{ikt}$					0.976 0 (1.500 9)			
TPE$_{ikt}$						0.529 4*** (3.330 8)		0.549 2*** (3.454 1)
EGE$_{ikt}$							0.006 1** (2.057 6)	0.010 9** (2.131 7)
Constant	8.626 3*** (13.976 5)	0.196 3*** (5.321 8)	1.297 1*** (8.865 5)	0.515 5* (1.708 8)	8.819 2*** (13.997 2)	9.336 8*** (14.002 4)	8.624 2*** (13.943 8)	9.594 4*** (14.409)
X$_{ikt}$	是	是	是	是	是	是	是	是
Year	是	是	是	是	是	是	是	是
Region	是	是	是	是	是	是	是	是
Industry	是	是	是	是	是	是	是	是
Adjusted R^2	0.384 0	0.119 0	0.486 0	0.322 0	0.382 0	0.363 0	0.386 0	0.361 0
N	1 017	1 017	1 017	1 017	1 017	1 017	1 017	1 017

变量 NPA_{kt} 的估计系数及显著性水平均出现降低,而一旦同时加入三个中介变量[见第(8)列],该估计系数值进一步下降且未能通过10%水平的显著性检验。由此进一步表明,市场整合效应、技术进步效应和企业成长效应是国内专业化分工推动产业部门全球价值链升级的重要途径。

五、基本结论及启示

本文厘清了全球价值链与国内价值链的内涵及边界,提出基于内生能力的国内价值链概念。通过对单国区域间投入产出模型的拓展,构建了统一反映区域参与双重价值链分工的综合理论分析框架,以此对省级区域的国内流出及出口进行增加值的完全分解,同时利用中国海关数据库信息,对中国区域间投入产出表(MRIOT)及世界投入产出表(WIOT)进行行业分类及数据匹配。

在以上工作基础上,通过省级区域部门层面双重价值链嵌入行为的统计分析及实证检验,本文得到如下结论。① 中国大部分地区嵌入全球价值链的程度大于国内价值链,其中东部沿海地区更多表现为直接方式参与,而资源能源更为密集的中西部地区主要表现为间接方式参与。② 东部沿海地区更多扮演的是后向参与的"加工制造者"角色,更加靠近双重价值链的中下游位置;而中西部地区更多表现为"原材料、初级产品供给者"的角色,更加趋近国内价值链和全球价值链的中上游位置。③ 由于以"加工制造基地"的角色全面融入全球价值链,"入世"伊始中国大部分产业部门全球价值链位置出现下滑,随着中国加快开放型经济转型升级,呈现出明显的价值链攀升势头。④ 国内价值链构建显著推动了制造部门全球价值链升级,尤其在沿海地区表现尤为明显。国内市场整合、技术纵向溢出、内资企业成长是开展国内专业化分工推动中国制造全球价值链升级的重要途径。

为进一步推动中国制造部门全球价值链攀升,更好地发挥国内价值链构建对全球价值链升级的促进作用,本文得到以下政策启示:

(1) 更加重视国内资源整合,协调区域专业化分工。国内市场整合及产业资源统筹是推动中国制造全球价值链攀升的重要渠道,而当前中国大部分省级区域国内价值链嵌入程度仍相对不足。为此,应深入推进京津冀协同发展、长三角一体化、珠港澳大湾区建设等区域经济一体化国家战略,彻底打破地方保护主义和区域市场分割,鼓励各省市(尤其是要素禀赋差异明显的地区)在基础设施一体化基础上,加快要素自由流动为特征的区域市场一体化,及以社会保障异地接续、教育卫生医疗资源共享为重点的公共服务一体化,进而实现各区域间的政策协同,由此加快推动区域间开展专业化分工。

(2) 更加重视高级要素培育,推动要素禀赋结构升级。国内专业化分工有利于国内高级要素培育,尤其为内资企业成长壮大提供"牛刀小试"的"竞技场"。为此,应鼓励具有一定生产能力和技术基础的内资企业积极融入国内专业化分工,通过国内前向配套及后向资源整合等途径充分挖掘国内市场潜力,在此基础上打造国内自主品牌;对于掌握核心技术或营销渠道的优势企业而言,则应依托区域间专业化分工充分整合国内要素资源,打造成为在国际市场上与跨国公司"分庭抗礼"的"链主"。

(3) 更加重视本土关联,提升国内配套能力。国内专业化分工及本土关联能通过区域间上下游配套产生显著的区域间技术溢出效应,由此带动国内整体技术水平和产品质量的提升。为此,在充分发挥进口贸易对经济社会发展贡献的同时,应在推动技术创新基础上,重点培育专业化供应高质量中间品的各类隐形冠军企业,进一步增强国内中间品尤其是关键零部件生产能力,以内生增长能力的提升降低对外部供应链的依赖。与此同时,紧紧依托国内市场和本土龙头企业,在打破区域间要素流动限制、推动区域经济一体化基础上,通过扩大国内投资、兼并重组等途径,整合国内原材料供应、加工装配、中间品配套、物流仓储运输甚至研发品牌等上下游资源,构建自主可控的制造供应链。

当然,本文仍存在不足之处:① 研究维度层面,尽管投入产出模型能较好反映分工参与主体间的上下游分工关系,但行业层面的投入产出数据存在一定程度的同质性假定,难以反映企业层面嵌入双重价值链的异质性特征;② 研究数据层面,投入产出数据每三年更新一次,存在相当程度的滞后问题。因而,如何挖掘高质量数据资源,从企业层面深入剖析双重价值链嵌入的最新动向及问题,是未来值得研究的重要方向。

本文系国家社会科学基金一般项目"国家价值链重构与区域经济协调发展研究"(批准号16BJL122);江苏省第五期"333工程"科研项目"双重价值链嵌入与江苏产业转型升级研究"(批准号BRA2018298);江苏社科英才科研项目"贸易摩擦与中国企业全球价值链嵌入行为"(批准号2019A05)阶段性成果。原载于《中国工业经济》2020年第1期。

参考文献:

[1] 陈敏,桂琦寒等,等.中国经济增长如何发挥规模效应?——经济开放与国内商品市场分割的实证研究[J].经济学(季刊),2008(1):125—150.

[2] 戴翔.中国制造业国际竞争力——基于贸易附加值的测算[J].中国工业经济,2015(1):78—88.

[3] 樊纲,王小鲁,朱恒鹏.中国市场化指数:各地区市场化相对进程2011年报告[M].北京:经济科学出版社,2011.

[4] 高鹏.外资进入的行为特征与中国出口附加值——基于本土关联的视角[J].世界经济与政治论坛,2018(3):152—172.

[5] 黎峰.增加值视角下的中国国家价值链分工——基于改进的区域投入产出模型[J].中国工业经济,2016(3):52—67.

[6] 黎峰.进口贸易、本土关联与国内价值链重塑[J].中国工业经济,2017(9):25—43.

[7] 刘斌,魏倩,吕越,等.制造业服务化与价值链升级[J].经济研究,2016(3):151—162.

[8] 刘维林.中国式出口的价值创造之谜:基于全球价值链的解析[J].世界经济,2015(3):3—28.

[9] 刘志彪,张杰.全球代工体系下发展中国家俘获型网络的形成、突破与对策——

基于 GVC 与 NVC 的比较视角[J]. 中国工业经济,2007(5):39—47.

[10] 刘志彪,张少军. 中国地区差距及其纠偏——全球价值链和国内价值链的视角[J]. 学术月刊,2008(5):49—55.

[11] 刘志彪,张杰. 从融入全球价值链到构建国家价值链:中国产业升级的战略思考[J]. 学术月刊,2009(9):59—68.

[12] 陆铭,向宽虎. 地理与服务业——内需是否会使城市体系分散化[J]. 经济学(季刊),2012(3):1079—1096.

[13] 倪红福,夏杰长. 中国区域在全球价值链中的作用及其变化[J]. 财贸经济,2016(10):87—101.

[14] 潘文卿. 中国的区域关联与经济增长的空间溢出效应[J]. 经济研究,2012(1):54—65.

[15] 潘文卿,李跟强. 中国区域间贸易成本:测度与分解[J]. 数量经济技术经济研究,2017(2):55—71.

[16] 盛斌. 中国对外贸易政策的政治经济分析[M]. 上海:上海三联出版社,2002.

[17] 邵朝对,苏丹妮. 国内价值链与技术差距——来自中国省际的经验证据[J]. 中国工业经济,2019(6):98—116.

[18] 苏庆义. 中国省级出口的增加值分解及其应用[J]. 经济研究,2016(1):84—98.

[19] 唐海燕,张会清. 产品内国际分工与发展中国家的价值链提升[J]. 经济研究,2009(9):81—93.

[20] 许政,陈钊,陆铭. 中国城市体系的"中心—外围模式"[J]. 世界经济,2010(7):144—160.

[21] 张杰,陈志远,刘元春. 中国出口国内附加值的测算与变化机制[J]. 经济研究,2013(10):124—137.

[22] ACEMOGLU D, ANTRHS P, HELPMAN E. Contracts and Technology Adoption[J]. American Economic Review, 2007, 97(3):916-943.

[23] ARNDT S W. Globalization and the Open Economy[J]. North American Journal of Economics & Finance, 1997,8(1):71-79.

[24] BEVERELLI C, KOOPMAN R., and KUMMRITZ V.. Domestic Value Chains as Stepping Stones to Global Value Chain Integration[R]. WTO Working Paper, 2017.

[25] BORENSZTEIN E, GREGORIO J D, LEE J W. How Does Foreign Direct Investment Affect Economic Growth[J]. Journal of International Economics, 1998, 45(1): 115–135.

[26] BRUN J F, COMBES J L, RENARD M F. Are There Spillover Effects Between Coastal and Noncoastal Regions in China[J]. China Economic Review, 2002, 13(2): 161–169.

[27] FALLY T. On the Fragmentation of Production in the U. S. [R]. University of Colorado-Boulder Working Paper, 2011.

[28] HUMMELS D, RAPOPORT D, YI K. Vertical Specialization and the Changing Nature of World Trade[J]. Economic Policy Review, 1998, 36(6): 79–99.

[29] HUMPHREY J, SCHMITZ H. How Does Insertion in Global Value Chains Affect Upgrading in Industrial Clusters[J]. Regional Studies, 2004, 36(9): 1017–1027.

[30] KOOPMAN R, WANG Z, WEI S J. How Much of Chinese Exports is Really Made in China? Assessing Domestic Value-added When Processing is Pervasive [R]. NBER Working Paper, 2008.

[31] KOOPMAN R, POWERS W, WANG Z, et al. Give Credit Where Credit Is Due: Tracing Value Added in Global Production Chains[R]. NBER Working Paper, 2010.

[32] LONG G Y. Understanding China's Recent Growth Experience: A Spatial Econometric Perspective[J]. Annals of Regional Science, 2002, 37(4): 613–628.

[33] MENG B, WANG Z, KOOPMAN R. How Are Global Value Chains Fragmented and Extended in China's Domestic Production Networks[R]. Ide Discussion Papers, 2013.

[34] NAVAL-ALEMAN L. The Impact of Operating in Multiple Value Chains for Upgrading: The Case of the Brazilian Furniture and Footwear Industries[J]. World Development, 2011, 39(8): 1386–1397.

[35] NOVY D. Gravity Redux: Measuring International Trade Costs with Panel Data [R]. Warwick Economics Research Paper, 2008.

[36] NUNN N. Relationship-Specificity, Incomplete Contracts, and the Pattern of

Trade[J]. Quarterly Journal of Economics, 2007, 122(2): 589-600.

[37] SCHMITZ H. Global Commodity Analysis and File Approach: Comparison and Critique[J]. Economy and Society, 2000, 29(3): 390-417.

[38] WANG Z, WEI S J, ZHU K F. Quantifying International Production Sharing at the Bilateral and Sector Levels[R]. NBER Working Paper, 2013.

[39] WANG Z, WEI S J, YU X D, et al. Characterizing Global Value Chains: Production Length and Upstreamness[R]. NBER Working Paper, 2017a.

[40] WANG Z, WEI S J, YU X D. Measures of Participation in Global Value Chains and Global Business Cycles[R]. NBER Working Paper, 2017b.

[41] XU B. Multinational Enterprises, Technology Diffusion, and Host Country Productivity Growth [J]. Journal of Development Economics, 2000, 62(2): 477-493.

[42] ZHANG Q, FELMINGHAM B. The Role of FDI, Exports and Spillover Effects in the Regional Development of China [J]. Journal of Development Studies, 2002, 38(4):157-178.

文学・历史・哲学

中国社会大众伦理道德发展的文化共识

——基于改革开放 40 年持续调查的数据

樊 浩[*]

摘 要 2007 年至 2017 年持续 10 年的三轮全国调查、四轮江苏调查所提供的数据流和信息链及其精神哲学分析表明,改革开放 40 年,中国社会大众的伦理道德发展的文化共识已经形成。文化共识的要义一言概之:伦理型文化的共识,其核心是关于伦理道德一体、伦理优先的精神哲学传统的现代中国形态的共识。这一文化共识从三个维度展现。一是伦理道德的文化自觉与文化自信:对于伦理道德传统的文化认同与回归期待;对于伦理道德优先地位的文化守望;对于伦理道德发展的文化信心,它们从传统、现实、未来三个维度呈现关于伦理型文化的共识。二是"新五伦"—"新五常"的伦理道德现代转型的文化共识:父母子女、夫妻、兄弟姐妹、个人与社会、个人与国家的"新五伦",爱、诚信、责任、公正、宽容的"新五常",呈现"伦理上守望传统,道德上走向现代"的转型轨迹。三是伦理实体的集体理性与伦理精神共识。家庭伦理守望中问题意识由道德品质向伦理能力的转化、分配公正与社会伦理实体的文化认同、干部道德与国

---

[*] 樊浩,本名樊和平,东南大学人文学院资深教授、江苏省社会科学院研究员。

家伦理实体的认同,形成家庭—社会—国家三大伦理实体的文化共识。这三大共识展现出中国伦理型文化"认同—转型—发展"的精神谱系。

关键词 改革开放40年 伦理道德 文化共识 "新五伦"—"新五常"伦理道德一体

经过改革开放40年的洗礼,中国社会大众伦理道德发展的"不惑"之境是什么？一言蔽之,就是关于伦理道德发展的文化共识。为了揭示我国改革开放历史进程中社会大众伦理道德发展的"多"与"一"、"变"与"不变"的规律,自2007年始,笔者率江苏省"道德发展高端智库"的同仁进行了持续10年的中国伦理道德发展大调查,分别进行了三轮全国调查(2007年、2013年、2017年)、四轮江苏调查(2007年、2013年、2016年、2017年),建立了7卷12册1000多万字的"中国伦理道德发展数据库"。该调查发现,中国社会大众的伦理道德在10年中经过了三期发展,呈现"二元聚集—二元分化—走向共识"的精神轨迹。2007年,改革开放近30年,中国伦理道德发展逐渐由多元向二元聚集,进入重大转折的"十字路口";2013年的调查显示,伦理道德的精神状况已经越过十字路口,呈现"多"向"一"、"变"向"不变"积累积聚的征兆;2016年和2017年的调查表明,改革开放近40年来,中国社会大众伦理道德发展的一些重大共识已经开始生成或已经生成。① 我们发现,现代中国社会大众已经形成关于伦理道德发展的三大文化共识:关于伦理型文化的自觉自信的共识;"伦理上守望传统—道德上走向现代"的伦理道德转型的共识;以"伦理优先"实现伦理道德的文化自立的伦理精神共识。

---

① 关于2007年和2013年的调查方法及其"二元聚集—二元分化"的轨迹,分别参见樊浩:《当前中国伦理道德状况及其精神哲学分析》,《中国社会科学》2009年第4期;樊浩:《中国社会价值共识的意识形态期待》,《中国社会科学》2014年第7期。2017年的全国与江苏调查由江苏省"道德发展高端智库"与北京大学国情调查中心合作,样本量分别为近15 000份和近7 000份。文中所有数据除特别说明外,均为2017年全国调查数据。

一、伦理道德的文化自觉与文化自信

在世界文明体系中,中国文化是与宗教型文化比肩而立的伦理型文化,改革开放40年来,中国社会大众在激荡和震荡中所形成的最基本也是最重要的共识之一,就是关于伦理道德的文化自觉和文化自信。这主要体现在三个方面:对中国伦理道德传统的文化认同与文化回归;对现实生活中伦理道德优先地位的文化守望;对现代中国伦理道德状况的肯定及其未来发展的文化信心。这一自觉自信的要义,不仅是关于伦理道德状况的文化共识,而且也是对伦理型文化的现代认同,是关于伦理型中国文化如何继续在世界文明体系中自立自强的共识。

(一) 对于中国伦理道德传统的文化认同与回归期待

在任何文明体系中,传统都是建立社会同一性与文化同一性的最重要基础,对于文化传统的自我认同,是最基本的社会共识,也是其他一切共识的基础。回首近代以来的中国社会转型,在一定意义上讲,几乎每次都经历甚至肇始于对以伦理道德为核心的传统文化的自我反思与激烈批判。改革开放40年,伦理道德是受激荡最巨大和最深刻的领域之一,近10年来中国社会大众的集体意识最深刻的变化之一,就是对中国传统伦理道德的态度由改革开放初期的激烈批判悄悄走向认同回归,并逐渐凝聚为社会大众最重要的文化共识之一。

对中国伦理道德传统文化的认同与回归所释放的第一信号,是关于当前中国社会的道德生活主导结构的认知和判断。当问及"你认为当前中国社会道德生活的主流是什么"时,三次全国调查呈现的轨迹十分清晰(见表1)。

表 1　中国社会道德生活的主流　　　　　（单位:%）

	国家意识形态中所提倡的社会主义道德	中国传统道德	西方文化影响而形成的道德	社会主义市场经济中形成的道德
2007 年全国调查	25.2	20.8	11.7	40.3
2013 年全国调查	18.1	65.1	4.1	11.1
2017 年全国调查	23.7	50.4	8.3	17.5

　　在上述关于当今中国社会道德生活的中西古今的四维坐标系中,认知和判断呈两极分化:一极是"中国传统道德",这 10 年中的认同度提升了近 1.5 倍,表明传统回归的强烈趋向;另一极是市场经济道德,这 10 年中认同度下降趋势明显。变化较小或相对比较稳定的因素,一是"国家意识形态中所提倡的社会主义道德",三次调查的数据变化很小,2017 年与 2007 年的数据差异几乎可以忽略不计;二是受"西方文化影响而形成的道德",2017 年与 2013 年相比虽然数据翻番,但总体上选择率很小。无疑,这些数据既是事实判断,也是价值判断;不仅是客观现实,而且也是价值认同,准确地说,社会大众对道德生活的认知判断中渗透了价值期盼,其中"社会主义市场经济中形成的道德"显然包括积极与消极两个方面。

　　这三次调查及其呈现的变化轨迹似乎产生一种信息暗示:当今中国社会的道德生活弥漫着一种传统气氛,然而它与人们的生活经验、与主流意识形态和社会大众对传统道德的呼唤似乎又相矛盾。其实这一信息需要立体性诠释。其一,在理念和理论上,我们不能将社会主义市场经济直接等于道德合理性。社会主义市场经济及其道德是当代中国社会生活中的现实,但现实的不一定都是合理的。毫无疑问,社会主义市场经济在经济发展层面是一种高效率的体制,它所产生的伦理道德如平等自由原则、契约精神等也具有一定合理性,但市场经济本身却存在诸如资本崇拜、个人主义、利己主义等深刻道德缺陷,这些缺陷早已被有先见之明的伦理学家和经济学家所揭示,市场经济并不具有先验的道德合法性。正因为如此,中国所建立的是社会主义市场经济,"社会主义"不仅在经济体制上坚持公有制主导,而且包括以社会主义核心价值观和中国优秀道德传统矫正、扬弃市场经济固有的道德缺陷。其二,在近10年来的持续调查中,第一次调查"社会主义市场经济中形成的道德"高居首位,重要原因是这次调查对象中很大部分是大学生,后两次调查严格按照社会学的抽样方法进行,因而在认知判断方面有所差异。同时,这10年中不仅人们对社会主义市场经济尤其是对其所派生的道德问题的认识发生转变,而且国家意识形态导向也发生重大变化,如主流意识形态和大众认知中对传统道德的呼唤,社会主义核心价值观的建构。正因为如此,"中国传统道德"与"国家意识形态中所提倡的社会主义道德"在后两次调查中都居第一、二位,当然,"中国革命道德""社会主义先进道德"也已经包含其中。① 其三,这些信息不仅是事实判断,而且是价值判断,甚至更多是社会大众对道德生活的认知和向往,表征社会心态,因而并不能由此得出"中国传统道德已经是当今中国社会主流"的判断。

于是,准确把握社会大众对于传统伦理道德的文化态度,还需要其他信息提供佐证。"您认为对现代中国社会的伦理关系和道德风尚造成最大负面影响的因素是什么?"在中国传统文化、外来文化、市场经济三大影响因子中,这10年的变化轨迹表明,"传统文化崩坏"的归因不断上升,2007年影响最小(占12.0%),2013年从第三跃居第一(占35.6%),2017年成绝对第一归因(达41.2%)。相反,"社会主义市场经济导致的个人主义"的归因不断下降,2007年是绝对第一因素(占55.4%),2013年成第二因素(占30.3%),2017年下降为最小影响因子(占11.3%)。两大因子上升和下降的幅度都是几何级数。"外来文化冲击"是其中相对比较稳定的因素。这一信息与表1完全一致,彼此形成一个相互补充、相互支持的信息链,证成关于伦理道德传统的文化回归的事实判断与价值期盼,它表明,对中国伦理道德传统认同和回归的呼唤,已经成为当今中国社会

---

① 根据调查手册,调查员在调查提示时,将"市场经济道德"解释为如"通过契约获利",将"社会主义道德"解释为如集体主义,将"传统道德"解释为如"推己及人",将"西方道德"解释为"个人权利"等。

大众最为强烈和深刻的文化共识之一。

（二）对于伦理道德优先地位的文化守望

伦理道德在现代中国社会大众的生活世界和精神世界中到底具有何种文化地位？这是关于伦理道德文化自觉的现实确证。与西方文化相比，中华文化最大特点是伦理道德对于个人安身立命和社会生活的特殊意义，呈现伦理型文化的特征。这种"伦理型文化"有两个参照，一是与西方宗教型文化相对应，伦理道德而不是宗教成为精神世界的顶层设计和终极关怀；二是与西方法治主义传统相对应，伦理道德而不是法律成为共同生活和社会秩序的价值基础。伦理型文化当然不排斥宗教与法律，但伦理道德确实在相当程度上具有某种文化替代的意义，在价值序位中具有某种优先地位。经过改革开放40年来西方文化的冲击和市场经济的洗礼，在伦理道德与宗教、法律的关系方面，社会大众是否形成新的文化共识？我们的调查发现，中国社会大众依然坚守对伦理道德优先地位的伦理型文化守望，关于宗教信仰状况和处理人际冲突的调节手段的调查结果，为我们提供了两个参照性很强并体现文化共识的重要信息。

当今中国社会大众的宗教信仰状况到底如何？我们的调查发现，有宗教信仰的人不仅是绝对少数，而且呈下降趋势。2007年、2013年、2017年三次全国调查中有宗教信仰的人口占调查总人口的比例分别为18.6%、11.5%、8.5%。其中2007年与后两次调查数据差异较大，因为这次调查主要在江苏和广西、新疆采样，并且江苏与广西、新疆的样本量相同，后两个地区系少数民族聚居的地区，因而有宗教信仰人群的比例相对较高。这一数据及其变化曲线可能与当今中国社会潜在的那种令人担忧的"宗教热"感受相悖，然而，需要注意两个问题(1)当前中国社会大众的宗教感和宗教情愫也许正在悄悄升温，但如果他们在调查中不能坦然宣示和承认，那也只是一种情愫，并没有真正成为安身立命的信仰；一些对当今中国社会具有显示度和影响力的人群如大学生和出国留学人员的信教比重也许在增加，但以上数据是严谨调查得出的抽样结果，佛教在中国的传播史已经证明，如果宗教只是在少数精英中传播而不能成为普罗大众的信仰和生活方式,那就不可能占据主导地位。(2)中华文明的根本特点不是"无宗教",而是"不宗教"。在中华文明史上宗教从来没有缺场,既有本土的道教,又有后来传入并广泛传播的佛教,然而中华民族最终却没有走向宗教的道路,其根本原因在于其有强大的伦理道德传统。事实证明,"有宗教"而"不宗教"才是传统文化的"中国气派"。

伦理型文化之"伦理型",不只是相对于精神生活中的宗教,也相对于现实生活中的法制。我们的调查发现,中国社会大众有自己的文化坚守,而且在改革开放40年的进程中形成越来越大的文化共识。从2007年始,我们都持续追问同一个问题:"如果发生重大利益冲突,你会首先选择哪种途径解决?"结果发现,伦理道德一如既往是首选。2007年的全国调查从总体上设计问卷,得到的信息是:"直接找对方沟通"的占49.3%,"通过第三方调解"的占29.6%,"诉诸法律,打官司"的占18.1%,"沟通"和"调解"的伦理路径是绝对首选。2013年与2017年的全国调查中,我们对问卷做了某种改进,将利益冲突的对象区分为四种关系,并且增加了"能忍则忍"的道德路径的选项(参见表2)。调查结果发现,在家庭成员、朋友、同事之间,"沟通"和"调解"的伦理路径是绝对选项,其次是选择"能忍则忍"的道德路径,"诉诸法律"的选项都不到3%。即使在商业伙伴之间,伦理路径依然是首选,只是法律手段的权重大幅增加,成为第二选项。可见,伦理、道德、法律之情—理—法三位一体的价值序位,依然是高度文化共识和文化守望。

表2 "如果发生重大利益冲突,你会首先选择哪种途径解决?"(单位:%)

	家庭成员之间		朋友之间		同事之间		商业伙伴之间	
	2013年	2017年	2013年	2017年	2013年	2017年	2013年	2017年
诉诸法律,打官司	0.6	1.1	1.2	1.8	2.7	2.9	34.8	31.0
直接找对方沟通或通过第三方调解	64.6	62.7	75.7	75.5	77.2	73.7	55.4	58.9
能忍则忍	34.8	31.9	23.1	19.9	20.1	11.7	9.8	10.1

(三)对于伦理道德发展的文化信心

我们的调查发现,当今中国社会大众对伦理道德现状满意度较高并且持续上升,对伦理道德的未来发展持乐观态度,但对伦理道德本身却保持紧张和警惕的文化心态,呈现出伦理型文化的典型气质。

在2007年的调查中,受访对象对道德风尚和伦理关系状况,满意或基本满意的占75.0%,不满意的占19.4%。2013年、2017年的调查对道德状况和人与人之间关系即伦理与道德,以及它们满意与不满意的强度做了区分(见表3、表4)。

表3 对当前我国社会道德状况的总体满意程度　　　（单位:%）

	非常满意	比较满意	一般	比较不满意	非常不满意
2013年全国调查	2.1	33.7	41.5	19.0	3.8
2017年全国调查	6.9	66.7	未设选项	23.7	2.6

表4 对当前我国社会人际关系状况的总体满意程度　　（单位:%）

	非常满意	比较满意	一般	比较不满意	非常不满意
2013年全国调查	2.3	35.1	45.0	15.5	2.1
2017年全国调查	6.0	67.8	未设选项	24.3	2.6

如果进行质的考察,可以发现,在三次调查中对道德风尚和伦理关系状况满意度都在75%左右,不满意度都在25%左右,但"非常满意"和"比较不满意"都有明显提高。而且后两次调查中道德状况与人际关系状况的满意度与不满意度都基本持平,说明伦理与道德的发展比较平衡。由于2013年的调查设计了"一般"的模糊选项,所以与2017年比较可能存在某种变量。

道德与幸福的关系即所谓善恶因果律,既是社会合理与社会公正的"显示器",也是伦理道德的信念基础。善恶因果律的实现程度和信念坚定指数,既表征社会公正,也表征伦理道德对现实生活的终极关怀及其文化力量,因而是伦理道德和伦理型文化最重要的客观基础和信念前提。"你认为当今中国社会道德与幸福是否一致?"持续调查得到表5数据:

表 5　道德与幸福关系状况　　　　　　　　（单位:%）

	能够一致	不一致	没有关系
2007 年全国调查	49.9	32.8	16.6
2017 年全国调查	67.9	23.8	8.3

数据显示,这10年之间,道德与幸福关系的一致度提高了近20个百分点,不一致程度下降了近10个百分点,认为二者没有关系的信念和信心缺场的选择频数下降了一半。我们的结论是:当代中国社会在善恶因果律的道德规律实现程度,以及社会大众的善恶因果的道德信念方面,不仅得到很大提升,而且形成高度共识。正因为如此,社会大众对伦理道德未来发展的信心指数很高。在2017年关于"你觉得今后中国社会的道德状况会变成怎样"的调查中,71.2%的受访者认为"将越来越好",10.7%的受访者认为"不变",只有5.6%的受访者觉得会"越来越差",信心指数或乐观指数超过70%。

(四) 伦理型文化认同与回归的共识

综上所述,传统认同—文化守望—信念信心,构成连接历史、现实、未来的数据流和信息链,展现出中国社会大众关于伦理道德的自觉自信的文化共识,复原出伦理型文化的精神图像,由此可以哲学地回应当今中国伦理道德发展的诸多重大理论前沿和现实难题。

第一,伦理道德与社会主义市场经济的关系。2007—2017年的10年轨迹已经表明,传统道德与社会主义市场经济之间的关系,不是机械"决定论"而是"生态相适应",中国传统道德必须在经济发展中实现创造性转化和创新性发展,社会主义市场经济也必须在与中国伦理道德传统的辩证互动中建立自己的现实合理性与文化合法性。对中国伦理道德传统的认同,本质上是体现伦理型文化的精神气质的共识,因为只有伦理型文化才会对伦理道德及其传统倾注如此强烈而持久的文化关切并最终回归文化认同的共识。

第二,关于宗教和伦理的关系以及应对宗教挑战的文化战略和文化信心问题。我们的调查表明,虽然现代中国社会在全球化进程中遭遇日益严峻的宗教挑战,但社会大众的文化共识和文化气派依然是"不宗教"。"不宗教"的秘密在哪里?底气从何而来?就是因为中国文明有着自身固有的传统——"有伦理"。梁漱溟在 20 世纪 20 年代便揭示了中国文化的密码:"伦理有宗教之用";"以道德代宗教"。[1] 据此,当今中国应对宗教挑战的能动战略,便不是拒宗教于国门之外的消极防御,而是伦理道德的能动建构,以伦理道德为个体安身立命也为社会生活提供精神家园和终极关怀。只要创造和提供充沛而强大的伦理道德的精神供给,中国文化的现代和未来也一定是"不宗教"。这就是伦理型文化的"中国气派"。

第三,关于善恶因果律。善恶因果律即道德与幸福的关系是人类文明的终极追求和顶层设计,它不仅是信念基础,而且是文化基石。我们的调查发现,社会大众与其说对善恶因果的社会现实具有很高的认同度,毋宁说在文化信念和文化信心方面具有高度的文化共识,因为善恶因果律与其说是一种现实,不如说是一种信念。在现实生活中,善恶因果律没有也不可能完全实现,但社会大众依然坚守这一文化信念并努力使之成为现实,由此伦理道德便不仅成为批判世界而且也是创造世界的精神力量。在这个意义上,现代中国社会大众关于道德与幸福关系的高度共识,不仅是对生活世界的肯定,也是文化信念和文化信心的表达,是伦理型文化的典型气质。

二、"新五伦"与"新五常":伦理—道德转型的文化共识

伦理范型和基德母德是伦理道德的核心。自 2007 年始,三次全国调查、四次江苏调查都对当今中国社会最重要的伦理关系和道德规范进行跟踪。调查发现,改革开放 40 年,中国社会大众在伦理道德领域形成的

---

[1] 参见梁漱溟:《中国文化要义》,〔上海〕学林出版社,2000 年,第 85、95 页。

具有普遍性的文化共识,便是"新五伦"和"新五常"。① 多次调查中虽然很多信息因时间和对象的不同而有较大变化,但社会大众所认同的五种最重要的伦理关系和道德规范,即所谓"新五伦"和"新五常"却相对稳定,由此可以推断,现代中国社会关于伦理道德的核心价值已经生成。"新五伦"与"新五常"既是现代中国伦理道德发展的核心共识,也是关于伦理道德现代转型的文化共识,是伦理型文化的现代表达,内蕴深刻的精神哲学意义。

(一)"新五伦"及其哲学要义

现代中国社会最重要的伦理关系是哪些?"新五伦"是什么?三次全国调查、两次江苏独立调查,②五次调查提供的信息惊人相似(见表6)。排列前三位的都是家庭血缘关系,并且排序完全相同:父母子女、夫妻、兄弟姐妹;第四位、第五位在共识之中存在差异,朋友、个人与国家、个人与社会的关系是共同因子,但位序有所不同。

表6 "新五伦"

	第一伦	第二伦	第三伦	第四伦	第五伦
2007年全国调查	父母子女	夫妻	兄弟姐妹	同事同学	朋友
2013年全国调查	父母子女	夫妻	兄弟姐妹	个人与社会	个人与国家 (第六伦:朋友)
2017年全国调查	父母子女	夫妻	兄弟姐妹	朋友	个人与社会 (第六伦:个人与国家)
2013年江苏调查	父母子女	夫妻	兄弟姐妹	个人与国家	朋友 (第六伦:个人与社会)
2016年江苏调查	父母子女	夫妻	兄弟姐妹	朋友	个人与社会 (第六伦:个人与国家)

"新五伦"共识中虽然存在某些不确定因素,但可以肯定并得出的结

---

① 传统伦理道德以"五伦"为伦理范型、"五常"为基德母德,"五伦"与"五常"不仅是中国话语而且是中国理论,由此我们的调查便致力揭示"新五伦"和"新五常"。
② 2013年、2017年的江苏调查与全国调查同步,故不做特别说明,但结果与当年全国调查相同。

论是:家庭血缘关系在现代中国的伦理关系中依然处于绝对优先对位,社会大众对它们的共识在质的认同和量的排序方面都完全一致,可以说这是当今中国伦理道德发展的"绝对共识"。后两伦或后三伦虽然在排序方面有所差异,但要素基本相同,其情形也部分回应了中国台湾地区学者所提出的关于"新六伦"的设想。在中国传统社会中,"五伦"不仅是最基本最重要的伦理关系,而且是其他伦理关系乃至社会关系的范型。在现代社会转型中,传统的"君臣"关系已经转换为"个人与国家"关系,"五伦"之外的新的伦理关系,便是个人与社会的关系,亦即海外有学者提出的所谓"人群"关系,它在广义上也包括朋友关系和同事同学关系等。"新五伦"所释放的最重要的信息是两大共识:一是家庭伦理关系的最大和最普遍共识,二是关于"新五伦"或"新六伦"要素的共识。它表明,现代中国关于伦理范型的文化共识已经形成,区别只在于:前三伦是绝对共识,后两伦或后三伦在位序变化中表现出某种多样性。第一个共识表明现代中国文化依然是伦理型文化,因为家庭血缘关系依然是伦理关系的自然基础、神圣根源和策源地;第二个共识表明传统伦理型文化正处于现代转型中,转型的两个新元素是个人与国家、个人与社会的关系。

(二)"新五常"及其文化变迁

"五常"是中国传统社会中关于道德的核心价值。自轴心时代始,中国传统道德所倡导的德目虽然很多,然而自孟子提出"四德",董仲舒建立"五常"之后,"仁义礼智信"便成为中国文化最重要的道德共识,即便在由传统向近代的社会转型中,"五常"之德也在相当程度上被承认,人们所集中批判的往往是它们的异化而形成的伪善,而不是五常之德本身。改革开放40年,中国的社会生活和文化观念发生根本性变化,社会大众认同的五种德性即"新五常"是什么?我们的调查进行了持续跟踪(见表7)。①

---

① 三次全国调查中,2013年对"新五常"的调查采用开放的方法,由受查对象说出五个最重要的德性,表中2013年的信息是根据开放题归类整理的结果。

中国社会大众伦理道德发展的文化共识

表7 "新五常"

	第一德性	第二德性	第三德性	第四德性	第五德性
2007年全国调查	爱	诚信	责任	正义（公正）	宽容
2013年全国调查	爱	诚信	公正（正义）	孝敬	责任
2017年全国调查	爱	诚信	责任	公正（正义）	孝敬
2013年江苏调查	爱	责任	诚信	正义（公正）	宽容
2016年江苏调查	爱	责任	公正（正义）	诚信	宽容

五次调查的信息表明，虽然"五常"之德排序上有所差异，但传递一个强烈信息：现代中国社会大众关于最重要的德性即所谓"新五常"的价值共识正在生成或已经形成。综合以上信息，"爱"（包括仁爱、友爱、博爱）是第一德性；"诚信"是第二德性，"责任"是第三德性，"公正"或正义是第四德性，"宽容、孝敬"可以并列为第五德性，但考虑到问卷设计的差异，除2007年的问卷中没有"孝敬"一德的选项外，其余几次调查都有该选项，结合诸德性之间的重叠交叉，第五德性可能以"宽容"更为合宜。由此，"新五常"便可以表为：爱、诚信、责任、公正、宽容。

（三）伦理—道德现代转型的文化共识

"新五伦"—"新五常"既演绎伦理—道德转型的文化轨迹，也演绎伦理—道德一体的哲学共识，是伦理道德现代转型的基本文化共识。

"新五伦"与"新五常"呈现改革开放进程中伦理道德现代转型的特殊文化轨迹。"新五伦"中所变化的实际上只是在传统五伦中被人格化的两种关系，即君臣关系和朋友关系，它们被普遍化为个人与国家、个人与社会的关系。在2007年的调查中朋友关系是第四伦，然而在之后的调查中，当出现个人与社会、个人与国家等整体性表述的选项时，"朋友""同事同学"等才被个人与社会关系所涵盖和替代。"新五伦"中前三伦都与传统相通，后两伦处于传统与现代的交切之中，传统要素的含量占五分之三即60％；与之对应，"新五常"中，只有"爱""诚信"勉强可以说属于传统德目，其他三德即公正、责任、宽容，都具有明显的现代性特征，蜕变率达到60％，这说明"新五常"由传统向现代的转换不仅在具体内容而且在结构

397

元素方面已经越过拐点。由此便可以对以往研究中的一个理论假设再次确认并作出结论:以"新五伦"与"新五常"为核心的伦理道德现代转型的文化轨迹,是"伦理上守望传统,道德上走向现代",这种转型轨迹借用朱熹哲学的话语即所谓"同行异情"。伦理转型与道德转型"同行",但行进的文化方向却"异情"。[1] 在伦理与道德的现代发展中,"伦理上守望传统",其主流趋向是"变"中求"不变",基础是对家庭的伦理守望;"道德上走向现代",其主流趋向是"变",是在问题意识驱动下走向现代,两种趋向展现伦理与道德现代转型的不同轨迹。"同行异情"的转型轨迹,使改革开放进程中伦理道德发展内在传统与现代的结构性文化纠结。

"新五伦"—"新五常"及其转型轨迹,可以诠释和回应三个具有哲学意义的前沿问题。

其一,家庭伦理的文化地位与伦理型文化的关系。"新五伦"显示两个重要信息:家庭在现代伦理关系中依然具有绝对地位;个人与社会关系的伦理地位在"新五伦"中不稳定。这两个信息都与伦理型文化的基色深切相关。梁漱溟断言,"中国是伦理本位的社会"①,伦理本位并不是"家族本位",而是说"伦理首重家庭","中国人就家庭关系推扩发挥,以伦理组织社会"②。在他看来,家庭的特殊伦理地位源于社团生活的缺乏,"家庭诚非中国人所独有,而以缺乏集团生活,团体与个人的关系轻松若无物,家庭关系就自然特别显著出来了"③。根据梁漱溟的理论,家庭的根源地位和社团生活的缺乏互为因果,导致中国社会的伦理本位与伦理型文化。不难发现,这两大因子在"新五伦"中依然存在。虽然当今中国究竟多大程度上以家庭为伦理范型而组织社会有待进一步考察,但可以肯定的是,家庭的绝对地位为伦理型文化提供了最重要的条件,而个人与社会的伦理关系在"新五伦"中的不稳定性又使之成为必需。二者相互诠释,从可能与现实两个维度支持关于现代中国文化依然是伦理型文化的假设。

---

① 参见梁漱溟:《中国文化要义》,第 77 页。
② 参见梁漱溟:《中国文化要义》,第 80、81 页。
③ 参见梁漱溟:《中国文化要义》,第 77 页。

其二,"不宗教"的伦理基础。"新五伦"中家庭伦理的绝对地位为现代中国社会的"不宗教"提供了重要文化条件。上文已经指出,中国文化的"不宗教"是因为"有伦理",其自然和直接基础就是家庭,"不宗教"—"有伦理"—家庭的绝对伦理地位,形成某种具有因果关联的互释系统。"中国之家庭伦理,所以成一宗教替代品者,亦即为它融合人我泯忘躯壳,虽不离现实而拓远一步,使人从较深较大处寻取人生意义。"① 现代中国"不宗教"的文化竞争力在于伦理,尤其在于家庭伦理,"新五伦"再现了这一中国文化密码,也为现代和未来中国的"不宗教"提供了一种文化信心。

其三,问题意识与道德发展。显而易见,"新五常"更多是指向当下中国社会存在的道德问题,很大程度上是治疗"道德病人"所需要的德性。以下调研数据可以部分佐证。"你认为下列现象的严重程度如何?"2017年的全国调查中选择"严重"或"比较严重"两项总和的排序依次是:缺乏信任,社会安全度低(53.3%);自私自利,损人利己(49.0%);诚信缺乏,不讲信用(48.6%);人际关系冷漠,见危不救(48.0%);社会缺乏公正心和正义感(47.1%);坑蒙拐骗(41.1%)。这些判断可能具有较强的主观性,在切身体验之外也可能受网络媒体"坏新闻效应"影响,但从中不难发现"新五常"的"问题意识"指向,如:"爱"针对"缺乏信任""人际冷漠","诚信"针对"诚信缺失""坑蒙拐骗","正义"针对"缺乏公正心与正义感","责任"针对"自私自利",等等。虽然没有足够的理由断定"新五常"只是出于问题意识,但可以肯定它们相当程度上指向改革开放进程中存在的诸多伦理道德问题,也说明道德作为社会意识是社会存在的反映并随着社会存在的变化而变化。但是,如果关于基德母德的认同只是出于问题意识,那么伦理道德的文明功能便只是一种"精神医生",遵循老子所批评的那种"大道废,有仁义;智慧出,有大伪;六亲不和,有孝慈;国家昏乱,有忠臣"(《道德经》)的"缺德补德"的逻辑。道德的本性是超越,是个体通过"德"的主体建构与"道"同一,从而超越有限达到无限的过程,这就是雅斯

---

① 参见梁漱溟:《中国文化要义》,第87页。

贝尔斯所说的轴心时代人类觉悟的文明真谛。道德和道德规范不是"药物",而是人的行为的价值指引,是个体安身立命的精神家园,而且基德母德应当是一个有机的价值体系,以满足个体安身立命和社会生活的需要。依此,"新五常"的价值共识还期待一场新的文化觉悟,也期待一次自觉的理论建构。

三、伦理实体发展的集体理性与伦理精神共识

伦理型中国文化之所以特立于世界文明数千年,与宗教型文化平分秋色,重要文明密码在于它建构并不断发展了伦理—道德一体、伦理优先的独特气派,形成一种以伦理实体的集体理性为重心的伦理精神传统。调查发现,改革开放40年,一种新的伦理精神共识正在生成,其要义有三:一是伦理认同,尤其是对伦理实体的认同;二是伦理忧患,以道德批判和道德发展保卫伦理存在,捍卫伦理实体;三是伦理建构,在文化宽容中建构新的伦理实体。可以说,改革开放进程中的道德发展是伦理精神共识生成的过程,它在家庭、社会、国家三大伦理实体中得到集中体现,是改革开放40年中国社会大众伦理道德发展的第三个重要文化共识。

(一)"伦理谱系"与问题意识的转换

家庭、社会、国家是生活世界中的三大伦理实体,它们辩证互动构成人的伦理生活、伦理精神和伦理世界的体系。家庭是自然的或直接的伦理实体,社会与国家是现实的或通过教化所建构的伦理实体。家庭伦理实体的核心问题是婚姻关系和代际关系,社会伦理实体的核心问题是财富普遍性,国家伦理实体的核心问题是权力公共性。财富的普遍性和国家权力的公共性,是生活世界中伦理存在的两种基本形态,是社会与国家成为伦理性存在或伦理实体的两大基本条件。如何应对家庭、社会、国家三大伦理实体并处理它们之间的关系问题,历来都是中华文明尤其是中国伦理道德的难题。中国伦理道德的最大文明贡献,就是在精神世界和价值世界中建立了三者一体贯通的哲学体系和人文精神,但也遭遇不同

于西方文化的特殊挑战,最根本的挑战就是家庭在文明体系中的特殊地位及其对财富伦理和权力伦理的深刻影响。在一定意义上,中国伦理道德就是关于个体与三大伦理实体、关于三大伦理实体之间辩证互动关系的集体理性、忧患意识,以及作为其理论自觉的精神哲学体系。

无论在生活世界还是精神世界的意义上,改革开放伊始就表现出对家庭的某种伦理亲和与伦理回归,但随着集体理性和文化忧患意识中对家庭伦理紧张的缓解甚至消解,日益突显比西方世界更为严峻的新挑战,聚焦点就是社会生活中的财富伦理、国家生活中的权力伦理与家庭伦理的关系问题,财富普遍性与权力公共性日益成为深刻的伦理难题。于是,不仅家庭、社会、国家的三大伦理实体的关系出现新课题,而且财富伦理与权力伦理也出现新难题。因为在中国,即便是个人主义也表现出与西方不同的形式,家庭本位的传统使其在相当程度上具有家庭个人主义的倾向;财富的分配不公,相当程度上是家庭财富而不只是个人财富的分配不公;权力腐败很多情况下不是孳生于对个人财富而是对家庭财富的追逐放纵。于是,无论改革开放中伦理道德的"中国问题",还是社会大众的"中国问题意识",一开始便都聚焦于三大领域:家庭伦理、财富伦理和权力伦理。但是,随着改革开放的深入,不仅问题式和忧患的强度发生重大变化,而且它们在集体理性中的地位也发生重大位移,新的问题意识正在生成。

在2007年和2013年的调查中,分配不公与干部腐败都是位于前两位的文化忧患或伦理道德问题(见表8)。

表8 对中国社会最担忧的问题①

	第一位	第二位
2007年全国调查(%)	分配不公,两极分化(38.2)	腐败不能根治(33.8)
2013年全国调查	干部贪污受贿,以权谋私(3.93)	分配不公,贫富悬殊(3.89)

然而,2017年的全国调查发现,社会大众的问题意识发生结构性改

---

① 2013年的调查对这一数据的统计采用均值而不是百分比的方法。

变。"对中国社会,你最担忧的问题是什么?"排列前五的依次是:腐败不能根治(占39.5%);生态环境恶化(占38.6%);老无所养,未来没有把握(占27.2%);生活水平下降(占22.4%);分配不公,两极分化(占18.3%)。

综合三次调查数据,"腐败问题"两次居首位,一次居第二位;"分配不公"前两次都位于第一或第二位,但在第三次调查中处于第五位。在社会大众的问题意识或忧患意识中,"分配不公"问题的地位已"变",而"腐败问题"则是"变"中之"不变","中国问题"和"中国问题意识"发生了重大变化,生态问题和家庭问题成为位于分配问题之前的伦理忧患。导致变化的原因可能有几方面。一是伦理道德本身的变化,或者分配不公的问题得到部分解决或缓解,或者社会大众对于分配差距的伦理承受力发生变化;二是社会主要矛盾和大众期待的变化,生态问题日益突显,老龄化进程中老有所养和未来生活安全成为日益紧迫的"中国问题",国家发展理念中关于当今中国社会主要矛盾的判断以及"五位一体"国家发展战略的重大调整已经体现了这种变化。问题意识的位移体现"伦理谱系"的变化,即在问题意识中,伦理忧患的谱系由原有的"国家—社会—家庭"转换为"国家—生态—家庭—社会",这是伦理精神共识的重要时代推进。

可见,改革开放40年,社会大众的忧患意识已经发生重大变化,与此相对应,伦理精神共识演进的基本趋向是两大转化:集体理性中道德意识向伦理意识转化;忧患意识中道德品质忧患向伦理能力忧患转化。"变"中之"不变"是:社会大众依然秉持伦理型文化的基因,一如既往地保持关于伦理道德的高度忧患意识,尤其对伦理实体中的伦理存在保持高度的文化关切和文化紧张,伦理实体的新形态在文化宽容中得到发展。

(二) 家庭伦理的文化守望

按照黑格尔的理论,家庭是直接的自然的伦理实体,然而对中国伦理型文化来说,家庭还是整个文明的基础和神圣性根源。由此,关于家庭的伦理共识便聚焦于两方面:家庭是否依然"直接"和"自然"?家庭是否依然可能成为伦理策源地和神圣性根源?

家庭在现代中国伦理中的本位地位及其文化共识已经在"新五伦"中

被确证,这是当今中国社会所达成的最大共识之一,它为现代中国的伦理型文化提供了最重要的事实和价值基础。改革开放邂逅独生子女政策,独生子女邂逅老龄化问题,当今中国社会关于家庭伦理形成何种文化共识?调查显示:以伦理忧患为表达方式的文化共识正在生成,聚焦点是家庭伦理形态、家庭伦理能力和家庭伦理风险,共识的主题词是"文化宽容"。具体地说,对家庭伦理形态的变迁采取宽容态度,对正在和可能遭遇的家庭伦理风险已有集体自觉,忧患意识由道德品质向伦理能力转化。

"现代家庭关系中最令人担忧的问题是什么?"2007年、2017年的调查都在众多选项中限选两项,虽对象和方法有所不同,但所获得信息的伦理结构基本相同,代际关系第一,婚姻关系第二。2007年的排序是:"子女尤其独生子女缺乏责任感"(占50.1%);"婚姻关系不稳定,两性过度开放"(占42.3%);"代沟严重,价值观对立"(占36.2%);"子女不孝敬父母"(占26.2%)。2017年的调查将问题细化,尤其将主观品质与客观能力相区分,依次是:"独生子女难以承担养老责任,老无所养"(占28.8%);"代沟严重,父母与子女之间难以沟通"(占28.1%);"婚姻不稳定,年轻人缺乏守护婚姻的能力"(占24.3%);"子女尤其独生子女缺乏责任感,孝道意识薄弱"(占18.5%)。①

这10年中关于家庭伦理集体意识问题轨迹的最大变化,是由主观伦理意识向客观伦理能力、由道德批评向伦理忧患的演进。第一忧患由2007年的"子女缺乏责任感"的道德品质,转换为2017年"独生子女难以承担养老责任"的伦理能力;"婚姻不稳定"也不只是价值观上的"过度开放",而且是"守护婚姻"的能力。"问题式"转换的原因可能有三:一是独生子女与老龄化问题的邂逅,使中国社会不仅在文化价值上"超载"即孝道的文化供给不足,而且在伦理能力即行孝的能力方面"超载";二是社会急剧变化,代际之间的文化断裂加大,文化对峙加剧;三是社会主义市场

---

① 2017年调查中,"只有一个孩子,对家庭未来没有把握"(占22.1%)排位第四,但因与"独生子女难以承担养老责任,老无所养"(占28.8%)的选项存在交叉重叠之处,故舍去。

经济和西方文化消解伦理的实体性,社会伦理能力式微。2017年的调查显示,关于家庭伦理的文化忧患,各年龄群体和城乡群体之间共识度较高,差异的规律性较明显:受访对象的年龄越大,对养老能力、孝道意识两大问题的忧患度越大,最大差异度分别为9个百分点和5个百分点;受访对象年龄越轻,对代沟严重、婚姻能力两大问题的忧患度越大,最大差异度分别为6个百分点和3个百分点。与之对应,城乡群体之间的共识度最高,以上4个数据的差异度大都在1个百分点左右,说明它们已经是一种社会性共识。

总体上,当今中国家庭幸福感较强,根据2017年的全国调查,认为"幸福"和"比较幸福"的占比达到88.3%。但是家庭伦理的问题意识由"独生子女缺乏责任感""孝道意识薄弱"的道德品质忧患,向"老无所养,独生子女难以承担养老责任"的转化,释放出家庭伦理承载力"超载"、家庭伦理安全和伦理风险的危机信号,将导致家庭的伦理魅力度和伦理功能的弱化。"问题式"的这种转换某种意义上可以被诠释为代际之间的伦理理解和伦理和解,因为伦理能力的归因是对道德品质缺陷的某种辩护。其中"独生子女难以承担养老责任"毋宁应当被看作独生子女时代父母一代的某种悲壮的伦理退出,由于家庭伦理能力的局限,他们部分甚至彻底地放弃对"独一代"孝道的道德诉求与道德追究。在伦理型中国文化中,家庭承担终极关怀的伦理使命,这种终极关怀包括生活世界的"老有所养"和精神世界对生命不朽的超越性诉求,一方面家庭提供老有所养的自然伦理安全,另一方面在血缘延绵中个体生命获得永恒的超越性意义,由此入世的伦理才可以与出世的宗教相抗衡。独生子女邂逅老龄化将家庭抛入空前的伦理风险之中,也许"子女缺乏责任感"可以通过道德教化缓解,但"独生子女难以承担养老责任"却是家庭伦理功能的重大蜕变,它将大大削弱家庭的伦理魅力度,并因其难以承担作为终极关怀的伦理使命,最终动摇家庭作为伦理型文化基础的意义,存在巨大的文化风险。因为,如果家庭难以提供终极关怀,社会大众就可能到宗教那里寻找文化替代,例如,一定范围内存在的老龄信教群体的激增,应与这一文化风险深度相关。"第一问题"的位移,昭示老龄化社会所面临的严峻伦理挑战,也许社会可能逐渐承担养老的责任,但对家庭终极关怀的失落所导致的文化后果与伦理风险必须有充分的集体自觉。

(三) 分配公正与社会伦理实体的文化认同

财富在何种意义上是伦理问题？是何种伦理问题？一言蔽之,财富是社会领域和社会生活中的伦理存在,分配公正是社会作为伦理实体的客观基础。财富和财富分配既是一个经济学问题,也是一个伦理学和法哲学问题,遵循经济学和伦理学的双重逻辑。经济学的逻辑是效率,伦理学的逻辑是公平或公正。改革开放通过变革"一大二公"的传统经济体制,以利益驱动机制极大地提高了生产率,但也伴生分配公正的难题。分配公正的伦理根据和伦理意义展现为两方面。一是财富的普遍性,分配公正本质上是财富分配和财富占有的伦理合法性,正是在这个意义上,无论经济学家还是伦理学家、法学家都承认,财富分配是一个伦理问题。二是财富与人格的关系问题,根据黑格尔的理论,所有权是人格确立的外部形态,占有财物是人格及其自由的基本条件,这也是马克思号召"无产者"革命的伦理根据。改革开放的过程,相当程度上是财富的经济学逻辑与伦理学逻辑之间的辩证互动,即效率与公平之间的价值平衡过程。分配公正的伦理原则如此重要,乃至孔子在轴心时代就发出预警:"不患寡而患不均"(《论语·季氏》)。这一命题饱受误读,根源就在于只以经济学的效率逻辑解读,其实作为一个法哲学和伦理学命题,它道出了中华文明和中国文化的"初心"。正因为如此,关于分配公正的伦理精神共识应当是改革开放 40 年最重要的文化共识之一。

1. 社会公平状况的伦理认同

社会公平、分配公正、善恶因果律,是三个相互关联但又有所区别的与公正相关的问题域。社会公平比较综合,客观中渗透着主观,认知依赖于整体感受;分配公正集中于经济领域和伦理领域,感受比较直接;而善恶因果律或道德与幸福的一致则既是社会现实,也是文化信念。三者从社会、经济、文化的不同领域体现一种文明的公正状况。我们的调查发现,社会大众对当今中国的社会公正和分配公正的伦理认同在基本一致中又有明显差异。

当今中国社会的公平状况到底如何？2017年的全国调查呈现出社会大众的认知与判断。调查发现,社会大众的主流认知是"说不上公平但也不能说不公平"的模糊判断,占38.0%。主流的模糊判断可能有两个原因。其一,公平问题并未成为当今中国社会最为突显的问题,否则在大众认知中不会"说不上";其二,大众对公平问题缺乏足够的伦理敏感性。但另外两个信息可以帮助对这两个原因进行辨析。选择"比较不公平"和"完全不公平"的总和为35.2%,"比较公平"和"非常公平"的总和为26.8%,"不公平"比"公平"的判断高出近9个百分点,因而"不公"依然是"中国问题"。

问题在于,既然总体判断是"不公平",为何它在问题意识中的地位会发生变化？2017年调查的另一个数据可以提供部分解释。"和前几年相比,你认为目前我国社会的分配不公、两极分化的现象发生何种变化？"53.0%的受访者认为"没有什么变化",这是主流,它与"说不上公平也不能说不公平"的模糊判断相同。模糊不仅意味着难判断,也意味着中立,但在中立判断之外,占主导地位的是"有较大改善"的认知,占33.5%。只有13.5%的受访者认为"更加恶化"。由此可以推断,导致"分配不公"在社会大众的问题意识中序位变化的重要原因之一,是它得到"较大改善"。如果结合关于道德和幸福"能够一致"的(占67.9%)文化认同指数和文化信心指数,那么问题意识的这种位移就更可能解释。

2. 分配不公的伦理承受力

2017年的调查也表明,分配不公可能产生甚至已经产生严重的社会后果。影响人际关系紧张的最重要因素是什么？在诸多选项中,"社会财富分配不公,贫富差距过大"(占33.0%)居首位,其后两位分别是:"社会资源缺乏,引发恶性竞争"(占29.6%),人与人、人与社会之间缺乏信任(占28.4%)。但是,第一共识中已经显示,社会大众对人际关系具有较高的满意度,因而分配不公并没有成为最大伦理忧患,另一个调查数据可以为分配不公在当今中国社会大众的问题意识中的地位变化提供诠释。"你认为目前我国社会成员之间的收入差距是否可以接受?"2013年和2017年的调查数据有明显差异(见表9)。

表9 收入差距的大众接受度 （单位:%）

	合理,可以接受	不合理,但可以接受	不合理,不能接受	说不清
2013年全国调查	13.9	45.0	29.5	11.6
2017年全国调查	17.3	60.3	22.3	未设选项

由表9可见,"不合理"的判断是主流,但同样"可以接受"的判断也是主流。但从2013年到2017年,认为"合理,可以接受"的判断上升了近4个百分点,而"不合理,不能接受"的判断下降了7个百分点。这也反证了上文关于贫富不均现象"有较大改善"的判断,同时也可以假设,当今社会大众对收入差距的伦理承受力有所增强。

以上诸多信息构成互补互释的信息链,呈现关于当今中国社会公平状况的两个基本共识:"不公平,但可以接受";"分配不公,两极分化"现象得到"较大改善"。正因为如此,"分配不公,两极分化"并没有像2007年、2013年的全国调查那样,成为大众集体理性中最担忧的两大问题之一。当然,导致这一变化的更大原因,是中国社会在发展中遭遇了新课题和新难题,这就是生态伦理和老龄化社会的家庭伦理问题。

(四) 干部道德与国家伦理认同

1. 干部道德是何种伦理问题?

腐败现象是改革开放遭遇的基本难题之一,但对这一问题的认知至今仍存在一个哲学盲区,即只将其视为道德问题。其实,腐败之所以成为全社会关注的问题,就在于它不只是个体或某个群体的道德问题,而是一个深刻的伦理问题,准确地说,是伦理—道德问题。腐败不仅因为部分干部将公共权力当作个人利益的战利品而消解国家的伦理实体性,而且因为权力与财富的私通而消解社会的伦理实体性,由于中国式腐败往往不仅一般意义上可能是家族式腐败,而且是出于家庭利益的腐败,因而也消解家庭的伦理合法性。因此,在伦理型文化背景下,腐败所伤害的不是一种伦理而是包括家庭、社会、国家在内的一切伦理,伤害的是伦理本身。正因为如此,关于干部道德发展的大众共识,才成为改革开放40年最重要的文化共识之一。

干部道德因为权力公共性而具有特殊要求,并成为与国家伦理深刻关联的重大问题。"国家是伦理理念的现实。"[2]"个体发现在国家权力中他自己的根源和本质得到了表达、组织和证明。"[3]所以国家权力在精神哲学意义上是一种"高贵意识",其伦理本性是"服务的英雄主义"。"高贵意识是一种服务的英雄主义(Heroismus des Dienstes)——它是这样一种德行,它为普遍而牺牲个别存在,从而使普遍得到特定存在,——它是这样一种人格,它放弃对它自己的占有和享受,它的行为和它的现实性都是为了现存权力(Vorhandene Macht)的利益。"[3]国家权力"服务"的伦理本性对坚持社会主义道路的中国尤为重要。社会主义以公有制为基础,公有制的核心是物质生活资料为全体人民所有,但在现实生活中所有权和支配权往往分离,支配权或国家权力被作为人民代表的干部掌握,于是公有制的彻底贯彻需要满足一个伦理条件,即掌握国家权力的干部必须为人民服务,由此毛泽东才提出"全心全意为人民服务"的道德要求和伦理理想。在一定意义上,"全心全意为人民服务"就是"服务的英雄主义",它是国家权力的伦理本质的中国表达。干部道德不仅是公务员群体的道德,由于他们是国家权力的支配者,因而也是政治伦理、政府伦理和国家伦理。改革开放进程中,由于"公有制为主体、多种所有制经济共同发展"和多样性文化的冲击,干部作为一个群体面临前所未有的道德考验和伦理挑战,以权力与财富私通为特征的腐败成为最具前沿意义的难题,它不仅影响社会大众对干部而且由此影响对政府的伦理信任,最终影响国家作为伦理实体的公信力与合法性。调查显示,改革开放40年来,治理腐败就是一场伦理保卫战,是一次保卫国家伦理的文化自觉,在此过程中社会大众对干部道德发展和政府伦理信任已经形成许多重要共识,达到关于国家伦理实体的新的文化自信。

2. 关于干部道德和政府伦理的三个文化共识

三次调查已经揭示,腐败或"腐败不能根治"一直是社会大众最担忧的问题,应该说这已经不只是关于干部道德,而且是大众集体理性中最基本的共识。有待进一步推进的是,经过党的十八大以来的强力反腐,这一难题的破解取得何种进展?社会大众的"第一忧患"是否得到缓解并形成一些新共识?2017年的全国调查显示,关于干部道德和政府伦理的三个共识正在形成。

第一,腐败现象有较大改善,对干部的伦理信任度提高。"与前几年相比,你认为目前我国官员腐败现象有什么变化?"65.1%的受访者认为"有较大改善",12.8%的受访者认为"有很大改善",二者总和达77.9%,是绝对多数。19.5%的受访者认为"没有什么变化",2.3%的受访者认为"更加恶化"。事实证明,惩治腐败有效提高了社会大众对干部的伦理信任度。"与前几年相比,你对政府官员的伦理信任度有什么变化?"虽然近47.7%的受访者认为"没有什么变化",但"信任度提高了"的选择占38.8%,"更加不信任"的占13.6%,信任度已有很大提高。

第二,对干部群体的伦理理解和伦理认同度提高。"你认为干部当官的目的是什么?"第一选项就是"为人民服务,为百姓做好事做实事",选择率达45.4%,加上"为国家与社会作贡献"的27.0%,肯定性、认同性判断是主流,占72.4%。虽然认为"为自己升官发财"的也占34.3%,但在2007年的调查中,第一选项就是"为自己升官发财"。它表明社会大众对整个干部群体在理解与和解中走向认同。

第三,伦理形象复杂多样,干部道德出现新问题。虽然在干部道德方面取得重大进展,但真正解决问题还任重道远。"在生活中或媒体上看到政府官员时,您首先想到的是什么?"2017年调查表明,社会大众对于干部形象的"伦理联想"或"伦理直觉"非常复杂,排序依次是:官僚、有权有势的人、公仆、有本事的人、决定命运的人、贪官、惹不起躲得起的人、遇到大事可以信任的人。虽有19.3%的受访者认同为"公仆,为老百姓谋福利",2.9%的受访者认为干部是"遇到大事可以信任的人",但其他都比较复杂,甚至负面。

值得注意的是,经过党的十八大以来的强力反腐,目前干部道德出现了一些新情况。"你认为当今干部道德中最突出的问题是什么?"2013年和2017年两次调查共识度较高,问卷所列的八大问题中,一般变化都只是相邻两大问题调换次序:"贪污受贿"与"以权谋私"在第一、二位中互换位置;"生活作风腐败"和"政绩工程,折腾百姓"在第三、四位中互换位置;"铺张浪费"和"拉帮结派"在第七、八位中互换位置。变化最大的只有一个,即"平庸,不作为",它从第五位上升到第三位;位序唯一没变的,是"官僚主义"在两次调查中都处于第六位,这说明"平庸,不作为"已经成为官员道德的新问题。

(五) 伦理精神形态的共识

以上关于家庭、社会、国家三大伦理实体的文化共识,根本上是一种伦理精神共识,这些共识依次聚焦于三大伦理问题:家庭伦理能力,分配公正,干部道德。共识生成的文化轨迹是由道德走向伦理,要义是秉承"伦理优先"的中国精神哲学传统,在改革开放进程中以道德发展捍卫伦理实体。但是,"伦理优先"已经在改革开放的激荡中具有现代形态,其集中表现是在大众认知乃至理论体系中由伦理认同的德性优先向伦理反思的公正优先的哲学转换。调查表明,中国社会大众已经形成新的伦理精神共识(见表10)。

表10 个体德性优先与社会公正优先的不同选择 (单位:%)

	个体德性最重要	二者统一,矛盾时先追求个体德性	社会公正最重要	二者统一,矛盾时先追求社会公正
2007年全国调查	30.0	17.9	30.5	19.6
2017年全国调查	18.0	28.0	31.0	23.0

个体德性与社会公正相互关系的精神哲学实质是道德优先还是伦理优先,就伦理实体而言,是伦理认同优先还是伦理反思优先。"你认为个

体德性与社会公正哪个更重要?"以上相隔10年的两次调查信息基本相同,认为"个体德性最重要或二者矛盾时个体德性优先"的选择率分别为:47.9%、46.0%,认为"社会公正最重要或二者矛盾时社会公正优先"的选择率分别为:50.1%、54.0%,这10年差异率为2%~4%,总的趋向是主张伦理与道德应当统一,伦理道德一体,但社会公正的诉求高于个体德性而处于优先地位。但进一步比较便会发现,对社会公正的诉求不断增强,伦理之于道德的优先地位日益突显。2007年个体德性优先与社会公正优先之间的差异率只有2.2%,但2017年的差异率已达到8%。这说明,当今中国社会大众在守望伦理道德一体、伦理优先的精神哲学传统的过程中,已经不只是传统的伦理认同优先,也不只是近现代启蒙中的伦理批判优先,而是道德与伦理、德性与公正辩证互动中的伦理优先。伦理学界持续多年的关于德性论与公正论之争,在一定程度上也是伦理精神形态转换的理论体现。中国伦理道德的精神哲学传统和精神哲学形态没有变,但面对新的时代课题,问题式和哲学范式发生了部分质变,已经具有新的形态。

结语:伦理型文化的共识

综上,经过改革开放40年的洗礼,中国社会大众的伦理道德发展已经形成三大文化共识,其要义一言概之:伦理型文化的共识。中国传统文化的伦理型特质已经被黑格尔、梁漱溟,以及当代文化人类学家本尼迪克特等所揭示和论证,伦理型文化的共识并不是宣示某种文化保守主义,而是表明中国社会大众依然守望着自己的文化传统和精神家园,伦理道德在精神世界和生活世界中依然具有特别重要的文化地位,这是改革开放40年来伦理道德发展的"变"中之"不变"。伦理道德的文化自觉与文化自信是伦理型文化认同与回归的共识;"新五伦"—"新五常"是伦理道德现代转型的共识;伦理道德的集体理性与伦理精神共识是伦理道德发展的共识。文化认同与文化回归——伦理上守望传统,道德上走向现代——伦理道德一体、伦理优先,形成中国社会大众关于伦理道德"认同—转型—发展"的文化共识的精神谱系。其中,"伦理型文化"的传统是共识的文化基因和文化内核,伦理型文化的认同与回归是最大也是最重要的共识。

由此,可以得出三个具有哲学意义的结论:第一,现代中国文化依然是一种伦理型文化,中国社会大众以对伦理道德的文化自觉和文化自信一如既往地守望着伦理型文化的独特气派;第二,伦理型文化的现代中国形态已经生成,现代中国伦理道德的精神哲学形态依然是伦理—道德一体、伦理优先,"伦理上守望传统—道德上走向现代"的转型轨迹、德性与公正辩证互动中公正优先的新的伦理精神共识,这表明,无论是"伦理—道德一体"还是"伦理优先",都已经具有体现新的时代精神的哲学形态;第三,中国伦理道德发展必须遵循伦理型文化的精神哲学规律,坚持伦理道德一体、伦理优先。当然,这些共识还有待进一步推进,从自发走向自觉,从社会心态走向社会行动,在全球化背景下由文化共识走向文化自觉和文化自立。

本文为江苏省"道德发展高端智库"和"公民道德与社会风尚协同创新中心"承担的国家社会科学基金重大项目"改革开放40年中国伦理道德数据库建设研究"(18ZDA022)、国家马克思主义理论研究和建设工程重大项目暨国家社会科学基金特别委托项目"全面建成小康社会的文化方略研究"(2018MSJ010)以及中宣部"四个一批人才"专项阶段性成果。原载于《中国社会科学》2019年第8期。

参考文献:
[1] 樊浩. 伦理道德现代转型的文化轨迹及其精神图像[J]. 哲学研究,2015(1).
[2] 黑格尔. 法哲学原理[M]. 范扬,张企泰,译. 北京:商务印书馆,1961.
[3] 黑格尔. 精神现象学(下卷)[M]. 贺麟,王玖兴,译. 北京:商务印书馆,1979.

南宋周应龙《文髓》考论

李 由[*]

摘 要 南宋古文评选本周应龙《文髓》从儒道、得体、立意等角度推尊苏轼之文,是继《古文关键》《崇古文诀》之后又一部重要的古文评选本,对明代苏文评点产生了较大的影响。我们通过考辨,首先祛除周应龙著作权之疑,对周应龙的生平行事、《文髓》的编纂时间予以发覆,对此书的辨伪价值亦予揭示。周应龙的文章学思想兼具理学与文学的品格,既坚守儒者立场,强调苏文有益于世道人心的思想伦理价值,又积极探索如何才能更好地载道及物,发挥文章在社会政治生活中的实际功能,苏轼行文得体、立意巧妙,因而成为其关注重点。

关键词 周应龙 《文髓》 苏轼 评点

南宋古文评选本除吕祖谦《古文关键》、楼昉《崇古文诀》、谢枋得《文章轨范》较为重要外,江西吉水人周应龙所编《文髓》选韩愈、柳宗元、欧阳修、苏洵、苏轼五家文七十四篇,加以批评,亦颇具价值,尤其是其中特别推重苏轼文章,评点、发明尤多,对明代及后世的苏文评点产生了较大的

---

[*] 李由,江苏省社会科学院文学研究所助理研究员。发表过论文《楼昉〈崇古文诀〉版本新考》等。

影响,是考察苏文接受史的宝贵材料,为研究苏文的艺术特色提供了重要参考。然学界对此书留意尚少。此书虽由周应龙编成,但直至明宣德三年(1428)才由周应龙的六世孙周鸣(字岐凤)付梓,故宋代书目未有著录,传世刊本亦不多见,管见所知,仅江西省图书馆、台北"国家图书馆"、台北"故宫博物院"各藏一部①。本文以台北"国家图书馆"所藏刊本为据,对《文髓》一书的作者、成书时间等基本文献问题做一考证,继而阐释周应龙推尊苏文的文章学思想特点,揭示其苏文评点的价值及历史影响,从而在文学批评史、文章学史上给予此书以应有的地位。

一 周应龙著作权祛疑

宣德三年周岐凤刻本《文髓》于每卷卷首次行题"宋进士磻洲周应龙标注",并有周岐凤的跋文:"右《文髓》九卷,先六世祖宋进士磻洲先生所取韩、柳、欧、苏四家文章之精粹者,探其旨奥,发其关键,详加标注,以教学者也。"②则《文髓》一书由周应龙编选评点似无疑问。然祝尚书先生留意到杨万里《胡英彦(公武)墓志铭》称墓主有"《文髓》十卷",不免产生疑惑:"胡公武为庐陵人,与周应龙同乡郡,而所撰书名相同,盖非偶然巧合,岐凤乃明人,又是周氏后裔,所云不可深据。或是书为胡公武原编、周应龙标注乎?未详俟考。"[1]根据目前所掌握的材料看,仅据《胡英彦(公武)墓志铭》,似不足以质疑周应龙的著作权,理由详下。

首先,《文髓》选篇、评点深受《古文关键》《崇古文诀》的影响,从选篇上看,《文髓》与《古文关键》③相同者计二十二篇,与静嘉堂藏宋刊二十卷

---

① 笔者得以寓目的是两部台北藏本,其中台北"国家图书馆"本前面目录、后面附录部均有缺页,而台北"故宫博物院"本与其系同一版本,目录、附录均无缺页,两本均无序,仅有周鸣跋识。
② 周鸣《文髓跋》,参见明宣德三年刊本《文髓》,台北"国家图书馆"藏。本文所引《文髓》皆据此本。
③ 本文所用《古文关键》为日本文化元年(1804)据清徐树屏刻本翻刻本。

本《崇古文诀》①相同者计十八篇,与三十五卷本《崇古文诀》相同者二十篇,去其重复,在《文髓》所选的七十四篇文章中,有三十五或三十六篇文章是《古文关键》《崇古文诀》曾经选过的,重合率超过47%,部分作家选篇的重合率更超过70%②,《文髓》评点也多次直接或间接引用二书,如评价韩愈《争臣论》时说:"迂斋批云:此句最有力,以匹夫为谏官,天下所望如何。"也有不少暗用《古文关键》,如《师说》的文中夹批等。然据杨万里墓志,胡公武卒于淳熙六年十二月晦日(1180),而《崇古文诀》初刊于宝庆三年(1227),其时胡公武早已去世,没有可能引用《崇古文诀》,因此他绝不是《文髓》的评点者。那么,他有没有可能是《文髓》的编者呢?这种可能性很小。从《文髓》全书的编选思想及体例看,其选文与批评结合紧密,共同构成了一个完整的文章学思想体系。如在评点韩愈《谏迎佛骨表》《上张仆射书》、欧阳修《论狄青》、苏轼《谏买浙灯状》《代滕甫辩谤书》时反复强调如何"得告君之体",并指出苏轼在《谏买浙灯状》中的委曲回护师法韩愈《谏迎佛骨表》。可见这些选文本身即蕴含、渗透着作者的文章学思想,选评紧密结合,从这一点看,它的编选者和评点者当为同一人。再从著作署名形式看,《崇古文诀》题作"迂斋先生楼昉标注",其编选者、批点者皆是楼昉,而《文髓》也题作"周应龙标注",那么周应龙的角色似应与楼昉一样,集编选、评点于一身。

其次,据杨万里墓志载,胡公武《文髓》有十卷,而今本《文髓》仅有九卷,其后虽有附录一卷,但所附仅有两篇文章,一是周应龙门人郭正表作于元初的《周君伯宽哀辞并序》,二是明人吴溥作于永乐壬寅(1422)的《磻

---

① 《崇古文诀》今存世完本有二十卷本、三十五卷本两种版本系统,二者选篇篇数差异较大。本文所用二十卷本系日本静嘉堂所藏宋本《迂斋先生标注崇古文诀》,三十五卷本则为哈佛燕京图书馆藏明吴邦桢、吴邦杰校正《新刊迂斋先生标注崇古文诀》。关于《崇古文诀》版本问题,参见拙文《楼昉〈崇古文诀〉版本新考》(《文献》2017年第4期)。
② 《文髓》所选苏洵文有九篇,其中七篇曾出现在《古文关键》及《崇古文诀》中,重合率达到77.8%。

洲读书处记》①，两文显然是周岐凤刊刻时新附的，并非《文髓》原有。因此周应龙《文髓》与胡公武《文髓》虽同名但卷数并不相合。另外，墓志称胡公武"性嗜文，尤工于诗。其句法祖元、白而宗苏、黄"②，似乎胡公武的文学成就主要在诗歌创作上，至于文章成就，杨万里并未提及。而铭文中说"嗜古入骨，雕句得髓"，用《文髓》之典，然其意似偏于诗歌句法方面。胡公武《文髓》究竟是什么性质的书？由于材料匮乏，难以判断，以此而质疑周应龙的著作权证据薄弱。

再次，从周岐凤的跋文看，此书乃周应龙选评，且在当时就有学者学习、传录，历宋、元至明代，此书在周家流传亦有序：

> 当时唯先生二子世国、镇国及门人涧谷罗椅、浞溪郭正表得其传，远近慕学之士亦往往有传录之者。先生平生著述极多，今存者有《史汉书详解》《历代系年图》并此书，及为弟子改削所修《文章蹊隧》，皆其手笔之稿也。先生曾孙以立尝什袭藏于石溪洞，迨今二百年而纸墨如新。（周鸣《文髓跋》，明宣德三年刊本《文髓》）

祝先生审慎地指出岐凤乃明人，又是周氏子孙，所言不可深信。然其跋文于传习者、收藏保存者情况记叙颇详。根据地方志及《文髓》所附郭正表《周君伯宽哀辞并序》等材料，也可知周应龙确曾在家乡授学，学子中有罗椅等人，周岐凤所言具有可信性。此外，根据史料记载，周应龙因上书忤宰相而放弃仕途，其子周京孙又因斥责贾似道而弃官，其曾孙周闻孙在应元朝之诏修宋、金、辽史时，上书以宋为正统，不用而辍史职，六世孙周岐凤"才识高迈，襟度弘达"，"为人孝友渊睦"③，可见其家族风气颇正，似非

---

① 台北"国家图书馆"藏本因后有缺页，失去此文作者及写作时间，此处据台北"故宫博物院"藏本补。
② 引自杨万里著，辛更儒笺校《杨万里集笺校》卷一二八《胡英彦（公武）墓志铭》，中华书局2007年版，第9册，第4977页。
③ 引自杨荣《文敏集》卷一九《故奉直大夫兵部职方员外郎致仕周君墓碑》，《景印文渊阁四库全书》，台湾商务印书馆1986年版，第1240册，第298页。

为褒赞祖德而信口雌黄之人。

当然,因周应龙与胡公武乃同乡,《文髓》的命名有可能受胡公武的影响,但鉴于以上所述,笔者认为此书的编选者、批评者当为周应龙。

二 周应龙生平行事及《文髓》成书时间考

关于周应龙的生平,《宋人总集叙录》略云:"周应龙除倪灿谓其为绍定进士外,其他事迹无考。"

(《宋人总集叙录》,第 307 页)我们根据曾棨《文髓序》、解缙《元乡贡进士周君(闻孙)墓表》以及地方志等史料,对周应龙字、号、生平事迹及《文髓》成书时间等有进一步的发现。

范邦甸《天一阁书目》过录有洪熙元年(1425)永丰曾棨为《文髓》所作的序,序称:

> 同郡吉水周氏有磻洲先生者,讳应龙,宋太学生,擢绍定辛卯(1231)进士,继登博学宏词科。上书忤宰相,除漳州教授,不赴,还归于家,闭户著书。(范邦甸《天一阁书目》卷四,上海古籍出版社 2010 年版,第 514 页)

此处对周应龙的仕履交代得较为清楚。需要辨析的是,绍定五年壬辰(1232)方是省试之年,且(雍正)《江西通志》误"周应龙"为"周寅龙",而载吉水人周寅龙绍定四年辛卯乡试拔解①,因此周应龙当是绍定四年解试拔解,而非及第。然在《江西通志》"绍定五年壬辰徐元杰榜"中并无周应龙之名,可能性有二,一是史志失载,二是周应龙绍定五年并未及第,只是一名取解进士。若曾棨序可信,则前一种可能性较大。一方面序中用了"擢进士"之语,根据龚延明先生的研究,这是进士及第的一种省称法[2],

---

① 引自(雍正)《江西通志》卷五一,《景印文渊阁四库全书》,第 514 册,第 651 页。《江西通志》之误,申发祥纂修(乾隆)《吉水县志》卷一三已有辨明、更正,参见《北京大学图书馆稀见方志丛刊》,国家图书馆出版社 2013 年版,第 574 页。

二是因为博学宏词科的应试人员一般也多是有进士出身者,(雍正)《江西通志》载周应龙"绍定间擢博学宏词"①,绍定五年是博学宏词科开考之年,三年后即端平二年(1235)再考博学宏词,因此周应龙当是在绍定五年进士及第,并继而擢博学宏词科。(雍正)《江西通志》亦云周应龙在擢博学宏词科后,"以言忤时宰,引疾不起……门人私谥曰恭文"②,可见,周应龙虽登博学宏词科,但因以言忤时宰,而遭遇政治上的不公,被授予漳州教授,他托疾还乡,并未赴任,居乡著书授徒。

关于周应龙的字、号、生平事迹等,解缙为周应龙曾孙周闻孙所作《元乡贡进士周君(闻孙)墓表》有更详细的介绍:

  公讳闻孙,字以立,世家吉水之泥田。……高祖子渊,宋上舍生。曾祖泽之,擢宏词科,号磻洲先生,当时之称大儒,若郭湜溪、罗涧谷,皆门人也。为建书楼,时称书楼下周家,磻洲年八十余乃卒。赵文敏公以道学称之,祖镇国与兄世国俱登咸淳进士第,世国仕直宝谟阁,以论事斥贾似道,忠言谠论,天下诵之。(贺复徵《文章辨体汇选》卷六八八,《景印文渊阁四库全书》,第1410册,第212—213页)

可知周应龙字泽之,号磻洲先生,吉水泥田人,父周渊,为太学上舍生,有二子世国、镇国,门人有郭正表(湜溪)、罗椅(涧谷),赵孟頫以道学称之,当时号为大儒。而关于书楼,永乐壬寅吴溥记周应龙读书楼时曰:"有罗涧谷者,先生之高第弟子也,为作楼若干楹,以馆学者,先生尝题之曰'磻洲读书处'"。③《明一统志》亦载:"磻溪书院,在吉水县西,宋周泽之建。"④而(乾隆)《吉水县志》载:"蟠溪书院,在六十一都泥田。宋进士罗涧谷,鄱阳祝尧大、祝宏夫师事周泽之,建为讲肄之室。"⑤"磻溪""蟠溪"

---

① (雍正)《江西通志》卷七六,《景印文渊阁四库全书》,第515册,第604页。
② 同上。
③ 引自吴溥《磻洲读书处记》,《文髓·附录》。
④ 引自李贤等《明一统志》卷五六,《景印文渊阁四库全书》,第473册,第138页。
⑤ 引自(乾隆)《吉水县志》卷一,第212页。

当是"磻洲"之误。综合这些材料可知,弟子罗椅、祝尧大、祝宏夫等人在吉水县泥田为周应龙修建了读书楼,这是磻洲书院的教学场所,《文髓》也当是周应龙在此授徒时所编选、使用的教材。

关于周应龙的为人及为文,其门人郭正表说:"磻洲矩度森严,接人更和易。其为文亦然,律而能华,士争传诵。"①(雍正)《江西通志》则说他"经书根极要领,文章华缛,一时传诵取法焉"②。可见其教学态度和易,为文有法而华美,在当时士人中颇有影响。

对周应龙的生卒年,我们略做推测。罗椅生于嘉泰四年(1204)③,按照常理,周应龙当长于弟子罗椅,则其生年早于1204年。郭正表《周君伯宽哀辞并序》称,在初次见到周应龙"后五年"周应龙之子世国拔解,而世国于咸淳六年(1270)拔解,则郭正表初见周应龙在咸淳元年(1265),可知周应龙咸淳中仍在世,八十余岁卒,一生跨越了宁宗、理宗、度宗统治时期,是南宋后期文人。

《文髓》一书既是为了以文章法度"教学者",则必然作于周应龙绍定五年还乡之后,根据周岐凤所述,当时仅有"世国、镇国及门人涧谷罗椅、湜溪郭正表得其传,远近慕学之士亦往往有传录之者",罗椅登宝祐四年(1256)进士第,世国咸淳六年乡试拔解,因此《文髓》的编选当在罗椅及第之前。大略言之,《文髓》的编选在绍定五年以后、宝祐四年以前,咸淳间仍在使用,是继《古文关键》《崇古文诀》之后南宋后期的一部古文评选本。

三 推尊苏文的文章学思想

《文髓》的选文、批评既受《古文关键》《崇古文诀》的影响,又能自出手眼,在编选、评点上皆有新变,对文章学、古文批评作出了颇有价值的探索

---

① 引自郭正表《周君伯宽哀辞并序》,《文髓·附录》。
② 引自(雍正)《江西通志》卷七六,《景印文渊阁四库全书》,第515册,第604页。
③ 罗椅生年有两说,一为1214年,一为1204年,此处从曾枣庄先生的考证,定为1204年(曾枣庄《宋人生卒年小考》,《宋代文化研究》第二集,四川大学出版社1992年版,第81页)。

和推进,形成了自己的特色。其最大的特点之一即是推尊苏轼之文。在韩愈、柳宗元、欧阳修、苏洵、苏轼的选录篇数上,《古文关键》分别为十三、八、十一、六、十六篇,二十卷本《崇古文诀》分别为二十二、十四、十六、十一、十篇,三十五卷本《崇古文诀》分别为二十五、十四、十八、十一、十五篇,《文章轨范》分别为二十九、八、五、四、十二篇,而《文髓》则是十、十、九、九、三十六篇,所选苏轼文章篇数占全书近一半,大大超过《古文关键》《崇古文诀》《文章轨范》所选苏文的数量及比例。在南宋,韩、柳、欧、苏并称为古文四大家已渐成共识,然而四家之中孰先孰后却是一个难以回答的问题,时人及选家们的意见并不相同,正如王十朋所说:"唐宋文章,未可优劣。唐之韩柳,宋之欧苏,使四子并驾而争驰,未知孰后而孰先。"[①]《古文关键》四家并重而选苏文略多,《崇古文诀》《文章轨范》更重韩文,而周应龙显然将苏文看作古文创作至为重要的典范,最为推崇。

  从周应龙对苏文的选评来看,他对苏文的推崇,独具手眼,与时风有所不同。南宋初期以来,苏文因有利于举业而盛行一时,俗语谓"苏文熟,吃羊肉;苏文生,吃菜羹"。因此,南宋选本如《三苏先生文粹》《东莱标注三苏先生文集》《古文关键》《文章轨范》等皆大量选入苏轼论、策等有补于举业的文体,而对那些离举业稍远的碑、铭、序、记、祭文等文体较少留意。周应龙编选《文髓》教导初学,固然也有指导举业的目的,选入苏轼论体文十三篇,但又不局限于举业教授,同时选入记体文十篇、碑两篇、铭两篇、序一篇、奏议四篇、古赋两篇、祭文两篇,涉及文体十分广泛,体现出他对苏文各体皆有深刻的认识。并且,在他所选的三十六篇苏文中,与《古文关键》重合者仅有九篇,与二十卷本《崇古文诀》重合者有三篇,与三十五卷《崇古文诀》重合者也仅有五篇,可见他对苏文确有独到见解,体现出一种独立成熟的文章学思想。

  除了具体的起承转结、抑扬开阖、操纵急缓等行文方法以及下字下句

[①] 引自王十朋《读苏文》,《全宋文》卷四六三三,上海辞书出版社、安徽教育出版社2006年版,第209册,第80页。

之妙,也就是周应龙所说的"笔力"外,他主要从符合儒家伦理道德、有益于世道人心、行文"得体"、善于立意等角度推崇苏文。

(一) 强调儒道而推重苏文

周应龙对苏文的推崇,首先基于对苏轼为人能坚守儒道、文章能够传达正确的儒家伦理道德观念的认同,基于苏文有益于世道人心的价值判断。苏文中,周应龙认为学子们首先应当读《学士院试孔子从先进论》,评之曰:"以'始进以正'立说,议论正大。文势委折,千变万态,愈讽愈有味。坡文当首读此,非特文字好,亦所以正趋向于始进之日。"(《文髓》卷九)此题出自《论语·先进》"子曰:'先进于礼乐,野人也;后进于礼乐,君子也。如用之,则吾从先进'",这句话的意思历来聚讼纷纭,莫衷一是①,在苏轼的时代,最有权威性的应是何晏注、邢昺疏的《论语注疏》,其将"先进""后进"作名词解为孔门弟子中仕进前辈与后辈,"先辈仕进之人,准于礼乐,不能因世损益,而有古风",将孔子从先进的原因解释为"将移风易俗,归之淳素"②。苏轼的解读与此完全不同,他将"先进"解为"始进",即最初仕进,"先进于礼乐"即步入仕途之初,即以礼乐进献、谏说君王。他以圣人为例,指出圣人虽道高而难合,又急于得君行道,但在最初进谏君主时,却不肯枉尺直寻,曲意迎合,因此士人也当以圣人为典范,在仕进之初,坚守儒者的信仰、原则和理想,以正道(儒道)进谏君王,合则用,不合则去。作为大儒的周应龙当然明白苏轼的解释与正统不符,但却认为这是苏文中最先要读的文章,其原因在于可以告诫那些准备进入仕途的学子们应该如何得君行道。苏轼在《〈六一居士集〉叙》中称赞在欧阳修的影响下,士人"以救时行道为贤,以犯颜纳谏为忠"③,而他本人也敢于抗言直谏,守道不屈,这篇文章颇能体现他在得君行道上的君子气节。《文髓》的受众是尚未入仕的青年学子,周应龙编选《文髓》,推重苏轼之文,在磻洲书

---

① 参见肖永明、戴书宏《〈论语〉"先进"章诸家注译考辨》,《湖南大学学报》2013 年第 5 期。
② 引自何晏注、邢昺疏《论语注疏》卷一一,北京大学出版社 1999 年版,第 142 页。
③ 引自苏轼著,张志烈、马德富、周裕锴主编《苏轼全集校注·文集》卷一〇,河北人民出版社 2010 年版,第 11 册,第 978 页。

院讲授古文之学,不只是为了传授文章写作的蹊径方法,更试图通过对古文之学的传授,使学子们在人生观、价值观上树立儒家的伦理道德观念,养成像苏轼那样高尚的君子气节,这与流俗因科举考试的需要而学习苏文显然不同。

这也深刻地体现了周应龙认为文章要有益于世道人心的儒家伦理价值观念,在其他作家作品的选择上,他也有类似的价值判断。如评韩愈《圬者王承福传》"此传万世士大夫之一大龟鉴也"(《文髓》卷一),在此文中韩愈借泥水匠王承福之语"食焉而怠其事,必有天殃",批评告诫那些居其位而不谋其事的士大夫们。周应龙认为这篇文章对于儒家士人出仕为官颇有借鉴意义。他称赞韩愈《谏迎佛骨表》"关涉风教甚大",有"凛然忠义之气"(《文髓》卷二),欧阳修《樊侯庙碑》符合"怪力乱神,夫子不语"的原则,"议论正大,皆关系世教之文"(《文髓》卷四),无论是韩愈排佛,还是欧阳修破除百姓的迷信,都是对"异端"的攻讦,有益于儒家教义的维护和传播。

这种价值观与传统诗教"厚人伦,美教化,移风俗"的精神一致,也是唐宋以来古文家文以明道、文须有益于世等思想的具体表现,体现了周应龙以道德义理为先,并重文法文采的文章学思想及古文教育理念。这一思想理念也带有浓厚的个人色彩,与周应龙的学术背景、生平经历、个人品格有关。前文已述,周应龙登第后,因上书忤时宰而弃官还乡,放弃仕途,可见其人颇为忠直,正符合苏轼《学士院试孔子从先进论》"始进以正"的思想,他的儿子因反对贾似道而辞官,他的门人郭正表说"文以鸣道兮,匪以干时"[①],可见他古文教育中的道德教育、气节教育确有实效。赵孟頫以"道学"称赞周应龙,也可看出周氏的儒者立场。从这一点看,周应龙对苏文的推崇与发明实源于精神、气节上的共鸣,源于对苏轼作为儒者、君子的道德人品的敬重,看重的是其人品行事、文章所传达的儒家伦理价值观念对于士人的典范意义。

---

① 引自郭正表《周君伯宽哀辞并序》,《文髓·附录》。

（二）强调"得体"而以苏文为法

对于苏文"得体"的特点，《古文关键》《崇古文诀》均有提及。如吕祖谦评苏轼《王者不治夷狄论》"其不纯者足以寄其褒贬，则其纯者可知矣"一句"最得体"（《古文关键》卷上），楼昉评苏轼《上神宗皇帝书》"真得告君之体"（三十五卷本《崇古文诀》卷二三），《代张方平谏用兵书》"得老臣谏君之体"（三十五卷本《崇古文诀》卷二五）等。周应龙对苏文"得体"特点的揭示既受楼昉影响，又更为细化、深化。"得体"一词出自《礼记·仲尼燕居》"官得其体"，孔颖达疏曰："体谓容体，谓设官分职，各得其尊卑之体。"原指人的仪容、服饰、举止等与身份相称。而从楼昉、周应龙的评点看，行文得体主要是指处在封建纲常伦理关系中的作者作文措辞应当符合自己的身份地位、作文的具体语境（背景、目的、对象、文体形式等）以及相应的礼法规范、文体规范，考虑文章的读者、受众的接受心理以及实际的接受效果。因为是教导学子作文，所以周应龙将作者自然定位为儒士，也即具有儒生与官僚双重身份的士大夫，按照接受者（读者）的身份划分，他在苏轼的文章中，强调了三种类型的得体问题：一是"告君之体"，二是告尊长、贵人之体，三是待佛老之体。其中前两种皆是告居上位者之体，周应龙多合而论之。

在论述告君之体、告尊长贵人之体时，周应龙认为苏轼的文章符合孟子"辞不迫切，而意已独至"①的风格，既饱含忠君爱民之意，诚挚恳切，又行文委曲婉转，不怨不怼，能让君主、贵人心服口服，从谏如流。在评价苏轼《谏买浙灯状》一文时，周应龙说："告君与告众人不同，自有告君之体。最要说得委婉。孟子所谓'辞不迫切，而意已独至'是也。宜把与《佛骨表》《谏张仆射书》兼看熟读，非特笔端有益，亦会大官员面前禀覆。"（《文髓》卷七）他强调告君、告尊长贵人一类的文章具有特殊性，这类文章自有其体，行文语气、措辞、布置上要求委曲婉转而不急迫严厉。所谓"委婉"，具体地说，是要对上位者（君主、贵人）行事之非有所回护，不可攻讦指责。

---

① 引自赵岐《孟子题辞》《十三经注疏·孟子注疏》，北京大学出版社 1999 年版，第 10 页。

如苏轼此文以神宗减价收买浙灯为非,却不直接指责,而是说:"凡陛下所以减价者,非欲以与此小民争此毫末,岂以其无用而厚费也。"为神宗的行为开脱,周应龙评此句曰:"亦是委曲处。"文中不直说神宗不妥的举动会招致民怨,而说:"京城百姓,不惯侵扰。恩德已厚,怨蘦易生。"是因为神宗一贯厚施恩德,才使得百姓不惯侵扰,容易生怨,确如周应龙所说,这四句"皆是回护语,得告君之体"。

当然,委婉回护并不是巧言令色,文过饰非,周应龙认为"得体"在本质上仍然是忠君爱民的真挚情感。如《谏买浙灯状》说:"卖灯之民,例非豪户,举债出息,畜之弥年。衣食之计,望此旬日。陛下为民父母,唯可添价贵买,岂可减价贱酬?此事至小,体则甚大。"周应龙评曰:"委曲之中,不胜恳到。"在他看来,行文得体的目的在于以恰当合适的行文方式,感动上位者,让他们心悦诚服地改正错误,从而做出有益于民之举,实现作文者(儒士)感化人主、辅时及物的讽谏目的。

与此相反,不得体的行文,则会激怒人主,不仅达不到讽谏的目的,还会给作者带来极大的危险。如韩愈《谏迎佛骨表》,周应龙说:"是表关涉风教甚大,惜前一段内言梁武帝一节过于激切,所以起宪宗之怒。"(《文髓》卷二)韩愈直言梁武帝因奉佛而饿死国灭,"事佛求福,反更得祸",以此来劝谏信仙好佛、祈求长生的唐宪宗,激起宪宗之怒,险被处以极刑。周应龙认为韩愈忠直排佛固然符合儒家教化之旨,然而行文过于激切,并不得体,与此形成对比的是苏轼之文往往得告君之体,除了《谏买浙灯状》外,苏轼的《代滕甫辩谤书》《司马温公神道碑》都是得体的典范,他称赞《代滕甫辩谤书》"最得告君之体":

> 自明不怨其君之不相知,而力言其所以受君父之知。不咎其君之听谗言,而深言谗人之无忌惮。人主读之,如何不感动?最得告君之体,不然徒以激人主之怒。(《文髓》卷七)

苏轼的代作借汉宣帝"以片言而诛杨恽"、唐太宗"以单词而杀刘洎"之事,颂扬神宗胸怀度量超过这两位明君,感激于神宗的"始终照察,爱惜保全",而将"我"的处境归因于他人的毁訾,"我"为毁訾损害了神宗的圣度眷顾而伤心。周应龙认为这样的行文最得体,不怨不咎,却能感动而非激怒人主。确实,文章呈上后,神宗览书释然,滕甫得偿所愿,由偏远的筠州改知湖州,这都要归功于苏轼行文"得告君之体"。

对苏文"得体"特点的推重,体现了周应龙的儒家伦理道德思想。在评价苏轼《司马温公神道碑》时,他说:

> 神宗之失,千古不可磨灭,然子为父隐,居是邦不非其大夫,况臣之于君乎。今公不称哲宗用公之力,而极言神宗知公之深,极其回护,最有见识,最为得体,世间第一等文章也。(《文髓》卷七)

司马光在神宗朝因与王安石在新法问题上矛盾激烈,自请离京,退居洛阳,直至神宗去世、哲宗即位才再次入朝。苏轼为他作神道碑,却强调神宗对司马光知之甚深,并有留待子孙用之之意,在周应龙看来,这是回护神宗之失,最为得体,故而也是第一等文章。他的理论依据是《论语·子路》中所载孔子之语"父为子隐,子为父隐,直在其中矣"[①],以及《荀子·子道》所载子贡之语"礼,居是邑,不非其大夫"[②]。二程曾说:"'居是邦,不非其大夫'此理最好。"[③]此语也被朱熹、吕祖谦编入《近思录》朱熹《论语集注·述而》注曰:"君子居是邦,不非其大夫,况其君乎?故子贡不斥卫君,而以夷、齐为问。"[④]周应龙表述与此说极为相似,也可能直接受朱熹的影响。

可以看出周应龙对苏文得体的推重,是源于他对儒家君臣之义、上下之礼等伦理观念的理解。处在封建伦理关系中的儒士,其生杀大权掌握在人主手中,一方面,他们希望用文章来讽谏君主、辅时及物;另一方面也

[①] 引自朱熹《四书章句集注·论语集注》卷七《子路》,中华书局1983年版,第146页。
[②] 引自荀子著,王先谦集解《荀子集解》卷二〇,中华书局1988年版,第531页。
[③] 引自朱熹、吕祖谦编《近思录》卷一〇《处事之方》,中州古籍出版社2008年版,第367页。
[④] 引自《四书章句集注·论语集注》卷四《述而》,第97页。

必然要遵守儒家思想中君臣上下的礼法规范,这之间常常存在矛盾,行文"得体"则成为化解矛盾、两全其美的关键。

告君之体、告尊长体,强调作为官僚的士人对待居于上位的接受者的行文规范,而待佛老之体则是强调作为儒生的士人对待佛老之徒的行文态度。周应龙认为儒士在为佛老之徒作文时,应当抑扬有法,不可十分夸赞佛老之徒,又不可不略微夸赞,这也体现出他坚定的"儒者"立场。在评韩愈的《送高闲上人序》时,周应龙将这一"得体"思想阐述得颇为细致:

> 佛老之徒,纵有寸长片善,不可放起他,况昌黎辟佛老者也。张旭有不平于世之心,无所发泄,故寓于书。今闲上人从寂灭之教,遗世而处,无旭之心,必不能为旭之书,已十分抑了,故末以善幻多技能扬之,略略出他,做一个散场,玩味可以识前辈作文抑扬之法。(《文髓》卷二)

苏轼与佛老教徒亦有密切的交往,周应龙认为在这一方面,苏轼的行文也是十分"得体"的,如评其《四菩萨阁记》曰:

> 明皇建此板而不能守之,惟简求舍此板而公遽以与之,公盖千思万量,简未能守此板,而余为父舍此板,谁非人子,谁无父母,谁忍取之哉?末仍归重于简,最得体。凡吾儒为僧作文,不可十分放起他,亦不可不略略救起一二分。(《文髓》卷六)

苏轼捐其父所藏吴道子画给惟简,又担心终为他人所掠得。惟简愿"盟于佛而以鬼守之",苏轼以为不可,而曰:"轼之以是予子者,凡以为先君舍也,天下岂有无父之人欤?其谁忍取之?"含蓄地指出惟简所说的以佛鬼等幽冥之物守之是无用的,只有儒家的孝道才能感化人心,才能长久地保护此画。这体现出苏轼对儒道的颂扬,对佛鬼之说的含蓄批判。这一态度为周应龙所欣赏。不过,既是为佛徒作记,便不可过于批判,因此,苏轼最后说"且夫不可取者存乎子,取不取者存乎人,子勉之矣",勉励、赞扬惟简保护此画的决心,这便是周应龙所说的"末仍归重于简"。此外,苏轼的《钱塘勤上人诗集序》也是通过叙述欧阳修待士之厚、士不能如惠勤念欧公之深,来针砭当下的士风,而不涉及对佛教本身的弘扬,在周应龙看来,这也是得体的,评价此文时,他说:"大凡为浮屠人作记序,最要占地步,措语有斟酌。"(《文髓》卷七)即在为佛教徒做文章时,应当坚守儒家的立场,下字措语均要斟酌得体。

总而言之,从"得体"的角度评价苏轼的文章,体现出周应龙对于儒者之文的要求,作为作者的儒士在行文中应当记住自己的身份,坚守自己的立场。臣子的身份、立场要求从忠君爱民的情感出发,恰当地以文为谏,从而得君行道;儒生的身份、立场要求在以文章与异端之人应酬交际时,抑扬有法,坚守儒道。

(三)强调立意而以苏文为典范

宋人重议论,故对议论的新颖、独到、精确颇为看重。吕祖谦《古文关键》、楼昉《崇古文诀》皆是如此,如吕祖谦评欧阳修《朋党论》"议论出人意表,大凡作文妙处须出意外"(《古文关键》卷上),楼昉也称赞秦观《晁错论》"措词雅健,议论不蹈常习故"(三十五卷本《崇古文诀》卷三一)。但这些大多是单纯地激赏于论点的新颖,对于"命题"与"立意"、"题"与"意"之间的关系还少有论述。立意与确定文章的中心论点、"主意"不同,它既包括中心论点的确立,也包括对文章整体的构思和设想。而应用型的古文以及科场论文,往往都是命题作文,如何才能在题目的限定下,高妙地立意,巧妙地架构,这对于当时学子而言,无疑是一个非常重要的问题。苏轼文章立意独到的特点,宋人虽已留意,但在此前的古文评选本中却未得到充分阐发。吕祖谦虽多选苏轼论体文,强调要学其意,但也仅是标出体现其立意、主意的句子。周应龙对这个问题有许多深入的思考,他特别推崇苏文善于立意的特点,指出苏轼能够不为题目所拘,在俗见之上翻案立意,在熟题之外另寻新意,在小题之中阐发深意,在举场中巧妙立意。

首先,周应龙特重"翻案体",这是《古文关键》《崇古文诀》未曾提到的。他在《文髓》中明确指出是"翻案体"的文章有五篇,即柳宗元《论语辩》《贺进士王参元失火》以及苏轼《代张方平谏用兵书》《张良论》《汉鼎》。像评价苏轼《庄子祠堂记》曰:"人皆以庄子为诋孔子,而公独以庄子为助孔子，出人意表之议论也。"(《文髓》卷六)虽未点明，但实质上也是推崇苏轼能够翻案立意。他用"姜在树上生"的谚语来形象地说明苏轼翻案立意的方法，评价《代张方平谏用兵书》说："此书亦翻案体。说着用兵，人皆以败为不幸，胜为大幸，公独以胜为不幸，败为大幸，即谚所谓'姜在树上生'是也。"(《文髓》卷七)赵翼《陔余丛考》说："生姜树上生，俗语谓人之执拗者。"①姜本生于土中，却非说"姜在树上生"，无疑是"执拗"的。而"拗"却正是"翻案法"的精神内核，拗俗立意，不随人后，突破传统的观念、常理，出人意表，而又能深刻地揭示某些被人忽视的道理，这是周应龙有取于苏文的地方。如人们历来认为圯上老人传授给张良的是兵法，而苏轼《张良论》偏偏认为老人是为了"教其能忍"，并将张良博浪沙击秦的不忍与后来教刘邦以忍勾连起来，自圆其说，启人思考，周应龙评论此文曰："主意在一'忍'字，亦翻案体。"颇能洞见苏轼翻案立意之法。

对于苏轼在熟题之外立意的方法，周应龙也很推崇。如评《放鹤亭记》曰："他人记此亭，拘于题目，必极其所以模写隐士之好鹤，有何意思？公乃于题外酒上说入。好鹤隐然为天下第一快活，固在言外矣。"(《文髓》卷六)指出苏轼善于在题目之外生新意，立意构思超出流俗，颇有新趣。确实，苏轼本为云龙山人张天骥所建放鹤亭作记，张为隐士，又好鹤，遂以鹤名亭，一般人写此记文，自当百般铺陈隐士如何好鹤，写鹤与隐士之间的密切关系，毕竟在中国文化传统中，鹤常用来比喻贤人隐士，隐士好鹤如林逋也是可以征引的例子。但既是传统，则必为人所熟知，熟题熟意，"有何意思"？苏轼则于题外拉入一"酒"字，说酒能乱德，鹤则有清闲之致，然隐士好酒而全真留名，君王好鹤却亡国，如此便自然地引出了结论："南面之君，虽清远闲放如鹤者，犹不得好，好之则亡其国。而山林遁世之士，虽荒惑败乱如酒者，犹不能为害，而况于鹤乎？由此观之，其为乐未可以同日而语。"错综对比之下，将隐居之乐、隐士好鹤之乐推向极致。

除了题外立意，周应龙也赞赏苏轼能够不拘于题中之意，在小题目上

---

① 引自赵翼著，栾保群、吕宗力校点《陔余丛考》卷四三，河北人民出版社1990年版，第790页。

发大议论,阐发深刻的人生哲理。如评《墨妙亭记》曰:"金石有时而坏,惟文章为不朽。昔人刻文章于金石,而莘老又覆金石于亭内,几于不知命。然知命者必尽人事,大而治国养身,亦莫不然。盖因墨妙亭而推究莘老所以造亭之理。不然只说莘老作一个亭子,安着数片碑石在内,有何意味?"(《文髓》卷六)孙莘老建墨妙亭,搜集石碑拓本,置诸亭中,并请苏轼为之作记。莘老之举只是小事,若据题直叙,则了无意思,苏轼则就莘老之举,推阐君子"尽人事,知天命"的人生观,由造亭上升到治国,于小题目上做大议论,可谓善于立意。

而举场中命题作文,立意的高妙与否直接关系着文章能否获得考官的青睐,决定着举子的命运。周应龙以苏文为典范,教授举子立意之法。有一般的就题立意法,如《刑赏忠厚之至论》,"此题只就出处'疑'字上发,便见得忠厚之至"(《文髓》卷九),也有题外立意法,在遇到难以措手、难以从正面论说的题目时,在题目之外寻找线索。如苏轼的《〈春秋〉定天下之邪正》:"只据题目如何议论?去《春秋》脑上寻一个'礼'字作柄说,其说既高,又于定邪正甚切,全得'决嫌明微定犹豫'一句为骨。"(《文髓》卷九)题为"《春秋》定天下之邪正",如果拘于字面意思,直说《春秋》如何定天下之邪正,议论必局促、单调、浅露,难以深入展开,苏轼在题外拈出一个"礼"字,以"夫《春秋》者,礼之见于事业者也"开篇,从"礼"的角度说《春秋》如何定天下之邪正,立意巧妙精当。

范温就曾指出苏轼为文的特点在于重命意、善命意,且苏轼论文亦重命意:

> 老坡作文,工于命意,必超然独立于众人之上。……平日得意处多如此,其源盖出于《庄子》。故其论刘伶、庄子、阮千里、阎立本,皆于世人意外,别出眼目。其平日取舍文章,亦多以此为法。(郭绍虞《宋诗话辑佚》卷上《潜溪诗眼》,中华书局1980年版,第333页)

可见,无论是作文,还是论文,苏轼都颇用心于立意。讲究立意不落俗套,出人意表，别出眼目，是苏轼文章创作的重要精神。周应龙从立意的角度评点苏文，指导士子们学习苏文，可谓能得苏文之神髓。

四 《文髓》苏文评点的影响与文献价值

《文髓》在宣德三年付梓之前，影响或仅限于周应龙家族及其弟子，然其刊刻之后，却对明代及后世的苏文评点产生了较大的影响，只是因种种原因，这种影响未被揭示。明人叶盛(1420—1474)《水东日记》曰："宋儒批选文章，今可见者，前有吕东莱，次则楼迂斋、周应龙，又其次则谢叠山也。"①可见《文髓》刊刻后不久就进入了当时知识人的视野。明代苏文极为盛行，涌现出大量的苏文评点选本，在这些选本中也常见周应龙的影响。一方面，有不少选本直接引用《文髓》评语。如李叔元《汇锲注释三苏文苑》②在《王者不治夷狄论》《范增论》《贾谊论》等文中都曾引用"磻洲"批语，书中亦有不加说明而直接用《文髓》批语的情况，说明李叔元确实借鉴吸收了《文髓》的评点思想，此书传至日本，有和刻训点本，对日人接受苏文亦有一定的影响；又如顾充集评《洄澜先生集百家评注文章轨范》亦曾引用"磻洲"评语；再如万历四十八年(1620)凌启康刻本《苏长公合作》中《放鹤亭记》的眉批亦引磻洲评语，其题下批语曰："小题目出一段大议论。"③与周应龙对《放鹤亭记》立意之妙的阐发十分相似，当亦受其启发。另一方面，有些选本虽未直接引用磻洲评语，但其评点角度、观点等亦受《文髓》影响。如闵尔容辑评本《苏文》评《代张方平谏用兵书》："古之谏兵者只说不胜之害，务以避害而趋利，此书说虽胜其害尤不可言者，况以时事天时观之必不胜。如此立意高人一着。"④评《钱塘勤上人诗集序》曰："作浮屠氏文既不可太与，亦不可太贬，此序只在惠勤不负欧公上立意。"

---

① 引自叶盛《水东日记》卷九，中华书局1980年版，第103页。
② 参见李叔元《汇锲注释三苏文苑》，万历三十二年(1604)余氏萃庆堂刊本。
③ 引自《苏长公合作》卷二，万历四十八年凌启康刻本。
④ 引自闵尔容《苏文》卷五，明刊本。

(闵尔容《苏文》卷六)这些与《文髓》在观点、语脉上都非常一致,当是受到周应龙的影响。

可以看出《文髓》对明代的苏文评点具有相当的影响力,是明代人理解、阐释、评选苏文的重要参考书之一,我们要讨论苏文评点史、接受史,《文髓》是不容忽视的材料。而遗憾的是,由于《文髓》传世刊本不多,且明代人引用《文髓》时大都仅标明"磻洲曰",周应龙及《文髓》之名未曾出现在这些选本中,因此我们很难留意到这部书。如目前收录苏文评点较全的《苏轼全集校注》也尚未注意到此书丰富的苏文评点资源,其中还有因明代苏文评点伪书的误导,而将周应龙评点误植的。如在《放鹤亭记》的集评中有这样一条:"洪迈云:'他人记此亭,拘于题目,必极其所以摹写隐士之好鹤,有何意思。公乃于题外酒上说入,好鹤隐然为天下第一快活,固在言外矣。'"①这显然是将周应龙的评语误植为洪迈。校注本称此条引自《苏长公合作》,《三苏文范》引作崔仲凫语。根据南京图书馆藏本《苏长公合作》,其中并未将其误植为洪迈,而《嘉乐斋三苏文范》则将其伪托给崔仲凫。这就要提到《文髓》文献价值的另一方面,即辨别苏文伪评点书的价值。

据初步考察,根据《文髓》,我们可以断定旧题杨慎选、袁宏道参阅的《嘉乐斋三苏文范》以及旧题锺惺编、谭元春评《三苏文盛》均系伪托名人的评选本。据统计,《三苏文范》共有十二篇文章盗用《文髓》批语,并将其伪托给杨升庵、吴康斋、贝清江、王世贞、李石麓等十名不同的作者,作伪情况十分严重。例如在《张益州画像记》中,《三苏文范》就照抄《文髓》评语,并将其系为谢叠山之语②,而谢枋得《文章轨范》并未收录此文,批语又从何而来呢?书中更将周应龙的姓改换成"熊",作"熊磻洲"。"'古文评点原本存在着一定的沿袭性,但此书这样的处理方式显然是有意作伪,且手段十分拙劣'《三苏文盛》也有同样的情况"。《文髓》对《宝绘堂记》的

---

① 引自张志烈等校注《苏轼全集校注》卷一一,河北人民出版社 2010 年版,第 11 册,第 1141 页。
② 旧题杨慎选,袁宏道参阅《嘉乐斋三苏文范》卷四,明天启二年(1622)刻本。

评语被其抄袭,而系为谭友夏语①;《三苏文范》将《文髓》中《放鹤亭记》的评语伪托给崔仲凫,《三苏文盛》则将其伪托给锺惺,类似的情况还有不少。

关于《三苏文范》,四库馆臣说:"所取皆近于科举之文,亦不类慎之所为。殆与《翰苑琼琚》均出依托也。"②清人平步青也认为此书卷首"三苏考实"部分多有常识性错误"乃明末坊贾不读书者所为,绝不出中郎手也"。借助《文髓》,无疑可以更确凿地证明此书为伪编。可见,《文髓》除了在文学批评史、文章学史、苏文评点史上具有相当的价值外,还具有辨伪的文献价值。明代苏文评点本甚多,书商为了牟利,多伪托名人,制作评点本,借助《文髓》我们可以将这部分伪作、伪评揭露出来,避免以讹传讹。

结 论

《崇古文诀》初刊于宝庆三年,《文章轨范》大约成书于宋末元初,在两者之间的南宋后期的半个多世纪里,宋代古文评点选本情况如何?苏文的评点与接受情况如何?是否受理学思潮影响而走向消沉?此前由于文献不足,我们并不十分了解。周应龙《文髓》为南宋后期的苏文接受史、古文评点史提供了关键的一环。从上文分析可以看出,他既继承了《古文关键》《崇古文诀》的评点思想,又有所创新。尤其是在唐宋古文家中推尊苏文,阐发苏文在笔力、儒道、得体、立意等方面的成就,体现了他丰富的文章学思想内涵。首先,他论文坚持儒士立场,坚守儒家伦理价值观念,强调优秀的文章应该符合儒道,传播孔孟教义,有益于世道人心,因此他推崇苏轼《学士院试孔子从先进论》等文章;其次,他强调行文"得体",在告君、告尊长时,遵循儒家的君臣上下之礼,学习孟子"辞不迫切而意已独

---

① 旧题锺惺编,谭元春评《三苏文盛》卷一四,明崇祯间刻本。
② 引自永瑢等《四库全书总目》卷一九二,中华书局 1965 年版,下册,第 2685 页。

至"的风格,行文措辞既委曲回护,又真挚诚恳,最终使上位者从谏如流,因此他评价苏轼《司马温公神道碑》"最为得体,世间第一等文章"(《文髓》卷七);再次,他重视文章的立意与表达技巧,讲究文章之法,对此有着深刻的思考和丰富的理论总结,尤其体现在对苏轼的笔力、善于立意等特点的阐发上。

可以看出,周应龙的文章学思想是文道并重的,他对苏文的阐发也是从文、道两个层面展开,这与苏轼本人文道并重的思想十分契合。笔力、立意属于文术论;符合儒家教义、有益于世道人心的价值判断则体现了唐宋古文革新的新文道观;得体论看似是文术论,实则体现了周应龙在文以明道、辅时及物的文道观框架下,探索如何才能更好地、更恰当地以文为谏,以古文、文章参与社会政治生活,体现了作为一名儒士对斯文载道及物的现实功能的认识与看重。虽然我们对周应龙的思想背景了解不多,但从赵孟頫以"道学"称之,时人称其为"大儒",同时再结合其文章学思想看,周应龙的学术思想兼具理学与文学的品格。尤其是他对苏文的钟爱,表明他虽有理学背景,但与程朱理学抑苏的倾向十分不同。他对苏文的阐发在明代颇有影响,对我们今天全面认识苏文的艺术成就亦有启发。

(附记:承蒙二位匿名审稿专家提出宝贵的修改意见,谨此申谢。)

本文为国家社会科学基金青年项目"宋元文章学在日本的传播与接受研究"(项目编号18CZW026)阶段性成果。原载于《文学遗产》2019年第6期。

参考文献:

[1] 祝尚书.宋人总集叙录[M].北京:中华书局,2004:307—308.
[2] 龚延明.宋代登科总录·宋代及第进士之鉴别(第14册)[M].桂林:广西师范大学出版社,2014:7780.

王船山对儒家政治哲学的反思与重建

——以"理一分殊"重释《大学》"明德与新民"关系

孙钦香*

摘 要 儒家政治哲学在明末清初经历了显著的反思与重建过程。王船山以"理一分殊"来重释《大学》"明德与新民"之关系,正是这一历程的典型体现。一方面,船山持守"明德为本"的传统解释,并指出"明德"之所以"为本"就在于"明德与新民"为"理一"关系;另一方面,通过对"慎乎德"的论述揭示"新民"活动有其相对独立的原则与规范,并通过对"教化之权下移"的论述,特别是对"德化天下"的批评,体现了他对儒家政治哲学的某些反思与批判。可以说,船山通过"理一分殊"诠释《大学》"明新"关系,展现了他对儒家政治哲学的反思和重建,表明儒家政治哲学自身具有的思想活力,借此也有助于思考今天儒家政治哲学的现代转化问题。

关键词 儒家政治哲学 王船山 理一分殊 明德 新民

现代新儒家牟宗三说:"学术还是要往前开,还是得顺着顾(亭林)、黄(黎州)、王(船山)的理想往前开外王。"[1]可以说,明末清初三大儒黄、顾、

---

* 孙钦香,江苏省社会科学院副研究员。

王是我们今天须一再探寻的思想大家,因为由他们所开启的对中国传统思想诸多问题的反思与重建在今天仍有不可忽视的重要意义。本文以王船山运用"理一分殊"来诠释《大学》"明德与新民"关系(简称"明新"关系)为例,考察船山对儒家政治哲学的反思与重建,以期呈现儒家政治哲学自我更新的思想活力,从而有助于进一步探索儒家政治哲学的现代转化问题。

一、"理一分殊":《大学》"明新"关系

在宋明理学中,"理一分殊"这一概念最早出现在程颐《答杨时论西铭书》中,所谓"《西铭》明理一而分殊,墨氏则二本而无分"①。针对弟子杨时的问题(张载《西铭》中所说的"民胞物与"与墨子的兼爱主张是否相同?),程颐特意提出"理一而分殊"来界定张载《西铭》一篇的精神主旨,认为《西铭》一篇既强调"理一",又不忘"分殊",而墨子主张爱无差等是孟子所说"二本",与《西铭》"民胞物与"思想不一致。自此,"理一分殊"便成为洛学重要的论题之一。洛学中"理一分殊"的内涵基本是承继程颐的解释,用来说明人各亲其亲与"民胞物与"之关系,其用意在于说明我们各亲其亲,同时,不忽略仁民与爱物。因此,当代新儒家刘述先指出这一层次上的"理一分殊"主要是在伦理学意义上使用的[2]。

作为二程四传弟子,南宋大儒朱熹不仅承续伊川《西铭》"理一分殊"解释,而且把"理一分殊"放在理气关系中加以运用,借此解释太极与万物之一多关系问题,他指出:"'理一分殊'含天地万物而言,只是一个理,及在人,则又各自有一个理。"②

可以说,"理一分殊"基本是在上述伦理学和理气关系中使用的。直至明末大儒王船山创造性地把"理一分殊"用于诠释《大学》"明德与新民"

---

① 引自〔北宋〕程颢、程颐:《二程集》,〔北京〕中华书局1981年版,第609页。
② 引自〔南宋〕黎靖德:《朱子语类》(一),〔北京〕中华书局1986年版,第2页。

之关系："于德言明,于民言新,经文固自有差等。……圣贤之道,理一分殊。"①在此,船山指出《大学》经文明明是在"德"字前用一个"明"字,在"民"字前加一个"新"字,所要传达的意思就是要说明"明德"与"新民"是有"差等"的。船山这一说法针对的是朱熹后学黄勉斋径直以齐家之"孝悌慈"为"明明德",指出:"明明德之事,经文所云格物、致知、诚意、正心、修身,缺一不成,《章句》分明言之。……如但以保赤子之慈,而即可许之明明德,则今之妇妪,十九而明其明德矣。"②也就是说,《大学》经文和朱子《大学章句》都明确指出"明明德之事"是格致诚正,如果仅以爱养孩子的慈爱为"明明德",那么今天平常妇人谁不疼爱自己的孩子,照此说法,十有八九都能"明其明德"了。因此,船山才用"理一分殊"这一对范畴来规范"圣贤之道",断不至于把平常妇人养育孩童之恩德等同于天地生生之大德。此即船山所谓"《大学》一书,自始至终,其次第节目,统以理一分殊为之经纬"③,此是说,《大学》一书自始至终的思想架构就是以"理一分殊"为经纬而串起来的。

可见,在船山看来,《大学》"明德"与"新民"之关系理应是"理一分殊"。分别而言,《大学》无疑强调"明德"与"新民"之"理一",但同时也没有忽视两者之"分殊"④。因此,船山指出:"《大学》之教,理一分殊。本理之一,则众善同原于明德,故曰'明德为本'。因分之殊,则身自有其身事,家自有其家范,国自有其国政,天下自有其天下之经。"⑤具体而言,前一句是指朱子《大学章句》中"明德为本"的说法,其理论层面的依据就在于"明德"与"新民"原本于"理一"。所谓"理一"是说,齐家、治国、平天下这些"新民"政治活动的根本原则或者说合法性依据与"明德"修身活动"同

---

① 引自〔明〕王夫之:《读四书大全说》,《船山全书》(六),〔长沙〕岳麓书社2011年版,第433页。
② 同上。
③ 同上。
④ 笔者曾撰文论述朱子、阳明和船山对《大学》"明德与新民"关系的不同诠释,对船山此说也略有论述。详见孙钦香:《朱子、阳明与船山〈大学〉诠释之比较》,《厦门大学学报(哲学社会科学版)》2016年第3期。
⑤ 引自〔明〕王夫之:《读四书大全说》,《船山全书》(六),〔长沙〕岳麓书社2011年版,第433页。

原于明德"。而所谓"分殊"是指《大学》同时强调修身、齐家、治国、平天下各自具有不同的事为和功夫,《大学》绝不是讲"德之既明,而天下即无不平","明德"与"新民"是各有自身不同之事为与功夫的。如若不然,"则《大学》之道,一明德尽之,而何以又云'在新民'乎? 又况为格、为致、为诚、为正者,未尝有以及乎民,而遽期夫人土财用之归,是以其心身之学,坐弋崇高富贵之货,抑异夫先事后得、成章后达之教者矣"[1]。船山指出,《大学》"明德"功夫专指格物、致知、正心、诚意这些"修身"功夫,其效验只是做到修明自身,并没有一句话涉及"新民"层面,而且如果只做"修身"功夫便遽然期望"人土财用"等方面的治国效验,这难道不是以一己的"身心之学"作为诱饵和手段以求达到"崇高富贵"之目的?简言之,《大学》既然在"明德"之后又特意说个"新民",可见"新民"是有自身之事为即自身之功夫内容的,不然《大学》只需说一个"明德",便可达到己修与人治的效验,何必又说个"新民"? 这便是《大学》"明德"与"新民"之"分殊"关系。

同时,船山指出朱子"明德为本,新民为末"这一诠释本身便表明《大学》"明德"与"新民"是有"分殊"的,他通过对"本与末"这对概念的解读来具体论证自己的这一说法。在他看来,所谓"由本生末",固然是说"末"是"本"所生发出来的,但并不是说有"本"自然而然便有"末",所谓"末者,本之所生,非本之所必有也",两者关系的正确表述应该是"非有末而无本,亦非有本而即有末,互相为有而各有其有也"[2]。换言之,"本末"关系的表述已然包含"分殊"关系。也就是说,以朱子"明德为本,新民为末"这一诠释来说,固须致力于"明德"这一根本之培养,但这个"根本"不会自然而然产生"新民"这一"枝末"的结果,还须致力于齐家、治国、平天下功夫,才能收"新民"之效验。

因此,船山接着论述道:"夫明德为新民之本,而非早可计其效于民新,故身修之后,必三累而至乎天下平。则新民者固原本于已明之君德,

---

[1] 引自〔明〕王夫之:《读四书大全说》,《船山全书》(六),〔长沙〕岳麓书社2011年版,第433页。
[2] 引自〔明〕王夫之:《春秋家说》,《船山全书》(五),〔长沙〕岳麓书社2011年版,第164页。

而必加之以齐治平之功。岂德之既明,而天下即无不平乎?故格致诚正,其报成在身修,而修齐治平之底绩在天下平。是以明德、新民,理虽一贯,而显立两端,如日月之并行而不悖。"①在此,船山明确点出"已明之君德"这一概念,将"明德为本"的政治哲学意蕴进一步凸显,即是说,所谓"明德为本"具体含义是指新民活动原本于"已明之君德"。简言之,"已明之君德"是齐、治、平活动之本。而且,船山再次强调绝不是"明德"便意味着天下平,因为"明德"之格、致、诚、正功夫,其效验在"身修",而要达到天下平,必须再加上"齐、治、平之功",所以"明德、新民,理虽一贯,而显立两端"。

归结而言,在船山看来,《大学》"明德"与"新民"的关系应该是"理一"而又"分殊"。换言之,修己与治人之关系可用"理一分殊"来表述。具体来说,修己与治人在道理层面上是"理一"关系,治人的政治活动与修己的道德活动都源自一个根本原则,天所与人者即《大学》"明德",此"明德"不仅为修身道德活动的原则,亦是政治活动合法性的根本来源。据此,政治世界的展开才要求为政者必须以自己的修身为政治活动的根本所在,即所谓"修明君德为本",而礼乐刑政为"枝末";同时不得不指出的是,政治世界的开展也必须有其自身的相对独立性,绝不能以执政者的道德修养作为手段或者诱饵来寻求国家、天下的治平。因此,船山用"理一分殊"来诠释《大学》"明新"之结构,既坚守儒家政治哲学的基本理念,同时给予政治活动重要的相对独立性,指出"明德"与"新民"的关系为"理一"而"分殊"。

二、政治与道德之分合:"原本仁义"与"慎乎德"

如上所述,船山运用"理一分殊"这一范畴来论述《大学》"明新"关系,论证修己与治人这两类活动分享"理一",在《读通鉴论》中,船山提出"原本仁义"的观点,将《大学》诠释中的"理一"内涵明确定义为"仁义"。

---

① 引自〔明〕王夫之:《读四书大全说》,第443页。

船山指出："帝王立法之精意寓于名实者，皆原本仁义，以定民志、兴民行，进天下以协于极。"①此是说，古帝王所创立的礼乐刑政等制度措施，其精意就在原本"仁义"而行。也就是说，政治制度、政策法规等的制定和实施，必须原本"仁义"，才能安定民众的志向，才能使民众养成良好的德行，也才能使政治活动达到化行俗美、政通人和之极致。接着又指出，如果君王不能做到按照仁义原则行事，那么就不能保有其国家；如果大臣不能按照仁义而行事，就不能保存其身家性命。在此意义上，船山说"恻隐之心"是家国生死存亡的关键所在②。可以说，此处"原本仁义"的提法很好地界定了船山《大学》诠释中"明德"与"新民"之"理一"的具体含义。在船山看来，天所命与人的"仁义"不仅是修己道德活动的根本原则，也是治人政治活动的根本依据。

由此，在船山看来，儒者之所以这么用心地来阐述所谓天命和心性等形而上问题，根本目的就是论述修己与治人实践活动的根源与根据。他对宋代诸先生极力阐扬天道与性命之理持充分肯定之见，认为宋代诸先生能够"推本于天，反求于性"，这才是"立身扬名之至德"，才是"内圣外王之大道"③。此是说，宋代理学家们之所以去探讨天理、性命等形而上问题，是因为如果不弄清楚这些根本道理，就不能阐明"立身扬名之至德"，也不能阐明"内圣外王之大道"。换言之，宋代诸大儒之所以用心于天命、天道、仁义之性等形而上问题的阐发，其用意是为修己与治人实践活动寻找"何以如此"的根本原则。

由上可见，船山承继孔孟以来的儒家政治哲学理念，论述修己与治人实践活动均原本于同一个根本之理"仁义"。换言之，"仁义"不仅是修身之道德哲学的根本原则，而且是治国平天下之政治哲学的根本之理。这便是船山在《大学》诠释中"明新"之"理一"关系的贴切内容。此可谓儒家

---

① 引自〔明〕王夫之：《读通鉴论》，《船山全书》（十），〔长沙〕岳麓书社 2011 年版，第 847 页。
② 引自〔明〕王夫之：《读通鉴论》，《船山全书》（十），〔长沙〕岳麓书社 2011 年版，第 847 页，第 713 页，第 696 页。
③ 同上。

传统的"政治与道德(德性或美德)融合"的思想。

众所周知,在西方政治哲学史脉络下,政治与道德的分离是近代政治哲学诞生的标志之一,所谓"无道德的政治"的产生标志着近代政治哲学的登场。但20世纪70年代以来随着政治哲学的复兴,加之现代政治哲学的内在问题和困境逐渐显露,在当代西方政治哲学领域,近代这种"无道德的政治"不断被反思和挑战。近代政治哲学基于公共领域与私人领域的划分,将政治与道德彻底分离,其合理性在于保障每一个体的合法权利,避免因道德或宗教借口而干涉或侵犯个人的思想自由和道德选择,但由此也造成个体主义的盛行。人们崇尚个体主义的原则,使得公共善无从确立,人们身处的共同体的价值秩序通常是不牢固的。"现代自由政治的社会只能呈现为一群为了共同防卫而捆在一起的'乌有乡'公民的集合体而已。……他们抛弃了亚里士多德主义的道德统一性原则。"[3]可见,西方近代自由主义的"分离说"也面临一些困境,这为政治与道德之关系的探讨留下一定空间。在保有近代政治关于平等、自由与民主的价值追求的条件下,吸收古典政治哲学关于政治与道德融合的思想观念,也许是当代政治哲学努力的一个方向。在此意义上,船山所论的修己与治人活动均"原本仁义"的思想,在当代仍可以与不同政治思潮进行富有意义的对话。

而且尤为可贵的是,船山同时意识到政治活动必须保有相对独立的具体原则和价值规范。在政治与道德融合的前提下,如上所述,他不仅在功夫实践层面上论述"明德""新民"存在"分殊"关系,而且意识到在道理层面上政治活动的相对独立性。船山的这一反省与创建体现在他对《大学》"慎乎德"之"德"字的解释上。他首先指出,朱子《大学章句》《大学或问》用《大学》开篇所说的"明德"来解释"慎德"之"德"字的含义,恐怕不妥。他明确指出,"新民之德,非不原本于明德,而顾自有所及于民之德",就是说,《大学》固然是强调"新民之德"以"明德"即仁义为其根本原则,但亦有其自身相对独立的具体原则和价值规范。据此,船山指出治国章中"慎乎德"的"德"字,其含义不能径直用"明德"来解释,因为"明德"含义是指天所与人之"仁义",其抽象性和概括性极高,而"慎乎德"之"德"字,相对而言更为具体,指向的是"好恶之为功,内严于诚意,而必外著之挈钜之道,然后人土财用之应成焉"①。也就是说,"慎乎德"主要在好恶之情上用功夫。一方面向内用功,须"诚意"功夫以端正好恶之情,以期达到发而中节的效验;另一方面向外用功,运用"挈钜之道"功夫,具体而言,"慎其好恶之几得之于心者,慊乎人心之所同然,而措夫好恶之用行之于道者,尽夫众心之攸好,故臣民一率其举措用缓之公,知其大公至正而归之也"②。因此,治国章"慎乎德"的内涵是指治国者一方面谨慎地对待自己的好恶之情,同时又要顺应万民好恶之同然,如此一己之好恶才不会与万民之好恶相左,才能形成"大公至正"之举措,人民才会归顺,才会实现治理得当之效验。

如上所述,船山无疑是儒家政治哲学家,他坚守政治活动与道德活动源于共同的根本原则——仁义,但同时他也充分意识到政治活动本身须有相对独立且具体的原则和规矩。可见,船山对政治与道德关系的解读,一方面恪守"理一"说,保持儒家政治哲学的底色;另一方面可贵的是,在儒家政治哲学范式内,对政治活动自身相对独立的原则和价值,也给予了一定的尊重和论述。

三、政治与教化之分合:"君德为本""教化之权下移"及对"德化天下"的批判

在儒家政治哲学中,政治活动本身须涵有教化内容,以西方政治哲学话语来说,就是国家(政府)应该引领或者教导关于某种至善的生活理念。作为一名儒者,船山自然主张"未有教化不起而王道能兴者也"③。据此,在《读通鉴论》中,他高度赞扬苏绰之上书:"非其政之无一当于利病也,谓

---

① 引自〔明〕王夫之:《读四书大全说》,第443页。
② 引自〔明〕王夫之:《读四书大全说》,第442页。
③ 引自〔明〕王夫之:《四书训义》(上),《船山全书》(七),〔长沙〕岳麓书社2011年版,第55页,第348页。

夫言政而无一及于教也。绰以六条饬官常,首之以清心,次之以敷化。"①在此,船山之所以赞赏南北朝西魏名臣苏绰所上的六条"振饬官常、澄清吏治"言论,就在于苏绰在讨论这些问题时,指出首要的是君主清心寡欲,其次是实施教化,而汉亡以后论"治道"者几乎无人谈及这些。因此,船山叹道"治道自汉之亡而晦极矣",足见他对苏绰这两条说法的赞许。

在儒家看来,政治活动必须担当教化的内容,首先规定政治活动的根本所在是天子或君主(大臣)之修身。船山也认为,"天子者,化之原也;大臣者,物之所效也"②,"君心为万化之原,修己为治人之本"③,"君德之修"是政治活动的根本。船山在《大学》诠释中明确将朱子"明德为本"说法等同于"明君德为本",就在于指出政治活动离不开君主的道德修养。换言之,参与政治活动的主体特别是君主或大臣的德行修养,是政治活动中的根本;政治人物切实去修身,在行动中显明自己的明德,这是国家(政府)能够有效地去引领或教导某种至善生活的根本所在。正是在此意义上,船山才指出,"以要言之,用人其尤亟乎! 人苟为治人也,则治法因之以建,……其法虽立,文具而已","治惟其人,不惟其法","治之敝,任法而不任人"。④ 在用人与行政这两件重要的政治活动中,相对而言,治人的因素更为关键。原因就在于"法有常而人无常"⑤,"法"(以现代政治哲学术语来说,此"法"是指政治制度和政治政策)相对固定,而人事即政治活动却变动不居,很难以不变的法(制度)有效地治理天下国家。正是在此意义上,船山认为政治活动的关键在于治人,在于有一个好的治理者。而要成为一个好的治理者,就必须向夏、商、周三代圣王学习,即"三代之王者,

---

① 引自〔明〕王夫之:《读通鉴论》,第653页,第458页,第422页,第755页,第234页,第686页,第532页。
② 同上。
③ 引自〔明〕王夫之:《四书训义》(上),《船山全书》(七),〔长沙〕岳麓书社2011年版,第55页,第348页。
④ 引自〔明〕王夫之:《读通鉴论》,第653页,第458页,第422页,第755页,第234页,第686页,第532页。
⑤ 同上。

不立治天下之术,而急于学,克此心之爱憎而已"①,此是说,三代圣王并不汲汲于寻求治理天下国家的制度政策,而是用心于学,当然此"学"绝非后世辞章训诂之学更非佛老之学,而是端正己心之好恶的切实修己之学。

从近代西方政治哲学的立场来看,既然政治与道德是分离的,那么国家(政府)就应该保持价值中立,必须独立于各种道德、宗教观念之外,政治不得致力于公民品格的养成或公民美德的培育,因为如果这样做便等于是"法立道德"(legislated morality)。换言之,政府不得动用政策或法律来确立任何有关好生活的特定观念,而是应当提供中立的权力架构,使人们得以选择他们自己的价值和目的[4]。此类立场与船山的上述阐述可谓截然不同。但问题是,不仅桑德尔等社群主义者认为政府非价值中立,而且英美自由主义流派在20世纪90年代以来也致力于研究公民资格的问题。可见,即便在倡导价值中立的英美学界,也有学者关注公民们必须展现怎样的技能、品德和行为,才能使民主政体保持高效、稳定和正义等问题,这些问题构成了对公民品德、公民教育、公共理性和慎议民主进行诠释的基础[5]。因此,实施教化与价值中立两类政治思想主张之间似应存在一个较合宜的张力,以确保人类政治活动能保有两类观点的优点而尽量避免两者之不足。

如上所述,船山无疑强调政治活动离不开"教化",认为统治者须切实从事修己之学,德行好的统治者对于儒家政治目标来说至关重要;但与此同时,船山通过对"教化之权下移"的阐述以及对"德化天下"的批判,将统治者与实施教化者进行了严肃的分离设计,既确保儒者的教化权,又限定为政者修身之"为己"意义。

船山指出,孔子兴私学以后的教化境况与三代圣王兼顾统治和实施教化的境况相比,产生了很大的不同,船山着重提出"教化之权下移"的观点。他说:"孔子之教于洙泗,衰周之世也。上无学而教在下,故时君不能

---

① 引自〔明〕王夫之:《读通鉴论》,第653页,第458页,第422页,第755页,第234页,第686页,第532页。

制焉。而孔子以为无嫌。……三代之隆,学统于上……君子于此,以道自任,而不嫌于尸作师之权者,诚无愧也。……然则以书院为可毁,不得与琳宫梵宇之庄严而并峙;以讲学为必禁,不得与丹龟刹竿之幻术而偕行;非妒贤病国之小人,谁忍为此戕贼仁义之峻法哉?宋分教于天下,而道以大明。"[1]此是说,孔子聚徒讲学,在周代末世,当时天子不向学,自此教化之权转移于下,当时君主不禁止孔子兴教,孔子也不以此为愧。在三代时期,当时天子与大臣一心向学,教化的影响也是有限的,如吴、越地方有文身之习,杞、莒地方行东夷之礼,面对这些情况,盛德帝王也无可奈何。何况在三代之衰世,天子与大臣本身无学问,便须在下者——师者(长者)承担起执教兴学的责任。秦汉以后,读书人增多,一所太学根本无法容纳得下。而且州县之学宫,由当地长官管理,有限定的规程,在此情形下,读书人想成德成才,是非常困难的事。因此,船山指出君子要勇于"以道自任",就是说,君子要勇于担当起教化的职责,无须忌讳或愧疚领受"作师之权"。具体而言,在圣人之道不明的情况下,君子要主动承担明道兴学的责任,申明忠孝的义理,规劝读书人敬爱亲长,树立义利之大防,成就读书人的德行,从而引导民众向善,这是给日理万机的天子分担劳累,协助他教养读书人和民众,是有功于教化之事。有人认为书院可毁,讲学该禁。船山指出,这是嫉妒贤才、危害国家的小人,否则不会做出这种戕害仁义的行为。而且正是因宋代君主能够把教化的职责分给在下的君子,才使大道显明于天下。归结而言,三代以后,君子无须愧疚,而应勇于担当教化的责任。

在船山看来,三代圣王既是君,又是师,但自孔子兴私学以后,承担教化之职责者便是君子。三代以后,君主与实施教化的职责是分离的。在《读通鉴论》中,船山指出:"三代之教,一出于天子所立之学宫,而下无私学……教移于下,至秦而忌之,禁天下以学,而速丧道以亡。然则后之有天下者,既度德、量力、因时,而知不足以化成天下,则弘奖在下之师儒,使

---

[1] 引自〔明〕王夫之:《宋论》,《船山全书》(十一),〔长沙〕岳麓书社2011年版,第80页。

伸其教,……上无礼,下无学,而后贼民兴,学之统在下久矣。"①在此,船山首先分析三代之世,教化固然是全出自天子所建立的学校,没有私学。但到三代末世,徒有兴学教化的条文,天子没有实修,精意殆亡,于是私学兴起,而国家所设立的学校反而成为有志君子耻笑的地方。更何况后世君主,既不能躬行圣王之道,又不能使教化尽人之才,而想把天下之英才收入自己手中,这不是件困难的事吗?船山指出,后世之学均桎梏人之聪明才智,为君子所不忍说。据此,他主张"自周衰而教移于下",就是说,周衰以后,教化的权柄就已经在下,而非在上之君主。秦朝对教权下移甚为忌讳,禁学焚书,不多久便灭亡,"后之有天下者"应考量自己的德行、能力和时机,知道依靠自己不能教化天下,便应该鼓励在下的师儒去讲学、传道。

由上可见,在船山看来,三代以后,教化之权柄理应在有道之君子(师儒)手中,君主和臣工不应禁止,反而应鼓励在下者来传道、明道,这便是船山"学之统在下久矣"的思想。基于"三代与三代以后"历史的划分,船山将教化之权柄放在师儒和学者手中,由此学统、道统得以与政统保持分离,前者才能对后者进行有效的批判和引导。船山的这一说法与同时代黄宗羲"必使治天下之具皆出于学校"(《明夷待访录·学校》)的思想极为类似,可以看作这一时期学者对皇权政治的批判与限制。

不仅如此,船山对"德化天下"这一观点也持批评态度。李泽厚曾说唐太宗"纵死囚"故事为后儒盛赞,并说这是教化先于法刑的最高范例[6],但船山对此却持批判之论,他指出:"好生恶死,人之情也,苟有可以得生者,无不用也。"②"好生恶死"是人之常情,如果能够生存下去,即便是豪杰志士也会有所踌躇不决,何况死刑犯?据船山分析,这些死刑犯之所以能够如约而至,不是因为唐太宗德行多么高尚光辉,感动了这些死刑犯,而是因当时有严格的管理制度,使得这些死囚不得不按时归牢。船山以极严峻的笔调揭穿了这一"德化死囚"的虚假骗局,理由是"王道平平",怎

---

① 引自〔明〕王夫之:《读通鉴论》,第628页,第767页,第708—709页,第634页。
② 同上。

么会有这样拔高而不实的政治事件①？由此，船山对单纯地依靠与宣扬"德化"保有一种清醒地批判态度。他说："夫以德而求化民，则不如以政而治民矣。政者，所以治也。……持德而以之化民，则以化民故而饰德，其德伪矣。夫为政者，廉以洁己，慈以爱民，尽其在己者而已。至于内行之修，则尤无与于民，而自行其不容已，夫岂持此为券而以取民之赏哉？……无讼者，孔子之所未遑；德化者，周公之所不敢居……其所云德化者，一廉耻荡然之为也。"②在此，船山指出，"无讼"即便是圣如孔子也不敢说能做到，"德化"即便是圣如周公也不敢以此自居，因此，船山以"上下相伪""廉耻丧尽"来批评所谓"德化"论者。他指出，"与其以德而求化民，不如以政而治民"，因为"以德化民"极容易造成统治者将自己的德行作为工具或诱饵，以获取民众的呼应，这样一来，统治者便不是真心诚意地修养其"不容已之明德"（不容停止的明德），反而是道德作秀或道德作假。因为按照船山的看法，统治者廉洁奉公只是为了使自己不受浊行的染污，心怀慈爱只是为了爱民，都只是为尽自己职分而已，从来没有以此为手段来教化民众。再者，"内行之修"更与教导民众无关，只是修养自己的德性而已。在此，船山在阐释过程中揭示出两类德性：一类是廉洁奉公、慈爱百姓这类政治德性；一类是"内行之修"，纯粹是自我提升修养范畴。这一区分极为重要，是船山重建儒家政治哲学的重点之一。

因此，船山在《读通鉴论》中一方面坚持"治惟其人，不惟其法"的观点，另一面又对"有治人，无治法"这一传统说法提出批评。他指出："人不可必得者也，人乃以开治，而法则以制乱，……简为法而无启以乱源。"③就是说，好的统治者是很难遇到的，在治理的初期阶段，好的治理者固然是重要的因素，但政治制度、政策法规却是制止混乱的保证。"治人"与"治法"孰优孰劣的这一看似矛盾的说法，反映出船山极为敏锐地意识到两者之间

---

① 北宋欧阳修曾撰写《纵囚论》对这一事件也做过分析，与船山分析相近，可参看《欧阳文正公文集·纵囚论》。
② 引自〔明〕王夫之：《读通鉴论》，第628页，第767页，第708—709页，第634页。
③ 同上。

王船山对儒家政治哲学的反思与重建

的张力,也体现出他对此问题"情景化地处理"。其积极意义在于,当"治人"难以寻求时,特别是在三代以后的历史情境下,政治制度应占据很重要的地位。正是在此意义上,船山高度评价隋朝"创制"的历史意义:"隋无德而有政,故不能守天下而固可一天下。以立法而施及唐、宋,盖隋亡而法不亡也,若置仓递运之类是已。"[1]此是说,隋文帝、隋炀帝固然没有德行,不能保有天下,但却可以统一天下,因为他们有好的政治制度和政策法规,比如置仓、递运之类,延续到唐代、宋代,并没有随着隋代的灭亡而失去其价值。

由以上分析可知,船山政治哲学中既有儒者传统的坚守,认为国家(政府)必须担负某种至善生活的理念,明确提出"君德为本"的思想观念,这显然不同于现代价值中立的自由主义立场。但可贵的是,船山通过对"教化之权下移"的论述,指明实施教化的主体在三代以后已是君子和学者,而非君主和大臣,可以说,船山通过对教化主体的限定在一定程度上实现了国家(政府)与教化的分离。同时,船山对"德化天下"保持了足够的清醒,认为德化极易造成伪德,指明道德修养乃是自己不容已的事,统治者的修己活动绝不是教化民众的工具或手段。可以看出,船山对国家(政府)在强的意义上实施教化心怀谨慎和担忧,他期望引导或教化这种至善生活理念的权柄掌握在君子和学者手中,摆脱国家或政府对教化的控制权。这是船山对儒家政治哲学做出的最具创造性的发展和转化。

结　论

综上所述,船山通过将"理一分殊"运用到《大学》"明德与新民"关系的解读中,一方面,展现出他坚守儒家政治哲学的基本理念,即政治活动与道德活动原本于同一根本原则——仁义,由此,政治活动须以教化为其主要内容,规定了统治者(君主和大臣)在政治活动中须以"修身为本";另一方面,通过对"慎乎德"和"教化之权下移"的解读以及对"德化天下"的

---

[1] 引自〔明〕王夫之:《读通鉴论》,第701—702页。

反思与批判，重建儒家有关政治问题的某些思考。

具体来说，船山关于儒家政治哲学的反思与重建，主要体现在：一方面，他坚守"原本仁义"和"君德为本"的思想观念；另一方面，可贵的是，他充分意识到政治活动具有相对独立的原则、规范以及具体实践功夫，明确了他关于政治世界相对独立的自觉观念，在政治与道德二者之间坚持一种审慎的"分殊"观；再者，通过对"教化之权下移"的阐述，将教化责任归于君子（师儒），在一定意义上，将教化从国家（政府）行为中抽离出来，保证教化事件的道义价值，而且通过对"德化天下"的批判将"修身为本"这一儒家政治哲学重要议题做了进一步限定，将君主和臣工们"修身"活动的政治内容谨慎地限定为"尽其在己"，防止将统治者的德行修养作为手段或工具，以期达到化成天下之目的。

王船山身处明清之际思想范式转型期，他在儒家政治哲学内部进行的如上反思与探究，体现了儒家政治哲学自我发展与更新的生命力。通过回溯船山对儒家政治哲学的反思与重建，反观当今时代政治思想的众多理念，儒家政治哲学理应展开新的学术拓展与思想创新。

本文为国家社科基金重大项目"多卷本《宋明理学史新编》"（17ZDA013）阶段性成果。原载于《江苏社会科学》2019年第5期。本文被人大复印资料《中国哲学》2020年第3期全文转载。

参考文献：

[1] 牟宗三. 政道与治道[M]. 桂林：广西师范大学出版社，2006.

[2] 刘述先. 理一分殊[M]. 上海：上海文艺出版社，2000.

[3] 麦金泰尔. 追寻美德[M]. 宋继杰，译. 南京：译林出版社，2006.

[4] 桑德尔. 公共哲学——政治中的道德问题[M]. 朱东华，陈文娟，译. 北京：中国人民大学出版社，2013.

[5] 金里卡. 当代政治哲学（上）[M]. 刘莘，译. 上海：上海三联书店，2004.

[6] 李泽厚. 回应桑德尔及其他[M]. 北京：三联书店，2014.

文士治生视域下明清江南运河区域通俗文学的兴盛

徐永斌*

摘　要　文士从事治生最集中、最明显的江南运河沿岸和毗邻地域也是明清戏曲小说创作和传播的重镇。文士治生在一定程度上促进了文学作品特别是明清戏曲小说的大量诞生,二者形成了良好的互动:一方面文士通过治生获得了薪酬,改善了明清文士的生活环境,为以后的明清戏曲小说创作奠定了一定的经济基础;另一方面,通过读者的接受程度和市场的反馈,又对作家的创作提出了切近读者和市场的文学编创要求,在一定程度上促进了戏曲小说题材和艺术性的变化,这尤以《红楼梦》《儒林外史》表现得很明显。可以说是江南或者可以说是京杭大运河这块沃土孕育了这些文学艺术巨擘和传世作品。

关键词　江南运河　文士治生　江南通俗文学　《儒林外史》《红楼梦》

明清时期,运河沿岸或毗邻运河的江南,许多文士参与治生活动,成为明清文学、文化史中的一个重要内容,它反映了明清江南文士的生活状

---

* 徐永斌,文学博士。现为江苏省社会科学院大运河文化带建设研究院研究员,文学研究所所长,《明清小说研究》主编、大运河文化研究中心主任。主要从事明清文化史和明清文学研究。

态、价值理念和文学创作趋向。这些文士从事治生活动的原因和目的虽各不相同，但其中一部分文士从事治生与明清通俗文学的创作和传播密切相关，特别是对于《红楼梦》《儒林外史》这两部小说名著更是如此。

引　言

"治生"一词，语出司马迁《史记·货殖列传》："盖天下言治生祖白圭。"后多为历代采用，言通过授徒、游幕、行医、问卜、业农、经商等手段谋生。中国古代文士一向注重治生，如孔子曾云："富而可求也，虽执鞭之士，吾亦为之。如不可求，从吾所好。"(《论语·述而》)。文士从事治生活动，可上溯到春秋战国时期，如子贡、范蠡、白圭等人都是文士治生的典型代表，又如战国四君子赵国平原君赵胜、齐国孟尝君田文、魏国信陵君魏无忌、楚国春申君黄歇广收门客，许多身怀一技之长的文士慕名投奔其门下，成为他们的食客或贵宾。许多文士游食于江湖，其后历朝历代都不乏治生之文士，不过宋代之前的文士治生状况，文献记载较少，这可能与宋代之前对文士治生的重要性认识不足有关。其后文士治生开始逐渐增多起来，宋元明清时期，文士以治生为急，数百年间，前后一脉相承，赓续不断。明清时期更是呈现出文士治生多样化的特点。因为到了明清时期，随着科举取士制度的日益完备、高度成熟，捐纳制度的逐渐采行，途径广开，文人中第的比率日益降低，入仕的竞争日趋激烈，读书从政之外，寻求谋生之方显得愈益紧迫，极为必要。文士治生现象也日益影响到通俗文学的创作。

学者对文士治生与文学问题的研究，主要集中以下几个方面。(1) 关于文士与"润笔"的专题研究。尤以周榆华的学术专著《晚明文人以文治生研究》(广东高等教育出版社，2011年)研究的比较深入。(2) 关于文士游幕的专题研究。20世纪末始，学界由从关注幕府研究到学人游幕研究，其中尤以尚小明的两部著作《学人游幕与清代学术》(社会科学文献出版社，1999年)、《清代士人游幕表》(中华书局，2005年)引起明清文学研究者的关注,尚氏的这两部学术专著对清代学人游幕的研究非常详尽和深入,制作出了颇具学术价值的《清代士人游幕表》。(3)关于文士与文艺市场的专题研究。尤以李向民《中国艺术经济史》(江苏教育出版社,1995年)最具学术价值,李向民先生在其书中考察和论述了中国古代艺术市场的发展和特点,其中文士在艺术市场中扮演着十分重要的角色,如文士通过卖文、书画、戏曲等治生。(4)文学与社会经济史关系研究。顾鸣塘《〈儒林外史〉与江南士绅生活》(商务印书馆,2005年)第二章《从〈儒林外史〉透析江南士绅阶层的经济状况》中,利用文史互证的研究方法,探析《儒林外史》中江南士绅阶层的经济状况,对江南士绅的收入状况和物价与支出进行了翔实的研究;刘晓东《明代的塾师与基层社会》(商务印书馆,2010年)第三章《塾师的生计》中,对明代塾师的经济收入、社会基本消费、基本生活状况、治生观念的演变等进行了综合考察;邱江宁《明清江南消费文化与文体演变研究》(上海三联书店,2009年)的部分章节中,通过对明中后期的商业、出版风尚对文学文体的演变的影响的研究,也在不同程度上对江南文士的治生状况做了一些探析;日本学者大木康《明末江南的出版文化》(上海古籍出版社,2014年)第五章《〈儒林外史〉反映的出版活动》,对文士从事选政和出版业以治生的社会现象进行了探析。

  学者对于文士治生的研究取得了令人瞩目的成绩,尽管这些具有重要学术价值的研究成果多是从社会史和文化史的角度进行研究,但为后世学者深入研究文士治生与通俗文学的关系这一课题奠定了良好的基础。上述研究成果因所采用研究视角的关系,对文士治生与明清江南运河区域通俗文学关系的研究,虽有不同程度上的触及,但多因限于研究视角的不同,未深入探讨这一问题,因而此课题仍有较大的研究空间,尚待强化。本文将对文士治生与明清江南运河区域通俗文学发展的关系问题做一探析,不当之处,请学界同仁指正。

一、文士治生与明清江南运河区域通俗文学的发展

明清时期江南文士治生现象非常普遍,这些从事治生的文士不同于其他阶层的治生活动,他们主要是根据自身的能力和特长采取适合自己的治生手段,如参与教育市场和艺术市场,涉足刻书业等,体现出一定的文化性特征,这在一定程度上反映了当时的文士生态。文士治生虽存在于整个社会,但文士从事治生最集中、最明显的江南运河沿岸和毗邻地域是明清戏曲小说创作和传播的重镇。

明清时期,江南是经济、文化最为发达的地区,吸引了许多文人雅士慕名而来,如孔尚任《郭匡山广陵赠言序》云:

> 天下有五大都会,为士大夫必游地:曰燕台,曰金陵,曰维扬,曰吴门,曰武林。其地之名山大川,人物遗迹,各甲于天下;而士大夫之过其地者,登临凭吊,交其人士,莫不有抒写赠答之言。凡其言为其地之所传颂者,即为天下之所传颂。故士大夫游其地,非但侈情观览,盖如缙绅之通籍焉。然亦有久著海内之名,而再至三至其地者。[1]

孔尚任文中所言的"天下五大都会"除了京城北京外,其余四地如南京、扬州、苏州、杭州均在江浙一带,而这五大都会除了南京是毗邻镇江、扬州、常州等运河城市外,其他四大都市均地处运河沿岸,由此可以看出运河对明清文士的巨大吸附力以及运河与明清江南文士治生的关系是多么的密切。

明清时期戏曲小说甚为流行,特别是从万历年间始,戏曲小说可以说是到了它的"黄金时代"。中国印刷术发展至明代嘉靖、万历年间为其极盛时期,而正是在嘉靖、隆庆、万历百余年之间,长篇章回小说云蒸霞蔚,

形成了最为兴盛的局面,印刷技术促成了长篇章回小说的雕印和刊行①。明中期以后,戏曲小说甚为繁荣,这时期创作的作品无论在种类上还是在数量上十分丰富,大大超过了以前,而且有许多文士参与了戏曲小说的创作和编选,如汤显祖、沈璟、叶宪祖、冯梦龙等。时人也多有记载,如王骥德《曲律》卷四《杂论下》有云:"今则自缙绅、青襟,以迨山人、墨客,染翰为新声者,不可胜记。"[2]沈德符又云:"近年士大夫享太平之乐,以其聪明寄之剩计。"②连去职的文人士大夫也热衷于编创戏曲,如齐悫曾云:"近世士大夫,去位而巷处,多好度曲。"③王骥德曾言顾道行以闽中督学使者弃官归田后,"兼有顾曲之嗜。所畜家乐,皆自教之。所著有《青衫》《葛衣》《义乳》三记"[2]。连书坊主也推波助澜,甚至为了销路做假:"坊间射利,每伪标其名,又并时曲亦尽题作古人名氏,以欺世人,不可胜计。"[2]

伴随着思想界和文学界出现的反理学思潮和主情思想的兴起,人们的思想观念也发生了变化,开始对戏曲小说开始重新予以审视,一些文士如李贽、陈继儒、胡应麟、谢肇淛、王骥德、祁彪佳、吕天成、冯梦龙等,他们或为戏曲小说正名,或探讨戏曲小说的创作规律,或评点戏曲小说作品,戏曲小说等通俗文学形式也迎合了下层民众的口味,就连一些皇亲贵族和士大夫也对此开始垂青,甚至渗透于工艺美术品之中,成为一种商品,显示出明清戏曲小说的巨大魅力,正如现代学者何艳君所言:"戏曲小说等通俗文学艺术逐渐发展成熟,并成为普及度高、受众面广的文化消费品。作为商品进行流通的民窑瓷器之所以大量绘刻戏曲小说类人物故事,正是为了迎合了这种消费需求,以期在世俗性文化所引导的商品市场中获得认可并被接纳。明末清初,戏曲小说等通俗文学艺术持续繁荣,以其表现内容为题材的瓷画在经历了明前期的沉滞之后,逐渐步入了新的

---

① 张同胜《从印刷术看明代长篇章回小说的成书问题———以〈三国志通俗演义〉为中心》,《明清小说研究》2017 年第 4 期。
② 参见沈德符《万历野获编》卷二四"技艺""缙绅余技"条,北京:中华书局,1959 年。
③ 参见齐悫《誃痴符序》,陈与郊《樱桃梦》卷首,万历间海昌陈氏原刻本。

兴盛期。"①

戏曲自唐代的"参军戏"、金元杂剧发展到明清的传奇,名家辈出。随着市民审美趋向的变化,尤其是自明中期以来,海盐、余姚、弋阳、昆山四大声腔盛极一时,明清传奇主要可分为宫廷传奇、民间传奇和文人传奇三大类,其中文人传奇在明清传奇中占据主导地位,许多文士参与创作传奇、剧本,不仅数量最多,而且流传最广,影响深远。戏曲在江南一带风行,许多戏曲作品出自江南运河一带,出现了一些著名的戏曲作家,如明代的邵灿(江苏宜兴人)、郑若庸(昆山人)、梁辰鱼(昆山人)、屠隆(浙江鄞州区人)、沈璟(江苏吴江人)、张凤翼(江苏长洲人)等,明末清初时,有吴伟业(江苏太仓人)、尤侗(江苏长洲人)等,清代有以李玉为代表的苏州派戏曲作家,如朱素臣、朱佐朝、毕魏、叶时章、陈二白、邱园等,其他如清代洪昇(浙江杭州人)、李渔(浙江兰溪人)等都是红极一时的戏曲作家。

明初,朝廷对戏曲演出的内容做了限制,只允许出演有助风化的内容;明中期,明初时的禁令渐同虚设,朝廷上下,风气日变,竞趋奢华,好戏之风蔓延,民间出现了许多营业性的戏班,堂会社戏风靡一时,而官员、文人士大夫、豪门巨室家中也常常蓄有戏班,或自家欣赏,或迎上接下时以招待客人之用,一些文人墨客所作的戏曲作品,常常大受欢迎,尤其是梁辰鱼创作的词曲红极一时,上至皇亲国戚,下至青楼歌女,无不争唱其词曲,甚至道士、僧人也不例外,如张大复云:

> 所制唐令、宋余、元剧,乃至国朝之声,多飞入内价藩邸、戚畹贵游间。千里之外,玉帛狗马、名香探玩,多集其庭。而朱剑扛鼎、鸡鸣狗盗之徒,乃至骚人墨客,羽衣草衲,世出世间之士,争愿以公为归。②

> 艳歌清引,传播戚里间。白金文绮,异香名马,奇技淫巧之

---

① 具体论述请参见何艳君《从明末清初戏曲小说类人物故事瓷画的消费情况看世俗文化的影响力》,《明清小说研究》2019年第1期。
② 参见梁辰鱼《梁辰鱼集》附录《梁辰鱼》,〔上海〕上海古籍出版社,1998年,第601—602页。

赠，络绎于道。每传柑、禊引、竞渡、穿针、落帽一切诸会，罗列丝竹，极其华整。歌儿舞女，不见伯龙，自以为不祥也。有轻千里来者，而曲房眉黛，亦足自雄快，一时佳丽人也。独时文不敌古人，骈赡而已。①

王世贞亦有诗云："吴阊白面冶游儿，争唱梁郎雪艳词。"②

一些当地或外地文士凭借着词曲获利不菲，如张凤翼、蒋士铨、李渔等。张凤翼，字伯起，明苏州府长洲人，嘉靖四十三年举人。善书法，晚年不事干请，鬻书以自给。好度曲，有声于时，其戏曲作品《红拂记》曾轰动一时，达官贵人多重金聘请他作曲，如沈德符云：

> 伯起少年作《红拂记》，演习之者遍国中。……暮年值播事奏功，大将楚人李应祥者求作传奇，以侈其勋，润笔稍溢，不免过于张大，似多此一段蛇足，其曲今亦不行。③

蒋士铨，字新余，一字苕生，清江西铅山人，清乾隆二十二年（1757）进士，官翰林院编修，工诗、古文词，好度曲，曾被马曰琯赏识而延于其馆中，度词填曲，传为一时佳话：

> 兼工南北曲，马约琯延士铨于玲珑山馆，所填院本，朝缀笔翰，夕登氍毹，扬人盛传其风流文采云。④

浙江兰溪人李渔，除了游食江湖外，他在南京开张了一家名为"翼圣堂"的书铺，主要出售一些戏曲小说作品、名人尺牍等，他自己也创作、评点了许多戏曲小说作品，并予编辑、出版和发售，除此以外，他还曾亲自率领家中

---

① 参见梁辰鱼《梁辰鱼集》附录《诸家杂记·评论》，第633页。
② 参见梁辰鱼《梁辰鱼集》附录《江东白苎跋》，第606页。
③ 参见沈德符《万历野获编》卷二五《词曲》"张伯起传奇"条，〔北京〕中华书局，1959年，第644页。
④ 参见〔清〕方濬颐修，晏端书、钱振伦纂《同治续纂扬州府志》卷一五《人物志七·流寓》，《中国地方志集成》（江苏府县志辑）第42册，据清嘉庆十五年（1810）刻本影印，〔南京〕江苏古籍出版社，1991年，第839页。

戏班到处演出赚钱①。清咸丰、同治时,苏州人李涌,戏演人物,惟妙惟肖,岁入艺金颇丰:

> 孝子幼贫,习伶顾通敏,雅尚善貌人物,所与游皆知名士。署按察司使朱公钧服其贤,欲礼致幕下,以他故辞。岁入所艺金千,悉奉父母,其妻从请月钱止五百。②

明清时期,又是小说、词话发达的时代,出现了许多名著,如《三国志通俗演义》《水浒传》《西游记》《金瓶梅》《红楼梦》《儒林外史》等名著就产生于此时,既有长篇小说,又有短篇小说;既有词话,又有白话、文言小说;既有演义小说,又有艳情小说。题材和种类繁多,尤其是在江南一带,形成了通俗小说中心圈,就以作为明清小说重镇的江苏地区来说,元末明初为序幕阶段,明代中后期为繁荣期,清代顺治迄于雍正年间为继续发展期,乾隆、嘉庆时期为巅峰期,道光、咸丰、同治迄光绪二十三年为余势期,光绪二十四年迄宣统三年为蜕变期,凸显其小说创作重镇的显著地位。[3] 自明中期以来,小说渐为达官贵人、文人雅士、贩夫走卒等所喜爱,如《三国演义》为了迎合大众的文化心理,将"草船借箭"故事情节与民歌民谣相互沟通③,并流传至今蒙古国,被翻译成蒙文。一些文士便创作了大量的

---

① 今人对李渔的治生状况,可参见汪超宏《谈李渔的人品及其商人气质》,《华中理工大学学报》(社会科学版)1994 年第 3 期;徐保卫《尘世之旅——李渔的"游荡江湖"和"打秋风"》,《艺术百家》1994 年第 3 期;徐保卫《"翼圣堂"主人——作为出版家的李渔》,《南京理工大学学报》(哲学社会科学版)1994 年第 1、2 期;钟明奇《李渔:一个有作为的书坊主与编辑家》,《复旦学报》(社会科学版)1995 年第 4 期;黄果泉《李渔:集文士与商贾于一身——试论李渔戏曲创作思想的商业化倾向》,《河南师范大学学报》(哲学社会科学版)1995 年第 5 期等论文。
② 参见闵尔昌录《碑传集补》卷五四《孝友·李孝子碑文》,沈云龙主编《近代中国史料丛刊》第 100 辑,〔台北〕文海出版社有限公司,1973 年影印。
③ "草船借箭"的故事在歌谣、小说等俗文学与诗词文赋等雅文学及正史中的表述不同,可以说是两个不同的叙事系统,一是诸葛亮"草船借箭",一是孙权"回船受箭",不仅叙事中的主角不同,情节也略有不同,而且一为平民大众接受,一为文人接受,一虚一实,二水分流。俗文学迎合大众的文化心理,"通好尚",将"草船借箭"移花接木为诸葛亮所为,不仅共同追求平民化、虚拟化、通俗性,而且也有民间对智慧(神机妙算等)的心驰神往,是将诸葛亮神化的需要。参见纪玲妹、陈书录《"草船借箭"的歌谣及小说与诗词文赋的互动》,《明清小说研究》2019 年第 1 期。

小说,流传于朝廷、民间,而且又出现了许多评点家,附有名家评点的小说,受到人们的垂青,如昭梿《啸亭续录》云:

> 自金圣叹好批小说,以为其文法毕具,逼肖龙门,故世之续编者,汗牛充栋,牛鬼蛇神,至士大夫家几上,无不陈《水浒传》《金瓶梅》以为把玩。[4]

晚清时,一些小说还被改编成评剧广泛流传[5]。由于一些题材的小说在市场上十分热销,促进了书坊和文士创作群体的合流,如苏州的冯梦龙、湖州的凌濛初等,冯梦龙"三言"选自宋元话本中的脍炙人口的故事,由于其作品在当时大受欢迎,凌濛初在科举失利之时,应书坊主之请,根据冯氏之体例,在南京编选了"二拍"(《二刻拍案惊奇小引》)[6]。

艳情小说自明后期一度盛行,一些落魄文士便通过创作艳情小说出售给书坊谋利,如号为白云道人等的一些人不顾廉耻,应书坊之请专门炮制这类庸俗低下的作品,先后写了《赛花铃》《春灯闹》《桃花影》《春灯迷史》等艳情小说。有人为此痛陈此弊:

> 其弊在于凭空捏造,变幻淫艳,贾利争奇,而不知反为引导入邪之饵。[7]

艳情小说在明清时期比较流行,明代艳情小说源于宫闱秘事,并以"史"来标榜,又源于展现私人情感生活的丽情小说,并以"缘"来昭示[8],朝廷虽屡下禁书令,但仍能屡禁不绝,原因虽多,但与"巨大商业利润的外力作用"和民众尤其是"文人士大夫们的偏好"分不开;艳情小说一如《三国演义》《水浒传》《西游记》《红楼梦》《儒林外史》《聊斋志异》等古典小说名著,文士乐于为此评点,撰写序跋,虽在批语、序跋中,褒贬不一,但在一定程度上促进了艳情小说的创作和传播。艳情小说在学界被归类于世情小说,这类小说在江南尤为盛行,而且数量众多,清代朝廷对艳情小说的四次规模最大的禁毁均发生在江南,冯保善先生认为:"江南存在着众多世情小说读者,有一个业已形成的异常广阔的世情小说消费市场,应该是不争的事实。这虽然不是唯一的原因,但确实是世情小说在江南一枝独秀的重要原因。"[9]所论一语中的。

二、文士治生对通俗文学的影响

　　文士治生在一定程度上促进了文学作品特别是明清戏曲小说的大量诞生，二者形成了良好的互动：一方面，文士通过治生获得了薪酬，改善了明清文士的生活环境，为以后的明清戏曲小说创作奠定了一定的经济基础；另一方面，通过读者的接受程度和市场的反馈，又对作家的创作提出了切近读者和市场的文学编创要求，在一定程度上促进了戏曲小说题材和艺术性的变化。文士治生对文学作品的传播也有一定的积极作用：一方面，通过文士和书商的合作，文士使其文学作品得到销售渠道和传播渠道，促进了出版业的发展，特别是明清戏曲小说不断得到社会的认知和认可，扩大了戏曲小说作品的接受度；另一方面，随着明清戏曲小说的不断传播，书商得到的利润不断扩大，文士的薪酬也不断增加，促进了文士的创作动机。

　　在戏曲小说题材上，突破唐代参军戏和唐传奇的框架，在元杂剧和唐传奇"有意为小说"的基础上，明清传奇、白话小说应运而生，特别是白话小说的兴起，适应了市民阶层的文学审美趣味，题材趋于多样化，如长篇章回小说、白话短篇小说集的大量出现；从小说内容分类上看，明清白话小说也丰富多彩，演义小说、神魔小说、侠义小说、时事小说、世情小说等多是前代所没有的或是萌芽状态，而苏州冯梦龙搜集宋元话本集成的话本小说系列"三言"和凌濛初编选的拟话本小说集"二拍"，故事情节和小说框架虽多取材于前代文学作品，但冯、凌二人用白话进行了不同程度的再加工创作，适应了时人的审美意趣，受到世人的喜爱，对后世话本小说的创作影响深远，其后的话本小说、拟话本小说基本上未突破其窠臼。明代四大奇书《三国演义》《水浒传》《西游记》《金瓶梅》分别开创了章回小说的四类题材，深深影响了后世白话章回小说的创作，虽其后以《聊斋志异》为代表的文言小说一度兴起，但已是强弩之末，难以恢复唐传奇时文言小说的盛况。

在艺术特色方面,文士为了满足文化市场的需要,对文学艺术性做了诸多革新,如追奇猎艳、口语化、俚语化等,如《三国演义》中描写了大量的战争场面和谋略,令人惊心动魄,三国文化具有生生不息的文化价值[①];《水浒传》描写的梁山英雄传奇故事、《西游记》描写的西天取经惊险遭遇、《金瓶梅》里的世情描写都常使读者手不释卷,回味无穷;"三言""二拍"主要描摹世态百相,受到下层民众的喜爱。在语言上,白话小说采用了通俗易懂的语言,内中包含了诸多的口语、俚语和地方方言,大大拉近了与下层民众的距离;《红楼梦》集世情小说之大成,被誉为中国古代白话小说巅峰作品,它描写的封建权贵家族的兴衰和宝黛爱情,深刻而令人警醒;《儒林外史》摹写了儒林万象,令人慨叹不已。

在思想内容方面,明清戏曲小说带有浓厚的时代性,如明代戏曲小说通过对历史权奸代表人物的演绎,鞭挞丑恶,弘扬爱国情怀,尤其以"秦桧冥报"故事、贾似道形象的演绎为明显[②],《三国演义》贬曹扬刘,《水浒传》中梁山英雄的替天行道,《西游记》的不畏艰险,《金瓶梅》的西门家族兴衰,"三言""二拍"的市井文化,《红楼梦》的封建大家族的兴衰,《儒林外史》的儒林万象,才子佳人小说的美好憧憬等,或假托前朝,或直接摹写当代,多刻有明清时代的烙印。

一些文学家不仅身体力行,从事治生活动,而且在他们创作的一些文学作品中也不同程度地描写到文士治生,明清笔记小说中的文士治生描写,也是文士治生的现实反映。如罗贯中《三国演义》中的诸葛亮,在出山辅佐刘备之前,就曾"躬耕于南亩",另外其他名士如徐庶、庞统、荀彧、荀

---

① 从弘扬中华民族优秀传统文化的角度看,《三国演义》在演绎三国兴衰中彰显的家国情怀,在塑造英雄人物时讴歌的民族精神,在揭示诸侯成败中提供的经验智慧,可以给当今社会提供精神与道德方面的丰厚滋养,具有生生不息的文化价值。参见纪德君《〈三国演义〉文化精神的时代观照》,《明清小说研究》2019 年第 1 期。
② 具体论述请参见谭笑《明代小说戏曲中"秦桧冥报"故事的演变》,《明清小说研究》2019 年第 2 期;张春晓《"权奸"的明代演绎———以通俗文学中贾似道形象嬗变为中心》,《明清小说研究》2019 年第 2 期。

攸、贾诩、郭嘉等,都是依附于乱世豪杰的杰出谋士。兰陵笑笑生《金瓶梅词话》中描写了几个文士如新科状元蔡蕴、进士安忱、秀才温必古、水秀才在不同程度上都参与了一定的治生活动:蔡蕴、安忱这两位新科进士到西门庆府上打秋风,科考无名的下层文士秀才温必古和水秀才因生活窘境而到西门庆府上处馆①。冯梦龙《喻世明言》卷一八《杨八老越国奇逢》,描写了杨八老年近三旬,因科举不成而弃儒经商,到福建、广东一带做生意。凌濛初《初刻拍案惊奇》卷一《转运汉遇巧洞庭红波斯胡指破鼍龙壳》,描写了成化年间苏州人文若虚机起初因不善经营,将家业败光,后来随友人海外游览途中,机缘巧合,贩橘致富的故事。西湖渔隐主人《欢喜冤家》第三回《李月仙割爱救亲夫》,描写了书生王文甫因读书未成而继承祖业,弃儒出外经商。李渔《连城璧》第六回《遭风遇盗致奇赢 让本还财成巨富》,描写了书生秦世良年轻时,因家事萧条,不能糊口而被迫弃儒经商,先开小铺,后做海上生意,成了巨富。庾岭劳人《蜃楼志》中描写了苏吉士在其父死后,毅然继承家业,弃儒就商,拒绝皇帝钦召,不为高官利禄所动,成为清代岭南青年洋商的杰出代表。蒲松龄《聊斋志异》中也有一些篇章描写到书生因各种因素弃儒经商的情节,如《罗刹海市》描写了马骥出身于商贾之家,其父因年老"罢贾而归",马骥在其父的劝说下,继承父业,弃儒就商;《雷曹》描写了乐云鹤科试屡败后,面临生计问题而不得不弃儒经商,经商半年就略有小成;《房文淑》中描写了邓成德因开馆授徒难以维持生计所需,无颜回家,遂弃塾师之业而出外经商,历经四年而获利归家。沈起凤《谐铎·书神作祟》描写了一金陵书生出身于儒家,因读书不能致富而弃儒经商,等等。这些小说所涉及文士治生的描写,多是依附于小说人物形象塑造和故事情节构建的需要,并没有以之为小说描写的重点,可谓说在小说中仅起到铺垫作用。描写文士治生的长篇白话小说尤以《红楼梦》和《儒林外史》为突出,二者均不同程度地描摹了运河沿岸城镇和毗邻运河城镇的文士治生画卷,特别是后者。

---

① 参见拙作《〈金瓶梅词话〉中的文士治生》,《南开学报》2013 年第 5 期。

三、《红楼梦》《儒林外史》中文士治生比较

《红楼梦》《儒林外史》两部古典小说名著,在不同程度上涉及了文士治生这一社会现象,而且对文士治生的描摹也比较契合明清时期的文士治生生态。

《红楼梦》中的贾雨村,虽与《红楼梦》其他主人公相比,着墨并不多,但他却是贯穿小说始终的一个值得研究的人物。他从一位起初具有正义感的儒士逐渐蜕变成后来的依附贾府的帮凶,其人生价值观发生了巨变,甚至说是逆转,这与其未仕前的治生经历有着千丝万缕的联系。

《红楼梦》描写的文士治生主要集中在贾雨村这位文士。贾雨村未仕前主要是以卖字作文和处馆为生,如《红楼梦》第一回交代了贾雨村的出身背景和从事治生的原因:浙江运河城市湖州人士,出身于官宦之家,后因家境败落,孤身一人,无依无靠,因进京赶考艰塞不堪,只得"每日卖字作文为生"[1],并因此结识了甄士隐这位乐于助人的文士。尽管如此,贾雨村并不甘于沉寂,一心以仕途为念,但苦未逢时,怀才不遇,一心上京赴考,但困于缺乏上京赴考费用而淹塞不前。《红楼梦》第九十二回,通过贾政之口也对贾雨村未仕前的窘况和如何得到林如海推荐而做官的情况做了说明:

> 贾政道:"说也话长。他原籍是浙江湖州府人,流寓到苏州,甚不得意。有个甄士隐和他相好,时常周济他。已后中了进士,得了榜下知县,便娶了甄家的丫头。如今的太太不是正配。岂知甄士隐弄到零落不堪,没有找处。雨村革了职以后,那时还与我家并未相识。只因舍妹丈林如海林公在扬州巡盐的时候,请他在家做西席,外甥女儿是他的学生。因他有起复的信,要进京来,恰好外甥女儿要上来探亲,林姑老爷便托他照应上来的。还

---

[1] 详见曹雪芹、高鹗著,脂砚斋、王希廉点评《红楼梦》,〔北京〕中华书局,2009年,第5页。

有一封荐书托我吹嘘吹嘘。那时看他不错,大家常会。岂知雨村也奇:我家世袭起,从'代'字辈下来,宁、荣两宅,人口房舍,以及起居事宜,一概都明白。因此,遂觉得亲热了。"(第626页)

另一方面,贾雨村"才干优长",在科试中顺风顺水,中了进士,"选入外班",不久升任知县。好景不长,他因"贪酷之弊,且又恃才侮上",被上司寻隙弹劾而被罢官(第二回,第11页)。贾雨村为了生计不得不又从事治生,经过别人推荐,他先到金陵甄府处馆,教授蒙童。金陵甄府虽是显贵并富而好礼之家,待遇想必会比较优厚,只是所教学生不是可造之才,令人劳神,兼之其祖母"溺爱不明,每因孙辱师责子",贾雨村不堪忍辱,便辞馆而出(第二回,第15页)。其后,四处游历,游至维扬一带时,不慎"偶感风寒,病在旅店,将一月光景方渐愈"。这时的贾雨村可谓是贫病交加,为生计只好又重拾旧业(第二回,第15页)。贾雨村这次所处馆之东家也是世宦之家。东家是苏州人士林如海,曾是前科的探花,后钦点为扬州巡盐御史。嫡妻贾氏是威名赫赫的贾府中贾母之女,其女林黛玉年方五岁,聪明清秀,只是体弱多病。因林如海膝下无子,仅此一女,"便也欲使他读书识得几个字,不过假充养子之意,聊解膝下荒凉之叹"。从文中可知,贾雨村是通过托友人推介而谋得林府西宾一职,才有了衣食之所。因林黛玉是女儿之身,体弱多病,兼之林如海要求不高,"工课不限多寡,故十分省力"。其间因贾夫人病亡,黛玉守制,贾雨村只好"辞馆别图",幸而林如海令黛玉"守制读书",贾雨村才得以留下继续教授其女识字、读书。

贾雨村人生价值观的蜕变,以其在应天知府任上错判葫芦案为分水岭。之前他满怀壮志和经世之才,为官虽有些贪酷之弊,但仍不失本心;其后经过葫芦僧的点拨,为了官位不惜自丧名节,忘恩负义,以错判葫芦案为起点,渐变为成为贾府的帮凶。贾雨村自通过林如海攀上了贾府这颗"参天大树"后,尤其是在他枉法乱判葫芦案后,彻底丧失了一位文士的节操,彻底投靠贾府,在罪恶的道路上越走越远。《红楼梦》中虽只写了贾雨村做的几件恶事,但通过平儿骂贾雨村的话语中,可以推知贾雨村在投靠贾府的不到十年的日子里,做了不少昧心之事:

平儿咬牙骂道:"都是那贾雨村什么风村,半路途中那里来的饿不死的野杂种! 认了不到十年,生了多少事出来!"(第四十八回,第329页)

贾雨村的人生价值观之所以发生如此巨变,原因虽多,但恐怕与其早年治生生涯不无关系。贾雨村深具才干,但早年偃蹇,以卖字作文和处馆维持生计,若不是甄士隐的资助和林如海的推荐,恐怕其落魄的窘境还会延长许多时光。在其仕途偃蹇而不得不治生期间,仰人鼻息,看人脸色,其中之酸楚可想而知①。通过对贾雨村治生生涯对其人生价值观转变的影响的描摹,《红楼梦》这部小说的艺术性和思想性得到了增强。同时,《红楼梦》这部小说与京杭大运河关系密切,除了贾雨村外,许多小说人物和故事情节都发生在京杭大运河,特别是江南运河一带;太清小说《红楼梦影》中也有"对大运河集中且又深情的描摹"②。

明清时期,由于科举制度的影响,许多文士参与治生活动,而且成为一种普遍现象。文士的这种治生生态也深深地影响了吴敬梓对《儒林外史》的创作,《儒林外史》所描写的文士治生正是这种现象的文学反映。

《儒林外史》不吝笔墨地对文士治生这一现象予以细致摹写,特别是对运河沿岸城镇和毗邻运河地区文士治生的描摹尤为深刻。从小说文本中不难看到,文士治生所涉及的领域有不少,主要集中在处馆、游幕、卖字作文、选刻时文、游食等几个方面,另外还描写了少数文士以杂业治生的现象。这在一定程度上反映了明清文士治生的普遍性和多样化。

《儒林外史》中以处馆为治生手段的文士,主要有周进、王德、王仁、权勿用、宗姬、谢茂秦、迟均、虞有德、武书、沈大年、余特、沈琼枝父女等人,其中周进、虞有德是在其未仕前以处馆艰难为生的文士,经过科举中试改变了命运。吴敬梓在《儒林外史》中,也用大量的笔墨描绘了文士卖字作

---

① 参见拙作《治生视野下的〈红楼梦〉中贾雨村人生价值观转变探析》,《红楼梦学刊》2015年第4期。
② 具体论述请参见伏涛《文学地理视域下的顾太清"大运河情结"》,《明清小说研究》2019年第4期。

文这一治生现象。如《儒林外史》第二十二回所描写的文士牛玉圃,就是专门以卖字作文赚取润笔资的行家。他为万雪斋等商人的往来案牍代笔,每年万府所给他的润笔资多达数百两银子,因其代笔的名气比较大,有许多人请他代笔。他的同道牛浦虽没有他的名气大,但因跟随他一段时间,耳濡目染,冒充牛布衣也做起以卖字作文的生意来(《儒林外史》第二十四回)。《儒林外史》中还描写了有的文士以文字结交扬州盐商以谋利,如《儒林外史》第二十八回描写了文士辛东之受聘于扬州盐商以牟利、金寓刘以卖字作文治生。文士辛东之之所以接受扬州盐商邀请,从徽州来到运河城市扬州,原希望能借此机会从扬州盐商那里得到可观的收益,却不想大失所望,为此对人痛斥其非,并恶毒咒之;金寓刘受方家所请,为其撰写对联,因嫌润笔资少,以不按其规定的价格付酬就拒付对联,最后弄得双方恶意对峙。这完全不顾自己的文士身份,纯以利往,这与《儒林外史》第五十五回所描写的文士季遐年相比,真是天壤之别。后者同样是以卖字作文治生,但季遐年颇有张狂个性,虽自小无家无业,在寺庙里安身,但绝不为润笔资的多少而丧失人格。

　　《儒林外史》用大量的笔墨摹写了文士操选政的治生情形。《儒林外史》中写到的时文选家主要有卫体善、随岑庵、马纯上、蘧駪夫、匡超人、季苇萧等名士,他们活跃在江南运河沿岸城镇或毗邻运河地区一带,与书坊合作,生产出许多深受世人欢迎的选本,成为士子们的参考书。吴敬梓在《儒林外史》中,还不惜笔墨地描写了文士游食这一文化现象。吴敬梓描写了牛布衣、王义安、倪廷珠、余特等文士曾有过的游幕经历。吴敬梓在《儒林外史》中对文士打秋风现象予以描绘,如范进中举后,虽接受了当地缙绅和乡亲的不少贺赞,但因办理母亲丧事花费殆尽,连参加会试的费用也无处筹措。在张师陆的劝说下,不顾孝服在身,和张师陆一起到广东高要县知县汤奉处打秋风,后因遇到民变而逃归。牛浦不仅卖字作文,还借着讲诗为名,到安东董知县处打秋风(第二十三回)。余特在扬州处馆时所得的馆金用完后,不想再处馆,兼之父母待葬急需银两,于是打起到无为州刺史那里打秋风的主意(第四十四回)。因刺史刚到任不久,没有多余的钱财给予,但给余特指点了一条利用官司谋取银钱之路,为此余特获银一百三十多两,回家处理父母丧事。后事发,受到官府的追究。《儒林外史》第五十三、五十四两回就描述了文士陈木南到他的表弟徐三公子、徐九公子府上打秋风,每次都数额不少,多达二三百两银子,但因流连青楼而银钱用尽,躲债远走福建。《儒林外史》第五十回也描述了秀才万里,冒充中书,以图商家、乡绅们有所照应,后因此吃官司,幸而得侠士凤鸣歧解救。文士陈木南以打秋风度日。

　　吴敬梓虽然不善治生,但他也认为:"治生儒者事,谋道古人心。"①他的亲友却多是治生之人,并且多活跃在运河沿岸城镇和毗邻运河地区,如他的儿子吴烺弱冠时就自力于衣食,处馆于大江南北;他的好友冯粹中就是以操选政治生,后来吴敬梓将冯粹中化为《儒林外史》中马二先生的原型。吴敬梓不仅通过对南京从地理空间、文化空间与心理空间三重空间的塑造,呈现了一个立体而完整的南京城市印象,体现出他对南京的感情之深②,而吴敬梓还将自身经历的一些人和事融入《儒林外史》之中,如杜少卿就是吴敬梓自身的摹写,而虞博士、牛布衣、季苇萧、汤镇台、余大先生、来霞士等就是吴蒙泉、朱草衣、李啸村、杨凯、金矩、王昆霞等人的原型,他们多曾参与过治生活动。吴敬梓摹写这些文士治生,一方面揭示出明清时期文士的生态不容乐观,以及科举制度对文士在精神和物质方面的双重摧残;另一方面揭示了文士面对这种窘境,为了治生所表现出的人格分裂。③

　　从《红楼梦》《儒林外史》这两部差不多创作于同时代的古典小说名著中,我们可以看到文士治生在这两部小说中都有不同程度的描写,《红楼梦》中所塑造的文士贾雨村及其他文士所占小说篇幅远远没有《儒林外

---

① 详见〔清〕吴敬梓著,李汉秋、项东升校注《吴敬梓集系年校注》卷二《诗一·遗园四首》,〔北京〕中华书局,2011 年,第 110 页。
② 参见张旭、孙逊《试论〈儒林外史〉中南京的三重空间》,《明清小说研究》2018 年第 4 期。
③ 关于《儒林外史》对文士治生生态摹写的具体论述,请参见拙作《试论〈儒林外史〉对文士治生生态的摹写》,《复旦学报》2017 年第 6 期。

史》中描写文士的篇幅之多,《红楼梦》不可能像描写儒林百态的《儒林外史》那样用大量的笔墨描摹文士治生,曹雪芹选择描写的文士治生,主要集中于以卖字作文和处馆为治生手段的文士贾雨村,虽显得比较单一,但《红楼梦》这部小说主要以封建大家族兴衰为描写对象,并不以文士为主要描摹对象。《儒林外史》则与之不同,它以描写儒林万象为重点,涉及诸多文士在科举制度下的百态,其中文士治生是其描写的重要内容之一,可以说贯穿于小说始终。曹雪芹、吴敬梓虽然都经历过因家道中落而贫窘的历程,他们对人生的感悟尤为深刻,不过他们二人在小说创作题材选择上有所不同,这可能与两人的家世、生活体验等方面的差异有一定的关系。曹雪芹是因被抄家导致陷入贫窘之境,而吴敬梓则是因自己不善于经营、被亲族侵产而造成生计无着的;曹雪芹生于权贵之家,而吴敬梓则出身于下层官宦之族,他们的人生体验有着巨大的差异。

结　语

　　文士治生作为一种文化现象,对明清通俗文学的创作和传播起到了一定的积极作用,无论在题材、艺术特色上,还是在思想文化内容上,都超越前代,迎来了明清文学艺术的辉煌时代,对中国传统文化的继承和传播也产生了积极作用。从这个意义上来说,研究文士治生,特别是对地处运河沿岸城镇和毗邻运河的明清江南文士治生状况的研究,有助于我们从侧面观照明清文学艺术的发展面貌,因为许多明清文学艺术作品是江南文士或流寓于江南的外地文士创作的,而且这些文士多居住或往来于运河或其毗邻区域[10],其中冯梦龙、凌濛初不仅是文士治生的典型代表,而且其"三言""二拍"中的一些作品还描写到大运河,如据苗菁先生统计,"二拍"中的14篇作品描写到京杭大运河[11],其中被世人广为传颂的白娘子和许仙的爱情故事,就诞生于江南大运河这块沃土,"白蛇传说"在宋代的《西湖三塔记》、明人田汝成的《西湖游览志》、吴从先的《小窗自纪》等话本小说、文人笔记里曾多次言及,清代黄图珌、方成培分别在此基础上改编成了昆剧《雷峰塔传奇》和《雷峰塔》,清末民初又被改编成越剧。冯梦龙曾将之收入他的《警世通言》第二十八卷,"'白蛇传'故事涉及的杭州、苏州和镇江恰恰都坐落于京杭大运河上,这个故事展现出了明清时期江南大运河两岸社会生活的风貌"[12]。可以说是江南或者可以说是运河这块沃土孕育了这些文学艺术巨擘和传世作品,其中《红楼梦》《儒林外史》就是其中两部具有代表性的经典小说,它们不同程度地触及文士治生这一社会现象,并且对小说人物形象的塑造、故事情节的架构、思想艺术性等都具有不可忽视的影响。

本文系2018年度江苏省社科基金重点项目"《二拍》考源"(项目批准号:18ZWA004)、江苏省社科院自组学科"江苏文化家族与文化学派"的阶段性成果。原载于《中国文学研究》2020年第1期。

参考文献:

[1] 孔尚任.郭匡山广陵赠言序[M]//孔尚任文集:卷六.北京:中华书局,1962:459.
[2] 王骥德.杂论第三十九下[M]//中国古典戏曲论著集成(四).北京:中国戏剧出版社,1959:164—169.
[3] 冯保善.论江苏明清小说创作的历史分期[J].明清小说研究,2018(1).
[4] 昭梿.啸亭续录[M]//小说.北京:中华书局,1980:427.
[5] 郑秀琴.论成兆才评剧对明清小说的改编[J].明清小说研究,2018(2).
[6] 凌濛初.二刻拍案惊奇[M].上海:上海古籍出版社,1983.
[7] 霍市道人.醒风流·序[M].沈阳:春风文艺出版社,1984.
[8] 李小龙.明代艳情小说以"史"、"缘"二字命名试析[J].明清小说研究,2018(4).
[9] 冯保善.论明清江南世情小说出版的小说史意义[J].明清小说研究,2015(1).
[10] 赵维平.明清小说与运河文化[M].上海:上海三联书店,2005.
[11] 苗菁."三言二拍"中的明代故事与京杭大运河[J].明清小说研究,2018(1).
[12] 王珏.从"白蛇传"故事探究明清江南大运河两岸城镇的社会生活[J].明清小说研究,2019(4).

新见杨万里佚文《霜节堂记》考证

李 由 陈怡慧[*]

台北"故宫博物院"藏宋刻孤本《新编诸儒批点古今文章正印》刊刻于宋度宗咸淳九年（1273），选录杨万里文章35篇，其中前集卷一四所收《霜节堂记》系杨氏佚文。其文如下：

> 淦江之胡，俗尚真素，故其绪愿以悫，业尚勤肆；故其室亨以盈，襟带图史；故其子孙文而秀，尸祝师友；故其宾客英且□，如清江二严、艮斋一谢皆与之还往，予虽耳飘而未面识也。予方造朝厎职，友生萧森追送予于白沙，固请曰："胡君邦仲经始一堂，旁罗六斋，前陈万竹，将使其子弟耕于是，猎于是，以获享百圣之臯壤。愿因森以假宠于门，请名斯堂而记之。"予曰："子不观夫堂下之竹乎？石老而瘦，土悍且坚，若无物也。春雷夜兴，土膏并裂，朝起视之，牙者、角者、长者、短者、彪者、炳者、洪者、纤者，如锥出囊，如羝触藩，人固玩而怡之。雨一濯焉，风一揠焉，漂然凤跄，跽然龙升，拔起平地，荡靡昭回。君子之孕，出乎士，极乎圣，发乎身，加乎天下国家，固不当尔乎？"不知其人，视其友；不

---

[*] 李由，江苏省社会科学院文学所。
陈怡慧，南京大学文学院。

知胡氏,视其竹。退之云:"膘节储霜。"尝试以"霜节"名之其可。斋曰存、曰率、曰敏、曰养、曰求、曰悱云。

庆元三年(1197),周必大有《跋杨廷秀所作胡氏霜节堂记》,此时杨万里尚在世时,可见此文确系杨万里之作。考其时间,当作于淳熙十一年(1184)杨万里58岁。文中有"予方造朝尨职,友生萧森追送予于白沙",白沙即白沙渡,在吉水县北,是自吉水舟行北上的必经之地。而杨万里分别于隆兴元年(1163)、淳熙十一年经此赴临安任职,此文系于淳熙十一年更为合理,理由有二。其一,萧森说:"愿因森以假宠于门,请名斯堂而记之。""假宠"一词指凭借威望地位,说明此时杨万里在政坛、文坛都已颇具威望,才能使得与谢谔(号艮斋)有往来的名门胡氏托人求记、假宠于杨万里。而隆兴元年杨万里虽已入仕十年,但仕途偃蹇,仅至零陵县丞,位甚卑,文名亦未甚著,不足以让人"假宠"。其二,杨万里还曾为胡氏家塾作《义方堂记》,此记虽已亡佚,但周必大《题杨廷秀新淦胡氏义方堂记后》曰:"诚斋作《义方堂记》,理胜而文雄,殊无老人谵诿衰弱气象。"《全宋文》(第230册,第436页)则此记作于杨万里晚年,同为胡氏堂斋所作的《霜节堂记》,其创作时间当与此相距不远。

本文原载于《江海学刊》2020年第4期。

范成大与楼钥交游考论

刘 蔚*

摘 要 范成大与楼钥均是南宋政界和文坛之翘楚,二人有着近三十年的交谊。范、楼交游始于隆兴元年楼钥应进士举而范成大点检试卷时,并因共有的使金经历而益加密切,在范成大出任楼氏世居之地明州知州时达至高峰。范、楼长期的交游基于人品学识、思想政见的相近,在范成大的有生之年,二人始终同声相应,同气相求,惺惺相惜。范成大与楼钥家族、亲属长辈的熟识对二人的交游有所助力,诸多共同的友人形成密切相关的交游网络,也进一步增进了二人的关系。范、楼的艺文同好成为交游的重要媒介,二人的艺文交游又促进了彼此的创作:范成大的《揽辔录》成为继楼钥《北行日录》之后又一部上乘的使金行程录,其生平代表诗作《四时田园杂兴》也对楼钥伯父楼璹的《耕织图诗》有所借鉴;楼钥也一直对范成大仰企前规,在诗中寄寓恢复之意,抒发爱国情怀,成为后乾淳诗坛的杰出代表。范、楼之交是南宋中兴时期士大夫交游的一个缩影,他们共同推动了南宋政治和文学的繁盛。

* 刘蔚,江苏省社会科学院副研究员。

关键词 范成大 楼钥 《揽辔录》《北行日录》《四时田园杂兴》《耕织图诗》

范成大(1126—1193)与楼钥(1137—1213)堪称南宋政界和文坛之翘楚。范成大在孝宗朝历任广西安抚使、四川制置使、沿海制置使等职,淳熙年间曾任参知政事;楼钥历经孝宗、光宗、宁宗三朝,嘉定年间也曾官至参知政事。二人在文学领域造诣颇深。范成大为南宋"中兴四大诗人"之一,文章亦众体兼备,杨万里评价:"训诂具西汉之尔雅,赋篇有杜牧之之刻深,骚词得楚人之幽婉。序山水则柳子厚,传任侠则太史迁。至于大篇决流,短章敛芒,缛而不酿,缩而不窘。清新妩丽,奄有鲍谢;奔逸隽伟,穷追太白。"[1]更被黄震誉为"一世文豪"[2]。楼钥也是"各体悉备,能集大成,而夫内外制启劄奏牍中朝礼制之文,尤足典型"①。真德秀称其为嘉定年间"一代文宗"[3]。

范成大和楼钥有着非常持久、深入和密切的交游,但学界至今很少有人关注过。范成大和楼钥交往长达三十年之久,不仅在政治上和文学创作上有所互动,还与彼此的亲友多有交谊,形成了一个庞大的士大夫交际网络。厘清范成大与楼钥交游之实,可加深对这两位南宋政界、文坛要人的了解,对中兴时期的文学创作也有更为清晰的认知。

一、范成大与楼钥交游始末

范成大与楼钥的交游可以上溯至隆兴元年(1163)正月,26岁的楼钥赴临安应省试。其策论辞艺极佳,"学问渊源,论议切直,为前后场之冠,已考入魁选"②,但因误犯宋哲宗旧讳,可能无缘及第。知贡举洪遵等爱惜人才,特别奏请宋孝宗,最终,下诏特降末等头名。楼钥"投赞谢诸公。

---

① 顾大朋点校:《楼钥集》校点叙言,〔杭州〕浙江古籍出版社,2010年,第2页。
② 徐松辑,刘琳等校点:《宋会要辑稿·选举》四"贡举杂录"二,第9册,〔上海〕上海古籍出版社,2014年,第5336页。

考官胡铨称之曰:'此翰林才也'"①。范成大时监太平惠民和剂局,此次亦参与点检试卷②。黄震《黄氏日抄》中存有范成大《回楼大防末甲头名取放》一文:"琼杯偶缺,初惊一字之难;金薤昭垂,果下六十之勒。"③所言正是楼钥应试始末,当为阅卷官范成大回复举子谢词所作,这是范成大与楼钥二人开始交往的最早明证。

　　三年之后亦即乾道二年(1166)二月,范成大除尚书吏部员外郎。三月,因受人非议属破格超迁而遭罢职,"旋领宫祠,遄返故乡"[4]。乾道三年(1167)六月,范成大作《三高祠记》,称赞乡贤范蠡、张翰和陆龟蒙不溺于功名富贵,脱然高隐。不久,楼钥写下《读范吏部三高祠堂记》,称颂范成大的人品与文笔,"前身陶朱今董狐,襟抱磊落吞江湖。瑰词三章妙天下,大书深刻江之隅";并流露出对范成大功业的期许以及追随之意,"他年事业满彝鼎,乞身归来坐佳境。不嫌俗士三斗尘,容我渔蓑理烟艇"[5]。

　　乾道三年十二月,范成大起知处州④。他在处州虽仅一年,但有一事足以彪炳史册,即推广义役之法,由应役户出田或买田作助役田,所收田租充应役费用,这在一定程度上实现了应役户之间的互助,减少了因差役之事而引起的争讼。后来范成大出任中书舍人时将此法上奏宋孝宗,获得首肯,将其颁之天下,令诸路效法,南宋义役法自此开始盛行⑤。范成大离任之后,继任处州知州者正是楼钥之父楼璩⑥。楼璩受范成大之嘱,继续在处州推行义役,据黄震《黄氏日抄》记载:"松阳县创义役,(范成大)嘱交代楼璩行之余五县。"⑦楼璩知处州时期,楼钥正待阙温州州学教授,

---

① 脱脱等:《宋史》卷395《楼钥传》,〔上海〕上海古籍出版社,1986年,第1361页。
② 徐松辑,刘琳等校点:《宋会要辑稿·选举》二十"试官"二,第10册,第5642页。
③ 黄震:《黄氏日抄》,《全宋笔记》第十编·十,第424,408页。
④ 参见周必大《资政殿大学士赠银青光禄大夫范公成大神道碑》:"(乾道)三年十二月,起知处州."周必大著,王蓉贵、白井顺点校:《周必大全集》第2册,〔成都〕四川大学出版社,2017年,第577页。
⑤ 兴义役的意义与影响,可参李心传:《建炎以来朝野杂记》甲集卷7《处州义役》,〔北京〕中华书局,2000年。
⑥ 据清《光绪处州府志》卷13记载,乾道五、六年间(1169—1170)楼璩在处州任知州。
⑦ 黄震:《黄氏日抄》,《全宋笔记》第十编·十,第424,408页。

前往处州随侍其父,"至受谒听讼,则俟于屏内。公退,候伺颜色,承命惟谨。书尺之繁委,行李之往来,一不以累先公之心"①。对义役法的实际推行有所了解。

乾道五年(1169)五月,范成大被召为礼部员外郎兼崇政殿说书,并兼国史院编修官。六月,楼钥仲舅汪大猷亦兼崇政殿说书[6]。十月,汪大猷任贺金国正旦国信使出使北方,辟楼钥为书状官随行,其《敷文阁学士宣奉大夫致仕赠特进汪公行状》云:"某辈生长外家,蒙外祖教育之赐,事诸舅如诸父,受知于公尤深且久。公为礼部秘监时,某留侍侧,护客使庑,皆许侍行。"②不久,楼钥由处州抵达行在与汪大猷会合,次日即去拜谒范成大,但未得见,其《北行日录》记载:"三十日壬子,晴。同去伪见刘察院,待范郎中成大,久之,竟不见客。"③时隔两天,楼钥得以拜见范成大,称其为"范丈","二日甲寅,晴。同去伪习仪都亭驿,部中见梁监门叔玠、范丈、吕郎中正己"。临行前范成大作诗《送汪仲嘉侍郎使庑,分韵得待字》,称颂汪大猷:"公才有廊庙,安用试专对。要烦第一人,镇抚大荒外。"[7]乾道六年(1170)二月十四日,楼钥随汪大猷完成使金任务返回临安,次日即去拜谒范成大,受到热情款待,"十五日丙申,晴……又谒范丈,甚款"④。离开临安返回处州之前,范成大又为其设宴送行,"二十一日壬寅,雨……赴范丈晚饭"⑤。

在汪大猷、楼钥使金归来之后不足四个月,乾道六年闰五月,范成大也假资政殿大学士、充金国祈请国信使出使金国,求陵寝地及更定受书礼。此次北行使金是范成大生平关键,他在金国不计安危、大义凛然、不辱使命之举震动宋金朝野,为其赢得了极大声誉,成为日后历典名藩、执

---

① 楼钥:《先兄严州行状》,《楼钥集》卷88,第1569页。
② 楼钥:《敷文阁学士宣奉大夫致仕赠特进汪公行状》,《楼钥集》卷91,第1621页。
③ 楼钥:《北行日录》,《楼钥集》卷119,第2086页。按:其时范成大为礼部员外郎兼崇政殿说书,非郎中。参见于北山《范成大年谱》,第129页。
④ 楼钥:《北行日录》,《楼钥集》卷120,第2121,2122页。
⑤ 楼钥:《北行日录》,《楼钥集》卷120,第2121,2122页。

任参知政事的重要资本①。此时楼钥已返回处州,代其父楼璩撰《代贺范舍人成大启》,极力称颂范成大使金之功,"比求虏使之行,无出明公之右……抗穹庐而不挠,全故璧以复归。万里威名,震骇犬羊之聚,平生忠信,通行蛮貊之邦。天颜为开,国势增重"②。

此后,楼钥与范成大即便宦游四海,天各一方,也一直保持联系。楼钥的百余卷文集屡屡印证着范成大的行迹。例如淳熙二年(1175)范成大知成都府兼四川制置使,曾奏劾兴元军帅郭钧,楼钥为王淮所写行状中提及此事:"四川制置使范公成大奏郭钧驭众无术,几致生变。"③淳熙四年(1177)范成大从四川离任返回吴县,归途中曾游览峨眉山,作有数诗,楼钥称赏:"今石湖先生大峨数篇,尤为奇伟……使石湖再登大峨,必须别有一则佳话也。"④范成大返程中还作有笔记《吴船录》,后楼钥同乡王粹中入蜀,楼钥所写赠诗即提到范成大这一著作,曰:"黄松次功蜀栴杌,石湖居士吴船录。"⑤

范成大与楼钥交游中,有一段时期特别值得关注,即淳熙七年(1180)至淳熙八年(1181)初,范成大任明州(今浙江宁波)知州,兼沿海制置使。明州是楼钥家族世居之地,楼钥之祖楼异曾两典乡邦,任明州知州;伯父楼璹曾出任扬州知州兼淮东安抚使等,后在明州创建义庄,对家族的壮大发挥了决定性的作用[8]。楼氏家族还与明州汪氏等几大家族世代联姻,在明州的政治、文化史上占据重要地位。范成大出任明州知州,时任台州通判的楼钥喜不自禁,奉上贺启:"九重前席,方深共政之图;千里寨帷,暂屈于蕃之寄。山川顿改,号令鼎新。凡属按临,举增抃舞。"称赞范成大曾为参知政事、封疆大吏,建功甚伟,名震天下;并称自己出于范氏门下,希冀回乡继踪承绪:"夙叨炉冶,久去门墙。赘员于兹,阻奉维桑之敬;赐履

---

① 陈振孙称其:"抗金主于其殿陛间,归而益被上眷,以致柄用。"陈振孙著,徐小蛮、顾美华点校:《直斋书录解题》卷18,〔上海〕上海古籍出版社,2015年,第540页。
② 楼钥:《代贺范舍人成大启》,《楼钥集》卷60,第1069页。
③ 楼钥:《少师观文殿大学士鲁国公致仕赠太师王公行状》,《楼钥集》卷90,第1595页。
④ 楼钥:《跋范石湖游大峨诗卷》,《楼钥集》卷70,第1248页。
⑤ 楼钥:《送王粹中教授入蜀》,《楼钥集》卷3,第74页。

之下,实云击柝之闻。尚为假事之谋,少遂趋风之愿。"①在明州期间,范成大曾请足庵禅师智鉴主报恩寺、石窗禅师法恭主雪窦寺,这在楼钥的文集中都有反映,其《雪窦足庵禅师塔铭》云:"(淳熙)七年,参政范公移主报恩。"②《瑞严石窗禅师塔铭》云:"大参范公请师于雪窦。"③

绍熙四年(1193)范成大致仕,由楼钥撰写外制《资政殿大学士通议大夫范成大转一官致仕》:"胸中之有兵甲,世称小范之才高;扁舟之泛江湖,或谓鸱夷之仙去。"④同年范成大去世,楼钥又撰《范成大赠五官》:"身登二府,仕历三朝。词章议论之高,无惭古昔;东西南北之表,咸著威名。"⑤对这位交游多年的长者表达了由衷的敬意。

二、范成大与楼钥交游之因由

范成大和楼钥能保持长达三十年的交游,基于他们人品学识、思想政见的相近。范成大和楼钥都出身于科举入仕的士大夫之家。范成大之父范雩为宋徽宗宣和六年(1124)进士,曾任诸王宫大小学教授、秘书郎。楼钥之父楼璩虽未应科举,但楼氏家族在两宋间屡中科第,有数十人之多,乡人袁燮曾感叹:"一门决科之盛至如此。"⑥范成大和楼钥既天资聪慧,又受家庭影响而勤奋好学。周必大称范成大:"公在怀抱,已识屏间字。""少师力教之。年十二,遍读经史。"⑦后在昆山荐严资福禅寺苦读十年,29岁中进士。步入仕途后范成大仍一心向学,黄震评价其:"终身之间,

---

① 楼钥:《贺明州范参政启》,《楼钥集》卷58,第1049—1050页。
② 楼钥:《雪窦足庵禅师塔铭》,《楼钥集》卷116,2019页。
③ 楼钥:《瑞严石窗禅师塔铭》,《楼钥集》卷116,第2015页。
④ 楼钥:《资政殿大学士通议大夫范成大转一官致仕》,《楼钥集》卷34,第626页。
⑤ 楼钥:《范成大赠五官》,《楼钥集》卷34,第627页。
⑥ 袁燮:《资政殿大学士赠少师楼公行状》,王瑞明校点:《絜斋集》卷11,《儒藏·精华编》第238册,〔北京〕北京大学出版社,2012年,第873,855,855,855页。
⑦ 周必大:《资政殿大学士赠银青光禄大夫范公成大神道碑》,王蓉贵、白井顺点校:《周必大全集》第2册,第577,578页。

有时而仕，无时而不学也。"①范成大学问赅博，为时人服膺，陆游即称："方公在中朝，以洽闻强记擅名一时。天子有所顾问，近臣皆推公对，莫敢先者。"②宋孝宗"嘉奖数四"，并称其"宏深博约"③。楼钥亦如此，袁燮称其："公幼警敏，始就外傅。乡人王先生黙、李先生鸿渐为严师。既冠，三山郑屯田锷寓馆乡邻，公又师之。"④26岁的楼钥参加省试时已展露才华，参详官胡铨曾对其大为赞赏，曰："此翰苑长才也。"⑤阅卷官范成大也对楼钥之才颇为欣赏，待楼钥被赐同进士出身后奉上谢词，范成大的回复中"琼杯偶缺"等句不掩溢美之意。可以说范成大和楼钥的交游正是始于才华，楼钥日后也的确不负众望，成为一代文宗，"学问之源委，治道之纲目，制度之沿革，靡不研究，胸中之蕴日富"⑥，"学问赅博，文章淹雅，在南宋词臣之内，可谓佩实衔华"⑦。

范成大和楼钥都是典型的儒家传统士大夫，他们积极入世，但并不汲汲于功名。穷则独善其身，达则兼济天下。二人生平中都有数次退隐闲居经历，但不以物累，不以己悲，超然洒脱。范成大乾道三年退居故里所作《三高祠记》正体现了这种风操，而年轻的楼钥完全能够理解范成大的精神世界，所作《读范吏部三高祠堂记》呈现出了解之同情，实现了与范成大精神世界的对等交流，使他们感情的深度又有所增进。但范成大和楼钥都不是清谈玄虚之士，他们有强烈的社会责任感，注重事功与实学，一旦出仕便勤于政事，济世为民。于北山先生说："石湖的政治观点，以儒家

---

① 黄震：《黄氏日抄》，《全宋笔记》第十编·十，第422页。
② 陆游：《筹边楼记》，《渭南文集》卷18，《陆游集》，[北京]中华书局，1976年，第2139页。
③ 周必大：《资政殿大学士赠银青光禄大夫范公成大神道碑》，王蓉贵、白井顺点校：《周必大集》第2册，第577、578页。
④ 袁燮：《资政殿大学士赠少师楼公行状》，王瑞明校点：《絜斋集》卷11，《儒藏·精华编》第238册，[北京]北京大学出版社，2012年，第873、855、855、855页。
⑤ 袁燮：《资政殿大学士赠少师楼公行状》，王瑞明校点：《絜斋集》卷11，《儒藏·精华编》第238册，[北京]北京大学出版社，2012年，第873、855、855、855页。
⑥ 袁燮：《资政殿大学士赠少师楼公行状》，王瑞明校点：《絜斋集》卷11，《儒藏·精华编》第238册，[北京]北京大学出版社，2012年，第873、855、855、855页。
⑦ 永瑢：《四库全书简明目录》卷16，[上海]古典文学出版社，1957年，第670页。

的'仁政'为主体,主张慎刑罚,薄税敛,用贤能,惜民力。"①这种政治理念在知处州时便有很好的体现,范成大推行义役法,修通济堰,造福一方,深受百姓爱戴,处州人为之立生祠②。楼钥跟随其父仕宦处州时当有切身感受,不久后为温州州学教授时亦究心于实学,注重研究田赋、兵制、水利等,以期经世致用;任温州知州时,"威刑罕用,课入增衍,尤详于听讼,咸得其情","阖郡服其明恕"。③ 其《论役法》曰:"臣窃惟州县之事,其切于民者,莫大于役法。"④可谓深得范成大为政理念之精髓。乾道五年十月和乾道六年闰五月,楼钥和范成大先后出使金国,他们体现出强烈的政治责任感,通过出使以觇敌国,对宋金和战之势有了宏观把握和清醒认知。日后范成大和楼钥都成为稳健的主战派,他们主张收复失地,一雪国耻,范成大使金诗中反复提及"指顾枯河五十年,龙舟早晚定疏川"(《汴河》)"西山剩放龙津水,留待官军饮马来"(《龙津桥》)⑤;楼钥也向宋光宗言及"国家之大者,莫先于恢复之计"⑥。但是鉴于两国军事实力的悬殊,范成大和楼钥都主张养精蓄锐、待时而发,万不可冒进。周必大曰:"自公(范成大)使北,狂生上书,迎合恢复事,补官十余人。公奏幸门不可开,继此臣必缴奏。"⑦在四川制置使任上,范成大也并不像陆游希望的那样速求恢复,而是"定规模,信命令,弛利惠农,选将治兵"⑧,楼钥"欲图外攘,必先务内修,则政事日以举。欲谋西北,先保东南,则邦本日以固"⑨的政见和范成大完全一致。他们的识虑明远源自曾经亲历北地,袁燮称楼钥:

---

① 于北山:《范成大年谱》前言,第2页。
② 熊子臣、何镗:《栝苍汇纪》卷9《禋祀记》,《四库全书存目丛书·史部》,〔济南〕齐鲁书社1996年,第193册,第606页。
③ 袁燮:《资政殿大学士赠少师楼公行状》,王瑞明校点:《絜斋集》卷11,《儒藏·精华编》第238册,第858—859,869页。
④ 楼钥:《论役法》,《楼钥集》卷25,第470页。
⑤ 范成大:《汴河》《龙津桥》,《范石湖集》卷12,第145,158页。
⑥ 楼钥:《论恢复》,《楼钥集》卷20,第403,403页。
⑦ 周必大:《资政殿大学士赠银青光禄大夫范公成大神道碑》,王蓉贵、白井顺点校:《周必大全集》第2册,第579页。
⑧ 陆游:《范待制诗集序》,《渭南文集》卷14,《陆游集》,〔北京〕中华书局,1976年,第2098页。
⑨ 楼钥:《论恢复》,《楼钥集》卷20,第403,403页。

"然自随仲舅尚书汪公大猷使燕,见所历险要之地皆为金据,知深入之难。故初被召,虽尝进恢复之说。及闻权臣妄开边隙,则蹙额。"①这种共同的经历以及由此形成的务实的和战观,成为他们使金之后不辍交游的思想基础。

范成大和楼钥交谊颇深,也与楼氏家族、亲属长辈的助力不无关系。隆兴元年,楼钥在临安应省试与阅卷官范成大初识之际,楼钥的众多亲族亦在临安任职。其父楼璩监进奏院,据楼钥《跋先太师与张检详帖》所记:"先君太师隆兴初元监进奏院。"②仲舅汪大猷为宣教郎,干办行在诸司粮料院,楼钥《敷文阁学士宣奉大夫致仕赠特进汪公行状》云:"(绍兴)三十二年,赐绯鱼袋,改干办行在诸司粮料院……隆兴二年四月,参政钱简肃公宣谕淮东,辟为干办公事。"③姑父王正己亦为宣教郎,干办行在诸军粮料院,楼钥《朝议大夫秘阁修撰致仕王公墓志铭》云:"隆兴改元……改宣教郎,干办行在诸军粮料院。"④其表兄陈居仁也与范成大四月间同被选为编类圣政所编修,楼钥《华文阁直学士奉政大夫致仕赠金紫光禄大夫陈公行状》中提及"隆兴元年,孝宗修高庙圣政,妙选寮属,时参政范公成大为和剂局,与公皆自莞库中兼检讨官"⑤。他们都与范成大有着比较密切的关系。楼钥之父楼璩乾道四年(1168)在范成大之后任处州知州,受其嘱托推行义役法。范成大与楼钥舅父汪大猷的相识可能更早,绍兴二十三年(1153),汪大猷为平江府昆山县丞[9],举子范成大正在昆山荐严资福禅寺苦读,并于次年进士及第⑥。绍兴三十二年(1162),汪大猷与范成大同在临安,汪大猷任干办行在诸司粮料院,范成大监太平惠民和剂局。乾道五年六月,范成大与汪大猷又同为崇政殿说书,并时隔半年先后出使金

---

① 袁燮:《资政殿大学士赠少师楼公行状》,王瑞明校点:《絜斋集》卷11,《儒藏·精华编》第238册,第858—859,869页。
② 楼钥:《跋先太师与张检详帖》,《楼钥集》卷73,第1313页。
③ 楼钥:《敷文阁学士宣奉大夫致仕赠特进汪公行状》,《楼钥集》卷91,第1608页。
④ 楼钥:《朝议大夫秘阁修撰致仕王公墓志铭》,《楼钥集》卷107,第1838页。
⑤ 楼钥:《华文阁直学士奉政大夫致仕赠金紫光禄大夫陈公行状》,《楼钥集》卷92,第1625页。
⑥ 于北山:《范成大年谱》,第33页。

国,范成大曾赋诗《送汪仲嘉侍郎使虏,分韵得待字》为汪大猷送行。乾道七年正月,汪大猷授敷文阁待制、提举江州太平兴国宫,奉祠归明州,范成大作有《送汪仲嘉待制奉祠归四明,分韵得论字》。淳熙七年,范成大出任明州知州,汪大猷正在明州家居①,二人彼此唱和,范成大作有《次韵汪仲嘉尚书喜雨》等诗②。绍熙元年(1190),范成大奉祠还乡,和楼钥姑父王正之多有次韵之诗,如《次王正之提刑韵谢袁起岩知府送茉莉二槛》《王正之提刑见和茉莉小诗甚工今日茉莉渐过木犀正开复用韵奉呈二绝》等。楼钥与姑父王正己关系密厚,自称:"省事以来,蒙诲予特异。比点朝行,闻公林泉甚适,梦寐欲侍巾屦。归而相得愈欢,以为不负我所期也。剧谈痛饮,或连日不倦。"③在为王正己《酌古堂文集》所作序中,楼钥提及范成大服膺王氏之事:"近时以诗鸣,如石湖范公,见公诗,亦自言欲焚其稿。"④《朝议大夫秘阁修撰致仕王公墓志铭》中也写道:"石湖参政范公成大见公近诗,叹曰:'不惟把降幡,殆将焚笔砚矣。'"⑤而楼钥的表兄陈居仁不仅在隆兴元年与范成大同为编类圣政所编修,还曾举荐与范成大关系甚密的周必大、洪迈等人,楼钥《华文阁直学士奉政大夫致仕赠金紫光禄大夫陈公行状》云:"是年郊恩赐绯,荐摄礼部郎中。尝奏论:台阁宜多用明习典故之士。上曰知名之士试举一二,公奏如周必大、洪迈。"⑥由是可见,范成大和楼钥家族、亲属的关系非同一般,这进一步密切和融洽了二人的关系,楼钥尊称范成大为"范丈"。

不仅如此,范成大和楼钥还有诸多共同的友人。例如周去非,乾道九年(1173)范成大知静江府兼广西经略安抚使,曾赋诗《送周直夫教授归永

---

① 淳熙二年(1175)汪大猷担任隆兴府知府、江南西路安抚使时,因下属讨伐茶商赖文政之乱失利,被免去职务,送南康军居住,至淳熙四年才得以自便,遂回明州故里,淳熙十二年(1185)提举太平兴国宫。淳熙七年(1180),汪大猷在明州和范成大有交游。
② 范成大:《次韵汪仲嘉尚书喜雨》,《范石湖集》卷21,第301页。
③ 楼钥:《朝议大夫秘阁修撰致仕王公墓志铭》,《楼钥集》卷107,第1840,1840页。
④ 楼钥:《酌古堂文集序》,《楼钥集》卷49,第922页。
⑤ 楼钥:《朝议大夫秘阁修撰致仕王公墓志铭》,《楼钥集》卷107,第1840,1840页。
⑥ 楼钥:《华文阁直学士奉政大夫致仕赠金紫光禄大夫陈公行状》,《楼钥集》卷92。

嘉》："知心海内向来少,解手天涯良独难。"周直夫即周去非,曾仿效范成大的笔记《桂海虞衡志》创作了《岭外代答》,记载广西山川风土、鸟兽虫鱼等。周去非与楼钥为进士同年,感情颇深厚,周去世之后,楼钥写有祭文《祭周通判去非》。再如诗僧慧举,他与范成大和楼钥俱为诗友。淳熙六年(1179)范成大罢参知政事退居石湖,慧举归云丘,曾赋诗《赠举书记归云丘》送之。楼钥《跋云丘草堂慧举诗集》云:"最后尤为范石湖所知,尽和其大峨诸诗。余赴东嘉,亦辱诗为赠。"①淳熙九年(1182)范成大知建康时曾与安抚司参议官郑锷以诗留别,有《次韵郑校书参议留别》。郑锷是楼钥少时的老师,楼钥《乞赐莫叔光谥及录用郑锷之后劄子》自称:"而锷又臣某之师也。"②绍熙三年(1192),范成大有诗《寄题林景思雪巢六言三首》,寄题者为友人林宪;楼钥也与林宪友善,作有《雪巢诗集序》。诸如此类,二人诗文集中提到的共同熟识的交游对象有数十位之多,如洪遵、周必大、史浩、魏杞、吕正己、杨万里、陆游、吴芾、鹿何、孟嵩、赵粹中、姚颖、王淮、朱翌、李弥逊、袁说友、张汉卿等,不胜枚举。总之,范成大与楼钥的亲人颇有交谊,他们还有诸多共同的友人,彼此间有很多交集,形成一个互动良好的士大夫交际网络,进一步增进了二人的关系。

三、范成大与楼钥的艺文交游及彼此影响

范成大和楼钥均擅长诗文和书法。周必大称范成大:"文章赡丽清逸,自成一家。尤工诗,大篇短章,传播四方。"③袁燮称楼钥:"属辞叙事,以意为主,不事雕镂,自然工致。旧有诗声,晚造平淡,而中有山高水深之趣。"④他们的书法在南宋也堪称一流,《佩文斋书画谱》即收录范成大和

---

① 楼钥:《跋云丘草堂慧举诗集》,《楼钥集》卷71,第1266页。
② 楼钥:《乞赐莫叔光谥及录用郑锷之后劄子》,《楼钥集》卷16,第348页。
③ 周必大:《资政殿大学士赠银青光禄大夫范公成大神道碑》,王蓉贵、白井顺点校:《周必大全集》第2册,第583页。
④ 袁燮:《资政殿大学士赠少师楼公行状》,王瑞明校点:《絜斋集》卷11,《儒藏·精华编》第238册,第873页。

楼钥的书学之论,并在书家传中列有范成大和楼钥之传。诗文和书法是范成大和楼钥交游的重要媒介,乾道三年范成大所作《三高祠记》和楼钥《读范吏部三高祠堂记》就是二人早期交游之媒;淳熙年间范成大亲书游峨眉旧诗作,楼钥为其作跋称赞其诗其书:"今石湖先生大峨数篇,尤为奇伟。张公(按:张商英)素不善书,必不能如此翰墨飞动。"①足见他们的艺文交游长期持续。

范成大和楼钥的艺文交游反过来也影响了他们的创作,尤其是诗文方面。乾道五年十月楼钥随其舅父使金,后留下一部日记体行程录《北行日录》和十余首诗作如《使北雪中渡淮》《泗州道中》等,清目录学家周中孚给予《北行日录》极高赞誉:"南宋人使北诸记,当以是录称观止焉。"②半年之后范成大出使金国,也留下一部《揽辔录》和72首使金诗。左景权先生曾据楼钥使金前后均曾谒见范成大推测:"则其回归后《日录》虽犹未至卷终,度必已将北行闻见面告'范丈'。"[10]楼钥与范成大交流北行见闻亦属人之常情,既为范成大数月后出使提供不少经验,也为范成大《揽辔录》的创作提供一定参考,后者所采用的日记文体、纪行文类、统一规范的书写格式以及所记淮河至燕山城的行程与《北行日录》完全吻合,涉及的北方山川古迹、风俗物产、宫殿制度等内容有重合之处,政治性、学术性和文学性的书写旨趣也与《北行日录》颇为一致,成为继《北行日录》之后又一部上乘的使金行程录。而作为"中兴四大诗人"之一的范成大,其使金诗向被视为南宋爱国诗篇之冠冕,钱锺书先生就称其《州桥》为"可歌可泣的好诗"[11],思想和艺术价值远超楼钥同期之作,并对楼钥日后的诗歌创作产生重要影响,楼氏的送别诗、题画诗往往也寄寓恢复之意,抒发爱国情怀,有学者称:"在'后乾淳'诗坛,楼钥与袁说友接过范成大的'旗帜',继续于诗歌中抒写恢复之志,奏响爱国之音。洪氏兄弟的节谊风概影响了范成大,而范成大又影响其后辈楼钥、袁说友等。前辈存'流风善政',后

---

① 楼钥:《跋范石湖游大峨诗卷》,《楼钥集》卷70,第1248页。
② 周中孚:《郑堂读书记》卷24,《国家图书馆藏古籍题跋丛刊》,〔北京〕北京图书馆出版社,2002年,第12册,第7页。

辈'仰企前规',于是,在南宋中兴诗坛上便形成了一个以节谊风概相尚的使北诗人群体。"[12]

范成大和楼钥艺文交游还在某种程度上促进了范成大晚年田园诗的创作。宋高宗绍兴初年,楼钥伯父给时任于潜县令的楼璹绘制了45幅《耕织图》,并于每幅图上题诗一首,描写与图中相关的农事或蚕事,楼钥《跋扬州伯父〈耕织图〉》曰:"耕自浸种以至入仓,凡二十一事;织自浴蚕以至剪帛,凡二十四事,事为之图。系以五言诗一章,章八句。农桑之务,曲尽情状。虽四方习俗间有不同,其大略不外于此。"①绍兴五年(1135),楼璹将《耕织图》进献宋高宗,另有副本留作家藏,去世之后便由其孙楼洪、楼深保存于明州故里。楼钥早年即对伯父的《耕织图》格外推崇,曾作诗云:"我家老扬州(按:楼璹曾任扬州知府),五纪有遗踪。向来耕织图,为烦访溪翁。"②晚年又按其家藏副本重新临摹后献于东宫太子,其《进东宫〈耕织图〉劄子》曰:"传写旧图,亲书诗章,并录跋语,装为二轴。伏望讲读余闲,俯赐观览。或可备知稼穑之艰难,及蚕桑之始末。"③足见楼钥对伯父《耕织图》及其诗的器重。淳熙七年至淳熙八年初,范成大任明州(今浙江宁波)知州,亲临楼氏家族世居之地,官治之余多有艺文创作,常与楼钥舅父汪大猷等老友次韵唱和,楼钥称其:"轻裘谈笑,澄瀚海之惊澜,健笔流传,播鸡林之佳句。"④在明州,范成大或与楼璹《耕织图诗》结下不解之缘,五年之后,即淳熙十三年(1186),退居石湖故里的范成大以江南农村的风土人情、耕织劳动以及个人的闲居生活为内容创作了组诗《四时田园杂兴》,这六十首组诗有近二十首在语、意、势层面与楼璹《耕织图诗》存在互文现象:不少语词和《耕织图诗》相似,颇有从中脱胎之痕迹;所涉耕织劳动环节如下蚕、布秧、拔秧、三眠、插秧、缫丝、络丝、灌溉、二耘、收刈、登场、持穗、入仓等,在《耕织图诗》中几乎都能找到原型;部分诗作的结构也

---

① 楼钥:《跋扬州伯父〈耕织图〉》,《楼钥集》卷74,第1334页。
② 楼钥:《送姜子谦丞于潜》,《楼钥集》卷2,第58页。
③ 楼钥:《进东宫〈耕织图〉劄子》,《楼钥集》卷17,第363页。
④ 楼钥:《贺明州范参政成大启》,《楼钥集》卷58,第1049页。

借镜于《耕织图诗》。除显性互文之外，《四时田园杂兴》还采取犯中求避、拆分、演绎以及缩略等创作方式，衍深了《耕织图诗》的艺术图景，实现了艺术旨趣的错位。《四时田园杂兴》堪称古代田园诗的集大成，广泛汲取了诗经、晋唐田园诗、田家词、竹枝体、四时体、杂兴体等诸多文学传统的养分，楼钥伯父楼璹的《耕织图诗》也是重要艺术渊源之一，范成大通过对其借鉴与扬弃，后出转精，成就了经典文本《四时田园杂兴》，也将古代田园诗提高到一个新的艺术境地①。

南宋乾道、淳熙年间是历史上较为清明兴盛的一个时期，"声名文物之盛，号'小元祐'"②。这种中兴局面的出现与诸多志同道合、交游密切的士大夫群体共同推动不无关系。范成大和楼钥的交游即是当时士大夫交往的一个缩影，人品学识、思想政见的一致是他们长期交游的基础，楼氏家族、亲属前辈的助力以及诸多共同友人形成的交游网络进一步密切了二人的关系。范成大和楼钥的艺文同好成为交游的重要媒介，而艺文交游又促进了彼此的创作。范成大并不自矜于位高权重，能从年轻的先行者楼钥的《北行日录》中汲取创作经验，使《揽辔录》成为又一部上乘的使金行程录；其生平代表诗作《四时田园杂兴》也对楼钥伯父楼璹的《耕织图诗》有所借鉴。楼钥也一直对范成大仰企前规，在政治和诗文创作上奉其为圭臬，成为继范成大之后新一代政界领袖与文宗，共同促进了南宋中兴时期政治和文学的繁盛。

本文原载于《中山大学学报（社会科学版）》2020年第6期。

参考文献：

[1] 杨万里.石湖先生大资参政范公文集序[M]//辛更儒.杨万里集笺校（卷83）.北京：中华书局，2007：3297.

① 参见拙文《〈四时田园杂兴〉与〈耕织图诗〉互文探赜》，待刊。
② 周密著，李小龙、赵锐评注：《武林旧事》，[北京]中华书局，2007年，第1页。

[2] 黄震.黄氏日抄[M]//全宋笔记(第十编).郑州:大象出版社,2018:422.
[3] 真德秀.攻媿先生楼公集序[M]//曾枣庄,刘琳.全宋文.上海:上海辞书出版社,2006.
[4] 于北山.范成大年谱[M].上海:上海古籍出版社,2006.
[5] 楼钥.读范吏部三高祠堂记[M]//楼钥集(卷1).杭州:浙江古籍出版社,2010.
[6] 罗鹏,黄懿.浙江余姚大隐南宋汪大猷墓发掘报告[J].南方文物,2011(4).
[7] 范成大.送汪仲嘉侍郎使金分韵得待字[M]//范石湖集(卷11).上海:上海古籍出版社,2006.
[8] 包伟民.宋代明州楼氏家族研究[M]//传统国家与社会(960—1279).北京:商务印书馆,2009.
[9] 罗鹏,黄懿.浙江余姚大隐南宋汪大猷墓发掘报告[J].南方文物,2011(4).
[10] 左景权.范成大揽辔录校补初编序[J].史学史研究,1990(4).
[11] 钱锺书.宋诗选注[M].北京:人民文学出版社,1989.
[12] 韩立平.南宋中兴诗坛研究[M].上海:华东师范大学出版社,2013.

社会组织的历史形态及其运行机制
——以宗族组织为例

丁惠平*

摘　要　宗族组织是一种兼具血缘性和地方公共性的社会组织形式,在传统中国时期扮演了基层社会治理主体的角色,发挥着协助王朝政权规制和维持基层社会秩序的功能,从而降低了中央政权国家治理的行政成本并维护了王权统治在基层的权威。同时,宗族组织还肩负着以儒家正统价值体系教化社会的重任。纵向来看,在历史流变中,宗族组织的命运虽多有起伏却一直得以存续,即使在当代其踪迹也不鲜见。这与思想意识推动力、制度提供的机会结构、物质资源基础以及组织本身的韧性是密切相关的。从这四个方面对宗族组织进行系统分析,将有助于我们更深刻地理解这一社会组织历史形态的运行机制及演化逻辑。

关键词　社会组织　宗族组织　结构性机会　组织韧性

一、研究缘起与文献梳理

回顾社会学界的社会组织研究可以发现,存在着一种去历史化的倾

---
* 丁惠平,江苏省社会科学院副研究员。

向。无论是在研究论题的选择还是在研究视域的限定上，着重关注当代中国社会组织的理论与实践，而对传统中国社会组织形态的研究却付之阙如，未能将之纳入社会学的研究视角给予解读。这是一个不为人所关注的学术盲区，不能不说是个缺憾。近年来，随着社会科学诸学科的普遍发展和研究力量的持续增强，对于社会组织历史资料的挖掘积累日益丰沛。历史学家和人类学家基于不同的研究旨趣，从各类历史性资料中寻找传统中国诸种社会组织形态存在和演化的线索，积累了古往今来大量民间组织的一手材料，包括宗族组织、会馆组织、慈善组织、商会组织等。而宗族组织作为其中存续时间最长、最为普遍的民间组织获得了较多的研究。这些史料汇集和理论研究为社会学对宗族组织的介入提供了可能。

不过，在对宗族组织进行正式的讨论之前，必须首先厘清的一个问题是宗族组织能否被视为社会组织。所谓社会组织，是当代最为重要的组织形式之一，它与政府组织和市场组织一道承载着重大的时代任务——以主体身份参与国家治理和社会治理。社会组织具有非政府性、非市场性、志愿性、公益性、独立性等显著特征，所以又被称为第三部门、民间组织、志愿组织等。而宗族组织以血缘为纽带，兼具一定的地方公共性，可视为广义的社会进行自我组织的一种方式和机制。将之当作特定历史阶段的社会组织，应该是可以的，因为社会组织本身就是社会自我建构的一种体现。在此意义上，本文将宗族组织视为社会组织的一种历史形态，试图拟合结构与时间两种叙事策略对之进行一种历史社会学的审视和解读。

二、宗族组织的简要历史及其社会功能

宗族在先秦时期便已存在，但是此一阶段的宗族性质与本文所关注的作为社会组织的宗族组织存在性质上的差异。这主要是因为从其领导人的身份来看，"各个宗族的族长基本都是国家政权中的军政要员，而且

其职位世袭传承";从其性质来看,"宗族组织完全受制于王命及官僚的监督,宗族成为国家笼络族人、统治人民的工具……宗族不是作为政治实体的世族,而是作为国家基层社会生活组织的一个组成部分"。[1]可见,先秦时期的宗族与我们现在通常意义上社会组织内涵完全相悖,而是与分封制相匹配的一种亚政权组织形式,因此也就不在本文的讨论范畴之内。我们所关注的主要是进入郡县制后在传统中国时期存在的宗族组织。

典型的宗族组织可谓是中国历史上最早出现的经由社会力量的自组织而生成的社会组织形式,此类组织是在自给自足的小农经济的基础上自然形成的以血缘(为主)和地缘为纽带的实体组织,并且在两千多年的历史变迁中一直得以绵延发展。关于宗族组织,从定义来看,尽管说法颇多,但目前史学界已基本达成了共识,即"宗族是由父系血缘关系的各个家庭,在祖先崇拜及宗法观念的规范下组成的社会群体"[1]。此定义虽然简明,但却将宗族的主体、原则、性质完整地呈现了出来。不过需要特别指出的是,宗族组织"并不只是血缘关系的简单结合,而是人们有意识的组织,血缘关系是它形成的先决条件,人们的组织活动,才是宗族形成的决定性因素"[2]。而宗族组织从其诞生起便与传统中国时期的中央集权政体具有某种紧密的亲和性。在传统中国,表面上国家政权虽然凌驾于社会之上,但骨子里起作用的却仍然是社会自治之机制。不过梁漱溟也承认,"地方自治体欠明确欠坚实,与官治有时相混"[3]。那么,这种地方自治体究竟是一种什么样的组织形态呢?孙本文所言或许能为我们提供启发性的思路,"中国社会组织,以家族为中心。一切制度风尚,几无不由家族扩而充之"[4]。陈顾远也言:"从来中国社会组织,轻个人而重家族,先家族而后国家……是以中国家族本位为中国社会特色之一。"[5]此处孙氏和陈氏皆是在广的层面上使用社会组织一词的,意即一切组织(包括政权组织、社会自组织等)的形式均源于家族(此处的家族与宗族通用),可见家族和宗族对于支撑传统中国中央集权制度以及维护社会秩序具有特殊重要的意义,已然从"王族贵族的世袭统治制度演变为社会的普遍组织原则"。① 对于自秦以来的传统中国,"中央高度集权""郡县制""编户齐民"等已是常识性认知,这些概念高度概括了国家或皇权对于以家庭为基本单元的社会无所不在的控驭。而出自《诗经·小雅》的"普天之下莫非王土,率土之滨莫非王臣"则更为形象地描绘了封建皇权一统天下的景象。这种高度集权体制导致的一个显著后果就是国家与社会胶融为一体且国家完全覆盖社会,由此造就了传统中国"有国家无社会"或"国家淹没社会"的社会结构。但另一方面,"皇权不下县"这一广为人知且深入人心的命题却又展现了另一幅图景,即代表皇权进行管理的官僚体制只延伸至县一级,县下不设行政机构,也即国家政治权力并不与民间社会生活发生直接关联。那么我们不禁要问:县以下的广大民间乡村社会是如何运行的呢? 费孝通先生在 20 世纪 40 年代阐述的"双轨制"思想对这一悖论进行了解答。县以下自治体制的实施主体便是宗族组织。

至此,一个疑问是中央高度集权和以宗族组织为主体的民间社会自治这两种截然相反的治理机制是如何在一个高度闭合的国家共同体内部并存达两千年之久的呢? 宗族这一组织化的民间社会力量与中央集权政府之间如何相处? 集权体制为宗族组织提供了哪些资源和机会,又对其形成了怎样的制度性桎梏? 宗族组织本身具有哪些组织韧性(其内部结构特征如何,由此决定的与环境的交换能力、自我正当化的能力)使之能够长期存续? 下文将尝试着对上述问题进行系统的回答。

三、宗族组织的运行机制与变迁逻辑

严格来说,即使是秦朝以后的宗族组织与现代意义上的社会组织定义也是相去甚远,但是本文主要是在与国家政权组织相对的意义上较为宽泛地使用这一概念的,即是否属于社会自治或自我管理的组织化形式,

---

① 成伯清:《"门户私计"的社会逻辑——从孙本文有关门阀的论述讲起》,《南京大学学报》(哲学·人文科学·社会科学版)2012 年第 6 期。

答案是显然的。纵观自秦以来宗族组织的发展状况,从历时性角度看其时而发达时而衰微,从共时性角度看则呈现出显著的地区性差异,但总体而言宗族组织作为一种以血缘为基本纽带兼具地方公共性的社会组织,几乎存在于自先秦至近现代上下逾两千年的历史中,绵延不绝,即使在当代其踪迹也不鲜见。那么,作为一种特定的组织形式,宗族组织是从何处起源的?何以能够历久弥新存续至今呢?

(一)思想意识推动力

如果说宗族组织是中国历史上最早的社会组织形式恐怕无人反对,几千年来其几经变异却始终得以存续,显示出顽强的生命力。这种以血缘为纽带的社会组织形态成为全体社会成员长期以来最为基本的存在方式,而其背后必然包含着支撑这一社会存在的深层观念和意象。

1. 上古宗法观念的演变

西周"裂土分封"遂形成天子—诸侯—贵族的多级组织结构,此种"家国一体""家国同构"的组织形式将天下系于天子一人之身,整个国家首先是作为一种以天子为宗子的大家庭。但自春秋战国以来,"迨周之际,诸侯相侵暴,国亡族散,已不可稽考"[①]。秦朝建国后以中央集权的郡县制取代了上古的封建宗法等级制,也即以君统替代了宗统,由此导致社会成员的思想观念以及由此形塑的社会基础发生了相应的变化。在宗法观念下,以血缘为纽带的宗族关系被视作高于其他任何的政治关系或社会关系,是首要的和最核心的逻辑;而在郡县制下,这种关系格局被重新形塑,"郡县制度用包容、同化宗族制度来改变后者的功能,使之低首俯躬地为其服务"[6]。宗族不再具有凌驾于国家之上的资格,但是以宗族关系为纽带结成的宗族组织依然存在——尽管其规模和影响力已不可同日而语——只是它的地位下降至社会的基本单元,成为传统社会的基石。

2. 祖先崇拜观念

祖先崇拜是中国人世界图景中重要的一维。祖先崇拜原先只是一种

---

① 参见《金史·世纪》。

出于对祖先神秘存在的单纯敬畏与尊崇,祈祷得到祖先的保佑。随着祖先崇拜在西周之后逐渐被赋予了一种宗法性和道德性意涵,对祖先的追溯使得敬宗收族成为一种必然的结果,《礼记·大传》有云:"人道亲亲也,亲亲故尊祖,尊祖故敬宗,敬宗故收族。"又如《礼书》所云:"百夫无长,不散则乱;一族无宗,不离则疏。"通过追溯和供奉同一血缘源头的祖先,尊祖—敬宗—收族的伦理秩序得以在人的意识层面形成,并进而生成一种共同体意识和互助意识。在原始的氏族社会解体后,原子化的个人和碎片化的社会找到了一种新的途径和方式得以重新聚合,这便是以血缘作为纽带结成同宗组织并以此重塑社会秩序。

3. 忠孝观念

忠孝概念是中国传统儒家伦理思想的重要范畴。所谓"移孝作忠",即把孝顺父母之心转为效忠君主,这种转移或转化通过将个人隐化于家庭、家庭隐化于宗族、宗族隐化于国家,由此完成了儒家伦理的政治化过程,建构起一套儒家的统治术,从而在意识形态层面形塑了社会成员想象、理解和憧憬自身社会存在的方式,也规定了社会中的个体以何种形式相处。

此外,在生产力低下且自然环境较为恶劣的传统中国时期,以血缘这种唾手可得的天然纽带联结起来以形成合力,也是宗族组织得以形成的基于现实状况的理性考量。正是在上述历史意象的惯性、现实生活的需要以及意识形态的交互作用下,以血缘为纽带结成宗族组织便成为一种历史的必然选择。但是光有这种理念上的可能性仍然是不够的,其最终能否形成还取决于政治体制所开放的制度性空间。

(二)制度提供的机会结构

秦朝的中央集权国家虽然废除了先秦的宗法分封制,消灭了贵族宗族,建立了郡县制,但是制度的存废可以在一夜之间,与之相关的社会性基础却难以即时扭转,它必定以某种历史惯性的方式赓续下来并与制度达成种妥协,宗族组织便是在这样的历史与制度的纠葛所制造的机会结构下得以复兴的。

汉朝时期对宗族进行了第一次重建,主要集中于皇族层面,宗族重建对民间宗族也进行了一些规定,比如"赐予民间嗣子民爵;赏赐孝弟者和设置孝弟力田;举孝廉;设博士弟子员、孝经师,兴教化;皇帝以民为子;实行家庭互隐与连坐法"。这些政策举措一方面奠定了宗族组织的合法性,促使民间产生建设宗族组织的主观愿望;另一方面也规训了宗族建设的方向和原则,使宗族组织成为服务于中央集权统治的基层治理结构。

如果说汉朝的第一次宗族重建主要还是面向上层社会、以皇族组织的建设为主体的话,那么宋代的第二次重建则开启了宗族组织的民间化进程,这次重建主要下移至官绅和富人群体,与宋代以孝治天下的方针政策的施行以及理学家的教化影响密切相关,著名的范氏义庄便是出现于宋代,标志着宗族制度的进一步完善,从而奠定了其可持续发展的基础。及至清朝,雍正《圣谕十六条》有言:"立家庙以荐蒸尝,设家塾以课子弟,置义田以赡贫乏,修族谱以联疏远,"第一次以立法形式明确规定了宗族组织具有社会管理方面的职能,将之作为国家治理的辅助手段。

总体而言,宗族组织在传统时代的绵续和兴盛主要得益于中央政权的支持和荫蔽,国家通过赋予宗族以权力,主要包括司法上的送审权、审判过程的参与权以及执行过程的协助权,族人间民事纠纷的处理权,宗族实施家法权以致处死权,处置族人财产权等,使宗族组织对内部具有代表皇权的政治权威。此外,政府还全力保护宗族的公有财产,使之能够得以存续延绵。但必须明确的是,宗族组织之发挥管理、整合功能必须建立在国家政权的认可之上,比如各种"家规、族规、乡约等均需呈官批准,钤印勒石方为有效,各种公产等均需报官存案、立户领契、缴纳赋税方为合法"[7]。由此可见,对宗族组织而言,最大的"机会"来自国家政权,最大的结构性约束亦来自国家政权。

(三) 物质基础

上述有关宗法、宗教、伦理道德的理念形塑了传统时期社会成员的国家观与宗族观,而从观念到现实仍然需要与之相匹配的各种资源方能促成。一个完整的可以持续运作的宗族组织需要经济资源、政治资源以及人力资源的共同建构。经济资源是宗族组织得以开展活动的物质条件，族田是其主要的形态。族田的来源主要有四种：一是族中有能力的个人捐赠的田地，这些个人多为官僚、地主或者商人；二是族人的遗产，包括祖上遗产及族中绝户的田产；三是分家时提留的田地；四是用族产收入所续置的田地。通过经营族田可以获得可观的收入，并将之用于"完纳赋役、祭祀祖先、赡养族人、帮助族人受教育、储粮备荒"等，以实现宗族的持续化。

按照族田收入的用处，可将族田分为祭田、义田及义学田三类。祭田一般是指祖先坟墓所在地周围的土地，由子孙各房轮流管理或由族长直接管理，其收入主要用于祭祀祖先、维护修缮祠堂等。义田的收入则主要用于赡养族人，义田的典型代表乃是北宋范仲淹所设的义庄，其以官俸所得购买大量良田，"将每年所得租米赡养宗族，置屋以收贮和发放租米，号称义庄"[1]。义庄以族中子弟为掌管人，制定了规矩《十三条》，其内容主要涵括分发衣粮的范围和数额、对族人婚丧嫁娶的资助标准、领取义米的具体规定等。此后，范氏子孙又续订了规矩，其涉及范围更广、规定更细，最主要的是将获取义庄的资助与惩恶扬善的道德规范结合起来，从而使宗族的教化功能与国家的治理要求更为接洽，由此获得了官府和士大夫阶层的支持和倡导。所谓义学田则是宗族为了教育和培养族人能够在科举考试中获取功名以光宗耀祖和扩展宗族势力而设立的，一般由宗族内的官员捐置，宗族中取得功名者越多这个宗族便越强大，进而在与其他宗族的力量对比中处于主导地位。从经济资源的获取途径以及使用途径来看，宗族组织既为宗族成员提供了祭祀之所，也提供了基本的赡养，更重要的是为宗族香火的绵续提供了物质条件。

此外，还有一个重要的资源起到了至关重要的作用，那便是作为宗族组织者和领导者的士绅阶层。这个阶层属于社会精英人士，他们一般具有科举功名，在宗族内部享有很高的社会声望，因而在号召力和组织力方面具有极强的优势，能够团结宗族成员，使之成为一个具有凝聚力和向心力的首属群体。

（四）组织本身所具有的韧性

除了上述三种外在要素，决定宗族组织能否具有持续的生命力关键还在于组织本身的韧性。而这与组织本身的治理结构以及内部相关制度建设具有密切的关联。作为历史上最为普遍的民间组织形式，宗族组织在历经 2000 多年的发展中形成了较为完备的组织结构以及宗族制度。

从组织内部结构来看，一个完整的宗族组织一般具备以下要素：族长、祠堂、族规、族田、族谱、祖茔。族长是宗族组织的领袖和管理者，对内其具体职责包括主持祭祀、分家、立嗣、调解财产纠纷、管理族内公共财产等，对外则要代表本宗族与其他宗族进行交涉沟通；祠堂是开展各种宗族活动的地方，逢年过节举行祭祖仪式，也是宗族聚会和执法的场所；族规实际上代表了宗族的权力，既是族长行使权力的依据也是规范族众行为的标准，既有劝谕性也有强制性；族田是宗族组织得以生存的基本物质保障，宗族的一切活动经费均需从中列支，由此才能将族众笼络在一起；族谱则是宗族内部结构中重要的一环，它是宗族成员资格的凭证，也是宗族延续和继承的依据，具有户籍簿和备忘录的作用；祖茔是宗族的墓地，只有遵守族规的宗族成员死后才有资格进入祖茔。由此可见，宗族组织实际上形成了一种完整而有效的内部治理体系，上述各种元素通过各自的功能发挥聚合成一个具有组织韧性的有机组织。

在历史流变中，宗族组织的命运虽多有起伏却一直得以延续，表现出顽强的生命力，这与组织本身治理结构的韧性和弹性密切相关，其始终能够随着时势的变转而不断地提高自身的组织化水平。首先，宗族组织的内部结构及等级次序与国家结构具有一致性，在本质上君主制与族长制是相似甚至相同的。这种结构上的相似性使得国家与宗族间具有某种亲和性而非对抗性。其次，宗族组织作为传统中国的基层社会组织维护了朝廷的统治与天子权威，在治理宗族、约束族人、施行教育等方面发挥了显著的作用。在功能层面与国家政权目标具有契合性。再次，宗族组织在很多时候又代表族众的利益与作为资源汲取者的天子进行角力，如抵抗赋税等，从而维护了宗族成员的利益。

笼统来看，传统中国时期的宗族组织形态主要经历了汉唐魏晋的士族宗族组织、宋元的大官僚宗族组织（以范氏义庄的建立为标志）、明清的绅衿富人宗族组织等三种具体样态，呈现出从贵族化到民间化的演变特征，其发挥的功能也从强政治性向强社会性转化。尤其是宋元之后，宗族组织以兴办义庄、族学、祀田等多种方式，倡导宗族互助、养孤恤贫、教化族众，进一步增强了其社会性的功能。

总体而言，宗族组织在高度中央集权的传统中国充当了基层社会治理主体的角色。这一角色之所以能持续扮演主要取决于其具有协助王朝政权规制和维持基层社会秩序的功能，从而在很大程度上降低了中央政权国家治理的行政成本并维护了王权统治在基层的权威。它还肩负着教化社会的重任。这种教化是以儒家正统价值体系为内核的教化，在本质上与国家政权的统治目标若合符节。从分封制到郡县制，虽然在国家建制上完成了一次大变革，君统与宗统实现了分离，但是与分封制一体两面的宗法性观念体系却并未一夜崩塌，而是以一种转化了的形式——从大宗法演变为小宗法——潜存下来并持续发挥作用，中央集权政制按照皇帝—皇族—官僚—士人—平民—贱民确立了等级社会的结构。[8]而宗族类型结构则是：宗室宗族—贵族宗族—士族宗族—平民宗族。两者在结构序列上是吻合的，而在功能上则以配合皇权统治和维护封建秩序为初衷。这些正是宗族组织得以存续的根本原因。

四、拟合结构叙事和时间叙事的社会组织研究

上文从思想意识推动力、制度提供的机会结构、物质基础和组织韧性四个方面系统考察了作为一种社会组织历史形态的宗族组织的运行机制及内在逻辑，意图呈现出一幅宗族组织运行的结构素描图。但囿于学力，对史学知识范式的掌握以及对宗族组织历史资料的把握尚难以做到得心应手、运用自如，恐怕只能窥得一斑。此外，中国历史传统源远流长、博大精深，除宗族组织外，还有会馆组织、慈善组织、近代商会组织、专业群体

组织等一系列社会组织形态曾经在历史的长河中留下了它们的草蛇灰线,等待进一步开掘。本文希望通过这种回到历史的研究方式,从一般性的发展趋势中探寻出未来的路径。因为当回到历史,寻觅和探访古老的经验故事时,必定会获得来自历史的经验与智慧启迪,以"博古而通今"的策略转换跳出"以西观我"的理论窠臼,从而有可能建构一套基于中国史实和现实的本土化社会组织理论体系。这种努力必然是总在路上,甚至不时需要重新出发。唯愿本文的探索,能够对理解中国社会组织的历史形态有所裨益,并从历史提供一种展望的可能。

本文系国家社科基金青年项目"支持型社会组织与政府互动机制研究"(14CSH075)的阶段性成果。原载于《学术研究》2019年第12期。

参考文献:
[1] 冯尔康. 中国宗族史[M]. 上海:上海人民出版社,2009.
[2] 冯尔康. 中国宗族制度与谱牒编纂[M]. 天津:天津古籍出版社,2011.
[3] 梁漱溟. 中国文化要义[M]. 上海:上海人民出版社,2011.
[4] 孙本文. 孙本文文集(第3卷)[M]. 北京:社会科学文献出版社,2012.
[5] 陈顾远. 中国法制史[M]. 北京:商务印书馆,1959.
[6] 王家范. "国家"驾驭"社会"的政治术[N]. 东方早报,2011-04-17.
[7] 张研. 清代中后期中国基层社会组织的纵横依赖与相互联系[J]. 清史研究,2000(2).
[8] 冯尔康. 中国古代的宗族和祠堂[M]. 北京:商务印书馆,2013.

法兰克福学派与纳粹问题研究：批判的再考察

冯潇 张亮[*]

摘 要 纳粹研究是法兰克福学派资本主义批判的重要组成部分。这一研究以集体项目的方式推进，是对霍克海默"哲学与社会科学联盟"道路的一次成功践行。学派坚信德国纳粹的出现并非孤立于西方文明发展整体之外的偶然现象，而是当时德国内外经济、政治、法律、文化、心理等因素综合作用的必然结果，是资本主义发展至新阶段的产物，这种深度介入经济、运用理性技术实现全面管理的体制不会从内部自我崩溃。值得一提的是，同样从对现代性的反思出发，相比于海德格尔，法兰克福学派对纳粹的发展趋势做出了更贴近历史事实的判断，从一个侧面证明了自身理论的科学合理性。

关键词 纳粹研究 资本主义批判 政治经济学批判 历史唯物主义 现代性反思

德国纳粹主义的兴起给人类造成的伤痛是空前的。它不仅带来了军国侵略及民族屠杀，更使得长久以来形成的人类文明信仰一度崩塌。它

---

[*] 冯潇，江苏省社会科学院《江海学刊》杂志社助理研究员。
张亮，南京大学马克思主义社会理论研究中心暨哲学系教授、博士生导师。

的出现意味着人们一直追求和捍卫的理性启蒙精神已然走向其反面,却依然披着真理的面纱,成为禁锢大众思想的工具。纳粹究竟是什么? 它的出现是偶然的还是必然的? 面对这些问题人们莫衷一是,其时大多数人,无论是英美列强还是第三国际都倾向于认为它是德国政党政治中的一个偶然现象,也因此误判了历史发展趋势,丧失了遏制纳粹进一步壮大的良机。与前述流俗之见不同,亲眼见证纳粹发展轨迹的法兰克福学派深刻意识到,纳粹的兴起具有内在的历史根基,必须通过跨学科的协同攻关研究,方能准确定位其本质。法兰克福学派以历史唯物主义作为方法论指导,在政治经济学批判的基础上对纳粹展开长期集体研究,最终发现,纳粹主义是资本主义发展至最新阶段的产物,它是当时德国内外部经济、政治、法律、文化、心理等因素综合作用下的必然结果。

一、对于法兰克福学派纳粹研究中值得关注的几个问题

国内对于法兰克福学派(以下简称:学派)纳粹研究的分析起步较晚,直到 1990 年才出现了相关理论文章。[①] 相较于对学派大众文化思想研究的热火朝天,对纳粹领域的讨论则较为冷清。虽然数量不多,但现有成果普遍具有较高水准,特别是对学派从精神分析角度剖析纳粹问题的相关研究已十分深入。然而该研究领域仍存在一些值得注意的问题。

第一,认为学派纳粹问题研究是基于学者个人兴趣开展的发散性研究,没有意识到这是一项由霍克海默牵头推进的集体攻关项目。20 世纪三四十年代之交,为了给研究所争取到一个相对和平稳定的环境,霍克海默、诺伊曼等人与美国当局积极磋商,促成了纳粹及反犹主义的相关研究,一时间对于纳粹问题的讨论成为学派压倒一切的工作重点。在波洛克写给霍克海默的信中,他要求研究所的所有成员自 1943 年 4 月 1 日起

---

① 参见张伟:《法兰克福学派对法西斯主义的剖析》,《探索与争鸣》1990 年第 1 期。此处一并说明的是,本文将法兰克福学派对德国法西斯主义的研究与纳粹问题研究作为同义处理。

投入这项工作。① 可见,围绕纳粹问题的相关研究自开始起就是以集体攻关的方式来计划并执行的。霍克海默在纽约的秘书也曾描述道:"抨击希特勒和法西斯主义这一共同的信念将我们聚集在一起,参加研究所工作的所有人员甚至包括秘书都具有了这样一个共同的使命,它令我们生出了忠诚和一体的情感。"②虽然从后续发展看,关于纳粹问题的观点不尽相同,但这并不妨碍学者们从共同的理论基点、理论信念出发来对其做出分析,纳粹问题研究绝不是学者各自为政开展的发散性研究。

第二,将学派对纳粹的讨论局限在心理学范畴,忽视了学派研究的跨学科属性。心理学是学派纳粹研究项目的重要组成部分。法兰克福心理分析研究所(以下简称:研究所)正是在霍克海默的大力支持下才得以成立。研究所在接受美国犹太人委员会资助时亦明确表示,他们的研究在狭义上集中于"极权主义类型及其政治作用""心理学研究"这两个方面,③霍克海默、阿多诺还亲自担任了心理学研究方向的主要负责人。但心理学分析显然不能完全替代学派纳粹研究的理论全貌。批判理论家们更愿意以总体性的方式开展研究,而非对法西斯的某些孤立范畴给予片面分析。④ 人们往往忽略的事实是,自霍克海默继任以来,学派始终坚持马克思主义政治经济学批判传统,而这才是"批判理论"的基础和根本。[1]心理学分析在学派中自开始起就不是作为独立学科,而是作为学派跨学科研究的组成部分来对待和发展的。霍克海默在给马尔库塞的信中直接讲道:"我根本不相信心理学能解决这样一个重大问题",并说:"在计划书中我使用的心理学这个词其实是指人类学,因为这是在对立社会条件下发

---

① Pollock to Horkheimer, 2 March 1943. 参见罗尔夫·魏格豪斯:《法兰克福学派:历史、理论及政治影响》,孟登迎,等译,〔上海〕上海人民出版社,2010年,第468页。
② Interview with Alice Maier, New York, N. Y., May, 1969. See from Martin Jay, *Dialectical Imagination: A History of the Frankfurt School and the Institute of Social Research, 1923 - 1950*, Berkeley: University of California Press, 1996, p. 143.
③ 参见罗尔夫·魏格豪斯:《法兰克福学派:历史、理论及政治影响》,第468页。
④ *The Sage Handbook of Frankfurt School Critical Theory*, editor by Beverley Best, Werner Bonefeld, and Chris O'Kane, Los Angelesetc.: SAGE Publications Ltd., 2018, p. 800.

展起来的人类理论"。[1] 他一再强调心理学分析不应脱离对人类社会的考察,而应与社会科学相结合才能得出具有现实解释力的研究结论。

第三,将纳粹研究与种族研究混为一谈,没有意识到该项目研究的目的在于对资本主义的批判。学派的观点与阿伦特不谋而合:纳粹问题绝不是单纯的民族主义问题。[2] 在研究过程中,学派成员的血统因素常被放大,以致有学者误以为纳粹研究是学派完成其身份认同的一项独立事业,这又引出另一种错误的论点,即将学派的纳粹研究等同于犹太种族问题研究。事实上,学派学者更像是犹太人中的另类,对种族问题兴趣平平,对犹太复国主义也反应冷淡。在学者们看来,财产等级制是与资产阶级相关的,它既非犹太的也非基督的,宗教和伦理事务亦始终依附于社会,反犹主义的研究也要围绕对资本的批判展开。事实上,学派的研究目标自始至终都是批判资本主义,纳粹研究是被作为资本主义批判的核心环节来对待和展开的,而种族问题只是其中的一个组成部分。

二、项目运行期间学派内外的主要争论

1943年2月,以美国犹太人委员会与研究所签订协议为起点,纳粹研究作为集体项目正式启动。[2] 此后,学派有步骤地制定具体的研究计划,阶段性地推出研究成果。项目展开之初,由纽约分组主攻"极权主义类型及其政治作用",霍克海默、阿多诺所在的洛杉矶分组则主攻心理学方向。随后,研究所还邀请了以桑德福为代表的伯克利小组就反犹主义

---

[1] Horkheimer to Marcuse, 17 July, 1943. Max Horkheimer, *Gesammelte Schriften Band* 17: *Briefwechsel 1941 - 1948*, Frankfurt am Main: Fischer, 1996, S. 463 - 464.
[2] 需要说明的是,这一时期学派的纳粹研究是以反犹主义为名来进行的。这是因为该项目是由美国犹太人委员会支持的,项目设置必须与犹太人问题具有密切的关联性。但这并不妨碍学派在研究的过程中"夹带私货",坚守学派基本的研究方法及总体目标。在学派看来,反犹主义不是简单的种族主义问题,作为法西斯主义研究的集中反映,它内在地含有资本主义批判的全部内容,也只有从资本主义批判的角度出发,才可能发现法西斯主义的实质。

心理学的问题进行深入讨论并作为所内研究的补充。① 这一阶段的研究成果为《反犹主义研究》草稿。在 1944—1945 年的第二期研究计划中,纽约分部承担了重要工作,犹太人劳动委员会还为其中的"工人与反犹主义"提供了资助。这一时期研究所做了大量的访谈记录,撰写了题为《美国工人中的反犹主义》的研究报告。同时,学派希望通过心理测试社会问卷的方式开展研究,旨在证明"反犹主义、法西斯和破坏性性格之间的联系"。1945 年,研究所计划开启第三期研究项目,并制定了 9 个子项目。同年 5 月,德国法西斯宣布投降,作为集体性的纳粹研究项目戛然而止。在研究推进过程中,学派内外存在诸多争论。作为学派舵手的霍克海默积极回应外部质疑,对内部分歧却未做过多干涉。总的说来,争论集中于如何定义纳粹主义的属性、如何理解政治经济学以及是否应捍卫历史唯物主义的核心地位这三个方面。

　　首先,在判断纳粹主义的性质方面,研究所与外部有着较为激烈的争论。纳粹研究是学派资本主义批判的重要阵地。霍克海默在《犹太人与欧洲》的首页就旗帜鲜明地写道:"没人能要求流亡者拿着镜子在他们获得庇护的地方照出一个制造着法西斯主义的世界。不愿意讲资本主义的人,就应对法西斯主义保持沉默。"②这主要是针对当时一些将法西斯主义与资本主义割裂开的观点而做出的表态。如利奥波德·施瓦茨席尔德就认为对希特勒的支持更多来自中下层的工人阶级而非资产阶级;保罗·蒂里希与爱德华·海曼则直接认为法西斯主义未必具有阶级属性,法西斯主义与资本主义之间不一定有重要的相关性。③ 以上观点皆是学派无法认同的。在霍克海默看来,纳粹作为大商业的代理者,事实上就是垄断资本主义的政治形式。法西斯主义是资本主义发展的结果,一旦出

---

① 参见罗尔夫·魏格豪斯:《法兰克福学派:历史、理论及政治影响》,第 472—473 页。
② Max Horkheimer, "Die Juden und Europa", *Zeitschrift für Sozial forschung*, 1939(8), S. 115. 霍克海默是用英文写下这段文字的,在当时这种明确的表态是冒有一定风险的。
③ Joachim Radkau, *Die deutsche Emigration in den USA：ihr Einfluß auf die amerikanische Europapolitik, 1933-1945*, Düsseldorf: Bertelsmann Universitätsverlag, 1971, S. 232.

现以物质生产资料的实际占有为基础的少数统治,为了克服社会矛盾,集中的经济权力必然变成有组织的暴力机构。法西斯主义将对生产资料的支配从少数人那里夺取过来,少数人对生产资料的支配是竞争斗争中最关键的结果,法西斯主义是合乎(资本主义)时代的形式。① 从历史的发展来看,恰恰是在希特勒拉拢投靠垄断资本主义之后,纳粹政党才获得了空前发展,希特勒也一再表示私有制是不可被触动的,看似大张旗鼓的计划经济事实上仍旧臣服于私人资本的控制之下。纳粹治下的德国,其资本主义实质并未改变。

其次,在学派内部,对于马克思政治经济学的理解存在不同看法。其中最为典型的是波洛克与诺伊曼之争。波洛克将纳粹德国的性质定义为国家资本主义。他认为,当时德国与马克思、恩格斯所处时代的社会状况已大相径庭,虽然经济危机加剧了资本主义生产力与生产关系之间的矛盾冲突,但有效的技术手段足以使现代资本主义通过生产关系对生产力进行强制的总体性调节,以国家资本主义这一新的形式度过危机。"在国家资本主义形势下……如果所有经济活动协调一致,不再通过自然市场规律,而通过有意识的计划安排来实现,那原有意义上的经济问题便不复存在……在这一制度下,只会遇到管理问题。"②通过科学管理原则下的技术合理性的手段,市场经济原则将逐渐被取代。诺伊曼以正统的马克思主义者自居,自认坚持并贯彻了马克思经济基础决定上层建筑的科学理论,认为"资本主义的对抗在德国处于更高因而更加危险的层面"[3]。在他看来,德国的社会性质更接近于权威垄断资本主义,该制度保留了资本主义经济的中心功能。指令经济并没有取代资本主义经济因素,统治阶层也并未发生改变,"利润动机将各种机构联合在一起。但在垄断制度下,如果没有极权政治权力,就无法创造和保留利润"[3]。他反对波洛克

---

① Max Horkheimer, "Die Juden und Europa", *Zeitschrift für Sozialforschung*, 1939(8), S. 128.
② Friedrich Pollock, "State Capitalism: Its Possibilities and Limitations", Arato & Gebhardt ed., *The Essential Frankfurt School Reader*, New York: Urizen Books, 1978, p. 78.

关于国家资本主义的观点,认为"到目前为止还未发现有丝毫迹象表明,德国正处于或者接近于国家资本主义状态"①。在学派核心圈子看来,波洛克的构想虽然在论证形式上存在不足,但作为当前问题的讨论基础是有道理的。而诺伊曼对马克思主义的理解较之批判理论显得过于机械,[4]并不适用于已经变化了的社会状况。

最后,在跨学科研究中是否应捍卫历史唯物主义方法论的主体地位引发了争论。将弗洛伊德精神分析理论创造性地引入马克思主义研究是学派创新特色之一。但需要强调的是,在跨学科研究的过程中,若脱离了历史唯物主义方法论,则是舍本逐末,弗洛姆与学派的分歧在这方面极具代表性。在研究初期,弗洛姆是学派在纳粹心理分析领域毫无争议的代表性人物,他努力在马克思主义和弗洛伊德的理论之间进行沟通,为学派的理论推进做出重要贡献。他认为,在新的资本主义发展阶段,意识形态的作用日渐凸显,有必要引入新的元素对马克思恩格斯的政治经济学做进一步发展。精神分析一方面能说明"人的意识形态是一定的愿望、本能驱动力、利益和需要的产物",另一方面又强调本能驱动力在很大程度上受到"个人的社会经济状况或阶级的影响"。[5]这就从内部将意识形态与经济基础联结起来,增强了马克思主义在现时代的解释力。但弗洛姆的思想在发展中与研究所逐渐产生了芥蒂。他在与马丁·杰的通信中直言,与"霍克海默对此一计划的价值有不同看法"②。从学派的角度看,弗洛伊德心理学研究之所以能推动马克思主义理论创新,就在于二者都植根于具体的历史情境之中。通过对力比多的研究,"弗洛伊德客观上已经从心理分析中挣脱出来,而弗洛姆和霍尼却回到通常意义上的心理学,甚至把文化和社会也心理学化了"③。在学派看来,弗洛姆对弗洛伊德的本

---

① Neumann to Horkheimer, 23July, 1941. 参见埃米尔·瓦尔特-布什:《法兰克福学派史:评判理论与政治》,郭力译,〔北京〕社会科学文献出版社,2014年,第99页。
② 此处的计划是指"权威与家庭的研究",弗洛姆作为事件的中心人物,他与霍克海默的冲突是导致项目延迟的重要原因。
③ Horkheimer to Lowental, 31 Octorber, 1942, Max Horkheimer, *Gesammelte Schriften Band 17: Briefwechsel 1941-1948*, S. 367.

能论自发阻止的修正运动近乎运用文化、社会心理学化的倾向来挑战、取代历史唯物主义,这直接导致了弗洛姆与研究所的分道扬镳。

三、学派纳粹研究的主导性观点

在观点交锋的过程中,研究所关于纳粹问题的思路逐渐明晰起来。第三帝国的资本主义属性得到确认,以马克思的政治经济学批判为基础的跨学科的研究方式也得到进一步巩固。[6]学派选择了波洛克的国家资本主义理论学说作为纳粹研究的政治经济学基础,意识到需要对马克思主义的理论和方法做必要的发展和补充来应对资本主义的新变化,并通过"哲学与社会科学联盟"的方式引入新的社会科学研究成果,来对纳粹的生成本质及发展机理做准确的认识和判断。这些研究原则在以《启蒙辩证法》为代表的作品中得到了充分应用,逐渐发展出学派关于纳粹问题的主导性观点。

首先,纳粹是资本主义发展的内生性结果,在本质上仍属资本主义性质。学派研究要解决的核心问题是:纳粹到底是什么?在其核心圈看来,纳粹的出现与资本主义的发展直接相关,是西方非理性统治倾向的最激进的样态,对纳粹的分析必须要通过"与整体的资本主义的互动"才能得以进行。从利益主体来看,纳粹代表的依然是握有资本的统治阶层的利益。纳粹堂而皇之地登上历史舞台与资本主义经济危机相关,他们是资产阶级为了守住自身利益所寻找的新的代言人,也正是在投靠了垄断资产阶级之后,纳粹才一跃成为影响历史进程的重要力量。从社会运行机理看,纳粹治下的资本主义基本经济规律并未改变。纳粹党是以私人财产占有为基础的,虽然市场经济的影响力受到削弱,但资产阶级剥削工人的实质并没有发生变化,资本家占有生产资料,其生产的目的依然是攫取工人创造的剩余价值。法西斯主义是国家资本主义,而不是社会主义。①

其次,作为资本主义发展至新阶段的产物,第三帝国统治下的社会呈现出新特点。这种变化显著地表现在政治和经济的关系上,经济基础对上层建筑的影响不是单向的,国家对于经济也具有较强的影响和修正力量。"剥削不再是借助于市场而无计划地再生产,而是借助于有意识的统治……法西斯主义国家中的集中在迅速地进行。它在实践中,产生了一种能够直接掌控社会对立的合乎计划的权力。经济失去了自身独立的动力。它将自己的力量交给了经济上的强人。"②过去物化了的人与人之间的关系转变成个人之间的权力关系。[7]由于自由经济原则受到挑战,资产不再是保障私人权力的因素,过去由经济所确立的社会地位转而为国家意志所左右,这也是犹太人地位进一步恶化的原因所在。自由资本主义时期,犹太人尚能通过占有财产保全自身,到了国家资本主义时期,在资产阶级的授意下,为了掩盖劳动契约的真实本质及经济体系的贪婪本性,犹太人成为制造一切社会不公的"罪恶根源"。伴随着自由资本主义向国家资本主义的转化,德国的刑法政策愈发严酷。由于"各种生产体系都力图发现与其生产关系相适应的刑罚方式",③因此纳粹的刑罚方式同样应该放在整个资本主义社会结构当中来加以理解。一方面,随着国家资本主义取代自由资本主义,对个人财产的保护必须让位于对垄断集团利益的保护;另一方面,法律和道德分离的原则遭到破坏,"种族优越的生物学观念同德国古典刑法理论的报复原则相混合",法律失去了保护个人权益的作用,而屈从于统治阶级的利益,成为实现国家惩罚目的的工具。④

再次,法西斯主义的出现意味着近代以来的启蒙彻底倒退为神话。

---

① See from Pollock, "Is National Socialism a New Order?", *Studies in Philosophy and Social Science* IX, vol. 3, 1941.
② Max Horkheimer, "DieJudenundEuropa", Zeitschrift für Sozial forschung, 1939 (8), S. 122.
③ Georg Rusche & Otto Kirchheimer, Punishment and Social Structure, London & New York: Routledge, 2017, p. 5.
④ Georg Rusche & Otto Kirchheimer, *Punishment and Social Structure*, pp. 179–182.

自启蒙以来,人类历史进入了现代进程,科学技术逐渐拥有了无可撼动的地位,人类的思想信仰随之出现变化。然而在学派看来,启蒙已褪去了其进步性,理性让位给非理性,"已经启蒙的文明在现实中又倒退到了野蛮的状态"[7]。这一特征在反犹主义中表现得尤为典型。犹太人被指认为敌对种族,其主要原因并不在于生物血统或宗教传统,而更多与当时社会的经济政治因素有关。纳粹作为国家资本主义的变种,几乎使个人的财产失去了私有属性。个人地位的高低取决于他在社会等级制度中的政治地位,而非创业能力和个人财富。① 犹太人在历经启蒙运动、民主运动、民族运动等思想洗礼的过程中逐渐具有了自我约束的启蒙精神,这种精神在帮助他们跃升为资产阶级的同时,也造就了他们渴望被接纳却不愿意被控制的民族性格。这显然是与国家资本主义的发展要求格格不入的。而对于下层民众来说,他们对生活的愤怒需要得到发泄,统治阶级以意识形态的方式将这种仇恨转向了犹太人。更为讽刺的是,这一暴行是打着"理性化"的旗号来进行的。在意识形态的宣扬下,犹太人被污名化为经济的操纵者、巫术和血腥的宗教仪式的参与者、杀婴施暴者等,对他们的暴行在名义上是"理性化"的。因此学派总结道:"没有天生的反犹主义,也没有天生的反犹主义者,"大众的恶行是被"理性"操纵的。[7]

最后,技术成为法西斯巩固其统治地位的重要武器。启蒙和统治的联盟使人们对宗教的真理因素失去了意识,保留下来的仅仅是一种宗教的物化形式。[7] 信仰成为一种文化商品。统治集团利用技术理性固化了对社会的管理。纳粹整齐划一的制服、手势、仪式等都意在促成模仿行为,而这种模仿却是一种技术手段。一般的模仿行为是把外在世界作为内在世界必须努力去遵从的一种模式,纳粹的模仿行为更进一步,将外在世界与内在世界混为一谈,主体被划入了客体的范围之内,只能服从于病态的、看似符合现实的规律,这为技术的控制扫清了障碍。统治阶级随之

---

① See from Pollock, "Is National Socialism a New Order?", *Studies in Philosophy and Social Science* IX, vol. 3, 1941.

借助工具理性达到管理的目的，完成了对人民的控制。在新的社会形式当中，相比以往，技术统治的因素大大增强。希特勒在《德国的广播手册》中就明确讲道："如果没有扩音器，我们是不可能征服德国的。"[8]阿多诺亦指出："在官方广播中，人们从公共生活那里形成的所有自发性都受到了控制，都受到了训练有素的监听者、视听领域的竞争者以及各种经过专家筛选的官方广播节目的影响。"[7]纳粹的胜出不仅是靠枪炮的胁迫，更多是借助技术方式在民意的簇拥中实现的。

四、现代性反思与纳粹研究的关联性认识

对现代性的反思长期以来都是现代西方思想界的重要主题。马克思很早就认识到，必须推翻资本主义制度，才能在根本上解决现代性的物化问题。韦伯从工具理性的角度对现代性进行分析，认为工具理性已成为现代社会发展的基本动力，传统的生活方式及价值模式被以赚钱为目的的现代秩序所取代，在合理化的名义下，资本主义的主体只有经过现代秩序的筛选才能得以持存。[9]而当经济危机横扫欧洲、纳粹的屠刀染满鲜血时，现代性的弊病便以一种极端的方式暴露在人们面前。在人类思想获得启蒙、行为方式愈加理性化的时代，纳粹竟然会以一种社会性群众运动的方式出现，这直接导致理论界对于整个现代性的正当性产生了怀疑。因此，对纳粹的思考不应局限于特定时空当中，而是需要放在对整个现代性问题的反思中来进行。

法兰克福学派与海德格尔都是纳粹的见证人，但二者对现代性与法西斯主义之关联性却给出了不同的思考。两相比较，可以让我们更为深入地把握学派的理论站位及学术走向。学派与海德格尔的理论渊源颇深。双方不仅在研究主题方面较为接近，所内的得力干将如马尔库塞、阿多诺等人在早期思想形成阶段亦深受海德格尔影响，前者更是受到了"真正的具体的哲学"的感召，亲赴弗莱堡师从海德格尔学习。但在对纳粹的性质判断及立场上，双方却站在了截然不同的两端。曾有不少学者否认

海德格尔支持纳粹的行为与他本人哲学思想的关联性,但黑色笔记本的发现向世人证明,海德格尔投身于纳粹政府的行为是他做出的自认为符合历史演进的审慎选择。诚如波格勒所言:"当海德格尔在政治语境中试图做出他的决定时,他自己是在对存在的真理的决定做出定位。"① 可以说,海德格尔对纳粹以及国家社会主义的积极拥护与其哲学理念具有本质的相关性。②

作为一名哲学家,海德格尔对于政治格局和国家命运是保持关注的,事实上他与纳粹更接近于一种合作关系,而非简单的政治投机。他不满现代资本主义社会中知识与生活的剥离状态,认为现代文明已经走向衰败,需要"同平庸而腐败的中产阶级世界一刀两断,才能开辟出一条合法的新路"[10]。海德格尔接受了纳粹对于自身国家社会主义的认定,将纳粹运动这场"伟大庄严的破晓"看作给整个德国带来的颠覆性革命,从而是拯救西方文明颓势、实现社会总体变革的唯一可能。在海德格尔看来,西方文明具有无法自我破解的本质性难题。自柏拉图以来,真理的本质就不再是完满展现的无蔽的本质,真理的存在取决于人这一"主体"产生有关存在者判断的能力,真理需要借助于一个论断来表述其正确性的模式成了一切西方思想的标准。[11] 真理被遮蔽导致了本质的虚假性,其后果在于历史只能以一种局部的非本真的状态被呈现出来。人类整体困境的本质性因素被掩盖了,其应对策略事实上无法起到真正有效的作用。③ 对于海德格尔来说,需要寻找到一种无遮蔽的人与存在之间的全新关系才能解决现代性社会的文明危机,而纳粹宣扬的国家社会主义对德意志来说似乎是一条合适的道路,它能够借助一种总体性的力量克服对存在

---

① Otto Pöggeler, *Der Denkweg Martin Heideggers*, Stuttgart: Neske. 3. Auflage, 1990, S. 324.
② 国家社会主义与民族社会主义(纳粹主义)的德文皆为 Nationaler Sozialismus,虽然在严格意义上前者相较后者并不包含极端的种族主义,但鉴于海德格尔对纳粹及反犹的支持,因此在讨论海德格尔思想时将二者作为同义处理。
③ Martin Heidegger, *The Fundamental Concepts of Metaphysics*, Translated by William McNeill and Nicholas Walker, Bloomington: Indiana University Press, 1995, pp. 45-55.

的遗忘,从而与虚无主义相对抗,"人们不得不长久地'坚持'它"。①

那么回到我们的研究范畴,面对同样的现代性困境,海德格尔与学派为什么会做出截然不同的判断呢?究其实质,大概就在于海德格尔过于专注自身的哲学逻辑理路,将其哲学与现实做了较为生硬的嫁接,并以此作为考察历史的基础,这与学派所坚持的历史唯物主义方法论,以及"哲学与社会科学联盟"的研究路径有着本质差别,结论自然是大相径庭。海德格尔在哲学领域的伟大不会被抹杀,但他这一时期在社会科学研究领域的生涩也不应受到忽视。海德格尔一再强调知识与存在的统一,但由于缺乏政治经济学研究基础,他无法识破纳粹树社会主义之形、行资本主义之实的伎俩,也就无法认识到这一社会体制的目的绝不会是推翻当前非理性非本真的社会制度,相反,是为了更牢固地维护统治阶级的利益。与他不同,建基于政治经济学研究之上的法兰克福学派很快就发现,自由资本主义时期对于理性的理解是建立在协商基础上的,而纳粹对于理性的理解是他人必须对其表示认同和服从。这种所谓的具有普通性的理性同时又是特殊的,它维护的是特殊集团的利益,同时因其对否定性因素的无视使得拒不妥协的群体遭到铲除,这种理性本身并不是合理的。[7] 与海德格尔将国家社会主义看作总体性的理性的表达方式不同,在学派这里,法西斯主义在宣判了旧有理性的非理性、强势取代资产阶级过去虚假的理性形式的同时,却只允许服从,不接受反驳,这种"总体性"的社会形势亦是虚假的,必定无法真如海德格尔所愿克服对存在的遗忘,更无法对抗虚无主义、解蔽真理。

纳粹投降之后,研究所这一轰轰烈烈的集体研究项目便不复存在了。但对于法兰克福学派来说,却并不意味着法西斯主义也随之烟消云散了,作为世界体系的法西斯主义可能看不到终结。德国纳粹或许被消灭了,但纳粹背后的资本主义体制却不可能从内部瓦解。换句话说,希特勒更像是历史舞台上的一个演员,他只是历史发展倾向的执行者,历史的趋势

---

① Karl Löwith, *Mein Leben in Deutschland vor und nach 1933*, Stuttgart: Metzle, 2007, S. 57.

早于他存在,且在他之后仍将延续下去。①

本文系国家社科基金重大项目"当代国外马克思主义研究"(2015MZD026)、南京大学双一流建设"百层次"科研项目的阶段性成果。原载于《学术研究》2019年第12期。

参考文献:

[1] 张亮.霍克海默与法兰克福学派的理论创新道路[J].学术月刊,2016(5).

[2] 汉娜·阿伦特.极权主义的起源[M].林骧华,译.北京:生活·读书·新知三联书店,2014.

[3] FRANZ N. Behemoth, The Structure and Practice of National Socialism, 1933-1944[M]. Chicago: Ivan R. Dee, 2009.

[4] MARTIN J. Dialectical Imagination: A History of the Frankfurt School and the Institute of Social Research, 1923-1950[M]. Berkeley: University of California Press, 1996.

[5] 弗洛姆.精神分析的危机[M].许俊达,许俊农,译.北京:国际文化出版公司,1988.

[6] MAX HORKHEIMER. Critical Theory: Selected Essays[M]. New York: The Continuum Publishing Company, 2002.

[7] 霍克海默,阿多诺.启蒙辩证法:哲学断片[M].渠敬东,曹卫东,译.上海:上海人民出版社,2006.

[8] 贾克·阿达利.噪音——音乐的政治经济学[M].宋素凤,等译.上海:上海人民出版社,2000.

[9] 马克斯·韦伯.新教伦理与资本主义精神[M].康乐,简惠美,译.桂林:广西师范大学出版社,2007.

[10] 理查德·沃林.海德格尔的弟子[M].张国清,等译.南京:江苏教育出版社,2005.

[11] 理查德·沃林.存在的政治:海德格尔的政治思想[M].周宪,王志宏,译.北京:商务印书馆,2000.

---

① See from Theodor W. Adorno, *Gesammelte Schriften* (GS), Band 20: 2, *Vermischte Schriften II*, Frankfurt am Main: Suhrkamp, 1986, S. 414.

从教师罢工现象看当代英国新自由主义治理范式的困境

莫 磊[*]

摘 要 近年来,随着英国教育领域内新自由主义治理范式的确立,教师罢工行动不断增多,社会分歧日益扩大。在新自由主义治理逻辑的主导下,市场化改革加剧了教育主体间的矛盾,教育工作者同政府和雇主之间围绕教育权力、雇佣公平、职业身份以及社会地位等问题产生了分歧。教师罢工从根本上反映了当代英国新自由主义治理范式的实践困境。在新自由主义的支配下,市场逻辑主导了英国国家治理范式,公众诉求无法被纳入政府的政治议程,社会公平与效率的关系失衡,社会分化的加剧和社会正义的缺失引起了民众的普遍不满,新自由主义治理范式因此面临广泛的合法性危机。

关键词 英国 教师 罢工 新自由主义 治理

近年来,英国教育领域的劳资关系日趋紧张,教师群体不断发起针对雇主和政府的罢工行动,其规模不断扩大,持续时间显著增长,引发了各界的关注。一些学者从英国所处的国际局势展开分析,认为教师罢工是

---

[*] 莫磊,江苏省社会科学院《江海学刊》杂志社助理研究员。

英国脱欧带来的不确定性因素在教育领域引发的连锁反应。也有学者从经济层面指出,在日益市场化的教育体系中,大学管理层试图通过削减教师的薪资以弥补财政亏空,而市场竞争和绩效考核又给教师带来了前所未有的压力,这些导致了冲突加剧,引发了教师群体的普遍不满。① 从政治层面来看,金·马瑟(Kim Mather)和罗杰·赛弗特(Roger Seifert)认为,英国政府的改革改变了教育领域的权力格局,罢工是教师对实施新政的诉求与资本权力碰撞后双方关系趋于紧张的表现。② 教师罢工问题实则是英国社会冲突问题的典型表现,它从根本上反映了当代英国国家治理体系面临的系统性问题。本文围绕英国教师罢工,分析和梳理了罢工的态势及其本质,以透视当代英国新自由主义治理范式面临的困境。

一、分歧与挑战:教师集体罢工的态势

英国有着悠久且相对完善的教育体系,这为其保持世界领先的发展水平提供了坚实的知识基础。二战后,教育被置于福利国家建设的关键位置,教育领域的劳资关系也一度表现出了相对稳定的发展状况。在劳资争议中,教师一直保持着极大的克制。即使在20世纪60年代政府为应对经济通胀而冻结公共部门工资的情况下,教师也只是发起过小规模的、短暂的和地方性的罢工行动。③

自20世纪80年代开始,英国政府秉持新自由主义的理念,在公共部门推行市场化改革,将自由和竞争等市场价值观引入教育领域,劳资关系因此变得不稳定。但在工会运动遭到政府打压和失业率上升的背景下,

---

① Andrea Beckmann & Charlie Cooper, "'Globalisation', The New Managerialism and Education: Rethinking the Purpose of Education in Britain", *Journal for Critical Education Policy Studies*, Vol. 2, No. 2, 2004, p. 162.
② Kim Mather and Roger Seifert, "Teacher, Lecturer or Labourer? Performance Management Issues in Education", *Management in Education*, Vol. 25, No. 1, 2011, pp. 29–30.
③ Mike Ironside and Roger Seifert, *Industrial Relations in Schools*, London and New York: Routledge, 1995, p. 13.

教师并未采取大规模对抗行动。1997年工党上台后仍坚持新自由主义理念,承袭并推进了保守党的撒切尔政府和梅杰政府的教育改革举措。① 此后,英国教师开始通过工会发起对抗行动。教师工会的规模持续壮大,到2002年,英国大学教师联合会(Association of University Teachers)的会员数量达到了44 051人。② 教师工会为教师罢工提供了组织力量,加之改革期间英国经济衰退,因此英国教师不断通过罢工和游行来表达对政府与雇主的不满。自2008年金融危机爆发以来,英国政府将教师福利同市场直接挂钩,导致教师福利面临的市场风险加剧,教师与政府和雇主之间的矛盾日趋尖锐化,罢工因而增多。

从教师与政府和雇主的对抗态势来看,罢工是教育工作者表达不满的主要形式,且数量还在不断增加;罢工波及的范围及其带来的社会后果也日益严重。2005年11月,英国的大学讲师罢工抗议学校的工资方案,约220所大学的26 000名员工受到了罢工的影响。③ 2011年,来自布拉德福德、埃塞克斯、利物浦、牛津和伯明翰等地的47所大学和高等教育学院的教师通过罢工抗议"大学退休金计划"(Universities Superannuation Scheme)提出的养老金改革方案,约1/3的大学讲师加入了此次罢工。④ 随着冲突范围的扩大,来自英国500所大学和学院的上万名讲师加入了与校方的对抗,将罢工推向了高潮。⑤ 在2016年7月的教师罢工中,全

---

① Paul Webb and Tim Bale, "No Place Else to Go : The Labour Party and the Trade Unionsin the UK ", in Elin Haugsgjerd Allern and Tim Bale (eds.), *Left-of-Centre Partiesand Trade Unions in the Twenty-First Century*, Oxford: Oxford University Press, 2017, p. 248.
② John Kelly and Vidu Badigannavar, "Union Organizing", in John Kelly and Paul Willman (eds.), *Union Organizing and Activity*, 2004, London: Routledge, p. 35.
③ Donald MacLeod, "College Lecturers Strike over Pay", *The Guardian*, November 16, 2005.
④ Jessica Shepherd, "Thousands of Lecturers to Strike over Changes to Pensions and Pay", *The Guardian*, March 20, 2011.
⑤ Jessica Shepherd, "Lecturers Strike over Pay and Pensions", *The Guardian*, March 24, 2011.

国上千所学校被迫关闭。① 2018年,当"大学退休金计划"提出不再保障教师退休金后,超过88%的英国大学和学院工会投票支持发起罢工。2019年11月底,英国大学和学院工会发起了为期8天的罢工行动,来自英国60所大学、总人数超过4万的讲师、专业技术人员和图书馆工作人员加入了罢工行列,100多万名学生的课程受到影响。

相较于其他部门和行业的劳资冲突,英国教育部门的劳资对抗呈现出新的特征和趋势。从罢工者的群体身份来看,尽管参与罢工的教育工作者涵盖教师、技术人员和图书管理员等群体,但在新自由主义改革中利益受到的冲击最大的大学讲师始终是罢工活动的主要发动者和参与者,其罢工倾向也最为强烈。从罢工的动员方式来看,在新媒体时代,教师们充分利用了网络媒体的信息传播功能,对罢工进行宣传和组织动员。罢工领导人通过群发邮件动员教师群体,在个人社交账号上与相关教师、学生和家长互动,实时更新冲突的动态。② 在2016年教师大罢工期间,英国教师工会(National Union of Teachers)总理事凯文·考特尼(Kevin Courtney)在其个人社交账号上发布了各地民众和学生家长支持罢工的信息。③ 英国校方管理层也通过媒体和网络应对教师罢工行动。在2011年教师大罢工期间,英国城市大学人力资源主管向该校员工发送电子邮件,威胁将扣除罢工参与者的工资并认定其违反雇佣合同。④

英国教师罢工加剧了教育工作者与学校管理层的矛盾,教育主体间的分歧日益扩大。政府教育开支的削减、市场化改革以及学费制度的推广引发了学生和家长的不满,他们希望借助教师罢工来维护自身利益。2004年,当大学讲师通过罢工表达工资诉求时,英国学生联合会

---

① Richard Adams and Josh Halliday, "One-day Teachers' Strike Closes Thousands of Schools in England", *The Guardian*, July 5, 2016.
② Sally Weale, "UK University Lecturers Strike over Pay", *The Guardian*, May 25, 2016.
③ Richard Adams and Josh Halliday, "One-day Teachers' Strike Closes Thousands of Schools in England ", *The Guardian*, July 5, 2016.
④ Jessica Shepherd, "Thousands of Lecturers to Strike over Changes to Pensions and Pay", *The Guardian*, March 20, 2011.

(National Union of Students)也采取了集体行动以表达对学费制度的不满,这导致了冲突的主体呈扩大化趋势。① 在 2011 年的教师罢工中,英国学生联合会表示:"大学生联合会将同大学和学院工会采取一致行动,反对政府削减教育开支。"②在教师与校方的对抗中,大多数学生对罢工表示同情和支持。英国舆观调查网(YouGov)的调查显示,有 60% 的学生支持教师罢工,有超过 50% 的学生认为作为资方代表的高校联盟应对冲突负责。在不断高涨的教师罢工浪潮中,民众和家长也对教师的行动表示了支持。例如,2016 年的教师罢工尽管与民众的关系不大,但后者同学生家长和教师工会一道致力于罢工活动。③ 教育主体间的多元诉求使罢工问题更加复杂,尽管教师工会同政府和学校雇主进行了多次协商,但教师的福利待遇问题仍未得到解决,罢工问题依然困扰着英国政府。

以上的研究表明,尽管英国政府从 20 世纪 80 年代在教育领域确立了新自由主义治理范式,但在政府打压和失业率较高的政治经济形势下,教师并未采取大规模对抗行动。进入 21 世纪之后,由于政府改革的推进和英国经济的衰退,教师开始通过工会频繁发起罢工,英国学校教育和社会秩序面临着严峻挑战。

二、新自由主义改革:教师罢工的主导诱因

在教师罢工问题日益严峻的背后有着深刻的经济社会动因。20 世纪 80 年代,英国政府将新自由主义治理范式引入教育领域,推动了教育商品化的趋势,改变了教育领域原有的利益格局和教育主体间的关系平衡。教师的工资、工作强度和工作稳定性无法得到保障,其职业身份和社

---

① Liz Lightfoot, "University Lecturers to Strike over Pay", *The Telegraph*, February 13, 2004.
② Jessica Shepherd, "Lecturers Strike over Pay and Pensions", *The Guardian*, March 24, 2011.
③ Richard Adams and Josh Halliday, "One-day Teachers' Strike Closes Thousands of Schools in England", *The Guardian*, July 5, 2016.

会地位也面临着市场化的冲击,这构成了教育领域劳资对抗的主要诱因。

从政治层面来说,政府改革削弱了教师的权利,导致其难以通过制度化的路径表达利益诉求,这是教师罢工的主要原因。

在新自由主义理念的主导下,英国政府在教育治理方面大力推行市场化改革。在1979—1997年,保守党采纳了自由市场的意识形态作为教育系统改革的核心原则。[1] 政府通过多部立法打破了国家在教育治理方面的主导地位,放弃了对教育的监管;恢复公立学校的选择性教育,支持私立教育,通过家长选择学校等措施将市场力量引入了教育系统;取消国家补贴,降低教育成本,确保在教育领域建立纯粹的市场竞争。[2] 1997年工党上台后继续推进和细化教育市场化改革。工党接受了保守党关于选择和竞争的理论,使教育发展为受消费者需求驱动的商品。各学校也采取多种措施保持市场竞争力,在学校排名、学校选择、重点学校和淘汰制等因素的推动下,教育竞争呈现出与市场竞争的逻辑趋同的现象。[3] 市场化改革改变了英国教育的权力关系和管理模式,新建立的全国性课程指导、教师评价和问责制、不断变化的政策法令和学校治理模式等使教师处于不利地位。[4]

政府改革打破了教育领域的利益平衡,却并未建立制度化的教师利益表达机制。在新自由主义理念的主导下,私有资本在学校中拥有绝对的权力,包括任命校长和其他工作人员,任命学校理事会成员,决定课程性质、学校基础设施的设计以及生源选择。[5] 较之于私有资本的扩张,政

---

[1] Sally Tomlinson, *Education in a Post-Welfare Society*, New York: Open University Press, 2005, p. 29.
[2] Jenny Ozga, "Education Governance in the United Kingdom: the Modernisation Project", *European Educational Research Journal*, Vol. 1, No. 2, 2002, pp. 333–334.
[3] Sally Tomlinson, *Education in a Post-Welfare Society*, p. 90.
[4] Ivor Goodson, "Professional Knowledge and the Teacher's Life and Work", in Christopher Day, Alicia Fernandez, Trond E. Hauge and Jorunn Møller (eds.), *The Life and Work of Teachers*, London and New York: Routledge Falmer, 2000, p. 14.
[5] Terry Wrigley, "Academies: Privatising Englands Schools", *Soundings*, No. 42, 2009, p. 50.

府削弱了家长和民选政客曾经享有的各种权利,校长获得了前所未有的权威。政府废除了教师与学校管理部门的集体谈判制,工会在教师工资方面的谈判权被剥夺。[1] 尽管政府设立了工资审查机构,但教师依然难以通过制度化路径维护自身权益。随着教师权利的削减,其对教育决策的参与权也因谈判权的丧失而受到侵蚀。[2] 因此,教师的集体利益遭到了极大的损害。安迪·哈格里弗斯(Andy Hargreaves)认为,改革对教师群体表现出了极度的不尊重和漠视,在改革的政治热潮中,教师的诉求被忽视。改革是在教师不被认可的情况下开展的,教师在改革内容和改革重点的确定方面几乎没有发言权。[3] 在制度环境日益不利的条件下,罢工成为教师表达政治诉求的主要路径。

从经济层面来看,市场化改革使教育领域长期存在的工资和工作强度等雇佣公平问题更加突出,这引起了教师群体的广泛不满。

在市场化改革之后,工资和绩效成为教育领域雇佣关系的两大核心要素。[4] 英国教师在工资方面长期遭受不公平待遇,他们自20世纪50年代起就开始追求建立制度化的工资体系。[5] 1969年,围绕工资问题,英国250所学校的4 000名教师发起了罢工行动。[6] 自20世纪80年代起,政府以立法的方式将市场力量引入学校教育,大学雇主主导了教师工资体系,工资问题遂成为劳资争议的焦点。在2004年教师罢工期间,大学

---

[1] Stephen Bach, "Public Sector Industrial Relations: The Challenge of Modernization", in Trevor Colling and Michael Terry (eds.), *Industrial Relations: Theory and Practice*, London: Wiley-Blackwell, 2010, p. 152.
[2] Christine Lewis, Dave Hill and Barry Fawcett, "England and Wales: Neoliberalised Education and its Impacts", in Dave Hill (ed.), *The Rich World and the Impoverishment of Education: Diminishing Democracy, Equity and Workers Rights*, New York: Routledge, 2009, pp. 107-109.
[3] Andy Hargreaves, *Changing Teachers, Changing Times: Teachers' Work and Culture in the Postmodern Age*, London: Cassell, 1995, p. 6.
[4] Mike Ironside and Roger Seifert, *Industrial Relations in Schools*, p. 1.
[5] Chris Wrigley, *British Trade Unions Since 1933*, New York: Cambridge University Press, 2002, p. 70.
[6] Mike Ironside and Roger Seifert, *Industrial Relations in Schools*, p. 35.

教师联合会总理事萨利·亨特(Sally Hunt)指出,相较于其他教师群体,2004—2005年度的工资方案使大学讲师的工资水平同比下降了40%。[1] 英国高校教师协会(National Association of Teachers in Further and Higher Education)领导人巴里·洛夫乔伊(Barry Lovejoy)认为,英国大学混乱的工资体系由来已久,讲师们总是被迫接受较低的工资,这使其与其他教师的工资差距进一步扩大。[2] 2010—2018年,教师的实际工资水平下降了约15%,这极大地降低了教师薪酬的竞争力。[3] 英国朴次茅斯大学劳资关系专家斯蒂芬·威廉姆斯(Stephen Williams)认为,罢工从根本上体现了市场化改革在教育领域带来的劳资关系困境。在日趋市场化的制度环境中,大学被迫削减成本以追求效率,校方和教师在工作条件和薪酬方面的争端不断加剧。[4]

在工资水平未能得到改善的情况下,教育工作者的劳动强度却不断增加。随着市场逻辑在教育领域雇佣关系中的推进,学校为节约开支而增加了教师的工作强度。调查显示,1992年,有10%的英国教师认为其在部分时段或所有工作时间内必须进行高强度工作,而在非教师群体中,有18%的雇员长期从事高强度工作;到了2002年,这一比例发生逆转,从事高强度劳动的教师人数占教师群体总人数的比例上升到33%,而在非教师群体中,有25%的雇员长期进行高强度劳动。这一时期,对工作现状不满的教师数量占总调查人数的比例从6%增至13%。[5] 教育问题

---

[1] Liz Lightfoot, "University Lecturers to Strike over Pay", *The Telegraph*, February 13, 2004.
[2] Donald MacLeod, "College Lecturers Ballot to Strike over Pay", *The Guardian*, October 19, 2005.
[3] Eleanor Busby, "Teacher Unions Threaten National Strike Action Ballot over Pay", *The Independent*, March 31, 2018.
[4] Stephen Williams, "Conflict in the Colleges: Industrial Relations in Further Education since Incorporation", *Journal of Further and Higher Education*, Vol. 27, No. 3, 2003, p. 310.
[5] Andrea Beckmann & Charlie Cooper, "'Globalisation', the New Managerialism and Education: Rethinking the Purpose of Education in Britain", *Journal for Critical Education Policy Studies*, Vol. 2, No. 2, 2004, p. 162.

研究专家安德莉亚·贝克曼（Andrea Beckmann）认为，教师群体日益增加的压力并非源于其学术、教育活动的增多，或提高教学水平的努力，而是校方在不信任教师的基础上扩大了管理范围，致使教师被官僚主义的监管手段分散了精力。① 2016年7月，伦敦、曼彻斯特和布莱顿等地的教师发起罢工，抗议政府在教育领域裁员并增加工作强度。在罢工期间，约7000所英国公立学校被迫关闭。② 政府在推行教育改革之时恰逢金融危机的蔓延导致英国经济进入了长期的衰退阶段，教育部门出现了劳多酬少的现象，这种不公平的雇佣关系成为教师罢工的直接原因。

在社会层面，新自由主义改革冲击了教师的职业身份和社会地位，降低了教师的福利水平，这加剧了教师群体的不公正感。

英国的教育工作者是一股庞大的社会力量，自1997年至2006年，英国教育部门的从业规模从113.1万人增加到139.7万人，增幅达24%。③ 自20世纪80年代起，政府改革限制了教师的职业自主权。到了20世纪90年代，教师成为受管理和控制的技术劳动力，而非受人尊敬的教育者。④ 在教育服务商品化的趋势下，教师被视为加工者、原材料或教育机器的附属品，学生成为教师的加工产品，教师的社会地位和职业身份受到冲击。⑤ 随着竞争机制的引进，对教师的职业认可让位于市场绩效。英国布里斯托大学社会学教授艾瑞克·霍伊尔（Eric Hoyle）认为"从职业声望的影响因素来看，工资水平是决定职业声望的重要因素。平均工资

---

① Andrea Beckmann & Charlie Cooper, "'Globalisation', the New Managerialism and Education: Rethinking the Purpose of Education in Britain", *Journal for Critical Education Policy Studies*, Vol. 2, No. 2, 2004, p. 162.
② Richard Adams and Josh Halliday, "One-day Teachers' Strike Closes Thousands of Schools in England", *The Guardian*, July 5, 2016.
③ Stephen Bach, "Public Sector Industrial Relations: The Challenge of Modernization", in Trevor Colling and Michael Terry (eds.), *Industrial Relations: Theory and Practice*, p. 160.
④ Sally Tomlinson, *Education in a Post-Welfare Society*, p. 14.
⑤ Nafsika Alexiadou, "Management Identities in Transition: A Case Study from Further Education", *The Sociological Review*, Vol. 49, No. 3, 2001, p. 427.

低于主要职业和中高层管理人员的工资水平限制了教师的职业声望和地位"①。正如《卫报》的报道所揭示的,很多人认为教师收入高且生活安逸,但事实完全相反。不稳定的工作条件、长时间的工作和不良的精神健康状况已经成为教师的生活常态。54%的教师雇佣合同无法得到保障,他们面临严重的性别和种族歧视以及收入惩罚,临时雇佣的教师不得不依靠福利和自由职业而生存。② 教师职业不再具有稳定性。

在职业身份受到冲击的同时,教师享受的社会福利却在缩减。二战后,英国开展了广泛的福利国家建设,旨在为民众提供充足的、维持基本生活水平的养老金。③ 受新自由主义经济理念的影响,英国政府自20世纪80年代开始大规模削减福利开支。这意味着民众逐渐脱离了此前的政治制度安排,职业群体在福利国家框架下的专业权威面临着不信任、疏远和挑战,其在专业领域的特定权力和社会地位面临威胁。④ 近年来,英国学校的养老金难题对教师的福利待遇造成了冲击。劳资关系学者史蒂芬·巴赫(Stephen Bach)认为:到21世纪初,公共部门的雇员经历着迅速老龄化和退休潮,福利开支迅速攀升,政府财政面临着巨大压力。⑤ 为应对教育领域的福利开支问题,英国政府成立了由高校教育工作者和高级行政人员组成的"大学退休金计划",旨在处理教师的退休待遇等问题。随着教师的社会福利被推向市场,校方将教师的福利资金置于股票市场进行交易的做法加剧了教师社会地位的不稳定性,这也是近年来历次教

---

① Eric Hoyle, "Teaching Prestige, Status and Esteem", *Educa－tional Management & Administration*, Vol. 29, No. 2, 2001, p. 141.
② Sally Weale and Alexandra, "Topping University Lecturers begin Strike Action over Pensions", *The Guardian*, February 22, 2018.
③ Pat Thane, "Older People and Equality", in Pat Thane(ed.), *Unequal Britain: Equalities in Britain Since 1945*, London: Continuum, 2010, p. 10.
④ John Clarke, "Thriving on chaos? Managerialisation and Social Welfare", in John Carter (ed.), *Postmodernity and the Fragmentation of Welfare*, London: Routledge, 1998, p. 172.
⑤ Stephen Bach, "Public Sector Industrial Relations: The Challenge of Modernization", in Trevor Colling and Michael Terry (eds.), *Industrial Relations: Theory and Practice*, p. 153.

师罢工的焦点。2012年,在时任英国首相卡梅伦提出改革公共部门养老金制度时,全国教师工会总理事克里斯丁·布洛尔(Christine Blower)声称,全国教师工会的30万会员拒绝接受该计划,工会将向会员传达进一步采取罢工行动的必要性。[1]

以上研究表明,教师罢工现象的出现及其演进是多种因素综合作用的结果。在新自由主义理念的主导下,市场化改革给教师群体的利益带来了冲击,教师的职业身份和社会地位面临的不确定性增多,其不公正感和不安全感上升,教育领域的劳资关系因此恶化。

三、新自由主义治理范式的困境

教育领域不断恶化的罢工态势及其复杂的催生因素反映了当代英国新自由主义治理范式的系统性困境。从表面上看,英国教师罢工主要围绕工资、工作条件、工作量以及教师职业身份和社会地位等问题展开,但问题的本质则是新自由主义主导下的治理模式难以将民众诉求纳入政府议程和治理实践,无法平衡公平与效率的关系,也难以促进社会正义。

首先,在新自由主义治理体系下,政府将更多的国家力量用于保护市场自由,公众诉求很难被纳入政治议程。

自20世纪80年代以来,英国政府在社会各领域推行以新自由主义为主导的市场化改革,市场对自由和效率的过度追求导致了社会公平的缺失,民众利益无法得到保障。新自由主义主导下的教育治理模式使教师群体面临着四个方面的危机:随着对公共开支的管控,政府教育投入缩减;私有部门的管理实践被引入学校;集体谈判机制被废除;中央以削弱地方教育部门权力为代价强化对教育的管理权。[2] 在这些危机对教师群体利益造成冲击的情况下,英国主流政党无法在政治上回应教师群体的

---

[1] Hélène Mulholland, "Unions Threaten Fresh Strikes over Pension Reforms", *The Guardian*, February 9, 2012.

[2] Mike Ironside and Roger Seifert, *Industrial Relations in Schools*, p. 3.

诉求。在2016年英国教师大罢工期间，保守党批判罢工活动，认为罢工对家长和学生的利益造成冲击，损害了教师的社会形象。工党影子内阁教育大臣安吉拉·蕾娜（Angela Rayner）则认为，家长、学生和教师对保守党政府感到失望，在保守党政府的监管下，英国的学校规模不断扩大，不合格教师的数量也在增加。自由民主党教育发言人约翰·皮尤（John Pugh）认为，在政府不听取意见、无视教育现状且继续进行毫无意义的改革的情况下，即使最敬业的员工也会失去士气和耐心。① 主流政党的相互推诿使得英国民主政治流于形式，教师的群体利益不能获得实质性改善。

新自由主义治理体系的困境在于其难以将民众诉求转化为政府治理实践。政府作为国家集体利益的代表，本应兼顾不同群体的利益，但英国政府奉行以个人主义为核心的新自由主义治理理念，将民众集体利益让位于个人自由，其结果是私有资本不断侵蚀民众权益。教师罢工问题只是新自由主义治理范式引发的社会冲突的一个侧面。随着市场化改革的推进，教育、医疗、交通等公共部门雇员及私有企业工人的利益很难通过制度化途径实现。当代西方劳资关系专家詹森·海斯（Jason Heyes）认为，在新自由主义治理范式的主导下，英国经济需要更多的国家干预和更多的法律来限制劳动者权利，也需要更多的政府力量将私人资本推向公共服务领域。② 私有资本的扩张及其对利润的过度追求导致雇员的权益无法得到保障。在传统上，公共部门的雇员一直通过集体谈判维护自身利益，但在市场化塑造的资强劳弱的产业力量格局下，他们的谈判能力下降。在教育领域，政府取消了教师的集体谈判权。1984—1990年，教师集体谈判覆盖率下降了1/3。1984—1998年，卫生部门集体谈判覆盖率

---

① "Teachers' Strike：Schools Disrupted because of NUT Walkout"，*BBC News*，July 5，2016.
② Jason Heyes& Peter Nolan，"State，Capital and Labour Relations in Crisis"，in Trevor Colling and Michael Terry（eds.），*Industrial Relations：Theory and Practice*，p.109.

下降了一半以上。① 民众无法通过制度化路径维护自身利益,新自由主义在治理实践中也因此而面临广泛的合法性危机。

其次,新自由主义治理范式无法解决公平与效率之间的矛盾,其对自由和竞争的过分强调使经济领域的不平等问题更加严峻。

新自由主义治理范式重塑了英国教育系统,学校原有的合作关系被市场竞争关系取代。通过改革,关于市场、自主预算以及教师薪酬和工作条件的新制度打破了教师之间的团结,工会的作用受到排挤,教师和校长把注意力集中到了市场生存方面。② 但在追求效率的同时,教师的利益未能得到保障,工作热情也随之降低了。在教师未能积极配合改革的情况下,校方缺乏关于学科内容和教学方法等方面的知识,很难监管课堂活动的时间分配,无法在教师工作与考试结果之间建立明确关系。学校管理层也意识到了教育领域的这种自上而下的改革难以成功。③ 上述问题反映了新自由主义治理范式在实践中无法平衡公平与效率之间的关系。加之政府财政没有注入新资金,教育开支产生的利益被新增成本(如更高的国民保险、养老金和工资等)抵消且受到通胀的侵蚀。其结果是,学校的教育质量未能得到改善,家长对学校的抱怨逐渐增多,新自由主义主导下的教育体系遭到广泛质疑。④

除教育领域外,新自由主义治理范式面临的困境在社会各领域普遍存在,这从根本上体现了该治理体系无法平衡社会生产中公平与效率之间的关系。在新自由主义理念的主导下,英国在教育、医疗、交通、煤气、电力、自来水、电信等国民经济基础部门实行私有化改革,公共部门的薪

---

① Neil Millward, Alex Bryson and John Forth, *All Change at Work？British Employment Relations 1980-1998, As Portrayed by the Workplace Industrial Relations Survey Series*, London: Taylor & Francis, 2002, p.162.
② Stephen Ball, "Performativity and Fragmentation in 'Postmodern Schooling'", in John Carter (ed.), *Postmodernity and the Fragmentation of Welfare*, p.198.
③ Keith Sisson, *Employment Relations Matters*, Warwick: University of Warwick, 2010, p.155.
④ Charlie Cooper, *Community, Conflict and the State: Rethinking Notions of "Safety", "Cohesion" and "Wellbeing"*, New York: Palgrave Macmillan, 2008, pp.190-191.

酬决定权也被政府服务外包和半自治机构代理的方式取代。① 市场对利润的过度追求导致雇员的利益遭到排斥,雇佣关系中的不平等现象逐渐增多:一方面是资本力量的不断壮大,另一方面是广大劳动者的利益被忽视,其结果是英国社会分化问题日益严峻。1979—1998年,市场化改革使公共部门的雇员规模减少了1/3。② 随之而来的是收入不平等的加剧,贫富家庭之间生活水平的差距不断扩大。英国社会学家艾伦·沃克(Alan Walker)和卡罗尔·沃克(Carol Walker)认为,在自由和竞争主导的新自由主义治理框架下,政府鼓励收入不平等,认为这是激励人们工作的一种手段,结果却导致了贫困人口的增多。根据欧共体在1979—1993年对贫困的定义,这一时期,英国贫困人口占总人口的比例从8%上升到了19%。③ 劳资关系是工业社会最基本的社会关系,雇佣公平的缺失不仅导致劳资对抗的增多,也危及整个社会生产的可持续性,进而从根本上挑战着新自由主义治理范式。

最后,新自由主义治理范式难以促进社会正义,社会冲突扩大化给新自由主义主导下的社会秩序带来了冲击。

教师通过罢工等对抗途径表达利益诉求,反映出英国社会冲突的主体由体力劳动者扩大到了中产阶级。教育、医疗卫生等公共部门承担着向全民提供福利的公共服务职能,巴赫认为,自1945年以来,作为福利国家发展的一部分,卫生、教育和社会服务等公共部门的就业迅速增长。④ 公共部门提供的社会福利不断增多,这在促进社会正义方面发挥了关键

---

① Neil Millward, Alex Bryson and John Forth, *All Change at Work? British Employment Relations 1980–1998, As Portrayed by the Workplace Industrial Relations Survey Series*, p. 162.
② Chris Howell, *Trade Unions and the State, The Construction of Industrial Relations Institutions in Britain, 1890–2000*, Princeton: Princeton University Press, 2007, p. 137.
③ Alan Walker and Carol Walker(eds.), *Britain Divided: The Growth of Social Exclusion in the 1980s and 1990s*, London: Child Poverty Action Group, 1997, p. 20.
④ Stephen Bach, "Public Sector Industrial Relations: The Challenge of Modernization", in Trevor Colling and Michael Terry (eds.), *Industrial Relations: Theory and Practice*, p. 153.

作用。但随着新自由主义治理理念的渗透，市场化改革削弱了教育承载的社会福利职能，教育对社会正义的促进作用受到限制。对政府或主流政党而言，在教育方面追求竞争的市场政策与其对社会正义的承诺相互矛盾并将造成重大问题。尽管政府宣扬包容并采取缓和的措施，但市场和选择性权力将大部分工人阶层和少数族裔儿童以及有学习困难的人排除在理想学校之外。① 贝克曼认为，差异化收费制阻碍了弱势群体进入高等教育机构，如精英教育部门和罗素大学集团(The Russell Group)，该群体在选择有预期经济效益的法律和医学等专业时面临阻碍。市场化改革加剧的社会不平等与政府宣称的社会正义相矛盾。②

新自由主义治理范式带来的社会正义缺失对英国的社会秩序带来了威胁。英国社会科学院院士大卫·莱恩(David Lane)认为，新自由主义的结果是私有化和国家作为综合福利提供者的退出。随着国家提供的综合福利的下降，社会团结逐渐减弱。[1]新自由主义在社会各领域的推进重新塑造了英国的社会关系，其特征是社会不平等加剧、社区关系紧张和民众的社会福利下降。在新自由主义秩序下，社会问题被重新定义为个人问题。如在教育领域，政府认为教师应对教育系统出现的问题负责。教师罢工问题由此加剧，公众对犯罪、混乱、社会冲突和危险的恐惧急剧上升。英国霍尔大学政治社会学者查理·库珀(Charlie Cooper)认为，在21世纪的第一个十年，恢复社会安全与团结、处理"反社会"行为被置于英国政府决策的优先位置。③ 针对私有资本渗透到公共领域引起的产业、社会和经济动荡，政府更多是通过权力机构如警察来维护秩序。④ 2016年，

---

① Sally Tomlinson, *Education in a Post-Welfare Society*, p. 14.
② Andrea Beckmann & Charlie Cooper, "'Globalisation', the New Managerialism and Education: Rethinking the Purpose of Education in Britain", *Journal for Critical Education Policy Studies*, Vol. 2, No. 2, 2004, p. 158.
③ Charlie Cooper, *Community, Conflict and the State: Rethinking Notions of "Safety", "Cohesion" and "Wellbeing"*, pp. 1 – 2.
④ Jason Heyes & Peter Nolan, "State, Capital and Labour Relations in Crisis", in Trevor Colling and Michael Terry (eds.), *Industrial Relations: Theory and Practice*, p. 109.

特雷莎·梅政府通过了旨在限制罢工活动的法案，但不到两年，英国就发生了现代史上最严重的教师大罢工，地铁、公交、航空等部门的罢工也此起彼伏。这表明，在新自由主义治理体系无法促进社会正义的情况下，英国政府倾向于采取权力压制而非通过促进社会福利和正义的手段来应对冲突，这必然导致社会冲突的扩大并加剧新自由主义治理范式的危机。

四、结语

在后工业社会到来之际，英国政府不断寻求建立适应自身发展的治理范式。自20世纪80年代起，在保守党政府的推动下，新自由主义成为英国政府建构治理体系的主导力量。1997年工党上台后，在迈向新自由主义的道路上也采取了多种举措。在新自由主义理念的主导下，政府日益重视自由、竞争和效率等市场因素，通过私有化和市场化等手段，在社会各领域确立了新自由主义治理范式。其中，教育作为公共服务部门被转型为营利机构，这重塑了英国教育体系的结构、功能及其承载的社会价值。

然而，新自由主义治理范式无法从根本上解决英国面临的诸多问题。将市场价值引入教育领域的做法不仅损害了教师在政治、经济和社会层面的既得利益，也对英国教育体系造成了损害。私有资本支配下的教育体制排斥了教师的角色和地位，打击了教师的工作积极性。不言而喻，资本的逐利性压缩了教师在教育领域的权益，教师群体与学校雇主之间的冲突不可避免。教育的市场化和商品化又使英国学校教育系统的等级化色彩日益浓厚，社会的不平等趋势扩大并招致更多社会群体的反对。英国的教师罢工运动凸显出新自由主义治理范式的系统性问题。特别是在推动社会公平和实现全民福利的名义下，新自由主义将经济效率等同于社会效率，民众诉求遭到压制，社会公平与效率的关系失衡，新自由主义治理范式因此面临广泛的合法性危机。

英国政府至今未对教师罢工问题拿出有效的解决方案。尽管其多次呼吁冲突各方保持克制,并采取了冲突化解措施,如号召雇主和校方代表与教师工会展开谈判,但这些方案并未触及新自由主义治理范式的根本。换言之,市场逻辑在教育领域的渗透仍在继续,由此造成的利益分配失衡与社会冲突剧烈化的趋势难以从根本上得以扭转。从更加宏观的政治、经济和社会层面来看,当今英国社会冲突的性质及其根本原因并未改变。在资本主义生产体系带来社会分化加剧以及社会公平缺失的情况下,其治理体系也必将面临广泛的合法性危机并以不断加剧的社会冲突体现出来。未来,英国政府只有从根本上对新自由主义治理范式做出调整,消除其对英国政治、经济和社会事务的主导,才有可能实现对社会冲突问题的有效治理。

  本文系国家社会科学基金重点项目"20 世纪以来英国劳资关系史"(15AZD041)的阶段性成果。原载于《国外理论动态》2020 年第 5 期。

参考文献:

[1] 张茂钰. 新自由主义的资本主义全球化及其替代方案——访剑桥大学大卫·莱恩教授[J]. 国外社会科学,2019(1).

德行与成就：伊索克拉底"塞浦路斯演说"中的道德教育

胡传胜*

摘　要　"塞浦路斯演说"是伊索克拉底在公元前370年左右以塞浦路斯普通人、王子和君主为劝说对象的四篇美文，是伊索克拉底思想成熟时期的作品。道德教育是这些文本的共同主题。通过这些文本，伊索克拉底阐述了关于公民道德、君主道德和臣民道德的观念，论证了德行、希腊特性与成就的关系，在展开道德劝说的同时实践了格言、书信、训诫和颂辞的话语形式。

关键词　伊索克拉底　《致德蒙尼克》《致尼克科尔斯》《尼克科尔斯》《埃瓦格拉斯》　修辞术

一、德行、教育与修辞术

智者把演说,即在公共事务中进行辩论的技艺,教授给希腊特别是雅典有志于在公职竞争中表现出众的青年。他们声称要传授德行。"德行是否可教"是柏拉图为我们报道的苏格拉底和普罗塔哥拉知名辩论之一，

---

* 胡传胜,南京信息工程大学法政学院教授、江苏省社会科学院研究员。

但"德行可教"的中文表达是容易引起歧义的。德行,并不是我们一般意义上的道德或善良(good/argathoi),而是表现卓越(arete)。表现卓越,就是成功。这才是普罗塔哥拉声称可以培育的(柏拉图《普罗塔哥拉》,319a—320a)。处于希腊人的语言与社会环境中,在智者看来,传授成功、传授德行与在生活中表现卓越,是不可分的,是一回事。"教"也不是我们所理解的对某一门知识的系统讲解,而是"引导""指导"。另外,希腊是一个语言的国度,至少在智者时代,在语言竞争中获胜,成为不亚于在体力竞争中获胜的生活目标。古风时代的竞技,体现在比赛、体育中——这个文化发明出两种装置,让阿喀琉斯式的战勇在体育竞技场上发挥(柏拉图《高尔吉亚》,473c‑d、480c‑d)。

将道德的善与恶和一般的德行区分开,要等一代人以后,特别是伊索克拉底以后。与智者同时代的苏格拉底在其中起了重要作用。纯粹通过表现卓越而获得成功是不够的。成功应该顾及公正、节制。这是苏格拉底与智者争论的最重要方面。在苏格拉底看来,发挥辩才打动法官、怨恿听众逃避惩罚或使得惩罚与过错不相等,是不可接受的。因为这些行为损坏了人类社会赖以存在的基础:正义(柏拉图《高尔吉亚》,473c‑d、480c‑d)。伊索克拉底继续了苏格拉底的著名区分,他坚持道德的善本身具有价值,在道德上完善自己是成功或成就的基础。职位甚至王位、财富都是有价值的,但如果不合乎道德地获取它们,它们便是没有价值的。

在《普罗塔哥拉》中,苏格拉底和普罗塔哥拉就美德与教育的关系进行辩论。在开始的时候,苏格拉底持否定意见而普罗塔哥拉持肯定意见;在辩论结束的时候,他们的立场出现了互换,苏格拉底持肯定的意见而普罗塔哥拉持否定的意见——双方似乎都被对方说服了。伊索克拉底持美德——即道德的善——可教的观点。道德上的善或美德,是教育的结果;道德的教育是教育者劝导、引导的过程,也是受教育者实践的过程。他把这种过程,称为心灵的体操。道德的状态是心灵对善的追求或占有,与体操是身体对健康的占有是一致的。① 对于教育者来说，道德教育是向受教育者提供心灵训练的"手册"或美德的"清单"，告诉实践者什么是善，如何才能达到善；对于受教育者，道德教育就是进入心灵的训练过程中。在被称为"塞浦路斯演说"的一系列文本中，伊索克拉底实践了这种道德教育。他的教育对象，是塞浦路斯的普通公民和君主。②

在古希腊语境中，道德教育同时是话语实践，属于广义的修辞术。教育者和教育对象形成一个话语共同体，在其中就公共生活、好的行为规则等进行观念的交流。③ 它是公共事务指向的，教育者纵然提供的是私人性的咨询或指导，也以受教育者在公共生活中表现卓越为目的。这种话语共同体，既可能是学园，也可能是简单的面对面辅导。④ 在伊索克拉底的雅典学园中，伊索克拉底和他的学员们组成话语共同体。这个学园于约公元前392年建立，至公元前374年左右，已经获得很大成功。公元前390年左右写作的《反对智者》作为伊索克拉底的教育纲领，已经广为流传。20年以后，他把他的教育和咨询范围扩展到希腊世界的边缘。伊索克拉底此时已差不多年届六旬，处于思想与事业的顶峰。因此，塞浦路斯演说，既是伊索克拉底影响力向希腊世界边缘渗透的标志，也是他成熟时期思想的表达。

在伊索克拉底、柏拉图建立其学园以前的雅典，只有两个地方，即广义的议会（公民大会、议事会和法庭）和公共集会（特别是名目繁多的宗教节日和运动会），可以长篇大论地发表讲话（话语、演说）。柏拉图制造了一个相对固定的地方，让他和他的追随者们在那儿就一般问题，如正义、

---

① Isocrates, *Antidosis*, *Isoc.* 15, p. 250, p. 252, p. 266.
② Werner Jaeger, *Paideia: The Ideals of Greek Culture*, vol. Ⅲ, translated by G. Highet, Oxford: Oxford University Press, 1947, pp. 85 – 87.
③ T. Poulakos, *Speaking for the Polis: Isocrates' Rhetorical Education*, Columbia: University of South Carolina Press, 1997.
④ Robert Hariman, "Civic Education, Classical Imitation, and Democratic Polity", in *Isocrates and Civil Education*, edited by Takis Poulakos and David Depew, Austin: University of Texas Press, 2004, pp. 217 – 234.

形式、善的本性等问题进行讨论，而不像苏格拉底那样，使"学园"处于流动状态，要么在草坪上、树下，要么(更典型)在富裕人家的庭院内。柏拉图一定会认为，这种对"智慧"的纯粹的追求，应该能给雅典以及一般的公共生活提供某种支撑或理由。因此，他的活动，是一种哲学的活动。比他稍早一些的伊索克拉底，则发明了另外一个相对固定的地方，让他的追随者们和他一起模拟议会、法庭特别是公共集会的讲话。他认为，这种训练能把公共事务与智慧的追求结合起来；这种更为逼真的对公共事务的模拟与讨论，比柏拉图的那种讨论更加体现哲学性或智慧。虽然伊索克拉底和柏拉图在什么才是哲学("爱智")上展开争论，但是这两位人物创办的，都只是"说"的学院。① 在希腊(甚至就一般情况而言)，政治本来就是"说"的活动——伊索克拉底本人是对雅典或希腊政治的言说特征阐释最充分的人；怎么说(形式，即修辞术)、说什么(内容，既包括希腊世界遇到的特殊问题，又包括嵌入这些具体问题中的一般问题；在希腊化时代，这两项内容融合在一起了)是他们教授或不如说讨论的主要内容。"塞浦路斯演说"是伊索克拉底在他的雅典学园之外的话语实践，称它们为演说(orations)，是因为它们是几种"讲话"(现代人称为"文体")的集合。它们就像法庭、议事会和公共集会的发言一样，是讲话、演说。演说，既指它的口头的特征，也指它的美文的特征。

《致德蒙尼克》(*To Demonicus*, Isoc. 1, 约公元前 374 年至公元前 370 年)、《致尼克科尔斯》(*To Niccoles*, Isoc. 2, 约公元前 374 年)、《尼克科尔斯》(*Niccoles*, Isoc. 3, 约公元前 370 年)和《埃瓦格拉斯》(*Evagoras*, Isoc. 9, 约公元前 370 年至公元前 365 年)被称作"塞浦路斯演说"，是伊索克拉底向塞浦路斯人提供的人生指导。前三篇时间大抵相同，后一篇略晚些。除了第一篇外，其他三篇与塞浦路斯的国王埃瓦格拉斯、王子尼克科尔斯有关。德蒙尼克是塞浦路斯普通公民，家境富裕。伊

---

① D. M. Timmerman, "Isocrates' Competing Conceptualization of Philosophy", *Philosophy and Rhetoric*, 31, 1998, pp. 145 - 159.

索克拉底以书信的形式,向他灌输一些人生格言,这可以视为对一般公民甚至一般人的道德教育;《致尼克科尔斯》以书信的形式告诫王子,成功统治一个王国应该具备什么样的道德品质,因此这可以视为对国王(王子)的道德教育。《尼克科尔斯》则反过来,以尼克科尔斯自己的名义,向臣民说明王位继承者的优势是什么,臣民应该如何行事,因此这可以视为臣民教育。这三篇关注德行。《埃瓦格拉斯》则属于特殊人物的纪念演说,作为展示型演说的范本,重点从德行和成就方面,对称赞对象进行赞颂,论证德行与成就的一致性。①

二、道德的善是成功基础

《致德蒙尼克》由松散的励志格言(gnome)组成。分导言(1.1—1.12)、格言集(1.13—1.43)和结语(1.44—1.52)三部分。② 伊索克拉底告诉他的年轻学生,要获得德性(arete),人应该追求什么目标、避免什么,应该与谁在一起,应该如何管理自己的生活,等等。主要有如下格言。时间和疾病会损坏容貌,财富往往支持堕落而非高尚;要用牺牲特别是践行誓言来虔敬众神(1.13)。善待父母,就像你期望子女善待自己一样;要为了健康而非增加力气而锻炼身体(1.14)。不要大笑,不要发狂言:前者缺少涵养,后者代表疯狂;丢脸的事情即使想到也是丢脸的;要沉思而不是闷闷不乐(1.15)。敬畏神,荣耀父母,尊敬朋友,遵守法律(1.17)。要善待好人,因为好人的感激是财富(1.29)。不当获利的人不值得效仿,但为公正而遭受不幸的人值得效仿(1.39),等等。在这些格言中,希腊的世俗

---

① James Henderson Colins Ⅱ, *Exhortations to Philosophy: The Protreptics of Plato, Isocrates, and Aristotle*, Oxford: Oxford University Press, 2015, pp. 197-199.
② 伊索克拉底的著作引自 *Isocrates* I, translated by David Mirhady and Lee Yun Too, Austin: University of Texas Press, 2004;参考 *Isocrates* I, translated by George Norlin, London: William Heinemann Ltd.,1928.

理性主义中的道理想居主导地位。① 大多数情况下，它们似乎是适合于任何时代的。他以训诫的形式向这位贵族青年展示了希腊人的智慧。然而，他没有试图引诱他继续学习，当然也没有试图让他在公共场合演讲。劝告是朴实和实践性的，有时甚至有点愤世嫉俗，它似乎没有任何明显的顺序。然而，值得注意的是，这种道德教育为其他教育奠定了基础。②

德蒙尼克是个未成年人，伊索克拉底受其父委托对他进行劝诫。因此，"成人"，即在投身社会之前首先在道德上完善自己，是这篇作品的核心内容。"成人"是成功的基础，或者说本身就是一种成功。这可能是这篇作品从古代起就被列入伊索克拉底作品集首篇的原因。因为主题是青年教育，所以规训、灌输的特征比较强。哲理化和简洁的格言，适合于青年教育，使得受教者一听就觉得有道理，遵循着做。这就是道德教育。③ 相比之下，苏格拉底和柏拉图则让人对道德规则做出批判性检查，认为只有经过理性检查的规则才是可以接受的。此外，正是因为以成人、成熟为目标，所以教育或训练的内容，既是无所不包的，也是具有某种顺序的。从心智的成熟、身体和心理的平衡，一直讨论到亲属关系、朋友关系，讨论到日常的言谈举止。节制、平衡和富有人情味的常识感，是很容易从这些格言中体会出来的主导倾向。

伊索克拉底称《致尼克科尔斯》是送给这个王子的特殊"礼物"。文本分为两部分。第一部分论普通人的道德品质，第二部分论王子的道德品质。普通人应该做到：(1) 每天要都有生活计划，不要懈怠（他认为这是最重要的）；(2) 服从法律；(3) 坦诚，在日常生活中，对于自己的缺点，既允许朋友指责，也允许敌人攻击。这些可能是在许多文化中都可以看到的做人清单，如生活要有计划，要遵守规则；不过对人际沟通、语言交流的

---

① "不仅缺乏形式的统一，也缺乏精神的统一。对于在这个平凡的世界里生活的精明建议，与偶尔的崇高的理想主义并不完全和谐——这种不和谐正是他的'实践哲学'的特点。"(Nolin, *Isocrates* I, London: William Heinemann Ltd. ,1928, p. 3.)
② Nolin, *Isocrates* I, London: William Heinemann Ltd, 1928, p. 16.
③ Werner Jaeger, *Paideia: The Ideals of Greek Culture*, vol. III, translated by G. Highet, Oxford: Oxford University Press, 1947, pp. 132–155.

重视,可能是希腊人特有的。不仅要坦陈自己的观点,而且要在争论与辩护中阐明自己的想法。这种鼓励坦诚交流的想法,是带有希腊文化特征的。遵守的是法律或一般规则,而不是比如说长辈或官员的指令,这也是希腊特征。自我管理、守规则和敢于表达,是希腊人对公民的要求,体现希腊人的成人理想。成人不仅是"长大成人",也不仅是成为丈夫、父亲等,更重要的是成为公民。成人是投入公共生活。伊索克拉底认为,公民并不是一般意义上的好人,而是有更高的要求。

《致尼克科尔斯》的重点是君主教育。继承希腊人的一般观念,伊索克拉底没有从天人关系、君主的道德感召等方面,而是用人的眼光来看待君主(tyrannoi)。[1] 他对君主的劝诫从君主的两面性甚至危险性开始。君主无疑是最有影响力的,他控制着王国内最大的财富和最重要的事情。"当考虑荣誉、财富和权力时,人们都认为君主和神是平等的;但是当他们考虑到恐惧和危险"(2.5),看到有些君主生活被摧毁,有些君主被迫伤害自己最亲近的人时,人们又会觉得,"任何一种生活,都比统治整个亚洲的君主的生活更可取"(2.5)。这自然是非常夸张的说法。君主是一个把荣耀和危险、毁灭集合到一起的职位,因此也是"人类的一个最伟大的活动,需要非凡的远见"的职位(2.6)。也因此,向君主劝说是有意义的,可以使君主与他的臣民都受益,"使前者的职位更加安全,使对后者的统治更加温和"(2.8)。伊索克拉底的君主教育,与古代东方的君主教育有相同之处:首先让教育对象充分意识到自己的职责的重要性乃至严酷性。"你在荣耀上超越别人,就得比别人表现更加卓越。"(2.11)在伊索克拉底看来,君主有三个责任:结束统治区域的不幸、保持城邦的繁荣和适度扩张统治范围。这似乎是一个低调的目标。关于领土,也只有当统治范围不够大

---

[1] 在公元前5世纪至公元前4世纪,希腊作家对君主(monarchy)与僭主(tyrannoi)很少区分。君主制(一人统治)是在与民主制(多数人统治)、贵族制(少数人统治)相区分的时候说的;而君主没有明确的任期与法律约束时,便是tyrannoi。这似乎是一个日常称呼。更多的作家(柏拉图、索福克勒斯、希罗多德)以欣赏的眼光看待tyrannoi。只有到了罗马西塞罗时代,这个词才成为贬义词。不过,他们认为,tyrannoi是希腊现象,对于波斯大王,他们更多称作despot。

的时候,他才建议扩张。这里并没有把臣民带到更有道德、更文明的理想境界的承诺。但伊索克拉底同时坚持,这是一个很难达到并维持的状态。

伊索克拉底的君主教育,围绕职责展开。首先,君主要时刻保持警醒、警觉状态,一刻也不能懈怠。他用希腊人特有的方式,称这种警觉为"灵魂的训练"。国王被要求训练自己的灵魂,就像在没有教练的情况下训练身体一样,因为没有一个公共节日能提供你(国王)每天都要经历的那种挑战(2.11)。君主要时时刻刻训练自己的心灵,使自己保持警醒和警觉,就像没有教练但仍然要训练自己的形体一样——统治和赛事不一样,赛事是有针对性的,针对某个项目;但统治不是。这种时刻的警觉状态,就是勤奋(epimeleia)。

君主应该与睿智的顾问在一起,向诗人和其他富有智慧之人学习。行动上要听从前者的建议,向后者学习则是为了使自己成为一个内心丰富的人,成为有常识和判断力的人。君主通过学习,使自己成为大臣们的批评者,也成为那些在心智和判断力方面强大的人的对手。通过这些训练,你能在最短的时间内培养出正确地统治城邦的必要素质(2.13)。总之,在伊索克拉底看来,因为职位的性质,君主必须使自己强大起来。

君主要爱自己的城邦和人民,根据能力分配职位。除非你喜欢他们,否则你不可能很好地统治一匹马、一条狗、一个人或任何其他东西(2.15)。这种表达很容易令人想起孟子的"见其生不忍见其死"之说。不同在于,孟子的爱完全是否定性的。为普通人着想,尽可能以他们喜欢的方式来统治他们,要知道,寡头政治和其他形式的政府,为人民服务时间越长,维持时间就越长……确保最优秀的人拥有有权威的职位,而其他人不被不公正对待,这是最好的政府形式的首要原则,也是最大原则(2.16)。这显然是爱人民的标志。照顾市民的家庭,消耗他们资源就是在消耗你的财产,那些劳动的人也是在增加你的财富。因为凡属于城市居民的,都属于善治的统治者的(2.16)。在与公民的关系上,伊索克拉底特别重视君主与臣民间的信任。君主要把你的公民从各种恐惧中解放出来,不要故意让守法的公民感到恐惧。别人对你的感觉和你对他们的感觉是一样的。

不要带着愤怒行动,但如果需要,可以在别人面前表现出生气的样子。偶尔显得可怕,是要表示什么东西都在自己掌控之中;执行处罚时,也要让人觉得受到了宽大处理(2.22);要让人感觉到你对他们利益的照顾比他们自己都好,用恐惧、危险和恶行来统治所有的人,并不会让你找到完美的快乐(2.26);最真实的荣耀并不是在公开场合你所感受到的别人的恐惧感,不是人们在家里对你的好运所表达的钦佩,而是人们在私下里对你的智慧所表达的钦佩(2.30)。

君主应该及时废止不合时宜的法令与做法而创立更好的;如果没有更好的,则模仿别人。寻求整体公正、有益、相互一致、最少模糊性和最能快解决问题的法律。治理的优良全部体现在法律的制定方面(2.17)。让劳动有利可图,诉讼易受处罚,从而使公民避免后者,自愿从事前者(2.18)。当关于国家的治理出现意见冲突时,君主应该不偏不倚且不改变立场。

君主要更加自律。自律或节制,是希腊公共道德的四主德之一。积极的自律,就是过虔诚的生活。对神,要像对你的祖先那样献祭,把自己做得最好、最公正视为对神的最好的祭祀与服务(2.19)。消极的自律,即不为快乐所奴役,才是至高无上的;君主要比臣民更好地支配自己的欲望。(2.29)不要以为别人应该过着有纪律的生活,而国王可以过着没有约束的生活;要把你的节制作为别人的范例,要知道整个国家的性格都会变得像它的统治者。(3.31)既要表现得彬彬有礼,又要有国王的威严,而这是很难做到的。因为国王往往冷漠,而下等人才彬彬有礼。虽然国王需要关注自己的安全,但在面临危险的时候要显得高贵。让人称颂的不是肉体,而是德行。最安全的防御是朋友的善意,公民的善意和你自己的智慧(3.21)。应该说,伊索克拉底显然把他那个时代,包括悲剧作家的格言写作推向了新的高度,也把劝寓式的道德思考推向了新的高度。[1]

---

[1] A. Ford, *The Origins of Criticism: Literary Culture and Poetic Theory in Classical Greece*, Princeton: Princeton University Press. p. 239; James Henderson Colins Ⅱ, *Exhortations to Philosophy: The Protreptics of Plato, Isocrates, and Aristotles*, Oxford: Oxford University Press, 2015, p. 201.

《致尼克科尔斯》是伊索克拉底向尼克科尔斯进行言说，《尼克科尔斯》则换了个角度，以尼克科尔斯的口吻向塞浦路斯的臣民进行劝说。当然，这两篇作品的作者都是伊索克拉底。《尼克科尔斯》分成三个部分。第一部分是对言辞或理性的赞美；第二部分是对自己的德行、对城邦制度的辩护，意图说明为什么自己有资格统治；第三部分是对臣民的带有威胁性的期望。君主向他的臣民致辞，却以辩论的方式展开一大段关于言辞、哲学的议论，这是意味深长的。对言辞（自我表达与自我辩护）的要求，是人之作为人、人之投身公共生活所必需的，不管他身处雅典这样的民主的社会，还是身处塞浦路斯这样的僭主统治的社会。对好的言辞及其产生进行说明，也就是对人类的理性、思考与说服的能力进行赞扬。他批评那个时代对言辞的技艺（修辞术）表示不满的舆论，认为善于言辞本身不是坏事，只有用言辞做坏事的人，才应受谴责。善于言辞，在言辞上表现卓越，和力气、财富、勇敢一样，是美德之一。

> 在其他方面，我们与其他生物没有区别，我们在速度、力量和其他资源方面不如许多动物。但是因为我们有能力说服彼此，清楚自己想要什么，我们不仅能避免像动物一样的生活，还能走到一起，建造城市，制定法律，发明艺术（技术）。言辞（logos）几乎是我们所有发明的来源。(3.5—3.6)

> 我们用语言为争论的事情争吵，我们调查未知的事情。我们使用同样的论据，用我们自己的思考来说服别人；我们称能在人群中发言的人为演说家（rhetorikoi）；我们把那些最善于与自己辩论公共事务的人称为贤者。如果我们必须总结话语的力量，我们会发现谨慎地做任何事都离不开言语（logos），言语是所有思想和行动的引导，最聪明的人最会使用它。(3.8—3.9)

> 我欢迎所有的言辞，包括那些为城邦带来很小利益的言辞；作为国王，我特别欢迎那些对我的一般行为和政府事务有所教益的言辞，特别欢迎那些关于握有权力的人如何对待其人民、人民如何对待其统治者从而使得王朝繁荣与强大的言辞。(3.10)

在最后一部分向臣民提要求的时候,文本的口气一转,开始使用威胁性的词句;在显示身份与场合(国王向他的臣民训示)的同时,也锤炼语言到达精炼且深邃、富有表达力的地步。无论与智者相比还是与苏格拉底、柏拉图相比,伊索克拉底都是一个极端讲究语言风格的人。他要求臣民要服从命令,不要觊觎别人的财产;声称最能服务国王事业的人也最能服务臣民自己。你们嘴上不说,我也知道你们心里想什么;虽然不在身边,但什么也逃脱不了我的眼睛。因此,你们在所有事情上都应该小心谨慎(3.51,Nolin本)。不要隐藏你的财产、行为或意图,要知道隐匿必然带来巨大的恐惧。不要试图以人为或秘密的方式处理你的公共生活,而是要透明、明了地去做每件事,这样别人想要诋毁你也不那么容易(3.52)。幸运并不在于做了坏事而逃脱惩罚,而在于根本不做坏事(3.53)。使统治者残忍或温和的,不仅是他们的品行,还有臣民的表现。

三、美德、成就与希腊特性

《埃瓦格拉斯》是"塞浦路斯言说"的最后一篇,是伊索克拉底受尼克科尔斯委托在埃瓦格拉斯祭祀典礼上的讲话。前三篇文本是德行教育,以格言、书信和讲话的形式,就一般公民或臣民应该具有哪些德行,特别是君主应该具有哪些德行,进行论述。这篇讲话在修辞术上,属于典型的"颂词"(encomium),对一个人的德行特别是成就进行赞颂。[1] 柏拉图除了在《拉各斯》中对颂词做了戏仿以外,没有写过这方面的东西。很明显,《颂词》就像中国文化中的"诔文"(悼词)一样,不仅夸大其词,而且以讨好(苏格拉底对修辞术的描述或定义)赞颂对象为特征。伊索克拉底则继承高尔吉亚(柏拉图称其为这方面的高手)和修昔底德,对这个类别的演说实践做出很大贡献。

---

[1] T. Poulakos, "Isocrates' Use of Narrative in the *Evagoras*: Epideictic Rhetoric and Moral Action", *Quarterly Journal of Speech*, 73, 1987, pp. 317–328.

在开场白(9.1—9.11)中,伊索克拉底首先用对比来吸引听众。他说尼克科尔斯已经用各种礼物、各种方式(如歌舞、体育比赛、赛马、赛船等)来纪念其父,其父一定感到欣慰,但是如果有人在这个场合对他的行为、对他与危难的斗争做一番有意义的叙述,他一定会倍加感激(9.2)。抱负远大且高贵之人希望其事迹被人称颂,他们关心荣誉而非生存,希望做任何能够为后人留下永久回忆的事情(9.3—9.4)。花钱只是财富的展示,纪念会上的竞技项目只是竞技者技艺的表现,唯有颂辞才可使歌颂对象的英名永存于人们记忆(9.5)。

纵然如此,伊索克拉底说,自己仍然有很大的劣势。他称颂词有两种形式,一个是更为古老的诗歌,一个则是他现在所用的散文,而相比之下,诗人比演说家有很大优势:诗人可以运用各种语言修饰技巧(kosmoi),可以虚构人神交流、战斗场面,可以发明新词,使用比喻(eidos),运用韵律(metron)和节奏,等等;相比之下,演说家只能使用常规语言用准确的词语与证据来描述对象(9.9—9.11)。

12节以下,伊索克拉底转入对传主的歌颂:他的世系和先人(9.12—9.20);他的出生(9.21);他的青年时代(9.22—9.23);他的德行(9.23—9.24);他在道德和智力方面的成就(9.25—9.40);他的人道的治理(9.41—9.64);他的遗产(9.71—9.81)。[①] 在伊索克拉底看来,埃瓦格拉斯体现的是希腊式的道德理想。埃瓦格拉斯青年时美丽、强壮和节制,这些是最适合于这个年龄的美德;成年时,除了有这些品德外,他又拥有了勇气、智慧和公正。在所有方面,他都远超常人(9.22—9.23)。因此,在伊索克拉底看来,正是道德的善,使得埃瓦格拉斯获得非凡的成就;也因为这种道德的善,使得他的成就值得赞颂。

看看作者是如何处理埃瓦格拉斯通过政变上台的:因为他的超人的美德,神安排他将以高贵的方式实施统治,以敬神和公正的方式保有权力(9.25—9.26)。在未登上王位之前,他受宫廷政变牵连而处于流亡状态。

[①] 关于这篇颂词的结构,见 Yun Lee Too, "Introduction" to *Evagoras*, *Isocrates* I, p.140.

在流亡中,他没有抱怨命运,没有采取任何不名誉的手段企图夺回王位。在伊索克拉底的颂辞中,这位传主几乎像中国传统中的圣王,是被拥立为王的。他的小股追随者对待他就像对待神,而他自己也似乎拥有预见未来的能力(9.29—9.30)。从中我们可以看到,演说在多大程度上既背离希腊的政治现实(经过讴歌者修饰的事实,几乎不再是历史学家告诉我们的事实),又贴近希腊的政治现实(毕竟,演说是在对抗或争辩性的文化语境下产生的;展示性演说只是一面之词)。

关于埃瓦格拉斯的治理,伊索克拉底说没有人能够像他那样,用如此高贵的方式获得荣誉。他将其与居鲁士进行对比,居鲁士征服了米底亚,并将其并入波斯;这是许多希腊人和外邦人都容易做到的,但埃瓦格拉斯则更多凭自己的能力,以敬神和公正的方式获得成功(9.37—9.38)。[①] 这位散文大师甚至这样讴歌他的对象:

> 他如此虔敬和人道地统治着这个城邦,以至于那些来此访问的人不嫉妒埃瓦格拉斯的权力,而嫉妒能受其统治的臣民。(9.43)

> 他对所有人一视同仁,但只把荣誉给予杰出人士。他从不需要咨询别人而常常向别人提供咨询。他可以向同盟者让步但对敌人决不手软。他的威严不在于面容严肃,而在于坚守原则。……他控制着欲望而从不受其左右。他通过劳作而获得可观的闲暇,却从不因为小小的闲暇而忽视艰苦的劳作。(9.43—9.45)

> 总而言之,他拥有君主的所有必要素质,但却能在所有政体中选择最好的因素:在服务人民时是民主制的,在治理整个城邦时是贤明的(politikos);在面对危险时他是干练的将军,在超越

[①] 关于希腊与波斯,希罗多德那一代和伊索克拉底那一代有不同的态度。虽然伊索克拉底呼吁希腊人团结对抗波斯(其背景是公元前4世纪70—80年代波斯对希腊的干预。波斯与希腊世界一直处于互动状态),但色诺芬就至少理想化地看待波斯。希罗多德对居鲁士大帝有详细记载,色诺芬则视小居鲁士为客农(Conon)、埃瓦格拉斯时代最贤明的君王。

所有这些品质时他像个绝对君主。(9.46)

伊索克拉底甚至认为,传主的成就不仅超越了他那个时代的战绩,而且超越世代传唱的特洛伊战争中希腊英雄的战功。因为所有的希腊人联合起来才征服一个特洛伊城,而埃瓦格拉斯仅凭一个城邦便可与整个亚洲战斗(9.65)。因此,他理应得到比荷马的诗篇更热烈的歌颂。纵然有这么极度理想化的、有点谄媚的语言,伊索克拉底还是一再声称,他对埃瓦格拉斯的行动与品质的描述,仍然无法与其实际对等(9.48,9.61,9.69)。

在《埃瓦格拉斯》中,伊索克拉底把美德或道德上的善,与希腊的理想等同起来。在他眼中,只有希腊文化中高贵者的行为,才对道德的理想进行了充分的阐释。在他看来,美德、成就与希腊特质,在埃瓦格拉斯那里,得到完美的统一。埃瓦格拉斯从血统到行为方式,都是希腊式的。于是,对埃瓦格拉斯的歌颂,成了对希腊特性的歌颂,体现伊索克拉底的希腊意识或认同。埃瓦格拉斯的颂辞,因此可以视为希腊道德-政治理想的高度理想化的表达。

> 在他登位初期,他发现这个城邦因为腓尼基人的统治而处于蛮荒状态:它不欢迎希腊人,不知道技艺,没有贸易,没有海港。他改善了所有这些缺点,特别扩展了城邦的领土。他建立了城墙,建造三列桨,为城邦建立了其他希腊城邦没有的设施。他使城邦强大,原来蔑视它的人也开始害怕它。(9.47)

伊索克拉底继续追忆说,塞浦路斯人越来越喜欢希腊的物品和希腊的习俗,比他们以前更关注音乐及其他教育形式(9.50);也有越来越多的希腊人离开本土移居塞浦路斯,例如客农就为了躲避迫害而逃至塞浦路斯,并与埃瓦格拉斯建立了深厚友谊(9.51—9.53)。伊索克拉底用雅典最知名将军客农、波斯国王阿塔克塞克斯二世及王子小居鲁士的关系,进一步衬托埃瓦格拉斯的强大:阿塔克塞克斯觉得,与其弟居鲁士争夺王位相比,塞浦路斯更是威胁,因此组织远征军准备入侵,但因为埃瓦格拉斯组织了一个庞大的同盟与之对抗,前者便很快放弃。埃瓦格拉斯与客农更是惺惺相惜,联手抑制伯罗奔尼撒战争后斯巴达的霸权,既解放了雅典,也解放了希腊。

在结束语部分,伊索克拉底交代写作这篇颂辞的目的:总结埃瓦格拉斯的成就和品质,特别是他的治理经验,搜集他的美德,将其安排在演说中,将其传给你(尼克科尔斯)、你的孩子以及埃瓦格拉斯的其他子孙,以供研究和实践(9.76)。因此,颂辞主要起教育作用:通过称赞别人来劝人追求智慧,因为努力赶上那些被称赞的人,人们会设法使自己的生活方式与他们相同(9.77)。对埃瓦格拉斯的歌颂就成了对尼克科尔斯的劝说,让前者成为后者的模仿(mimesis)的对象[1]。

这便是伊索克拉底对埃瓦格拉斯成就的赞颂。从思想史的角度看,经过苏格拉底,希腊思想的"应该"的成分,不管在柏拉图那里,还是在伊索克拉底或色诺芬那里,都得到明显的表达。这种倾向与和苏格拉底争论的那些智者以及修昔底德的"事实"取向的思考方式,是有明显差异的。

本文为国家社科基金项目"公元前4世纪希腊修辞术的理论与实践"(16BSS009)成果之一。原载于《江苏社会科学》2020年第6期。

---

[1] 亚里士多德在《修辞学》(1367b37-38)中称,称颂与劝说拥有共同的形式(eidos),因此它们的主题(topos)是可以互换的。

论开明派的小品散文

姜 建[*]

摘 要 在小品散文方面,开明派作家以共同的追求形成了独特的风貌。他们善于描写江南的山水风物,尤其偏爱民间与乡土,体现着平民式的审美情感;他们追求真诚质朴的情感表达,有着能够映照其人格的"本色"风貌;他们的散文,隐含着兼顾文学与教育的双重维度,在表达美好感情的同时,以日常语言的运用为焦点,努力推广现代汉语基本的语言规范。

关键词 开明派 小品散文 民间江南 教育维度

作为新文学作家,开明派成员以众多的作品参与到中国现代文学建构的历史进程中,其中许多都成为经典。他们在众多体裁和题材领域都体现了非凡的创造力。比如朱自清曾经是诗人,他的抒情长诗《毁灭》一发表即引起文坛的广泛注意,被誉为新诗运动以来,利用了中国传统诗歌技巧的第一首长诗,是新文学中的《离骚》和《七发》;叶圣陶是现代文学史上的重要小说家,除大量短篇小说外,他的长篇小说《倪焕之》描写辛亥革命至大革命前后青年知识分子的生活历程和精神历程,被茅盾称为新文

---

[*] 姜建,江苏省社会科学院研究员,孔学堂入住签约学者。

学的"扛鼎"之作。不过,无论是诗歌还是小说,它们更多地显示了个人对于相关体裁、题材的独特兴趣和独特理解,更多地打着鲜明的个人烙印。唯有在散文方面,开明派作家显示了共同的兴趣和惊人的一致。朱自清和丰子恺是著名的散文家;叶圣陶不仅是小说家,也是重要的散文家;夏丏尊的作品虽不算多,但他的《平屋杂文》留给人们深刻的印象;郑振铎有《山中杂记》《海燕》《西行书简》《蛰居散记》等多种散文集。此外,宋云彬的《破戒草》《骨鲠集》、刘薰宇的《南洋游记》、章克标的《风凉话》、贾祖璋的《鸟与文学》、周建人的《花鸟虫鱼》等,显示了他们在散文领域多方面的探索追求。即使理论气质最重的朱光潜,除了《给青年的十二封信》之外,也有《慈慧殿十号》等这样的抒情散文。

所以,在回顾新文学第一个十年的散文成绩时,郁达夫在所编《中国新文学大系·散文二集》中,就收录了丰子恺、朱自清、郑振铎、叶圣陶四人的作品,占入选十六家中的四分之一。而按周作人的理解,《中国新文学大系·散文一集》"本拟收入"而未能如愿的,还包括了章克标等人的散文。此外,问世早于《中国新文学大系》的阿英《现代十六家小品》,专注于散文的代表性与影响力,与"大系"一样,向来被视为深具文学史意识的经典选本。此选本入选散文十六家,其中就包括了朱自清和叶圣陶。此书后删削更名为《现代小品文钞》,朱、叶二人依然在列。就此可以看到,开明派作家不仅创作了大量的散文作品,更在散文领域做出了突出的建树。

问题在于,从广义的角度,散文家族有众多成员,它不仅包括抒情散文或者说小品散文,也包括《给青年的十二封信》《谈美》这样偏于说理的议论文,包括《破戒草》《风凉话》这样谈古论今、嬉笑怒骂的杂文,包括《孔子》《陶渊明》这样重在叙述人物生平事迹的传记,包括《鸟与文学》《花鸟虫鱼》这样把文学与科学融为一体的"科学小品"等。但小品散文一向居于散文家族的核心位置,也最能体现这一文体的特质、代表这一文体的成就。鲁迅所说的"到五四运动的时候,……散文小品的成功,几乎在小说戏曲和诗歌之上"[1]指的是此类散文,《中国新文学大系》所选录的主体同样是此类散文。在通常的意义上,它构成了判断一个人、一个社团或一个流派散文成就的基本点。由此,本研究将把其他类型的散文暂时搁置或者放入相关论题,而着力探讨其小品散文。

问题还在于,散文是一种最富于个人色彩的文体,正如郁达夫所说:"现代的散文之最大特征,是每一个作家的每一篇散文里所表现的个性,比从前的任何散文都来得强。……我们只消把现代作家的散文集一翻,则这作家的世系,性格,嗜好,思想,信仰,以及生活习惯等等,无不活泼泼地显现在我们的眼前。"[2]这种鲜明的个性,对于完整地展现作家的个人创作是非常重要的,但本文的着重点在于从文化文学流派的层面去揭示他们在众多散文作品中所蕴含的共同精神质地与审美气象。为此,这里将努力割舍对专属于作家的个人风格的探讨,而将目光聚焦于他们个人风格背后的更深层的共同特征。

鉴于此,我们的论题将围绕朱自清、叶圣陶、丰子恺、夏丏尊、郑振铎等几位擅长小品散文的开明派作家展开。

一、自然江南与平民江南

阅读开明派作家的散文,最先引起人们注意的是他们对江南山水风物的鲜活描摹,和缱绻其间的浓浓乡情、乡思、乡愁。春天歇在石埠头边的小船和舱中嫩绿的莼菜,夏日清晨深巷传出的"卖栀子花来"的爽脆叫声,新秋时节的青花头巾、夏布短裙和紫赤的胳膊、玉色的藕枝,冬令深夜、霜月当窗、松涛如吼、湖水澎湃的白马湖风声,以及水光迷离、灯影晃荡的蔷薇色秦淮河,穿梭在城墙的倒影、飘拂的柳枝、酒旗茶幌中的小艇和艇中悠然的茶客、艇尾粗头乱服的船娘,小河边的弯弯钓竿和中秋月下的紫砂酒壶,白胖胖的蚕虫和紫甜甜的桑葚①……,交织成一幅立体的多姿多彩的烟雨江南风景风情风俗画,也明确无误地给这些作品打上鲜明

---

① 详见朱自清《看花》《扬州的夏日》《桨声灯影里的秦淮河》、叶圣陶《藕与莼菜》、夏丏尊《白马湖之冬》、丰子恺《忆儿时》诸篇。

的江南印记。

开明派作家绝大多数是江南人,其余个别成员也在江南生活多年,早已被江南所同化。所以,对他们而言,江南不仅是他们"生于斯,长于斯,歌哭于斯"的家乡,也是他们的题材宝库和灵感源泉,是他们审美触角最敏锐、情感趋向最稳定的所在。可以说,江南始终是开明派作家的一个情结,是他们创作内容和美学意象的一个巨大存在——丰子恺的《缘缘堂随笔》《缘缘堂再笔》固然几乎通篇说的是江南,朱自清写得最动人、流传最广的散文也始终离不开江南。郑振铎身材的高大魁梧似北方人,性格的质直单纯也似北方人,然而他却是福建人。他甫离家乡,立刻兴起浓浓的乡思之情,他从翻飞的海燕身上,看到了家乡燕子的身影:

> 当春间二三月,轻飔微微的吹拂着,如毛的细雨无因的由天上洒落着,千条万条的柔柳,齐舒了它们的黄绿的眼,红的白的黄的花,绿的草,绿的树叶,皆如赶赴集市者似的奔聚而来,形成了灿烂无比的春天时。那些小燕子,那末伶俐可爱的小燕子,便也由南方飞来,加入了这个隽妙无比的春景的图画中,为春光平添了许多的生趣。小燕子带了它的双剪似的尾,在微风细雨中,或在阳光满地时,斜飞于旷亮无比的天空之上,唧的一声,已由这稻田上,飞到了那边的高柳之下了。再几只却隽逸的在潾潾如谷纹的湖面上横掠着,小燕子的剪尾或翼尖,偶沾了水面一下,那小圆晕便一圈一圈的荡漾了开去。[3]

这样的景色,分明不是北方也不是福建,而是江南。江南水土的成长经历和江南文化的多年浸润,早已把他锻造为一个地道的江南人,所以他的眼中景色和心中景色都是江南,他的"家乡"也只能是江南。这或许应了叶圣陶的一句话:"所恋在哪里,哪里就是我们的故乡了。"[4]

从上述描述中,可以发现他们江南风景风物描写中的一个核心元素——水。所谓"烟雨江南",离开了水,江南就不再是江南了,至少也大为逊色。所以他们的作品中,不仅有湖、河、潭、塘、瀑等各种形态的水,和各种与水有关的物象、意象,更满溢着由水引发的情思。仅在朱自清笔下,就不仅有人们熟悉的桨声灯影中的秦淮河与满溢着荷香月色的清华园荷塘,还有荒寒素净的玄武湖,蔓衍曲折的护城河,绿得醉人的梅雨潭、梅雨瀑,淡若飞烟的白水漈……朱自清甚至觉得北方无水,水是江南的专利。显然,对朱自清和开明派作家而言,这里的水不是实指,而是一种文化符号,一种审美内涵丰富的情感指徵。无论是朱自清《春》那样的欢快、《绿》那样的缠绵,还是郑振铎《海燕》、叶圣陶《藕与莼菜》那样的怅然,抑或丰子恺《忆儿时》那样的从容,开明派作家在对与水相连的物事的描画中,丝丝缕缕之间,都浸透着对江南故乡的无言夸耀和"能不忆江南"的深深情愫。

　　水的元素之所以重要,是因为对于开明派作家而言,水不仅是一个审美对象,更是一种审美方式。水的轻盈灵动、清新秀美,赋予了江南文化的婉细精巧,也磨炼了江南文人审美触角的细腻柔婉、舒卷自在。开明派作家的散文中无处不在的那种对自然物象、意象的灵巧捕捉和精致表达,那种糅合了自然风物与人生感悟的物我无间的韵味,有着一种江南文人专属的审美风致。当他们用这样的审美方式去面对并非江南的景物时,也能写出江南特有的氤氲气息。清华园里的荷塘,是北国常见的景色,并非江南所独有。但在朱自清的笔下,"我"因郁闷而踱步荷塘,视线由亭亭如舞女裙的荷叶和碧天星星般的荷花,而过渡到流水般泻在花与叶上的月光,由光影奏出的和谐旋律而注意到树上的蝉噪、水中的蛙鸣,由眼前的热闹而联想起六朝江南的风流,由慨叹历史的旖旎不再而回归现实的冷寂,于是,散文在工笔与写意的交织、描摹与想象的转换中,借助视觉、听觉、联觉的延展,和写景与抒情的穿插,一笔笔、一层层地渲染烘托出了江南游子在北国美景中的所见所感所思,传递出一种触目伤怀的感伤和隐隐约约的不安。朱自清所见所写并非江南,但在作者"江南式"的审美观照下,北国的风光却因江南的意象、江南的人文和江南的情致而被赋予了浓浓的江南趣味。于是,清华园的荷塘,其地理属性早被忽略,在人们的审美视野中,它分明属于江南。

如果对开明派散文的江南风味作进一步解读，可以发现他们的作品多取材于身边的日常琐事、凡间景物，与乡土和市井有深刻的关联，充溢着新鲜的泥土气息和世俗的平民喜好。叶圣陶对乡野秋虫的牵挂、对在水门汀天井中种植花草的执着，丰子恺对二胡的赞许、对杨柳和燕子的偏好，都充满了平民气息。朱自清钟爱的江南美食，从扬州的红烧猪头、烫干丝到南京的芝麻烧饼，都是寻常物事，不脱平民享受。同样，天井里的牵牛花，路灯下的麻将桌，深巷夜半的叫卖，松江街头的胡桃云片[1]，也与市井凡尘紧紧相连。这样一类景象，与由婉转的昆曲、名贵的绣品、雅致的书斋、闲逸的谈吐、意境悠远的文人书画以及散发着墨香古韵的线装书等物事所构建的江南意象形成鲜明的对照。如果把这种江南称为"文人江南"的话，那么开明派作家笔下的江南，姑且可以称为"平民江南"。在我个人的理解中，一般而言，在精神向度上，"文人江南"指向由历代文人创造的文学、艺术和学术经典，指向文人推崇的闲雅精巧的生活方式和审美习尚，与江南厚重的文化积淀和精神结晶相勾连；"平民江南"则指向鲜活的市井生活和乡土气息，与江南文化中那些质朴本真的世俗生活和清新灵动的自然环境相勾连。从它们都能够涵养江南文人的文人情怀、都能够传递江南文化特有的诗性诗意的角度看，它们有着内在的一致性、共通性，但"文人江南"更多代表着人文的精神的层面，"平民江南"则更多代表着世俗的自然的层面，两者分属江南文化的两翼，其精神向度由此也存在明显区分。开明派作家对自然和泥土的依恋，对世俗生活的认同与投入，对民间的情感寄托和精神皈依，指认了他们平民的文化身份和情感趋向，是有别于文人士大夫所代表的"文人江南"的。由此，他们无疑应该属于"平民江南"的文化阵营。

需要指出的是，在开明派作家身上，这两种江南并不是对立的、互相隔绝的，他们的作家和学者的双重身份就内在地规定了他们并不排斥"文

---

[1] 详见叶圣陶《没有秋虫的地方》《天井中的种植》《牵牛花》《骨牌声》《深夜的食品》、丰子恺《山中避雨》《杨柳》《松江的胡桃云片》、朱自清《扬州的夏日》《南京》等文。

人江南"，只是，平民的文化个性和精神气质，决定了他们在"文人江南"与"平民江南"之间取舍的情感天平。

1926年夏，郑振铎为逃避沪上的酷热，与几位亲友来到风景胜地莫干山，他的散文集《山中杂记》便记录了这次山居避暑的经历。摆脱尘俗，投入自然的怀抱，在潺潺流水和皎洁月光的陪伴下，偕三二好友随兴闲聊，谈往事，思故友，论才学，诗酒相伴，清静悠闲，这是江南文人所激赏所向往的一种生活方式，也是历代江南文人的笔记书札中常见的场景。无独有偶，《山中杂记》集中所收《月夜之话》，也给读者提供了这样一幅场景：

> 月色是皎洁无比，看着她渐渐的由东方升了起来。蝉声叽～～叽～～叽～～的曼长的叫着，岭下涧水潺潺的流声，隐约的可以听见，此外，便什么声音都没有了。月如银的圆盘般大，静定的挂在晚天中，星没有几颗，疏朗朗的间缀于蓝天中，如美人身上披的蓝天鹅绒的晚衣，缀了几颗不规则的宝石。大家都把自己的摇椅移到东廊上坐着。
>
> 初升的月，如水银似的白，把她的光笼罩在一切的东西上；柱影与人影，粗黑的向西边的地上倒映着。山呀，树林呀，对面的许多所的屋呀，都朦朦胧胧的不大看得清楚，正如我们初从倦眠中醒了来，睁开了眼去看四周的东西，还如在渺茫梦境中似的；又如把这些东西都幕上一层轻巧细密的冰纱，它们在纱外望着，只能隐约的看见它们的轮廓；又如春雨连朝，天色昏暗，极细极细的雨丝，随风飘拂着，我们立在红楼上，由这些蒙雨织成的帘中向外望着。那末样的静美，那末样柔秀的融和的情调，真非身临其境的人不能说得出的。
>
> ……红栏外是月光，蝉声与溪声，红栏杆内是月光照浴着的几个静思的人。[5]

这是他们"文人江南"的一面，同样在《山中杂记》中，还有"平民江南"

的一面。从"月光光，/照河塘，/骑竹马，/过横塘"的童稚天真，到"共哥相约月出来，/怎样月出哥未来？/……不论月出早与迟，/恐怕我哥未肯来"的痴情女对负心郎的怨怼，从"采萍你去问秋英，/怎么姑爷跌满身？/他说相公家里回，/也无火把也无灯"的妻子对夫君的猜疑，到"真鸟仔，/啄瓦簷，/奴哥无母这数年。/看见街上人讨母，奴哥目泪挂目簷。有的有，没的没，/有人老婆连小婆！/只愿天下作大水，/流来流去齐齐没"的独身汉对社会不公的愤恨，这些民谣都充溢着民间乡土的质朴爽利和赤裸裸火辣辣的激情。于是，雅与俗、庙堂与草野，两种情调在散文中相遇相碰撞，形成明显的张力。如果说，散文起首所渲染的意境是搭建了一座优雅的文人舞台的话，那么这个舞台所上演的，却是一出俚俗的乡野大戏。或许有人认为，散文中的场景设置，并非郑振铎的刻意选择，更多只是不经意的如实的再现。然而，惟其不经意，也许更能体现那种无意识的文化偏好。对民生艰辛的关注，早已融入了他们的血脉，这是可以从散文集《山中杂记》中的《三死》《苦鸦子》等散文中反复得到验证的。

二、真诚质朴与本色品格

与开明派散文对自然江南、平民江南书写紧密联系的，是其真诚质朴的情感表达。当我们关注开明派散文家创作个体的时候，我们会注意到朱自清的清新隽永、叶圣陶的凝重厚实、丰子恺的流畅平和、夏丏尊的愁苦慈悲和郑振铎的真率质直等，但把他们合为一个整体的时候，真诚质朴便成为他们情感表达的共同基础。

抒情本是小品散文最基本的文体特征。只是，如何抒情，常因作家知识背景、个性气质、文学观念、审美追求的不同，和对作品构思立意的不同，形成不同的表达。正是基于这些不同，才造成了散文世界的千姿百态。在新文坛上，无论是周作人的平和冲淡，还是徐志摩的繁复富丽，抑或郭沫若的激情慷慨，冰心的轻倩隽丽，都有自己的鲜明特点，都有很高的成就和影响。但对于开明派散文家而言，他们则以抒情的真诚质朴，构成了不同于他人的共同特点。第一，在对日常琐事的娓娓叙述中，自然地触发情感的开关，导入情感的流脉，既保留着生活原生态的毛茸茸的质感，也由此进入以情主导情理相融的境界。第二，情感的表达完全遵从个人生活和精神欲求，不做作也不滥情，不夸饰也不雕琢，质朴诚挚，直抒胸臆，有一种英华内蕴、温润腴厚的美感。第三，对真实的生活和情感的真诚表达，是从他们生命中自然流淌出来的，成为他们自我灵魂的写照，作品的"文格"直接对应于作者的"人格"，有读其文如见其人之感。

这样一种抒情方式，源于他们质朴本真的个性气质，和他们所尊奉所追求的君子文化人格，也与他们建立在"真诚"文学观基础上的对散文的独特理解和审美追求直接相关。正是这种理解和追求，决定了开明派散文的独特面目。在他们看来，散文是一种非虚构文学，这种"非虚构"的特性就内在地、本质地规定了散文无法借助于叙事作品的虚构戏剧化或抒情作品的夸张想象，不仅需要忠实于个人经验，更需要见个性、见心灵、见人格。在这个意义上，散文的本质和生命便在于"真"。

这种"真"至少包含了这样几层含义：

第一，散文所表达的，是"真"的生活和情感。它本于内心的郁积，发乎性情的自然要求，任何虚伪浮夸玩戏的、只注重形式而忽略"真"精神的文字，都是有违真实必须力戒的。郑振铎曾经直率地指摘旧文学："我们中国的文学，最乏于'真'的精神，他们拘于形式，精于雕饰，只知道向文字方面用工夫，却忘了文学是思想，情感的表现。"[6]《文艺知识》编者曾询问朱自清"《背影》的创作过程是怎样的？怎样发现题材？怎样产生那意境？怎样写成的？"这些问题都隐隐指向朱自清从谋篇立意到运营文字的匠心，指向散文写作的技术层面。但朱自清的回答却拒绝了编者的诱导而直指情感层面："我写《背影》，就因为文中所引的父亲的来信里那句话。当时读了父亲的信，真是泪如泉涌。我父亲待我的许多好处，特别是《背影》里所叙的那一回，想起来跟在眼前一般无二。我这篇文只是写实，似乎说不到意境上去。"[7]在最严格的意义上表现"真"的生活和"真"的情感，成了开明派散文的立根之基。

第二,正源于对这种"真"的情感的看重,散文必须勇敢地袒露"自我"、直视心灵,也不回避自己的心灵弱点或精神杂质。朱自清说他自己"是大时代中一名小卒,是个平凡不过的人。才力的单薄是不用说的,所以一向写不出什么好东西"[8],这并非是一般人们以为的作家的自谦,而是他的大实话。夏丏尊在《怯懦者》中,以大量细节描述了他自己在面对兄弟病危亡故时的种种手足无措的纠结怯懦,那种"没有直视苦难的能力,却又具有着对于苦难的敏感"的真切况味,打着夏丏尊特有的印记。叶圣陶曾经说:"他是个非常真诚的人,心里怎么想笔下就怎么写,剖析自己尤其深刻,从不隐讳自己的弱点,所以读他的作品就象听一位密友倾吐他的肺腑之言。"[9]在这个意义上,朱自清把"我意在表现自己"[8]当作自己散文创作的基本准则或根本旨归,叶圣陶也奉劝青年朋友"我们作文,要写出诚实的自己的话"[10]。这里,"表现自己"和"写出诚实的自己的话"的内涵,至少如叶圣陶所说的"完全表现你们自己,不仅是一种主张,一个意思要是你们自己的,便是细到游丝的一缕情怀,低到象落叶的一声叹息,也要让我认得出是你们的,而不是旁的人的"[11]。1924年,朱自清曾写过《旅行杂记》等旨在揭露讽刺大人物可笑嘴脸的散文,但叶圣陶却不喜欢此类作品,认为他"是在模仿着什么人"[8],失去了作者自己的面目,而对朱自清的《背影》《飘零》之类的重在表现作者自己情感的作品则大加赞赏。这一褒一贬,其价值立场是不言而喻的。

第三,因为这样的"真"是与作者的自我心灵和精神世界紧密相连的,因而它不应该是部分的浅层次的真实,而是整体的深层意义上的真实,从而,作品中隐含的人格形象须对应于作者的人格,两者形成相互映衬的关系。余光中曾经批评朱自清的散文"摆不脱自己拘谨而清苦的身份",说:"朱自清在散文里自塑的形象,是一位平凡的丈夫和拘谨的教师。这种风格在现实生活里也许很好,但出现在'艺术人格'里却不见得动人。"余光中认为:"作家在作品中表现的风格(亦即我所谓的'艺术人格'),往往是他真正人格的夸大,修饰,升华,甚至是补偿。无论如何,'艺术人格'应是实际人格的理想化:琐碎的变成完整,不足的变成充分,隐晦的变成鲜明,读者最向往的'艺术人格',应是饱满而充足的;作家充满自信,读者才会相信。"[12]这里不打算评价余光中"艺术人格"说的对错,也无意由此推断余光中散文中的艺术人格都是作者"夸大""修饰""升华""补偿"的结果,只需要指出的是,在开明派散文家那里,这种理解不仅不适用而且是尽力避免的。任何在作品中将其艺术人格"夸大""修饰""升华""补偿"的做法,都偏离了开明派散文家所追求所坚守的"真诚"立场。果真如此,则他们的作品,就不再是心灵中自然流淌出来的"真"的结晶,而是与他们所批评的旧文学一样,是"做"出来的。

正因为开明派散文家普遍坚持从自己的身边琐事出发,自然地袒露内心情感,所以众多论者都肯定、激赏他们的散文带着"体温",能够映照其人格的"本色"风范。比如对于朱自清的散文,赵景深说:"朱自清的文章有如他自己的名字,非常'清'秀。他不大用欧化的句子,不大谈哲理,只是谈一点家常琐事,虽是像淡香疏影的梅花似的不过几笔,却常能把他那真诚的灵魂捧出来给读者看。"[13]杨振声说:"他论人论事,遣词造言,到处是那末恰当,那末正常,那末入情入理。他的文章没有惊词险句,也没有废词败句。没有奋郁不平,也没有和光同尘。有的是讽刺但不是刺激;有的是幽默但不是冷嘲。与他的为人一模一样,一切是平正,是温厚,是情理得中,一句话,中庸之至。"[14]对于叶圣陶散文,丁玲有这样的判断:"叶老的文章,正如他的为人一样:严谨、仔细、温和、含蓄、蕴藉,才情不外露,不随风使舵,不含小便宜,经得起历史的考验。"[15]对于夏丏尊散文,郑振铎的评价是:"他毫不做作,只是淡淡的写来,但是骨子里很丰腴。虽然是很短的一篇文章,不署名的,读了后,也猜得出是他写的。……他的风格是朴素的,正和他为人的朴素一样。他并不堆砌,只是平平的说着他自己所要说的话。然而,没有一句多余的话,不诚实的话,字斟句酌,绝不急就。"[16]

在这个意义上,开明派散文家带着真性情的散文,常常成为作者人格的真实写照。他们作品的感人,不完全来自艺术上的高妙,而是与他们人格的坦荡率真紧密联系,是人与文互相支撑的结果。由此,他们的散文,实实在在进入了古人所说的"人文合一"的至高境界。

三、散文语体与教育维度

朱自清在提到自己的散文《谈抽烟》的时候说:"《谈抽烟》下笔最艰难,八百字花了两个下午。"[17]如何"艰难"不得而知,但无外乎作者从谋篇立意到遣词造句各个层面的反复斟酌再三推敲,因为朱自清曾经说自己"写作散文,很注意文字的修饰。语句的层次和词义,句式,我都用心较量,特别是句式"[18]。不妨即以《谈抽烟》为例提供一则旁证。文中有这样一段:

> 客来了,若你倦了说不得话,或者找不出可说的,干坐着岂不着急?这时候最好拈起一支烟将嘴堵上等你对面的人。若是他也这么办,便尽时间在烟子里爬过去。各人抓着一个新伴儿,大可以盘桓一会的。[19]

此文在《大公报》的《文艺》副刊发表前,两位编辑杨振声和沈从文为文中一个字的用法发生了分歧。杨振声觉得"时间"如何"爬"?应该用"消逝"才准确。但沈从文则同意作者的用法,觉得"爬"字更好。揣度沈从文的意思,是否可以理解为这个"爬"字,将抽象的"时间"概念过程化、具象化了,有动感,见精神,是比"消逝"更好的。有趣的是,这一字之争,本为细枝末节,但显然,朱自清为沈从文体察并认同了自己的匠心而欣然而得意,所以郑重其事地在日记中留下了一笔①。如此考究语言,在朱自清那里是一个长期养成的习惯。他曾在《欧游杂记·序》中,以"是"字句、"在"字句和"有"字句为例,具体说明他是如何"费了一些心在文字上"[20]的。对此,叶圣陶曾深有感触地说:"他作文,作诗,编书极为用心,下笔不

---

① 1933年10月10日朱自清在日记中说:"容(按指容庚)告我金甫拟改《谈抽烟》中'爬'字为'消逝',从文为余辩护,'消逝'二字似不如'爬'字为好。"详见《朱自清全集》第9卷,〔南京〕江苏教育出版社1997年版,第255页。

怎么快，有点儿矜持。非自以为心安的意见决不乱写。不惮烦劳的翻检有关的材料。文稿发了出去发现有些小节目要改动，乃至一个字的不妥，宁肯特写一封信去，把它改了过来才满意。"[21]

朱自清如此重视散文的语言问题，是因为其中隐含了他对自己散文创作的独特定位。朱自清说过："我是一个国文教师，我的国文教师生活的开始可以说也就是我的写作生活的开始。这就决定了我的作风……我的写作大体上属于朴实清新一路。一方面是自己的才力只能作到这地步，另一方面也是国文教师的环境教我走这一路。"[22]这段话透露了一个重要信息：朱自清散文与他的国文教师身份之间密不可分的关联。这就是说，朱自清在创作散文的时候，心中有一个明确的预期读者，那就是青年学生，尤其是需要通过阅读和写作来理解把握白话文的表情达意功能的中学生。始终关注中学国文教育的朱自清，对于文学教育之于中学生的作用和中学生国文教学的关键点有着深刻的理解，他说："文艺增进对于人生的理解，指示人生的道路，教读者渐渐悟得做人的道理。这就是教育上的价值。文艺又是精选的语言，读者可以学习怎样运用语言来表现和批评人生。国文科是语文教学，目的在培养和增加了解、欣赏与表现的能力，文艺是主要的教材。""所以文艺教学应该注重词句段落的组织和安排，意义的分析。"[23]由教育而国文教学而语言，朱自清建构了一条三段论式的清晰的逻辑线索。这条线索，揭示了朱自清散文隐含着一个许多散文家所忽略的与教育功能相联系的独特维度。

重要的是，朱自清散文的教育维度，并非仅是朱自清散文的个人特征，而是开明派散文家群体的共同特征。比如叶圣陶对自己的散文，也表达与朱自清几乎完全一样的意思："由于识见有限，不敢放笔乱写，就把范围大致限制在文字和教育上。"[24]普遍的国文教师经历和对中学国文教育的持续关注，使得开明派散文家们熟悉青年学生的国文程度，并根据他们的国文训练水平创作能满足他们需求的作品。翻检开明派作家的散文创作，他们的大量作品本就是为青年学生而作，如朱自清的《欧游杂记》《伦敦杂记》，如《中学生》杂志上叶圣陶、夏丏尊、朱自清、丰子恺等人的大量散文作品。即使是面对社会发声,他们也努力将散文写得符合青年学生的认知能力和审美习惯。阅读他们的作品,无论作者是谁,都离不开质朴平实、温润蕴藉、周密妥帖、简练晓畅、明白如话、清新隽永的基本判断,这已经成为学界的基本共识。甚至,针对不同作者的评价,经常是可以互换的,比如在说到朱自清散文的时候,叶圣陶称"论到文体的完美,文字的全写口语,朱先生该是首先被提及的"[21],而这样的评价,是完全可以移赠给叶圣陶自己的。

之所以强调开明派散文内在的教育维度,是因为这一维度构成了开明派散文最与众不同的特质。简而言之,它不再是一种纯粹放飞自我的个人精神游戏,也不再是仅仅考虑文学审美的单向度结构,而是构成了兼顾文学与教育的复式空间。在这个复式空间中,散文从内容到形式,都形成了自己的独特规定。在内容层面,重在体现作品的"美育"功能,讲求意义的表达。但这个"意义",不是那种完全个人化的超迈甚至幽玄的深思妙想、灵心慧性,而是人类基础性的具有最大公约数的普遍情感和共同认知。在形式层面,为建立现代汉语写作可遵循的基本规范,在结构上讲求层次丰满而不复杂,意思表达清楚完整、文气贯通;在语言上力避冷僻晦涩的字眼,也不堆砌形容词,更不夹杂外来语,通过对质朴真切的常用语词的有效组织,达到准确生动、朴素传神、洗练流畅、朗朗上口的效果;在笔调上不主张天马行空呈才使气或掉书袋抖机灵,而是提倡有真意、勿卖弄,去雕饰、见平实,追求一种清新隽永的韵味。证之夏丏尊、刘薰宇的《文章作法》,夏丏尊、叶圣陶的《文心》《文章讲话》《阅读与写作》,叶圣陶、朱自清的《精读指导举隅》《略读指导举隅》《国文教学》,叶圣陶的《文章例话》等,可以轻易发现,开明派的散文与他们的文章学、语文教学论著有着内在的一致性,是完全可以互相说明的。

这里不妨以朱自清的《春》与俞平伯的《赋得早春》为例,来具体观察两类散文的差异。之所以选择《春》与《赋得早春》,是因为两者有太多的相同,也有本质的不同。两文可称同题,且均作于1933年,写作时间仅差一天;作者年岁相仿,时年朱自清三十五岁,俞平伯三十四岁;二人同时出道,1920年代初均以新诗闻名于时,1920年代中期以后均把主要用力点转移到散文方面;二人经历类似,又长年生活在同一座城市同一所校园,任教于同一个院系,经常出入于同一类文学空间甚至同一个文学活动;二人为挚友,往还密切,心意相通,凡有新作均相互传观,相互评点。只是,如此多的相同依然掩不住两文的明显差异。虽说朱自清文是为初一国文教材所写的课文,俞平伯文是给大学毕业生的临别赠言,为适应不同的对象和不同的要求,两文在行文语气上自然会有所差异。但即使考虑到这种差异,两文在整体面貌和精神气质上的不同,依然是巨大的甚至是根本性的。

朱自清的《春》,在内容上,围绕着春草、春花、春风、春雨等自然和生活景象,一步步描摹出春意盎然的鲜活画面,一层层渲染出春天来到时的勃勃生机和人们对于春天的欣悦之情,洋溢着逼人的青春气息。在形式上,经过提炼的纯粹口语,形成生动流畅的语势;短句构成的轻快节奏,如春泉般的活泼、富有弹性;精心挑选的常用语词经过周密安排恰如其分,构成画面饱满笔调单纯、不含一丝渣滓的澄明纯粹。由此,全文从内容到形式互相照应构成一个紧密的整体。不同于《春》的重在抒发人类对于春天的共同感受和示范语体文的基本描摹技巧,《赋得早春》则重在传递作者对于春天的个人体验,和借叙议相间笔法体现的独特审美追求。作者以自己与春有涉的诗词文旧作为主体,以一种悠哉游哉的文人风度,在从从容容、散散漫漫的笔调中,传递出生命如"风霜花鸟互为因缘,四序如环,浮生一往"的人生感慨。在内容上,作者将八股应制的陈年古董、鲁迅与成仿吾的笔墨官司、开明书店的专题稿约、雪莱关于"春天"的诗歌名句都信手拈来,古今中外,涉笔成趣,颇得议论风生之妙;在语言上,作者杂糅文言与白话、书面语与口语、中文与英文音译、嘻嘻哈哈、曲曲折折,也很见亦庄亦谐之趣。不同于《春》的清澈见底,《赋得早春》如浑浊的老酒,在涩味和回甘中,散发出十足的书卷气,笔调老到老辣甚至有点老气横秋。其文如阅遍人世、饱经沧桑的老者,他袖笼着双手,眯缝着狡黠的眼睛,看着自己恍如隔世的生命过往和四季代序的春花秋月,面对在残梦与新梦中交替的学生,以"究竟滋味怎样,冷暖自知"的不置可否,见出某种过来人的洒脱闲逸或者满不在乎。所以朱自清称它"文太俏皮,但老到却老到"。

显然,《春》与《赋得早春》之间存在着巨大的差异,两位作者也意识到这种差异,所以俞平伯称《赋得早春》"与《春》比殆差二十年也"①,而朱自清则把此评语记入了自己的日记。作为同时出道的同龄人写于同时的同题散文,笔法韵味的老嫩相差了二十年,这显然不是才具高下或用心与否所能解释的。唯一的可能性在于:在散文写作方面,两人有着不同的美学追求,由此带来不同的用力方向。朱自清关注着白话文或语体文运动的历史进程,将自己的散文定位于向青年学生推广语体文的教育性散文,并在文学性与教育性之间寻找到语言这个关节点。这就决定了他的散文偏于普及性,追求"切题",着力方向在于基本的语言规范。他曾向青年学生推荐自己的写作经验:"不放松文字,注意到每一词句,我觉得无论大小,都该从这里入手。"[22]他反复告诫青年学生:"先把话写清楚了,写通顺了,再注重表情,注重文艺性的发展。这样基础稳固些。否则容易浮滑,不切实。"[7]俞平伯则不考虑散文的教育功能,而是在意于周作人所指点的"涩味与简单味",在意于物外之言题外之旨,追求文人的雅趣高致和纯属个人的文学气息,追求"人书俱老"的为文境界。这是两类质地完全不同的散文,周作人分别称为"纯粹语体文"与"雅致的俗语文"②。周仁政认为,在某种意义上,朱自清散文和俞平伯散文恰可视为两类散文的代表。他们两人,一个以"平民化的文化人格"体现"淑世主义(民本主义)的文学精神",追求散文的"雅俗共赏";一个以"贵族心态的知识分子情趣"体现"趣味主义、审美理想主义",追求散文的"曲高和寡"。由此看出,"趣味主义的小品文与淑世主义的'语体文'之间确乎寓有一条不可逾越的界

---

① 1933年2月23日朱自清日记,参见《朱自清全集》第9卷,〔南京〕江苏教育出版社1997年版,第200页。
② 详见周作人《燕知草·跋》,《俞平伯全集》第2卷,〔石家庄〕花山文艺出版社1997年版,第221页。

限"[25]。这样的观察,不管其界限是否"不可逾越",无疑是深有见地的。

对开明派散文的这种兼重国文教育的特点,他们的同时代人看得很清楚,也给予了高度评价。早在1930年代中期,郁达夫就说过:"叶绍钧……所作的散文虽则不多,而他所特有的风致,却早在短短的几篇文字里具备了,我以为一般高中学生,要取作散文的模范,当以叶绍钧氏的作品最为适当。"[2]1948年朱自清去世的时候,多篇悼念文章都提及朱自清的散文的教育性及其与语体文运动的深刻关联。李广田说:"作为文学工作的一部分,在语文方面朱先生下过许多工夫。语文是文学的主要工具,他对于文学的看法也就决定了他对于语文的看法。"[26]沈从文说:"对于生命在成长发展中的青年学生,情感方面的启发与教育,意义最深刻的,却应属冰心女士的散文,叶圣陶、鲁迅先生的小说,丁西林先生的独幕剧,朱孟实先生的论文学与人生的信札,和佩弦先生的叙事抒情散文。在文学运动理论上,近二十年来有不断的修正,语不离宗,'普及'和'通俗'目标实属问题核心。真能理解问题的重要性,又能把握题旨,从作品上加以试验、证实,且得到有持久性成就的,少数作家中,佩弦先生的工作,可算得出类拔萃。"[27]朱光潜说:"他的文章简洁精炼不让上品古文,而用字却是日常语言所用底字,语句声调也确是日常语言所有底声调。就剪裁锤炼说,它的确是'文';就字句习惯和节奏说,它也的确是'语'。任文法家们去推敲它,不会推敲出什么毛病;可是念给一般百姓听,他们也不会感觉有什么别扭。……佩弦先生的作品不但证明了语体文可以做到文言文的简洁典雅,而且可以向一般写语体文底人们揭示一个极好底模范。我相信他在这方面底成就是要和语体文运动史共垂久远底。"[28]

正因为开明派散文突出的教育功能和示范意义,所以在不同时代它们均受到教育家们的青睐,朱自清、叶圣陶、夏丏尊、郑振铎、丰子恺等的多篇作品,都反复出现在中小学各级国文教材中。即使在语文教育体系已经相当成熟的当下,他们的散文,还依然是语文教材中的常客。在这一点上,他们确实做到了如朱光潜所说的"在这方面底成就是要和语体文运动史共垂久远"的。

本文原载于《江苏社会科学》2020年第1期。

参考文献：

[1] 鲁迅.小品文的危机[M]//鲁迅全集(第4卷).北京:人民文学出版社,1981.

[2] 郁达夫.现代散文导论(下)[M]//中国新文学大系导论集.上海:上海书店,1982.

[3] 郑振铎.海燕[M]//郑振铎文集(第2卷).北京:人民文学出版社,1963.

[4] 叶圣陶.藕与莼菜[M]//叶圣陶集(第5卷).南京:江苏教育出版社,1988.

[5] 郑振铎.月夜之话[M]//郑振铎文集(第2卷).北京:人民文学出版社,1963.

[6] 郑振铎.俄罗斯名家短篇小说集序二[M]//俄罗斯名家短篇小说集.北京:新中国杂志社,1920.

[7] 朱自清.关于散文写作答〈文艺知识〉编者问[M]//朱自清全集(第4卷).南京:江苏教育出版社,1999.

[8] 朱自清.背影·序[M]//朱自清全集(第1卷).南京:江苏教育出版社,1988.

[9] 叶圣陶.夏丏尊文集·序[M]//夏丏尊文集·平屋之辑.杭州:浙江人民出版社,1983.

[10] 叶圣陶.诚实的自己的话[J].小说月报,1924,15(1).

[11] 叶圣陶.读者的话[J].时事新报·文学周刊,1923(82).

[12] 余光中.论朱自清的散文[J].名作欣赏,1922(2).

[13] 赵景深.现代小品文选·序[M].北京:北新书局,1933.

[14] 杨振声.纪念朱自清先生[J].新路,1948,16(1).

[15] 丁玲.叶圣陶论创作·序[M]//叶圣陶论创作.上海:上海文艺出版社,1982.

[16] 郑振铎.悼夏丏尊先生[J].文艺复兴,1946,5(1).

[17] 朱自清.你我·序[M]//朱自清全集(第1卷).南京:江苏教育出版社,1988.

[18] 朱自清.关于写作答问[M]//朱自清全集(第2卷).南京:江苏教育出版社,1988.

[19] 朱自清.谈抽烟[M]//朱自清全集(第1卷).南京:江苏教育出版社,1988.

[20] 朱自清.欧游杂记·序[M]//朱自清全集(第2卷).南京:江苏教育出版社,1988.

[21] 叶圣陶.朱佩弦先生[J]//中学生,1948(9).

[22] 朱自清.写作杂谈[M]//朱自清全集(第2卷).南京:江苏教育出版社,1988.

[23] 朱自清. 中学生与文艺[M]//朱自清全集(第4卷). 南京:江苏教育出版社,1990.
[24] 叶圣陶. 西川集·自序[M]//西川集. 上海:文光书店,1945.
[25] 周仁政. 朱自清与俞平伯:京派散文的两极[J]. 中国文学研究,2009(3).
[26] 李广田. 朱自清先生的道路[J]. 中建(北平版),1948,10(1).
[27] 沈从文. 不毁灭的背影[J]. 新路,1948,16(1).
[28] 朱光潜. 敬悼朱佩弦先生[J]. 文学杂志,1948,5(3).

李希霍芬中国内陆至边疆商道考察与"丝绸之路"的命名
——以《李希霍芬中国旅行日记》为据

王　健[*]

摘　要　"丝绸之路"是李希霍芬最早命名的东西方交通线路,已经得到国际学术界的公认。从《李希霍芬中国旅行日记》可知,李希霍芬通过对中国东北、华北、西北、西南四大内陆至边疆、联结国际的交通线路,即如今被视为广义"丝绸之路"的系列考察,探究了从陆路通往俄国、欧洲、中亚、印度、缅甸等国际商道的状况。他从历史和现实中认识到从西安经新疆到中亚这条国际交通线路的特殊价值,这为其后来提出"丝绸之路"概念奠定了地理基础。

关键词　李希霍芬　丝绸之路　内陆边疆　商道考察

一、李希霍芬考察了陆路广义"丝绸之路"

长期以来,人们对李希霍芬(1833—1905)这样一个没有亲自走过从西安到喀什这个"丝绸之路"东段线路的德国人,能够提出"丝绸之路"这

---

[*] 王健(1959—),历史学博士,研究员,江苏省重点高端智库大运河文化带建设研究院研究员。研究方向:江苏历史文化,大运河历史文化。

个为国际学术界公认的概念感到疑惑,甚至有人说相关线路是他用红笔在托勒密古地图上的勾画或臆想。近年来,有学者认为"丝绸之路"的提出为当时的西方学者所忽略,这个概念是李希霍芬"无意识"的人文地理学贡献;他的"丝绸之路"得名,主要是来自马里努斯、托勒密托等人的语言,这些早期的西方人,最先意识到一条通向"丝国"的丝绸贸易路线的存在,李氏只是沿用者。[1]也有学者指出"丝绸之路"并不局限于公元前114年至公元127年之间的东段路线,后人弄丢了西段;其结束时间应为公元120年。[2]现在一些学者仍然认为"丝绸之路"仅在汉代存在。实际上,关于中西商道的认识,李希霍芬早就突破了两汉的上下限。李希霍芬"早在1870年和1872年间就有了东西方'丝绸之路'的概念。他在给上海商会的信中写道:'自远古以来,商人便开辟了从兰州府到肃州的自然商道,并继而向前延伸分成更多的天然道路。沿着南路,秦朝的名声传到了波斯人和罗马人那里。14世纪以后,马可·波罗旅行到了兰州府,从那里经宁海府归仕城到了忽必烈可汗(元太祖)的住处。中国皇帝在很早以前便意识到占据这些国际交通路线的重要性,因为它能使他们控制中亚'"。"这些思想后来在《中国亲程旅行记》中得到了更充分的论证。"[3]笔者认为,李希霍芬"丝绸之路"概念的提出有一个过程,东汉以后,"丝绸之路"多次中断后重生,实际的下限绵延悠长,其在近代重新活跃并成为现下"一带一路"的古今节点。[4]

  李希霍芬"丝绸之路"概念的提出并非仅仅继承和沿用,他描绘出"丝绸之路"东段线路应该与其1868—1872年七次中国旅行考察有关。依据数年前出版的《李希霍芬中国旅行日记》[5]可知,李希霍芬的旅行始终将自身的地理地质专业考察与为资助方做商业交通线路考察紧密结合,正是丰富的专业知识和商业地理考察实践,才使得他能够对中国东北、华北、西北、西南四大内陆至边疆地区的交通线路有基本了解。长期以来,西安、成都、张家口、营口等沟通中国内陆与边疆、中国与国际交通线路的中心城市,起着重要的枢纽作用,联结着通往俄国、欧洲、中亚、印度、缅甸等地的国际商道。李希霍芬经过历史和现实的研究比较,认识到从西安经新疆到中亚这条通道的重要价值，结合古代张骞、班超通西域的历史，提出了影响深远的"丝绸之路"概念。

一般认为，近代德国与清政府正式打交道是在1861年（咸丰十一年），这比英、法晚了差不多20年。当时的德国还没有统一，实际上是普鲁士王国（《清史稿·邦交五》译称"布路斯"）。这一年3月，以艾林波伯爵为团长的外交使团抵达上海，要与清政府签订通商条约，一体均沾《天津条约》利益。李希霍芬在1860—1862年随普鲁士远征团到亚洲东部考察，并于1861年第一次来到中国，但因战乱等原因受困于上海，并没有在中国旅行考察。1868年9月至1872年5月，在美国加利福尼亚银行和上海西商会的资助下，李希霍芬以上海为中心对中国进行了七次考察旅行。他一方面运用地质地理专业知识，对中国的山川地理、气候、物产、矿产，特别是煤矿资源进行亲身调查，取得了许多地理学成就；另一方面也帮助自己的赞助商做商业交通考察，目的是为欧美公司在华开拓贸易服务。关于李希霍芬七次考察的地质地理和经济政治意义，后人的评论及功过是非，学者有过研究。[6]

李氏是近代最早系统考察中国的外国人之一，其搜集情报的目的十分明显，考察成果对其他列强影响很大。1896年10月8日，日本驻杭州领事馆在一份报告中刊登了一篇译文，译文介绍了20年前李希霍芬考察浙江各地地理、风俗之后向上海外商商会提交的长篇报告，其中有关钱塘江部分的梗概，阐述了将杭州辟为通商口岸的建议及其理由。[7]李氏的成就得到世界公认，晚清来华勘探粤汉铁路的美国著名建筑大师柏生士（帕森斯）写道："李希霍芬是伟大的德国地理学家，我们对中国地理构造的了解，在很大程度上都应归因于他的实地考察。"[8]

李希霍芬特别重视东北、北部、西部、西南商道枢纽与蒙古、新疆、陕甘、四川、云南、西藏等边疆民族地区的贸易联系，及这些商道枢纽与俄国、中亚、印度、缅甸等国家地区的商业贸易交通线路，并在此基础上提出"丝绸之路"的概念，以此命名东西方陆路交通线路。今天，学术界将由河西走廊经新疆到中亚的古代商路称为沙漠绿洲丝绸之路，或丝绸之路，而其他交通线路被纳入草原丝绸之路、南方或西南丝绸之路、东北亚丝绸之路等线路之中，成为广义"陆上丝绸之路"，这些线路与"海上丝绸之路"共同构成中西交通线路，也是今天"一带一路"的线路基础。

《李希霍芬中国旅行日记》中记载了李希霍芬的计划线路和实际旅行线路，应该从这些专业考察与商业考察相结合的线路及其所涉及的中外商贸关系来探索李氏提出"丝绸之路"概念的来龙去脉。因为无论如何，并没有亲身考察过原初意义上的"丝绸之路"的他，能够提出"丝绸之路"这样一个得到世界公认并具有强大生命力的概念，绝不是凭空想象或杜撰的，而应是基于一定的现实商路考察。

二、中国内陆通往边疆及国外的商业交通线路

清代以来，中国陆路通往边疆地区乃至联结东西方的交通线路主要有四条。一是东北南部通道。该通道以辽东为中心，从辽东的牛庄营口及锦州向朝鲜或蒙古东部地区辐射，更远可达满洲里、瑷珲等口岸。较晚又向乌苏里江以东的俄罗斯方向发展，可达吉林珲春等口岸。而俄国修建的穿越东北的中东铁路完成之后，东北通往西伯利亚和俄国、欧洲的交通线路才真正打通。建成的串联绥芬河、牡丹江、长春、哈尔滨、满洲里的北满铁路与从长春、沈阳至大连的南满铁路，成为东西方新的通道。二是北方（往西北）通道。该通道以张家口、归绥（今呼和浩特）为中心，经外蒙古的乌里雅苏台、科布多沿阿尔泰山到新疆，或直接从恰克图到西伯利亚，之后到俄国、欧洲或西行到中亚、西亚；还包括由内蒙古往西，从河套、鄂尔多斯或阿拉善往宁夏、甘肃的商道。三是西部（西北）通道。该通道以西安为中心，沿关中渭水或泾水河谷往西，经甘肃兰州等地往河西走廊，出嘉峪关到新疆，再往喀什、伊犁、塔城到达俄国及中亚。四是西南通道。该通道以成都为中心，包括经蜀道往陕西关中，经番道往西藏、青海、甘肃、新疆，以及经云南往缅甸、印度的商道。这些线路中，以西安为起点往中亚方向的商道就是后来被李希霍芬命名的"丝绸之路"，此可谓狭义

的"丝绸之路";而其他几个方向的线路被今人包含在广义"丝绸之路"中,或谓草原丝绸之路(分大草地、小草地),或谓西南丝绸之路、南方丝绸之路。这些陆上丝绸之路,与中国东南沿海通往西方的海上交通线路,即"海上丝绸之路"共同构成中西交通线路。如果认真分析"一带一路"倡议规划的线路,会发现这些线路所联系的海陆口岸大多在历史时期已经形成,"一带一路"与"丝绸之路"和"海上丝绸之路"有着深厚的历史地理渊源。

在美国加利福尼亚银行的资助下,李希霍芬于1868年8月初从美国出发,经在日本的短暂逗留后于9月到达上海,开始对中国的地理地质进行系统的考察。从登陆中国伊始,他就特别关注商业与交通的关系。例如,他到天津不久就察觉到天津正处在凋敝状态。"天津城里欧洲租界死气沉沉。房子建得十分坚固,街道也宽阔,'外滩'也比其他港口漂亮,但是路上看不到一个人。这里的贸易在1860年后很快就凋敝了,主要原因是大运河不能使用了。所以现在大部分房产已经转到了中国人手中。"[①] 1855年,黄河改道,冲断了山东境内的大运河,时值南方太平天国和北方捻军起义,战乱不已,黄河故道难归,京杭大运河无法通航,这直接影响到运河漕运和商业运输,并导致了天津一时衰落。

后来,李希霍芬又得到设在上海的西商会的资助,这使得其商业考察的需求更加明确。之后直至1872年5月,将近4年的时间,他以上海为中心,沿主要交通线路走遍了大半个中国,包括内地的江苏(上海)、直隶(京津冀)、浙江、山东、江西、安徽、湖北、湖南、广东、山西、陕西、四川、甘肃,以及辽宁、内蒙古等边疆地区。他考察了镇江(当时长江下游仅次于上海的商埠)、汉口(内陆商贸的中心)、广州(鸦片战争前唯一指定的开放口岸)等城市,还穿越了从广州到北京的南北古代交通线路。在汉口,李希霍芬看到"此处作为中国贸易重镇聚集了难以计数的商人"[②],他还打听"货物都是从什么地方运来的以及会运往哪里"[③]。到了九江后,他认

---

① 《李希霍芬中国旅行日记》,第14页。
② 参见《李希霍芬中国旅行日记》,第63页,第66页,第76页,第107页。
③ 同上。

为在此开埠选址有问题,不如湖口适宜,因为从鄱阳湖出入的中国木帆船不容易驶入长江边的九江。①

李希霍芬也会在专业考察与商业考察、个人兴趣与赞助商利益之间徘徊和选择。例如,1869年3月,李希霍芬放弃了上海商会邀请其溯江考察重庆的机会,因为他觉得行程长,且时间太短,对其"地理学研究就远不如另外一个地方了。这个地方就是山东",于是他"最终决定去山东"②。考察完山东之后,李希霍芬立即转向东北,开始了环绕中国陆路边贸口岸交通线路的考察,而这又带有很强的商业目的。李希霍芬最后一次,也是距离最长的考察,是1870年至1872年间的考察。他的初始计划是从北京出发,由张家口经蒙古到俄国再前往欧洲。这是他考察中外陆路商道的首选线路,因为相较其他线路,这条东西交通线路更便捷也更繁荣。显然,这是一次带有明显国际商业目的的交通经济地理考察。但由于战乱等原因,从张家口到蒙古再到新疆的线路中断,他不得不改变计划,绕道山西,前往西安,这才有了其对西安作为东西商道枢纽城市的认识,也有了对"丝绸之路"国际商道的了解。然而,还是西北战乱的原因,他无法从西安前往新疆,只能再次改变计划,翻越秦岭,从汉中前往四川。到达成都后,他为成都这个西南商业中心所吸引,对成都的商道枢纽地位有了全新的认识,从而萌发了从成都经西昌前往云南丽江、大理、腾冲,再到缅甸八莫,探查中缅商道的计划。但这次仍然没有遂愿,因为云南同样发生了回民起义,加之法国主教的不支持,他只能再次修改计划,从乐山至宜宾,再沿长江而下返回上海,最终结束了中国之旅。

三、对中国四大边疆区域商道交通线路的考察

《李希霍芬中国旅行日记》记述了李氏不断调整修改旅行线路,从其

---

① 参见《李希霍芬中国旅行日记》,第63页,第66页,第76页,第107页。
② 同上。

中的轨迹清楚可知,他是在寻找通往西方的陆路商道线路。从东北到北方,从西部到西南,正好环绕中国陆路呈一个星月形线路,这正是中国内地与边疆民族地区的结合部和商业贸易的交汇点,以及广义"丝绸之路"各条线路的枢纽起点。正是在考察实践中,李希霍芬发现了从西安到中亚的这条商道的特殊价值,这也奠定了其命名"丝绸之路"这条自古以来存在的东西商贸交通线的基础。但应当指出的是,他从未忽视更没有排斥其他线路的存在和价值。

接下来重点探讨他考察东北的辽东(营口、丹东、锦州、新民)、北方的张家口、西北的西安、西南的成都等几个与边疆及国际陆路商道有关的城市所辐射的商道线路(这些线路后来被纳入广义"丝绸之路"的范围)的情况。

1. 以辽东为中心的东北边疆线路考察

关于历史上东北及其与朝鲜的交通状况,当代学者有过较为深入的研究。[9]1869年5月,李希霍芬在芝罘(今烟台)给家人写信谈到了自己从辽东到满洲,再前往中朝边境,之后到沈阳,再到蒙古的计划。"先乘中国的帆船到辽东半岛的最南端,然后至朝鲜边界,沿此去满洲的沈阳,从那里到永平府附近的海岸,之后在蒙古绕一个大弯后预计在6月底回北京。下一个目的地是彼谢德①,此地位于朝鲜边境,北纬43度,被俄国占领。""由于夏天那里非常火热",所以其"打算往北走,从北京经恰克图去伊尔库茨克。然后再由此前往尼布楚,沿黑龙江向南,再沿乌苏里江——黑龙江南部的一条支流向北。……到10月份才会经宁古塔、吉林、沈阳,穿过整个满洲到牛庄,然后由此回到芝罘"②。

李希霍芬部分实现了自己的计划,1869年5月18日至7月18日,他到满洲南部(东北南部)旅行,之后到北京。他先从芝罘(今烟台)坐船到

---

① 彼谢德,或彼谢得,即谢彼德湾,以圣彼得大帝名字命名,今称彼得大帝湾(Zaliv Petra Velikogo)。该湾战略地位十分重要,符拉迪沃斯托克就建立在彼得大帝湾,为沙俄远东重要军事基地,东方出海口。
② 参见《李希霍芬中国旅行日记》,第161页,第177页,第180—181页,第193页。

牛庄(今营口北,当时东北联系内陆沿海的重要港口),然后前往辽宁东部。在一条峡谷的西边角上有两条路,一条通往东北的凤凰城,一条向东南,通向著名的"高丽门"。他选择前往的高丽门是当时中朝互市之地,位于鸭绿江西岸,属于今丹东市振兴区。他描述道,中朝"两国经过长时间的龃龉才签订了条约",双方在边界设置了一处方圆100里到200里的真空地带,任何人都不能在那里居住,没有允许也不能跨越。"任何情况下都不能渡过鸭绿江,江面则属朝鲜。'高丽门'由中国官员和朝鲜官员共同看守,只有在交易时间才会有大约300朝鲜人带着货物进入,当然不能带武器。"①李希霍芬正好赶上了贸易赶集日,他记录了双方贸易物品的情况:朝鲜卖牛皮、野货,质量很好的纸张,还有铅、海参和丝绸,其"丝绸都是野蚕产的,但是比辽东出产的质量要好"②。后来他经本溪前往沈阳,最后返回北京,完成了辽东之行。在新民屯,他注意到,这里虽然只是一个集镇,"但却是一个相当大的贸易地。两边紧挨着的商铺延绵3公里长,其中还有一些非常大的货仓,从开着的大门望进去,可以看到两到三个大院子,用来存放货物。大概一共有300多个大商号。锦州府和营子口的商品汇集到这里之后再发往蒙古部落——这里距蒙古部落边界处只有50里,或者是发向东北部。商铺中间分布着很多客栈,院子里满满当当地停着些车辆和马匹,还不断有新的客人进来"③。

在中东铁路修成之前,东北边疆是当时东西贸易商道中比较冷僻的通道。清初边境贸易主要集中在满洲里,雍正签订恰克图条约之后,中俄贸易口岸转移到位于俄国与蒙古边界的恰克图。[10]1886年,英属印度军官荣赫鹏、詹姆斯、福尔福德三人同行,前往中国东北旅行,主要目的是刺探军事情报。后来詹姆斯写了《长白山》一书,荣赫鹏则在《帕米尔探险记》中追述了他的东北见闻,并提及珲春的中俄口岸贸易刚刚开始,主要为军事服务。"珲春是一个单纯的军人小镇,几个部队大约3 000人左右

---

① 参见《李希霍芬中国旅行日记》,第161页,第177页,第180—181页,第193页。
② 同上。
③ 同上。

的军队驻扎在这里,小小的镇子充其量起到供给部队军需品的作用。从邻近的俄国车站进口的欧洲商品随处可见,手表、点心、肥皂、水果罐头及其他很多消费品在这里都能买到,而且价格并不太高。"[11]他还提到,在俄国的新基弗斯库,"没有找到俄国人的酒店和旅店,还必须投宿在中国人开的旅店里。俄国人开的店有两个,中国人的店有四个,比较起来,虽然中国人的店强一些,但也只和印度驻扎地拜火教徒的二流小店差不多"[11]。中俄新边界形成后,珲春就逐渐兴旺起来,当地的边贸活动很繁荣,主要供给军队。当时的商品主要是从俄国进口(走私)的,产地主要是欧洲而不是俄国。

1893年10月至1894年5月,聂士成①奉李鸿章之命,率武备堂学生考察东北三省边境地区。此行是中国人对东北地区的首次实地勘探并测量绘图,意义重大。聂士成在考察的基础上完成了名为《东游纪程》的调查报告,报告虽然篇幅不长,但记载了包括了黑龙江、乌苏里江两岸,以及朝鲜和东北各地在内的地理、交通、驿站、驻军、防御要地、人文、物产等方面的情况。② 当时,从山海关往东北的铁路线正在修建,俄国的铁路交通也开始向远东扩展,俄国边界一侧已经修建道路,并得到开发,但中俄贸易仍然没有兴盛起来。东北边疆国际通道的真正发展,要到1903年穿越东北的中东铁路通车之后。

对中朝边界贸易的考察,原本不在李希霍芬的计划之内,几乎原始的边贸状况也令其非常失望,他抱怨道:"途经牛庄和沿着辽东半岛的西岸向中国和朝鲜边境去的旅程打乱了我的计划。路上耽误的时间太多了,我的恰克图—黑龙江—彼谢德一线的计划前途渺茫了。但是没有办法,有如此不遂人意。"③

---

① 聂士成,安徽合肥人,淮军将领,时备员山西太原镇总兵,官留直统武毅等营,驻芦台。
② 参见〔清〕聂士成:《东游纪程》,〔北京〕中华书局2007年版。
③ 参见《李希霍芬中国旅行日记》,第199页,第520页,第532页,第532页,第535—536页,第546页,第534页。

2. 以张家口为中心的华北主要商道考察

关于计划中的最后一次大旅行,李希霍芬在日记中记录道:"我想从北京到北部的山西,然后再到陕西、甘肃,冬天的时候越过一座高山向四川进发。从那里,我制定了去西部边疆的一套完整的计划。然后我打算经长江乘船回到上海。"①

第一步是前往张家口。张家口是北方地区内地与蒙古边疆,以及西北甘肃、宁夏、新疆贸易的中心,也是与俄罗斯、中亚进行国际贸易的商道枢纽之一。李希霍芬走的不是直接从昌平、南口越八达岭长城往宣化、张家口的线路,而是为考察北京西部山地煤矿而从西南出京,过卢沟桥,溯永定河西进,从房山、门头沟一线,到大安山、斋堂。从距离北京约 150 里的斋堂有一条路可直接去南口,从那里可达独石口、西湾和张家口。但由于要越过通行非常困难的浑河,且至少要花 11 天时间,他最终选择了一条长约 280 里从斋堂直达张家口的路。他沿着这条路穿过河北涿鹿、怀来的太行山区,越过桑干河、洋河(桑干河上源之一),来到了"十分繁忙"的大路上,最后到达宣化府。②

归化(今呼和浩特)、宣化和大同,以及太原、河北的获鹿(清属正定府,今属石家庄),都是张家口往各地辐射的节点。进入宣化城,李希霍芬立刻感受到张家口作为华北与边疆贸易中心的气氛。在西门,"恰好有骆驼、骡子、驴子和车子成群结队地从张家口来到这里。高高的柳树下队伍浩浩荡荡,俨然一幅美丽别致的画。驼队里有很多蒙古人"③。很快,他到了张家口。张家口是内地通往蒙古地区的交通枢纽,"从这里有好几条路通往蒙古。北面和东面的路是现在的贸易大道,而西面和西北面的路却封了。货物直达归化城,而要到宁夏府现在只有经西安和兰州方可;通过科布多和乌里雅苏台的路完全废弃了。作为偌大一个地区——包括西

---

① 参见《李希霍芬中国旅行日记》,第 199 页,第 520 页,第 532 页,第 532 页,第 535—536 页,第 546 页,第 534 页。
② 同上。
③ 同上。

伯利亚和俄国在内——唯一的中转地,张家口当然十分重要"。张家口人口很多,"但非常大的一部分是过路人,这里的居民中很少有人举家在此";"这里富裕、宜居,生活必需品都很便宜,奢侈品如精制的欧洲糖、牛羊肉等应有尽有,而且很便宜";各地的物产都运到张家口出售,"葡萄来自矾山、保安或怀来,并且整个冬天都有……从蒙古来的狐皮、野猫皮、山羊皮、绵羊皮、松鼠皮之类的毛皮,也有去毛的牛皮、绵羊皮、山羊皮和骆驼皮",还有产自西宁府压缩水果制成的纸,沙漠旅行很适用,"里面是压缩储存的果汁,十分有营养,是欧洲没有的"。① 这些物产在很大程度上彰显了张家口贸易的辐射范围:整个蒙古地区,以及西北的甘肃、宁夏和青海;内地除了北京附近,还有山西、河北等广大区域;域外有俄罗斯、欧洲等。出了张家口,到崇礼的西湾子,有往蒙古高原的商道,"一直走下去必定能走到恰克图的路上"。他到了张北西北的西巴尔台,这里是往恰克图大路上的一站,有许多客栈。② 李希霍芬甚至将张家口比作今天沙漠绿洲丝绸之路上的枢纽喀什和莎车,说张家口就像其"想象中的喀什(Kaschgar)和莎车(Yarkand)那样。在城市上方的山脊上长城蜿蜒。人、畜和车,一派兴旺蓬勃的景象,很是壮观"③。显然,虽然当时他还没有提出"丝绸之路"的概念,但已经充分认识到喀什和莎车在丝绸之路上的重要价值。

张家口也是宗教之地,西方传教士被逐出北京后,很长时间一直以张家口为传教中心,地点在崇礼的西湾子。李希霍芬到达张家口后曾专门访问过西湾子,并对当地的传教情况有过专门记述④。关于张家口对当时蒙古地区乃至俄国西伯利亚地区往来内地的重要枢纽作用,相关文献

---

① 参见《李希霍芬中国旅行日记》,第199页,第520页,第532页,第532页,第535—536页,第546页,第534页。
② 同上。
③ 同上。
④ 参见《李希霍芬中国旅行日记》,第536—539页,第553页,第555页,第559页,第560—561页,第570页,第578页。

已经充分阐述。① 张家口还是喇嘛信徒朝圣之路的枢纽,蒙古地区往山西五台山朝圣,必经张家口。李希霍芬也由此道前往五台山。在丰镇,他看到"一个富裕的蒙古人带着自己卖了800只羊、150匹马等挣到的钱去五台山的寺庙,这样虔诚的信徒在蒙古人中很常见,所以受他们供奉的寺庙都很富有"②。

大同是联结长城内外的一个重要关隘城市。"大同府的城墙十分气派,进城之前先要穿过五六个城门。此城建得很好:房子都有漂亮的门和富丽的屋顶,街道垂直交通,宽敞而兴旺,远胜过宣化府。"③对于从大同往太原或五台山去的情景,李希霍芬描述道:"路上很热闹,人们从口外运芥末和亚麻油到南方去。我们遇到好多中国人跟我用俄语打招呼,我要是没听懂,他们就觉得诧异。他们说他们是途经张家口去恰克图的,从湖北、湖南运茶过来。所有的交通终点通常都是太原府和张家口。有好一部分人是运山西人的遗体返乡的。路上也可见蒙古人。"本来荒凉的路上出现了许多专为旅客服务的客栈,"路边的村子几乎都是成排的客栈,此外就不见有多少村子了"。李希霍芬一行人在途中还碰到了拥有100~500头骆驼规模不等的驼队,这些驼队是蒙古的,从五台山回来。驼队里有男人、女人和儿童相随。驼队的人很高兴遇到李希霍芬等人,把他们当成俄国人,非常乐于跟李希霍芬他们交谈④。显然,蒙古人与俄国商人经常交往,他们都是活跃在这条商道上的旅行者。

离开大同之后,李希霍芬真切地描述了其所见到的这条商道的繁荣景象。在雁门关的山路上,一支由2000头牲口组成的商队从南到北驮货经过。另外一个大约由300头骆驼组成的驼队载着中国的棉织品经过,他们是从鹿泉市到归化城去的。有好几百头骆驼载着去五台山朝圣

---

① 参见毕奥南整理:《清代蒙古游记选辑三十四种》,〔北京〕东方出版社2015年版。
② 参见《李希霍芬中国旅行日记》,第536—539页,第553页,第555页,第559页,第560—561页,第570页,第578页。
③ 同上。
④ 同上。

的蒙古人回来。还有骆驼载着砖茶和其他茶去张家口的;产自忻州的缘木、方木、车轮、轴承等被运到北方各地。长队的驴子载着太原府的水果、糖、铁器等,但没有外国货。从北方来的货物有产自口外的亚麻油和芥末油,有产自岱岳的芥末和苛性碱,还有产自通城和归化的盐。一群公牛犊从喇嘛庙到太原去,几乎每个运货的商队里都跟着产自口外的骡驹。往南去的还有绵羊和猪。归化城和张家口是这一地区商队北行的终点,南行的终点是太原府和河北的获鹿。① 在从获鹿运来的商品中,有很多来自英国的棉产品,它们被运往山西各地。商人们之所以走这条从平山县穿越太行山,绕道五台县东南的线路,目的是逃避厘金。②

从山西,包括河北获鹿(今属石家庄)前往张家口的贸易如此发达,与山西商人(晋商)的经营分不开。他们是口外贸易的主导者。李希霍芬说:"山西人是中国最厉害的商人。""忻州的商人在远及西部直至伊犁的贸易中独成一派。即便现在那里的穆斯林闹乱子,他们依旧赶去贸易。……然而或许是西部的贸易量减少,把伊犁人赶到了蒙古。归化城的贸易也把持在山西人手中。"③

从大同往西,是有好几条线路通往内蒙古、宁夏、甘肃乃至新疆方向的。可以从大同到太原,然后西行过黄河,从陕北到甘肃、宁夏,还可以从大同出偏关,渡过黄河,进入陕西北部的榆林。抑或是从右玉的杀虎口(走西口的主要商道)进入河套,或渡黄河进入鄂尔多斯(秦称"河南地"),由东胜往西,前往宁夏、甘肃。另外,也可以走阴山南麓,沿河套的归化—包头—五原一线,往内蒙古的磴口入宁夏,或直行往阿拉善额济纳,沿弱水到河西走廊。这些前往新疆的重要通道,是古代"丝绸之路"的分支道路。李希霍芬从张家口折转到山西大同方向。他本想从大同"直接西行穿过陕西去甘肃的,但这不可能,因为那里到处都是叛军匪众",同时他也

---

① 参见《李希霍芬中国旅行日记》,第536—539页,第553页,第555页,第559页,第560—561页,第570页,第578页。
② 同上。
③ 同上。

573

找不到人和牲口跟随他去那里,"所以只好沿着大道去西安府,然后去四川"①。

3. 以西安为中心的西北主干商道考察

从山西出发,李希霍芬基本上沿着汾水的交通线路而行,从临汾、运城渡黄河进入潼关,由此到达西安。西安的外围因战乱已经受到很大的毁坏,但西安城基本上保持完好。在李希霍芬眼中,西安无愧于西北的商贸中心,是其"在中国见到的仅次于北京的最雄伟的城市"。西安"街道笔直,热闹非凡,商店云集,店里商品琳琅满目",客栈很多,但多是人满为患。② 陕西本地输出到外地的产品并不多,"只有谷物和棉花被运往山西换来铁和煤",以及大黄等几种药材远销广州。在这种情况下,"与中亚和经中亚的贸易所得定然大部分用于平衡收支"③。显然,西安利用自身的地理优势,主要做转口贸易,将四面八方的商品汇集到西安,并从这里运往新疆和中亚,乃至更远的地方,这样通过贸易活动获得收入。

关于西安与甘肃、新疆以及中亚的交通,李希霍芬也是逐渐有所了解的。他从西安出发,到咸阳,发现"从这里岔出一条通向乾州并远及甘肃的路",此路当时"是条军事大道,而沿山谷而上的那条路则小得多"④。实际上,至少从唐朝开始,这条沿泾水向西的线路就是通往河西走廊的主要交通线路。该线路地势较渭水河谷平缓易行,安全性也更加明显,尤其是当吐蕃势力控制渭水沿线时。这种局面一直延续下来。而关于从中亚到甘肃的交通,即李希霍芬后来命名的"丝绸之路"的一部分,日记中有这样一个初步的描述:"长期以来,这里一直是民族大迁徙的现场,与欧洲一样,所不同的是欧洲的民族迁徙是从东往西,这里是从西往东。连绵的昆仑山像一堵巨大的、几乎不可逾越的墙,构成了民族迁徙的南部的自然界

---

① 参见《李希霍芬中国旅行日记》,第550页,第603页,第550页,第618页,第618页,第49页。
② 同上。
③ 同上。
④ 同上。

574

限。沿着山的北坡有一条民族交往的大道,从中亚出发穿越沙漠和高山,经甘肃到广袤富饶的西安府的大道。这里曾多次发生高级的文化,艺术与科学十分繁荣。"[1]这里尽管没有出现"丝绸之路"的提法,但相对完整清晰的认识和叙述,奠定了其在《中国》第 2 卷专论"丝绸之路"的基础。从中亚到西域,受到昆仑山脉的阻挡,人们主要通过昆仑山北坡的交通线路往来。昆仑山北坡,是塔克拉玛干沙漠的南缘,这是西汉张骞所开辟的"丝绸之路"主线路,当时分布着许多沙漠绿洲国家,穿越这些西域国家,从罗布泊附近的阳关敦煌经河西走廊可前往西安。

东西交通线路继续发展,出现了以天山为分界的南北通道。西北及新疆的"叛乱之前,中国经北路跟俄国、经南路跟土耳其斯坦有着重要的贸易往来。主要的贸易品是苏州的丝绸,湖北、湖南等地的茶叶,还有糖。西安府是这些商品的堆货场。你在这里问西安府与哪里有贸易联系,得到的回答首先是苏州和杭州,其次是汉口"。"西安府这里平时汇集了来自东南各省(包括广东)、也有来自富饶的汉中府和来自四川的商品,然后从这里把商品运往陕西和整个西部各地,因此这个城市才如此繁荣。"通过西安往新疆、中亚运输的物品来自整个东南沿海,其范围之大,物品之多,是其他几个区域所无法比拟的。例如生丝及丝绸,来自太湖流域的苏、杭、湖诸州。李希霍芬曾从湖州往太湖,穿过洞庭诸岛,看到这里的人们,除了从事渔业外,"还有很多人从事丝织业"[2]。

中国的太湖流域,盛产高质量的生丝。如著名的湖丝,在国际上极有竞争力。近代米兰街头到处是丝绸商店,品种繁多,工艺精巧,价格标得很高。以南京、苏州、杭州为代表的江南城市,明清时期为丝绸生产中心,清代三大织造局之一的江宁织造以盛产高档云锦著称,产品大量运到西北民族地区。李希霍芬到浙江金华一带考察,还看到"东阳主要生产火腿,在中国国内如同威斯特法伦地区的火腿在德国那样有名。东阳火腿

---

[1] 参见《李希霍芬中国旅行日记》,第 550 页,第 603 页,第 550 页,第 618 页,第 618 页,第 49 页。
[2] 同上。

大量出口外地,连在中国最边远的地区,如哈密和伊犁,都广受美食者的欢迎"①。西北由于1865年至1867年间的战乱,一些城市受到围攻,导致"贸易和交通停滞,出现聚众抢劫现象"②。"去伊犁的贸易——和平时期才有可能——从这里出发主要用车运,很少用骆驼。可在西安府租一辆两驾的车到伊犁。"经过嘉峪关往西域,"租车走全程总是很容易,因为赶车人总能预料到会有往回运的货物,他们于是带着从西部来的药品、俄罗斯商品、哈密著名的干果特别是干瓜"。对李希霍芬而言,"这场战争来得真不是时候",从他"来到中国开始,就一直计划着穿过甘肃和伊犁回到欧洲,这样至少可以粗略地漫游一回这些巨大而陌生的区域"。他很羡慕地记述道,有一位真正高贵的中国神父,曾游历过所有这些地区,"他那时候可以从这里乘一辆两头骡子拉的车,经停80站(日行5~7里)到达俄国边界附近的伊宁。到处都有食物,价钱便宜至极,一路上的人据他说都很善良"③。

所谓南路和北路,就是通常说的西域南北道路,在汉代与唐代,所指是不同的。汉代主要指塔克拉玛干南缘与天山南麓(南道),以及以楼兰为中枢的通道(北道),出喀什到中亚。到了隋唐朝以后,除了上述两道之外,又兴起了天山北麓的线路,即从乌鲁木齐到伊犁或塔城一线,到伊犁河流域,伊塞克湖以北,到中亚的线路。这些变化,当时的李希霍芬可能并不太清楚。他提到的南北路,都是由河西走廊出嘉峪关,经哈密到新疆,然后分别前往中亚和俄罗斯的线路:从天山南麓经喀什噶尔往中亚;从北疆,经乌鲁木齐通往伊犁或塔城前往俄罗斯。这显然没有包括从敦煌出阳关由诺羌、且末、和田往喀什的古道。李希霍芬所指的贸易线路,并非局限在汉代,而是延伸到近代。相关线路在回民起义之前,仍然还很繁荣。西安是"丝绸之路"中国境内的起点,但从西安运出的货物,大多来

---

① 参见《李希霍芬中国旅行日记》,第471页,第604页,第616页,第520页,第653页,第658页。
② 同上。
③ 同上。

自长江流域的各个省份,特别是生丝和丝绸。贸易内容中,丝绸始终占据重要位置,但丝绸之外,还有茶叶、糖等。而贸易对象包括中国的西北地区,经新疆出境后主要是中亚及西亚伊斯兰国家、俄罗斯和欧洲诸国。

4. 以成都为中心的西南商道考察

接下来的旅行李希霍芬并没有一直往西,而是沿渭水到宝鸡,翻越秦岭往汉中,南下四川,到成都。这是因为,通往西北的国际商道已经不能通行。李希霍芬的最初想法是"从北京到北部的山西,然后再到陕西、甘肃,冬天的时候越过一座高山向四川进发",并且制定"去西部边疆的一套完整的计划",最后"经长江乘船回到上海"[①]。由于当时中国西北地区爆发了大规模的回民起义,新疆民族分裂势力也发动叛乱,中亚阿古柏军队乘机入侵南疆,并以喀什噶尔为中心建立了伪政权,进而侵犯北疆,攻占乌鲁木齐,俄国乘虚抢占伊犁,边疆危机十分严重。在这种情况下,内地去西北和新疆的道路基本上被封死,李希霍芬没有能够实现穿越"丝绸之路"的计划,他只是从北京、张家口南下山西,折转到陕西西安,再由关中翻越秦岭,沿蜀道经汉中阳平道(金牛道)到四川。

对四川平原的物产,李希霍芬做了重点描述:"这里产丝绸、茶、糖、大黄、鸦片、烟叶,盛产盐,产一种非常珍贵的制造清漆的油和一种用昆虫炼制的精致的蜡,还有许多其他重要价值的东西。"他对成都赞不绝口,指出"成都府绝对是中国最美的城市。街道笔直宽阔,用大块方形砾石铺成,中央凸起。有一条大街叫东大街,有一小时的路那么长,笔直笔直的,格外热闹,到处都美丽如画。所有的街道两旁都挤满了商店,到处人群熙攘"[②]。在四川,他充分了解到成都在中国西南的交通枢纽中心地位,以及以成都为中心的四川及边疆地区,甚至国外的商贸交通情况。

(1)北方,即陕西方向。李希霍芬从陕西西安进入四川的蜀道,骑马走了33天,"穿越连绵的山区,先起过高山脉,然后越过柔和的丘陵地。

---

① 参见《李希霍芬中国旅行日记》,第471页,第604页,第616页,第520页,第653页,第658页。
② 同上。

这条道路是连接中国北部和四川省的唯一一条路"①。这是一条主要通道，川陕间大量的商贸由此道进行。日记中描述了此线路的大致走向：西安—咸阳县—兴平—扶风—太白山—虢镇（今陈仓区）—渡渭河至南岸—马营镇（属宝鸡县）—煎茶岭—清姜河—嘉陵江—凤县—紫柏山—南星—榆林铺—三岔驿—留坝厅—马道—青桥铺—褒城—黄沙镇—菜园子—新铺湾—太安驿（大安驿）—宽川铺—选将坪—五丁关—较场坝—神宣驿—朝天关—龙房口—广元—大木树—剑门关—剑州—武连—梓潼河—上亭铺—梓潼县—绵州（绵阳）—罗江—白马关—黄许镇—孟家店—汉州（广汉）—新都—成都府。这条线路可直接与关中通往河西走廊的"丝绸之路"连接。

（2）西及西北方向。这个方向"附近重要的贸易地点是灌县和雅州府。后者乘船可达，前者不行，因为水流太猛没有船只经过成都到那里。两地主要贸易品是四川的砖茶。从灌县出发的贸易是往西北的西番国去的，据说是用上好的骡子运输。另一个重要的出发点是松潘厅，那里的独立部落（西番）当中居住的几乎都是穆斯林。砖茶从那里经极为艰险的山路部分运达西宁府。从西番国运出去的主要是羊皮、羊毛、鹿角还有一些大黄及其他药物。灌县也从西番国进口羊毛，还有最重要的大黄贸易。最好的大黄产自穆坪，它生长在最高最险的高山上，例如大雪山上。从龙安府出发也有往北去的贸易，即穿过䢺州地区经风水岭到甘肃，都是又窄又陡、牲口根本没法走的山路。雅州府的贸易尤其针对西藏。在灌县附近山陡然升高，一条岩石道路沿着河流通向茂州，从那里有一条颇为舒适的道路通往龙安府。这个城市从绵州也可到达"②。灌县和雅安是成都外围两个贸易次中心，辐射川西以外的今雅安、阿坝乃至西藏（经打箭炉，即康定—巴塘—昌都—拉萨）的广大民族地区。作为更次一级的辐射点，松潘（今阿坝），可远达青海、甘肃，或直接往敦煌、南疆，或往河西走廊；从

---

① 参见《李希霍芬中国旅行日记》，第471页，第604页，第616页，第520页，第653页，第658页。
② 《李希霍芬中国旅行日记》，第651—652页，第662页，第653页，第650页。

灌县、茂州到龙安府(今绵阳的江油到平武一带),从阴平道往甘肃文县,进入陇南地区,至天水、定西、甘南,往兰州及河西走廊。西番,应当就是四川的羌族聚居区。"西番在灌县之后紧接着出现,生活在岷江两边,江边的汉族地方除外。茂州、杂谷厅、松潘厅都是在西番地区里的移民区,西番居住在这些地方以西和以北的全部地区。"①

(3) 西南方向。"宁远府据说是个穷地方,但盛产铜和银,也产金和铁。经宁远到云南省的大理府的道路尽管极为难走,但在叛乱前似乎曾有几分重要性。经这条路运来的甚至有八莫的贸易品,其中有英国货。大理府据说到现在英国货源都很充足。经东川府和会理州到大理府的路大些,走的人要比宁远府的多些。"②宁远府,即今四川凉山州,治所在西昌。会理在今攀枝花市以东。其与盐源,都有通往金沙江至云南丽江大理的交通线路,也是西南丝绸之路的古道。由此可从保山、腾冲通往缅甸八莫。当时大理已被回民起义领袖杜文秀占领,作为政权首府。英国人与之有联系。

这些线路,自古以来,都是中国内陆通往边疆少数民族地区,再通往国外如缅甸、印度、阿富汗,或间接前往俄国、中亚的重要商道,今天也都是广义"丝绸之路"的主要线路,包括西南丝绸之路、西北青海道、西北西南的茶马古道等。

在成都,李希霍芬又萌发了新的更大的旅行计划。由于"需要很长时间",他放弃了"经过打箭炉到巴塘,然后奔宁远府去",改为"直奔宁远府,经盐源县去丽江,然后去永昌府,可能的话去腾越县,从那里去云南府、贵阳府、重庆府",并"希望在百日之内完成这次大规模、彻底的旅行"。③ 从宁远府(西昌)到云南大理,他很想"从那儿往西南再走几天,以便解决一个大的或曰被视作重要的问题,那就是研究伊洛瓦底江畔的八莫和大理府之间的交通"。因为,"那里自远古就有一条贸易大道,英国人很想探明

---

① 《李希霍芬中国旅行日记》,第651—652页,第662页,第653页,第650页。
② 同上。
③ 同上。

它,以便从乘汽轮可达的八莫开辟一条印度产品和英国贸易通往中国的道路。他们已经多次探索考察,但都失败了。最终于1868年由斯莱登少校从八莫挺进到中国的腾越州"。他想他只"需要到这个地方即可,这样那条通道就搞清楚了"。这应是李希霍芬在从甘肃到新疆道路交通受阻之后拟定的新的旅行计划,这个计划如果实现,他也就能够考察今天被称之为"西南丝绸之路"的线路。从川西康定到西昌(康定到巴塘是往西藏的线路,不到宁远、盐源),南下木里、盐源,渡金沙江到丽江,然后经保山到腾冲,出境到缅甸的八莫,之后可往密支那或曼德勒,最后到仰光。

李希霍芬的计划是美好的,但或是受到了法国传教士的阻挠,并没有完成。毕盛"主教是想推行法国政策,将其他外国人——特别是德国人——排除在该省之外",他"只讲旅途的凶险、强盗劫匪、涉水之艰等等"①。结合当时法国与普鲁士刚刚进行了一场生死大战,法国惨败并割地赔款,这种情况也是很可能的。但最主要的原因是云南发生了回民起义,大理成了割据统治的中心,没有办法前往。最后,李希霍芬从成都前往雅安,经荥经往打箭炉和建昌(西昌,明设建昌卫)的路上,之后又转到嘉定府(今乐山),到宜宾,乘船而下,往重庆、宜昌,经汉口返回上海。

李希霍芬的旅行计划和行程一直因实际情况发生变化而调整,但他始终在探寻从中国内陆通往边疆和国外的各个贸易交通线路。而从西安到新疆的线路,只是其中的一条,当然,这也是他最向往的一条国际商道。在当时,他对经河西走廊到新疆这段"丝绸之路"的认识,只停留在较为初步的阶段。

综上所述,李希霍芬1877年提出"丝绸之路",并于1882年在《中国》第二卷中正式加以论述,相关思想应是在1868—1872年间逐渐萌生的。他在现实的地理考察及比较的基础上产生了"丝绸之路"的想法,该想法在其日后的整理研究中得到升华。他最初的思想并不像后来学者所阐发的狭义"丝绸之路"那么有时间和线路的严格限定,相关线路是宽泛和动

---

① 《李希霍芬中国旅行日记》,第649页。

态的。他的记述证明,从古代到近代,至少在西北战乱之前,以西安为起点,后来被称之为"丝绸之路"的商道仍然是通畅的,贸易非常繁荣。这说明,李希霍芬的思想可能更接近于今天人们所定义的广义"丝绸之路"概念。他多次提及马可·波罗在这条商道上的旅行,就说明他从来没有将"丝绸之路"局限在汉代。从这个意义上说,将"丝绸之路"时间限定在汉代或隋唐,线路限定在西安至河西走廊—新疆到中亚一条线路上并不符合李希霍芬最初的思想。正因如此,他的思想和概念才能够与广义"丝绸之路"契合,至今经久不衰,充满活力。

本文原载于《江苏社会科学》2020年第4期。

参考文献:

[1] 唐晓峰.李希霍芬的"丝绸之路"[J].读书,2018(3).

[2] 杨俊杰."弄丢"了的丝绸之路与李希霍芬的推演[J].读书,2018(5).

[3] 杨共乐.早期丝绸之路探微[M].北京:北京师范大学出版社,2011.

[4] 王健."近代丝绸之路":从"丝绸之路"到"一带一路"历史跨越的重要节点[J].南京社会科学,2017(3).

[5] 费迪南德·冯·李希霍芬.李希霍芬中国旅行日记[M].E·蒂森编,李岩、王彦会译.北京:商务印书馆,2016.

[6] 郭双林,董习.李希霍芬与《李希霍芬男爵书信集》[J].史学月刊,2009(11).

[7] 李少军.晚清日本驻华领事报告编译(第一卷)[M].李少军等,译.北京:社会科学文献出版社,2016.

[8] 柏生士.西山落日:一位美国工程师在晚清帝国勘测铁路见闻录[M].余静娴,译.北京:国家图书馆出版社,2011.

[9] 王绵厚,朴文英.中国东北与东北亚古代交通史[M].沈阳:辽宁人民出版社,2016.

[10] 刘远图.中俄早期东段边界研究[M].北京:中国社会科学出版社,1993.

[11] 扬哈斯本.帕米尔历险记[M].任宜勇,译.乌鲁木齐:新疆人民出版社,2001.

江南文化的发展创新之路

王　健*

摘　要　随着长三角一体化上升为国家战略,以江南文化引领长三角区域高质量发展成为时髦话题。江南文化演进的传统及特质、古代江南文化在近代以来江南或长江三角洲区域经济文化发展中起到的作用等问题,值得深入研究。文章从文脉传承、历史演进、中西比较三个角度对江南文化的发展创新之路展开论述。明清江南虽然发达,在中国各区域发展中处于明显的优势地位,但江南仍然是传统经济文化。只有在近代"西学东渐"之后,才真正改变了江南的面貌。在漫长的历史时期,江南文化总是在传统国家的框架之内,最大限度地学习、引进、吸收、模仿各方面先进的经济文化,最终达成创新提升,带动区域的转型发展。以江南丝织制造业的兴衰为证,长期故步自封,不能与时俱进,曾经先进的传统文化也会衰落。当下,我们弘扬传统文化,倡导自主创新的方向是正确的,但江南文化学习—引进—消化—吸收—模仿的文化传统不能轻易丢弃。

关键词　江南文化　发展战略　文化创新　文化传统

---

* 王健(1959—),历史学博士,研究员,江苏省重点高端智库大运河文化带建设研究院研究员。研究方向:江苏历史文化,大运河历史文化。

一、文脉传承：应当厘清江南文化的传统特质

何谓"文脉"，简言之，就是文化传统和发展的脉络，是在历史时期中，一个区域广义的文化发生发展变化的脉络，包括文化的空间范围伸缩、人的活动影响之下的地理环境变迁、形成发生、发展演变的背景、阶段性过程、内涵特征、各类文化现象的类型及其分布、文献典籍、学术流派、代表作品、主要学派、杰出人物、文化的传播及与周边文化的相互关系、历史地位、时代价值、发展前景、现代价值等方面内容。古人所谓的"辨章学术、考镜源流"，重在梳理其渊源流变的基本脉络，厘清其骨骼血脉，精准定位其关键节点、传统特质，从而划分历史阶段，寻找发展规律，总结经验教训，目的是更好地保护、传承、利用、弘扬优秀文化传统的时代价值，推陈出新，为今天的文化建设提供支撑和借鉴，引领其发展历程及其发展方向。江苏文脉，就是江苏这个特定区域的文化传统和发展脉络。

随着长三角一体化上升为国家战略，以江南文化引领长三角区域高质量发展成为时髦话题。但目前看，除了重温昔日江南的辉煌，梦里江南景观之外，问题的研究，多少还停留在对"江南"概念的辨析，江南的落脚，地理空间还是观念共识，或是大分流、内卷化等外来术语的吸收调适，以及新近出现的理念的解读消化，多少有点泛泛而谈，以其昏昏，焉能使人昭昭。虽然也有诸如对江南发展是否停滞，明清江南的发展动力内生还是外来主次等问题的纯学术探讨，但多局限在经济史领域。

笔者认为，有些问题值得深入研究：江南文化演进的传统及特质是什么？古代江南文化在近代以来江南或长江三角洲区域经济文化发展中曾经起过多大作用？未来还将扮演什么角色，占据什么位置？大量关于江南的实证研究证明，明清江南虽然发达，在中国各区域发展中处于明显的优势地位，但江南仍然是传统经济文化，高度发达的商品经济并没有导致以现代机器生产为特征的资本主义生产方式和文化的产生。比较当时正在蓬勃向上的欧洲来说，"停滞"和"落伍"是不争的事实。现在有人用经

济总量说事，认为当时的中国在经济总量上如何体量大，因此并非落后。但这种内向性的总量是很难说明先进性的。中国人口众多、土地面积大，统计起来自然数量庞大，但质量、生产率水平、教育科技水平却是落后的。只有在近代"西学东渐"之后，江南的面貌才真正得到改变。其中，最关键的是上海的开埠和崛起。上海商埠（租界）成为在江南区域内开拓的新空间，带来生产力和生产关系的变革，海派文化给江南沐浴新风，使之借地缘之力，凤凰涅槃，重新走在中国区域发展的前列。这些基本事实已经有无数成果证明。

然而，今日学术风向正在发生变化。随着中国的崛起，中国话语和中国体系的倡导，现在许多学者把传统的江南文化捧得很高，大打江南文化牌，似乎给人一种印象，近代以后江南的发展，主要是历史上江南文化的影响造成的，或者起了主要的作用。以上海为例，很多过去精研海派文化的学者在讲述上海文化的源流时，已经与过去不一样了。例如，1999年出版的《上海通史》，煌煌十五卷，数百万字，除了《导论》《附录》2卷之外，《古代》只有1卷，从远古到明清，江南文化只有其中的那么一点篇幅，其他都是近代当代。古代如此之少，这显然不妥当，应当有所增加，补充原江苏松江地区十个县的历史。据了解，现在上海通史正在修订中，古代部分增加了各朝代分卷。这无疑是正确的。但也毋庸讳言，今日上海，主体还是从近代开埠以后发展起来的，上海历史的发展，主要是上海城市发展的历史，大头在近现代，决定性的转折是在开埠之后。然而，最近我们看到，一些学者大谈江南文化对今日上海的作用，似乎江南文化成了今日上海最重要的源头动力。将开埠前的上海，描述成多么繁荣发达的地方，似乎不用开埠，也会自动发展成国际大都市。或者尽可能淡化不讲或少讲海派文化，突出强调明清江南文化在近代转折中的作用。这样的学风转变是否符合历史实际？能否以理服人？是否就算体现了中国话语？都值得认真严肃讨论。笔者认为近代以后，海派文化仍然应是上海发展的主体，江南是其影响和拓展的舞台，江南文化虽然是江南发展的重要基础，但根本的动力还是来自西方文化的影响和带动，所谓"西学东渐"、带有被迫和屈辱性的"开埠开放"是主流。同样,整体江南的近代化转型也是在以黄浦江外滩为中心的新上海的带动下发展起来的,海派文化起到主导作用。认识不到这一点,不是实事求是的。那么,未来引领长三角一体化发展的主动力是什么,我们究竟发展什么样的江南文化,还是要深入研究。我们是继续改革开放以来的发展道路,不断扩大开放,引进吸收国际先进文化之上的江南文化创新,还是在陶醉于江南文化的"诗情画意"之中复兴传统文化,实现江南文化的创新,值得思考。

二、历史演进:江南文化的学习引进模仿创新之路

地理空间是区域发展的落脚点,在地理、政治、经济、文化诸区域要素之中,政区无疑是唯一有明确边界可循,行政支配能力最强的区域空间要素。而这种政治力量是引领区域发展的关键,只有这种力量与市场有机结合,才能使长三角一体化真正落到实处。从历史上看,江南相对中原就是新的空间,原来被称为蛮荒之地,在这块不同于中原的地方,中原文化与土著文化有机结合,形成了新的文化。江南每一次大发展,都与外来文化的引进和融合有关。这种文化的特点是"与时俱进、智巧灵活、开放包容、海纳百川",走的是学习、引进、消化、吸收、模仿的道路,最后才是创新。因为创新非易事,即便是站在巨人肩膀上的创新也是要具备许多基本条件的。

先秦时期,太伯奔吴、季札北游、言偃问孔、伍子胥、孙武入吴,春秋时期,吴国引进大量中原楚国人才。秦汉以后,由于统治集团内部的内讧、草原游牧民族内侵等原因,北方黄河流域曾经发生过三次大战乱——西晋末年的"永嘉丧乱"、唐玄宗末年的"安史之乱"、北宋末年的"靖康之难",引发北方人民三次大规模南迁,客观上给当时相对落后的长江流域,特别是江南带来了大量的人口、资金、先进的生产技术和工具,以及各种典籍、理念等思想文化资源,可谓是文化大搬家,给江南注入新的发展动力。中原文化传统与江南土著文化一次次融合,虽然过程可能是痛苦的,但客观上导致了江南的大开发,生成的新江南文化,逐步正统化、主流化、

成为汉文化的主流文化。这个过程在元明清时代得以持续,直到康乾时期才完成。江南文化的传统是以儒家文化为核心,通过耕读传家,知书达理,科举入仕,由尚武转变为崇文,又在崇文的前提之下,顺时应变,走上重商务实的道路。这种文化,既是一种独具特色的地方文化,也是传统中华文化中最具代表性的正统文化,在江南这块肥田沃土上深根厚植,发掘光大。

在漫长的历史时期,只要环境允许,江南文化总是在传统国家的框架之内,最大限度地学习、引进、吸收、模仿各方面先进的经济文化,最终达成创新提升,带动区域的转型发展。可以举运河开凿的历史为例。根据史念海《中国的运河》研究,楚国的运河开凿比吴国还早。楚庄王(前613—前591)时期,孙叔敖主持开凿的沟通江、汉的"荆汉运河"和联系江、淮的"巢肥运河"。孙叔敖使发源于湖北荆山南流入长江的沮水,与发源于鄀都(今湖北荆州北)附近北流入汉水的扬水相接,又使长江中游的干、枝流荆江与汉水在鄀都附近得以沟通,故称"荆汉运河",或"江汉运河"。这样,就将楚都江陵与宜都沟通起来,打通了长江和汉水。一百多年后,伍子胥率军伐楚,曾疏浚此河,所以又称"子胥渎"。吴军应该是由淮水至汉水,再由此运河攻入楚都的。孙叔敖又将发源于鸡鸣山,分别流向淮河和长江的同源而异流的东西肥水,在合肥附近凿河连接起来,沟通江、淮两大水系。因东南流的肥水需汇入巢湖后再入长江,故名"巢肥运河"。孙叔敖在寿县附近搞的水利工程芍陂,可能具有灌溉与航运功能。伍子胥在吴国开运河,以"胥"命名的城、河等名称很多。铸造兵器铁器,一跃成为春秋强国,争霸中原。唐宋以降,随着大运河,特别是江南运河的疏浚贯通,江南得到快速发展,成为中国经济文化的重心区域,今天仍然是中国最发达的地区。

也可举一个清代江南制造的例子。清初松江人叶梦珠《阅世编》卷七《食货》记录了明末清初西洋眼镜在江南的传播、仿制带来价格变化的情况。[①]

---

① 详见〔清〕叶梦珠《阅世编》,卷七"钱法",来新夏点校,上海古籍出版社,1981年版。叶梦珠,生卒年代不详,今上海人。书中主要记载顺治、康熙年间事情。

眼镜,余幼时偶见高年者用之,亦不知其价,后闻制自西洋者最佳,每副值银四五两,以玻璃为质,象皮为干,非大有力者不能致也。顺治以后,其价渐贱,每副值银不过五六钱。近来苏、杭人多制造之,遍地贩卖,人人可得,每副值银最贵者不过七八分,甚而四五分,直有二三分一副者,皆堪明目,一般用也。惟西洋有一种质厚于皮,能使近视者秋毫皆晰,每副尚值银价二两,若远视而年高者带之则反不明,市间尚未有贩卖者,恐再更几年,此地巧工亦多能制,价亦日贱耳。①

西洋眼镜从明末到清初在江南流传几十年,由于大量仿制带来市场价格不断下降。当时江南工匠拿来主义,根本不可能有知识产权和专利保护的知识,明末(崇祯)最好的眼镜来自西洋(通过贸易或走私流入),玻璃镜片和象皮镜架,价格高达四五两。清初降到五六钱,下降到十分之一左右。到了康熙,苏杭工匠大量仿制,遍地贩卖,导致价格由五六钱跌到七八分,甚至四五分,最低二三分,无计可施的跌价,几乎一文不值。但江南镜匠仅仅是工艺上的模仿,并没有真正认识到眼镜的科学原理,老花镜技术简单仿制容易,很快就成了地摊商品。最新流入的质量高的近视眼镜,就不能仿制,只能进口,每副价格高达 2 两。这充分说明,江南的工匠,始终处于眼镜制造的低端,没有自己的创新,没有对整个眼镜的原理和材料的深入研究,停留在简单仿制老人用的老花镜上,对近视眼镜这种新产品新技术还没有掌握。这种眼镜便物以稀为贵,市场价格高于仿制老花镜百倍之巨。但叶氏很有信心,凭苏杭工匠的聪明,过几年这种眼镜就会被江南的能工巧匠们仿制出来,价格不断下降。由此我们想到,改革开放后,江南的制造异军突起是有传统文化积淀的,江浙的乡镇企业是在引进、仿制上海等大城市的产品,或配套加工零部件基础上发展起来的。

---

① 可知中国人仿制外国产品由来已久,眼镜便是典型的一例。但真正的近视眼镜还不能仿制,故价格仍然较贵。叶梦珠预计用不了多久,可能也会出现许多仿制品。江南文化,引进—吸收—模仿—创新之路。

而在上海等大城市,制造业的发展,采取的是直接引进国外(日本、欧美)先进的产品、机器,甚至整条生产线。通过引进设备、培训人员、消化吸收、仿制建造,逐步国产化。像温州商人在全国各地开设眼镜店,其产品就是引进仿制加工而成的。温州眼镜商在镇江丹阳市建立大规模的眼镜市场,主要从浙江温州进货,行销到各地。宁波商人的模仿能力也很强,很有经商之道。上海开埠后,主要的工匠和机器维修维护的技术工人主要来自宁波,他们的工资水平大大高于来自苏北等地区的普通劳工。浙商的制造和经营传统一直延续到今天。浙江义乌现在的小五金等商品畅销国内外,批发市场辐射全球,已经走上了自主创新之路。

当然,真正的科学创造和创新,有一个漫长的过程。近代江南的民族资本主义企业,不管是上海还是无锡的,走的基本上也是引进、消化、模仿的道路。如著名的味精品牌,荣家的兵船牌面粉,申新厂的棉纺织产品,都是这种路数。江南得风气之先,江南文化中的这种积极进取,契合了近代"西学东渐"风气,能够排除排外仇外的强大阻力,虚心学习外来文化的优秀传统,使江南总是走在全国的前列。近代江南发展并非没有阻力,如1876年,洋人在上海擅建淞沪铁路,即便是李鸿章、沈葆桢这些比较开明的洋务派,也积极促进、执行了赎回并拆除铁路的愚昧行动。1905年,清廷宣布"新政"之后,"西学东渐"的阻力大大减轻,加之第一次世界大战需求的影响,江南的民族工业得到迅速发展。

再举个近代江南人到国外见闻及反应的例子。被迫开放之后,清政府也派了中国外交官出使欧美,考察外国情况,购买军事装备。徐建寅,这位从无锡北塘区北山街道钱桥社冈(今已合并到梁溪区)走出来的科技精英,属地道的运河岸边生长的。他是近代著名科学家、翻译家徐寿之子,当过外交官,是著名的工程师、翻译家。徐寿和华蘅芳(也是无锡人),就是以仿制外国轮船起家的,他们仿制出的中国第一艘轮船黄鹄号,为洋务运动初期的重要成就,至今仍为历史学家津津乐道。在当时,能够学习、模仿,就是先进生产力的代表了,无愧于科学先驱称号。

徐建寅于光绪五六年间(1879—1880)曾考察德英法等欧洲国家,订购铁甲舰,著名的北洋海军"镇远""定远"就是他亲自定购的。这两艘军舰曾经是北洋水师最先进的旗舰。在途经日本港口回国时,日本受到极大刺激,举国震惊,极为恐惧,发誓要发展海军,最后通过社会募捐集资购置最先进军舰。徐建寅的游记记载了欧洲运河的情况。之前,他曾受山东巡抚丁宝桢重用,主办山东机器局,对山东运河情况十分了解,故能做中西运河比较。

在法国时,徐建寅看到法国运河的现代船闸:

> 是日汽车所经之路,上午过山洞甚多,下午傍河而行。此河如中国山东之运河,每距一二十里即建一闸,制度与中国加同。惟每闸皆建于越河,作双闸,形如船坞。凡船自上游来者,衔开上闸,使坞中水满与上流相平;船入坞,即闭上闸而启下闸,使坞中水又与下流相平,即放船出坞。其自下过闸者反是。以水势之消长,为浮送之低昂。另有小门,时常启闭,以消水之抵力,此越河之闸也。其经流则另有滚水大坝,旱时蓄水使不浅,潦时泄水使不溢。故河内之水,无过满过浅之虞。每过一船,不过数分钟。较用盘车、绞关,省力多矣。[1]

在德国,他又看到:

> 往观运河之双闸。于河中筑顺河石堤两道,各厚七八尺,分炎为三道。左右二道,为减水之月闸。中道,为舟行之双闸。大双石堤之上下两端,相距约七丈,各筑一闸。每闸皆以二户相合,闭紧时尚离直线约三尺。每户中各有小门,方尺许,以螺杆使启闭,泄水与上下游相平,以消抵力。二户共宽二十四尺。两旁石堤约十丈。双闸各离端约丈许。左右二水道各有铁横架,以靠平移之铁闸多个,比用短螺丝,令齿条上下,以开关之。每铁闸上有链条,绕过滑轮,悬重铁以平其重,使易于升降。每闸宽四尺,来水多则各闸齐开,来水少则闭之。是日见上、下游水高低悬八尺余,每二船并行,启闭一次祇五分时。仅用闸夫二

人,绝不费力。[1]

又在一处运河上观察双闸:

> 其两堤相距二十四、五尺。建闸两重,相距六七丈,中空如坞,能泊两船。每闸皆有双门。门皆有限,门关时靠于此限。上下游水高低悬七尺。故下闸之门限,低于下水面四五尺。庶船过闸时,船底不与门限相触也。""闸堍与两旁之堤,俱用砖砌。两闸之双门,亦俱用木作框,钉以斜板。门中各开一小涵洞,亦用木为之,以小齿轮齿条使上下。闸门未开,先开涵洞以消水之抵力。各件皆甚简便,中国易于伪造也。""是闸建放越河之内,其正河另有六闸以泄水,宽三丈余。中立方木五根,每根方尺余,上端以横木相连。在下流一边,用斜木撑之,每两木柱之前面,各有木板障之,以为闸板,亦可上下移动,以制泄水之多寡。上连铁条,中有多孔,用铁梢可任穿于天平杆之何孔,以撬使之上下。天降大雨,六闸可以齐开,泄水甚速,无虞漫溢。天旱,六闸皆闭,密不泄水,不忧干涸。此闸全用木为之,另易于仿造也。[1]

"后来回国以后,他还拿出自己画的图纸,饬木匠做成一个双闸模型。这个模型,在《欧游杂录》出版时,还保存在他家的'味莼园'中。"[2]

由此可知,作为工程技术专家,徐建寅的观感与同时代出国的外交官、军政人员、学者和商人等对国外事务的表面描述大不相同:一是详细描述所见所闻;二是与中国事务(运河船闸)比较,承认外国技术先进;三是绘制草图,准备回国后仿制。整个近代,主要是学习模仿,当时还没有想到要创新发展,这正是那个时代学习西方先进文化的基本态度。"中学为体,西学为用",当时已经承认在器物领域的全面落后。

江南水利发达,水利成果最丰、人才最多,许多成就古今传承。可以说,水利是古今传承创新关系最为密切的现代学科。明代河道总督湖州人潘季驯于万历年间采用的"蓄清刷黄""束水攻沙"等技术"挽黄保运",

治理淮安清口黄淮运复杂水利工程的制胜法宝。这些方法,至今还受到重视,运用到治理黄河的水利工程上。晚清民国治理黄河水患、导淮治运,聘用了费礼门等美国水利专家来华指导水利建设。费礼门很重视古代水利经验,从中国文献中汲取传统治理的真知灼见,在来中国之前,请人搜集了大量中国典籍,专门摘录出来,汇编成册,供中外水利学者研究参考。[3]1915年,第一位专门学习水利学的李仪祉先生从德国留学归来,在张謇创办的河海工程专门学校任教授,教学时便注意理论与实践结合,为仿制国外教学仪器,雇用了一位刚满师的木匠雷宗保来放样制作木模型。这个小木匠非常能干,只要告诉他式样、尺寸,就能够很快制造出来。在教学中,遇到对国外蓄水处工程的翻译,李对学生说,"这片水体,外语叫 Reservoir,意思是储蓄处。我国古书上叫它为'陂'或'塘',都是单音节字,叫起来不顺嘴。你们可思考一下,为它取个双音节的名字。"他的学生嘉兴人汪胡桢夜不能寐,终于想出了"水库"一词,得到李仪祉的认可,从此取代了塘陂埭等传统水利术语,一直沿用至今。[4]水利史的事例说明,传统文化在现代科技面前并非一无是处,如果能够与外来先进文化有机结合,推陈出新,必然能够焕发新的生命。

三、中西比较:故步自封难逃传统文化淘汰结局

如果长期故步自封,不能与时俱进,曾经先进的传统文化也会衰落,由先进变为落后。江南丝织制造业的兴衰就是明证。

在江南的传统文化中,丝绸文化早就成为江南,乃至中国的文化符号,这从国际上"丝绸之路"的命名就可以知道。作为丝绸文化基础的丝绸业无疑是最靓丽的风景线。中国是丝绸之国,江南的苏州、湖州、杭州,皆可称之为丝绸之府;著名的江南古镇盛泽、南浔都是丝绸原料的生产、加工、集散重镇。清代在江宁(南京)、苏州、杭州建立了三大织造府(局),专门为皇家贵族制作丝绸制品。

近代意大利北部的伦巴第地区,靠近法国、瑞士,属于发达地区,其中

心米兰号称意大利的"丝都"。丝绸业和丝绸贸易在意大利乃至欧洲都属于发达地区：贸易中心在米兰，生产中心在科莫湖周围，这一带山清水秀，有点像中国的江南。最早看出来的是近代普鲁士（德国）地理学家李希霍芬，他走过世界的许多地方，见多识广，善于观察比较。1868至1872年，李希霍芬到中国考察，就明确指出了江南与意大利在地理环境上的相似性。他于1868年12月8日，经过湖州穿越太湖时写道："这里河道交错，仿佛一个迷宫。……除了渔业外，当地还有很多人从事丝织业。"村内的房屋等景观"不由让人想到了意大利。相似性不止如此，村外的景色也似曾相识，到处种满了桑树，形成一道道树墙，狭窄的小路就从树底下穿来穿去。树下还种着很多蔬菜和豆类植物。但是没有玉米和葡萄，如果有的话，那么这里的景色和伦巴第很相似"[5]。土地、湖泊、河道、房屋、植物等，两地都极为相似。近代到过意大利的中国人，如政治家康有为在20世纪初游历意大利，也感叹意大利许多地方仅比自己的广东老家好点，与江南在地理和发展水平上相当。

> 概而论之，北欧各国，皆胜于我。意国与我国平等相类。特意人少茅屋而多一楼。近者田野亦治，葡萄盈望，桑果铺荼，胜吾北方，而与吾江浙广相仿佛者也。民之贫富亦相若。吾国求进化政治之序，亦可比拟意大利，采其变法之次序而酌行之。他国则新旧贫富皆不相类，骤难仿拟也。[6]

那么，人们不禁要问，自然条件好、历史悠久、文化发达、经历过文艺复兴、产生过资本主义萌芽的意大利为什么近代却落伍了，在当时变成了贫穷落后的国家，值得深思。

康有为说：

> 统计意国，在今欧洲大国中为最贫国。自西十六世纪后，学人之发扬名世者亦少，工艺商业皆不盛。其统一在同治元年，先于德及日本十年。皆宪政国也，昔皆贫困，今德之盛强几冠薄海，而日本亦超跃为第一等国矣。夫以国体论，意无联邦，则为

政易行于德国。日本起自东洋,与欧洲语言文字风俗皆隔绝,译书游学,备极艰难,岂与意国与诸强疆接壤、风教相同比哉。其为难易,相去千万。而意之不能骤臻富强者,教之压制愚弱已久致然耶?抑以地小民寡不如德日耶?则欧洲中若比利时、荷兰、丹、瑞尤小矣。其与西班牙之贫弱,皆别有故。方今天主教国皆微,法人势亦日下,其内情甚深远,非旅人匆匆所能深知也。[6]

意大利最早实行文艺复兴,又商业立国,曾经辉煌,但16世纪后,严重衰落。原因何在?是国家小吗?但比意大利更小的比利时、荷兰,都发达了。是政治制度不同吗?都是宪政国家。是不统一吗?它比德国、日本都早统一十年。那么为什么如此落后呢?他认为与天主教传统有关,其极大压制了思想文化。

吾闻在纽约之意人,穷苦污秽之状,甚于我国。皆由国贫而机器不开,少大工厂养之致然。不知大势者,视欧人皆豪富逸乐若神仙,则大误矣。[6]意之地荒人多,与中国同;贫乏少用机器,与中国同;古国多旧俗,与中国同;迁徙殖民,亦与中国同;工商未盛,亦与中国同。故意之变法,我国亦可采择焉。可喜的是,意大利已经穷则思变,急起直追,意国二十年来,机器之进步亦大矣[6],我国人不知意之贫与我等,但望见欧人,一律畏而待之,岂不愚哉![6]

到了20世纪初,意大利米兰地区丝厂林立,产量巨大。江南的太湖流域,盛产高质量的生丝。如著名的湖丝,在国际上是有竞争力的。近代米兰街头到处是丝绸商店,品种繁多、工艺精巧、价格很高,以南京、苏州、杭州为代表的江南城市,明清为丝绸生产中心,清代有三大织造局,江宁织造以盛产高档云锦著称。南京云锦不是为普通老百姓消费的,而主要是为皇家生产,专供王宫贵族、外国及少数民族首领消费。作为古代皇家服饰,许多精品价值连城,深藏宫中。皇帝还将云锦作为赏赐物品或礼品输出海外,可知其珍贵。而意大利丝绸制品,在资本主义市场机制下,适应消费者需求，特别是满足贵族的消费偏好，出口法国等欧洲国家。李圭就曾参观了费城世博会上的意大利馆，指出意大利丝及丝绸产品与中国的竞争越来越激烈，已经像印度茶对中国茶的出口威胁一样。其"蚕丝甚多，茧亦大小咸备，丝虽白洁，究不若华产光亮，地土使然。唯闻其国产丝，亦如印度之茶，年盛一年，别国争购之。以做法匀净，非若华丝间有掺杂也。而其蚕桑之法，亦得自中国，仿效而成，即用以夺中国之利，可不虑哉"。20多年后，康有为在意大利见证了李圭的担忧变成了现实，米兰丝绸已经畅销欧洲。郭凤鸣（漱霞）是难得的渔业与实业人才，他生于温州瑞安，长期在温州、台州沿海从事渔业活动，与张謇建立了联系。张謇筹备之时，他正好出差到上海，张謇因郭"世居海滨，属理温台渔业"，"目能辨鱼类，口能说渔具，而手能纪渔事，与之谈渔业，渊然莹然"。遂邀他赴会，由于当时沿海七省督抚筹银不敷，主要由渔业公司承担，故郭凤鸣自备盘缠，作为博览会渔业赛会会员，跟随张謇赴意考察。回国后，郭凤鸣写了《意大利万国博览会纪略》和《调查欧西实业纪要》于1907年9月出版，详细介绍了参加米兰世博会的情况，张謇亲自作序。郭凤鸣在《意大利万国博览会记略》一书中，对中外展品做了详细比较，分析了中国产品落后的原因。例如，中国不注重"农艺"，使得中国农制品难以与西方国家匹敌，西方国家用机器，而中国用人力；西方国家有垦牧公司，而中国没有；西方国家有农务学堂，务农者皆识字，而中国农民很少识字；西方国家有专门测验天气的科学器械，而中国却靠经验，等等。当时驻意大利公使黄诰出面迎接端方、戴鸿慈等考察团成员，他在赛会后给农工商部报告说：

> 中国织造一宗，花样颜色染藻，均不合欧人之用，惟质地坚密，较胜欧品。考查西人花样，以生动灵活疏落淡雅是尚，颜色不喜浓重，以轻靓是尚，染藻不杂用草木汁，而纯用化学料，故能历久不变，中国之品反是，且货质经纬不匀，浮丝抛起，疙瘩垒垒，质地即良，外观不耀，未克竞胜，遂致滞销。绣货一宗，西人多出于机器，华品乃出自手工，而画工又不甚活泼，采色配合，亦不

交净,加以不合西人之用,故难畅销,如欲扩充销路,务使先量尺寸,预测西工之几案等具,约计其长短方圆,更觅上等画本,细心摹仿,或倩名手,画以花木鸟兽为佳,再求匀配采色,使有生香活色,跃然于上,不在浓艳而在疏宕有致,四周必以丝韬,方为合格。

端方考察米兰世博会的经历,对他后来在两江总督任上举办南洋劝业会肯定产生了重要影响。戴鸿慈在日记中也记载了赛会的情况,对中国产品有一些直观认识,相比意大利、法国,中国丝织产品远远落后。

观蚕业院,养蚕饲桑之法及所用器具备列。煮蚕出丝各新法,皆可仿效。观纺丝处,后为丝货陈列所,皆米兰所出也。米兰以丝绵著名本国,其地丝厂林立,所出之绸缎,质地虽不如我国,而染色鲜艳异常,极合销售之用。其他阑干、颈带之属,亦目迷五色。又有假丝货厂,以纸及木皮等为之,甚美观,几可乱真。[7]

阑干,可能就是指腰带、胸罩之类。颈带,即领带。真丝腰带、领带,当时就流行。法国馆,亦有绸缎,瓷器等。法国、意大利的时尚产品均是各国学习的榜样。[7]

相形见绌的江南丝绸业产品,故步自封,恪守宫廷服务业路数,只能与海外市场渐行渐远,最终沦落到只能靠出口湖丝原料,成了市场经济和传统文化的双重失败者。

云锦,生产方法复杂,技术要求高,代表着中国传统丝织生产最高的技术水平和组织水准。但也因此具有垄断性、非市场化,造成技术垄断、生产垄断、消费对象垄断等弊端,导致技术工艺停滞不前。根据学者研究,相对于棉纺织业,丝织业的工业革命发生较晚,手工技术一直维持到19世纪中期。此时,动力丝织机才开始在欧洲出现。"丝绸业是动力工厂纺织工业最老的一个行业,也是对于手织机做有效而广泛使用的最后一个行业。"

在鸦片战争之后的一段时间，中国传统的丝织业受到的冲击不大，远没有棉纺织业那样严重。相反，由于海外市场的发展，需求量还很大。上海的出口一直在增长，全世界的客商来上海采购。南浔的丝商生意兴隆。丝织业的技术，仍然维持着传统的手工为主的水平，根本没有技术革新可言。"到19世纪末20世纪初，情况便发生了逆转。兴起于19世纪后半期的以电力运用为标志的第二次产业革命，使得资本主义国家的科学技术和工艺制造出现新的'洋绸'大量输入中国。'外国泰西缎输入以后，吾国人争相购用，以炉台新奇，故业是者，乘机而起，风动一时。及至清末，国货绸缎，几至无人顾问，欲求一注意织造、以度掬者，阒无其人。'"这一情况正与米兰博览会的情况高度一致，中国丝绸滞销，且大量进口洋丝，包括日本丝兴起，冲击中国生丝和丝织业。云锦受到打击，以至于后来技术几乎失传。清朝灭亡，没有消费对象，没有公款消费主体的云锦就无法生存下去。辛亥革命后锦缎衰落，机户停织，工人分散，是为南京锦缎业之衰落期。而民国后，服装也发生变化，对丝织业也有冲击。"我中华自光复以来，人民咸改装易服，不敢办绸缎布匹等品华衣，转购呢绒洋货，改服西装，顿使我华绸缎、纱罗、布匹各项国货，日形滞销。"1800年，法国人发明了一种具有自动经丝开口装置的纹织机。这种织机采用在纸板上穿孔，制成穿孔卡片一样的纹版，以这一纹版的孔来操纵经丝，织造丝绸纹样的方法，可以一个人织造复杂的纹样，省去千百年来高机（花机）生产中的纹织工。19世纪后半期，以法国为代表的欧洲丝织生产，广泛使用"可由机械进行精巧统率只"的"贾卡"手拉提花机。到19世纪末，电力织机在欧美丝织业中的运用也已普及。明治维新后，日本也重振丝织业。"明治六年，时年60岁的老织工伊达弥肋出席维也纳万国博览会，将奥地利式的'贾卡'织机引入日本。与此同时，西阵的织工佐仓、井上、吉田三人，由京都府派遣，将法国式的'贾卡'织机和被称为'飞梭'的可连续打梭的装置引进了日本。"其后又引进了欧美的动力丝织机，并于20世纪初完成了对欧式电力织机的仿制与改造，实现了电力织机国产化，普及速度加快。日本丝织业的兴起，对中国冲击最大。"我国织机，织有花绸缎，以两人运动一机,每日成缎仅六尺或七尺不等。若用法国式手织机械,每人每日可成十二三尺。我国工价虽廉,四与一比,究不能敌。"[8]

反观中国,洋务变革虽早于意大利,但戊戌变法失败,使中国没有走出贫穷落后的局面。虽然变法失败,流亡海外,但康有为仍然信心坚定,"要而论之,巴黎博物院之宏伟繁夥,铁塔之高壮宏大,实甲天下;除此二事,无可惊美焉。巴黎市人行步徐缓,俗多狡诈;不若伦敦人行之捷疾,目力之回顾,而语言较笃实,亦少胜于法焉。吾自上海至苏百余里中,若营新都市,以吾人民之多,变法后之富,不数十年必过巴黎,无可羡无可爱焉!"[6]只要变法,学习西方先进技术,一定会在数十年内赶上法国。就各地区而言,长三角地区最有希望。

今天看来,基于保护文化多样性,某一时期的落后物质已经成了见证历史的活化石,又成了弥足珍贵的文化遗产。随着时代的变迁,曾经"昧于世变",作为落后生产力的云锦,几经曲折,几乎失传的云锦工艺,在百年之后的今天,返璞归真,大放异彩。南京云锦在保护的同时也应当适应时代,推陈出新,不断生产出新的,适合市场需求的品种,而不是因循守旧,机械模仿古代的单调服饰。

作为传统的丝绸大国,江南丝织业原来是世界领先的。但是,随着西方国家机器生产,工艺革新,意大利、法国甚至日本的丝织产品大行其道,在欧美市场上将江南的丝绸产品排挤出去,江南丝织产品工艺老化、产品样式陈旧、色彩单调、图案一成不变,品种单一,严重滞销。晚清官员出访欧洲,考察意大利、法国、日本丝织工厂和研究机构后大为感叹,痛心疾首。

今天,我们弘扬传统文化,倡导自主创新的方向是正确的,但创新绝对不是轻而易举能够成功的。在尊重知识产权的前提下,江南文化学习—引进—消化—吸收—模仿的文化传统不能轻易丢弃。我们仍然要以开放包容的胸怀,虚心学习世界先进文化,只有在更加开放的道路上不断融合世界各国先进文化,才能谈得上真正的创新,最终达到在某些方面的自主创新,成为文化创新发展的引领者。

本论文为2018年度江苏省社科基金委托项目"大运河精神与大运河文化带建设"(项目编号:18WTD004)阶段性成果之一。原载于《艺术百家》2020年第2期。

参考文献:

[1] 徐建寅.欧游杂录[M].长沙:岳麓书社,1985.

[2] 徐建寅.欧游杂录·钟叔河序[M].长沙:岳麓书社,1985.

[3] 王健.美国水利专家与近代导淮治运[A].运河学研究(第二辑)[C].北京:社会科学文献出版社,2018.

[4] 李仪祉.李仪祉水利论著选集[C].北京:水利水电出版社,1982.

[5] 汪胡桢.回忆我从事水利事业的一生[A].嘉兴市政协文史资料委员会编.一代水工汪胡桢[C].北京:当代中国出版社,1997.

[6] 费迪南德·冯·李希霍芬.李希霍芬中国旅行记[M].李岩、王彦会,译.北京:商务印书馆,2016.

[7] 康有为.欧洲十一国游记二种[M].长沙:岳麓书社,1985.

[8] 戴鸿慈.出使九国日记[M].长沙:岳麓书社,1986.

[9] 王翔.辛亥革命期间的江浙丝织业转型[J].历史研究,2011,(6).

[10] 徐新吾.近代江南丝织工业史[M].上海:上海人民出版社,1991.

[11] 朱新予.浙江丝绸史[C].杭州:浙江人民出版社,1985.

[12] 王庄穆.民国丝绸史[M].北京:中国纺织出版社,1995.